Die Schwarzburg

# Die Schwarzburg

## Kulturgeschichte eines Schlosses

Thüringer Landesmuseum Heidecksburg Rudolstadt

# Inhalt

Lutz Unbehaun und Jens Henkel
Vorbemerkungen .................................... 7

Jörg Hoffmann
Dynastie, Herrschaft und Stammsitz.
Von der 1. Hälfte des 12. Jahrhunderts bis zum Jahre 1940 ............ 11

Hans Herz
Von der Ersterwähnung bis zum Ende
des Dreißigjährigen Krieges (1123–1648) ..................... 23

Jörg Hoffmann
Von der Stammburg zum Jagdschloss.
Aspekte des architektonisch-funktionellen Wandels ............... 45

Knut Krauße
Bauhistorische Betrachtung
des Gebäudebestandes und der Raumfassungen
des 17. bis 20. Jahrhunderts ................................ 77

Lutz Unbehaun
Architektur als Statussymbol.
Das »Stamm-Hauss Schwarzburg«
im 17. und frühen 18. Jahrhundert ............................ 91

Katja Heitmann
»Beyzierden und Zierrath«.
Die Ausstattung von Schloss und Schlosskirche
zwischen 1700 und 1770 ................................... 117

Horst Fleischer
Gestalt- und Funktionswandel
des Schlosses im 18. Jahrhundert.
Vom feudalen Hoflager zum romantisch verklärten Ort ............ 153

Helmut-Eberhard Paulus
Kaisersaal, Orangerie und Garten.
Ein barockes Gesamtkonzept ................................ 183

Jens Henkel
»Wo noch, vom Ritter-Geist bewacht, die alte Sitte gilt!«.
Zur Bau- und Nutzungsgeschichte
von 1815 bis 1940 .................................................. 203

Heike Beckel und Diana Turtenwald
Die herrschaftlichen Wohnräume zwischen 1900 und 1940 .......... 253

Enrico Göllner
Hitlers Reichsgästehaus im Thüringer Wald ..................... 277

Sabrina Lüderitz
Schloss Schwarzburg als kriegsbedingtes
Einlagerungsdepot für Museen,
privaten Kunstbesitz, Industrie und Behörden
von 1943 bis 1945 .................................................. 301

Jens Henkel
Das Zeughaus.
Vom Waffenlager zur Schausammlung
des Fürstentums Schwarzburg-Rudolstadt ....................... 311

Irene Plein
Schloss Schwarzburg.
Nutzungskonzepte der Nachkriegszeit
und Perspektiven .................................................. 349


Daten zur Geschichte der Schwarzburg ........................ 369

Literaturverzeichnis (Auswahl) ................................ 375

Personenregister ............................................. 380

Abkürzungsverzeichnis ........................................ 389

Die Autoren .................................................. 390

# Vorbemerkungen

Schloss Schwarzburg dominiert trotz seines torsohaften Zustandes die Landschaft des mittleren Schwarzatales. Von der ehemals ausgedehnten und vielgestaltigen Anlage, die sich auf einem Bergrücken hoch über der Schwarza erhebt, blieben nur noch einzelne Gebäude erhalten, von denen das Zeughaus, der Kaisersaal und das Hauptgebäude des Schlosses wegen ihrer architekturhistorischen Bedeutung die größte Aufmerksamkeit verdienen. Gleichnishaft künden sie von der wechselvollen Geschichte des einstigen Stammsitzes der Grafen von Schwarzburg, die vom Mittelalter bis in die jüngste Vergangenheit reicht.

Als Fürstin ANNA LUISE VON SCHWARZBURG im Jahre 1940 auf Befehl der nationalsozialistischen Reichsregierung die Schwarzburg fast fluchtartig verlassen musste, blieben nur wenige Tage für den Umzug nach Schloss Sondershausen. Mit dem Ziel der Errichtung eines Reichsgästehauses wurden von 1940 bis 1942 Gebäudeteile des bis dahin intakten Schlosses abgetragen, um Platz für die geplanten Neubauten zu schaffen. Diesem barbarischen Eingriff fielen nicht nur einzigartige Stuckdecken und wertvolle Wandmalereien zum Opfer, auch die gesamte wandfeste Ausstattung wurde zerstört. Die Pietätlosigkeit der Bauherren gipfelte schließlich im Abriss der Schlosskirche und Beseitigung der darunter liegenden fürstlichen Gruft.

Nachdem kriegsbedingt im Jahre 1942 sämtliche Bauarbeiten eingestellt wurden, waren wichtige Teile des Schlosses weitgehend zerstört. Nur die unter dem Hauptgebäude gelegenen tiefen Gewölbekeller erhielten eine neue Funktion: Zum Schutz gegen Luftangriffe der Alliierten dienten sie nunmehr als Depot für ausgelagerte Kunstwerke, vornehmlich aus dem Weimarer Schlossmuseum. Dass 1945 aus diesen Kellern wertvolle Gemälde, darunter CASPAR DAVID FRIEDRICHS *Landschaft mit Regenbogen*, für immer verschwanden, gehört zu den unrühmlichsten Kapiteln der Nachkriegsgeschichte, deren Handlungsort die Schwarzburg war. In diesen Jahren schien auch das weitere Schicksal des Schlosses vorgezeichnet, da keine Sicherung der noch erhaltenen Bausubstanz erfolgte. Lediglich in den nördlich gelegenen Wirtschaftsgebäuden richtete man nach 1945 vorübergehend Wohnungen ein, um geflüchteten Familien eine neue Heimstatt zu geben. Die funktionslos gewordenen Trakte der einstigen Schlossanlage verfielen dagegen zunehmend. Vor allem am Kaisersaalgebäude, an den noch stehenden Teilen des Hauptgebäudes und am Zeughaus zeichneten sich immer größere bauliche Schäden ab.

Die ökonomischen Bedingungen der Nachkriegszeit, gepaart mit einer Kulturpolitik, die sich nach 1950 immer mehr an stalinistischen Dogmen orientierte, schlossen den Wiederaufbau des Schlosses Schwarzburg aus. Dennoch setzte in den 60er Jahren des 20. Jahrhunderts ein Umdenken ein. Mitarbeiter des Instituts für Denkmalpflege, Arbeitsstelle Erfurt, berieten über eine Generalinstandsetzung der Schlossanlage und erarbeiteten Nutzungsvorschläge. Gleichzeitig wurden erste Sicherungsmaßnahmen eingeleitet.

Wenn mit der Eröffnung des Kaisersaales als Außenstelle der Staatlichen Museen Heidecksburg im Jahre 1971 Hoffnungen auf einen Wiederaufbau des Hauptgebäudes und des Zeughauses geweckt worden waren, mussten diese an den wirtschaftlichen Unzulänglichkeiten der DDR scheitern. Nach wie vor waren diese Bauwerke dem Verfall preisgegeben und verwahrlosten.

Nach der politischen Wende des Jahres 1989 wurde die Instandsetzung der Schwarzburg wieder Gegenstand öffentlichen Interesses. Vor allem die Initiativen des 1996 gegründeten *Fördervereins Schloss Schwarzburg e.V.,* dessen Mitglieder sich für die Pflege des Baudenkmals einsetzen, lenkten durch vielfältige Aktionen immer wieder die Aufmerksamkeit auf das Schloss. Im Jahre 1994 übernahm die *Stiftung Thüringer Schlösser und Gärten* die Schwarzburg. Seither liegt die denkmalpflegerische Betreuung in den Händen der Stiftung, die nicht nur den Erhalt dieses bedeutenden Baudenkmals garantiert, sondern zugleich Perspektiven für eine Nutzung der unterschiedlichen Schlossgebäude erarbeitet.

Eine komplexe Bau- und Nutzungsgeschichte des Schlosses blieb jedoch ein Desideratum. So war die Frage nach der unsicheren Ersterwähnung der Schwarzburg im Jahr 1071 zu erörtern. Ebenso musste die Funktion des Schlosses innerhalb des Territoriums der Grafen und späteren Fürsten von Schwarzburg-Rudolstadt diskutiert werden. Dazu war das schwarzburgische »Stammhaus« in seiner Entwicklung vom Haupt- zum Nebensitz, als

Landesfestung sowie als Sommersitz und Jagdschloss neu zu definieren.

Aufgrund fehlender Baupläne des 17. und 18. Jahrhunderts, verbunden mit einer mangelhaften Überlieferung schriftlicher Quellen sowie einer bis heute nicht erfolgten bauarchäologischen Forschung, blieben viele Fragen zur Baugeschichte offen. Weder die Struktur der mittelalterlichen Burganlage noch die des barocken Schlosses konnten als gesichert gelten. Zudem herrschen Unklarheiten über das Ausmaß der Brände von 1695 und 1726, bei denen zahlreiche Schlossgebäude zerstört wurden. Damit einhergehend ist nicht nach den Gründen des Entstehens des barocken Hauptgebäudes gefragt worden, dessen imposante Architektur ganz auf eine höfische Repräsentation zielt. Vor allem konnten Unklarheiten in Hinblick auf Datierung und Zuschreibung an Baumeister nicht befriedigend geklärt werden. Auch die bauliche Struktur des Schlosses im 19. Jahrhundert sowie dessen Innenausstattung waren weitestgehend unbekannt.

Am Beginn dieses Buchprojektes stand die Sichtung der bisherigen Veröffentlichungen. Dabei zeigte sich, dass zu den wenigen quellenorientierten und heute noch nutzbaren Studien zur Geschichte des Schlosses die Arbeiten des Rudolstädter Archivars und Historikers LUDWIG FRIEDRICH HESSE in der ersten Hälfte des 19. Jahrhunderts gehören. Seine Forschungen konnten in den 20er und 30er Jahren des 20. Jahrhunderts durch den damaligen Leiter des Schlossmuseums der Rudolstädter Heidecksburg BERTHOLD REIN fortgesetzt werden. Die zahlreichen von ihm verfassten Zeitschriftenartikel fußen zwar auf archivalischen Quellen, die er aber nicht mit entsprechenden Angaben seinen Texten anfügte. So musste ein Großteil seiner Erkenntnisse durch erneute Quellenstudien überprüft werden.

Als im Jahre 1962 ausgewählte Waffen des Schwarzburger Zeughauses erstmals seit 1940 wieder öffentlich auf Schloss Heidecksburg in Rudolstadt präsentiert wurden und 1971 der Kaisersaal in Schwarzburg nach 15-jähriger Restaurierung eröffnet werden konnte, war dies Anlass für erneute Forschungen, die von dem Historiker HEINZ DEUBLER sowie den Kunsthistorikern ALFRED und URSULA KOCH publiziert wurden.

Mit der 1994 erfolgten Übernahme des Schlosses Schwarzburg durch die *Stiftung Thüringer Schlösser und Gärten* und den dringend gewordenen Sicherungsmaßnahmen kam es nach fast 30 Jahren zu weiterführenden Publikationen, die sich insbesondere mit dem Kaisersaalgebäude (HELMUT-EBERHARD PAULUS), dem Schlossgarten (BERND LÖHMANN) und den Nutzungskonzepten nach 1945 (IRENE PLEIN) beschäftigten. In die Vorarbeiten zu diesem Buch konnten die Ergebnisse der bauhistorischen Untersuchungen des *Ingenieurbüros für Denkmalpflege Krauße & Gröschner Rudolstadt* genauso einbezogen werden, wie eine Dissertation zur Architekturgeschichte der schwarzburgischen Residenzen (JÖRG HOFFMANN) und zwei Diplomarbeiten, die sich mit dem Umbau zum Reichsgästehaus und der Gemäldeausstattung des Schlosses befassten (ENRICO GÖLLNER, HEIKE BECKEL).

Die Frage, warum es nicht schon früher zu einer umfassenderen Beschäftigung mit Schloss Schwarzburg kam, ist mit der bis zum 18. Jahrhundert festzustellenden geringen Überlieferung an archivalischen Quellen und dem heutigen Zustand der Schlossanlage zu beantworten. Während das Kaisersaalgebäude eine denkmalpflegerische Instandsetzung und eine Restaurierung erlaubte und in den kommenden Jahren eine Sanierung des Zeughauses möglich scheint, bietet der ruinöse Zustand des Hauptgebäudes nur noch vage Anhaltspunkte für eine Rekonstruktion. Andere Trakte, wie die Schlosskirche oder der Leutenberger Flügel, sind nach 1940 ohne eine entsprechende Dokumentation des Zustandes nahezu völlig beseitigt worden.

Zwar steht bis heute die repräsentative Fassade des Hauptgebäudes, aber das fast völlig entkernte Innere bietet einen Anblick der Verwüstung. So galt das Hauptaugenmerk bei diesem Forschungsvorhaben der Suche nach erhaltenen Plänen des Schlosses und insbesondere nach Grundrissen, die Auskunft über die Raumstruktur der einzelnen Geschosse des Hauptgebäudes geben. Dieses zunächst scheinbar aussichtslose Unterfangen wurde durch Funde im Thüringischen Staatsarchiv Rudolstadt belohnt. Damit können für die Zeit nach 1812 erstmals verlässliche Pläne der Schlossanlage veröffentlicht werden. Für die in diesem Buch vorgenommene Dokumentation der baulichen Struktur des Hauptgebäudes waren die in der Plansammlung des Thüringer Landesmuseums Heidecksburg in Teilen vorhandenen Grundrisse aus der Zeit um 1880 bedeutsam. Ergänzt durch die ab 1870 einsetzende photographische Überlieferung, die aktuellen bauhistorischen und dendrochronologischen Untersuchungen sowie die archivalischen Studien konnte nun ein wesentlich detaillierteres Bild von der Schlossanlage erarbeitet werden.

Die Funktionalität bzw. Nutzung der Räume des Hauptgebäudes wird nunmehr für die Zeit um 1900 nahezu lückenlos belegt. Besonders hilfreich war in diesem Zusammenhang das wohlgeordnete Privatarchiv der Rudolstädter Photographenfamilie LÖSCHE und der in den letzten Jahren aufbereitete Nachlass der Fürstin ANNA LUISE VON SCHWARZBURG mit mehr als 8 000 Negativen und Positiven im Thüringischen Staatsarchiv Rudolstadt. Gleiches trifft auf den Archivbestand »Bauleitung zur Umgestaltung des Schlosses Schwarzburg« zu, der 575 Pläne und Risse zum 1940 begonnenen Umbau zum Reichsgästehaus verzeichnet.

Trotz dieser Materialfülle konnten nicht alle herrschaftlichen Wohnräume durch Photographien visualisiert werden. In Hinblick auf den Leutenberger Flügel, die Stallflügel, das Torhaus oder andere, vom Dienstpersonal genutzte Nebengebäude ist es besonders problematisch, sich ein Bild von der Innenausstattung zu machen. Hierzu haben sich keine oder nicht eindeutig zu identifizierende Photographien erhalten. So blieben die wichtigsten archivalischen Quellen für den Versuch, die Bau- und Nutzungsgeschichte des Schlosses Schwarzburg zu rekonstruieren, die Teilungsverträge des 14. und 15. Jahrhunderts, die Rechnungen des Amtes Schwarzburg sowie die Schlossinventare.

Je weiter man in die Vergangenheit des Schlosses zurückblickt, umso geringer wird die bildhafte Überlieferung, die für das Mittelalter gänzlich unbekannt bleibt. Für die neuere Zeit waren zunächst alle in Museen und Archiven vorhandenen Gemälde und Graphiken mit Ansichten des Schlosses Schwarzburg zu sichten und in Bezug auf baugeschichtliche Details auszuwerten. Während für das 19. und 20. Jahrhundert noch eine Vielzahl von Darstellungen zur Wahl stand, reduzierte sich dies für das 18. Jahrhundert auf eine Handvoll Gemälde bzw. Zeichnungen. Darunter befinden sich die bisher älteste bekannte Außenansicht des Schlosses aus dem Jahr 1716 sowie ein dem Baumeister DAVID SCHATZ zugeschriebener Entwurf für die Westfassade des Hauptgebäudes. Für den Zeitraum davor ist lediglich eine einzige zuverlässige Darstellung überliefert. Dabei handelt es sich um den von ANDREAS RUDOLPH 1664 geschaffenen Lageplan, dem eine Schlüsselfunktion zum Verständnis der spätmittelalterlichen Schlossanlage zukommt.

Der Mangel an bildhaften Überlieferungen des Schlosses Schwarzburg aus der Zeit vor 1800, die Rückschlüsse auf die Baugeschichte erlauben würden, ist auch durch Kenntnisse aus der lückenhaften archivalischen Überlieferung nicht zu schließen. Im Gegensatz zur Rudolstädter Heidecksburg, wo zahlreich erhaltene Pläne und Risse das Baugeschehen des 18. Jahrhunderts erhellen, fehlen diese für die Schwarzburg nahezu völlig. Dass Bauunterlagen den beiden Schlossbränden in den Jahren 1695 und 1726 zum Opfer gefallen sind, scheint möglich. Auch klafft aus heute unerklärlichen Gründen im Bestand der Schwarzburger Schlossbaurechnungen des Thüringischen Staatsarchives Rudolstadt eine Lücke zwischen den Jahren 1534 und 1790. Bauzeichnungen müssen zumindest bis zum Ende des 18. Jahrhunderts im Rudolstädter Archiv vorhanden gewesen sein. Dies belegt der 1790 auf einer Liste erfasste Nachlass des schwarzburg-rudolstädtischen Landesbaumeisters PETER CASPAR SCHELLSCHLÄGER. Das Verzeichnis nennt für die Zeit zwischen 1737 und 1758 zahlreiche Grund- und Aufrisse, die das Hauptgebäude und andere Bauten des Schlosses darstellen und heute als verschollen gelten. Gleiches betrifft Akten, die im Zusammenhang mit dem Abriss des Rentamtgebäudes Schwarzburg Mitte des 19. Jahrhunderts ausgelagert oder vernichtet wurden.

Die naheliegende Frage, ob im Zusammenhang mit dem 1940 begonnenen Umbau des Schlosses zum Reichsgästehaus durch das damalige Architekturbüro historische Bauunterlagen angefordert und nicht zurückgegeben wurden, ließ sich zumindest nach Durchsicht des Ausgabebuches des Rudolstädter Archivs nicht bestätigen. In diesem Zusammenhang bleibt es unklar unter welchen Umständen die vier Entwurfszeichnungen zum Festsaal – als einzig erhaltene originale Zeichnungen des 18. Jahrhunderts von einem Innenraum des Schwarzburger Schlosses – am Ende des 2. Weltkrieges in die Hände sowjetischer Soldaten gelangten. Im Jahre 1958 wurden die damals nicht identifizierten Zeichnungen im Rahmen einer größeren Rückgabe von Kunstgut an die DDR dem Berliner Kupferstichkabinett übergeben.

Mit diesem Buch, an dem sich Wissenschaftlerinnen und Wissenschaftler unterschiedlicher Fachdisziplinen beteiligten, liegt nun erstmals eine ausführliche Monographie zum Schloss Schwarzburg, einem der bedeutenden kulturhistorischen Denkmale Thüringens, vor. Auch wenn nicht alle offenen Fragen beantwortet werden konnten, so bieten die hier vorgestellten Ergebnisse genügend Ansatzpunkte für weitere differenzierte Forschungen zur Bau- und Nutzungsgeschichte, vielleicht sogar für eine künftige sinnvolle Nutzung der Bausubstanz.

*Dr. Lutz Unbehaun   Jens Henkel*

Jörg Hoffmann

# Dynastie, Herrschaft und Stammsitz
## *Von der 1. Hälfte des 12. Jahrhunderts bis zum Jahre 1940*

Etwa 65 km südöstlich von Erfurt liegen Schloss und Dorf Schwarzburg im Schwarzatal – in einem Einschnitt am nordöstlichen Abhang des Thüringer Schiefergebirges, den der namensstiftende Fluss Schwarza teilweise zu einer tiefen Schlucht ausgespült hat. Das Tal ermöglicht den kaum noch favorisierten Zugang zu einem der Pässe über den Rennsteig des Thüringer Waldes. Bevor die Schwarza südlich von Rudolstadt in die Saale mündet, umspült sie 15 km oberhalb der einstigen Residenzstadt einen von Nordwesten in das Schwarzatal hineinragenden Felsvorsprung. Hier bot sich mit dem bis zu 67 m über dem Flusslauf aufsteigenden Schieferfelsen, der lediglich von seiner nordwestlichen Schmalseite aus zugänglich und dadurch leicht zu verteidigen war, eine nahezu ideale topographische Situation zur Errichtung einer Befestigungsanlage – der Schwarzburg (siehe Abb. Lageplan, Zustand vor 1940, S. 12). Deren Nord-Süd-Ausdehnung betrug zuletzt fast 470 m, bei einer Breite von maximal 50 m.

Das in seinem Ursprung mittelalterliche Dorf Schwarzburg befindet sich auf der östlichen Talseite unterhalb der Burg, beiderseits der Schwarza. Ein höher gelegener, oberer Ortsteil im Umfeld einer seit dem 15. Jahrhundert nachweisbaren Schenke, nordwestlich vor dem Hauptzugang des Schlosses gelegen, ist erst in der Neuzeit entstanden. Nachdem die zunehmend als Luftkurort geschätzte Gegend im Jahre 1804 durch eine Chaussee erschlossen worden war, sind hier etliche repräsentative Neubauten entstanden.[1]

Die früheste Angabe der »swartzinburg« im Zusammenhang mit der Grenzbeschreibung das Orlagaus soll aus einer Urkunde des Erzbischofs ANNO II. VON KÖLN aus dem Jahre 1071 stammen. Diese lediglich aus einer vermutlich im 12. Jahrhundert verfassten Kopial-Aufzeichnung bekannte Notiz ist der erste, jedoch unsichere Hinweis auf eine solche Burg.[2] Durch den sich wohl 1123 erstmals nach der Schwarzburg benennenden Grafen SIZZO (reg. 1109 – 1160) kann sein Grafengeschlecht urkundlich sicher nachweisbar mit diesem befestigten Bergsporn im Schwarzatal in Verbindung gebracht werden.[3] SIZZO folgte damit einer Gepflogenheit des Adels seiner Zeit, sich nach seiner (Haupt-)Burg zu benennen.[4] Das nur wenige Kilometer südwestlich von Schwarzburg gelegene Sizzendorf – heute Sitzendorf – soll sich mit seinem Namen auf diesen Grafen beziehen. Der Ortsname lässt vermuten, dass das Dorf unter seiner Protektion gegründet worden war.[5]

Die Schwarzburg ist damit der älteste, durch seine identische Namensgebung hervorgehobene Stützpunkt schwarzburgischer Dynastieentfaltung. Sie ist spätestens seit der ersten Hälfte des 12. Jahrhunderts im Besitz des Grafengeschlechtes bzw. in dieser Zeit von ihm errichtet worden und als unmittelbares Reichslehen die für das gesamte Adelshaus statusstiftende Stammburg. Sie blieb – abgesehen vom kurzzeitigen Besitz des sächsischen Kurfürsten, 1448 bis 1453, sowie vom angeblichen Erbanspruch am einst schwarzburg-leutenbergischen Teil durch die ERNESTINER,[6] 1564 bis 1567 – stets in schwarzburgischen Händen. Nie soll die Schwarzburg belagert oder (militärisch) bezwungen worden sein. Erst 1940 verloren die letzten schwarzburgischen Nachfahren die Anlage durch Entzug des zuvor lebenslang gewährten Wohnrechtes seitens der nationalsozialistischen Machthaber.

Bei den Schwarzburgern handelte es sich um eines der ältesten Adelsgeschlechter im thüringischen Raum, zunächst mit Rufnamen GÜNTHER, deren bislang im 8. Jahrhundert vermuteten Ursprünge jüngst mit einer wissenschaftlich geknüpften Argumentationskette bis in diese Zeit der christlichen Missionierung zurückverfolgt werden konnten.[7] Das zunächst vorwiegend im nördlichen Thüringer Wald begüterte Grafenhaus stammte von dem sich nach den beiden Stammburgen Schwarzburg und Käfernburg benennenden, 1221/22 endgültig geteilten Gesamthause ab. Im 13. und 14. Jahrhundert kam es zu weiteren Aufteilungen in bis zu sieben schwarzburgische Teilgrafschaften, wobei die Schwarzburg selbst Hauptort jeweils nur eines Landesteiles blieb.[8] In diese

Schwarzburg. Dorf und Schloss
Lageplan, Zustand vor 1940
*Jörg Hoffmann, 2008*

Zeit fallen die wenigen bekannten, hier durch schwarzburgische Grafen erfolgten Beurkundungen: 1246, 1265, 1266, 1273[9], 1294 (?), 1301 (?)[10], 1304[11], 1306[12], 1321[13]. Nach der endgültigen Teilung in die Schwarzburg-Schwarzburger und die Schwarzburg-Blankenburger Linie – angeblich 1274 oder 1275, spätestens jedoch 1285[14] – war die Schwarzburg der Hauptsitz des schwarzburg-schwarzburgischen Dynastieteiles bzw. eines seiner Verästelungen. Für den weiteren herrschaftlichen Status und die Nutzung als Hauptort gibt es kaum archivalische Hinweise.

Spätestens in der ersten Hälfte des 14. Jahrhunderts muss ein erheblicher Ausbau des Burgkomplexes stattgefunden haben, zu dem mehrere herrschaftliche Wohngebäude, Saalbauten, eine Kapelle, Bedienstetenunterkünfte, Wirtschaftseinrichtungen und zahlreiche Verteidigungsanlagen gehörten. Die vagen Kenntnisse über den einstigen Zustand der Burg sind allein durch eine spätere Bestandsbeschreibung[15] belegt; wann und wie konkrete Baumaßnahmen stattgefunden haben, ist völlig unbekannt.

Aufgrund der nach althergebrachten Teilungsmethoden im 14. Jahrhundert zunehmenden Verzweigung des Grafenhauses, bei der immer mehr Regenten am Herrschaftsbereich partizipieren wollten, war von 1370/71 bis 1382 auch die Schwarzburg selbst zweigeteilt.[16]

Die SCHWARZBURG-SCHWARZBURGER, die außer über den Stammsitz zeitweilig auch über die Grafensitze Wachsenburg, Leutenberg, Ilmenau, Leuchtenburg und Niederkranichfeld verfügten, starben mit ihrem letzten (schwarzburg-leutenbergischen) Zweig im Jahre 1564 aus. Die Nachfahren der SCHWARZBURG-BLANKENBURGER, die längst ihren Stammsitz Blankenburg zugunsten von Residenzen innerhalb ihrer Neuerwerbungen aufgegeben hatten, setzten das Grafenhaus bis in die Neuzeit hinein fort. In der Mitte des 14. Jahrhunderts konnten die Regenten dieser Linie durch Zukauf und Erbschaft zahlreiche Erwerbungen an der Hainleite tätigen und nannten sich nach diversen Teilungen entsprechend ihren Aufenthalts- oder Residenzorten in Blankenburg, Arnstadt, Sondershausen, Ranis, Frankenhausen, Saalfeld und Pößneck. Fortan gliederte sich das Territorium der Schwarzburger in eine in Nordthüringen befindliche Unterherrschaft und eine in Süd- und Ostthüringen gelegene

Johann Alexander Thiele, Prospekt der Schwarzburg von Norden, Öl auf Leinwand, 1736   *Schlossmuseum Sondershausen Kb 428*

Oberherrschaft, von denen zuletzt die SCHWARZBURG-RUDOLSTÄDTER und SCHWARZBURG-SONDERSHÄUSER über je einen Anteil verfügten. Infolgedessen sind die einstigen Residenzorte der 1697/1710 in den Reichsfürstenstand aufgenommenen Grafen wie bei kaum einer anderen Dynastie über Thüringen verstreut.

Nicht ganz unproblematisch ist die statusrechtliche Einordnung des Stammsitzes Schwarzburg hinsichtlich der Residenzbaukultur der gleichnamigen Grafen und späteren Fürsten. Die Schwarzburg ist nie zu einer neuzeitlichen Residenz aufgestiegen. Vielleicht aus der Bedeutung des Stammsitzes und seiner unmittelbaren Lehnabhängigkeit vom Reich konnte sich hier keine eigenständige Residenz einer schwarzburgischen Teillinie etablieren. Auch entsprach der Ort, wo die SCHWARZBURGER nie eine Stadt gründeten, topographisch und infrastrukturell nicht den neuzeitlichen Ansprüchen an eine Residenz. Bislang findet sich in der Literatur immer wiederkehrend die falsche Darstellung, der frühe, mittelalterliche Residenzstatus der Schwarzburg sei in der zweiten Hälfte des 16. Jahrhunderts unmittelbar auf Rudolstadt übergegangen. Doch existiert kein kausaler Zusammenhang zwischen der Erhebung Rudolstadts zur Residenz, 1570/71, und einem angeblichen Verlust dieses Status der Schwarzburg in jener Zeit. Tatsächlich hatte die Schwarzburg ihre Funktion als landesherrlicher Hauptsitz mit dem Erlöschen der besitzenden schwarzburg-schwarzburgischen Linie Mitte des 15. Jahrhunderts endgültig verloren: Der letzte Regent dieser Linie, GÜNTHER XXXII. (reg. 1407 – 1450), verpfändete 1418 seine eigentliche Hauptburg an seine schwarzburg-arnstadt-sondershäusischen Vettern[17] und verkaufte sie nach Wiedereinlösung 1448 an den Kurfürsten FRIEDRICH II. VON SACHSEN (1412 – 1428 – 1464).[18] Mit Waffengewalt wurde im bereits schwelenden Schwarzburgischen Hauskrieg (1447 – 1451) das Verkaufte von den schwarzburgischen Vettern zurückerstritten und 1453 – ähnlich wie 1370 – unter diesen Grafen der nur noch zwei bestehenden Linien SCHWARZBURG-ARNSTADT-SONDERSHAUSEN (HEINRICH XXVI., 1418 – 1444 – 1488) und SCHWARZBURG-LEUTENBERG (HEINRICH XXV., 1412 – 1440 – 1463) aufgeteilt.[19] Spätestens seit dieser Zeit befand sich die Schwarzburg stets im Besitz von an anderen Orten residierenden Regenten, weshalb die für vor-

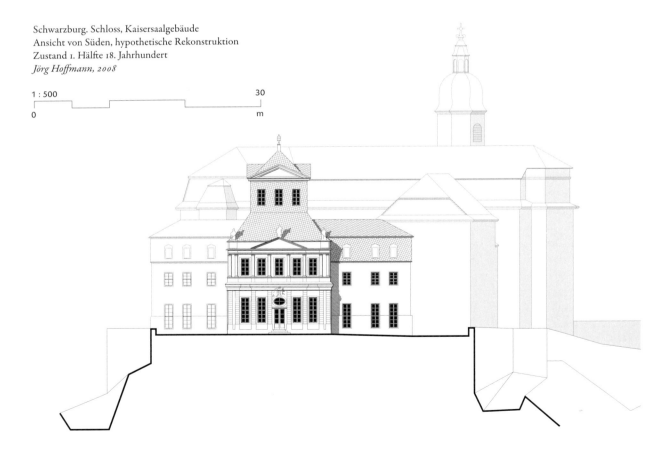

Schwarzburg. Schloss, Kaisersaalgebäude
Ansicht von Süden, hypothetische Rekonstruktion
Zustand 1. Hälfte 18. Jahrhundert
*Jörg Hoffmann, 2008*

angegangene Generationen hier nachweisbare Nutzung als landesherrlicher Hauptort nun nicht mehr angenommen werden kann.[20] Mit dem Aufgeben Schwarzburgs als Haupt- blieb es allein beim Amtssitz, der erstmals 1465 archivalisch nachweisbar ist.[21]

Fortan – und bis 1918 – war Schwarzburg ausschließlich Nebensitz schwarzburgischer Regenten, zunächst aber der beiden verbliebenen Linien SCHWARZBURG-ARNSTADT-SONDERSHAUSEN und SCHWARZBURG-LEUTENBERG.

In der zweiten Hälfte des 15. Jahrhunderts und im 16. Jahrhundert nutzten diese Grafen, die einen mehr oder weniger großen Besitzanteil an der Schwarzburg hatten, die Anlage zu regelmäßigen Besuchen, offenbar vorrangig zum Zwecke von Jagdvergnügungen oder familiären Treffen.[22] Manche inner-dynastische Anliegen dürften hier zur Sprache gekommen sein. Die schwarzburg-leutenbergischen Regenten verpfändeten ihren Teil an der Schwarzburg zwischen 1482 und 1536 mehrfach an ihre schwarzburg-arnstadt-sondershäusischen Vettern.[23]

Bautätigkeiten auf dem nunmehrigen Nebensitz, mit denen man bereits Ende des 15. Jahrhunderts begonnen hatte, werden erst mit der im Schwarzburgischen üblicherweise um 1500 einsetzenden Überlieferung von Amtsrechnungen greifbar.[24] Auf der Schwarzburg hatte HEINRICH XXVI. im Jahre 1483 einen Kapellenneubau errichten lassen. Nicht nur hier, sondern ebenso in seinen Residenzschlössern Arnstadt und Sondershausen ist der Regent in dieser Zeit mit etlichen Altar- und Kapellenstiftungen nachweisbar.[25] Auch in der zweiten Hälfte des 16. Jahrhunderts fanden zahlreiche bauliche Aktivitäten auf dem einstigen Stammsitz statt. Der allmähliche Wandel der Schwarzburg von der Burg zum Schloss begann mit der Errichtung von zwei neuen herrschaftlichen Wohngebäuden an Stellen vorhanden gewesener Kemenaten und unter teilweiser Verwendung von deren Bausubstanz. Der (östliche) sogenannte Leutenberger Flügel entstand um 1548, der schwarzburg-arnstadt-sondershäusische Westflügel – das später verbliebene Hauptgebäude – wohl um 1559.[26] Die Gebäude der Schlossanlage präsentierten sich nun im zeitgemäßen Antlitz; ihre Satteldächer waren von Zwerchhäusern bekrönt.[27]

Der Letzte der SCHWARZBURG-LEUTENBERGER, PHILIPP II. (um 1540 – 1559 – 1564), soll den ERNESTINERN 1563/64 gegen Schuldenübernahme die Erbfolge an seinem Anteil der Herrschaft Schwarzburg eingeräumt haben, wodurch das Stammhaus der Dynastie SCHWARZBURG neuerlich fast verloren gegangen wäre. Jedoch

Wappen aus dem Stammbuch des Grafen
Wilhelm von Schwarzburg-Frankenhausen, 1566
*ThStAR, Sammlung A XIII,
gräfliche und fürstliche Nachlässe A XIII 2 Nr. 6*

konnten die Regenten der einzig verbliebenen Linie SCHWARZBURG-ARNSTADT-SONDERSHAUSEN – GÜNTHER XLI. DER STREITBARE (1529 – 1552 – 1583) und JOHANN GÜNTHER I. (1532 – 1552 – 1586) – den einst schwarzburg-leutenbergischen Teil von Schloss und Herrschaft im Jahre 1567 zurückgewinnen. In den Erbstreitigkeiten der nun unter diesen und ihren zwei weiteren schwarzburg-arnstadt-sondershäusischen Brüdern geeinten Grafschaft wird auch die Schwarzburg erwähnt: Auf das Argument WILHELMS (1534 – 1570/71 – 1598) – des späteren Grafen von Schwarzburg-Frankenhausen –, auch Schwarzburg sei ein gräflicher und sogar der vornehmste Wohnsitz, wurde ihm von seinen Brüdern entgegengehalten, dieser sei nicht entsprechend eingerichtet.[28] Mit dem als temporäre Erbregelung zwischen den vier

Brüdern vorgesehenen Speyerer Vertrag von 1570 gelangte die Schwarzburg an die über die Oberherrschaft regierende Linie SCHWARZBURG-ARNSTADT-RUDOLSTADT.²⁹ Bei einer weiteren Separierung unter deren Regenten im Jahre 1574 wurde die Schwarzburg wieder geteilt; der Schwarzburg-Rudolstädter Graf ALBRECHT VII. (1537 – 1570/71 – 1605) überließ seinen Anteil gegen Ausgleichszahlung dem Schwarzburg-Arnstädter Bruder GÜNTHER XLI.³⁰

Nach seinem Tode fiel die Schwarzburg 1584 schließlich an die Linie SCHWARZBURG-RUDOLSTADT und verblieb bis 1918 in deren herrschaftlichem Besitz. Anfang des 17. Jahrhunderts erforderten die Temporalteilungen zwischen drei Schwarzburg-Rudolstädter Grafenbrüdern neue Residenzen. Da ein in Stadtilm vorgesehenes »neues [...] Schloßgebeude«³¹ erst errichtet werden musste, diente die Schwarzburg einem der Brüder, ALBRECHT GÜNTHER (1582 – 1612 – 1634), zwischen 1612 und 1624 als provisorischer Grafensitz.³²

Während des Dreißigjährigen Krieges (1618 – 1648) war die Schwarzburg gräflicher Zufluchtsort in der Oberherrschaft. Durch den Grafen ALBERT ANTON VON SCHWARZBURG-RUDOLSTADT (1641 – 1662 – 1710) wurde sie 1664 aufgrund einer angeblich drohenden osmanischen Invasion und entsprechend reichsrechtlicher Verpflichtungen als Festung ausgebaut. Überhaupt fand durch diesen Regenten ein reger Um- und Neubau landesherrlicher Schlösser statt, außer der Schwarzburg in Stadtilm, Leutenberg, Paulinzella, Neuhaus am Rennweg, Frankenhausen und auf dem Rathsfeld. Wie auf den meisten seiner Jagd- und Nebensitze ließ der Graf 1683 auch auf der Schwarzburg die Schlosskapelle neu ausstatten,³³ wovon heute lediglich noch ein Bestandsverzeichnis zeugt.

Wohl bereits während der Baumaßnahmen an der nunmehrigen Festung war das Interesse der SCHWARZBURG-RUDOLSTÄDTER am einstigen Stammhaus gleichsam als Inkarnationsort ihrer dynastischen Legitimation erwacht. Als dieser wurde die Anlage zum bevorzugten Nebensitz ausgebaut. Vor allem die Aufnahme in den Reichsfürstenstand gilt als Impuls, dass sich die Dynasten hier herrschaftlich-baulich artikulierten.³⁴

Zwei Schlossbrände – 1695 und 1726 – konnten den Baueifer nicht brechen. Den Amtssitz Schwarzburg hatte

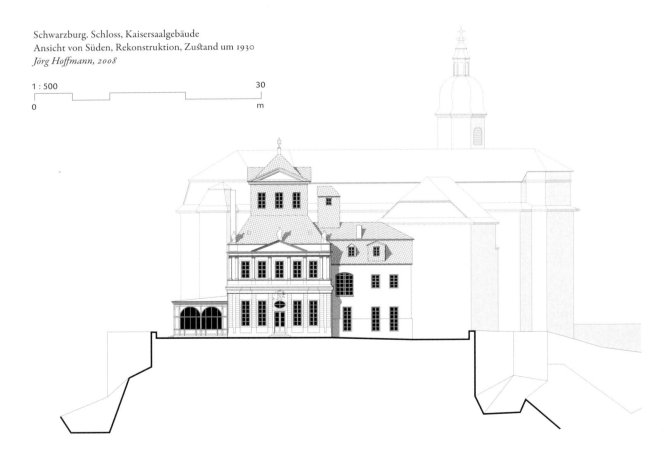

Schwarzburg. Schloss, Kaisersaalgebäude
Ansicht von Süden, Rekonstruktion, Zustand um 1930
*Jörg Hoffmann, 2008*

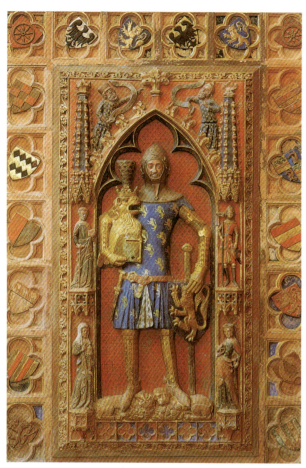

Grabmal Günther XXI. von Schwarzburg-Arnstadt im St. Bartholomäus-Dom in Frankfurt / M.

man hingegen bereits um 1668 aufgegeben und nach Königsee verlegt.[35]

Ein Ende des 17. Jahrhunderts ursprünglich als Gartenhaus erneuerter Pavillon, dessen Plafond den Gründungsmythos der Schwarzburger wiedergibt, wurde zwischen 1713 und 1719 zu einer Art »Ahnentempel« umgewidmet (vgl. Abb. Kaisersaalgebäude, Zustand 1. Hälfte 18. Jahrhundert, S. 14). Inmitten des Stammsitzes musste er seitdem für manche dynastische Bestätigung herhalten, wobei die historischen Fakten gelegentlich Mythenbildungen zum Opfer fielen. Dem architektonisch mit diesem, später sogenannten Kaisersaalgebäude untermauerten Anspruch tat es dabei keinen Abbruch, dass das Bauwerk sowohl statisch-konstruktiv als auch ästhetisch manche Mittelmäßigkeit offenbart: Es ist in Kubatur und Fassadengestaltung ein schematisch zusammengefügtes Gebilde aus damals bekannten architektonischen Versatzstücken. Der kastenförmige Mittelbau stellt ein nur schwaches Abbild zeitgenössischer Kuppelbauten dar. Hier wurde die Verwirklichung der Bauidee zu sehr vom konstruktiv Möglichen diktiert. Überdies hat das Gebäude 1776 seinen westlichen Trakt aufgrund konstruktiver Mängel und entsprechender Schäden eingebüßt. Die Ikonographie der Innenausstattung mit Einreihung des schwarzburgischen Vorfahren GÜNTHER XXI., Grafen VON SCHWARZBURG-ARNSTADT (1304 – 1326 – 1349), in eine Folge, »In welche[r] alle Kayser von Julio Caesare, bis den jezigen Kayser Carol: [...] 48. in Lebensgröße auf Leinwand, und 100. Kayser in Fresco gemahlet.«[36], verrät manches über das Standesbewusstsein und die ideologische Quelle des dynastischen Selbstverständnisses der schwarzburgischen Bauherrengeneration um den gerade erst in den Reichsfürstenstand aufgenommenen LUDWIG FRIEDRICH I., FÜRSTEN VON SCHWARZBURG-RUDOLSTADT (1667 – 1710 – 1718), aber auch seiner Nachfahren.[37] GÜNTHERS XXI. Stammsitz war die Schwarzburg, die sich längst im Besitz eines anderen Familienzweiges befunden hatte, jedenfalls nie gewesen. Auch handelte es sich bei diesem Schwarzburger, der sich als Gegenkönig des politisch wesentlich geschickter agierenden Luxemburgers KARL IV. (1316 – 1378) letztlich nur wenige Monate auf dem Thron hatte halten können, keineswegs um einen Grafen VON SCHWARZBURG-BLANKENBURG, wie von der schwarzburgischen Eigengeschichtsschreibung bislang stets übernommen worden war. Tatsächlich sind keine Primärquellen zu finden, in denen sich GÜNTHER XXI. während seines unglücklichen Griffes nach der Königskrone als Herr ZU BLANKENBURG benannt hätte. Der sich bis 1330 gewiss nach diesem Stammsitz seines Vaters titulierende Regent trat anschließend und insbesondere während seiner kurzen königlichen Regentschaft im Jahre 1349 stets als »Herr zu Arnstadt« auf.[38] Arnstadt war zu dieser Zeit der bedeutendste schwarzburgische Hauptort (und hätte eine königliche Residenz werden können).[39]

Nicht nur die Einrichtung des Kaisersaales als Ahnendenkmal, sondern ein Ausbau Schwarzburgs zur Residenz ist für die Zeit um 1700 zumindest als Vorhaben überliefert. Es folgte die bedeutendste neuzeitliche Umgestaltung der Schlossanlage, wodurch sie das bis zu ihrer Teilzerstörung in den 1940er Jahren bestandene Antlitz erhalten hatte, das heute den am sichersten rekonstruierbaren Zustand darstellt und noch immer gleichsam symbolhaft für die gesamte Baugeschichte der Schwarzburg steht. Vor allem das erneuerte westliche Hauptgebäude und die im rechten Winkel dazu errichtete Schlosskirche[40] bestimmten seitdem den Habitus der Anlage.⁴¹ Die Pläne LUDWIG FRIEDRICHS I., die Residenz von Rudolstadt nach Schwarzburg zu verlegen und aus der Stammburg ein »schwarzburgisches Versailles« zu kreieren, waren wohl vor allem in finanzieller Hinsicht utopisch und blieben schließlich unverwirklicht.⁴² Zumindest aber hat man ein Erbbegräbnis in Schwarzburg eingerichtet, in dem von LUDWIG FRIEDRICH I. bis FRIEDRICH CARL, FÜRST VON SCHWARZBURG-RUDOLSTADT (1736 – 1790 – 1793), alle schwarzburg-rudolstädtischen Regenten beigesetzt wurden. Der tatsächliche Status der Anlage (mit Erbbegräbnis) und ihre bauliche Ausgestaltung (mit dem größten verwirklichten Sakralbau innerhalb schwarzburgischer Schlosskomplexe) ließen die Schwarzburg zu mehr werden, als nur zu einer Nebenresidenz. Seit dem 18. Jahrhundert sind regelmäßige Aufenthalte der Rudolstädter Herrscher auf dem Sommer- und Jagdsitz Schwarzburg belegt, die diesen vorzugsweise zu besonderen familiären (Geburtstage, Hochzeiten, Trauerfeiern) oder landespolitischen Anlässen (Erbhuldigungen) aufsuchten.

In den 1870er und 1890er Jahren hatte die Schlossanlage nach zwischenzeitlicher Vernachlässigung neuerlich den Vorzug der schwarzburg-rudolstädtischen Regenten als Sommersitz gefunden.⁴³ Die entsprechenden Baumaßnahmen an Kirche, Haupt- und Kaisersaalgebäude beschränkten sich dabei auf eine im Stile des Historismus ausgeführte Erneuerung des Inneren bei weitgehender Beibehaltung des Äußeren, wo man es bei einem Anstrich und einer zeitüblich erdgeschossigen Begrünung der Fassaden beließ. Lediglich in die Substanz des nun als familiären Gemeinschaftsbereich bevorzugten Kaisersaalgebäudes hat man mit einem hochaufragenden Rauchschlot, einem großzügigen Fensterdurchbruch an der südlichen Fassade, einem Wärtertürmchen und einem Wintergartenanbau erneut respektlos eingegriffen (vgl. Abb. Ansicht Kaisersaalgebäude, Zustand um 1930, S. 16). War es wohl kaum die Intension der Bauherren, so konnte das längst seiner Symmetrie beraubte Bauwerk in seiner nun scheinbar freien Addition von Einzelbaukörpern doch einem zeitgenössisch-romantischen, vor allem großbürgerlichen Villenideal entsprechen. Hier war durch Pragmatismus eine Architektur entstanden, die bei vielen zeitgenössischen Neubauten planerische Absicht war.

Dass bei einer ikonographischen Neuausstattung des Gebäudes durch vier Gemälde mit Kaiserdarstellungen⁴⁴ Graf GÜNTHER XXI. VON SCHWARZBURG-ARNSTADT wieder einen Platz gefunden hat, jedoch einer der bedeutendsten deutschen Kaiser des europäischen Spätmittelalters – KARL IV., bekanntlich der Kontrahent GÜNTHERS XXI. – unberücksichtigt blieb, zeugt von

Kaisersaalgebäude

Kirchturm

der noch immer geschichtsklitternden Funktion des Gartenhauses und der gesamten einstigen Stammburg. Dass man den Figuren die Gesichtszüge schwarzburg-rudolstädtischer Fürsten des 19. Jahrhunderts verlieh, zeugt von einem fast ins Lächerliche getriebenen Versuch, bildhafte Parallelen sowohl zu eigenen Ahnen als auch zum neuen Deutschen (Kaiser-)Reich zu ziehen.

Im Jahre 1918 dankte GÜNTHER VICTOR, FÜRST VON SCHWARZBURG-RUDOLSTADT UND SONDERSHAUSEN (1852–1890–1918–1925), von der Schwarzburg aus ab, die ihm weiterhin zur freien Verfügung stehen sollte. Damit schließt sich der Kreis schwarzburgischer Hauptortgeschichte zwischen 1123 und 1918 in Schwarzburg.

Nach dem Tode GÜNTHERS wurde die Anlage von seiner Witwe ANNA LUISE (1871–1951), geb. VON SCHÖNBURG-WALDENBURG, bewohnt, bis sie ihr Wohnrecht schließlich 1940 gegen finanzielle Entschädigung an die nationalsozialistische Regierung abtreten musste, die das Schloss zu einem Reichsgästehaus umbauen wollte.[45] Bis dahin hatten die Abgedankten auf der Schwarzburg von der Substanz (vor allem ihrer *Günther-Stiftung*) gelebt, um ein postaristokratisches Leben aufrechtzuerhalten; bereits in dieser Zeit verliert sich die Spur von manchem schwarzburgischen Kunstgegenstand im Antiquitätenhandel.[46]

Den nationalsozialistischen Machthabern ist es hier indes wahrlich gelungen, eine Art Schlussstrich zu ziehen; das zeitüblich größenwahnsinnig begonnene Projekt hat nichts als Trümmer hinterlassen (vgl. Abb. Lageplan, Zustand 2008, S. 72; vgl. Abb. Ansicht von Osten, Zustand 2008). Obwohl ein Großteil des Bestandes der Schwarzburg abgebrochen und selbst das stehen gebliebene Hauptgebäude entkernt worden war, hat man die wenig homogene, von zahlreichen Wandlungen gezeichnete Struktur des Schlosses als Motiv aufgegriffen. Die vorgefundene Grundrissstruktur der Baukörper, auch die von komplett abzubrechenden Gebäudeteilen, sollte weitgehend beibehalten bzw. übernommen werden. Eine pseudo-barocke Vereinheitlichung der Dächer und Fassaden war beabsichtigt. Dass statisch-konstruktiv Bestehendes buchstäblich aus dem Gleichgewicht zu geraten drohte, als man dem jahrhundertealten Baukomplex das neue Funktionsprogramm aufzwingen wollte, ist aus der Unmenge an Stahl erkennbar, die im Hauptgebäude verbaut wurde. Auch dieser Irrsinn verursachte schon bald das Stagnieren des Baufortschrittes, nachdem die Materialressourcen nicht mehr für solche, kaum kriegsentscheidenden Arbeiten in Anspruch genommen werden konnten; ganz zu schweigen ist vom Leid der über 170 Zwangsarbeiter, die der Baumaßnahme zugeteilt worden waren. Allein der Reihenfolge im Bauablaufplan ist es zu

Schwarzburg. Hauptgebäude, Kaisersaal- und Kastellangebäude
Ansicht von Osten, Zustand 2008
*Jörg Hoffmann, 2008*

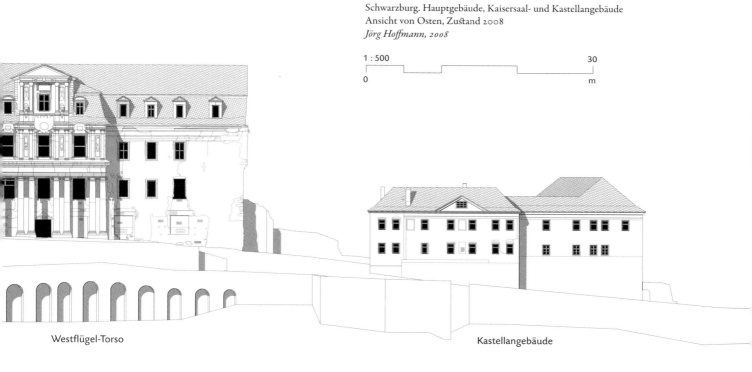

Westflügel-Torso　　　　　　　　　　Kastellangebäude

verdanken, dass das ebenfalls zum Abbruch bestimmte Kaisersaalgebäude erhalten geblieben ist.

Derart geschunden bietet die Schlossanlage noch immer einen imposanten Anblick. Das mächtige westliche Hauptgebäude, das zuletzt im 18. Jahrhundert wesentlich modernisiert worden war, besetzt den schmalen Bergkamm und verbindet sich mit der zerklüfteten Landschaft in besonders pittoresker Weise. Der Schwarzburg mit dem erneuerten Hauptgebäude einst gleichsam ein Stadtpalais aufgesetzt zu haben, zeugt von statisch-konstruktiver Kühnheit und einem gewissen Selbstbewusstsein der Schwarzburg-Rudolstädter Bauherren im Umgang mit den architektonisch-formalen Vorgaben anderer Höfe. Auch betonte die auf Alter und Herkunft hinweisende alte Burgstelle maßgeblich den Status des Adelsgeschlechtes, auf den sich insbesondere die SCHWARZBURGER gern beriefen.

Wie kaum ein anderes ihrer einst landesherrlichen Schlösser birgt die Schwarzburg scheinbar ein so offensichtliches Potential für eine Wiederverwendung. Nach gründlicher baukonstruktiver Voruntersuchung erwies sich das finanzielle Wagnis, das am ausgehöhlten Hauptgebäude für eine Restaurierung eingegangen werden muss, stets als zu erheblich.[47] Lediglich das Kaisersaalgebäude wurde in den 1960er Jahren restauriert und wird seitdem als Museum genutzt (vgl. Abb. Ansicht Kaisersaalgebäude, Zustand 2008). Künftig soll selbiges auch für das hiesige Zeughaus erfolgen. Das notgesicherte Hauptgebäude harrt indessen noch einer angemessenen Verwendung.

### ANMERKUNGEN

**1.** Vgl. HESSE, Ludwig Friedrich: Schwarzburg. – In: Thüringen und der Harz, mit ihren Merkwürdigkeiten, Volkssagen und Legenden, Bd. II, Sondershausen 1840, S. 225–242.
**2.** Vgl. PATZE, Hans: Politische Geschichte im hohen und späten Mittelalter. – In: Geschichte Thüringens, hrsg. v. Hans Patze u. Walter Schlesinger, Bd. 2/1, Köln 1974, S. 1–214, hier S. 409 (Anmerkungen zu S. 147); DOBENECKER, Otto: Regesta diplomatica necnon epistolaria historiae Thuringiae, Bd. I, Jena 1895, Nr. 893.
**3.** Vgl. DOBENECKER 1895 (wie Anm. 2), Nr. 1176.
**4.** Vgl. EBERL, Immo: Die frühe Geschichte des Hauses Schwarzburg und die Ausbildung seiner Territorialherrschaft. – In: Thüringen im Mittelalter. Die Schwarzburger, Rudolstadt 1995 (= Beiträge zur schwarzburgischen Kunst- und Kulturgeschichte; 3), S. 91.

Schwarzburg. Schloss, Kaisersaalgebäude
Ansicht von Süden, Zustand 2008
*Jörg Hoffmann, 2008*

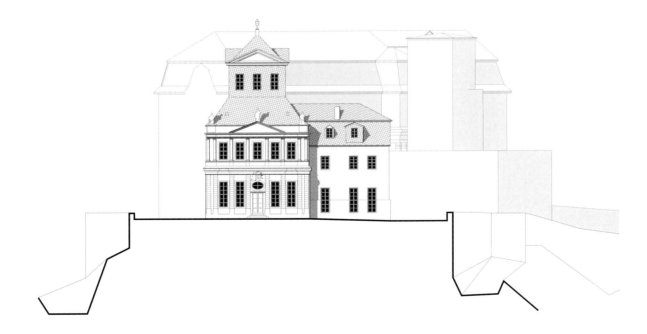

5. Vgl. PATZE, Hans (Hrsg.): Handbuch der historischen Stätten Deutschlands, 2. Aufl., Stuttgart 1989, S. 395.
6. ThStAR, Nachlass Berthold Rein, Nr. 88, Schloss Leutenberg und die Grafen von Leutenberg, Quellenauszüge, Manuskript: REIN, Berthold: Der letzte Graf von Leutenberg, 1927.
7. Vgl. WITTMANN, Helge: Zur Frühgeschichte der Grafen von Käfernburg-Schwarzburg. – In: ZVTG 51 (1997), S. 6 – 59.
8. Vgl. hierzu und zu Folgendem HOFFMANN, Jörg: Schwarzburgische Residenzen (Diss.), Weimar 2008.
9. Vgl. DOBENECKER, Otto: Regesta diplomatica necnon epistolaria historiae Thuringiae, Bd. III, Jena 1925, Nachtrag Nr. 79, Nr. 3247, Nr. 3505 sowie Bd. IV, Jena 1939, Nr. 898.
10. Vgl. HESSE 1840 (wie Anm. 1), S. 230.
11. HERZ, Hans: Die Kanzlei der Grafen von Käfernburg-Schwarzburg von ihren Anfängen bis zur Mitte des 14. Jahrhunderts. Eine paläographisch-diplomatische Untersuchung (Diss.), Halle 1963, S. 196, mit Quellenangabe: ThStAR, Sondershäuser Urkunden, Reg. Nr. 269.
12. Ebenda, S. 199, mit Quellenangabe: Archiv des Domstifts Erfurt, Urkunden, Nr. 239.
13. Vgl. SCHMIDT, Berthold: Urkundenbuch der Vögte von Weida, Gera und Plauen, sowie ihrer Hausklöster Mildenfurth, Cronschwitz, Weida und z. h. Kreuz bei Saalburg, Bd. I, Jena 1882, Nr. 516.
14. Zweifelhaft ist die von Paul Jovius überlieferte Teilung nach dem Tode Günthers V. (gest. 1274 o. 1275), bei der es sich vermutlich lediglich um eine Mutschierung gehandelt hat. Denn auch nach 1275 traten die angeblich teilenden Söhne Günther IX. (reg. 1275 – 1289) und Heinrich V. (reg. 1275 – 1285) – allein oder gemeinsam handelnd – urkundlich fast ausnahmslos als Grafen von Schwarzburg auf. JOVIUS, Paul: Chronicon Schwarzburgicum. – In: Diplomataria et scriptores historiae Germanicae medii aevi, Bd. I, Altenburg 1753, S. 304; DOBENECKER, Otto: Regesta diplomatica necnon epistolaria historiae Thuringiae, Bd. IV, Jena 1939, Nr. 1159, 1188, 1223, 1274, 1322, 1325, 1337 ff., 2264.
15. Vgl. ThStAR, Archivum Commune Nr. 141: Teilungsvertrag Schwarzburg, 1371. Siehe außerdem den Beitrag von Jörg Hoffmann in diesem Buch, S. 45 – 75.
16. Vgl. ThStAR, Archivum Commune Nr. 139: Teilungsurkunde vom 19. November 1370; ebenda Nr. 141: Teilungsvertrag Schwarzburg vom 24. April 1371.
17. Vgl. ANEMÜLLER, Ernst: Urkundenbuch des Klosters Paulinzelle. 1068 – 1534, Jena 1889/1905, Nr. 346.
18. Vgl. ebenda, Nr. 426, 427, 428.
19. Vgl. ThStAR, Hessesche Collectaneen A VIII 3c Nr. 1, Bd. 4, Bl. 288.
20. Vgl. HOFFMANN 2008 (wie Anm. 8), Bd. I, S. 270.
21. Vgl. HERZ, Hans: Die Grafen von Schwarzburg von den Anfängen bis zur Bildung der Grafschaft Schwarzburg-Rudolstadt 722 – 1599. – In: Die Grafen von Schwarzburg-Rudolstadt. Albrecht VII. bis Albert Anton, Rudolstadt 2000, S. 28; vgl. auch ThStAR, Geheimes Archiv (Restbestand) E V 4 Nr. 24.
22. Zahlreiche nachgewiesene Aufenthalte von gräflichen Familienmitgliedern auf der Schlossanlage in dieser Zeit zeugen von der entsprechenden Verwendung der Schwarzburg. – Vgl. Hoffmann 2008 (wie Anm. 8), Bd. I, S. 275.
23. Siehe hierzu den Beitrag von Hans Herz in diesem Buch, S. 23 – 43.
24. Vgl. ThStAR, RS 112-420, Schlossbau-Rechnungen Schwarzburg, 1500 – 1538. Siehe außerdem den Beitrag von Lutz Unbehaun in diesem Buch, S. 91 – 115.
25. Vgl. HOFFMANN 2008 (wie Anm. 8), Bd. I, S. 272 und S. 331.
26. Vgl. ebenda, S. 275 f.
27. Am Hauptgebäude ist dies durch die Ansicht der Schwarzburg von 1716 nachweisbar (lediglich als Photokopie nach einem verschollenen Original im TLMH überliefert). Auch am Leutenberger Flügel ist kaum eine andere als eine derartige Gestalt des Daches vorstellbar, das vermutlich durch den Brand von 1695 zerstört wurde.
28. Vgl. HERRMANN, Kurt: Die Erbteilungen im Hause Schwarzburg (Diss.), Halle 1920, S. 74.
29. Vgl. ThStAR, Kanzlei Frankenhausen B VIII 4a Nr. 6: »Speirer Vertrag«, 1570.
30. Vgl. ebenda B VIII 4c Nr. 4: Erbteilung der Oberen Herrschaft, 1574.
31. Ebenda, Kammerkasse Rudolstadt, 1616/17.
32. Vgl. BEGER, Jens: Albrecht Günther. – In: Die Grafen von Schwarzburg-Rudolstadt. Albrecht VII. bis Albert Anton, Rudolstadt 2000, S. 114 – 116.
33. Vgl. HOFFMANN 2008 (wie Anm. 8), Bd. I, S. 339.
34. Siehe hierzu den Beitrag von Lutz Unbehaun in diesem Buch, S. 91 – 115.
35. Vgl. HESS, Ulrich: Geschichte der Staatsbehörden in Schwarzburg-Rudolstadt, Jena 1994, S. 142.
36. ThStAR, Rudolstädter Schlossarchiv B XI Nr. 4: Inventar Schloss Schwarzburg, 1719.
37. Siehe hierzu den Beitrag von Helmut-Eberhard Paulus in diesem Buch, S. 183 – 201.
38. Vgl. KÜHN, Margarete: Constitutiones et acta publica imperatorum et regum. 9. Bd. Dokumente zur Geschichte des Deutschen Reiches und seiner Verfassung. 1349 [Graf Günther von Schwarzburg], Weimar 1974.
39. Vgl. HOFFMANN 2008 (wie Anm. 8), Bd. I, S. 28.
40. Bei dem Sakralbau von einer Kirche zu sprechen, scheint seit der Mitte des 18. Jahrhunderts berechtigt, seitdem das Gebäude auch zum regelmäßigen Gottesdienst von der Dorfgemeinde verwendet wurde. Nicht die Größe des Bauwerkes und kaum die als Synonym gebrauchten Quellentermini »Schloßkapelle« und »Schloßkirche«, sondern allein die Funktionen des Gebäudes – nun nicht mehr allein als privat, sondern als öffentlich genutzter Sakralraum – sind ausschlaggebend für dessen namentliche Charakterisierung als Schlosskirche.
41. Siehe hierzu den Beitrag von Lutz Unbehaun in diesem Buch, S. 91 – 115.
42. Vgl. FLEISCHER, Horst: Ludwig Friedrich I. – In: Die Fürsten von Schwarzburg-Rudolstadt. 1710 – 1918, 3. Aufl., Rudolstadt 2001, S. 27.
43. Siehe hierzu den Beitrag von Jens Henkel in diesem Buch, S. 203 – 251.
44. Vgl. ebenda.
45. Vgl. KOCH, Alfred: Schloß Schwarzburg im 2. Weltkrieg. – In: RHH 5/6 (1996), S. 112 – 115 sowie RHH 7/8 (1996), S. 149 – 153. Siehe außerdem den Beitrag von Enrico Göllner in diesem Buch, S. 277 – 299.
46. Siehe hierzu den Beitrag von Jens Henkel in diesem Buch, S. 203 – 251.
47. Siehe hierzu den Beitrag von Irene Plein in diesem Buch, S. 349 – 367.

*Königsee*
*Die Rinne fl.*
*Unt.*
*Rosenbach*
*TATVS*
*Bro*
*Bol.*
*Scheib*
*Corbanck*
*Die Lag...be m*
*Ob Schelling*
*Aldendorf*
*Barick  Pech  fiei*
*Eydstorf*
*Oberham*
*Schwarzburg*
*Bier*
*In den Sorbitz Serbitz fl.*
*Mellenbach*
*Meisselbach*
*Schwartzburg Nid Weysbach*
*Dintelsberg*
*Rorbach*
*Zur Meu*
*Das Schlalat fl.*
*Weisbach*
*Rucheck*
*Poppenberg*
*Cursdorf*
*Tiesbach*
*Bosau fl.*
*Lichte fl.*
*Müllerberg*
*Die*
*Der Königsberg*
*HERSCHA*
*Lauduch m*
*In der Schwarzb...*

Hans Herz

# Von der Ersterwähnung bis zum Ende des Dreißigjährigen Krieges (1123 – 1648)

## Herrschaftssitz im Mittelalter (1123 – 1453)

Die Schwarzburg erregt unser besonderes Interesse, weil sie den Grafen und deren Herrschaftsgebiet über etwa acht Jahrhunderte ihren Namen gab. Die Ursprünge des alten Stammsitzes liegen in einer frühen Zeit begründet, aus der keine archäologischen Funde vorliegen und nur wenige schriftliche Quellen überliefert sind. So kann es kaum verwundern, dass einige Fragen offenbleiben und dass die Zeugnisse aus quellenarmer Zeit zu erneuten Abwägungen bisheriger Forschungsergebnisse herausfordern. Das bezieht sich auf die erste Erwähnung und Erbauung der Schwarzburg, denn damit beginnt schließlich ihre Geschichte. Ähnliches gilt für die Käfernburg östlich vor Arnstadt, nach der das ursprüngliche Geschlecht mit den beiden Sitzen als Grafen von Käfernburg-Schwarzburg bis zum Aussterben der erstgenannten Linie 1385 zu bezeichnen ist.

Der Name, mit dem die Schwarzburg identifiziert wird, begegnet uns erstmals in einer auf 1071 bezogenen Quelle, die Saalfeld und den Orlagau betrifft und in welcher »Swartzinburg« am Rande erscheint.[1] Dieses Datum wird häufig als Ersterwähnung der Burg in Anspruch genommen, selbst der Beginn der gräflichen Herrschaft in diesem Gebiet ist gelegentlich in dieser Zeit gesehen worden. Dagegen sind Einwände zu erheben, welche die Entstehung der Quelle, die überlieferte Namensform sowie weitergehende Annahmen, die daraus abgeleitet werden, betreffen.

Die Datierung dieser Quelle gilt als unsicher. Für den Zeitpunkt ihrer nachträglichen Aufzeichnung gibt es abweichende Meinungen, die insgesamt eine spätere Zeit nahelegen.[2] Eine Klärung ist bis heute nicht erreicht,[3] und wenn die Annahmen richtig sind, so kann doch der beschriebene Inhalt der Quelle als hauptsächlich zutreffend angesehen werden. Zu Beginn des 11. Jahrhunderts gelangten Saalfeld und das Land Orla in die Hand des Pfalzgrafen Ezzo von Lothringen, und nach dem Tod seines Nachfolgers Otto im Jahre 1047 kam dessen Schwester Richeza – die eine Ehe mit dem polnischen König Miezko eingegangen war – als Erbin in Frage. Richeza übertrug einen großen Teil ihrer Besitzungen an Saale und Orla, außerdem Coburg und Umgebung an das ihrem Herkunftsland nah gelegene Erzbistum Köln, das nach ihrem Tod 1063 diesen Besitz erhielt. Die Gründung eines Chorherrenstiftes in Saalfeld durch das Erzbistum Köln 1064 sollte die Christianisierung der heidnischen Bewohner fortsetzen. Doch nur wenige Jahre später wurden die Chorherren aus dem von Köln aus gesehen weit östlich vorgeschobenen Missionsgebiet zurückgerufen. Dafür gründete Erzbischof Anno II. im Jahre 1071 das Benediktinerkloster Peter und Paul (Peterskloster) in Saalfeld, dessen Grundbesitz festgelegt wurde.[4] Eine Grenzbeschreibung erfasst den umfangreichen Besitz, der – im Umriss – vom Weißen Born bei Orlamünde bis zur Wisenta und Saale, darauf bis zum Kamm von Franken- und Thüringer Wald, danach geradewegs zwischen Schwarzburg und Cordobang zum Rottenbach (»... inde recto tramite inter Swartzinburg et Turzewag usque ad Rotenbach«) weiter zum Schaalbach, wieder zur Saale und an den Ausgangspunkt zurück reicht.

Die Abschriften, in denen die Grenzbeschreibung überliefert ist, stimmen bei der Wiedergabe von Eigennamen nicht in allen Fällen überein. Das ist durchaus nicht ungewöhnlich, denn die Kopisten sind nicht immer mit der nötigen Sorgfalt vorgegangen. Das trifft auch für die Schreibweise von Schwarzburg und das anschließende Cordobang zu. In einem Fall wird Swartzinburg und Turzewag wiedergegeben,[5] in einer anderen Abschrift wird Swarczynberg und Curzewang gelesen.[6] Beide Namensformen stehen sich gegenüber. Obwohl die Endsilben -burg und -berg häufig verwechselt und synonym benutzt wurden, kann -berg nicht außer Acht gelassen werden. Die Bezeichnung Schwarzer Berg im Umkreis von Schwarzburg ist mehrmals anzutreffen: einmal östlich von Döschnitz, ein zweites Mal westlich, unmittelbar

Adolar Erich, Ausschnitt aus »Tyringische Mapp / Oder Landtafel« mit einer verknappten bildlichen Darstellung des Gebietes um die Schwarzburg kolorierter Holzschnitt, um 1601 *SLUB Dresden / Deutsche Fotothek*

vor Rohrbach, schließlich südlich des Ebersteins an der Dittersdorfer Werre.[7] Diese Schreibweise lässt zumindest die Variante zu, dass es sich um einen Flur- bzw. Bergnamen handeln kann. Jedoch genügen die überlieferten Namensformen allein nicht, um aus der einen oder anderen weitgehende Schlüsse zu ziehen.

Die Deutung des schwierigen Ortsnamens Cordobang hat einen Meinungsstreit unter Fachwissenschaftlern ausgelöst. Der Interpretation, dass Cordobang nach slawischer Etymologie als Meilerstätte anzusprechen sei,[8] wurde entgegengehalten, dass der Wortstamm besser als Herde zu deuten ist.[9] Ob die dort Tätigen nun Köhlerei oder Viehzucht betrieben haben, mag dahingestellt bleiben, doch setzen beide Möglichkeiten nicht unbedingt eine feste Ansiedlung voraus. Wenn es eine solche gab, so bot Cordobang dafür günstigere Voraussetzungen als Schwarzburg, weil das Land nördlich zum offenen Rinnetal abfällt. Eine Stütze für die Annahme einer frühen Besiedlung des Schwarzburger Gebietes[10] ist aus der Entschlüsselung des Ortsnamens Cordobang nicht zu gewinnen.

In älterer Literatur ist die Ansicht verbreitet, dass die Schwarzburg um 1071 bereits bestanden hat. In neueren Darstellungen werden die Zweifel, die sich aus der Grenzbeschreibung ergeben, berücksichtigt. Sie gehen von den gesicherten Quellen aus, die in der ersten Hälfte des 12. Jahrhunderts die gräfliche Stellung der Sizzonen (so wegen des häufigen Namens »SIZZO« in dem Grafengeschlecht zu dieser Zeit) im Bereich der Schwarzburg und der Käfernburg dokumentieren.[11] Andererseits wird, obgleich die Unsicherheiten der Quelle und auch die zumindest zweideutige Namensform für die Schwarzburg bekannt sind, die Erbauung der Burg und die gräfliche Herrschaft Mitte des 11. Jahrhunderts mit nachfolgenden Argumenten angenommen.[12] Es wird behauptet, dass Rodung auf den Höhen des Thüringer Waldes und Besiedlung, ähnlich wie im Orlagau, in der zweiten Hälfte des 11. Jahrhunderts bereits in vollem Gange gewesen seien. Dagegen ist einzuwenden, dass der Orlagau – das trifft auch für Saalfeld zu – siedlungsgünstiges Land in den Niederungen der Flussläufe war, während der Bergsporn, auf dem die Schwarzburg später entstand, von dichten Wäldern umgeben war.[13] Selbst das tief eingeschnittene Schwarzatal bot keine geeigneten Siedlungsflächen. Der durchaus vergleichbare Teil des Frankenwaldes (Nortwald), der in der Grenzbeschreibung berührt wird, bietet ein ähnliches Bild.[14] Die Dörfer im Orlagebiet und bei Saalfeld, welche im Zusammenhang mit der Ausstattung des Klosters St. Peter genannt sind, liegen in niederen Gebieten, was auch für die einbegriffenen später schwarzburgischen Orte Rottenbach und Schwarza zutrifft.[15] Für die Wald- und Höhenorte im weiteren Umkreis von Schwarzburg gibt es für das 11. Jahrhundert keine Nachweise; die meisten sind 1370 ersterwähnt.[16] Obwohl zugestanden wird, dass es für Besiedlung und Burgenbau keine urkundlichen Belege gibt, würde beides etwa in die Mitte des 11. Jahrhunderts fallen; die Schwarzburg sei »der politische Mittelpunkt einer Rodungsherrschaft der Käfernburger« gewesen. Im unteren Schwarzatal würden die Interessen des Erzbischofs von Köln und des Käfernburger Grafen zusammengestoßen sein, so dass letzterer hinter die Grenze zwischen Schwarzburg und Cordobang hätte zurückweichen müssen.[17]

Diesen Schlussfolgerungen kann nicht zugestimmt werden. Es darf nicht übersehen werden, dass in den Quellen seit etwa 1050 und 1074 kein Angehöriger der späteren Schwarzburger Grafen genannt wird, der Herrschaft im fraglichen Gebiet ausgeübt hätte. Von der Grenzbeschreibung ist dies nicht unbedingt zu erwarten; ein Zeuge GUNTHER in einer Urkunde Bischof ANNOS II. von Köln 1057 trägt keinen Grafentitel,[18] und ein GUNTHER aus dem genannten Familienkreis, der im Wald Loiba dem Ludowinger LUDWIG DEN BÄRTIGEN Güter verkauft hatte, wird als »nobilis vir«, nicht aber als Graf, schon gar nicht mit Herrschaftssitz, genannt.[19] Für die Schwarzburg ergeben sich somit daraus keine weiterführenden Hinweise. Als Ergebnis bleibt, dass die Existenz der Schwarzburg um 1071 nicht nachzuweisen ist und dass von ihr als »politischem Zentrum einer Rodungsherrschaft«[20] der nachmaligen Grafen von Kä-

Ältestes Siegel der Grafen von Käfernburg
an einer Urkunde Günthers V. vom 1. Juli 1249
aus: Otto Posse (Hrsg.): Die Siegel des Adels der Wettiner Lande
bis zum Jahre 1500, 1. Bd., Dresden 1903

fernburg-Schwarzburg zu dieser Zeit nicht gesprochen werden kann.

Der urkundlichen Überlieferung folgend entstand die Schwarzburg in einer späteren Phase. Erstmalig wird ein Angehöriger des Grafengeschlechtes mit der Schwarzburg und der Käfernburg in der ersten Hälfte des 12. Jahrhunderts in Verbindung gebracht. In einer Urkunde von 1123 des Erzbischofs von Mainz für Kloster Bunsdorf (Wüstung) erscheint ein SIZZO als Zeuge, der als Graf VON SCHWARZBURG bezeichnet wird. In gleicher Eigenschaft und Stellung wird er 1137 genannt und trat außerdem im gleichen Jahr als Aussteller einer Schenkungsurkunde auf.[21] Als Graf VON KÄFERNBURG wird er genannt: 1141, 1143 als Gründer des Klosters Georgenthal, das der Erzbischof von Mainz in seinen Schutz nahm, und 1144, als König KONRAD III. (reg. 1138 – 1152) gleiches beurkundete.[22] Die Zuordnung eines Grafen als Käfernburger 1095/1101 ist nicht gesichert.[23]

Es wird nicht bezweifelt, dass es sich bei dem genannten SIZZO um ein und dieselbe Person handelt und er aus dem Grafengeschlecht stammt, das sich nun im Zuge des Ausbaus einer Territorialherrschaft sowohl nach der Schwarzburg als auch nach der Käfernburg nannte.[24] Damit sind die ersten sicheren Daten für die Existenz der Schwarzburg 1123 und für die Käfernburg 1141 bekannt. Beide Burgen haben als Stammsitze der Grafen zu gelten, da sich SIZZO nach beiden nannte. Es ist nicht sinnvoll, aus dem unerheblichen Abstand der Ersterwähnungen von nur 18 Jahren zu schließen, dass die Schwarzburg die ältere ist.

Die Frage nach dem Alter der Käfernburg ist nach derzeitigem Erkenntnisstand leichter zu beantworten. Eine vermeintlich in das 10. Jahrhundert zu datierende Missionskapelle in dem an die Burg angrenzenden Oberndorf für deren Alter in Anspruch zu nehmen[25], hat sich nicht bestätigt, da archäologische Funde in das 12. Jahrhundert gehören.[26] Das spricht für eine Bauzeit, die wenig vor 1141 liegen könnte.

Für die Schwarzburg ist die Bauzeit nach den Quellen nicht genauer zu ermitteln, wohl aber zu vermuten: Wenn SIZZO 1108 als Graf IM LÄNGWITZGAU bezeichnet wird[27] und nicht als Graf VON SCHWARZBURG, er aber 1123 als solcher erscheint, so liegt es nahe zu vermuten, dass die Burg zwischen 1108 und 1123 errichtet wurde. Dies ist immerhin zwei bis drei Generationen später als ihre anzuzweifelnde Ersterwähnung 1071.

Der Burgberg der Käfernburg bei Arnstadt   *Luftaufnahme von Hansjürgen Müllerott, 1995*

Das Grafengeschlecht ist etwa 400 Jahre älter als die Burgen, nach denen sich ihre Besitzer benannten. Über diesen Zeitraum hinweg konnte ihre Traditionslinie zurückgeführt werden. Die Angehörigen dieses Geschlechtes gehörten zu den »nobiles«, die 722 von Papst GREGOR II. (669–731) gebeten wurden, die Christianisierung Thüringens zu unterstützen. So beteiligten sie sich an der Ausstattung des 725 von BONIFACIUS (672/673–754) gegründeten Stiftes Ohrdruf. Über markante Stationen hinweg, von denen enge Beziehungen zur Reichsabtei Hersfeld hervorzuheben sind, konzentrierte das Grafengeschlecht in der Folgezeit seinen Landbesitz auf Ohrdruf, Arnstadt und anliegende Orte.[28] In Arnstadt war es den Grafen gelungen, neben der Reichsabtei Hersfeld, die hier Rechte besaß, Fuß zu fassen. Die Reichsabtei hatte Vogteirechte über die Stadt an die Grafen verliehen. Letztlich konnten sie Arnstadt im Jahre 1332 vollständig in ihren Besitz bringen.[29]

Die politische Stellung der Grafen VON KÄFERNBURG-SCHWARZBURG gründete sich zunächst auf den Längwitzgau, in dem SIZZO 1108 erstmals als Graf genannt wurde: »... in pago Lancwizi in comitato comitis Sizen ...«.[30] Die Gaue, und damit auch der Längwitzgau, waren zumindest seit dem 10. Jahrhundert Siedlungsräume, die sich meist in Flusstälern hinzogen.[31] Das trifft auch für den »pagus Orla« zu, in dem das Peterskloster Saalfeld errichtet wurde: »... in pago ultra Salam, qui Salveld dicitur ...«.[32] Der Längwitzgau, dessen Name aus dem slawischen Grundwort *locavica* als Wiesenland, das, von dem Bach Lengwitz durchflossen, abgeleitet wird,[33] taucht erstmals 932/33 auf.[34] In diesem und in den weiteren thüringischen Kleingauen Altgau, Westgau, Engelin und Nabelgau gebot ein Graf MEGINWARD, der nicht in den Kreis der späteren Schwarzburger gehört.[35] Zum Längwitzgau, nachweislich mit Hausen, Ichtershausen und Paulinzella, gehörten weitere Orte[36] und – das ergibt sich aus den geographischen Bezügen der Grafschaft SIZZOS – logischerweise auch die Schwarzburg und die Käfernburg. SIZZO, der 1160 starb, wird in Verbindung mit dem Längwitzgau letztmalig 1147 genannt; die Grafschaftsbezeichnung nach den Stammburgen löste den aus fränkischer Zeit überkommenen, nun überlebten Gaubegriff ab.

Burgenbau, Klostergründungen, Stadtrechtsverleihungen, Gerichtsbarkeit, einhergehend mit weiterer Besiedlung des Landes, sind Kennzeichen für den Ausbau der Grafschaft. Neben Kloster Paulinzella, über das die Grafen Schutzherrschaft übernahmen,[37] gründeten sie 1143 das Kloster Georgenthal, das sie u. a. mit ihrem Eigengut ausstatteten.[38] Zu Städten wurden in der zweiten Hälfte des 13. Jahrhunderts Königsee 1257, Stadtilm 1268, Remda 1286 erhoben, Leutenberg folgte 1326. Die Besiedlung erfasste nun allmählich höher gelegene Gegenden. Damit wuchs auch die Ausbeute der wirtschaftlichen Ressourcen des Schwarzburger Landes.

Die Frage, wann die Grafen in den Besitz von Krongut kamen, ist für ihre frühe Geschichte ebenso wenig nachweisbar zu beantworten wie die nach der Herkunft des Grafentitels. Sicher ist, dass die Grafschaft im Längwitzgau Reichslehen war; eine Lehensfahne auf dem Münzbild HEINRICHS II. (reg. 1184–1231) weist darauf hin (siehe Abb.).[39] Auch Burg und Burgbezirk Schwarzburg sowie Königsee standen bereits vor 1208 auf Reichsgut. Dies ergibt sich aus späteren Quellen. Das Kernland der Grafen ist nicht später als 1208/1212 vom Reich verlehnt worden und wird in erneuerten Belehnungen stets als Reichsland genannt.

Brakteat des Grafen
Heinrich I. von Schwarzburg
*TLMH Bethe 7*

Siegel des Grafen Heinrich III. von Schwarzburg
an einer Urkunde vom Jahre 1249
aus: Otto Posse (Hrsg.): Die Siegel des Adels der Wettiner Lande
bis zum Jahre 1500, 1. Bd., Dresden 1903

Brakteat des Grafen
Heinrich II. von Schwarzburg mit Lehensfahne
*TLMH Bethe 12*

Die Stifterfigur des Grafen Sizzo von Schwarzburg im Naumburger Dom

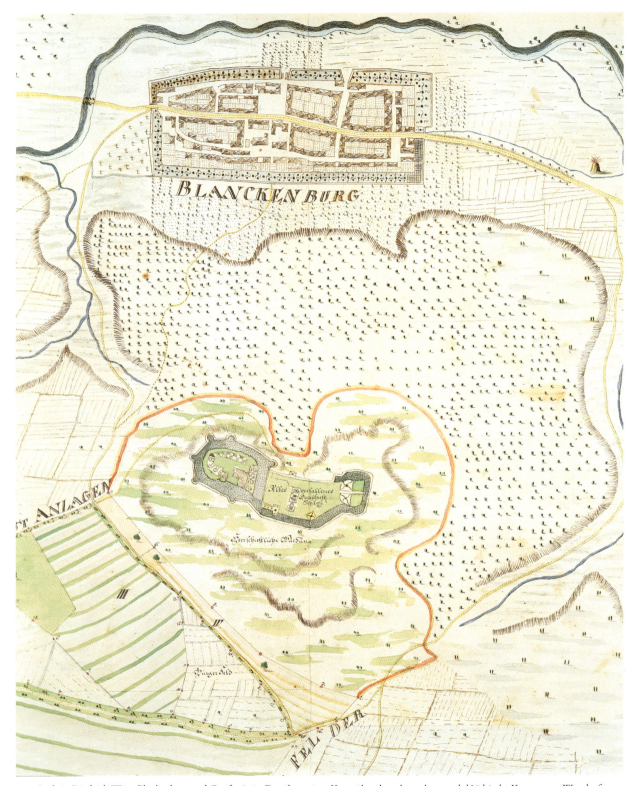

Ludwig Friedrich Witz, Blankenburg und Greifenstein, Detail aus einer Karte über das schwarzburg-rudolstädtische Kammergut Watzdorf
farbige Tuschzeichnung auf Leinen, 1810/11   ThStAR, Karten, Pläne und Risse Nr. 2259

Zu Beginn des 13. Jahrhunderts konnten die Grafen ihr Gebiet wesentlich vergrößern. Es war gelungen, unter Ausnutzung reichspolitischer Auseinandersetzungen Saalfeld, Leutenberg, Ranis, Pößneck, Blankenburg (siehe Abb.) und Schwarza 1208 zunächst als Pfandbesitz zu erhalten, bevor es 1212 von Kaiser FRIEDRICH II. (reg. 1220 – 1250) endgültig als Lehen vergeben wurde.⁴⁰ Wir greifen vor: Das 1340 von den Grafen von Orlamünde erworbene Rudolstadt sowie Saalfeld, Ranis und Pößneck trugen die Schwarzburger 1361 der Krone von Böhmen unter Kaiser KARL IV. (reg. 1355 – 1378) auf, um einen Rückhalt vor den expansiven Bestrebungen der Wettiner zu finden.⁴¹ Außerdem ließen sie sich wiederholt den Besitz an Krongut bestätigen: durch die Könige WENZEL 1398, RUPRECHT 1408, SIGISMUND 1412.⁴²

Nach dem Tod SIZZOS folgten dessen Söhne HEINRICH I. (reg. 1160 – 1184) auf der Schwarzburg⁴³ und GÜNTHER III. (reg. 1160 – 1196) auf der Käfernburg. Doch die damit verbundene endgültige Besitzteilung wurde erst 1222 festgeschrieben.⁴⁴ Aus gemeinsamer Wurzel hervorgehend begründeten nun HEINRICH II. (reg. 1184 – 1231) die Grafschaft Schwarzburg und GÜNTHER IV. (reg. 1197 – 1222) die Grafschaft Käfernburg. Aus dem weitverzweigten Geschlecht entstanden Herrschaften,⁴⁵ deren Vielzahl vor allem durch gleichberechtigte Nachfolge der Söhne, Gebietserwerbungen und Streitigkeiten der Verwandten verursacht waren. Mit daraus resultierenden Landesteilungen waren Gebietsanteile wechselnder Zugehörigkeit unterworfen. Die Grafen von Käfernburg – sie bildeten die ältere Herrschaft 1160 – 1269, die jüngere 1269 – 1302 sowie die Nebenherrschaft Wiehe-Rabenswalde 1217 – 1312 – starben 1385 aus. Ein Großteil dieses Besitzes gelangte an die Grafen, die sich seit Beginn nach der Schwarzburg nannten, ein weiterer Teil erst 1467 über den »Umweg« wettinischer Lehensträger.

Der Stamm des Grafengeschlechtes Schwarzburg teilte sich seit dem Tod GÜNTHERS VII. im Jahre 1275 ebenfalls in mehrere Zweige, die sich nach den jeweiligen Herrschaftssitzen nannten:

Schwarzburg-Schwarzburg 1275 – 1397
Schwarzburg-Blankenburg seit 1275
Schwarzburg-Wachsenburg 1340 – 1450
Schwarzburg-Leutenberg 1362 – 1564

Nach dem Aussterben der Linie SCHWARZBURG-WACHSENBURG mit dem Tod GÜNTHERS XXXII. (reg. 1407 – 1450) im Jahre 1450 fiel deren Besitz an die

Romanische Schmuckscheibe mit der Darstellung eines Löwen, Fundort: Käfernburg. Kupfer, vergoldet
*Museum für Stadtgeschichte Arnstadt*

Grafschaften Schwarzburg-Blankenburg und Schwarzburg-Leutenberg.

Die Schwarzburg war wechselnder Zugehörigkeit zu Herrschaftssitzen unterworfen, was zu Konsequenzen für die politische Stellung des ursprünglichen Stammsitzes führte. Das betraf auch »Zugehörungen« zur Burg wie zahlreiche Dörfer und die Stadt Königsee, die seit der zweiten Hälfte des 14. Jahrhunderts das Amt Schwarzburg bildeten.

Burg und Gebiet Schwarzburg gelangten 1370 / 1397 an die Herrschaft Wachsenburg. Die Wachsenburg, ehemals Lehen des Klosters Hersfeld,⁴⁶ war zunächst in den Besitz der Grafen von Käfernburg gelangt.⁴⁷ Als GÜNTHER VIII. VON KÄFERNBURG 1302 ohne Nachfolger starb, kam die Wachsenburg mit den anderen Erbteilen – nach kurzzeitigem Lehensbesitz in der Hand des thüringischen Landgrafen ALBRECHT DES ENTARTETEN (reg. 1288 – 1307) – auch nur für einige Jahre an die Grafen von Hohnstein. Bereits 1306 ging sie an die Schwarzburger über, so dass die Wachsenburg – u. a. auch mit etwa der Hälfte ihres Besitzes in Arnstadt – an das Grafenhaus Schwarzburg kam.⁴⁸

In der Herrschaft Schwarzburg-Schwarzburg hatten 1316 – 1340 die Brüder HEINRICH IX. (reg. 1316 – 1361) und GÜNTHER XVIII. (reg. 1316 – 1354) gemeinsam regiert, bis sie 1340 das Land teilten. GÜNTHER erhielt die Wachsenburg und begründete die Herrschaft Schwarzburg-Wachsenburg; HEINRICH bekam die restlichen Gebiete mit Burg und Gebiet Schwarzburg und dem neu erworbenen Leutenberg. Die Schwarzburg blieb zumindest zeitweise Herrschaftssitz, auch unter JOHANN II. VON SCHWARZBURG-WACHSENBURG (reg. 1354 – 1407). Aufgrund einer Erbregelung im Jahre 1370 mit GÜNTHER XXII. VON SCHWARZBURG-SCHWARZBURG (reg. 1361 – 1382) fiel der größere Teil von Burg und Gebiet Schwarzburg an die Wachsenburger Herrschaft. Als dessen Nachfolger 1397 ohne Erben verstarb, war die Herrschaft Schwarzburg-Schwarzburg ausgestorben, und das Land gelangte insgesamt an die Wachsenburger. Mit dem Ende auch dieser Herrschaft kam die Wachsenburg allmählich an die Wettiner.

Eigenständige Interessen der Teilherrschaften, motiviert vom Streben nach reichen Einkünften, führten nicht nur zu Verschiebungen des Landbesitzes, sondern auch zu Teilungen der Schwarzburg. Urkunden, die die Aufteilung derselben bezeugen, gewähren gute Einblicke in die Burganlage. Eine erstmalige Beschreibung der Burg ist vom Jahre 1371 überliefert.[49] GÜNTHER XXII. VON SCHWARZBURG-SCHWARZBURG und JOHANN II. VON SCHWARZBURG-WACHSENBURG, der sowohl auf der Leuchtenburg als auch auf der Schwarzburg residierte, hatten 1365 ein Erbbündnis geschlossen, das allerdings nur kurze Zeit bestand.[50] Es wurde 1370 von einer Herrschaftsteilung abgelöst, als JOHANN die Wachsenburg verkauft hatte.[51] Es sei besonders hervorgehoben, dass das Dorf Schwarzburg in dieser Urkunde von 1370 erstmals erwähnt wird.

In die Teilung wurde 1371 die Burg einbezogen und die baulichen Anlagen beschrieben.[52] Nach dieser Teilung schlossen beide Grafen einen Burgfrieden, in dem alle Eventualfälle der Friedensstörung geahndet und bestraft werden sollten. Auch sollte ein Herr dem anderen bei der Bewachung und Verteidigung des Burgbezirkes helfen. Für Friedensstörer waren drastische Strafen vorgesehen. Der im Burgfriedensschluss ebenfalls von 1371 beschriebene Bezirk, der einer Bannmeile ähnelte, erstreckte sich von der Mündung der Sorbitz in die Schwarza über die Mühle von Sitzendorf hinauf zum Dissauer Weg in Richtung Sonnewalde (Dissau und Sonnewalde waren Vorwerke, später Wüstungen), den »Luzebach« entlang das Schwarzatal überschreitend aufwärts bis zum Burkersdorfer Feld und zum Ausgangspunkt Sorbitz – Schwarza zurück.[53]

## Geteilter Grafensitz (1453 – 1564)

Zwischen 1448 und 1451 geriet die Burg in den Strudel kriegerischer Auseinandersetzungen sowohl im Schwarzburgischen Hausstreit als auch im Sächsischen Bruderkrieg, die sich ineinander verflochten hatten (1446 – 1451). GÜNTHER XXXII. VON SCHWARZBURG-WACHSENBURG (reg. 1407 – 1450) hatte Besitzungen, darunter Burg und Amt Schwarzburg, an den befreundeten Kurfürsten FRIEDRICH II. VON SACHSEN trotz innerschwarzburgischer Erbverträge verkauft, was den Widerstand vor allem HEINRICHS XXVI. (reg. 1444 – 1488) VON SCHWARZBURG-BLANKENBURG, Herrn zu ARNSTADT, hervorrief. Der Bruder des Kurfürsten, WILHELM III. VON WEIMAR, der mit FRIEDRICH II. verfeindet war, verband sich seinerseits mit den Grafen von Schwarzburg-Blankenburg und Schwarzburg-Leutenberg. Beide hatten den eigenmächtigen Verkauf der Schwarzburg keinesfalls gebilligt und arbeiteten den Bemühungen FRIEDRICHS II., den Besitz der Schwarzburg zu befestigen, entgegen. Dennoch blieb dieser im Besitz der Schwarzburg und erst nach Vermittlungen und Verhandlungen von dritter Seite gab FRIEDRICH II. sie 1453 an Schwarzburg-Blankenburg und Schwarzburg-Leutenberg zurück, die sie den einstigen Erbverträgen gemäß teilten.[54]

Die Erbteilung von 1453, die nach drei Jahren gemeinsamer Regierung durch die Grafen von Schwarzburg-Blankenburg und Schwarzburg-Leutenberg wirksam wurde, erwies sich für Burg und Amt Schwarzburg als folgenschwer, denn beide wurden geteilt. Wir greifen zurück: Leutenberg gehörte zu Beginn des 13. Jahrhunderts zu dem Reichsgut, das Kaiser FRIEDRICH II. mit Saalfeld und anderen Orten 1212 an die Grafen von Schwarzburg übertragen hatte. Burg und Stadt Leutenberg gingen 1326 von der Herrschaft Schwarzburg-Blankenburg durch Kauf an Schwarzburg-Schwarzburg über.[55] Mit Regierungsantritt HEINRICHS XV. (reg. 1362 – 1402) zweigte sich Leutenberg 1362 ab und wurde Mittelpunkt der gleichnamigen Herrschaft. Burg und Gebiet Schwarzburg waren bei den Wachsenburgern verblieben.

Die Friedensburg bei Leutenberg
Federzeichnung von Ernst Liebermann, um 1894

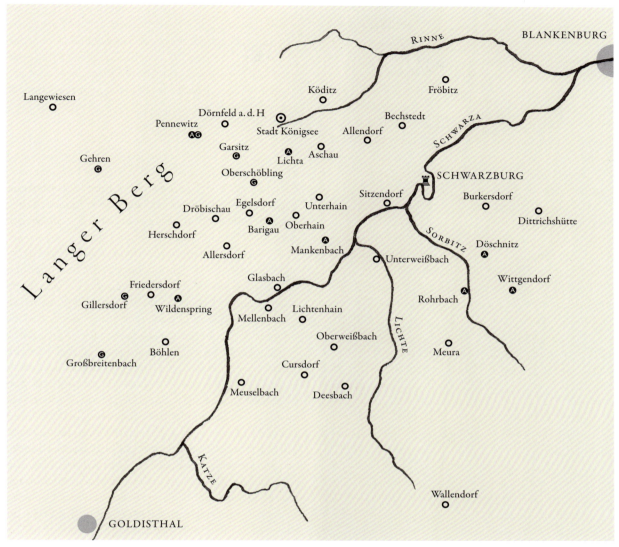

Das Amt Schwarzburg im Jahre 1465, Lageplan der Orte. Die mit »A« gekennzeichneten sind reine Adelsdörfer, die mit »G« markierten gehörten ab 1564/65 zum Amt Gehren. Blankenburg und Goldisthal sind nur als Orientierungspunkte aufgenommen. *Entwurf: Hans Herz*

Im Jahre 1440 schloss Günther XXXII. angesichts voraussehbarer Kinderlosigkeit mit Heinrich XXV. von Schwarzburg-Leutenberg (reg. 1440–1463) und Heinrich XXVI. von Schwarzburg-Blankenburg Erbverträge, nach denen jeweils die Hälfte von Schloss und Amt Schwarzburg an beide Herrschaften übergehen sollten.

Nach dem absehbaren Ende der Kriegshandlungen 1448/1451 – die im Übrigen für die Bevölkerung sehr verlustreich waren – strebten die Schwarzburger nach einer Lösung der Erbfolgefrage. Zunächst bat im Jahre 1450 Heinrich XXVI. von Schwarzburg-Blankenburg den König (seit 1452 Kaiser) Friedrich III. (reg. 1440–1493) um Bestätigung der Lehen. Friedrich III. quittierte den Empfang der Lehen und verlangte, dass der Graf persönlich vor ihm erscheine.[56] Dies war bei solchen Anlässen – bisher genügte ein formales Verfahren – ein ungewöhnlicher Schritt, da dem Kaiser nicht verborgen geblieben sein konnte, dass mit Krongut sowohl durch den Wachsenburger als auch durch die Wettiner willkürlich verfahren wurde. Die Vorsprache war offensichtlich erfolgt, so dass Friedrich III. 1452 die erneuerte Belehnung mit Schwarzburg und Königsee als Reichsgut »... laut keiserlicher und koniclicher und

Grabmal Graf Günthers XL. von Schwarzburg-Blankenburg
(der Reiche), in der Liebfrauenkirche Arnstadt
Photographie, um 1925   *TLMH Fotoarchiv*

rich XXVI. dem Reich treu dienen wolle und die Grafen, Ritter und alle Untertanen des Reiches ihm seine Besitzungen nicht streitig machen sollten. Die erneuerte Belehnung von 1452 schloss auch Rudolstadt ein, das der Kaiser im Namen seines Vetters Ladislaw, König von Böhmen und Ungarn (reg. 1453–1457) – und damit zuständig für die Lehensträgerschaft von 1361 – sanktionierte.[57]

Burg und Amt Schwarzburg blieben zwischen 1453 und 1564 zweiherrig; Besitzverschiebungen zwischen den Leutenberger und Blankenburger Grafen änderten daran nichts. Zu Beginn steht die Teilung von 1453 zwischen Heinrich XXVI. und Heinrich XXV., die erneut bauliche Details überliefert.[58]

Mit der nahezu abgeschlossenen Besiedlung des Landes am Ende des 14. Jahrhunderts sowie durch die Zunahme gewerblicher Anlagen entstanden die Ämter, die sich in der Regel am Herrschaftssitz als organisierte Verwaltungen etablierten. Für die Wahrnehmung der aus wirtschaftlicher und finanzieller Tätigkeit resultierenden Aufgaben waren weder die einstigen im Bedarfsfall berufenen Räte der Herrschaft noch die Kanzleien, die sich auf Beurkundung von Rechtsvorgängen beschränkten, geeignet. Die Ämter knüpften lediglich an die Vogteien als Wahrer herrschaftlicher Rechte an, die nach Amtsgründung in deren Verwaltung einbezogen wurden. Nachdem in Schwarzburg erstmals 1370 ein Vogt und unter den Burggebäuden 1453 eine Vogtei genannt wurden (die Begriffe Vogtei und Amt überlagerten sich noch bis in das 16. Jahrhundert hinein), gewährt ein Zinsregister des Amtes Schwarzburg vom Jahre 1465 Einblick in die bereits funktionierende Verwaltung.[59]

Im Mittelpunkt des Amtes stand die Burg, um die sich die »Zugehörungen« – Dörfer und die Stadt Königsee, gewerbliche Unternehmungen sowie die Vorwerke als Eigengüter der Herrschaft – gruppierten. In den Amtsorten leisteten die vorwiegend agrarisch tätigen Bewohner Zinszahlungen von Erbgrundstücken (Lehen), die sie relativ freizügig nutzen konnten, an die Herrschaft. Im Jahre 1465 bestanden neben 33 an das Amt zinsenden Dörfern einige Adelsorte, deren Untertanen dem Gutsherrn verpflichtet waren und die dem jeweiligen Patrimonialgericht unterstanden. Ausgedehnte Wälder und als Antriebskräfte geeignete Wasserläufe in den bergigen Gegenden des Amtes Schwarzburg führten zur Anlage zahlreicher und vielfältiger Gewerbe, die ebenfalls der Herrschaft Zinsen entrichten mussten. In den Jahren 1465 und 1571 wurden jeweils elf Hammerschmieden,

auch derselben Graven Günthers eigen briven …« beurkundete. Dies galt auch für Blankenburg und alle anderen Gebiete, »… die von Uns und dem Reich zu lehen rüren …« (gemeint sind die Belehnungen von 1208/12, soweit diese bei den Schwarzburgern verblieben waren). Ferner wurde versichert bzw. bestätigt, dass Graf Hein-

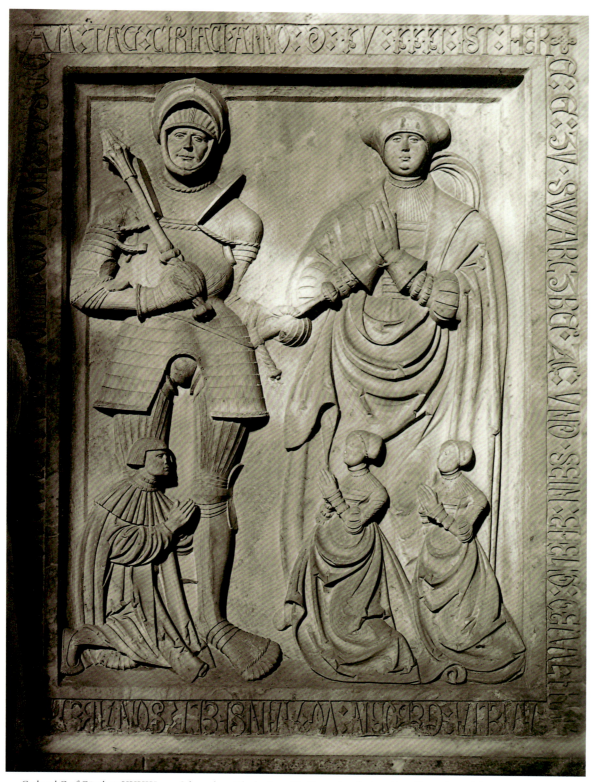

Grabmal Graf Günthers XXXIX. von Schwarzburg-Blankenburg (der Bremer) und seiner Gemahlin in der Liebfrauenkirche Arnstadt
Photographie, um 1925   *TLMH Fotoarchiv*

Mainzer Missale aus der Burgkapelle der Schwarzburg, 1517    TLMH Bi 18

1492 insgesamt 13, 1571 noch 20 Schneidemühlen (Sägewerke) betrieben; 1492 wurde Asche und Harz von 20, 1571 von 39 Waldarealen gewonnen; Kohlenmeiler wechselten oft den Standort. Die Herrschaft erzielte außerdem direkte Einkünfte aus Holz- und Holzkohleverkäufen. Die Zinszahlungen der Amtsbewohner machten jedoch den wesentlichen Teil der Amtseinnahmen aus. Die Arbeiten auf den Vorwerken wurden im Feldbau durch Fronarbeit der Dorfbewohner geleistet, in der Viehhaltung durch herrschaftliches Gesinde. Die Acker- und Wiesenflächen betrugen 1571 auf dem Vorwerk Oberköditz 280, in Dissau 188, in Sonnewalde 154 Hektar. Die Viehzucht konzentrierte sich auf Schafe.

Für die Amtsverwaltung standen in der Regel Amtmann sowie Schosser als Rechnungsbeamter, ferner Schreiber und Richter zur Verfügung. Für den täglichen Burgbetrieb ist die geringe Anzahl der Bediensteten erstaunlich: 1482/83 werden jeweils ein Kellner (Versorgungsdienste), ein Hausmann, ein Wagenknecht, ein Torwart, vier Wächter genannt; sicherlich sind dazu noch Knechte und Mägde für Küche und Gemächer (nicht in den Amtsrechnungen erfasst) hinzuzufügen. Die Anzahl der ständig Bediensteten konnte schwanken, blieb aber stets gering. Holz-, Kohle- und Getreidefuhren auf die Burg wurden in Fronarbeit geleistet. Dazu kamen Abgaben der Landbewohner für den Lebensunterhalt der Burginsassen. Kofent (Dünnbier) wurde vor allem aus dem Ort Schwarzburg geliefert.[60]

Die Bedeutung, die den Hammerschmieden im Schwarzburger Land zukam, wurde durch eine Bruderschaft »der heyligen frawen sant Annen im schloß Swarczburgk« unterstrichen. Die Heilige ANNA, die Mutter MARIAS, galt als Schutzpatronin der Bergleute, und die Vereinigung wurde – nach einer Notiz von 1529 – geradezu als Bruderschaft der Hammerschmiedemeister bezeichnet.[61] Es passt zusammen, dass diese spätestens 1510/14 gegründet wurde und dass es beinahe gleichzeitig (etwa 1520) 14 Hammerschmieden in Blickweite des Schlosses gab.[62] Zu dem Kreis der Mitglieder – Geistlichkeit, Grafenfamilie, Adel, Schmiede, Knechte, Köhler – gehörte auch der Kapellan KONRAD SCHÖNHEIDT. Dieser erwarb 1520 ein wertvolles Mainzer Messbuch (*Missale*

*Moguntinum)* für die Bruderschaft, die mit der Kapelle auf dem Schloss eng verbunden war (siehe Abb).

Auf der Grundlage des Vertrages von 1453 kamen Einnahmen und Fronen im Amt Schwarzburg den beiden Herrschaften Schwarzburg-Leutenberg und Schwarzburg-Blankenburg zugute. Die geteilten Einkünfte wurden im Zinsregister des Jahres 1465 genau unterschieden, indem in einem ersten Leutenberger Teil und in einem zweiten Blankenburger Teil die jeweils zugehörigen Orte getrennt aufgeführt wurden. Die Übereinkünfte, die sich auf die geteilte Burg und die jeweiligen »Zugehörungen« bezogen, sind nicht immer eingehalten worden. 1481 warf HEINRICH XXVI., HERR ZU ARNSTADT UND SONDERSHAUSEN, seinem Neffen BALTHASAR II. VON SCHWARZBURG-LEUTENBERG (reg. 1473–1521) vor, »Zwietracht und Irrung« hervorgerufen zu haben. Je zwei Vertrauenspersonen stellten den Frieden wieder her, und HEINRICH DER JÜNGERE, HERR ZU REUSS-GERA als Verwandter der schwarzburgischen Grafen, beurkundete die Vereinbarungen.[63] Es ging u. a. um die Lehnsträgerschaft des Ortes Gehren (»den Ghern«), um eine Mühle zwischen Herschdorf und der Ölschröte, einige Wiesen, einzelne Kirchen- und Ritterlehen sowie um Berg- und Seifenwerke, die im gemeinsamen Besitz blieben und deren Einträge beiden Herren zu gleichen Teilen zufallen sollten. Bezüglich der Burggebäude wurde festgelegt, dass HEINRICH XXVI. den Keller unter BALTHASARS Küche an diesen abzutreten habe, auch sollte BALTHASAR die Gänge durch die Kemenate HEINRICHS nicht mehr benutzen. BALTHASAR verblieben

Wappen der Grafen von Schwarzburg aus einer Chronik des Sigismund Strophius von 1592
ThStAR, Schwarzburgica A VIII 7a Nr. 27

Monogrammist HK
Graf Günther XLI. von Schwarzburg-Blankenburg-Arnstadt
Öl auf Leinwand, 1566   *Schlossmuseum Sondershausen Kb 119*

die Gebäude im »vorderen Haus« und war berechtigt, durch den obersten Turm Pforten anzulegen, um in die Kemenate zu gelangen. Die Nutzung des Backhauses stand beiden zu.

Seit den achtziger Jahren des 15. Jahrhunderts sah sich Balthasar mehrfach veranlasst, Besitzanteile in der Herrschaft Schwarzburg zu veräußern. Er beteiligte sich, meist im Interesse der deutschen Reichspolitik, an militärischen Aktionen und Reisen, die die finanziellen Möglichkeiten der kleinen Leutenberger Herrschaft weit überforderten. Befreundet mit Friedrich III. den Weisen reiste er 1493 mit diesem wettinischen Kurfürsten nach Palästina (Jerusalem).[64] Außerdem beteiligte er sich 1496 am Kriegszug König Maximilians I. (reg. 1508 – 1519) nach Italien,[65] der gegen die Interessen des französischen Königs gerichtet war und nahm an weiteren militärischen Auseinandersetzungen im Reich teil. Seinen Besitz in der Herrschaft Leutenberg tastete Balthasar jedoch nicht an, um die Basis seiner Herrschaftsstellung nicht ganz auszuhöhlen. Er schloss verwickelte Geldgeschäfte ab, u. a. Aufnahme von Krediten vom Kloster Paulinzella[66] und vom Rat zu Erfurt[67] und scheute sich nicht, Besitz in seinem Teil der Herrschaft Schwarzburg, ja selbst den gesamten ihm gehörigen Anteil zu verkaufen.

So veräußerte Balthasar im Jahre 1500 seine Hälfte der Schwarzburg an Günther XXXIX. »den Bremer« (reg. 1493 – 1531), Herrn zu Arnstadt und Sondershausen (siehe Abb. S. 33). Angesichts seiner angespannten finanziellen Lage schreckte er 1512 nicht zurück, den gesamten Teil seiner Herrschaft und Burg Schwarzburg mit Königsee und allen zugehörigen Dörfern, gewerblichen Anlagen, Rechten aller Art, für 9 500 Gl. zu verkaufen.[68] Auch in diesem Fall war Günther XXXIX., der Balthasar das Rückkaufsrecht zusicherte, der Begünstigte. Unter den Nachfolgern Balthasars, Johann Heinrich (reg. 1521 – 1555) und Philipp II. (reg. 1555 – 1564), betrafen die Bemühungen, die Zuständigkeiten beider Herrschaften zu regeln, zwar einzelne Nutzungsrechte,[69] doch auf längere Sicht blieb dies ohne Belang; auch für die Burg Schwarzburg änderte sich grundsätzlich nichts. Das Ende des Hauses Schwarzburg-Leutenberg ergab sich, als Philipp II. im jugendlichen Alter 1564 ohne Nachfolger starb. Günther XLI. (reg. 1552 – 1583), der bereits die Hälfte der Schwarzburg nach dem Tode seines Vaters Günther XL. (reg. 1526 – 1552) erhalten hatte, beerbte Philipp II., so dass die zweigeteilte Herrschaft der Burg sowie des Amtes Schwarzburg ein Ende fand.

# Nebensitz der Grafen (1564 – 1646)

Günther XLI. entstammte der Herrschaft Schwarzburg-Blankenburg und residierte in Sondershausen und Arnstadt. Dessen Vorfahren hatten die zuletzt genannte

Cranach-Werkstatt (?), Graf Günther XL. von Schwarzburg-Blankenburg
Öl auf Holz, um 1550   *Schlossmuseum Sondershausen Kb 106*

Stadt, seitdem sie zu Beginn des 14. Jahrhunderts in ihre Hände gelangt war, immer mehr als Sitz des Hofes bevorzugt. GÜNTHER XLI. war in Diensten des Deutschen Reiches zu einem der bekanntesten Vertreter des schwarzburgischen Grafenhauses aufgestiegen, und in der Heimat erweiterte er von Arnstadt ausgehend seine dominierende Stellung. Er ließ das Arnstädter Schloss Neideck in großzügiger Weise ausbauen (1553 – 1566) und verwendete dafür die 10 000 Gl., die er 1556 von Kaiser KARL V. (reg. 1519 – 1556) als Belohnung besonders für seine militärischen Dienste erhalten hatte.[70] Seine beherrschende Stellung in der schwarzburgischen Oberherrschaft erwies sich als günstige Voraussetzung, um Verwaltungen zu begründen und diese zunächst auf Ämterebene zusammenzufassen. Versuche, Arnstadt als Zentrum der Oberherrschaft auszubauen, begannen bereits unter GÜNTHER XL. Arnstadt war seit 1544 Sitz einer gemeinsamen Renterei, und 1550 wird ein Kanzler, BENEDIKT REINHARDT (1508 – 1562), erwähnt.[71] In dem Maße, wie die Bedeutung des Hofsitzes Arnstadt wuchs, geriet die Schwarzburg zunehmend aus dem Blickfeld.

Für das Leben in den Ämtern wirkten sich die Veränderungen, die mit der Beerbung der Herrschaft Leutenberg durch GÜNTHER XLI. eingetreten waren, kaum aus, denn den Bewohnern war es gleich, wem sie ihre Leistungen entrichten mussten. Im Jahre 1564 wurde das Amt Gehren eingerichtet und mit sechs Orten aus dem Amt Schwarzburg verstärkt. Sowohl die Ämter Schwarzburg als auch Leutenberg behielten dank des Bergbaus und der vielfältigen Gewerbe ihre wirtschaftliche Leistungsfähigkeit, die sich auch nach dem 16. Jahrhundert fortsetzte.

Die ungeteilten Eigentumsverhältnisse seit 1564 unter GÜNTHER XLI. blieben nicht lange bestehen. Die folgenden Landesteilungen zwischen 1570/71 und 1599 brachten ganz andere territoriale Gliederungen hervor. Wiederum waren Schloss und Amt Schwarzburg betroffen. Die Gründe hierfür waren: GÜNTHER XL. hinterließ vier Söhne, die auf eine Realteilung des gesamten schwarzburgischen Besitzes drängten. Während GÜNTHER XLI. vorwiegend in Arnstadt residierte, hatten sich ALBRECHT VII. (reg. 1570/71 – 1605) in Rudolstadt, JOHANN GÜNTHER I. (reg. 1552 – 1586) in Sondershausen und WILHELM (reg. 1570/71 – 1598) in Frankenhausen niedergelassen. Ausgehend vom Vertrag zu Speyer vom 5. Dezember 1570 beschlossen die Kontrahenten endlich 1571, dass die Unterherrschaft in einen Sondershäuser (JOHANN GÜNTHER) und einen Frankenhäuser Teil (WILHELM) geteilt wurde, während GÜNTHER XLI. und ALBRECHT VII. gemeinsam die Oberherrschaft regieren sollten.[72] Diese zwei Brüder kamen bereits 1574 überein, die Oberherrschaft zu teilen, wobei GÜNTHER XLI. neben Schloss, Stadt und Amt Arnstadt die Ämter Käfernburg und Gehren, ALBRECHT VII. die Ämter Rudolstadt und Blankenburg, Leutenberg, Stadtilm und Paulinzella erhielt. Schloss und Amt Schwarzburg ereilte nun erneut das Schicksal einer Teilung: GÜNTHER XLI. und ALBRECHT VII. bekamen nach Losentscheid je eine Hälfte der Schlossanlage.[73] Neben der Schlosshälfte »... uf der rechten seiten, so man zuvormahlen das sundersheusiche theil genandt ...« gehörten ebenfalls die Stadt Königsee zur Hälfte, vier halbe und acht ungeteilte Dörfer. Der Schlossteil »... uf der linken seiten, so zuvormahlen das leutenbergische theil genenet worden ...« umfasste den anderen Teil Königsees, die anderen Hälften der vier geteilten Dörfer und zwölf ganze Dörfer. ALBRECHT VII. gestand GÜNTHER XLI. zu, seinen Teil des Amtes Schwarzburg auf Lebzeiten mitzunutzen.[74]

Im Verlauf weiterer Verhandlungen kristallisierte sich die Gebietsstruktur heraus, die schließlich im Stadtilmer Vertrag vom 21. November 1599 festgelegt wurde und die in den folgenden Jahrhunderten die territoriale Grundlage Schwarzburg-Rudolstadt und Schwarzburg-Sondershausen bildete. Das Amt Arnstadt war mit dem Tode GÜNTHERS XLI. bereits 1584 an JOHANN GÜNTHER in Sondershausen gefallen, wo es auch verblieb. ALBRECHT VII. in Rudolstadt erhielt zur gleichen Zeit Amt Gehren, das er aber 1599 gegen die Herrschaft Frankenhausen abtrat. Damit hatte Schwarzburg-Sondershausen einen oberherrschaftlichen Teil erworben, ebenso wie 1598 Schwarzburg-Rudolstadt mit dem Landesteil Frankenhausen nach dem Tod WILHELMS (er starb ohne Nachkommen) ein Gebiet der Unterherrschaft erhielt.

Die Aufteilung des Erbes im Jahre 1584 bedeutete, dass nunmehr die Teilung von Schloss und Amt Schwarzburg endgültig beendet war, da GÜNTHERS XLI. Erbe in den Besitz ALBRECHTS VII. kam und künftig bei Schwarzburg-Rudolstadt verblieb. Nach dem Tod GÜNTHERS XLI. ist ein Inventar über »... wolloblicher christlichen gedechtnus verlassene habe und fharnus ...« auf dem Schlosse Schwarzburg angefertigt worden, das Amtsschosser ZIMMERMANN an den Kanzler zu Rudolstadt sandte.[75]

In Schwarzburg-Rudolstadt hatten sich unter Graf ALBRECHT VII. mit der Einrichtung zentraler Behörden und dem Ausbau des Schlosses Heidecksburg zur Residenz Ansätze eines Territorialstaates herausgebildet.[76]

Epitaph für Günther XLI. von Schwarzburg-Blankenburg-Arnstadt (der Streitbare) und seine Gemahlin Katharina von Nassau-Dillenburg, der Schwester Wilhelm von Oraniens von Nikolaus Bergner, 1590, Photographie, um 1910   *TLMH Fotoarchiv*

Die einheitliche Führung des Landes wurde durch Mitregentschaften eingeschränkt. ALBRECHT VII. verstarb 1605 und hinterließ drei Söhne, CARL GÜNTHER (reg. 1605–1630), LUDWIG GÜNTHER I. (reg. 1612–1646) und ALBRECHT GÜNTHER (reg. 1612–1634).[77] Sie strebten entsprechend der traditionellen Erbregelung wiederum nach Selbständigkeit. Nach Ablauf der Frist 1611 drangen die Brüder darauf, getrennte Sitze einzunehmen und die Einkünfte nach Ämtern zu teilen. Immerhin: Landesteilung mit Erbberechtigung für die Nachfolger wurde im Gegensatz zu Schwarzburg-Sondershausen vermieden.[78] Im Jahre 1612 erhielt LUDWIG GÜNTHER I. als Wohnsitz Frankenhausen, für ALBRECHT GÜNTHER wurde ein Schlossbau in Stadtilm vorgesehen. Bis zu dessen Fertigstellung sollte er im Schloss Schwarzburg wohnen. CARL GÜNTHER, der die Regierungsgeschäfte führte, erhielt den Vorzug, weiterhin auf Schloss Heidecksburg zu residieren. Die inzwischen eingerichteten Kanzleien in Rudolstadt und Frankenhausen sowie die Renterei in Rudolstadt blieben den Brüdern gemeinsam. Die Ämter wurden zwar aufgeteilt, doch die Grundlagen einer angestrebten gleichen Einkünfteverteilung wurden erst später durch aufwendige Berechnungen zu schaffen versucht.

Die Schwierigkeiten für eine Realteilung nach bisherigem Muster waren erheblich. Hier wirkten mehrere Faktoren zusammen: einmal die angestrebte gerechte Aufteilung der Einkünfte nach »Anschlägen« der Ämter (nur mit Ausgleichszahlungen zu verwirklichen), ferner die Abtragung der von ALBRECHT VII. hinterlassenen Schulden, schließlich die Instandsetzung der Schlösser sowie der Neubau des Schlosses in Stadtilm und gleichermaßen die Ausstattung der Residenzen, wofür die auf der Schwarzburg entbehrlichen Gegenstände einbezogen werden sollten.[79] Hinter allen Schwierigkeiten stand das Problem der Finanzierung, das in einem kleinen Territorium kaum zu lösen war. Unzufriedenheit der Brüder und Streitigkeiten verschärften das Moment der Unruhe, das angesichts des gleichberechtigten Ranges der Grafen ohnehin eine kontinuierliche Entwicklung bedrohte. Vorwiegend aus persönlichen Motiven kam es 1624 zu einer Umverteilung der Residenzen, wobei ALBRECHT GÜNTHER von Stadtilm nach Frankenhausen zog und LUDWIG GÜNTHER I. nach Stadtilm wechselte; CARL GÜNTHER verblieb in Rudolstadt. Eine Erbteilung setzte sich nicht durch, im Gegenteil: die Lehensträgerschaft der gesamten Hand und das hergebrachte Nachfolgerecht sollten unverletzlich sein.[80] Es blieb, auch nach dem Tod CARL GÜNTHERS 1630, bei Temporalteilungen (Mutschierungen), d. h. bei Teilung der Einkünfte aus zugewiesenen Ämtern, die befristet waren und keine Erbberechtigung nach sich zogen. Als ALBRECHT GÜNTHER 1634 verstarb, waren die Probleme gegenstandslos geworden, denn LUDWIG GÜNTHER I. blieb als Letzter der Brüder übrig. Er zog in die Residenz Heidecksburg ein und konnte Schwarzburg-Rudolstadt allein regieren. Rudolstadt war auch in den unruhigen Jahren der widerstreitenden Brüder zwischen 1605 und 1634 Residenzstadt geblieben. Die als Grafensitz vorgesehenen Schlösser in Frankenhausen und Stadtilm verloren die ihnen zugedachte Bestimmung, kaum dass sie begründet waren.

Das Schloss Schwarzburg festigte seine Stellung als zeitweiliger Aufenthaltsort und Nebensitz der Grafen. CARL GÜNTHER besaß von 1612 bis 1625 volles Wohnrecht in Schwarzburg und residierte zeitweilig in Stadtilm, bis er 1625 nach Frankenhausen wechselte.[81] ALBRECHT GÜNTHER bewohnte Schwarzburg und Stadtilm wechselweise, bis er 1631 Rudolstadt wählen konnte. Auch LUDWIG GÜNTHER I. hielt sich zeitweise in Schwarzburg auf bis zu seinem Einzug 1625 in das Stadtilmer Schloss.[82] Als einer der Grafensitze kam Schloss Schwarzburg nicht in Frage, denn dessen baulicher Zustand ließ eine Nutzung als dauerhaften Wohnsitz nicht zu und war sicherlich nur mit erheblichem Aufwand zu bessern. Dazu berichten die Quellen: Als 1611 Vorschläge zur Abtragung hinterlassener Schulden ALBRECHTS VII. durch dessen Söhne unterbreitet wurden, hielt man es für dringend geboten, 2 000 Gl. von Einkünften aus dem Amt Schwarzburg in der Rentkammer Rudolstadt zu ersparen, »… die man zu reficirung und erbauung des alten Stammhauses Schwartzburg […] zu gebrauchen hette, […] weil es seiner baufelligkeit [wegen] nicht wohl zu bewohnen …«.[83] Diese Mahnung wurde 1622 wiederholt.[84]

Gemäß dem dreiseitigen Vertrag über die temporäre Aufteilung der Herrschaft im Jahre 1612 wurde ein Jahr später eine Inventarisierung der Besitzstände vorgenommen. Der das Schloss Schwarzburg betreffende Teil lässt dessen Funktionen erkennen.[85] Es treten vier Aufgabenbestimmungen hervor: Das Schloss behielt seine Verwaltungsfunktion auf unterer Ebene als Sitz des Amtes, bis dieses um 1668 nach Königsee verlegt wurde. Dem Amt sind zuzuordnen: die Amtsstuben (obere und untere Stube); des Schossers »oberes Schreibstüblein« (da für den Schosser außerdem eine Speisekammer und ein Keller genannt wurden, wird er auf dem Schloss gewohnt haben); die Kanzleikammer; des Amtsschreibers Kammer; des Richters Kammer; die Räte-Kammer. Die Abfolge der Amtszimmer im Inventar wird mehrfach durch andere Räume unterbrochen, die eindeutig zum herrschaftlichen Wohnsitz gehörten. Neben des Richters Kammer wird »uffn Seyer-Thurm ein gangkhaftig Seyerwerk« mit zwei Zeigern, einer Glocke und mehreren Türen genannt, so dass das Amt wahrscheinlich in Turmnähe untergebracht war. Dem »gewölbten Posament darneben« befanden sich zwei Gefängnisse »mit starken banden an reuffen und ketten, ein stark eisern gegittert vor dem fenster, eine tür mit banden, handthaben und anreuffe«, die für den Strafvollzug des Amtsrichters gedacht waren.

Das Schloss war hauptsächlich Wohnsitz der Grafen, der Dienstleute und Vertrauten. Davon zeugen zahlreiche Räume: Herrengemach mit einer Kammer (der Ausstattung nach sind Kammern in der Regel Schlafräume); daneben »Jungen-Cammer«; Frauengemächer (etwa drei) mit zugehörigen Kammern; »Schulstüblein« über der Herrenküche, Hausknechts- und Burgvogtskammer; »des Herrn Reißigenstall«; Reiterkammer; Junkerstube und neue Junkerstube, jeweils mit Kammern; Kutschstall; Torstube; Kirche mit Stüblein und Kämmerlein daneben; Leutenbergische Gewölbestube an der Kirche mit Kammer; vorderer Saal und hinterer Saal; große Hofstube; mehrere Küchen (etwa vier), dabei Herrenküche über dem vorderen Saal und Leutenbergische Küche; Köchin-Kammer; Kräuterkammer; Wildbretsgewölbe; Speisegewölbe; »Coffents-Keller« und »tiefer Kofentskeller«; Schlachthaus; Brauhaus, dazu Malztenne und Malzhaus; Quellkammer (Brunnen); Tischlerei mit zugehörigen Stuben. Von weiteren Räumen, Gängen und Nebengelassen, vor allem von zahlreichen Kellern, ist eine spezifische Zweckbestimmung nicht zu erkennen. Dies trifft ebenso für viele der aufgeführten Böden zu, ausgenommen der Kornboden über dem Witzleber Turm, der wahrscheinlich als Lager für Zinsgetreide aus dem Amt diente. Es werden zudem Schüttböden für Getreide über dem Zeughaus genannt, die der Schosser nutzen sollte.[86] Auch die Waage mit zahlreichen Gewichten und Schalen, vermehrt durch die Aufzählung an anderer Stelle von neun Zentnern Messing-, 10 ½ Zentnern Eisen- und 3 ½ Zentnern Bleigewichten, ferner durch diverses Eisen-, Messing- und Kupferwerk, dürfte mehreren Nutzern zur Verfügung gestanden haben. Die Ausstattung der Räume dominierten zahllose Hirschgeweihe: allein 17 Zentner ganze Geweihe und zehn Zentner Stangen wurden in einer summarischen Zusammenstellung genannt. Dies unterstreicht, dass die Jagd auf der Schwarzburg eine große Rolle spielte. Das Inventar von 1613 verdeutlicht somit, dass neben der Nutzung als Jagdschloss die Schwarzburg als Wirtschaftshof für die Eigenwirtschaft der Grafen und Dienstleute diente.

Die militärische Bedeutung der Burgen war seit dem 16. Jahrhundert durch die moderne Kriegstechnik allgemein im Niedergang begriffen. Die Ausstattung des Zeughauses[87] auf der Schwarzburg zeugt jedoch noch immer von deren Schutzfunktion für die Bewohner des Schlosses. Zugleich diente sie als Zufluchtsort für Teile der Bevölkerung. Eine konkrete militärische Bedrohung der Schwarzburg hatte es nie gegeben. Auch im Bauernkrieg von 1525 entschärfte sich die Situation, als der große Stadtilmer Bauernhaufen gegen das Kloster Paulinzella und nicht gegen das ohnehin schwer zu belagernde Schloss zog.[88] Im Dreißigjährigen Krieg waren 1625/27 schwarzburgische Territorien von Durchzügen und Einquartierungen vor allem durch Truppen, die unter dem Oberbefehl TILLYS standen, betroffen. Dazu kamen lüneburgische Soldaten, die im Januar 1627 in Schwarzburg-Rudolstadt einrückten und auf den Widerstand der Bevölkerung in den Gemeinden des Amtes Schwarzburg trafen. Die Grafen, besonders LUDWIG GÜNTHER I., versuchten durch Verhandlungen mit Truppenführern, allerdings mit geringem Erfolg, Schäden von Land und Leuten abzuwenden.[89] Die Schutzfunktion des Schlosses ist, jedenfalls seit dem 16. Jahrhundert, nicht mehr in Anspruch genommen worden. Dafür zeichnet sich zu Beginn des 17. Jahrhunderts deutlich ab, dass die Schwarzburg als Nebensitz der Grafen ihre maßgebliche Zweckbestimmung fand. Das Schloss diente fortan als temporärer Wohnsitz, Wirtschaftshof und zeitweise noch als Amtssitz.

· · · · ·

Die Darstellung der Geschichte der Schwarzburg beginnt damit, als ein begütertes, mit Grafenrechten im Längwitzgau ausgestattetes Adelsgeschlecht bei Arnstadt und im Schwarzatal ein Machtzentrum begründete. Vieles bleibt in geschichtlicher Frühzeit wegen Quellenmangels ungeklärt, auch die vermeintliche Ersterwähnung der Schwarzburg zum Jahre 1071 ist zu bezweifeln. Eine dichtere Überlieferung historischer Zeugnisse, die im Schwarzburgischen etwa mit Burgenbau und Herrschaftsbildung zeitlich zusammenfällt, gewährleistet zuverlässigere Aussagen. Wesentliche Argumente sprechen dafür, dass die Entstehung der Schwarzburg – gesicherte Ersterwähnung 1123 – etwa gleichzeitig mit der Käfernburg bei Arnstadt in die zwanziger Jahre des 12. Jahrhunderts zur Regierungszeit SIZZOS III. (reg. 1109–1160) fällt. Seitdem bleibt sie mit den Grafen gleichen Geschlechts – die Linie KÄFERNBURG starb 1385 aus – in ihrer wechselvollen Geschichte verbunden.

Zunächst war die Schwarzburg ungeteilter Hauptsitz der mittelalterlichen Grafschaft (1123–1453). Diese vergrößerte sich erheblich; es entstanden mehrere schwarzburgische Herrschaften, die untereinander häufig ihren Besitz teilten. Davon war die Schwarzburg selbst betroffen und wurde schließlich zur zweiherrigen Residenz (1453–1564). Ihr Abstieg vollendete sich, als sie im Verlaufe der umfangreichen Landesteilungen zwischen 1571 und 1599, die zur Begründung der Territorialstaaten Schwarzburg-Rudolstadt und Schwarzburg-Sondershausen führten, von ihrer einstigen realen Machtstellung auf die Position eines Nebensitzes zurückgedrängt wurde. Die Schwarzburg gehörte zum Gebiet Schwarzburg-Rudolstadt und wurde als peripherer Nebensitz und Jagdschloss dieser Grafen und Fürsten (seit 1710) genutzt. Darüber hinaus blieb sie ideelles Bindeglied des Gesamthauses. Im historischen Bewusstsein der Thüringer besteht sie in ihrem beinahe neunhundertjährigen Dasein als das, womit ihre Geschichte begann: als Stammschloss der schwarzburgischen Landesherrschaften.

### Anmerkungen

1. Vgl. WERNER, Gerhard: Geschichte der Stadt Saalfeld, Bd. 1, Saalfeld 1995, S. 21 sowie DOBENECKER, Otto: Regesta diplomatica necnon epistolaria Historiae Thuringiae, Bd. 1, Jena 1895, Nr. 893.
2. Vgl. PATZE, Hans: Geschichte Thüringens, Bd. 2, T. 1, Köln; Wien 1974, S. 409: »Die Urkunde Annos von Köln, in der die Schwarzburg genannt wird, kann nicht mit Sicherheit als frühester Beleg für die Burg gelten, da es sich um eine Aufzeichnung wohl des 12. Jh. handelt.« Hier auch der Hinweis auf OEDIGER, Friedrich Wilhelm: Regesten der Erzbischöfe von Köln, Bd. 1, Nr. 1006.
3. Vgl. GOCKEL, Michael: Das Dienstrecht der Kölner Erzbischöfe aus dem thüringischen Saalfeld. – In: Thüringische Forschungen. Festschrift für Hans Eberhardt zum 85. Geburtstag, Weimar; Köln; Wien 1993, S. 9.
4. Vgl. WERNER 1995 (wie Anm. 1), S. 15–21; EBERHARDT, Hans: Zur Frühgeschichte des Orlagaues. – In: Fundamente, Berlin 1987 (= Thüringer kirchliche Studien; V), S. 41–43.
5. Vgl. DOBENECKER 1895 (wie Anm. 1), Bd. 1, Nr. 893.
6. Vgl. WERNER 1995 (wie Anm. 1), S. 21. Dem liegt eine Abschrift im Kopialbuch der Propstei Coburg im Staatsarchiv Coburg, LA F 8023, Bl. 67 b f. zugrunde. Für diese Mitteilung danke ich Herrn Dr. Gerhard Werner, Saalfeld.
7. Vgl. Thüringer-Wald-Karte, hrsg. i. A. des Hauptvorstandes des Thüringerwald-Vereins, Bl. 16: Blankenburg, Eisenach o. J. (Kartenbeilage 1:50 000).
8. Vgl. WAGNER, Erich: Zur Etymologie des Ortsnamens Cordobang. – In: RHH 5/6 (1970), S. 111–115.
9. Vgl. EICHLER, Ernst: Nochmals der Ortsname Cordobang. – In: RHH 9/10 (1970), S. 199–201.
10. Vgl. EBERHARDT, Hans: Das Schwarzatalgebiet. Geschichte und Kirchengeschichte einer Landschaft. – In: Mosaiksteine, Berlin 1981 (= Thüringer kirchliche Studien; IV), S. 121.
11. Vgl. EBERL, Immo: Die frühe Geschichte des Hauses Schwarzburg und die Ausbildung seiner Territorialherrschaft. – In: Thüringen im Mittelalter. Die Schwarzburger, Rudolstadt 1995 (= Beiträge zur schwarzburgischen Kunst- und Kulturgeschichte; 3), S. 88 ff. sowie WITTMANN, Helge: Zur Frühgeschichte der Grafen von Käfernburg-Schwarzburg. – In: ZVTG 51 (1997), S. 43 f.
12. Vgl. EBERHARDT 1981 (wie Anm. 10), S. 121 f.
13. Vgl. SCHLÜTER, Otto: Frühgeschichtliche Wohnflächen. – In: Atlas des Saale- und mittleren Elbegebietes, T. 1, Leipzig 1959 (Karte 5 sowie Erläuterungen S. 15 f.).
14. Vgl. DEMATTIO, Helmut: Die Herrschaft Lauenstein bis zum Ende des 16. Jahrhunderts, Jena usw. 1997 (= VHKTh KR; 3), S. 16 ff.
15. Vgl. WERNER 1995 (wie Anm. 1), S. 21 ff.
16. Vgl. HERZ, Hans: Die Urkunde vom 19. November 1370 als Quelle für Ersterwähnung von Ortschaften in den Kreisen Rudolstadt, Ilmenau und Neuhaus. – In: RHH 5/6 (1970), S. 104–110.
17. Vgl. EBERHARDT 1981 (wie Anm. 10), S. 121 f.
18. Vgl. DOBENECKER 1895 (wie Anm. 1), Bd. 1, Nr. 811.
19. Vgl. WITTMANN 1997 (wie Anm. 11), S. 42 f. Vgl. außerdem PATZE, Hans: Die Entstehung der Landesherrschaft in Thüringen, Köln; Graz 1962 (= Mitteldeutsche Forschungen; 22), S. 146 und S. 152.
20. EBERHARDT 1981 (wie Anm. 10), S. 121.
21. Vgl. DOBENECKER 1895 (wie Anm. 1), Bd. 1, Nr. 1176 sowie Bd. 2, Nr. 1343 und Nr. 1348.
22. Vgl. ebenda Bd. 2, Nr. 1432, 1458, 1482.
23. Vgl. ebenda Bd. 1, Nr. 997. Dobenecker setzt »von Käfernburg« in Klammern.
24. Vgl. EBERL 1995 (wie Anm. 11), S. 84–91. Regest der Urkunde 1005/1006 bei DOBENECKER 1895 (wie Anm. 1), Bd. 1, Nr. 629.
25. Vgl. FISCHER, Rudolf: Ortsnamen der Kreise Arnstadt und Ilmenau, Halle/Saale 1956 (= Deutsch-slawische Forschungen zur Namenkunde und Siedlungsgeschichte; 1), S. 95.
26. Vgl. MÜLLEROTT, Hansjürgen: Die Käfernburg über Oberndorf vorm Thüringer Wald. – In: Thüringen im Mittelalter. Die Schwarzburger, Rudolstadt 1995 (= Beiträge zur schwarzburgischen Kunst- und Kulturgeschichte; 3), S. 271.
27. Vgl. DOBENECKER 1895 (wie Anm. 1), Bd. 1, Nr. 1041.
28. Vgl. WITTMANN 1997 (wie Anm. 11), S. 9 ff.
29. Vgl. PATZE 1974 (wie Anm. 2), S. 283 sowie KLEIN, Matthias: Arnstadt im Spannungsfeld zwischen dem Kloster Hersfeld und den Grafen von Schwarzburg. – In: Thüringen im Mittelalter. Die Schwarzburger, Rudolstadt 1995 (= Beiträge zur schwarzburgischen Kunst- und Kulturgeschichte; 3), S. 199–215.
30. ANEMÜLLER, Ernst: Urkundenbuch des Klosters Paulinzelle, Bd. 1, Jena 1889, Nr. 6.
31. Vgl. Karte 15 »Gaue und Burgwardhauptorte im 10. und 11. Jh.« – In: HESSLER, Wolfgang: Mitteldeutsche Gaue des frühen und hohen Mittelalters, Berlin 1957, S. 44.
32. DOBENECKER 1895 (wie Anm. 1), Bd. 1, Nr. 892 sowie WERNER 1995 (wie Anm. 1), S. 19.
33. Vgl. FISCHER 1956 (wie Anm. 25), S. 45.
34. Vgl. DOBENECKER 1895 (wie Anm. 1), Bd. 1, Nr. 340.
35. Vgl. PATZE 1962 (wie Anm. 19), S. 96.
36. Vgl. EBERL 1995 (wie Anm. 11), S. 88 f.
37. Vgl. UNBEHAUN, Lutz: Die Klosterkirche zu Paulinzella, Rudolstadt 1998, S. 95 sowie ANEMÜLLER 1889 (wie Anm. 30), Nr. 12.
38. Vgl. UNBEHAUN, Lutz: Das schwarzburgische Hauskloster Georgenthal. – In: Thüringen im Mittelalter. Die Schwarzburger, Rudolstadt

1995 (= Beiträge zur schwarzburgischen Kunst- und Kulturgeschichte; 3), S. 233–254.
39. Vgl. PATZE 1974 (wie Anm. 2), S. 282.
40. Vgl. HERZ, Hans: Die Grafen von Schwarzburg von den Anfängen bis zur Bildung der Grafschaft Schwarzburg-Rudolstadt 722–1599. – In: Die Grafen von Schwarzburg-Rudolstadt. Albrecht VII. bis Albert Anton, Rudolstadt 2000, S. 15.
41. Vgl. DEVRIENT, Ernst: Der Kampf der Schwarzburger um die Herrschaft im Saaletal. – In: Festschrift Berthold Rein zum 75. Geburtstag, Jena 1935, S. 36f.
42. Vgl. ThStAR, Archivum Commune Nr. 191, 208, 218.
43. Hier und im Folgenden werden die Herrschaftsdaten regierender Grafen angegeben. – Vgl. hierzu APFELSTEDT, Friedrich: Das Haus Kevernburg-Schwarzburg von seinem Ursprunge bis auf unsere Zeit, Sondershausen 1890.
44. Vgl. HERRMANN, Kurt: Die Erbteilungen im Hause Schwarzburg, Halle/Saale 1920, S. 18f.
45. In der älteren Literatur, besonders in genealogischen Übersichten, wird der Begriff »Linie« verwendet. Damit wird der engere Familienverband zugrunde gelegt, der eine Herrschaft bildete. Im vorliegenden Beitrag wird der Begriff »Herrschaft« vorgezogen, weil er den tatsächlichen Sachverhalt mit Herrschaftssitz und -gebiet umfassender ausdrückt.
46. Vgl. KLEIN 1995 (wie Anm. 29), S. 210.
47. Vgl. HERRMANN 1920 (wie Anm. 44), S. 20.
48. Vgl. BURKHARDT, Carl August Hugo: Urkundenbuch der Stadt Arnstadt 704–1495, Jena 1883 (= Thüringische Geschichtsquellen; NF. 1. Bd. 1.), Nr. 66, 67, 69, 70 sowie Nr. 71.
49. Siehe hierzu den Beitrag von Jörg Hoffmann in diesem Buch, S. 45–75.
50. Vgl. ThStAR, Archivum Commune Nr. 127, 28. Januar 1365.
51. Vgl. ebenda Nr. 139, 19. November 1370 sowie HERZ 1970 (wie Anm. 16).
52. Vgl. ThStAR, Archivum Commune Nr. 141, 24. April 1371.
53. Vgl. ebenda Nr. 142, 1. Mai 1371.
54. Ausführlich nach älterer Darstellung ANEMÜLLER, Bernhard: Der Schwarzburgische Hauskrieg, Rudolstadt 1867.
55. Vgl. HERRMANN 1920 (wie Anm. 44), S. 27 sowie ThStAR, Archivum Commune Nr. 35, 30. Juli 1326.
56. Vgl. ebenda Nr. 356, 15. April 1450.
57. Vgl. ebenda Nr. 360, 18. Dezember 1452.
58. Siehe hierzu den Beitrag von Jörg Hoffmann in diesem Buch, S. 45–75.
59. Vgl. ThStAR, Geheimes Archiv (Restbestand) E V 4 Nr. 24.
60. Vgl. HERZ, Hans: Schloss und landesherrliche Güter im Amt Schwarzburg um 1500 bis 1571. – In: RHH 5/6 (2005), S. 153; ferner mehrere Beiträge des Verfassers zu bäuerlicher Wirtschaft, Hammerschmieden und Holznutzungen der Jahre 1465 bis 1571. – In: RHH 7/8 (2005), S. 198–201 und RHH 11/12 (2005), S. 318–322 sowie RHH 3/4 (2006), S. 98–101 und RHH 5/6 (2006), S. 121–126.
61. Vgl. STEWING, Frank-Joachim: Ein Mainzer Missale von 1517 als Quelle zur Geschichte der Kapelle auf Schloss Schwarzburg. – In: RHH 3/4 (2004), S. 97–103.
62. Vgl. HERZ, Hans: Hammerschmieden im Amt Schwarzburg 1465–1571. – In: RHH 7/8 (2005), S. 199.
63. Vgl. ThStAR, Archivum Commune Nr. 420, 8. Juni 1481.
64. Vgl. APFELSTEDT 1890 (wie Anm. 43), S. 8.
65. Vgl. ANEMÜLLER 1889 (wie Anm. 30), Bd. 2, Nr. 518, 12. Dezember 1496.
66. Vgl. ebenda Nr. 508, 26. Februar 1493 sowie Nr. 524, 26. Mai 1500 und Nr. 564, 3. Oktober 1516.
67. Vgl. ebenda Nr. 510, 14. Januar 1494.
68. Vgl. ebenda Nr. 524, 26. Mai 1500 und Nr. 552, 9. Juni 1512.
69. Vgl. ThStAR, Archivum Commune Nr. 604, 1536 sowie Nr. 605, 27. Oktober 1537.
70. Vgl. Günther XLI. Graf von Schwarzburg in Diensten Karls V. und Philipps II. in den Niederlanden (1550) 1551–1559 (1583), bearb. v. Jens Beger, Eduardo Pedruelo Martín, José Luis Rodríguez de Diego, Joachim Emig und Jochen Lengemann, Weimar; Jena 2003, S. 30 und S. 64.
71. Vgl. EBERHARDT, Hans: Geschichte der Behördenorganisation in Schwarzburg-Sondershausen, Jena 1943 (= ZVTG; Beiheft 28), S. 7f.
72. Ausführlich zum Gang der Verhandlungen und zu Einzelregelungen vgl. HERRMANN 1920 (wie Anm. 44), S. 75–100.
73. Vgl. ThStAR, Kanzlei Frankenhausen B VIII 4c Nr. 4.
74. Vgl. ebenda, Kanzlei Sondershausen, Landesteilungsakten, Bd. 1, Bl. 538ff.
75. Vgl. ebenda, Kanzlei Rudolstadt B VII 8d Nr. 8, unpag. Siehe außerdem den Beitrag von Jörg Hoffmann in diesem Buch, S. 45–75.
76. Vgl. UNBEHAUN, Lutz: Albrecht VII. – In: Die Grafen von Schwarzburg-Rudolstadt. Albrecht VII. bis Albert Anton, Rudolstadt 2000, S. 37–67 sowie HESS, Ulrich: Geschichte der Staatsbehörden von Schwarzburg-Rudolstadt, Jena; Stuttgart 1994 (= VHKTh GR; 2), S. 9ff.
77. Vgl. BEGER, Jens: Albrecht Günther. – In: Die Grafen von Schwarzburg-Rudolstadt. Albrecht VII. bis Albert Anton, Rudolstadt 2000, S. 114.
78. Vgl. EBERHARDT 1943 (wie Anm. 71), S. 1–35.
79. Vgl. FLEISCHER, Horst: Carl Günther. – In: Die Grafen von Schwarzburg-Rudolstadt. Albrecht VII. bis Albert Anton, Rudolstadt 2000, S. 96.
80. Vgl. ThStAR, Geheimes Archiv (Restbestand) B VIII 6c Nr. 11: »Theilungspuncta«, 12. September 1622.
81. Vgl. BEGER 2000 (wie Anm. 77), S. 116.
82. Vgl. FLEISCHER, Horst: Ludwig Günther I. – In: Die Grafen von Schwarzburg-Rudolstadt. Albrecht VII. bis Albert Anton, Rudolstadt 2000, S. 135.
83. ThStAR, Kanzlei Rudolstadt B VIII 6c Nr. 11, unpag.: Bericht vom 25. Oktober 1611.
84. Vgl. ebenda: »Theilungspuncta«, 12. September 1622.
85. Vgl. ebenda, Kanzlei Rudolstadt B VII 8c Nr. 7, Bl. 95ff.
86. Vgl. ebenda, Verschiedene Urkunden C XXII 4f Nr. 17, Bl. 5b.
87. Siehe hierzu den Beitrag von Jens Henkel in diesem Buch, S. 311–347.
88. Vgl. FLEISCHER, Horst: Stadt und Amt Rudolstadt im deutschen Bauernkrieg. – In: RHH 7/8 (1975), S. 134–145.
89. Vgl. HERZ, Hans: Bauernaufstand 1627 in Schwarzburg-Rudolstadt. – In: Jahrbuch für Regionalgeschichte, Bd. 16, T. II, Weimar 1989, S. 73–80.

Jörg Hoffmann

# Von der Stammburg zum Jagdschloss
## Aspekte des architektonisch-funktionellen Wandels

*»Ouch teile wir daz kleyne mus hus gancz uf di linkin hand
mit allen gemachchin undin und obene und mit dem kelre, der ouch dar undir lit,
unsin herrin grafin Hannese alleine zcŭ. Ouch teile wir den placz in der
vorburg zcwŭschin dem wennigin mus huse der hofedŏrnzin
und der zcogebruckin ubir ale unsin herrin beyden gemeyne. Ouch teile wir den gang
vor den czweigin kelrin ubir di zcogebrŭckin zcuschin den czweigin
thorin bis an di hulczin sŭle, daz der unsin herrin beiden sal gemeine sin.«*[1]

Die Schwarzburg befand sich bis auf wenige Ausnahmen stets im Besitz der gleichnamigen Dynastie, der Schwarzburger. Dennoch diente die Anlage zu verschiedenen Zeiten ganz unterschiedlichen Zwecken. Je nach Widmung oder Nutzungszuweisung waren verschiedene Funktionen notwendig, die zwangsläufig zumindest zu einer Uminterpretation der Bausubstanz, oft auch zur Ergänzung des Bestandes führten. Die Existenz der grundsätzlichen Gebäude- und Raumfunktionen innerhalb einzelner Nutzungsphasen sollen im Folgenden beschrieben, deren Wandel aufgezeigt werden. Architektonisch-funktionelle Zusammenhänge ergeben sich ansatzweise aus den Inventarverzeichnissen, die seit dem 16. Jahrhundert regelmäßig aufgestellt wurden, wenn es für eine Bestandsaufnahme des Mobiliars die Notwendigkeit gab. Das war meist bei einem Regentschaftswechsel oder aber auch als Grundlage für manches Teilungsbegehren der Fall. Dann wurde ein Notar, der Burg- oder später der Hausvogt mit der Inventarisierung beauftragt. Diese Person in einer Vertrauensstellung des jeweiligen Regenten ging von Raum zu Raum des Schlosses und notierte alle vorhandenen Möbel und weiteres Hab und Gut. Von diesen wertvollen archivalischen Quellen ausgehend, sollen in diesem Beitrag die Raumfunktionen anhand der angegebenen Bezeichnungen dargestellt und – soweit ermittelbar – in deren räumlich-architektonischer Ausprägung charakterisiert werden. Zur Beantwortung der Frage nach dem Wandel der Funktionsbeziehungen stehen die Primärquellen nur indirekt zur Verfügung. Dieser wird erst im rückblickenden Vergleich der einzelnen Bestandsaufnahmen sicht- und bewertbar.[2]

Die mittelalterliche Verwendung als gräfliche Hauptburg wird erstmals durch die urkundliche Erwähnung eines Sizzo (reg. 1109 – 1160) als Graf von Schwarzburg im Jahre 1123 greifbar.[3] Nur bruchstückhaft lassen sich aufgrund mangelnder Überlieferung die konkrete Nutzungsgeschichte in den folgenden Jahrhunderten und erst recht die einstigen baulichen Zusammenhänge verfolgen. Die erheblichsten funktionellen Veränderungen infolge eines Statuswandels durchlebte die Anlage in der Mitte des 15. Jahrhunderts und Anfang des 20. Jahrhunderts, auch wenn sich diese Brüche nicht so signifikant an veränderten Raumstrukturen erkennen lassen; deren Wandel spiegelt vorrangig die jeweilige Orientierung der schwarzburgischen Bauherren an zeitgenössischen architektonischen Moden und Vorbildern wider. Endgültig vorbei war die Ära Schwarzburgs als gräflicher Hauptsitz mit dem Tode des letzten besitzenden Grafen der schwarzburg-schwarzburgischen Linie, Günthers XXXII. (reg. 1407 – 1450). Fortan diente die Anlage als Nebensitz von stets außerhalb des einstigen Stammhauses residierenden Regenten. Der in der Folgezeit bisweilen vernachlässigte Schlosskomplex wurde Anfang des 18. Jahrhunderts, während der Aufnahme der Regenten in den Reichsfürstenstand, neu ausgestattet und als Beleg des hohen dynastischen Alters der Schwarzburger für die herrschaftliche Selbstinszenierung beansprucht. Diese Zeit als Nebenresidenz endete im Jahre 1918 mit der Abdankung des letzten schwarzburg-rudolstädtischen Fürsten Günther Victor (1852 – 1890 – 1918 – 1925). Anschließend diente die Anlage als Wohnsitz des einstigen Regentenpaares, von 1925 bis 1940 allein der Witwe Anna Luise (1871 – 1951), geb. von Schönburg-Waldenburg.

Johann Alexander Thiele, Prospekt der Schwarzburg von Norden (Detail)
Öl auf Leinwand, vor dem Schlossbrand von 1726 *Schlossmuseum Sondershausen Kb 428*

## Der Zustand der Burganlage im 14. Jahrhundert

Archivalisch greifbar wird die Nutzungsstruktur der Schwarzburg erstmals in der zweiten Hälfte des 14. Jahrhunderts. Um das Jahr 1365 zeigten sich Bemühungen zum Zusammenhalt des inzwischen auf vier Zweige (Schwarzburg-Schwarzburg, Schwarzburg-Leutenberg, Schwarzburg-Ilmenau, Schwarzburg-Leuchtenburg-Wachsenburg) aufgespalteten schwarzburg-schwarzburgischen Astes des Grafenhauses:[4] GÜNTHER XXII. (reg. 1361–1382) vereinigte seinen Besitz um das Reichslehen Schwarzburg mit den wenigen verbliebenen Liegenschaften der unter JOHANN II. (1327–1354–1407) zwischenzeitlich weiter zergliederten Linie SCHWARZBURG-LEUCHTENBURG-WACHSENBURG. Beide Regenten können fortan als gräfliche Herren auf der Schwarzburg angenommen werden. Lange währte die Gemeinschaft zwischen GÜNTHER XXII. und JOHANN II. nicht. Bereits 1370 teilten sie ihre Herrschaft in zwei nun schwarzburg-schwarzburgische Linien, wobei beiden ein Anteil an der wohl auch fortan als Hauptsitz dienenden Schwarzburg bleiben sollte. Dementsprechend erfolgte mit der Urkunde vom 24. April 1371 die Aufteilung der Gebäude des Herrschaftssitzes.[5] Sonderbar erscheint in jedem Falle die damit vereinbarte Besitzverteilung auf dem Stammsitz, wonach JOHANN II. so gut wie alle Gebäude zustanden und sich der bisherige Besitzer, GÜNTHER XXII., lediglich an einigen Nebenanlagen beteiligen sollte.

Mit der Teilungsurkunde wird erstmals die Struktur der Schwarzburg in einem gewissen Umfang bekannt. Die Tatsache, dass diese Quelle aus einer Zeit stammt, aus der kaum andere Überlieferungen nachweisbar sind, macht ihre Inhaltsangaben einzigartig für die Profanbaugeschichte der schwarzburgischen Grafen. Die Bauten werden stichpunktartig genannt. Zum einen gewinnt man Erkenntnisse über die bereits in dieser Zeit vorhandene Bau- und Funktionsstruktur. Zum anderen wird deutlich, welche Bezeichnungen (die aus den zahlreich überlieferten Inventaren des 16. Jahrhunderts bekannt sind) bereits zuvor feststehende Begriffe waren. Aus der Urkunde ist die Baustruktur einer, in mindestens drei (funktionell differenzierbare) Burghöfe gestaffelten, großzügigen Anlage erkennbar, die der Topographie des langgestreckten, von Nordwesten zugänglichen Bergrückens angepasst war (vgl. Abb. Lageplan, Zustand vor 1664, S. 48). Ein Weg, östlich knapp unterhalb des Bergkammes an der Burganlage entlang, erschloss einen am südlichen Ende des Bergrückens gelegenen Hof – wohl an Stelle eines späteren, substanziell noch heute bestehenden Wirtschaftshofes. Ein Lageplan von 1664 (vgl. Abb. S. 78)[6] und eine Ansicht der Schwarzburg von 1716 (vgl. Abb. S. 49)[7] bieten einige Anhaltspunkte über Lage und Größe der einzelnen Gebäudeteile der zu diesen Zeiten bereits veränderten, später nochmals im großen Maßstab umgestalteten und inzwischen größtenteils ruinösen Anlage.

Als erste nördliche Barriere stellte sich auf dem schmalen Bergrücken das untere »thorhus« in den Weg, das mit dem 1940 abgebrochenen Gebäude identisch sein dürfte, welches in seinem steinernen Erdgeschoss eine Durchfahrt mit gotisch-spitzbogigem Portal hatte. Darüber befanden sich ein »hus und gemach«. Mit Gemach wird die Wohnfunktion des Gebäudes – wohl für Bedienstete – angedeutet. Der durch das Torhaus zugängliche erste Burghof hatte den Charakter eines Wirtschaftshofes. Hier lagen die Burggüter der Familien VON GREUSSEN und VON WITZLEBEN, die als Getreue der schwarzburgischen Grafen auch für die Schwarzburg die Burgmannen gestellt hatten.[8] Die »steynin kemmenate« auf dem ersten Burghof könnte das spätere Zeughaus bezeichnen, das wohl einst aus dem Abraummaterial des nördlich davon in den Fels getriebenen Halsgrabens errichtet worden war. Das Gebäude beherbergte weitere Bedienstete – die Jäger. Die Existenz des, den ersten Burghof dominierenden, quadratischen »fuerdirn thorme« ist auf beiden oben genannten Abbildungen nachweisbar. Es gab mehrere Stallungen, darunter einen Schweinekoben und ein Hundehaus, außerdem ein sogenanntes Bretterhaus. Ein Backhaus stand auf der östlichen Seite des Hofes.

Von diesem Hof erreichte man durch das »inre thore« die »vorburg«. Das heute kaum mehr nachweisbare Torgebäude, in dessen »thor dörnzin« (Tor-Dirnitz)[9] beide Grafen die Stationierung eines Torwärters sicherstellen wollten, ist im Bereich des späteren nördlichen Stallflügels zu vermuten. Dessen noch erhaltene, im Grundriss gekrümmte Baustruktur lässt ein entsprechendes Alter vermuten. Auf der die Grundfläche des Hofes westlich des späteren Kastellangebäudes einnehmenden Vorburg stand das »kleyne mus hus«[10] – ein unterkellertes Gebäude, in dessen Erd- und Obergeschoss sich wohl Räume zur Speisung und Unterbringung von Bediensteten befanden. Außerdem wird die sicher ebenso zu einem Bauwerk gehörende »hofedörnzin« – die Hof-Dirnitz – erwähnt.

Von der Vorburg gelangte man über eine zwischen zwei Toren befindliche »zcogebrückin« in den dritten, inneren Burghof (Kernburg), auf dem die herrschaftlichen Wohngebäude zu vermuten sind. Dieser Hof nahm wohl jene Fläche ein, die im 18. Jahrhundert durch einen quer gestellten Kapellenneubau in den nördlichen Schlosshof und den südlichen oberen Hof zerschnitten wurde. Die Gebäude, die sich dort befanden, waren das »grozsin mus hus«, die »cappellen«, die »nuwin kemmenatin«, die »schule« und die »hindirstin klein kemmenatin«. Es ist anzunehmen, dass das große Mus-Haus im Bereich des späteren Westflügels, des am meisten repräsentativen Schlossgebäudes, gestanden hatte. Im Erdgeschoss waren Stallungen untergebracht, in den Obergeschossen Gemächer eingerichtet. Das Dachwerk erstreckte sich über mehrere Geschossebenen. Die Kapelle befand sich zwischen der Schule und der neuen Kemenate. Sie dürfte mit dem im Lageplan von 1664 dargestellten Gebäude am Standort des späteren Kapellenneubaus identisch sein. Das im Grundriss annähernd rechteckige Gebäude (6,30 m × 17,20 m) ist quer zum Bergkamm, mit einer Schmalseite nach Osten orientiert. Die neue Kemenate mit ihren Gemächern in verschiedenen Etagen befand sich vermutlich südlich der Kapelle, im Bereich des späteren Leutenberger Flügels. Das von der anderen, somit wohl nördlichen Seite an die Kapelle anschließende Bauteil – weniger ein Gebäude, sondern ein funktionell unterschiedener Raumtrakt – war die Schule (ein »gemach, daz di schule heizsit«). Die kleine Kemenate befand sich am südlichen Ende des inneren Burghofes an Stelle des später hier nachweisbaren Turmes oder war identisch mit diesem.

Als weitere Baulichkeiten der Burg werden allgemein Türme, Tore und Brücken genannt. Außerhalb der Mauern sollen das unterhalb des Berges im Dorf gelegene Brauhaus und das Badehaus – beide von der Wasserversorgung durch die Schwarza abhängig – zu den Bestandteilen der Burg gehört haben.[11]

Die Aufteilung der Burg unter den beiden Regenten im Jahre 1371 erfolgte teils durch die Gebäude hindurch und wurde entlang bestimmter Bauteile vollzogen. Auf dem inneren Burghof bezeichneten Marksteine die Grenze. Die Zugänge über alle Brücken, Gänge und Stiegen waren beiden Burgherren gestattet. Für GÜNTHER XXII. sind in der Urkunde keine Teile ausgesondert worden. Ihm standen gemeinsam mit JOHANN II. lediglich Anteile an den Toren und Befestigungen, am Backhaus, am Hundehaus, am Burggut des Witzlebeners und am Hof hinter der Burg sowie an der Kapelle zu – den wichtigen zu unterhaltenden Befestigungs-, Gemeinschafts- und Wirtschaftsanlagen. Die Wohngebäude wurden alleiniger Besitz von JOHANN II. Ob über GÜNTHERS XXII. Anteil eine weitere Urkunde ausgestellt worden war, ist zweifelhaft bei der Vielzahl der hier bereits erwähnten Gebäude. Möglicherweise war ihm von vornherein ein geringerer Anteil am Stammsitz eingeräumt worden. Ein tatsächlicher Wohnsitz GÜNTHERS XXII. lässt sich hier nicht nachweisen. Diesen soll er vorzugsweise in Stadtilm genommen haben.[12]

Ein anschließend zwischen den beiden Regenten vereinbarter Burgfrieden reglementierte die Teilung des Stammsitzes.[13] Im Jahre 1382 stellten JOHANN II. und sein Sohn GÜNTHER XXX. (gest. 1395) die Schwarzburg unter die Oberaufsicht von DIETRICH VON WITZLEBEN, LUDOLF VON WÜLLERSLEBEN, DIETRICH VON BERLSTEDT und OTTO VOM HOFE.[14]

# Der Zustand der Burganlage in der Mitte des 15. Jahrhunderts

Mitte des 15. Jahrhunderts war zwischen dem letzten Grafen VON SCHWARZBURG-SCHWARZBURG, GÜNTHER XXXII., und seinen Vettern, HEINRICH XXVI. VON SCHWARZBURG-ARNSTADT-SONDERSHAUSEN (1418–1444–1488) und HEINRICH XXV. VON SCHWARZBURG-LEUTENBERG (1412–1440–1463), ein Streit um die Besitztümer des ersteren entbrannt. GÜNTHER XXXII. hatte die Schwarzburg und andere Liegenschaften seinem Dienstherren, dem Kurfürsten FRIEDRICH II. VON SACHSEN (1412–1428–1464), veräußert. Der Entzug des Reichslehens Schwarzburg wäre nicht allein wirtschaftlich, sondern vor allem in Hinblick auf den Status der Grafen ein herber Verlust gewesen und wurde mit Waffengewalt angefochten: Nach Beendigung des Schwarzburgischen Hauskrieges (1447–1451) durch den Friedensschluss zu Naumburg teilten am 10. Juni 1453 die beiden schwarzburgischen Verbündeten, HEINRICH XXVI. und HEINRICH XXV., den zurückgewonnenen einstigen Stammsitz Schwarzburg.[15] Er blieb fortan lediglich Nebensitz schwarzburgischer Regenten, die stets außerhalb der Schwarzburg ihre Residenzen besaßen. Dieser Status der Anlage sollte sich bis 1918 nicht mehr wesentlich ändern.

Aufschlussreich hinsichtlich des Zustandes der unverändert in drei Burghöfe gestaffelten Schwarzburg sind die Angaben aus der Teilungsurkunde von 1453. Problematisch bleibt die Beurteilung von Veränderungen im Vergleich mit dem aus dem Jahre 1371 bekannten Zustand der Anlage. Es werden nun im ersten Hof weniger

Objekte erwähnt, stattdessen vor allem im inneren Burghof einige weitere, zuvor unbekannte Gebäude genannt. Zumindest aus den Bezeichnungen werden einige neue Bauteile bekannt.

Auf dem ersten Burghof befand sich das »schutzin huß«, das womöglich mit der zuvor erwähnten Kemenate, dem späteren Zeughaus westlich des Burgtores, identisch ist. Außer einem leerstehenden »gemure« (Gemäuer) befanden sich hier nach wie vor das »baghuß« (Backhaus) und verschiedene Stallungen. Weitere vorhandene, jedoch unerwähnt gebliebene Gebäude waren zumindest das Torhaus und der vordere Turm. Die zur Befestigung der Burganlage zählenden Einrichtungen (Tore, Torstuben, Türme, Zwinger, Wehre) werden auch in allen anderen Höfen lediglich summarisch genannt.

Die Baustruktur der sich an den ersten Burghof anschließenden Vorburg ist im Wesentlichen unverändert geblieben. Abweichende Bezeichnungen sind hier zum Teil auf veränderte Begrifflichkeiten zurückzuführen; möglicherweise hatten sich aber auch die Funktionen gewandelt. Erneut wird das Gebäude mit der Hofstube – »die hofstobin und daz gehuse daruffe« – erwähnt. Die Küche, die wohl bereits zuvor vorhanden war, nennt man erst jetzt – gemeinsam mit der zugehörigen »kuchin esse loubin« (Küchen-Essen-Laube). An Stelle des zuvor hier genannten kleinen Mus-Hauses gab es nun Stallungen, ein Spital und ein Herrengemach (oder ein Spitalherren-Gemach?).

Auf dem inneren Burghof – »uf die innerstin borg« – können den im Jahre 1371 erwähnten fünf Gebäuden mit Sicherheit drei namentlich identische Bauten zugeordnet werden: die Neue Kemenate mit Erd- und Obergeschoss, das Mus-Haus mit mehreren Dachgeschossen und die Kapelle. Bei den weiteren, 1453 erwähnten Bauteilen der inneren Burg bleibt vage, ob es sich um bauliche Ergänzungen, funktionelle Umwidmungen oder lediglich um wiederkehrende, in der Bezeichnung abweichende Nennungen von ein und denselben Objekten handelt. In jedem Falle können einige Funktionen hier präzisiert werden. Zum Bestand des inneren Burghofes gehörten das unterkellerte »kornhuß« sowie die »Voitie« (Vogtei) mit Erd- und Obergeschoss. In deren Nähe befand sich die »Harnasch kamer« mit dem darunter gelegenen »Juden keller«, auf der östlichen Burgseite die »Frawenstobin«. Außerdem werden verschiedene weitere Keller genannt. Unentschieden bleibt, ob es sich bei der »großen Kemmenaten« bzw. der »kemmenaten« um erst jetzt hinzugekommene Gebäude handelt. Es wird deutlich, dass die innere Burg nicht allein als herrschaftlicher

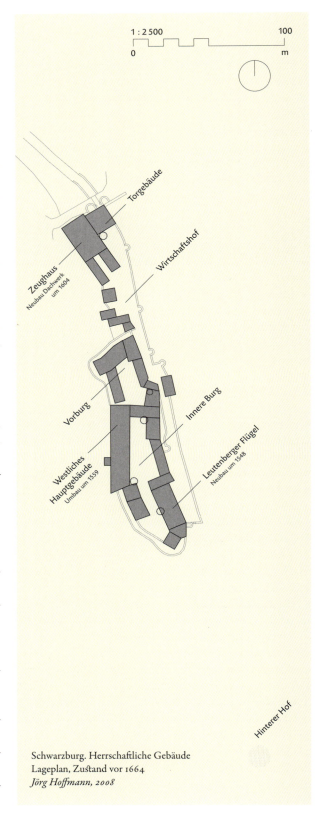

Schwarzburg. Herrschaftliche Gebäude
Lageplan, Zustand vor 1664
*Jörg Hoffmann, 2008*

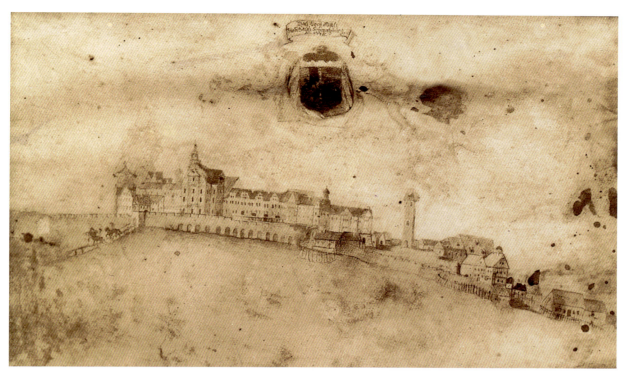

Unbekannt, »Das HochFürstl: Stammhauß Schwartzburg A[nno] 1716«
Photographie (Detail) um 1925 nach einer heute verschollenen Zeichnung   *TLMH Fotoarchiv*

Wohnsitz diente. Sie war mit der Vogtei – dem Amtssitz – zugleich Verwaltungsort, mit Kornhaus und Harnischkammer zugleich Lagerbereich von Naturalabgaben aus den Amtsdörfern sowie von Waffen. Dabei überrascht insbesondere die Lage der Burgverwaltung und des Kornhauses inmitten des herrschaftlichen Burgbereiches.

Weitere bauliche Anlagen waren die Zisterne zur Wasserversorgung auf der Burg sowie ein Turm- oder Tiergarten(?). Die erwähnten Gebäude des Malzhauses und der Mühle befanden sich im Tal, am Flusslauf der Schwarza.

Deutlicher als anhand der Urkunde von 1371 lässt sich eine tatsächliche Teilung der Burg zwischen den beiden Grafen, nun Heinrich XXVI. und Heinrich XXV., im Jahre 1453 feststellen. Sie hatten diese entlang des Bergkammes vollzogen, wobei dem Schwarzburg-Arnstadt-Sondershäuser die westlichen Gebäude und dem Schwarzburg-Leutenberger hauptsächlich die östlichen Gebäude zugefallen waren. Gemeinschaftlicher Besitz blieben die Kapelle, das Mus-Haus sowie die Befestigungsanlagen und verschiedene Wirtschaftseinrichtungen (Backhaus, Malzhaus, Mühle, Zisterne). Der Zugang durch alle Tore, über alle Treppen, Stege und Böden sollte ebenso beiden Parteien gewährt bleiben.

Am 19. Juni 1462 verabredeten beide Regenten einen ›ewigen‹ Burgfrieden. Er sollte gelten, soweit Umfang und Einfriedung des Schlosses mit Zwingern, Planken, Zäunen und Zinnen reichten, mitsamt dem Hof, den Hans von Eich besaß, bis an die Brücke, die vor dem äußersten Tor lag.[16]

## Der funktionelle Aufbau der Schlossanlage am Ende des 16. Jahrhunderts

In der ersten Hälfte des 16. Jahrhunderts begannen unter der Regentschaft Günthers XL., des Grafen von Schwarzburg-Arnstadt-Sondershausen (1499 – 1526 – 1552), in Sondershausen rege Aktivitäten zum Ausbau seiner Residenz, was unter dessen vier Söhnen auch an den übrigen schwarzburgischen Schlössern fortgesetzt wurde.[17] So erfuhr auch das Stammhaus Schwarzburg in dieser Zeit einen umfangreichen Ausbau, wie noch die Zeichnung von 1716 belegt (siehe Abb.).[18] Eine Reihe von Bauten wurde unter Einbeziehung spätmittelalterlicher Bausubstanz auf dem Nebensitz errichtet. Der Leutenberger Flügel ist – nachweisbar durch eine einstige Inschrift[19] – um 1548 entstanden; die Schlossflügel des schwarzburg-arnstadt-sondershäusischen Teiles hat man erneuert und die Gebäude mit Zwerchhäusern besetzt.

Nach dem Ableben des Grafen GÜNTHER XLI. VON SCHWARZBURG-ARNSTADT (1529 – 1552 – 1583) hat man 1583/84 ein umfangreiches Inventarverzeichnis des Schlosses Schwarzburg angefertigt. Mit diesem werden erstmals in einer gewissen Vollständigkeit die Funktionen und Räumlichkeiten des seit 130 Jahren als Nebensitz verwendeten Stammsitzes bekannt.[20]

In dem wohl einen zusammenhängenden Raumtrakt bildenden herrschaftlichen Wohnbereich – vermutlich in den Obergeschossen des Vorgängerbaus des Hauptgebäudes und heutigen Westflügel-Torsos – besaßen zumindest drei der vier regierenden Grafenbrüder private Räume: Der in Arnstadt residierende und über die Schwarzburg verfügende GÜNTHER XLI., sein am Schloss teilhabender Schwarzburg-Rudolstädter Bruder ALBRECHT VII. (1537 – 1570/71 – 1605) sowie der Schwarzburg-Sondershäuser JOHANN GÜNTHER I. (1532 – 1586) hatten hier jeweils eine eigene Stube und Kammer. An GÜNTHERS XLI. Stube fällt die reiche Ausstattung mit 43 Hirschgeweihen auf; in seiner Kammer stand lediglich ein Reisebett. In ALBRECHTS VII. Schlafkammer befanden sich zwei Himmelbetten und ein Kornbett (dieses wohl für den hier mit übernachtenden Bediensteten); in JOHANN GÜNTHERS I. Kammer gab es ein Himmel- und ein Kornbett. Auch Graf JOHANN VI. VON NASSAU-DILLENBURG (1536 – 1606) – der Schwager sowohl GÜNTHERS XLI. als auch ALBRECHTS VII. – konnte auf dem Schloss über eine für ihn bestimmte Stube verfügen. Die zugehörige Schlafkammer war mit zwei Himmel- und zwei Kornbetten ausgestattet.

Separiert und dichter gedrängt wohnten die Damen des Hauses. Lediglich KATHARINA (1543 – 1624), geb. VON NASSAU-DILLENBURG, die Gemahlin GÜNTHERS XLI., wird mit ihrer wohl bei der Kapelle gelegenen Stube namentlich genannt. Für die Übrigen gab es eine »Frauen Zimmers Stueben« mit Kammer (zwei Betten) sowie – unmittelbar daneben befindlich – eine »andern Frauenzimmer oder Jungfrauen Stueben« mit Kammer (sechs Betten). Eine weitere Kammer, »ein Frauen Zimmer«, wird zwischen den Kammern der Junker und Köche erwähnt (zwei Betten).

Neben den wenigen gräflichen Familienmitgliedern wohnten während der herrschaftlichen Besuche einige Räte und andere hohe Bedienstete Tür an Tür mit den Regenten auf dem Nebensitz. GEORG VON HOLLE [HOLLA] (1514 – 1576), Landsknechtführer und Verbündeter GÜNTHERS XLI., und der Arnstädter Oberhauptmann CHRISTOPH VON ENTZENBERG (um 1511 – 1585), besaßen jeweils eigene Stuben und Kammern nahe den herrschaftlichen Räumen. Der Rangfolge entsprechend hatte LEO PACKMOOR lediglich eine Schlafkammer; HANS LUDWIG und KOLKFRIED (oder KOLKSTEIN?) teilten sich eine Kammer.

Weitere, frei verfügbare Stuben und Kammern, wie sie so zahlreich in den Residenzschlössern in Sondershausen, Arnstadt und Rudolstadt vorhanden waren, sind auf der Schwarzburg kaum inventarisiert worden. Es gab lediglich eine »kleine gewelbtte Stuebenn«, in deren Kammer sich ein Himmel- und ein Kornbett befanden. Das »u[nseres] g[nädigen] H[erren] Stueblein bey der Kirchenn« (vielleicht im Leutenberger Flügel) könnte – wenn nicht mit der Stube Katharinas identisch – dem vierten der Grafenbrüder, dem im Inventar nicht erwähnten WILHELM VON SCHWARZBURG-FRANKENHAUSEN (1534 – 1570/1571 – 1598), als Quartier gedient haben.[21] Möglicherweise im Leutenberger Flügel selbst lagen die »Junckern Stueben« und die mit fünf Betten ausgestattete »Junckern Kammer« sowie die mit zwei Betten versehene »Kochinn Kammer«.

Im Erdgeschoss – wohl der jetzigen Westflügel-Ruine – befanden sich die Hofstube, die Küche und die Speisekammer; eine Etage tiefer lag der zur Küche gehörige Lagerkeller. Die zweite, die »hinderste Küchen« war wohl jene im Erdgeschoss des Leutenberger Flügels, die einst der Versorgung der getrennten schwarzburg-leutenbergischen Hofhaltung diente. Sie wurde nun vorrangig als Abstellkammer genutzt. Hier war auch eine, in den Residenzschlössern übliche Werkstatt – die »tischerey« – eingerichtet. »Auf dem Tormichen zu hinderst im Schloß«, unmittelbar neben der Küche im Leutenberger Flügel, lagerten »9 Tonnen Harken Pulver / ⅓ eines Fessleins Schwefel / 8 Fesslein Salpeter«.

Die weiteren Räume verteilten sich auf etliche Nebengebäude. Die fast ausschließlich als Kammern (Stall-, Glocken-, Rasselkammer) inventarisierten Räumlichkeiten dienten größtenteils der Unterbringung zahlreicher Bediensteter. Zudem befanden sich hier eine (wohl für die gräflichen Räte bestimmte) »Rethe Stueben« und eine »Rethe Kammer« sowie eine mit Pult und Spannbett ausgestattete »Apts Kammer«. Außerdem gab es einige Verwaltungseinrichtungen in der zugleich als Amtssitz genutzten Schlossanlage und wenige Wirtschaftsgebäude, die der Versorgung der gräflichen Herrschaft während ihrer gelegentlichen Aufenthalte dienten. Diese

Bauten sind zwischen dem Schlossgebäude und dem nördlichen, den Schlossberg abriegelnden mehrgeschossigen Torgebäude, in dem die Stube und die Kammer des Torwärters lagen, zu vermuten. Wahrscheinlicher noch ist ein Standort nördlich dieses Torgebäudes. Hier befanden sich die Schösserei, bestehend aus des »Schossers Stuebenn« und einem »Schreibkemmerlein druber«, zudem der ebenfalls aus Stube und Kammern bestehende Wohnbereich dieser Behörde mit insgesamt sechs Bettstellen. Außerdem gehörten eine »Reuter Stuebe« und eine »Amptstueben am berge« zu diesem Verwaltungsbereich. Die Dachgeschosse wurden als Korn- und Futterböden (Fruchtböden) genutzt. Zu den vermutlich ebenfalls hier befindlichen Wirtschaftsgebäuden gehörten das Backhaus mit der Backstube, möglicherweise auch die beiden von der Trinkwasserversorgung abhängigen Einrichtungen Brauhaus und Badestube. Das Waschhaus des Schlosses lag hingegen unten im Dorf. Im »Zeughause«, vermutlich bereits in dieser Zeit mit dem Gebäude westlich des einstigen Torhauses identisch, lagerten Waffen und Munition (u.a. 159 Doppelhakenbüchsen und über 300 eiserne Kugeln).[22] Was man sonst noch im Schloss benötigte, befand sich in den verschiedenen Abstellkammern: In einer »Rassel Kammer« standen Messingzeug und zahlreiche Kisten mit Jagdbekleidung. In der »Rollkammer« – der Bezeichnung nach eigentlich für die Behandlung der Wäsche bestimmt – lagen 354 Hirschgeweihe und nochmals 98 im »Thier gartenn« abgeworfene Geweihe.

Aus dem Inventar von 1583 ist deutlich die Nutzung der Schwarzburg zum einen als Amtssitz und zum anderen als Neben- bzw. Jagdsitz ablesbar. Vom Amtssitz zeugt allein die hier nachweisbare Schösserei mit ihren wenigen Räumen. Auf den Jagdsitz weisen vor allem die zahlreichen spezifisch verwendeten Lagerräume hin: die Rasselkammern voller Jagdausrüstungen, das »Hasen Garn« in der »Stall Kammer«, auch das Zeughaus mit den Waffen sowie das davon räumlich getrennte Pulvermagazin im südlichen Turm des Schlosses und nicht zuletzt die hauptsächlich aus Hirschgeweihen bestehenden Jagdtrophäen, die nicht nur die Stube des Grafen schmückten, sondern mehrere Abstellkammern füllten. Wenn das Inventar alle Räume korrekt wiedergibt, dann war der herrschaftliche Wohnbereich von Schloss Schwarzburg nicht so großzügig angelegt wie in den zeitgenössischen Residenzschlössern. Die wenigen Stuben und Kammern hatte man fast allesamt bereits für Besucher fest bestimmt. Selbst die Gemächer der Grafen bestanden lediglich aus einer Stube und einer Schlafkammer.

Stattdessen waren geringfügig mehr Gemächer für hohe Bedienstete, die in den Residenzstädten eigene Wohnhäuser besaßen, auf dem Nebensitz eingerichtet. Insgesamt lassen sich im Jahre 1583 auf der Schwarzburg außer den elf Betten in vier herrschaftlichen Gemächern und den acht Betten in den drei Frauenzimmern drei Betten in zwei freien Gemächern sowie 47 Betten für Bedienstete nachweisen. Ein Saal wird nicht erwähnt, die vorhanden gewesene Kapelle nur indirekt. Zudem gab es ein Lusthaus auf dem Burgplateau.

# Der funktionelle Aufbau der Schlossanlage in der Mitte des 17. Jahrhunderts

Nach dem Tode LUDWIG GÜNTHERS I., des Grafen VON SCHWARZBURG-RUDOLSTADT (1581–1612–1646), übernahm dessen Witwe, AEMILIE ANTONIE (1614–1646–1662–1670), geb. VON OLDENBURG-DELMENHORST, gemeinsam mit HEINRICH II. REUSS-GERA (1602–1646–1662–1670) in Rudolstadt die vormundschaftliche Regentschaft über den Erbprinzen ALBERT ANTON (1641–1662–1710). Die Witwe besuchte kaum noch die Schwarzburg. Die Zimmer für gelegentliche Sommeraufenthalte blieben jedoch eingerichtet. Im Juni 1647 war vom kurz zuvor zum schwarzburg-rudolstädtischen Baumeister bestallten Hofmaler und späteren Burgvogt DANIEL BERGNER (geb. 1596) das »gräffliche Stamhauße Schwarzburg« inventarisiert worden. 131 Raumpositionen benennen die Gebäude der drei Höfe sowie einige Anlagen nördlich außerhalb des Schlosses.[23] Der Zeitpunkt der Inventarisierung ermöglicht eine Orientierung an dem erwähnten Lageplan des Schlosses von 1664. Nun werden Gebäudeteile bekannt, die im Jahre 1583 entweder noch nicht vorhanden waren oder in diesem Inventar nicht genannt werden (vgl. Abb. Lageplan, Zustand vor 1664, S. 48).

Das nördliche, erste Torgebäude, in der der Torwärter eine Stube und eine (Schlaf-)Kammer hatte, diente vermutlich zugleich als Amtshaus mit Amtsstube der – zuvor Schösserei genannten – Verwaltung des bis in die Zeit um 1668 existierenden Amtes Schwarzburg. Im Jahre 1613 findet »ein starcker Newer Pranger vorm Thor« Erwähnung.[24] Das Zeughaus westlich des Tores wird als solches wieder erwähnt. Hier war eine Vielzahl von Kriegsgeräten, vorrangig Feuerwaffen, eingelagert. Eine Kammer über dem Zeughaus war verschlossen; der Burgvogt JOSEPH GRELLHARDT (gest. 1656) sagte aus, die armen Leute vom Lande hätten hier ihre Habe wegen der Kriegsgefahr »eingeflehet«. Ein Anbau südlich am Zeughaus diente als Rüstkammer zur Unterbringung weiterer Waffen. In einem zweiten Anbau befand sich eine Stube mit Schlafkammer. Im Inventar von 1613 werden diese Gebäude als Geschützhaus und Rüstkammer bezeichnet. Weitere Bauwerke auf diesem Hof waren das Bottichhaus, das Brauhaus und ein herrschaftliches Sommerhaus.

In dem sich südlich anschließenden, ebenso mit einem Torhaus gesicherten, ehemals als Vorburg bezeichneten Bereich der Schlossanlage gab es einige Verwaltungs- und Wirtschaftsgebäude. Im Torgebäude hatte der Burgvogt seine Verwaltungsstube, in der sich neben einem Schreibtisch und einem Schlüsselschrank auch ein »modell des neuen Hauses Schwarzburgk« befand. Die Burgvogtei war demzufolge aus dem inneren Hof, in dem sie Mitte des 15. Jahrhunderts nachweisbar ist, an den Eingang der Vorburg verlegt worden. Neben dem Tor gab es eine Küche. Des Weiteren befanden sich in einem Gebäude der Vorburg die »Herren Räthe Stuben« und die zugehörige (Schlaf-)Kammer mit fünf Betten, eine Etage darüber die Rollkammer sowie »des Cammerdieners Cammer« mit einem Bett. In einem als »Wa[a]ge« bezeichneten und so genutzten Gebäudeteil wurden etliche, bis zu 50 Kilogramm schwere Wägestücke aufbewahrt. Wenn nicht im Erdgeschoss eines neuen Schlossgebäudes des inneren, herrschaftlichen Hofes vorhanden gewesen, dann sind wohl ebenso die Küche mit den beiden Küchengewölben und die Hofstube, sicher jedoch das Schlachthaus in der Vorburg anzunehmen. Diese wäre somit seit dem 14. Jahrhundert funktionell weitestgehend unverändert geblieben.

Hinsichtlich der Funktionsaufteilung entsprach das herrschaftliche Schlossgebäude – wohl das substanziell im Erdgeschoss der heutigen Westflügel-Ruine in Teilen noch vorhandene – ganz allgemein dem zeitgemäßen Typ eines herrschaftlichen Wohnhauses. In der spezifischen Verwendung spiegelt sich hier die familiäre Situation der Schwarzburg-Rudolstädter wider, in der, im Vergleich mit der im Inventar von 1583 überlieferten Raumnutzung, ein gravierender Gegensatz erkennbar ist. Nachdem LUDWIG GÜNTHER I. 1646 verstorben war, bewohnten bis auf seinen sechsjährigen Sohn, den künftigen Regenten ALBERT ANTON, und dessen Präzeptor[25] ausschließlich herrschaftliche Damen das Schloss: die noch junge Witwe LUDWIG GÜNTHERS I. und Vormundschaftsregentin, AEMILIE ANTONIE, und ihre beiden älteren schwarzburg-rudolstädtischen Schwägerinnen,

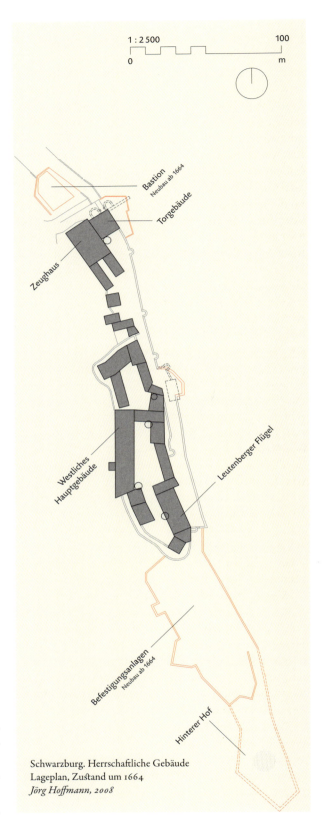

Schwarzburg. Herrschaftliche Gebäude
Lageplan, Zustand um 1664
*Jörg Hoffmann, 2008*

52 Von der Stammburg zum Jagdschloss

die Schwestern LUDWIG GÜNTHERS I., ELISABETH JULIANE (1578–1658) und DOROTHEA SUSANNE (1587–1662). Ein Bereich, in dem die Regentin ein Gemach mit Schlafkammer (drei Betten) und einer Apotheke besaß, befand sich mit ziemlicher Sicherheit im westlichen Hauptgebäude. Dieses Gemach stand in unmittelbarer Verbindung mit den gemeinschaftlich genutzten Räumlichkeiten, dem »Großen Saal« und der für die herrschaftlichen Mahlzeiten verwendeten »Taffelstuben«, diese mit einem davorgelegenen Altan. Bei zwei weiteren Sälen handelte es sich wohl um die Vorräume einzelner Wohngemächer. So befand sich hier »der Jungen Herrschaft Gemach« (die Räume ALBERT ANTONS), in dessen beiden Kammern die ungewöhnlich hohe Anzahl von neun Betten inventarisiert worden ist. Die »Praeceptoris Stuben« ist das, was üblicherweise als Schule bekannt war – ein für die Unterrichtung des zukünftigen Regenten bestimmter Raum, hier zugleich Wohngemach des Erziehers. Lediglich mit der »Saal Stuben« und zugehöriger Kammer wird im Hauptgebäude ein frei verfügbares Gemach benannt. Möglicherweise gab es einen Frauenzimmer-Trakt an anderer Stelle des Schlosses, jedenfalls nicht im herrschaftlichen Bereich des Hauptgebäudes: Ein weiteres »Ihr. Gn[aden] der fraw Gräffin gemach« – ohne Schlafstätte – wird als über dem »Mitlern Thore« gelegen erwähnt. Das wäre demnach am Eingangsbereich der Vorburg. Anschließend hat man den »frawenzimmer Saal« inventarisiert, von dem aus die Gemächer der beiden Schwägerinnen AEMILIE ANTONIES erschlossen wurden. Zu »frewlein Elisabeths Julianen Gn[aden] Gemach« gehörten zwei Kammern, in denen sich fünf Betten befanden, und ein »Sommer Stüblein darneben«; zu »I. Gn[aden] Freulein Dorotheen Susannen Gemach« zählte eine Kammer mit zwei Betten.

Weitere frei verfügbare Gemächer lagen bei der nur indirekt erwähnten Kapelle, dem quer zum Bergkamm errichteten Gebäude, das nicht mit dem westlichen Hauptflügel, sondern mit dem östlichen Leutenberger Gebäude in Verbindung stand. Erschlossen durch einen Saal, gab es hier eine große und eine kleine (üblicherweise der Lage entsprechend sogenannte) Kirchstube mit jeweiligen Kammern, ausgestattet mit je zwei Betten.[26]

Das zweite der beiden herrschaftlichen Gebäude auf der Schwarzburg ist das »Leütenbergk. Gemach«. Dieser Neubau der 1550er Jahre diente bis 1564 der separierten Hofhaltung der schwarzburg-leutenbergischen Partei. Dessen Räume, die »Leütenbergk. Hoffstuben« und die »Leütenbergk: Küchen« waren nun, im Jahre 1647, weitestgehend ungenutzt; die Kammern und Logements[27] standen größtenteils leer. Lediglich zwei Betten sind in diesem Gebäude nachweisbar. Nur ein Amtsschreiber nutzte hier eine Stube. Außerdem befanden sich hier die bereits 1583 erwähnte Tischlerei und eine Schmiede. Das Dachgeschoss diente als Kornboden.

In den übrigen Dachgeschossen – wohl des westlichen Hauptgebäudes – sind in sechs Erkerstuben und deren zugehörigen Kammern neun Betten für Bedienstete inventarisiert worden. Einer der Türme der Schwarzburg war mit einer Uhr und zwei Glocken ausgestattet. Der Wein- und ein weiterer Keller standen teilweise leer.

Die Lage der im Inventar anschließend genannten, wohl über die Schlossanlage verteilten Neben- und Wirtschaftsgebäude ist kaum bekannt. Die Verbindung zum Backhaus, dessen Standort sich laut früherer Inventare auf dem ersten Burghof befunden hat, lässt vermuten, dass einige der Gebäude ebenso hier standen: Der »Reißigen Stall« mit zwei Junkerstuben und einer Küche sowie der Ochsenstall werden erwähnt. Außer dem Backhaus mit Backstube und Brotgewölbe dienten alle anderen Gebäude vorrangig zur Unterbringung der Bediensteten, deren Stuben oder Kammern nach Berufsgruppen unterteilt waren. Es gab eine Jägerkammer, eine Kutscherkammer, eine Trompeterkammer und eine Reiterstube. Auch der Burgvogt hatte hier seine (Wohn-)Stube mit Kammer. Insgesamt lassen sich 15 Betten feststellen.

Zu den herrschaftlichen Gebäuden außerhalb der Schwarzburg gehörten die nördlich des Tores gelegene Schenke mit einem Brau- und Darrhaus, einem Pferdestall, einer Kalkhütte und einem Schuppen. In der »Schenck« gab es eine große und eine kleine Schenkstube, eine Küche, außerdem verschiedene Kammern, in denen das »Gesinde« zwei Betten hatte.

Insgesamt lassen sich in den Räumen des Schlosses ein herrschaftliches Bett, neun Betten in den Frauenzimmern, 37 Betten für Bedienstete und 14 sonstige Betten nachweisen. Aufschlussreich ist die Zusammenfassung des einzelnen Bettzeugs im Schloss, die der Burgvogt dem Inventar beigefügt hat. Er zählte Wäsche für 74 Betten – etwas mehr als die 61, die sich aus dem Raumverzeichnis ermitteln lassen.[28] Wo die 13 weiteren Betten gestanden haben, ist unbekannt. Damit relativiert sich nicht zwangsläufig die Interpretation der Verhältnismäßigkeit von herrschaftlichen zu Bediensteten-Betten, zumal die herrschaftlichen mit den zehn Barchent-Betten identisch sein dürften. Bemerkenswerter ist hingegen die Tatsache, dass etliche zweischläfrige Betten genannt werden, die vorwiegend für Bedienstete bestimmt gewesen sein dürften.

Schwarzburg. Herrschaftliche Gebäude
Lageplan, Zustand Mitte 18. Jahrhundert
*Jörg Hoffmann, 2008*

Damit zeigt sich, dass weit mehr Dienerschaft auf dem Schloss übernachten konnte, als mit der ohnehin stets größeren Anzahl der für sie bestimmten Betten nachweisbar ist. Die Erhöhung der Zahl der Dienerschaft war vor allem notwendig, wenn die gräflichen Herrschaften nebst Gefolge auf der Schwarzburg weilten. Insgesamt 121 Schlafplätze konnten im Jahre 1647 auf dem Nebensitz Schwarzburg aufgeboten werden, wies der Burgvogt abschließend aus.

## Der funktionelle Aufbau der Schlossanlage in der Mitte des 18. Jahrhunderts

Ab 1664 war zunächst ein Ausbau der Schwarzburg als Festung erfolgt; die Gestalt der herrschaftlichen Gebäude ist davon allerdings kaum beeinflusst worden (siehe Abb. Lageplan, Zustand um 1664). Dabei muss in Albert Anton von Schwarzburg-Rudolstadt, der im Jahre darauf mit der Modernisierung des Schlosses begann, das Interesse am Stammsitz wohl neu erwacht sein.

Nach dem Brand von 1695 entstanden ein Gartenhaus – das später sogenannte Kaisersaalgebäude – und eine Schlosskapelle, die unter der Regentschaft von Albert Antons Sohn, Ludwig Friedrich I. von Schwarzburg-Rudolstadt (1667 – 1710 – 1718), im Jahre 1713 geweiht wurde. Der Innenausbau des westlichen Hauptgebäudes, das man im Äußeren um 1718 fertiggestellt hatte, war zum Zeitpunkt des zweiten Brandes, 1726, noch nicht vollendet. Unbeirrt von den Brandunglücken gingen die Bauarbeiten an der Schwarzburg weiter, die wohl um 1750 ihren vorläufigen Abschluss fanden.

Im Ergebnis der Baumaßnahmen hat das Schloss jenes Aussehen bekommen, das es bis zu seiner Teilzerstörung

Christoph Ehrenfried Knabe, »S[t]ammhauß Schwartzburg«, kolorierter Kupferstich, 1757 (?)   *TLMH Kg 1619*

in den 1940er Jahren im Wesentlichen beibehielt (siehe Abb. Lageplan, Zustand Mitte 18. Jahrhundert). Die Kubatur der bis 1713 geschaffenen Schlosskirche blieb nach dem zweiten Schlossbrand unverändert. Diese erhielt lediglich eine neue Dachgestaltung – ein mit Satteldach abgeschlossenes Staffelgeschoss. Der Kirchturm wurde mit einer welschen Haube bekrönt. Im Hauptgebäude selbst ist spätestens jetzt die teilweise noch bestehende Raumstruktur der Obergeschosse geschaffen worden. Anstelle des (durch den Brand zerstörten?) Satteldaches, das mit Zwerchhäusern besetzt gewesen war, hat es ein Mansarddach erhalten, dessen obere Teile an den Stirnseiten abgewalmt wurden. Eine über die Dachfläche hinausragende Brandmauer trennte es nun vom Dach der Schlosskirche.

Benennen die Inventare vom Anfang des 18. Jahrhunderts vor allem die wenigen Räume des vom letzten Schlossbrand verschont gebliebenen Gartenhauses, so wurde 1769/70 ein Bestandsverzeichnis aufgestellt, das auch die Zimmer des fertiggestellten herrschaftlichen Hauptgebäudes beschreibt.[29] Erstmals wird damit der funktionelle Aufbau des Schlosses nach den Bränden von 1695 und 1726 sowie den darauf folgenden umfangreichen Baumaßnahmen deutlich. Die in diesem Inventar durchnummerierten 32 »Zimmer« lassen erkennen, dass diese zur flexiblen Verwendung, zur Unterbringung von Gästen, vorgesehen waren, ohne dass aufgrund einer bereits gewohnheitsmäßigen Nutzung die Namen bestimmter Personen dokumentiert wurden.[30]

Außer dem namenlosen, neu eingerichteten herrschaftlichen Hauptgebäude werden die »Kirche«, das »Leutenberger Gebäude«, das »Gartenhaus« und das »Stallgebäude« erwähnt.

Das herrschaftliche *Corps de logis* blieb der um ein Raumsegment nach Norden erweiterte, dreigeschossige Westflügel. Im Unter- und teilweise im Erdgeschoss war

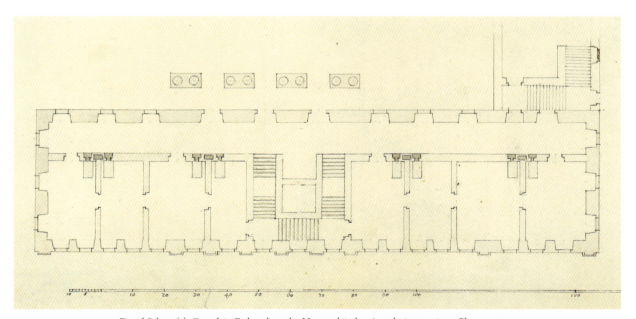

David Schatz (?), Grundriss Erdgeschoss des Hauptgebäudes, Ausschnitt aus einem Plan, um 1710
*ThStAR, Karten, Pläne und Risse Nr. 1874*

die aus dem 16. Jahrhundert stammende Bausubstanz einbezogen worden, deren Raumaufteilung im Wesentlichen durch eine mittig in der Gebäudetiefe verbliebene Längsmauer bzw. Stützenreihe bestimmt ist (vgl. Abb. Grundriss Untergeschoss, Zustand vor 1940, S. 64). Deutlich lässt sich diese ältere Bausubstanz an der Fassadengestaltung, insbesondere der Westfassade in diesen Etagen, aber auch des ersten Obergeschosses erkennen, wo sie von paarweise angeordneten Fenstern dominiert wird.[31]

Ein sonderbar aus der Gebäudemitte versetzt angeordnetes Haupttreppenhaus erschließt die Obergeschosse. Eine Nebentreppe am nördlichen Ende des Gebäudes ermöglichte den Zugang bis in das Mansardgeschoss und war vorrangig für Bedienstete bestimmt. Im ersten Obergeschoss ist eine einheitliche Grundrissaufteilung erkennbar, die durch die hofseitige Korridorerschließung bestimmt war, wie sie an vielen schwarzburg-rudolstädtischen Schlossbauten zur Anwendung kam (vgl. Abb. Grundriss 1. Obergeschoss, Zustand vor 1940, S. 68). Ähnlich wie in der Residenz Rudolstadt waren alle Räume dieser Etage zur – hier westlichen – Talseite ausgerichtet. Die Beheizung der Zimmer durch Hinterladeröfen wurde von den Korridoren gewährleistet. Der auf den ersten Blick ebenso stringente Grundriss des zweiten Obergeschosses, in dem der Festsaal – als Ahnensaal ausgestattet, als einziger Raum des Westflügels nach Osten, auf den Schlosshof orientiert – in der Gebäudemitte eingerichtet worden war, offenbart einige funktionelle Mängel (vgl. Abb. Grundriss 2. Obergeschoss, Zustand vor 1940, S. 70). Es ist der Versuch erkennbar, sowohl das Treppenhaus als auch den Hauptsaal in der Gebäudemitte des *Corps de logis* zu platzieren. Tatsächlich ist die in den unteren Geschossen großzügige dreiläufige Treppenanlage in ihrem obersten Lauf zu einem nur noch schmalen Aufgang reduziert worden, der sich gleichsam zwischen westliche Außen- und die Längsmauer des Festsaales zwängt. Der Hauptzugang zum zweiten Obergeschoss mit seinen beidseitig des Saales angeordneten Appartements – deren Räume wiederum von hofseitigen Galerien erschlossen wurden – erfolgt allein durch die kleine Pforte in der Längswand des Saales, der als zeremoniell-architektonischer Höhepunkt des Schlosses konzipiert, faktisch jedoch zum Vorraum der hier befindlichen Appartements reduziert worden war. Die Anordnung des Treppenlaufes rückwärtig des Festsaales ist ähnlich der beim Kaisersaalgebäude. Um den Festsaal mit seiner Grundfläche von 10,00 m × 13,80 m mitsamt seinem Zugang im nur 12,40 m schmalen Gebäude, mit seiner im 16. Jahrhundert fixierten, für diese Zeit typi-

Kaisersaalgebäude     Leutenberger Gebäude     Schlosskirche

schen Bautiefe, unterbringen zu können, hat man dem Westflügel hofseitig eine Kolossal-Portikus [32] vorgestellt (vgl. Abb. Ansicht von Osten, Zustand vor 1940). Diese setzt sich im zweiten Obergeschoss als üppig mit plastischem Schmuck gegliederter Risalit fort, der in seinem Inneren den aus der Gebäudeflucht heraustretenden Teil des Festsaales aufnimmt. Die Portikus besteht aus vier ionischen Säulenpaaren. Die Gliederung der Fassade in drei Felder hat man über die gesamte Gebäudehöhe beibehalten. Wie der Westflügel hat auch der Risalit ein Mansarddach; über dem mittleren Fassadenfeld erhebt sich ein Zwerchhaus mit ebenfalls reich dekorierter Stirnseite. Der den Schlosshof fast überladende Mittelbau ist das bestimmende architektonische Element an der sonst eher schmucklosen Fassade des Hauptgebäudes. In ähnlicher Weise (zunächst als Erker) hatte man bereits Ende des 17. Jahrhunderts am Residenzschloss in Rudolstadt die Grundfläche im Obergeschoss des Südflügels vergrößert; erst nachträglich wurden hier Säulen zur Abstützung untergestellt. Mit der Portikus ist den Schwarzburgern auf ihrem einstigen Stammsitz die Schöpfung einer, funktionale, konstruktive und ästhetische Aspekte gleichermaßen berücksichtigenden, eigenständigen Bauform gelungen.

Sonderbar erscheint jedoch die Asymmetrie sowohl der Grundrisse mit dem außermittig angeordneten Treppenhaus als auch der hofseitigen Fassade, die beidseits des Risalits mit je drei Fensterachsen gegliedert worden war, wohingegen der nördliche Teil der Wandfläche des während der Bauarbeiten nach Norden verlängerten Westflügels in den oberen Geschossen keine Öffnungen hatte. Einerseits ist der südliche Korridor wesentlich länger als der nördliche, da der Westflügel am Baukörper der Schlosskirche vorbei in den obersten Schlosshof hineinragt. Anderseits erfolgte die Anordnung des durch die Innenraumkonzeption bedingten Risalits nicht mittig in der hofseitigen Schlossfassade. Nur durch einen weiteren nördlichen Seitenflügel an diesem Hauptgebäude würde dieser in die Mitte der verbleibenden Fassade geraten. Dass ein solcher Flügel vorgesehen war, erscheint naheliegend; Mauernischen im Inneren sprechen dafür. Durch diesen wäre eine dreiflügelige Ehrenhofanlage entstanden. Einst hatte sich hier ein schmales Gebäude befunden (vgl. Abb. Lageplan, Zustand um 1664, S. 52). Offenbar entspricht der heute nachweisbare Bestand nicht in vollem Umfang dem Beabsichtigten.

Im Erdgeschoss des Hauptgebäudes dienten drei Räume als wohl nur zeitweilig genutztes »Hofmarschallamt«; drei Betten waren hier aufgestellt. Das erste Obergeschoss – die »Hirsch Gallerie« – war der eigentliche herrschaftliche Wohnbereich des Schlosses. Dessen

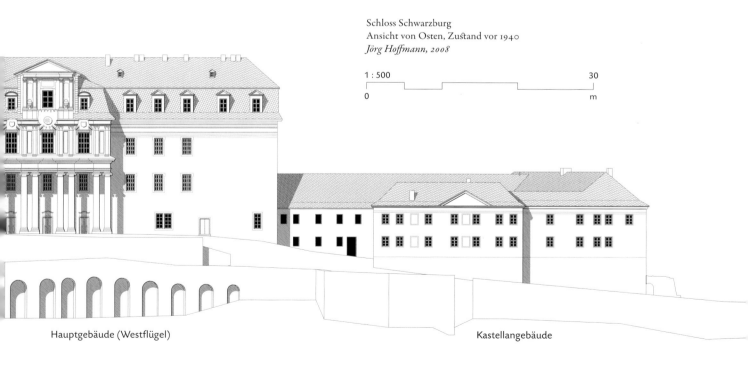

Schloss Schwarzburg
Ansicht von Osten, Zustand vor 1940
*Jörg Hoffmann, 2008*

1 : 500

Hauptgebäude (Westflügel)     Kastellangebäude

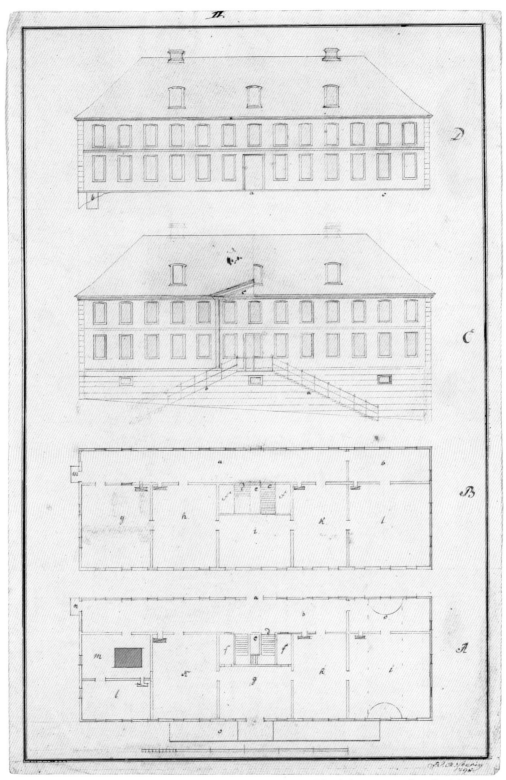

Johann Paul Martin Seerig, Entwürfe zur Umgestaltung des östlichen Stallflügels (späteres Kastellangebäude), 1798
Grundrisse 1. und 2. Obergeschoss, Ansichten von Osten und Westen   *ThStAR, Karten, Pläne und Risse Nr. 1835*

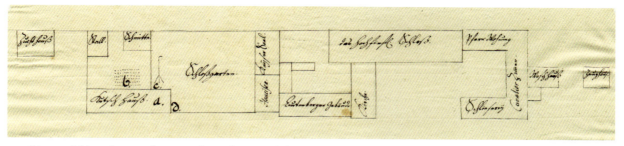

Skizze zur Schlossanlage, angefertigt zur Klärung der Frage, ob der Schlossprediger Einsiedel ein Mistbeet anlegen darf (b), Zeichnung, 1781
von links nach rechts: Zuchthaus, Stall, Schmiede, Kutschhaus, Vogelstange (c), Schlossgarten, Haueisen (Wohnung des Büchsenmachers),
Kaisersaal, Leutenberger Gebäude, Kirche, das hochfürstliche Schloss, Pfarrwohnung, Kavalierzimmer, Schließerei, Waschhaus, Zeughaus
ThStAR, Kammer Rudolstadt Nr. 4780

Flurbezeichnung galt hier zugleich als Synonym für die derart erschlossene Etage. Entlang des hofseitigen Korridors reihten sich die Zimmer »Nr. 3« bis »N. 11« und mehrere Kammern auf; in diesen insgesamt zwölf Räumen gab es sieben Nachtlager. Im zweiten Obergeschoss – auf der »Mittlere[n] Gallerie« – befand sich der »Saal«, der mit beigeordnetem »Schenckstuhl« Haupt- und Speiseraum zugleich war. Entlang der Flure beidseits des Saales befanden sich die Zimmer »N. 12« bis »N. 21«, zwei »Kammer[n]« und ein »Kabinett« – insgesamt zwölf Zimmer, die mit lediglich vier Betten nur wenige Übernachtungsmöglichkeiten boten. Ein Raum wird, seiner Ausstattung entsprechend, als »Pferdezimmer« namentlich hervorgehoben. Dessen Dekoration mit etlichen Pferdeabbildungen ist auf Fürst LUDWIG GÜNTHER II. VON SCHWARZBURG-RUDOLSTADT (1708 – 1767 – 1790) zurückzuführen. Im Mansardgeschoss des herrschaftlichen Gebäudes waren die Bediensetenunterkünfte eingerichtet. In den 16 Räumen, darunter der sogenannten »Konditorstube«, befanden sich ebenso viele Betten.

Das imposante Bauwerk der neuen Schlosskirche war quer zum Bergkamm, im rechten Winkel zum Hauptgebäude des Schlosses mit unmittelbarem Anschluss an dieses errichtet worden. Stand der Vorgänger lediglich mit den Gebäuden auf der Ostseite des Schlossberges in Verbindung – vor allem dem Leutenberger Flügel –, so hat man den Neubau nun an den Westflügel gesetzt. Damit war der ursprünglich langgestreckte innere Burghof in zwei Höfe zerteilt worden. Während der nördliche, nur noch an zwei Seiten von Gebäuden gefasste Hof weiterhin als herrschaftlicher Schlosshof Verwendung fand, war der oberste, südliche Teil nun zu einer Art nachgelagertem Wirtschaftshof degradiert worden. Aufgrund der Größe des Baukörpers der neuen Kirche musste teilweise in den Bestand des Leutenberger Gebäudes eingegriffen werden. Auf dem Nebensitz Schwarzburg stand die Größe der Schlosskirche nicht hinter derjenigen anderer Bauten zurück; hier konkurrierten über Eck angeordnetes Sakral- und Schlossgebäude gleichsam miteinander. Die Verhältnismäßigkeit der Grundflächen von Schlosskirche und Schloss verweisen auf die besondere Bedeutung, die dem Sakralbau hier eingeräumt wurde. Die Kirche war ein im Grundriss rechteckiger Baukörper mit einem der Ostfassade als Chorschluss vorgestellten Mittelrisalit und einem an der Nordfassade mittig angeordneten, in der Hälfte seiner Grundfläche aus der Fassadenflucht hervortretenden Treppenturm. Der Innenraum der Kirche war durch zwei Pfeilerreihen in drei Schiffe geteilt. Das im ersten Obergeschoss zugängliche Mittelschiff hatte eine Raumhöhe von zwei Etagen. In den beiden Seitenschiffen waren die von den Pfeilern getragenen Emporen des zweiten Obergeschosses angeordnet gewesen. Dem Chor gegenüber befand sich im zweiten Obergeschoss der verglaste Fürstenstand. Aufgrund der direkten Verbindung zum westlichen Hauptgebäude konnte man mit der Kirche nahezu ideal an dessen funktionell unterschiedlich gewidmete Etagen anknüpfen. Ein im Baukörper der Kirche dazwischengestelltes Treppenhaus ermöglichte zudem den Zugang zu den Emporen. Außerdem befand sich im nördlichen Turmanbau, der als Treppenturm zugleich die Erschließung der Emporen zuließ, ein weiterer Eingang von außen in den Hauptraum der Kirche. Dieser war mit dem Dachgeschoss durch eine großzügige Deckenöffnung verbunden; hier fanden bei Gottesdiensten die Musiker Platz. Sie dürften im Dachgeschoss auch ihre Kammern gehabt haben; zudem stand dieses mit dem des Hauptgebäudes in Verbindung, in dem üblicherweise auch andere Bediensteten ihre Nachtlager hatten. Die hier vorhanden gewesene Innenraumsituation, die es ermöglichte, die vom Andachtsraum aus unsichtbaren

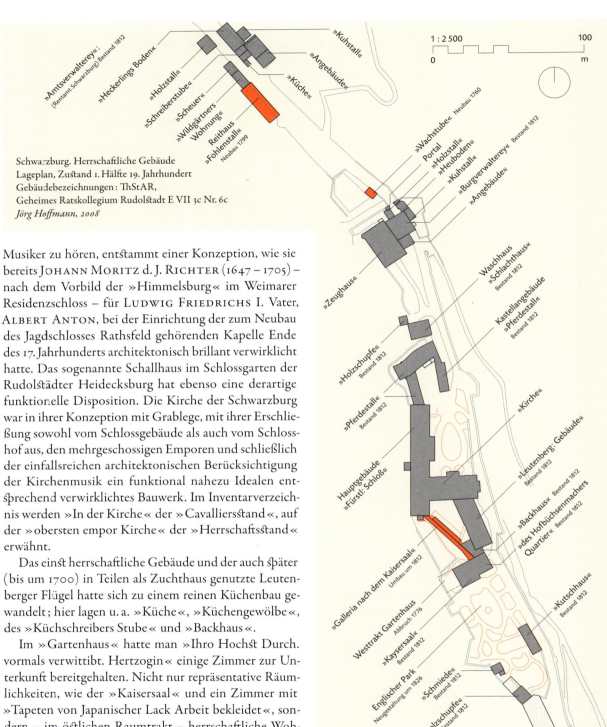

Schwarzburg. Herrschaftliche Gebäude
Lageplan, Zustand 1. Hälfte 19. Jahrhundert
Gebäudebezeichnungen: ThStAR,
Geheimes Ratskollegium Rudolstadt E VII 3c Nr. 6c
*Jörg Hoffmann, 2008*

Musiker zu hören, entstammt einer Konzeption, wie sie bereits JOHANN MORITZ d. J. RICHTER (1647–1705) – nach dem Vorbild der »Himmelsburg« im Weimarer Residenzschloss – für LUDWIG FRIEDRICHS I. Vater, ALBERT ANTON, bei der Einrichtung der zum Neubau des Jagdschlosses Rathsfeld gehörenden Kapelle Ende des 17. Jahrhunderts architektonisch brillant verwirklicht hatte. Das sogenannte Schallhaus im Schlossgarten der Rudolstädter Heidecksburg hat ebenso eine derartige funktionelle Disposition. Die Kirche der Schwarzburg war in ihrer Konzeption mit Grablege, mit ihrer Erschließung sowohl vom Schlossgebäude als auch vom Schlosshof aus, den mehrgeschossigen Emporen und schließlich der einfallsreichen architektonischen Berücksichtigung der Kirchenmusik ein funktional nahezu Idealen entsprechend verwirklichtes Bauwerk. Im Inventarverzeichnis werden »In der Kirche« der »Cavalliersstand«, auf der »obersten empor Kirche« der »Herrschaftsstand« erwähnt.

Das einst herrschaftliche Gebäude und der auch später (bis um 1700) in Teilen als Zuchthaus genutzte Leutenberger Flügel hatte sich zu einem reinen Küchenbau gewandelt; hier lagen u. a. »Küche«, »Küchengewölbe«, des »Küchschreibers Stube« und »Backhaus«.

Im »Gartenhaus« hatte man »Ihro Hochst Durch. vormals verwittibt. Hertzogin« einige Zimmer zur Unterkunft bereitgehalten. Nicht nur repräsentative Räumlichkeiten, wie der »Kaisersaal« und ein Zimmer mit »Tapeten von Japanischer Lack Arbeit bekleidet«, sondern – im östlichen Raumtrakt – herrschaftliche Wohnungen waren hier eingerichtet. Es gab ein Zimmer, ein »Kabinettchen« sowie ein »Schlafkabinett« mit einem »Privet«.[33]

Im »Stallgebäude« – in der Bebauung der einstigen Vorburg, nördlich des Hauptgebäudes – reihten sich im

Obergeschoss zahlreiche Stuben und Kammern auf, die der Dienerschaft als Unterkunft dienten. Man verfügte hier über eine eigene Küche.

Erheblich war die architektonische Neuausstattung des Nebensitzes in der ersten Hälfte des 18. Jahrhunderts auch über die Rückschläge mehrerer Brände hinweg; an der räumlich-funktionellen Struktur hatte sich allerdings nur wenig geändert. Noch immer war die Anzahl der herrschaftlichen Gemächer äußerst gering; von dem neuen, eindrucksvollen Sakralbau mit seiner wohl prunkvollen Ausstattung und den sonstigen »fürstlichen« Attributen auf dem Nebensitz deutet das Inventar nur wenig an.

## Der funktionelle Aufbau der Schlossanlage in der ersten Hälfte des 19. Jahrhunderts

Nachdem die wenigen überlieferten Inventarverzeichnisse des 18. Jahrhunderts nur eingeschränkt über die bis in die 1740er Jahre erneuerte Schlossanlage informierten, bieten drei Inventare aus der ersten Hälfte des 19. Jahrhunderts einen detaillierteren Einblick in die Funktions- und vor allem die tatsächliche Nutzungsstruktur des Nebensitzes. Die 1820, 1828 und 1841 aufgestellten Bestandslisten geben die seit der Mitte des 18. Jahrhunderts kaum veränderten Baulichkeiten des Schlosses wieder, die für gelegentliche herrschaftliche Aufenthalte verwendet wurden: das Hauptgebäude (Westflügel) mit der Schlosskirche, das Leutenberger Gebäude, das Gartenhaus, außerdem einige hofwirtschaftliche Gebäude (siehe Abb. Lageplan, Zustand 1. Hälfte 19. Jahrhundert).[34] Das Zeughaus, das Torhaus und der hintere Hof (zwischen 1700 und 1826 Standort des Zuchthauses) werden nur am Rande erwähnt. Mit den Nutzungsverschiebungen der vorangegangenen Jahrhunderte unterstanden diese Gebäude nicht mehr vollständig und unmittelbar der fürstlichen Hofverwaltung.

Die einzelnen Inventare bauen aufeinander auf; das vorangegangene Verzeichnis diente jeweils als Grundlage für das nachfolgende. Das Inventar von 1820 benennt lediglich 71 Räume, das von 1841 ist mit 116 Positionen das umfangreichste. Innerhalb dieser Zeitspanne fanden nur marginale Veränderungen der Nutzungszuweisungen statt. Allein im Inventar von 1841 werden einige Schlossbewohner namentlich erwähnt, während man sich in den früheren mit der Durchnummerierung der Zimmer begnügt hatte. Das spiegelt die anfänglich nur seltene Verwendung des Schlosses als Nebensitz wider.

Insgesamt bietet sich das Bild einer recht geordnet strukturierten Funktionszuweisung zu den einzelnen Gebäuden. Diese war bereits mit der Fertigstellung des Schlossneubaus Mitte des 18. Jahrhunderts so fixiert worden. Der westliche Hauptflügel blieb das herrschaftliche Wohngebäude. Im Erdgeschoss dieses Hauptgebäudes war das Hofmarschallamt eingerichtet. Hier befand sich zugleich die Schlafkammer des Hofmarschalles.

Die beiden Obergeschosse – die »untere [...] Hirsch=Gallerie« bzw. die »fürstl[iche] Gallerie« und die »Mittlere Gallerie« – dienten den fürstlichen Familienmitgliedern und ihrer unmittelbaren Dienerschaft als Wohnungen. Entsprechend dem unverändert geringen Raumangebot auf dem Nebensitz bestanden die einzelnen Gemächer maximal aus einem Zimmer, einem Schlafzimmer oder -gemach, einem Ankleidezimmer oder einer Garderobe und gelegentlich einem Kabinett.

Das erste Obergeschoss wurde vom Regentenpaar bevorzugt. Laut dem Inventar von 1841 logierten hier der FÜRST FRIEDRICH GÜNTHER VON SCHWARZBURG-RUDOLSTADT (1793 – 1814 – 1867), seine Gemahlin AMALIE AUGUSTE (1793 – 1854), geb. VON ANHALT-DESSAU, und seine Mutter CAROLINE LOUISE (1771 – 1807 – 1814 – 1854), geb. VON HESSEN-HOMBURG, gemeinsam mit einigen Kammerfrauen und Mesdemoiselles[35]. Dass sich das Regentenpaar die Räume der Etage mit der Fürstenmutter teilte, dürfte auch die Rangordnung innerhalb der Schwarzburg-Rudolstädter Fürstenfamilie widerspiegeln, wie sie in der ersten Hälfte des 19. Jahrhunderts bestand.

Zu den im südlichen Teil gelegenen Räumen von Serenissimus und seiner Gemahlin gehörten das »Balcon=Zimmer«, das »Zimmer der Durchl. reg. Fürstin«, je ein »Ankleide-Zimmer« und ein gemeinsames »Schlafgemach«, ausgestattet mit einem großen Himmelbett und zwei weiteren Bettstellen.

An der Dekoration der Räume ist entsprechend der Verwendung als Jagdsitz spätestens seit dem 16. Jahrhundert manche Kontinuität erkennbar. In der Hirschgalerie waren 49 hölzerne Hirschköpfe mit Geweihen aufgereiht. Bereits 1583 hatten solche Trophäen die Stube GÜNTHERS XLI. im Schloss Schwarzburg geschmückt.

Das zweite Obergeschoss war mit dem »Saal« für Geselligkeiten und mit den übrigen Räumen zugleich zum Logis der Gäste konzipiert gewesen. Das »Pferdezimmer« und das »Versammlungszimmer« daneben dienten den Schlossbewohnern zum gemeinschaftlichen Aufenthalt. Der Hauptsaal wird auch 1841 ausdrücklich als »Speise-Saal« bezeichnet. Zu dessen Versorgung

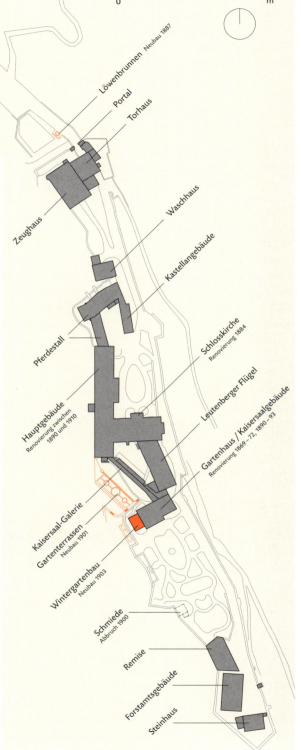

Schwarzburg. Herrschaftliche Gebäude
Lageplan, Zustand vor 1940
*Jörg Hoffmann, 2008*

befand sich hier der »Schenkstuhl«. Die Bezeichnung des Mobiliars hatte man auf die beherbergende Räumlichkeit übertragen.

1841 bewohnten Prinz ALBERT VON SCHWARZBURG-RUDOLSTADT (1798–1867–1869), Bruder des Fürsten, und Prinz WILHELM VON SCHWARZBURG-RUDOLSTADT (1806–1849), Vetter des Fürsten, sowie eine Mademoiselle KLEIN das zweite Obergeschoss. Hier gab es einige »Fremden-Zimmer« – einzelne, frei verfügbare Wohngemächer.

In der »Oberste[n] Gallerie«, im Mansardgeschoss, wohnten in etlichen Stuben und Kammern verschiedene Bedienstete des Hofes: Haushofmeister, Silberdiener, Jungfern, der Obrist CHRISTIAN AUGUST VON BROCKENBURG (1777–1857) und eine Mademoiselle MADER. Zudem befand sich hier eine »Meubles Vorraths=Stube«.

In der mit Orgel ausgestatteten Kirche im Quergebäude werden die »Unterste […]«, die »Mittlere […]« und die »Oberste Emporkirche« unterschieden. Hier befanden sich der »Herrschaftl[iche] Stande« und der »Cavalier-Stande«. Dem Schlossprediger stand eine Sakristei zur Verfügung.

Alle weiteren Gebäude des Schlosskomplexes waren vorrangig für Bedienstete bestimmt. Der Leutenberger Flügel hatte sich längst zum reinen Hofwirtschafts- und Bedienstetenwohnhaus gewandelt. Das Erdgeschoss war als Hofküche eingerichtet, in der die Speisen zubereitet wurden, die man im zweiten Obergeschoss des Hauptgebäudes verzehrte. Zur Einrichtung gehörten eine »große Küche«, eine »kleine Küche«, ein »Küchen-Backhaus« und eine »Silberscheuerinstube«. In der Hofstube und der Jägerstube speisten die Bediensteten. Unmittelbar neben der Küche hatte der Koch seine Wohnstube. Im Obergeschoss waren entlang des hofseitigen Korridors sechs Stuben oder Kammern aufgereiht, in denen die

Von der Stammburg zum Jagdschloss

Aufnahme der US-amerikanischen Luftaufklärung vom 10. April 1945 (Detail)
*Thüringer Landesamt für Vermessung und Geoinformation, Gen.-Nr.: 8/2008*

Bediensteten wohnten. Die Grundrissstruktur könnte noch aus der Zeit vor 1700 stammen, als das Gebäude zeitweise als Zuchthaus genutzt wurde.

Das »Gartenhaus« wird mit dem unteren »Garten Salon«[36] und dem darüberliegenden »Kayser Saale« erwähnt. Bereits 1820 befand sich in diesem Saal ein »Billard«. Im Jahre 1828 bewohnte Prinz ALBERT hier einige Zimmer; 1841 waren Trompeter und andere Bedienstete sowie ein »Fräulein Hofdame« einquartiert.

Die Inventare erwähnen auf dem Nebensitz außerdem die Wohnungen des Schlosspredigers, des Oberforstmeisters VON SCHÖNFELD – 1820 des Stallmeisters FRIEDRICH HEUBEL (1755 – 1835) – und des Jägers BERND. Das Zuchthaus am südöstlichen Sporn des Bergrückens, das 1826 nach Rudolstadt verlegt wurde, findet lediglich noch im Inventar von 1820 Erwähnung.[37] Ausschließlich 1841 hat man einige weitere Bedienstetengemächer inventarisiert, die sich möglicherweise im Bereich der Stallflügel, nördlich des Hauptgebäudes, befanden. Hier logierten bei ihren Sommeraufenthalten in Wohnstuben und Schlafkammern der »Durchl. Erbprinz und H. Instructeur Leo«[38], ein weiteres »Frl. Hofdam.«, Bedienstete und Kavaliere, die hier über eine kleine Küche verfügten. Zu den wenigen Wirtschaftseinrichtungen des Nebensitzes gehörten ein Backhaus mit Stube und Kammer, die Bettenmeisterei und das Waschhaus.

Faktisch baulich-strukturell und funktionell unverändert ist die Schlossanlage seit ihrer Neuausstattung zu Beginn des 18. Jahrhunderts geblieben. Doch war auf dem Nebensitz in den 1820er Jahren neues herrschaftliches Leben erwacht. Die um 1826 erfolgte Umgestaltung der Freifläche südlich des Kaisersaalgebäudes von

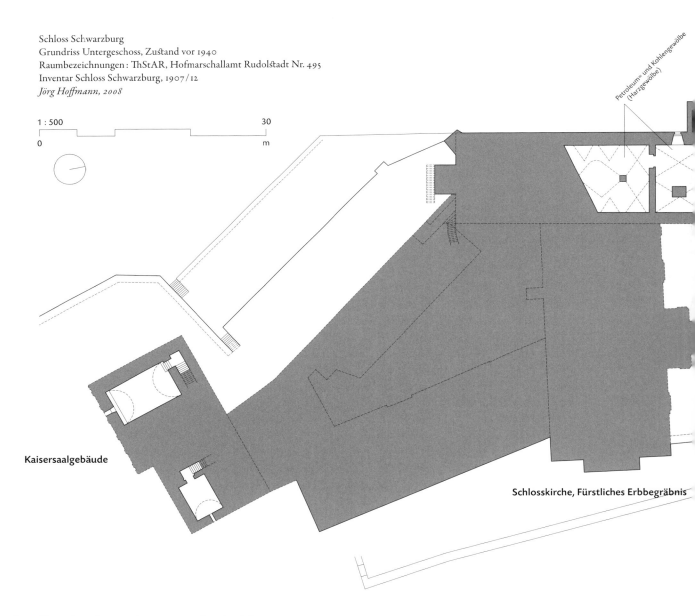

Schloss Schwarzburg
Grundriss Untergeschoss, Zustand vor 1940
Raumbezeichnungen: ThStAR, Hofmarschallamt Rudolstadt Nr. 495
Inventar Schloss Schwarzburg, 1907/12
*Jörg Hoffmann, 2008*

einem französischen Schlossgarten zu einem englischen Schlosspark hatte – als erheblichste funktionelle Veränderung – die Entfernung des Zuchthauses vom hinteren südlichen Hof der Schwarzburg zur Voraussetzung. Im Jahre 1812 war die sogenannte Kaisersaalgalerie zur funktionellen Anbindung des Gartenhauses an das herrschaftliche Hauptgebäude erneuert worden.³⁹

## Der funktionelle Aufbau der Schlossanlage zu Beginn des 20. Jahrhunderts

Nach 1869 und insbesondere zwischen 1891 und 1900 fand aus Sicht der schwarzburg-rudolstädtischen Fürsten eine Neubewertung des Schlosses Schwarzburg statt, das während der Regentschaft Georgs von Schwarzburg-Rudolstadt (1838 – 1869 – 1890) zu neuer Beliebtheit gefunden hatte.⁴⁰ Entsprechend kam es zu einer Neugestaltung des Inneren von Schlosskirche, Haupt- und Kaisersaalgebäude im Stile des Historismus. Seit 1890 diente die Schlossanlage nicht mehr zum nur gelegentlichen Besuch, sondern zu mehrmonatigen Sommeraufenthalten. Hier hat man sich um 1900 mit allem Komfort der Zeit (Elektrizität, warmes Badewasser, Telefon) eingerichtet. Vor allem das Kaisersaalgebäude war nun bevorzugter Aufenthaltsort der fürstlichen Familie.

Im Jahre 1907 wurde vom Rudolstädter Hofrat Oskar Vater (1861 – 1954) ein Inventarverzeichnis des Schlosses angeregt, das aus 331 Raumpositionen besteht, die sich auf die bekannten Gebäudeteile der Anlage beziehen (siehe Abb. Lageplan, Zustand vor 1940, S. 62). Das

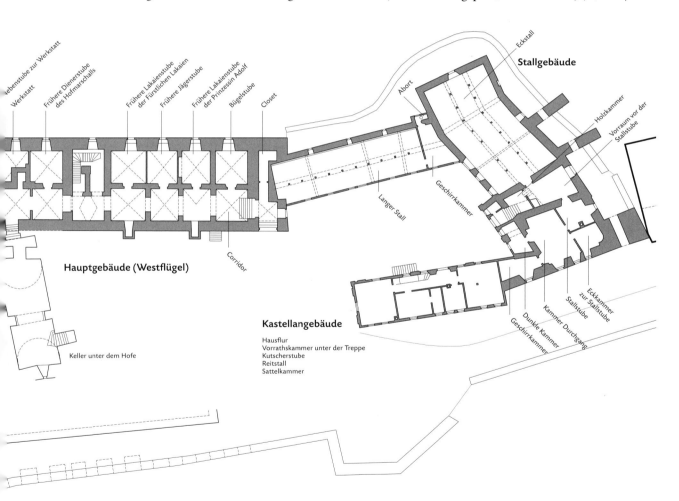

Inventar spiegelt den Charakter des Nebensitzes wider, der für die regelmäßigen Sommeraufenthalte des schwarzburg-rudolstädtischen Fürstenpaares, GÜNTHER und ANNA LUISE, sowie der Prinzessinnen THEKLA VON SCHWARZBURG-RUDOLSTADT (1859–1939) und »ADOLF«-MATHILDE (1826–1914), geb. VON SCHÖNBURG-WALDENBURG, – der Mutter des regierenden Fürsten mit dem Rufnamen ihres Gemahls – eingerichtet worden war.[41]

Das nördliche Torhaus bildete unverändert den Zugang zur Schlossanlage. Es diente als Wohngebäude für verschiedene Schlossbedienstete. Hier lebten der Zeughausverwalter, der Schlossprediger, der Schlossgendarm, eine pensionierte Kastellanin, die Familien STEINBRUCH und RADETZKI. Sie besaßen im ersten und zweiten Obergeschoss jeweils abgeschlossene Wohnungen, bestehend aus »Corridor«, »Wohnstube«, »Schlafstube«, »Küche« und »Closet«. Im Erdgeschoss des Torhauses und in dessen eingeschossigen Anbauten hatten die Bewohner Ziegen- und Schweineställe sowie Vorratskammern.

Das westlich oberhalb des Torgebäudes gelegene und von diesem im Obergeschoss zugängliche Zeughaus wird mit seiner umlaufenden Galerie erwähnt. Unter dem Zeughaus befand sich der sogenannte Felsenkeller.

Aus dem ursprünglich als Wirtschaftshof dienenden ersten, nördlichen Burghof waren die vormals vorhandenen Ökonomiegebäude so gut wie restlos verschwunden. Lediglich das Waschhaus und den für den Jagdsitz notwendigen Eiskeller gab es hier. Das Waschhaus bestand im Erdgeschoss im Wesentlichen aus dem »Waschraum resp[ektive] Küche« und dem »Holzstall früher Pferde-

Schloss Schwarzburg
Grundriss Erdgeschoss, Zustand vor 1940
Raumbezeichnungen: ThStAR, Hofmarschallamt Rudolstadt Nr. 495
Inventar Schloss Schwarzburg, 1907/12
*Jörg Hoffmann, 2008*

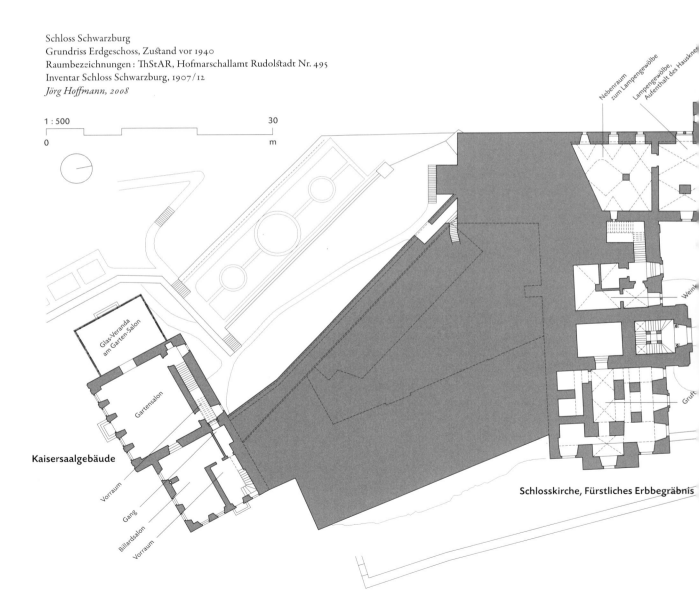

66 Von der Stammburg zum Jagdschloss

Stall«. Im Dachgeschoss waren ein »Heuboden« und verschiedene »Bodenkammer[n]« eingerichtet. Unklar ist der Standort des »Düngerhaus[es]«, das sich möglicherweise unmittelbar hinter dem nördlichen Stallflügel befand und der Lagerung der Pferdeexkremente diente.[42]

Drei zweigeschossige Flügel – das östliche Kastellangebäude sowie der nördliche und westliche Stallflügel – bildeten die Bebauung der einstigen Vorburg. Seit dem 14. Jahrhundert war dieser Ort für Bedienstete – zunächst der als Hauptsitz genutzten Burg, später des als Jagd- und Nebensitz verwendeten Schlosses – eingerichtet gewesen. An dieser Situation hat sich bis in das 20. Jahrhundert kaum etwas geändert, wenn auch in die Bausubstanz hin und wieder geringfügig eingegriffen worden war. Die Erdgeschosse der Flügel – die sich in Höhe des Untergeschosses des sich südlich anschließenden Hauptgebäudes befinden – waren allesamt als Stallungen mit entsprechenden Nebenräumen eingerichtet. Zu den nach Flügeln unterschiedenen Ställen – Reitstall, Eckstall und langer Stall – gehörten Stall- und Kutscherstuben, Aborte sowie mehrere Geschirr- und Sattelkammern. Das erste Obergeschoss des westlichen Stallflügels – in der Ebene des Erdgeschosses des Hauptgebäudes – war über die »sog[enannte] Brettergallerie« unmittelbar mit diesem herrschaftlichen Westflügel verbunden. Diese Erschließung erscheint ausgesprochen sinnfällig, insbesondere da die hier befindliche »Steintreppe am nördl[ichen] Ende« des Hauptgebäudes den Zugang der Bediensteten zu sämtlichen Etagen desselben zuließ. Im Obergeschoss des Stallgebäudes befanden sich Wohnungen von höheren Bediensteten der Fürstenfamilie bzw. von den für das Schloss zuständigen Angestellten. Der östliche

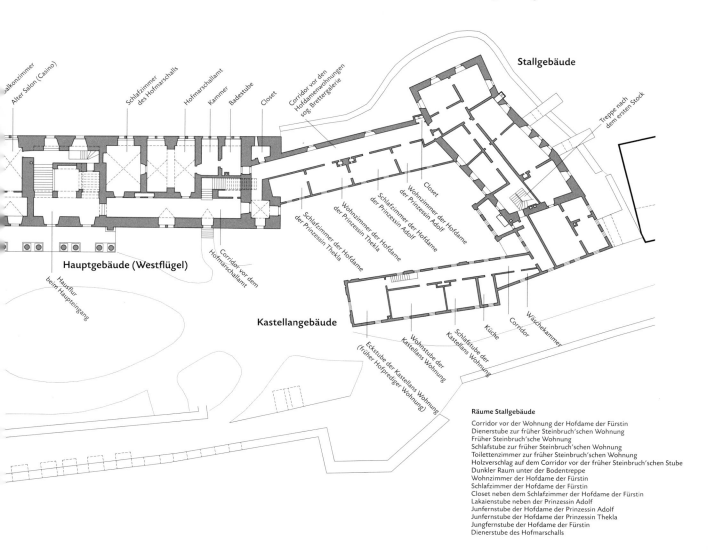

**Räume Stallgebäude**

Corridor vor der Wohnung der Hofdame der Fürstin
Dienerstube zur früher Steinbruch'schen Wohnung
Früher Steinbruch'sche Wohnung
Schlafstube zur früher Steinbruch'schen Wohnung
Toilettenzimmer zur früher Steinbruch'schen Wohnung
Holzverschlag auf dem Corridor vor der früher Steinbruch'schen Stube
Dunkler Raum unter der Bodentreppe
Wohnzimmer der Hofdame der Fürstin
Schlafzimmer der Hofdame der Fürstin
Closet neben dem Schlafzimmer der Hofdame der Fürstin
Lakaienstube neben der Prinzessin Adolf
Junfernstube der Hofdame der Prinzessin Adolf
Junfernstube der Hofdame der Prinzessin Thekla
Jungfernstube der Hofdame der Fürstin
Dienerstube des Hofmarschalls

Flügel – das Kastellangebäude – war als autarker Wohnbereich der Kastellaninnen in »Corridor«, »Küche«, »Wohnstube« und »Schlafstube« gegliedert (vgl. Abb. Grundriss Erdgeschoss, Zustand vor 1940, S. 66). Die Hofdamen und deren Hofdamen-Jungfern bewohnten einen zusammenhängenden Raumtrakt im Obergeschoss des nördlichen und des westlichen Stallflügels. Diese privaten Räume der Hofdamen bestanden aus »Wohnzimmer« und »Schlafzimmer«, die Jungfern besaßen lediglich je eine Stube. Außer diesen Personen hatte auch der Diener des Hofmarschalls hier sein Nachtlager. Für Hofdamen und Diener getrennt gab es »Closets«.

Der südlich an den Stall- und Bedienstetenhof grenzende Westflügel, der unmittelbar mit dem westlichen Stallflügel in Verbindung stand, blieb das herrschaftlich genutzte »Hauptgebäude«. In dessem Souterrain hatten sich bislang noch einige Jäger-, Lakaien- und Dienerstuben befunden; nun wurden hier lediglich die Bügelstube, die Werkstatt sowie das »Petroleum= und Kohlengewölbe« genutzt (vgl. Abb. Grundriss Untergeschoss, Zustand vor 1940, S. 64). Das Erdgeschoss war der Arbeitsplatz von zwei in der Hofhierarchie kaum unterschiedlicher positionierten Bediensteten – des Hofmarschalls und des Hausknechts (vgl. Abb. Grundriss Erdgeschoss, Zustand vor 1940, S. 66). Es umfasste folgende Räume: das Arbeitszimmer des Hofmarschalls, dessen Schlafzimmer und Badestube sowie das südlich des Treppenhauses gelegene »Casino« und das Balkonzimmer. Der Hausknecht musste sich mit dem »Lampengewölbe« zum Aufenthalt begnügen.

Die über die repräsentative »Marmortreppe« zugänglichen beiden Obergeschosse beherbergten – in zum

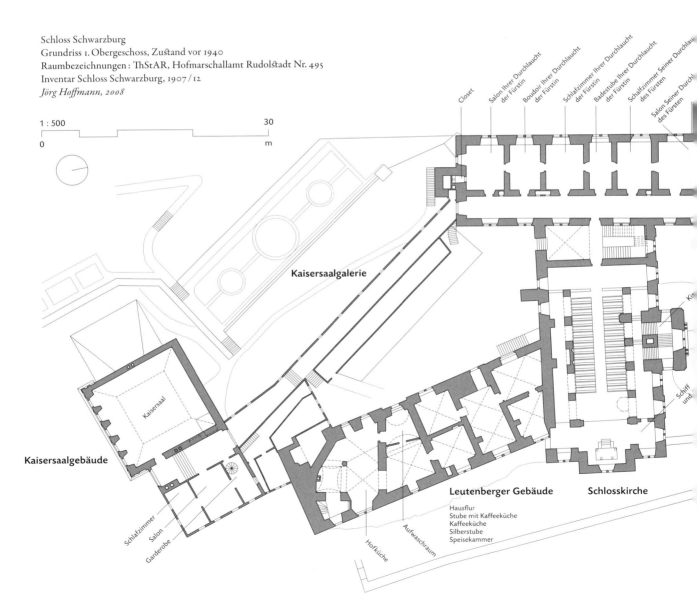

Schloss Schwarzburg
Grundriss 1. Obergeschoss, Zustand vor 1940
Raumbezeichnungen: ThStAR, Hofmarschallamt Rudolstadt Nr. 495
Inventar Schloss Schwarzburg, 1907/12
*Jörg Hoffmann, 2008*

Teil erneuerten Wohnräumen – so gut wie ausschließlich Mitglieder der fürstlichen Familie (siehe Abb. Grundriss 1. Obergeschoss, Zustand vor 1940). GÜNTHER und seine Gemahlin bewohnten mit ihren Kammerdienern die Raumfolge südlich der Haupttreppe des ersten Obergeschosses. Der Fürst nutzte einen »Salon«, ein »Schreibzimmer« und ein »Schlafzimmer«. Die Fürstin verfügte neben drei ebenso gewidmeten Räumen (Salon, »Boudoir«, Schlafzimmer) über eine eigene »Badestube«. Im Bereich der sich östlich anschließenden Schlosskirche bildete der hofseitige Korridor eine Mittelgangerschließung, die – funktionell äußerst sinnfällig angeordnet – östlich den Zugang zur Kirche mit der eine Etage höher befindlichen herrschaftlichen Empore zuließ. Im nördlichen Teil des ersten Obergeschosses besaß Prinzessin »ADOLF« mit Salon, Schreibzimmer, Schlafzimmer und »Badestube resp[ektive] Garderobe« Wohnräume, die mit jenen der Fürstin ANNA LUISE funktionell identisch waren.

Im zweiten Obergeschoss nutzte Prinzessin THEKLA die nördliche Raumfolge – einen Salon, ein Schlafzimmer, eine Badestube bzw. Garderobe und ein »Closet« (vgl. Abb. Grundriss 2. Obergeschoss, Zustand vor 1940, S. 70). Ein »Cavalierzimmer« befand sich neben ihrem Salon. Einige Räume in dieser Etage – das »Pferdezimmer« und das »Silberzimmer« der südlichen Raumfolge sowie der »Ahnensaal«, der einstige zeremoniellfunktionelle Mittelpunkt des Schlosses – waren in ihrer, im 18. Jahrhundert entstandenen Gestalt bewahrt worden. Einzig hier gab es wenige, für Gäste zur freien Verfügung stehende Gemächer. Dazu gehörten das bereits erwähnte Pferdezimmer mit »Schlafstube« (die zuvor

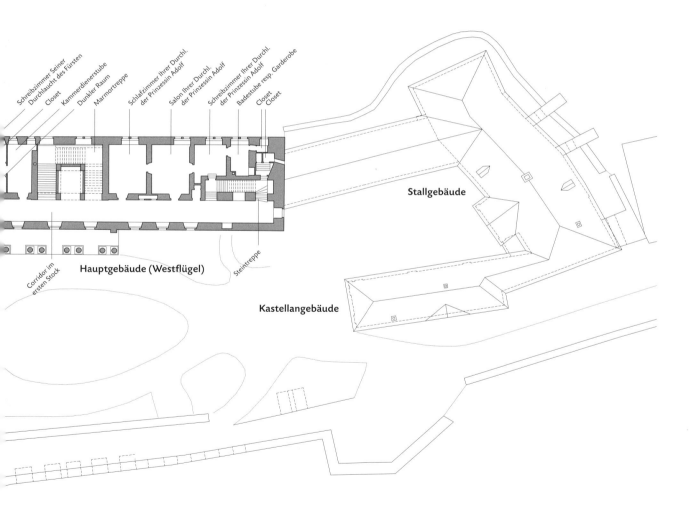

einmal als »Wappenzimmer« eingerichtet war), das »Rothe Zimmer« mit Schlafstube und der »Ecksalon« mit Schlafzimmer.

Der »dritte Stock« war das als »Olymp« bezeichnete Mansardgeschoss des Hauptgebäudes; hier teilten sich Hofdamen, Hofdamen-Jungfern, Jäger, Diener, Kavaliere und Adjutanten eine Reihe von Zimmern, Stuben, Kammern und »Closets«.

Im herrschaftlichen Wohngebäude hat es keine der sonst üblichen dezentralen Kaffeeküchen gegeben – vielleicht aufgrund der überschaubaren Größe des Baukomplexes. Innerhalb der herrschaftlichen Wohnräume befand sich nun auch kein Speisezimmer mehr. Der Flügel war demzufolge ein ausschließlicher Wohn- und Schlaftrakt. Entsprechend dieser funktionellen Reduktion des Hauptgebäudes diente das Kaisersaalgebäude nun als Speise- und Gemeinschaftsbereich, der über die sogenannte Kaisersaalgalerie bequem zu erreichen war. Das einstige Gartenhaus war damit kein funktionell eigenständiges Bauwerk mehr.

Im Erdgeschoss der Schlosskirche waren neben der herrschaftlichen Gruft auch ein »Kalkgewölbe« sowie der Wein- und der Milchkeller eingerichtet. In dem zwischen Hauptgebäude und Kirche befindlichen Treppenhaus nutzte die photographisch sehr interessierte Fürstin Anna Luise von Schwarzburg-Rudolstadt einige »Dunkelkammer[n]«. Zur Kirche im ersten Obergeschoss gehörte eine kleine Sakristei. Auf der »Ersten Empore« – in der Ebene des zweiten Obergeschosses vom Hauptgebäude – befand sich der »Herrschaftsstand«. Die »Zweite Empore« im Dachgeschoss war für Orgel, Musiker und Sänger bestimmt.

Schloss Schwarzburg
Grundriss 2. Obergeschoss, Zustand vor 1940
Raumbezeichnungen: ThStAR, Hofmarschallamt Rudolstadt Nr. 495
Inventar Schloss Schwarzburg, 1907/12
*Jörg Hoffmann, 2008*

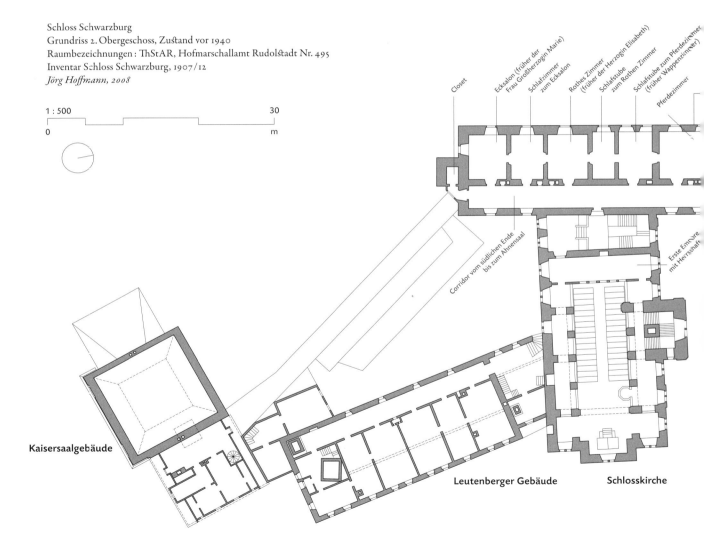

An dem seit dem Erlöschen der Schwarzburg-Leutenberger Linie im Jahre 1564 offenbar lediglich Nebennutzungen dienenden Leutenberger Flügel hatte sich bis zuletzt nichts geändert. Aus dem vormals herrschaftlichen Hauptgebäude war ein reiner Hofwirtschaftstrakt geworden. Die einst für die getrennte Hofhaltung der Schwarzburg-Arnstadt-Sondershäusener Linie im Westflügel vorhandene Küche hatte man aufgegeben. Die Versorgung des gesamten Schlosses erfolgte fortan durch die Küche des Leutenberger Flügels. Im Keller (dem laut Inventarverzeichnis angeblich ehemaligen »Burgverließ«) waren Kohlen- und Speisevorräte untergebracht. Die vom »Hausflur« aus erschlossenen Räume des Erdgeschosses dienten mit Hofküche, Aufwaschraum, Speisekammer, Silberstube und Kaffeeküche ausschließlich der Speisezubereitung. Im Obergeschoss befand sich die »Hoffourierstube«. Außerdem waren in dieser Etage Kammerfrauen, Garderoben-Jungfern und Stubenmädchen untergebracht, die hier eigene Zimmer besaßen. Zur Verrichtung ihrer Tätigkeiten gab es eine »Bügelstube«, zur Versorgung ein gemeinsames »Speisezimmer«. Das Dachgeschoss war, der Nutzung des Gebäudes entsprechend, als »Trockenboden« verwendet worden.

Der Leutenberger Flügel und das Hauptgebäude waren durch Zwischenbauten mit dem Kaisersaalgebäude verbunden. Diese fassten den kleinen oberen Schlosshof ein, der – besitzrechtlich nie ganz zutreffend – im Inventar als »Leutenberger Hof« bezeichnet wird. Vom Hauptgebäude sollte der Zugang der herrschaftlichen Gäste, vom Leutenberger Flügel der der Küchenbediensteten zum Kaisersaal gewährleistet werden. Am Leutenberger Gebäude war das zweigeschossige »Verbindungs=

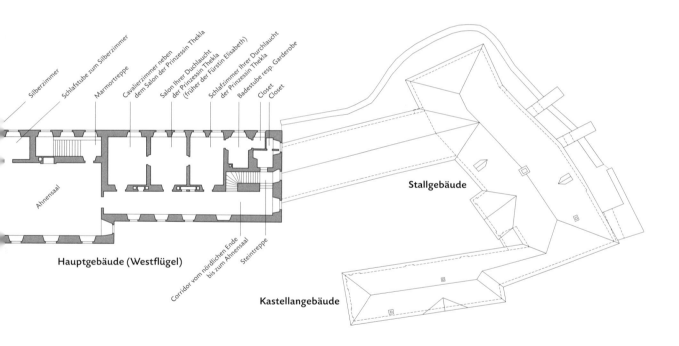

**Räume Kaisersaalgebäude**

Treppenaufgang
Vorraum zur Cavalier-Wohnung
Wohnzimmer
daneben Dachkammer
Schlafstube
daneben Dachkammer
Dienerstube

**Räume Leutenberger Gebäude**

Speisezimmer der Kammerfrauen
Bügelstube
Corridor
Zimmer der Kammerfrau Ihrer Duchl. der Fürstin
Zimmer der Garderobejungfer Ihrer Duchl. der Fürstin
Zimmer der Kammerfrau Ihrer Duchl. der Prinzessin Adolf
Zimmer der Kammerfrau Ihrer Duchl. der Prinzessin Thekla
Zimmer der Stubenmädchen Ihrer Duchl. der Prinzessin Adolf
Vorraum der Hoffourierstube
Erstes Closet
Zweites Closet
Hoffourierstube

Schwarzburg. Ehemalige herrschaftliche Gebäude
Lageplan, Zustand 2008
*Jörg Hoffmann, 2008*

Gebäude« als leichte Fachwerkkonstruktion an die Stelle des südlichen, steinernen Burgturmes gesetzt worden. Hier befanden sich weitere Bedienstetenräume; »Parterre« wohnten Koch und Kochlehrling, im »Ersten Stock« Lakaien und der Hausknecht.

Die Verbindung vom Haupt- zum Kaisersaalgebäude war ein 43 m langer Gang, die sogenannte »Kaisersaal-Gallerie«. Der in der Ebene des oberen Hofes angelegte »Corridor« verband das erste Obergeschoss des Hauptgebäudes mit dem des Kaisersaalgebäudes – die herrschaftlichen Wohnräume mit dem neu eingerichteten Speisesaal. Es handelte sich bei der »Gallerie« zwar lediglich um einen schlichten Wetterschutz, der den Zugang trockenen Hauptes über den oberen Hof ermöglichte; doch bei dessen Konzeption hatte man sich die Topographie der in unterschiedlichen Ebenen befindlichen Höfe ideal zu Nutze gemacht. Auf der dem Hof zugewendeten östlichen Seite waren drei Hundezwinger und drei Holzställe angeordnet.

Das Kaisersaalgebäude – ikonographisch für das Standesbewusstsein des Fürstenhauses ursprünglich als eine Art »Ahnentempel« konzipiert (und von der Forschung hinsichtlich seines Symbolwertes besonders gewürdigt[43]) – war bereits in seiner ursprünglichen Konzeption nicht ganz gelungen. Nachdem mit dem Abriss des einsturzgefährdeten Westtraktes die Symmetrie des Gebäudes verlorengegangen war, wurde je nach Erfordernissen pragmatisch in die Bausubstanz eingegriffen, was die ursprünglichen Gestaltungsintensionen des frühen 18. Jahrhunderts zusätzlich negierte. Die Südfassade des östlichen Traktes war im Obergeschoss durch ein großformatiges Fenster gleichsam aufgebrochen worden. Schließlich hat man dem Gebäudeteil einen sonderbaren, ästhetische Aspekte vollends außer Acht lassenden Dachreiter aufgesetzt, der als »Wärterthürmchen« diente (vgl. Abb. Ansicht Kaisersaalgebäude, Zustand um 1930, S. 16).

Spätestens mit der Anbindung durch die Kaisersaalgalerie an das Hauptgebäude war nicht nur die funktionelle Eigenständigkeit dieses Gartenhauses, sondern auch dessen ursprüngliches Erschließungsprinzip aufgegeben worden. Anfänglich wurde das zweigeschossige Gebäude mit seinen in beiden Etagen mittig angeordneten Sälen und den aus Stuben und Kammern bestehenden Appartements in den Seitentrakten ausschließlich von der mittig an der Südseite befindlichen Eingangstür im Erdgeschoss erschlossen. Eine Treppe ermöglicht von dort den Zugang zum Obergeschoss. Mit der Ausrichtung des Gartenhauses und seines Zugangs bezog es sich symmetrisch auf den südlich davor angelegten, mit dem Gebäude eine konzeptionelle Einheit bildenden Schlossgarten. Nun war eine zumindest ebenbürtige, zweite Erschließung an der Nordseite im ersten Obergeschoss hinzugekommen. Hier betrat man, aus der Kaisersaalgalerie kommend, einen Eingangsraum, der durch das erwähnte großformatige Fenster in der Südfassade belichtet wurde. Er diente als Vorzimmer zum Kaisersaal, der nun von den fürstlichen Herrschaften als Speisezimmer verwendet wurde. Innerhalb des östlichen Traktes erschloss der Eingangsraum einen Salon mit Schlafzimmer, Garderobe und »Closet«. Im Erdgeschoss befand sich als Pendant zum Kaisersaal der im Grundriss annähernd gleich große Gartensalon. Östlich schloss sich der Billardsalon, westlich die »Glas-Veranda« an. Im Dachgeschoss gab es eine »Cavalier-Wohnung«, bestehend aus Wohnzimmer, Schlafstube, Dachkammer und Dienerstube.

Im Schlossgarten befand sich ein Leiterhaus. Die Wagenremise am Hinterhof bestand aus einer kleinen Remise für Ackerwagen, einer großen Remise für Kutschen (später für Automobile) und mehreren Heuböden. Am südlichen Ende des Hinterhofes befand sich das Forstamtsgebäude nebst Steinhaus (dem ehemaligen Arbeitsgebäude des Zuchthauses). Diese lagen außerhalb des Zuständigkeitsbereiches der fürstlichen Hofverwaltung.

Wie vielerorts im Schwarzburgischen war es im 19. Jahrhundert vor allem bei Bestandsbewahrungen geblieben; keine großen architektonischen Gesten, sondern die Nutzung des Bestehenden, bisweilen der bedenkenlose Verschnitt der Bausubstanz waren die Maxime. Auch auf der Schwarzburg gab es entsprechende funktionelle Umstrukturierung – hier des »Ahnentempels« Kaisersaal zum Speiseraum um 1870/71. Für eine umfangreiche historische Umgestaltung des äußeren Habitus sah man auf dem jahrhundertealten Stammsitz mit seinem gotisch-spitzbogigen Zugang im nördlichen Torhaus kaum Notwendigkeiten. So präsentierte sich die Anlage fortan äußerlich gleichsam als »Dornröschenschloss« mit erdgeschossig üppig begrünten Fassaden und dem bereits in den 1820er Jahren planmäßig zur englischen Gartenanlage verwilderten Schlosspark südlich des Kaisersaalgebäudes; im Innern war das Schloss ein nun großzügig holzvertäfeltes Jagdhaus.

Auf der Schwarzburg betraf der zeitübliche Kahlschlag von Nebenanlagen in der zweiten Hälfte des 19. Jahrhunderts vorrangig die nördlich des Schlosses gelegenen Gebäude des einstigen Amtssitzes.[44]

## Existenz und Wandel

Der prinzipielle funktionelle Aufbau schwarzburgischer Schlösser findet sich auch am Stamm- und späteren Nebensitz Schwarzburg wieder. Hier gab es ein herrschaftliches Wohnhaus (zwischenzeitlich auch deren zwei), eine Kapelle, mehrere Küchen, ein Back- und ein Waschhaus, ein Garten- und ein Gewächshaus, einen Marstall, ein Zeughaus und zahlreiche Bedienstetenunterkünfte. Der Zugang zur mit Mauern gesicherten Anlage erfolgte durch ein Torhaus.

Über die gesamte Nutzungszeit der Schwarzburg als Haupt- und Nebensitz lassen sich in funktioneller Hinsicht zahlreiche Kontinuitäten feststellen: Die einstige Vorburg war stets der Bereich der Bediensteten, die sich Stall- und Kastellangebäude bis zuletzt mit den Pferden teilten. Zu allen Zeiten war das Hauptgebäude der zunächst schwarzburg-arnstadt-sondershäusischen und zuletzt schwarzburg-rudolstädtischen Schlosspartei – der Westflügel – der Ort des herrschaftlichen Wohnens. Selbst der Standort und die Ausrichtung der Kapelle hatten sich auf dem schmalen Bergkamm seit dem 14. Jahrhundert nicht verändert – dies faktisch jedoch mit der Konsequenz, dass der einst langgestreckte innere Burghof durch jenen stattlichen Neubau Ende des 17. Jahrhunderts in zwei Höfe gleichsam zerschnitten worden war. Auch hatte sich der hintere Hof, dessen Existenz seit dem 14. Jahrhundert nachweisbar ist, stets eine hoheitliche und damit funktionelle Eigenständigkeit bewahrt. Und über alle Umbrüche hinweg waren es vorrangig Sommer- und Herbstaufenthalte, zu der die schwarzburgischen Regenten die im Winter unwirtliche Schlossanlage nutzten.

Im Mittelalter war die Anlage zeitweilig geprägt durch die gleichzeitige Nutzung zweier Grafen (1370/71 – 1382); dabei teilte man sich zunächst nur die bestehenden Wirtschaftsanlagen. Die nochmalige Teilung des Schlosses (1453–1564) hatte im 16. Jahrhundert schließlich nicht nur mehrere herrschaftliche Gebäude, sondern zugleich doppelt vorhandene Hofküchen zur Konsequenz.

Die erheblichsten Statusveränderungen der Schlossanlage – 1450 Verlust des Residenzstatus (aufgrund des Erlöschens der Linie SCHWARZBURG-SCHWARZBURG), 1918 Verlust des Nebenresidenzstatus (aufgrund der Abdankung des regierenden Fürsten) – hatten jeweils kaum funktionelle Veränderungen am Baubestand zur Folge. Aufgrund der Verringerung des Ranges, den die Liegenschaft nun einnahm, gab es keinerlei Veranlassung für bauliche Aktivitäten am Bestehenden; man nutzte die vorhandenen Räumlichkeiten einfach weiter.

Hingegen sind die bedeutendsten neuzeitlichen Aus- und Umbauarbeiten – die vorauseilenden architektonischen Ausgestaltungen zu Beginn des 18. Jahrhunderts – ohne die favorisierte Statuserhebung zu einer neuen schwarzburg-rudolstädtischen Residenz geblieben. Doch musste der Bestand der einstigen Stammburg nun mehrfachen, erheblich variierenden Funktionszuschreibungen genügen, da die Anlage in der zweiten Hälfte des 17. Jahrhunderts neuerlich in das Blickfeld der Landesherren geraten war; mehrere Generationen von Regenten – von ALBERT ANTON über LUDWIG FRIEDRICH I. bis FRIEDRICH ANTON – ließen hier bauen: Nach einer weiteren fortifikatorischen Verstärkung der (Noch-)Burg zur Festung, 1664, (auch deshalb mit einem Zuchthaus als Konsequenz) fand kurze Zeit darauf, um 1700, die architektonische Ausstattung zum (Fast-Residenz-)Schloss statt. Manche Attribute, die man in der eigentlichen Residenz Rudolstadt vergeblich sucht – wie ein fürstliches Erbbegräbnis, eine Schlosskapelle mit dynastischem Anspruch und einen Ahnensaal – fanden hier ihren Standort. Jedoch war die Anlage weder für den Souverän noch für eine landesherrschaftliche Administration hinreichend in ihrer baulichen Ausstattung. Für ihn waren herrschaftliche (Gäste-)Gemächer nicht in notwendiger Anzahl vorhanden, für sie fehlte die Kanzlei. Somit blieb es hier – mehr noch als in der Rudolstädter Residenz – allein bei der repräsentativen Zurschaustellung des landesherrlichen Anspruchs und kam nicht zur tatsächlichen Ausübung ebensolcher Pflichten.

Auf der Schwarzburg stand zuletzt die Verwendung als Nebensitz im Vordergrund. Dementsprechend unverändert spärlich war die Ausstattung mit herrschaftlichen Wohngemächern. Obwohl die Schwarzburg (vor allem in der Fernwirkung) hinsichtlich der Größe vergleichbar mit dem Residenzschloss in Rudolstadt ist, bot der Nebensitz tatsächlich einen wesentlich geringeren Wohnraum als die mehrflügligen Hauptresidenzen, die dem Betrachter, unabhängig von seinem Standort, meist nur einen einzigen Flügel zur Anschauung brachten. War die Schwarzburg insgesamt eine großzügige Schlossanlage, so bot sie tatsächlich nur in den beiden Obergeschossen des Hauptgebäudes Platz für herrschaftliche Wohnräume, die lediglich für das Fürstenpaar sowie einige Gäste ausreichend gewesen sein dürften. Bis zuletzt waren im ersten Obergeschoss die Wohngemächer des Regentenpaares untergebracht, im zweiten Obergeschoss neben dem Festsaal verschiedene Gesellschafts- und Gästezimmer eingerichtet. Der große Querflügel war allein für die Kirche bestimmt, der Hof zwischen Stallflügeln und Kastellangebäude – die ehemalige Vorburg – für Pferde und Bedienstete. Der Leutenberger Flügel, zeitweise in Teilen als Zuchthaus genutzt, war für herrschaftliches Wohnen letztlich ebenso ausgeschlossen.

Mit dem beachtlichen Kirchenbau waren auf der Schwarzburg die Verhältnismäßigkeiten zwischen herrschaftlichem Wohnen und sakraler Bestimmung Ende des 17. Jahrhunderts in zuvor unbekanntem Maße verschoben worden. Seitdem gab es auf dem einstigen Stammsitz bald mehr gemalte und beerdigte Ahnen als jemals hier weilende Grafen und Fürsten. Dass selbst für die beabsichtigten (später reduzierten Haupt-Neben-) Residenzansprüche manches architektonisch Geplante auch auf der Schwarzburg nicht zum Abschluss gebracht werden konnte, zeigt die im Grundriss einst mäanderförmige Anordnung der Gebäude sehr deutlich, die weniger als berechnete städtebauliche Disposition begriffen werden kann, sondern lediglich als deren Anfang und schließlich Fragment. Ursache war auch hier die Gemengelage von Schicksalsschlägen der Schwarzburger mit zu vielen Brandunglücken und zu wenigen materiellen Ressourcen.

ANMERKUNGEN

1. ThStAR, Archivum Commune Nr. 141: Teilungsvertrag Schwarzburg, 1371.
2. Vgl. HOFFMANN, Jörg: Schwarzburgische Residenzen (Diss.), Weimar, 2008.
3. Vgl. DOBENECKER, Otto: Regesta diplomatica necnon epistolaria historiae Thuringiae, Bd. 1, Jena 1896, Nr. 1176.
4. Vgl. HOFFMANN 2008 (wie Anm. 2), Bd. 1, S. 29 f.
5. Vgl. Anm. 1.
6. ThStAR, Karten, Pläne und Risse Nr. 2425: Grundriss Schloss Schwarzburg, 1664.
7. Fotoarchiv des TLMH, Reproduktion nach einem verschollenen Original.

**8.** Einer der in der Urkunde von 1371 erwähnten Ottos von Greußen war zu dieser Zeit Vogt zu Schwarzburg.
**9.** Der mittelalterliche Begriff ›Dirnitz‹ bezeichnet – vergleichbar mit der ›Stube‹ – einen (beheizbaren) Raum einer Burg.
**10.** Der mittelalterliche Begriff ›Mus-Haus‹ bezeichnet ein (herrschaftliches) Speisehaus oder einen Speisesaal.
**11.** Vgl. HESSE, Ludwig Friedrich: Geschichte des Schlosses Schwarzburg in der oberen Herrschaft des Fürstentums Schwarzburg-Rudolstadt. – In: Thüringen und der Harz, mit Merkwürdigkeiten, Volkssagen und Legenden, Bd. 2, Sondershausen 1840, S. 232.
**12.** Vgl. REIN, Berthold: Das Haus Schwarzburg 1382. – In: Schwarzburgbote. Blätter für Thüringer Geschichte und Heimatkunde 16, Rudolstadt 1929.
**13.** ThStAR, Archivum Commune Nr. 142: Burgfrieden Schwarzburg 1371.
**14.** HESSE 1840 (wie Anm. 11), S. 232.
**15.** Die Urkunde ist lediglich als Abschrift überliefert: ThStAR, Hessesche Collectaneen A VIII 3c Nr. 1, Bd. 4, Bl. 288.
**16.** Vgl. REIN 1929 (wie Anm. 12).
**17.** HOFFMANN, Jörg: Residenzschlösser der Schwarzburger. – In: Neu entdeckt – Thüringen, Land der Residenzen, Katalog zur 2. Thüringer Landesausstellung, Bd. 1, Mainz 2004, S. 450.
**18.** Fotoarchiv des TLMH, Reproduktion nach einem verschollenen Original.
**19.** Vgl. LEHFELDT, Paul: Bau- und Kunst-Denkmäler Thüringens, [Heft V], Fürstenthum Schwarzburg-Rudolstadt, Bd. 1, Oberherrschaft, Jena 1894, S. 217 und S. 222.
**20.** Die Auflistung enthält 95, zum Teil mehrfach inventarisierte Raumpositionen, die sich überwiegend auf das Hauptgebäude des Schlosses mit seinen Stuben und Kammern sowie einige Nebenanlagen beziehen. – Vgl. ThStAR, Kanzlei Rudolstadt B VII 8d Nr. 8: »Inventarium Weilandt des Wolgebornnen und Edlen Hern Hern Gunthers, der Vier Graven des Reichs, Graven zu Schwartzburgk [...] auff dem Schlosse Schwartzburgk [...] 13 January Anno 1584«.
**21.** Zumindest später ist das Gemach dem Grafen bereitgestellt worden. Jedenfalls erwähnt das Inventar von 1647 hier »In der großen Kirchstuben [...] Graff Wilhelms gemach genandt«. – Ebenda, Geheimes Archiv (Restbestand) B VII 8b Nr. 13: »Inventarium so 1647 über das Hauß Schwarzburg und andere Herrschaftl[iche] Stücke in alhiesigen Amte gefertiget worden.«
**22.** Siehe hierzu den Beitrag von Jens Henkel in diesem Buch, S. 203 – 251.
**23.** ThStAR, Geheimes Archiv (Restbestand) B VII 8b Nr. 13: »Inventarium so 1647 über das Hauß Schwarzburg und andere Herrschaftl[iche] Stücke in alhiesigen Amte gefertiget worden.«
**24.** Ebenda, Kanzlei Rudolstadt B VII 8c Nr. 7.
**25.** Lehrer, Erzieher.
**26.** Die Bezeichnung der großen Stube, »Graff Wilhelms gemach genandt«, weist auf die einstige temporäre Verwendung durch den 1598 verstorbenen Schwarzburg-Frankenhäuser Grafen, wohl im Jahre 1597, hin. – Vgl. ThStAR, Geheimes Archiv (Restbestand) B VII 8b Nr. 13: »Inventarium so 1647 über das Hauß Schwarzburg und andere Herrschaftl[iche] Stücke in alhiesigen Amte gefertiget worden.«
**27.** Wohnung, Appartement.
**28.** »An Betten: Zehn Barchante Bette, Vier= und dreyßig zwillingene Bette, theils alt. Siebenzehn Leinene bette, theils alt. dreyzehn [...] und zwillichene bette [...]«. – Vgl. ThStAR, Geheimes Archiv (Restbestand) B VII 8b Nr. 13: »Inventarium so 1647 über das Hauß Schwarzburg und andere Herrschaftl[iche] Stücke in alhiesigen Amte gefertiget worden.«
**29.** Vgl. ebenda, Rudolstädter Schlossarchiv B XI Nr. 11: »Inventarium Über das Hochfürstl[iche] Stam Hauß Schwartzburg, und darinnen befindliche Meubles Von neuen gefertiget 1769 und der desmaligen Schließtaufe Schloß Predigern Ludovicen Aemilien Marien Kirperin übergeben 1770«.
**30.** Siehe hierzu den Beitrag von Katja Heitmann in diesem Buch, S. 117 – 151.
**31.** Siehe hierzu den Beitrag von Knut Krauße in diesem Buch, S. 77 – 89.
**32.** Die Portikus (lateinisch und fachsprachlich feminin) bezeichnet den von Säulen getragenen Vorbau eines Gebäudes.
**33.** Siehe hierzu den Beitrag von Horst Fleischer in diesem Buch, S. 153 – 181.
**34.** Vgl. ThStAR, Rudolstädter Schlossarchiv B XI Nr. 12: »Inventarium über das fürstl[iche] Stammhaus Schwarzburg A[nn]o. 1820.« – Ebenda Nr. 13: »Inventarium über das fürstl[iche] Stammhauß Schwarzburg 1828.« – Ebenda Nr. 16 und Nr. 18: »Inventarium über das Fürstl[iche] Stammschloß Schwarzburg. 1841.«
**35.** Plural von Mademoiselle (Fräulein).
**36.** Bezeichnung als »Salon« ab 1841.
**37.** Siehe hierzu den Beitrag von Jens Henkel in diesem Buch, S. 203 – 251.
**38.** Heinrich Leo (1799 – 1878) war der Erzieher des jung verstorbenen Friedrich Günther Leopold von Schwarzburg-Rudolstadt (1821 – 1845), des Sohnes von Friedrich Günther.
**39.** Vgl. ThStAR, Geheimes Ratskollegium Rudolstadt E VII 3c Nr. 6c: Angaben zur Feuerversicherung, 1812.
**40.** Siehe hierzu den Beitrag von Jens Henkel in diesem Buch, S. 203 – 251.
**41.** Vgl. ThStAR, Rudolstädter Hofmarschallamt Nr. 495: Inventar Schloss Schwarzburg, 1907.
**42.** Die großen Mengen an Pferdedung wurden über den alten Wehrgang zwischen Stallflügel und Waschhaus durch das sogenannte Düngertor in Körben abtransportiert. Kutscher übernahmen mit ihren Wagen dann den Mist und fuhren ihn über die Pocherbrücke zur Hirschwiese. – Vgl. die 1954/55 verfassten Lebenserinnerungen von Margarete Jahn (1907 – 1982) zu Schloss Schwarzburg im Typoskript, S. 5. Diese Aufzeichnungen wurden freundlicherweise von Ingrid Bock aus Allendorf zur Verfügung gestellt.
**43.** Siehe hierzu den Beitrag von Helmut-Eberhard Paulus in diesem Buch, S. 183 – 201.
**44.** Vgl. HOFFMANN 2008 (wie Anm. 2), Bd. 1, S. 371.

Knut Krauße

# Bauhistorische Betrachtung des Gebäudebestandes und der Raumfassungen des 17. bis 20. Jahrhunderts

Auf Veranlassung der Stiftung Thüringer Schlösser und Gärten wurden im Jahre 2007 und 2008 am Schloss Schwarzburg Sicherungsmaßnahmen vorgenommen. In diesem Zusammenhang erfolgten auch baubegleitende Untersuchungen des Autors zur Lage der Baustruktur sowie zur Befundsituation der Raumfassungen. Die punktuell durchgeführten Analysen[1] standen im Zusammenhang mit der Bestandsaufnahme der erhaltenen Materialstruktur des Hauptgebäudes. Diese Arbeiten bezogen sich insbesondere auf Putz- und Farbbefunde sowie auf eine dendrochronologische Auswertung der Holzbauteile. Zur Klärung der unterschiedlichen Bauphasen und zur Bestandsaufnahme der Befundlage wurden gezielte Untersuchungen an einzelnen Abschnitten des Innen- und Außenraumes durchgeführt. Die parallel zur Befunduntersuchung durchgeführte Auswertung von Beständen des Thüringischen Staatsarchivs Rudolstadt und des Bildarchivs des Thüringer Landesmuseums Heidecksburg konnte hierbei mit der aktuellen Befundsituation abgeglichen werden.

Der heute noch vorhandene Gebäudebestand der Schlossanlage Schwarzburg lässt die ursprüngliche Bebauungssituation nur erahnen. Erst die im 14. und 15. Jahrhundert angefertigten Inventare geben Hinweise auf Bauwerke, erlauben jedoch nicht deren eindeutige Positionierung innerhalb des Burgbezirkes.[2] Mit den Plänen des 17. Jahrhunderts, Schwarzburg als Landesfestung auszubauen, ist zugleich ein Grundriss überliefert, der uns erstmals einen verlässlichen Eindruck von der Lage einzelner Gebäudestrukturen aus dem Jahre 1664 vermittelt.[3] Diese Zeichnung (siehe Abb. S. 78) von Andreas Rudolph (1601–1679) ist von außerordentlicher Wichtigkeit, da sie neben den heute noch sichtbaren Befestigungsarbeiten am äußeren Mauerwerk zugleich im Grundriss die Anordnung der Gebäude im Schlosskomplex dieser Zeit verdeutlicht.[4]

Der Plan vermittelt einen Eindruck von der Schlossanlage, wie sie sich seit dem ausgehenden Mittelalter entwickelt hatte. Mit den Baumaßnahmen am Ende des 17. Jahrhunderts und den nach den Schlossbränden der Jahre 1695 und 1726 erfolgten Neu- und Umbauten veränderte sich die Situation deutlich.[5] Bis etwa 1750 entstand jene Gebäudestruktur, die das Bild der Schlossanlage bis in das 20. Jahrhundert prägen sollte. Davon ist heute wenig erhalten geblieben, da der größte Teil der historischen Bausubstanz bei den Umbaumaßnahmen der Jahre 1940 bis 1942 zu einem Reichsgästehaus[6] ohne ausreichende Bestandskartierung abgetragen wurde und dadurch für immer verloren ging.

## Das Hauptgebäude

Das noch heute erhaltene Hauptgebäude befindet sich im westlichen Abschnitt des obersten Burgberges. Ursprünglich war dieser Baukörper der Westflügel des vollständig bebauten Kernburgareals (innere Burg). Das Gebäude überbaut eine Fläche von 72,90 m × 12,60 m, bei einer Firsthöhe im Hofbereich von 23,70 m und an der Westfassade von 30,60 m. Die Geschossebenen bestehen aus dem Kellergeschoss (Untergeschoss), dem Erdgeschoss und den beiden Obergeschossen mit dem Mansardgeschoss. Der hofseitig gelegene Portikus mit den vier Säulenpaaren und der darüberliegenden plastischen Fassadenornamentik übernimmt dabei die einzige repräsentative Gestaltung der ansonsten schmucklosen Fassaden des Hauptgebäudes. Die großformatigen Fensterachsen dieser Ostfassade stammen aus der Umbaumaßnahme von 1717 bis 1730. Dagegen lassen sich deutlich an der Fenstergliederung der Westfassade die verschiedenen Bauphasen seit dem 16. Jahrhundert ablesen, obwohl auch hier die nach 1940 durchgeführten Veränderungen weite Bereiche des Bestandes zerstört haben.

Durchblick vom 1. in das 2. Obergeschoss des Hauptgebäudes (ehemaliges Pferdezimmer), Zustand 2007

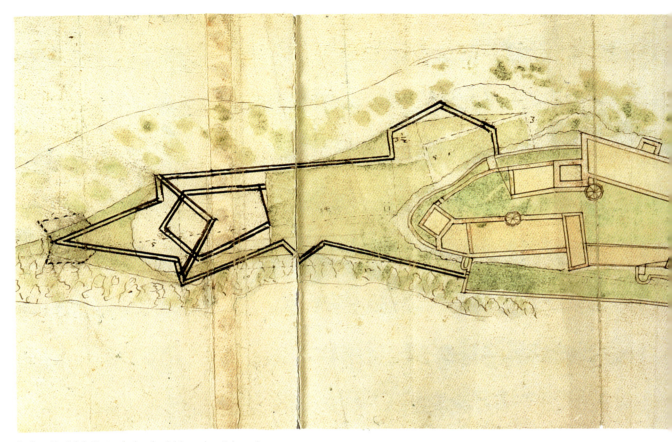

Andreas Rudolph, Bestandsplan der Schlossanlage Schwarzburg mit Hervorhebung der zum festungsartigen Ausbau geplanten Veränderungen, kolorierte Federzeichnung, um 1664
ThStAR, Geheimes Archiv (Restbestand) B VII 6b Nr. 1

Diese massiven Eingriffe in die Substanz des Hauptgebäudes und die in der Folgezeit entstandenen komplexen Bauschäden erschweren die Analyse. Nur eine detaillierte Aufnahme der verbliebenen historischen Gebäudestruktur ermöglichte es, einzelne Bauphasen zu dokumentieren. Aufgrund der Befunddichte und der zeitlich beschränkten Möglichkeiten konnten bisher nicht alle Untersuchungen abgeschlossen, nicht alle Analysen ausgewertet und in diesen Beitrag eingearbeitet werden.

Das Hauptgebäude entstand aus einzelnen, an der westlichen Zwingermauer gelegenen Bauteilen. Aus nutzungsbedingten Veränderungen, Erbteilungen und zeitgemäßer Modernisierung der Wohnbereiche heraus begann man im 16. Jahrhundert diese Hausteile zu einem Gebäude zu verbinden. Ein zwischen 1500 und 1537 errichteter Querflügel, dessen Keller noch heute unter dem Schlosshof auf Höhe des Portikus vorhanden ist, verband das Hauptgebäude mit dem Ostflügel.

Umfangreiche Bautätigkeiten lassen sich zwischen 1564 und 1574 an der Kirche, dem Hauptgebäude und an weiteren Gebäudeteilen der Kernburg nachweisen.[7] In den folgenden Jahren kam jedoch die Bautätigkeit auf der Schwarzburg fast vollständig zum Erliegen, da nach dem Brand der Heidecksburg im Jahre 1573 Graf ALBRECHT VII. VON SCHWARZBURG-RUDOLSTADT (1537 – 1570/71 – 1605) – seit 1584 alleiniger Besitzer von Schloss Schwarzburg – die Bauarbeiten auf den Ausbau des neuen Residenzschlosses in Rudolstadt konzentrierte. In der ersten Hälfte des 17. Jahrhunderts blieben der Bestand des Hauptgebäudes und die Ausstattung der Räume fast unverändert. Erst die strategische Aufwertung der Schwarzburg für die Landesdefension, die 1664 mit dem Ausbau zur Landesfestung begann, löste in den weiteren Jahren eine rege Bautätigkeit aus.

Eine wichtige Quelle für die räumliche Zuordnung der Gebäudestruktur ist der schon benannte, durch ANDREAS RUDOLPH aufgenommene Bestandsplan der Schlossanlage von 1664. Bereits in dieser Zeichnung ist

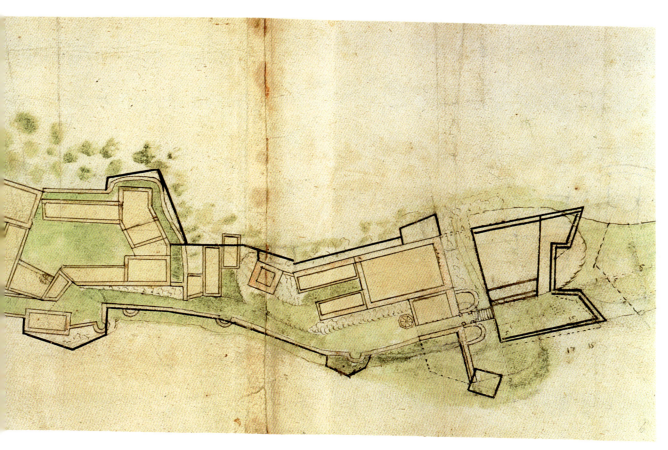

die ursprünglich geschlossene Zwingermauer im westlichen Kernburgareal nicht mehr vorhanden. Der Grundriss des Hauptgebäudes schloss im Süden in einem spitzen Winkel an die Wehrmauer und an einen Turm der Kernburg an, wobei zu dieser Zeit der südliche Gebäudeteil um 12 bis 18 m kürzer war als der noch heute sichtbare Baukörper des 18. Jahrhunderts. Die Überbauung dieses Abschnittes mit dem Anschluss an das Hauptgebäude erfolgte erst 1692, nachdem der südliche Turm durch den Maurermeister WOLFF MEYER unter Mithilfe der Maurer CHRISTOPH SOMMER und WOLFF MEURER abgetragen wurde.[8] Der Nordgiebel des Hauptgebäudes

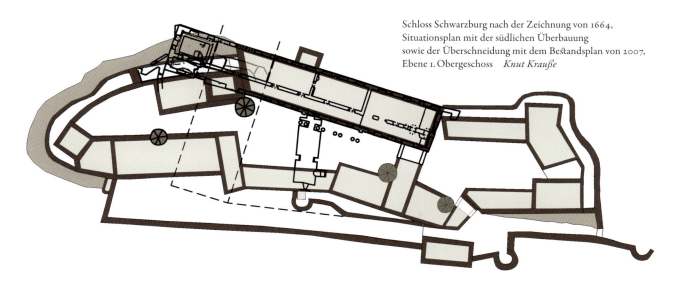

Schloss Schwarzburg nach der Zeichnung von 1664, Situationsplan mit der südlichen Überbauung sowie der Überschneidung mit dem Bestandsplan von 2007, Ebene 1. Obergeschoss  *Knut Krauße*

deckt sich dagegen mit dem heutigen Grundriss und trennte mit der nördlichen Querbebauung des Oberen Torhauses die Kernburg von der Vorburg ab.

Die vorhandenen Baustrukturen der Fensternischen im südlichen, um 12 bis 18 m verlängerten Erweiterungsbau des Hauptgebäudes, die noch ganz im Duktus des 17. Jahrhunderts gehalten sind, bestätigen den Zeitpunkt dieser Ergänzung des Baukörpers. Der als Fachwerkkonstruktion errichtete Bau des Verbindungsganges vom Hauptgebäude zum südlich gelegenen Sommer- oder Gartenhaus (dem späteren Kaisersaalgebäude) war erst Ende 1704[9] fertiggestellt, so dass die südliche Erweiterung des Hauptgebäudes spätestens zu diesem Zeitpunkt beendet war.

Ebenfalls bis 1704 müssen die umfangreichen Zimmermanns- und Kleiberarbeiten für die Fachwerkkonstruktion des Dachgeschosses über dem Hauptgebäude zum Abschluss gekommen sein, da die Maurerarbeiten für die Einbauten der Schlote und die Putzarbeiten bereits im vollen Gange waren.[10] Die anschließenden Tünch-, Tischler- und Glaserarbeiten wurden am Hauptgebäude in den Jahren 1705 bis 1707 abgeschlossen. In welchem Jahr der sandsteinsichtige Portikusanbau in das Mauerwerk der Ostfassade eingefügt wurde, ist nicht exakt nachweisbar, da es dazu keine archivalische Überlieferung gibt. Die Kartusche über dem Portal des Portikus mit der Inschrift des Bauherrn Fürst LUDWIG FRIEDRICH I.

VON SCHWARZBURG-RUDOLSTADT (1667–1710–1718) verweist auf die Fertigstellung im Jahr 1717.[11]

Die erste zeichnerische Darstellung der Schlossanlage aus dem Jahre 1716 (siehe Abb.) stammt von einem unbekannten Künstler.[12] Sie zeigt aus östlicher Sicht das dreigeschossige Hauptgebäude mit geschwungenen Zwerchhäusern, Satteldach und drei Rundbogeneingängen. Deutlich ist im nördlichen Teil der Ostfassade der rechtwinklig anschließende nördliche Flügel (Oberes Torhaus) zu sehen.

Die Zeichnung vermittelt einen Bauzustand, bei dem die Gliederung des Renaissancegebäudes noch vollständig vorhanden war. Wenn der Datierung des Zeichners vertraut werden kann, ist zu schlussfolgern, dass der Portikus unmittelbar nach Entstehen der Zeichnung erbaut wurde. Der Renaissancebau wurde also zwischen 1716 und 1718 durch diesen Portikusanbau und den Einbau großformatiger Fenster überformt, blieb aber in der Bausubstanz des Hauptgebäudes erhalten.

## DER RENAISSANCEBAU

Die durch die Umbauten von 1940 bis 1942 stark überformte und veränderte Baustruktur des Hauptgebäudes ermöglicht es heute nicht mehr, alle erkennbaren älteren Bauteile chronologisch eindeutig zuzuordnen. Das Mauerwerk der Ost- und Westfassade dokumentiert jedoch

Die Westfassade des Hauptgebäudes, Zustand 2007

»Das Hoch Fürstl. Stamm-Hauß Schwarzburg. Im Jahre 1716« (Detail)
Aquarellierte Federzeichnung nach einem heute verschollenen Original, kopiert von Alb. Frank, 1818
*Schlossmuseum Sondershausen Kr. 20.1*

noch immer in seinen vermauerten Achsen der Doppelfenster, den erhaltenen Türöffnungen mit deren Verbindungen zum Oberen Torhaus (Nordflügel) und dem mittig im Hof gelegenen ehemaligen Querflügel die Baustruktur des Renaissancebaus.

Im südlichen Erdgeschoss der Ostfassade befanden sich bis in die zweite Hälfte des 19. Jahrhunderts die Renaissancefenster, die ursprünglich auch im nördlichen Abschnitt der Fassade vorhanden waren. Die Fensterlage nahm noch Bezug auf die alte Gewölbesituation der Innenräume und die Gliederung der Vorgängerbauten. Auch die Befunde von Doppelfenstern im ersten Obergeschoss sowie der Nachweis einer großen Türöffnung zum ehemaligen Querflügel und einer weiteren zum nördlich gelegenen oberen Torhaus verweisen auf die Bauphase der Renaissance. Die Fenster liegen dabei zum Erdgeschoss nicht achsenbezogen. Im südlichen Teil des zweiten Obergeschosses konnten ebenfalls Doppelfenster nachgewiesen werden, die jedoch im nördlichen Bereich des Mauerwerkes im 18. Jahrhundert überbaut und zum Teil durch neue Materialstrukturen ersetzt wurden. Im nördlichen Abschluss der Ostwand finden sich Hinweise auf die Türöffnung, die in ein zweites Obergeschoss des Oberen Torhauses führte.

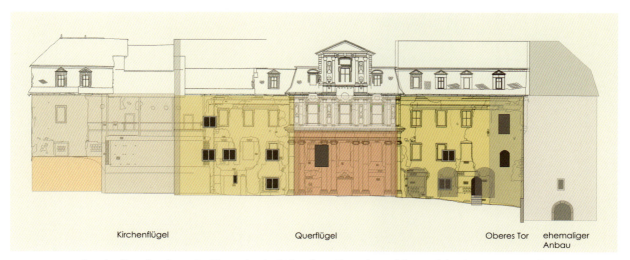

Fassadenskizze, Bauphasenplan Hauptgebäude, Ostfassade mit Fensterbestand des 17. Jahrhunderts   *Knut Krauße*

Ansicht des Schlosses Schwarzburg von Osten, Detail einer Karte »Hochfürst: Schwartzburg: Waldung:« von Michael Bourdillet, gezeichnet 1720 von Johann Michael König    ThStAR, Karten, Pläne und Risse Nr. 1730

## Die barocke Umgestaltung

Am 10./11. Januar 1695 vernichtete ein Feuer Teile der östlichen Bebauung (Leutenberger Flügel, Ostflügel), das Obere Torhaus (Nordflügel) und das Kirchengebäude. Das Hauptgebäude war davon nur zum Teil betroffen, so dass die Baumaßnahmen nach dem Brand fortgeführt werden konnten. Mit dem neuen südlichen Erweiterungsbau und der Umgestaltung des Hauptgebäudes vollzog sich eine Vereinheitlichung der älteren Gebäudeteile nur innerhalb der hofseitigen Fassadengestaltung. An der Ostfassade erfolgte die Ausrichtung der Fensterachsen im ersten und zweiten Obergeschoss nach dem 1717/18 in die bestehende Bausubstanz eingefügten Portikusanbau. Im Erdgeschoss blieben die Renaissancefenster mit den dahinter liegenden Raumstrukturen des 16. Jahrhunderts erhalten.

An der Westfassade wurden die historisch gewachsenen Fenstergliederungen der einzelnen Gebäudestrukturen beibehalten und nur die großformatigen Fenster

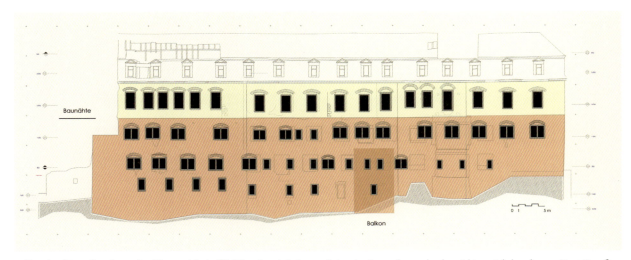

Fassadenskizze, Bauphasenplan Hauptgebäude, Westfassade mit Rekonstruktion des Fensterbestandes des 16. bis 19. Jahrhunderts    *Knut Krauße*

im zweiten Obergeschoss als horizontale Achse geschlossen. Im südlichen Abschnitt der Westfassade erfolgte ein Umbau der alten Fenstergewände, indem das sichtige Schmuckprofil nach innen verlegt und die glatte unprofilierte Fläche gezeigt wurde. Gleichzeitig überformte man alte Baunähte und glättete mauerseitig die Fassade. Auch der an der Westfassade befindliche Erkeranbau wurde im Zuge des südlichen Erweiterungsbaues zwischen 1692 und 1703 nach Süden verlegt.

Mit dem Abbruch der Zwerchhäuser und dem Anbau des Portikus begann eine Umgestaltung der vorhandenen Dachkonstruktion. Das über dem im Festsaal des zweiten Obergeschosses eingefügte Sprengwerk mit dem Oberzug wurde hier vermutlich wiederverwendet und ist nach ersten dendrochronologischen Ergebnissen um 1687 zu datieren; dies betrifft auch einzelne Ständer der aussteifenden Längswand mit Fälldaten der Hölzer um 1685 bis 1687.[13]

Am 24. Oktober 1726 zerstörte ein Brand die Schlosskirche und große Teile des Leutenberger Gebäudes. Ob dabei auch das Hauptgebäude beschädigt wurde, konnte anhand der Befundlage nicht geklärt werden. Es ist anzunehmen, dass der Dachstuhl der Bauphase von 1717/18 den Brandschaden von 1726 weitestgehend unbeschädigt überstanden hat. Er wurde abgetragen und 1726/27 für die zusätzliche Erschließung weiterer neuer Räume als Mansarddach errichtet. Die dendrochronologischen Untersuchungen verweisen auf einzelne Balken des 17. Jahrhunderts, die in der Umbauphase zum Mansarddach 1727 einbezogen oder wiederverwendet wurden.[14]

## Baustruktur, Putz und Fassungen der Fassaden des Hauptgebäudes

Das aus mehreren Häusern entstandene Hauptgebäude stammt in seiner Grundstruktur aus dem 16. Jahrhundert mit baulichen Veränderungen der Fassadengliederung aus der Zeit des 17. und 18. Jahrhunderts. Mit der Gestaltung der Ostfassade durch den Portikusanbau und die großen Fensteröffnungen wird die Bauphase des frühen 18. Jahrhunderts architektonisch geprägt. Sie wird bestimmt durch den Portikus, die mit Strukturputz versehene Fassadenfläche und das gaubenbesetzte Mansarddach mit Schieferdeckung. Die Untersuchungen zeigen, dass zu dieser Zeit die barocke Fassade mit einem rötlichen Ockeranstrich gefasst war (siehe Abb.), der heute

Befundfarbigkeit der Ostfassade zwischen 1730 und 1790   *Knut Krauße*

*Arbeiten am neuen Fassadenanstrich der Schlosskirche, Photographie, um 1890*   *Foto-Brand Schwarzburg*

noch in dem gemauerten und verputzten Portikusaufsatz sichtbar ist. Die Fenstergewände erhielten später eine weiße Fassung.

Ende des 18. Jahrhunderts veränderte sich die Farbigkeit der Fassade, die entsprechend des neuen Zeitgeschmackes einen weißen Anstrich auf den Putzflächen und rot gefasste Fenstergewände bekam. Zwischen 1872 und 1896 erfolgte eine Historisierung der Fassade durch neue Gewändegliederungen und farbige Glasfenster, die Ende des 19. Jahrhunderts aber wieder zurückgebaut wurden. Die Putzflächen zeigten in dieser Bauphase einen Fassadenanstrich mit roter Fassung und weißen Vorlagen, wie sie auch heute noch sichtbar sind.

An der Westfassade lassen sich die chronologischen Baustrukturen der einzelnen Bauphasen durch die unterschiedlichen Fensterachsen, die ehemaligen Geschossebenen und die Fenstergliederungen nachvollziehen. Im Bereich des südlichen Teils der Westfassade verläuft die Baunaht des angefügten Erweiterungsbaus, der in der Zeit zwischen 1692 und 1703/04 errichtet wurde. Anhand des chronologischen Putzbestandes zeigt der nördliche Fassadenabschnitt den ältesten nachweisbaren Putz, der aus dem 16. Jahrhundert stammt. Auf die bewegte, steinfühlige Oberfläche dieses Putzes wurde ein roter Anstrich aufgetragen, der zu den weiß abgesetzten Fenstergewänden und Baugliederungen der Fassade stand.[15]

## Baustruktur, Putz und Fassungen im Innenraum des Hauptgebäudes

### Der Keller

Die intakte Originalsubstanz des Schlossinnenraumes wurde ab 1940 durch den Ausbau der Querwände und den vollzogenen großflächigen Materialaustausch der Geschossebenen zerstört, was zum ruinösen Zustand des Gebäudes führte. Im Kellergeschoss befinden sich noch heute zwei originale Querwände, die diese Baumaßnahme überstanden haben. Die ehemalige Längswand des Kellers mit den westlich gelegenen Gewölbebereichen ist nicht mehr vorhanden und kann nur an den Fragmenten der erhaltenen Gewölbeanfänger nachvollzogen werden. Die Putz- und Fassungsfragmente verweisen hier auf die Bauphase des 18. und 19. Jahrhunderts, wobei das Mauerwerk älteren Mörtel aufweist. Das rechtwinklig abzweigende, in östlicher Richtung verlaufende Tonnengewölbe unterhalb des Schlosshofes gehört zur Unterkellerung des ehemaligen Quergebäudes, welches den Ost- und Westflügel (Hauptgebäude) im 16. Jahrhundert miteinander verband. Dieser Zugang wurde später in den vorhandenen Kellerbestand eingefügt und mit einem Gurtbogen gesichert, um die an den Ostflügel angebundene Tonne mit dem Keller des Hauptgebäudes zu verbinden. Der am Ende des Kellers gelegene Aufgang zum Ostflügel – nach dem Brand von 1695 nicht wieder aufgebaut – wurde geschlossen. Das 20 m lange Tonnengewölbe bekam im Westen eine Unterfahrung aus Sandsteinquadern (siehe Abb.), um die Lastabtragung der darüber errichteten Portikussäulen zu gewährleisten.

## Das Erdgeschoss

Die Gewölbe des 16. und 17. Jahrhunderts wurden im gesamten Erdgeschossbereich bei den Umbaumaßnahmen zum Reichsgästehaus entfernt.[16] Teile des originalen Mauerbestandes mit Mörtel und Fassungsresten des 16. bis 19. Jahrhunderts lassen sich nur noch im nördlichen Abschnitt finden. Der hier vorgefundene Mörtelbestand verweist auf eine geschlossene, ältere Raumsituation, die nördlich des Portikus liegt und in den Bauphasen des 17. und 18. Jahrhunderts überformt wurde. Fragmente von Sturzbögen lassen an der hofzugewandten Seite im nördlichen Abschnitt drei Rundbogenöffnungen vermuten, die auf eine ältere Fassadengliederung zurückzuführen sind, wie sie auf der Zeichnung von 1716 zu sehen ist. Das ehemals einläufige Haupttreppenhaus liegt asymmetrisch nach Norden versetzt im Gebäude und übernimmt die Verbindung zu den einzelnen Geschossebenen. Ein separater Eingang bot zusätzlich Zugang zum nördlichen Treppenhaus und bestand hier bis 1940. Die in die Nordwand eingebundene Treppenführung zum ersten und

Das Tonnengewölbe unter dem Portikus, Zustand 2007

Durchblick vom 1. in das 2. Obergeschoss des Hauptgebäudes, (Raum 11, siehe Grundriss S. 260)

zweiten Obergeschoss lag innerhalb des Hauptgebäudes und wurde erst durch den im 18. Jahrhundert angefügten nördlichen Fachwerkanbau bis in das Mansardgeschoss ermöglicht. Erhalten blieb auch ein fragmentarischer Putz- und Fassungsbestand des 17., 18. und 19. Jahrhunderts auf der nördlichen Stirnseite des Erdgeschossabschnittes. Auf dem Putzbestand des 17. und 18. Jahrhunderts lagen mehrere Kalkanstriche, die sich alle als monochrome weiße Fassungen zeigten.

### Das erste Obergeschoss

Auch in diesem Bereich erfolgte ab 1940 der Abbruch der Querwände und aller Stuckdecken. Zeitgleich dazu entstanden neue vergrößerte Fensteröffnungen in der Westfassade. Erhalten blieb bis heute ein fragmentarischer Putz- und Fassungsbestand aus der Zeit des 18. und 19. Jahrhunderts mit einem umfangreichen Schadensbild. Der einheitlich auf allen Wänden aufgetragene Kalkputz zeigt für die Raumfolgen jeweils ein bis zwei Fassungsschichten, die in Leimfarbentechnik aufgetragen wurden. Die erste Fassungsschicht bezieht sich auf Neugestaltungen der Zeit um 1869.[17] Typisch für diese Bauphase ist eine Gliederung der Wandflächen durch einen gemalten Sockelabschnitt, der aber auch als plastisches Paneelteil aus Holz oder Gips vorhanden war. Darüber liegt die kassettenartige Bemalung der Wandbereiche mit Licht- und Schattenmalerei, die mit einem schablonierten Stuckgesims an die Deckenfläche anschließt. Alle plastischen Gestaltungselemente und gemalten Ornamentformen orientierten sich an Vorbildern des Rokoko, kombiniert mit verschiedenen Schablonentechniken des 19. Jahrhunderts. Alle Räume der ›Beletage‹ zeigten ein gleiches repräsentatives Erscheinungsbild mit Stuckdekor und reicher Ausmalung. Nach dem Regierungsantritt des Fürsten Günther Victor von Schwarzburg-Rudolstadt (1852 – 1890 – 1918 – 1925) erfolgte eine kostenaufwändige, umfangreiche Neuausstattung der Wohnräume. Die erste Fassung von 1869 wurde zum Teil belassen, jedoch mit neuen Ausstattungselementen versehen und durch eine historisierende Deckenmalerei »aufgewertet«.[18] Bei späteren Renovierungsphasen 1904 und 1909/10 wurden die Raumfassungen belassen und lediglich Schadstellen an der Malerei und Fassung mit Leimfarbe retuschiert.

Die Anfang des 18. Jahrhunderts in den vorhandenen Bestand des Hauptgebäudes neu eingefügten Querwände und die galeriebildende Längswand sind im Verband gesetzt. Sie binden aber nicht in die ältere Wand der Westfassade ein. Die vorhandenen Fensteröffnungen wurden zum Teil vergrößert und Gewändesteine wiederverwendet. Die Etage ist nach einem klaren und einheitlichen Raumkonzept angelegt, das der barocken Architekturtheorie des frühen 18. Jahrhunderts folgt. Auch die neu eingefügten großformatigen Fenster der Galerie mit den nach Westen angelegten Raumfolgen entsprechen dieser Raumgestaltung. Dabei richtete sich die Gliederung der Raumstruktur nach dem bereits vorhandenen Fensterbestand der Westwand.

## Das zweite Obergeschoss

Auch in dieser Geschossebene fehlen die 1940 ausgebauten Querwände. Das Mauerwerk der Westfassade springt um ca. 20 cm zurück, was vermutlich bautechnisch in der Bauphase des späten 17. und frühen 18. Jahrhunderts so geplant war. Die Räume zeigen gleiche Raumstrukturen wie im darunterliegenden Geschoss. Auch hier sind nur ein bis zwei, maximal drei Fassungsschichten nachweisbar. Der Aufbau und die Gliederung der Malerei erfolgt im gleichen Duktus wie auch schon im ersten

Die Südwand des Festsaales, Zustand 2007

Detail einer Wandfassung im 2. Obergeschoss
(Raum 11, siehe Grundriss S. 260)

Stuckdetail aus dem Pferdezimmer
(Raum 13, siehe Grundriss S. 260)

Wandfläche im 2. Obergeschoss des Hauptgebäudes, Zustand 2007
(Raum 17, siehe Grundriss S. 260)

Detail einer Wandfassung im 2. Obergeschoss
(Raum 17, siehe Grundriss S. 260)

Detail des Stuckdekors an der Decke des Festsaales, Zustand 2007

Obergeschoss. In beiden Geschossen ist der Putz- und Fassungsbestand zeitgleich entstanden und trägt eine gleichartige Handschrift. Eine Ausnahme bildet hier der 14 m lange Festsaal mit den großen Fensteröffnungen und den reich stuckierten Wand- und Deckenflächen. Die monochrome weiße Grundfassung der Wandflächen aus der Zeit nach 1717 steht zu den vergoldeten Höhen der Stuckornamente. Dazu fügt sich die mit einer grünen Lasurfarbe gestrichene Deckenfläche mit dem weißen, goldgehöhten Stuckdekor harmonisch ein. Die sichtbare Ockerfassung mit Bronzierung der Stuckteile entstand 1869 und wurde 1891 im gleichen Duktus nochmals überfasst. Nördlich und südlich des Saales blieben weitere Fragmente von Stuckdecken erhalten, die ebenfalls in der Zeit um 1717 entstanden waren.[19]

## Das Mansardgeschoss

Das umgangssprachlich als »Olymp« bezeichnete Dachgeschoss ist Teil der Mansarddachkonstruktion und entstand in der Bauphase von 1726/27. Die in das Dachgeschoss entlang der Galerie eingebauten Räume wurden für das Dienstpersonal sowie für Gäste genutzt. Eine Erschließung erfolgte über das Treppenhaus an der nördlichen Stirnwand der langen Galerie im zweiten Ober-

Die Süd- und Westwand des Festsaales, Zustand 2007

geschoss. Der Putz- und Fassungsbestand ist in der Renovierungsphase Anfang des 20. Jahrhunderts erneuert worden. Die schlichte Fassung der Räume bestand aus einer gemalten Sockelzone, der Wandfläche und den zur Decke abschließenden Frieslinien.

• • • • •

Der Bestand des Hauptgebäudes setzt sich aus unterschiedlichen Häusern zusammen, die zwischen 1691/92 und 1727 überbaut und zu einem Gebäude verbunden wurden. Mit der Vereinheitlichung der Geschossebenen und dem Bau des Mansardgeschosses 1727 vollzog sich eine Neuordnung der westlichen Hofbebauung, wobei die historischen Gliederungen der Fensterachsen, bis auf die neu eingefügten Bauelemente der Ostfassade, im Bestand erhalten blieben.

Die heutige Grundrisssituation des Hauptgebäudes ist Teil der Bauphase des frühen 18. Jahrhunderts, die durch die durchlaufenden Galerien und die westlich angeordneten Raumachsen vom Erdgeschoss bis in das Mansardgeschoss geprägt ist. Die ältesten bauarchäologischen Befunde zeigen sich im überbauten südlichen Abschnitt des Hauptgebäudes, mit den Fragmenten der Zwingermauer und einzelner Raumstrukturen aus der Bauphase des 16. Jahrhunderts.

Über die Innenraumgestaltung des Hauptgebäudes geben nur wenige erhaltene Fassungsbefunde und die Stuckdecken im zweiten Obergeschoss aus der Zeit nach 1717 Hinweise auf die barocke Farbigkeit der Räume. Hier ist besonders der französische Einfluss in der Stuckdekoration und der Farbfassung zu spüren, die, wie auch die Festsaalgestaltung des Plafonds, auf Vorlagen von DANIEL MAROT (1661–1752) zurückzuführen sind. Die in einer sehr hohen handwerklichen Qualität ausgeführten Raumdekorationen wurden infolge des Brandes von 1726 und der damit verbundenen Bauverzögerung bis 1744 beendet.

Bis zur Mitte des 19. Jahrhunderts kam es nur zu kleineren Reparaturen und baulichen Veränderungen im Bereich des Hauptgebäudes. Dadurch blieb der originale Bestand des 18. Jahrhunderts fast einhundert Jahre weitestgehend erhalten. Die ermittelten Fassungsbefunde und die noch in Teilen sichtbare Ausmalung der Innenräume verweisen auf die neobarocke Umgestaltungsphase der 2. Hälfte des 19. Jahrhunderts. In der Zeit zwischen 1868 und 1875 kam es durch die massive Überarbeitung der Räume zu umfangreichen Verlusten des barocken Fassungsbestandes, der in einer zweiten Gestaltungsphase von 1890 bis 1893 nochmals überarbeitet wurde. Diese Malerei liegt heute fragmentarisch als sichtbare Fassung auf den Decken- und Wandflächen der Innenräume des Hauptgebäudes. Die Raumfassungen wurden in den nachfolgenden Jahren nicht mehr überarbeitet. Der heutige Bestand ist durch den Abbruch der Querwände und umfangreiche Schadensbilder geprägt, die durch die Umbaumaßnahmen von 1940/42 entstanden waren.

ANMERKUNGEN

**1.** Die durchgeführten Analysen standen im direkten Zusammenhang mit dem hier vorliegenden Buchprojekt und konnten in dem zur Verfügung stehenden Zeitrahmen nur erste Ansätze für eine noch ausstehende komplexe bauhistorische Untersuchung des Schlosses bieten.
**2.** Siehe hierzu den Beitrag von Jörg Hoffmann in diesem Buch, S. 45 – 75.
**3.** Vgl. ThStAR, Geheimes Archiv (Restbestand) B VII 6b Nr. 1 sowie ThStA Gotha, Kammer Gotha – Vermischte Kammerakten Schwarzburg-Rudolstadt Nr. 3 Q 2.1/1.
**4.** Bei der im Jahre 2007 erfolgten Untersuchung der heute noch bestehenden äußeren Mauerstrukturen erwies sich der Plan von 1664 als eine exakt ausgeführte Vorgabe. Im Zusammenhang mit dem im gleichen Jahr erfolgten Bau einer Wasserleitung zwischen ehemaliger Zugbrücke und Kastellangebäude konnten durch den Autor auch Grundmauern im Erdreich erfasst werden, die ebenfalls partiell die Gebäudestrukturen von 1664 bestätigen.
**5.** Siehe hierzu den Beitrag von Lutz Unbehaun in diesem Buch, S. 91 – 115.
**6.** Siehe hierzu den Beitrag von Enrico Göllner in diesem Buch, S. 277 – 299.
**7.** Siehe hierzu den Beitrag von Lutz Unbehaun in diesem Buch, S. 91 – 115.
**8.** Vgl. ThStAR, RS 143-010 Rent- und Steueramt Königsee/Amt Schwarzburg 1690/1691.
**9.** Vgl. ebenda 1703/1704, Bl. 116.
**10.** Vgl. ebenda 1704/1705, Bl. 115.
**11.** Zur Kartusche siehe ausführlich den Beitrag von Lutz Unbehaun in diesem Buch, S. 104/105.
**12.** Diese Zeichnung gilt als verschollen, jedoch hat sich eine photographische Reproduktion im Bestand des TLMH mit folgender Erläuterung erhalten: »Photographie nach dem Original im Besitz des Forstmeisters P. Liebmann in Königsee, vermutlich aus dem Nachlaß von Hesse.«
**13.** Dendrochronologische Untersuchungen des Dachwerkes durch das Ingenieurbüro für Denkmalpflege Rudolstadt im Jahr 2007.
**14.** Baualterplan Dachgeschoss aus dem Jahr 2007, Institut für bewahrende Erneuerung historischer Bauwerke Pirna.
**15.** Putz- und Farbbefunduntersuchungen durch das Ingenieurbüro für Denkmalpflege Rudolstadt in den Jahren 2007 und 2008.
**16.** Siehe hierzu den Beitrag von Enrico Göllner in diesem Buch, S. 277 – 299.
**17.** Vgl. ThStAR, Rudolstädter Schlossarchiv B XI Nr. 22: Ausführung von Dekorationsarbeiten durch den Dekorateur Steinbruch, Tischlerarbeiten durch die Firma Bock (1867 – 1868). Siehe außerdem den Beitrag von Jens Henkel in diesem Buch, S. 203 – 251.
**18.** Vgl. ThStAR, Rudolstädter Hofmarschallamt Nr. 566: Briefwechsel der Jahre 1891 bis 1903 zwischen dem Hofmarschallamt und Theodor Gäbler in München.
**19.** Vgl. die Abbildungen der Stuckdecken im Beitrag von Katja Heitmann in diesem Buch, S. 136 – 140.

Lutz Unbehaun

# Architektur als Statussymbol
## Das »Stamm=Hauss Schwarzburg« im 17. und frühen 18. Jahrhundert

Die auf einem langen Bergsporn gelegene und von der Schwarza umflossene Schwarzburg ist trotz ihres torsohaften Zustandes eine der imposantesten Schlossarchitekturen in Mitteldeutschland. Seit dem hohen Mittelalter bestehend, gehört die aufragende Anlage zusammen mit der bei Arnstadt gelegenen Käfernburg[1] zu den Stammburgen der Schwarzburger, einem der ältesten und mächtigsten thüringischen Adelsgeschlechter. Ihrer Macht als kaiserliche Lehnsherren Ausdruck verleihend, errichteten die Schwarzburger eine Höhenburg, die entsprechend den Bedürfnissen im Laufe der Jahrhunderte baulich verändert, aber auch erweitert wurde. Bereits im 15. Jahrhundert muss eine imposante Burganlage bestanden haben, denn im schwarzburgischen Teilungsvertrag von 1453 werden mehrere Kemenaten, ein Hospital, eine Kapelle, Tore, Wirtschaftsgebäude, Mauern und Türme genannt.[2] Obwohl es keine bildliche Darstellung der Burg aus dieser Zeit gibt, lässt die Aufzählung der unterschiedlichen Gebäude, die repräsentativen, wirtschaftlichen oder fortifikatorischen Zwecken genügten, auf eine mächtige Anlage schließen, die mit ihren Türmen weithin sichtbar das umliegende Territorium beherrschte.

Die ersten erhaltenen Baurechnungen stammen aus dem ersten Drittel des 16. Jahrhunderts und weisen auf zwei Hofhaltungen der Schwarzburger.[3] Graf GÜNTHER XXXIX. VON SCHWARZBURG-ARNSTADT (1455–1531) und Graf BALTHASAR II. VON SCHWARZBURG-LEUTENBERG (reg. 1473–1521) veranlassten an den von ihnen bewohnten Gebäuden Bauarbeiten. Darüber hinaus wurden von Steinmetzen, Maurern und Zimmerleuten auch Leistungen abgerechnet, für die »bede herren zustendig« waren.[4] Dazu gehörte u. a. die gesamte Befestigung der Anlage, um diese gegen Angriffe wirkungsvoll zu sichern. Die gemeinschaftliche Verwaltung durch die Vertreter zweier Linien des schwarzburgischen Grafenhauses hebt den besonderen Status der Burg als Stammsitz des Geschlechtes hervor. In ihrem politischen Selbstverständnis ließen sie die gesamte Burg zu einem Ort ausbauen, der ihre Rechte gegenüber den anderen in Thüringen ansässigen Adelsparteien symbolhaft legitimierte.[5]

Obgleich sich im 16. Jahrhundert die Bezeichnung einzelner Gebäude immer wieder änderte, macht die in den Quellen vorgenommene Benennung eines oberen, mittleren und unteren Schlosses auf einen umfangreichen baulichen Komplex aufmerksam.[6] Dieser musste einerseits den Anforderungen der Befestigungstechnik gerecht werden und andererseits den gewachsenen Wohn- und Repräsentationsansprüchen entsprechen. Während von der ehemals stark befestigten und um drei Höfe gruppierten Burg kaum noch Mauerwerk erhalten blieb, wird die architektonische Struktur des Schlosses noch heute von jenen Gebäudeteilen bestimmt, die seit der zweiten Hälfte des 16. Jahrhunderts errichtet wurden. Vor allem am höher gelegenen Hauptgebäude, das vom mittleren Burghof durch ein Torhaus getrennt war, in dem sich auch die Burgvogtei befand, lässt sich eine Grundriss- und Baugestaltung erkennen, die auf den Einfluss moderner Schlossarchitektur weist. Nach den bauhistorischen Befunden[7] sind hier zwei Häuser verbunden worden, die anschließend eine einheitliche Geschosseinteilung mit durchgehendem Fußbodenniveau erhielten. Hofseitig angeordnete kleine Treppentürme erschlossen die Galerien mit den dahinterliegenden Gemächern, die von den in Achsen übereinanderstehenden Fenstern belichtet wurden. Ursprünglich über dem Hauptsims aufragende Zwerchhäuser gliederten schon damals ein steiles Satteldach. Inwieweit die Fassaden durch bauplastische Elemente belebt waren, ist nicht überliefert. Viel spricht jedoch dafür, dass auch die repräsentativen Gebäude der Schwarzburg eine recht einfache Gestaltung besaßen. Völlig unklar bleibt das ursprüngliche Aussehen des Leutenberger Flügels, der über der »Alten Kemenate« errichtet wurde.

Der Innenhof des Schlosses
Photographie, um 1890  *TLMH Fotoarchiv*

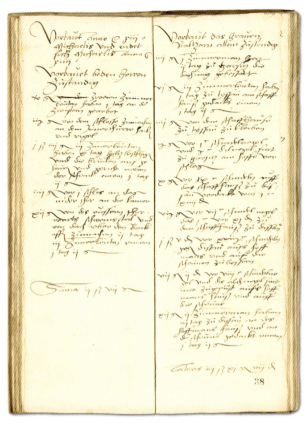

Doppelseite aus den Schlossbau-Rechnungen Schwarzburg
mit Vermerk über Bauleistungen
für Graf Balthasar II. von Schwarzburg-Leutenberg
*ThStAR, RS 112-420 Schlossbau Rechnungen Schwarzburg 1500–1534*

Mit dem Ausbau der Heidecksburg in Rudolstadt zur schwarzburgischen Residenz ab den Jahren 1570/71 gewann die abseits gelegene Schwarzburg, seit 1584 vollständig im Besitz der Linie RUDOLSTADT, für das Selbstverständnis der sich herausbildenden gräflichen Herrschaft erneut an Bedeutung. Einerseits war das um die Schwarzburg gelegene Territorium – im Gegensatz zu Rudolstadt – Reichslehen und machte die Stellung und Rechte des Hauses Schwarzburg innerhalb der Hierarchie des Reiches deutlich, andererseits war die Burg untrennbar mit dem Gründungsmythos des Geschlechts verbunden, auf den sich die Schwarzburger beriefen.[8] So nimmt es nicht Wunder, dass Graf ALBRECHT VII. (1537 – 1570/71 – 1605), der zunächst seine Bautätigkeit in Rudolstadt konzentrierte, im ausgehenden 16. Jahrhundert auch auf der Schwarzburg Arbeiten veranlasste. In erster Linie mussten das Hauptgebäude und der Leutenberger Flügel den gewachsenen Wohnbedürfnissen angepasst werden. Gleichwohl sind die Befestigungsanlagen der Burg modernisiert worden, um den veränderten Erfordernissen einer Verteidigung gerecht zu werden. Dazu gehörten das Anlegen von Gräben und Rundbastionen sowie das Erhöhen und Verstärken der Mauern.

Der in Rudolstadt residierende ALBRECHT VII. hatte auf seinen Reisen nach Italien, in die Niederlande, nach England, Schottland und Irland die wichtigsten Schlossbauten dieser Länder kennengelernt.[9] Darüber hinaus interessierte er sich für architekturtheoretische Schriften und kaufte sie für seine Bibliothek an.[10] Dennoch gibt es keine Hinweise dafür, dass in seiner Regentschaft im Areal der Burg repräsentative Neubauten entstanden.

Auch nach dem Tod ALBRECHTS VII. im Jahre 1605 sind für die Schwarzburg keine großen Bauaktivitäten belegbar. Dass dafür nur finanzielle Gründe ausschlaggebend waren, darf bezweifelt werden. Bedingt durch die temporäre Nutzung der Burg scheint gar keine Veranlassung bestanden zu haben, Veränderungen an der symbolträchtigen Anlage vorzunehmen. Schließlich wiesen die architektonische Gestalt der einzelnen Gebäude, die aufragenden Türme, die Zwinger, Gräben und Burgmauern zeichenhaft auf das Alter des »Schwarzburger Stammes«.[11] Die in der zeitgenössischen Geschichtsschreibung immer wieder zu findende Bezeichnung für die Schwarzburg als »Stamm=Hauss« des Geschlechts nobilitierte von Anfang an diesen Ort und verknüpft ihn untrennbar mit der Herkunft und dem Schicksal der Schwarzburger, die 1349 mit GÜNTHER XXI. VON SCHWARZBURG-ARNSTADT (1304 – 1326 – 1349) einen deutschen König stellten. Es mag kein Zufall sein, dass die erste malerische Darstellung der Schwarzburg – topographisch nicht exakt und nur formelhaft wiedergegeben – auf dem 1566 entstandenen Ganzfigurenporträt des Grafen ALBRECHT VII. VON SCHWARZBURG zu finden ist. Das Gemälde, das heute zum Bestand des Schlossmuseums Sondershausen gehört, zeigt den modisch gekleideten Schwarzburger in einem architektonisch gegliederten Raum, vor einem reich drapierten Vorhang stehend (siehe Abb.). Während der rechte Bildhintergrund durch den gerafften Vorhang ausgefüllt wird, öffnet sich dem Betrachter in der linken oberen Bildecke der Ausblick auf eine karge Landschaft, die von einer Burg dominiert wird. Auf einem langen Felssporn sind Befestigungsmauern, ein hohes Zugangstor, aufragende Türme und Gebäude angeordnet, die silhouettenhaft Bezug auf die markanten Bauten der Schwarzburg nehmen. Noch auf einer Zeichnung, die auf das Jahr 1716 datiert wird (siehe Abb. S. 101), sind dieselben dominanten Gebäude wiedergegeben. Mit der Darstellung der Schwarzburg auf dem Porträt Graf ALBRECHTS VII. ging es sicherlich nicht um eine korrekte Darstellung der Anlage, vielmehr reichte dem Auftraggeber die verknappte Wiedergabe der Burg, um auf die vornehme Herkunft des Grafen und dessen Geschlecht zu weisen.

Detail aus dem Gemälde Graf Albrecht VII.
von Schwarzburg-Rudolstadt

Monogrammist HK
Graf Albrecht VII. von Schwarzburg-Rudolstadt
Öl auf Leinwand, 1566  *Schlossmuseum Sondershausen Kb 108*

## Der Ausbau zur Landesfestung

Für die Zeit des 16. und die der ersten Hälfte des 17. Jahrhunderts muss zum Baugeschehen auf der Schwarzburg vieles Hypothese bleiben. Erst nach 1660 ergibt sich für den Um- und Neubau einzelner Gebäude sowie über die Bauorganisation ein vollständigeres Bild. Den Ansprüchen an einen Ort der Verteidigung, dem damit eine militärische Bedeutung zuerkannt werden muss, konnte die Schwarzburg im 16. Jahrhundert kaum gerecht werden. Dafür fehlten noch all jene Elemente der Festungsbaukunst, die nach der Erfindung von durchschlagkräftigen Geschützen für derartige Bauten gebräuchlich waren. Was aber prädestinierte die Schwarzburg zu einem Ort der Landesverteidigung zu werden, obwohl die gesamte Anlage den Erfordernissen der Zeit nicht mehr entsprach und ihre Lage recht isoliert war?

Nach dem Regierungsantritt des Grafen ALBERT ANTON VON SCHWARZBURG-RUDOLSTADT (1641–1662–1710) im Jahre 1662 erlangte die Schwarzburg zunehmend eine strategische Bedeutung für die Landesdefension. Ein Anlass für den festungsartigen Ausbau der Schwarzburg war die Bedrohung des Reiches durch türkische Truppen. Seit 1645 griffen diese mit ungewohnter Härte Candia (das heutige Heraklion auf Kreta) an, und auf diplomatischen Wegen war aus Konstantinopel durchgedrungen, dass sich das türkische Heer gegen Ungarn rüstete. Als im Jahre 1660 die Festung Großwardein von den Türken eingenommen und das habsburgische Oberungarn bedrängt wurde, entschloss sich der kaiserliche Hof in Wien, für den 8. Juni 1662 einen Reichstag in Regensburg einzuberufen. Auf ihm sollte vor allem »... das Problem ›securitas publica‹, dass heißt ein Reichsdefensionswerk, beraten ...« werden.[12] Neben vielen anderen Problemen, die die kaiserlichen Gesandten in Regensburg verhandelten, war es ihr Ziel, die Grafen und Fürsten für »... die Wiedererbringung des vorig guten Vertrauens und die Handhabung des so teuren allgemeinen Ruhestandes im Reich ...« zu einen.[13] Erst am 20. Januar 1663 konnte dieser Reichstag in Regensburg vom Fürstbischof von Salzburg ohne großes Zeremoniell eröffnet werden.

Hatte der kaiserliche Hof die Gefahr einer türkischen Invasion anfangs mit einiger Gelassenheit behandelt, verschlimmerte sich die Lage nach dem Scheitern einer diplomatischen Mission im Mai 1663 zusehends.[14] Mit dem Ziel, bis nach Wien vorzudringen, bewegte sich mittlerweile ein 100 000 Mann starkes türkisches Heer nach Norden. Die ausschwärmende Reiterei brandschatzte Dörfer in den östlichen und südlichen Provinzen der österreichischen Erblande, und die Bevölkerung lebte in Angst und Schrecken. Nachdem die Festung Neuhäusl im September 1663 von Türken besetzt wurde, war die Gefahr für das gesamte Reich offensichtlich geworden. In allen Städten und Dörfern läuteten nun die sogenannten Türkenglocken, die zum Gebet für die drangsalierten Christen aufriefen. Darüber hinaus wurde in zahlreichen Flugschriften über die drohende Gefahr berichtet. Auch am Rudolstädter Hof reagierte man auf dieses beängstigend wirkende Geschehen. Entsprechend der Empfehlungen des obersächsischen Reichskreises und des Reichstages sollten in allen Herrschaften Befestigungswerke angelegt werden, die ein Vordringen feindlicher Truppen verhinderten und zugleich der Bevölkerung genügend Schutz boten. So lag es nahe, die wegen ihrer topographischen Lage schwer einnehmbare Schwarzburg zur Landesfestung ausbauen zu lassen.

Die Beweggründe, die Notwendigkeit und die Gemeinnützigkeit eines solchen Festungsbaus dokumentiert ein Bericht, den die gräfliche Kanzlei Ende der sechziger Jahre des 17. Jahrhunderts verfasste. Da zu dieser Zeit die Finanzierung der Bauarbeiten nicht mehr gesichert war, sah man sich offensichtlich zu einer umfassenden Begründung der Baumaßnahme veranlasst. Bereits vor Beginn der Arbeiten hatten sich die Stände mit dem Bau beschäftigt und ihn »... alß ein aus Landes-Väterlicher Vorsorge zur gemeinen wohlfahrt zielendes werck [...] recommandiret [empfohlen] ...«.[15] Sie hatten beraten »... welcher gestalt der Hochgebohrene Unser gnädigster Graff unndt Herr nebst deßen Canzlern, ob und wie bey iezigen gefährlichen Krieges Läufften etwa ein oder mehr orthe in des Gräf[lichen] Schwarzburgk[ischen] Landten soweith befestigt werden möchten, damit auf erfolgende künfftige feindes einbrüche (die Gott gnädig abwendte!) oder unvermuthet schädliche marche und remarche undisciplinierter Soldatesque, wo nicht gnädige Herrschafft selbst, iedoch nur Ritter- undt Landschafft sambt der Geistlichkeit nebst den Ihrigen dohin sicherheits halber sich begeben und in solange retten könten, biß solcherley gefährliche begebenheiten entweder gar abgewendet, oder etwa Vorbeygestrichen wehren.«[16] Ausdrücklich wird in dem Bericht betont, dass

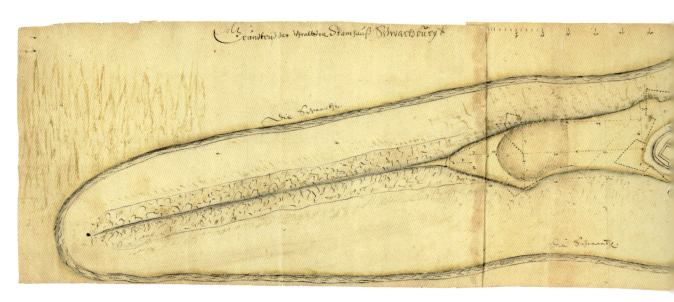

»... man erwehnte herrschafftliche Vorsorge an seiten derer Gräf[lichen] Canzler und Räthe dozumahl vorlöblich, nötig, gemein-nützig und thunlich erkennet, sogar auch, daß mann durch den Weimarischen Ingenieur erwehnten orth besichtigen, und vermittelst seines rathes in bewehrter defension der zeit undt gelegenheit nach bringen zue laßen gutbefundten«[17] Bei dem erwähnten »weimarischen Ingenieur« handelt es sich um ANDREAS RUDOLPH (1601–1679), der seit 1636 für den Herzog ERNST I. DEN FROMMEN VON SACHSEN-GOTHA (1601–1640–1675) tätig war.[18] Der versierte Baumeister hatte sich durch zahlreiche Bauplanungen einen Namen gemacht. In seinem Geburtsort Magdeburg besuchte er die Gelehrtenschule, studierte zunächst in Helmstedt, später in Jena Mathematik und begleitete OTTO VON GUERICKE (1602–1686) nach Leyden. Schon in Magdeburg arbeitete er gemeinsam mit seinem Vater an dem ausgedehnten Befestigungssystem dieser Stadt. Nach der Belagerung Magdeburgs durch kaiserliche Truppen 1630/31, RUDOLPHS Gefangennahme und Flucht, fand er eine Anstellung am Hof des Herzogs WILHELM VON SACHSEN-WEIMAR (1598–1605–1662) und wechselte danach an den Gothaer Hof. Neben anderen Baumeistern schuf auch RUDOLPH ein Modell für den Bau des Schlosses Friedenstein in Gotha und war von 1643 bis 1655 mit der Ausführung des Schlossbaues beauftragt.[19] Daneben leitet er von 1643 bis 1665 den »Verwahrungsbau« und führte nach niederländischem Vorbild die Befestigung um Gotha aus. Im Jahre 1665 plante RUDOLPH nach dem Stadtbrand in Gotha den Umbau des ehemaligen Kaufhauses zum Rathaus und war – zehn Jahre später – maßgeblich an den Bauarbeiten zur evangelischen St. Salvator Kirche beteiligt. Als verantwortlicher Baumeister verstärkte er auf Veranlassung des Herzogs ERNST I. VON SACHSEN-GOTHA die Mauern der Stadtbefestigung in Meiningen und lagerte dem dortigen Oberen und Unteren Tor Bastionen vor. Schließlich wurde nach seinen Plänen von 1676 bis 1683 in Arnstadt auch die evangelische Pfarrkirche, die heutige Bachkirche, errichtet.

Graf ALBERT ANTON VON SCHWARZBURG-RUDOLSTADT hatte mit ANDREAS RUDOLPH einen der versiertesten Baumeister seiner Zeit für die Befestigung der Schwarzburg gewinnen können. Die Planungen RUDOLPHS für den festungsartigen Ausbau, von denen sich in Gotha und Rudolstadt je eine Zeichnung erhielt, entstanden wohl noch Ende 1663 oder Anfang 1664.[20] Auf der in Gotha erhaltenen Grundrisszeichnung (siehe Abb.) nahm er die gesamte Burg mit ihren Gebäuden auf und umgab die Anlage an den strategisch wichtigen Punkten mit einem System von Bastionen, die den neuesten Erkenntnissen der Befestigungslehre entsprachen. Den winklig zusammenstoßenden Facen der Bastionen schließen sich Flanken an, welche die Verbindung mit der Festungsmauer herstellten. Damit war eine optimale Verteidigung gewährleistet, denn von den Flanken konnten die Gegner durch die zwischen den Bastionen

Andreas Rudolph »Grundtrüß des Uhrallten Stammhauß Schwartzburg«, Federzeichnung, um 1664
*ThStA Gotha, Kammer Gotha – Vermischte Kammerakten Schwarzburg-Rudolstadt Nr. 3 Q 2.1/1*

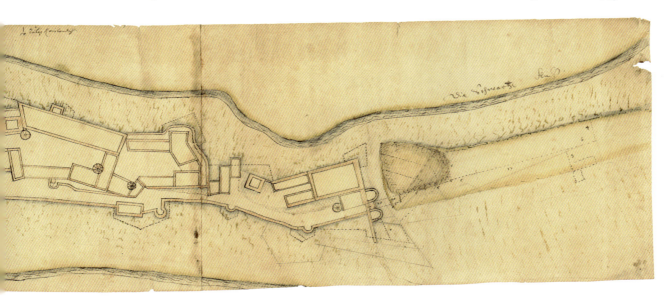

liegenden Wallstücke wirkungsvoll beschossen werden. Aufgrund der Bergsituation mit einem steil abfallenden Gelände war die Aushebung von Wällen nur an der nördlichen und südlichen Seite notwendig geworden. Mit einem solchen Bastionärsystem konnten Angreifer auf Distanz gehalten werden, denen es damit kaum mehr möglich war, Feldgeschütze in eine günstige Schussposition zu bringen. Die Errichtung des von ANDREAS RUDOLPH geplanten Befestigungssystems begann noch im Frühjahr 1664. Am 24. Juni erließ der Hof unter der Überschrift »Befestigungs- oder Verwahrungsbau des gräfflichen Stammhauses Schwarzburg« eine Verordnung, aus der hervorgeht, »... daß das hoch Gräff[liche] Stam und residentz hauß Schwarzbg wegen bevorstehender Dürken unndt anderer gefahr zu nötiger Landes Defension unndt eines ietweden im notfall dohin getrugenen Zuflucht nicht allein mit allerhand nothturfft zuversehen, sondern auch aufs beste zu verwahren ...« sei.²¹ Die Steinmetzen und Maurer erhielten bereits am 2. Mai 1664 detaillierte Anweisungen, welche Arbeiten vordringlich ausgeführt werden müssen: »Ist ufm gräf[lichen] Stammhause zu Schwartzb[urg] an alten Gemäuer zu reparieren undt nöthig zu bauen gnädigst verordnet, alß folget: Daß neue Thor zwischen den Sommer Hauße unndt Zwinger uf der Rennebahn / Daß Rundtöhl²² an Zwinger uf der Rennebahn / Die Mauer über der Garten thür zuerhöhen undt die Schießlöcher anders einzurichten / Den Zwinger hinter den schönen matzen²³ nach den garten zuerhöhen, Schießlöcher darin zumachen undt ein Rundtöhl daran zu bringen / Den Zwinger hinter der Junckerstuben wie abgeredet zu erhöhen undt mit Schießlöchern zu verbessern / Die Mauer zwischen den Brau Hauß undt alten Schoppen wie angegeben aufzuführen / Daß Rundtöhl bey den alten großen thurm zuerhöhen und wie angegeben zu verfertigen«²⁴ (vgl. dazu Abb. S. 78/79).

Zeitlich parallel erfolgte der Bau der Bastionen um die Schwarzburg nach den Rudolphschen Plänen. Vor Ort arbeitete Maurermeister HANS ROSE D. Ä. aus Schwarza zusammen mit den Maurern GEORG HEINEMANN, HANS HÄUSER, MICHAEL HÄUSER, MERTEN HEINEMANN, HANS HEINEMANN, HANS MEURER, KLAUS MEURER, VOLKMAR OCHSE und HANS ROSE D. J.²⁵ Ihnen standen zehn Handlanger aus unterschiedlichen Orten zur Seite. Die umliegenden Dörfer stellten nach einem festgelegten Plan täglich Gespanne für den Transport von Baumaterialien zur Schwarzburg. Gearbeitet wurde an sechs Tagen in der Woche. Dabei mussten die Maurer »... deß tages iedesmal frühe morgens 4 Uhr [...] anfangen und nicht ehr als abends 6 Uhr fuer Abendt machen ...«.²⁶ Das Einhalten der Arbeitszeiten hatte der Maurermeister HANS ROSE zu beaufsichtigen, der dafür wöchentlich zwei Gl. bekam. Die Bauarbeiten sind durch ANDREAS RUDOLPH inspiziert worden, der anfangs mit dem schwarzburg-rudolstädtischen Kanzler GEORG ACHATIUS HEHER (1601–1667) in Kontakt stand. Vor Ort kontrollierten die jeweiligen Burgvögte den Fortgang der Arbeiten. Wahrscheinlich wurden schon im Sommer 1664 Veränderungen an den Entwürfen notwendig, denn HEHER schreibt am 1. August an den Burgvogt DANIEL BERGNER (geb. 1596): »Demnach der hochgebohrne Unser gnediger Graf, und Herr, nechstertagen wiedrumb naher Heringen, durch gottes gnade, gelangen wird, und, dero gnedigen befelch gemeß, Wir, der Canzler und Ober ambtmann, zu Ihro uns zu begeben haben, gleichwohln aber gerne des abriß und entwurffs von Verbesserung des Defension baues, zu Schwarzburgk, habhafft seyn, und dar von mit euch, und dem gothaischen Ingenieur, unterrede pflegen möchten, alßo wollet die sache dahin einrichten, damit ein solches morgen, gelibts gott, geschehen könne ...«²⁷

Die Befestigung der Schwarzburg ist bis ca. 1675 ausgeführt worden. Heute weisen nur noch Mauerwerksreste (südlich des Kaisersaalgebäudes sind diese noch gut zu erkennen) auf die ehemaligen Bastionen, von denen einige, der ursprünglichen Funktion beraubt, noch im 18. Jahrhundert abgetragen wurden. Einhergehend mit den Umbauarbeiten des Schlosses im 19. Jahrhundert wurden auch die vor dem Tor- und Zeughaus liegenden Verteidigungswerke bedeutungslos und verfielen.

## Der Ausbau zur barocken Schlossanlage von 1660 bis 1694

Auf den beiden erhaltenen Plänen zur Schwarzburg von ANDREAS RUDOLPH aus der Zeit um 1664 ist nicht nur das neue Befestigungssystem eingezeichnet, aus ihnen gehen auch erstmals die exakte Lage der damals bestehenden Gebäudeteile und deren Grundriss hervor. Dem durch Rundbastionen gesicherten Torhaus mit davorliegendem Graben und Zugbrücke schließt sich an seiner Westseite das breit gelagerte Zeughaus an, welches durch schmale Trakte nach Süden erweitert ist.²⁸ Ein über quadratischem Grundriss errichteter Verteidigungsturm, der wohl zu den ältesten Bauten der Schwarzburg gehörte, überragte Tor- und Zeughaus. Südlich davon liegt ein weiterer durch Wall und Mauer gesicherter Bereich, der durch das sogenannte »Alte Tor« erreichbar war. In ihm gruppieren sich die einzelnen Gebäude um einen Wirtschaftshof, der nach Süden durch ein Torhaus mit der Kernburg (inneren Burg) verbunden war.

In diesem höher gelegenen Areal befindet sich das über rechteckigem Grundriss erbaute Hauptgebäude, das in den archivalischen Quellen mitunter als »Neue Kemenate« oder »Neues Gebäude« bezeichnet wird. Wegen des steil zur Schwarza abfallenden Geländes mussten hier keine zusätzlichen Befestigungsmauern errichtet werden. Erst an der südlichen Schmalseite des Hauptgebäudes setzt ein massives Verteidigungssystem an, welches aus einer hohen Wehrmauer mit dahinter liegendem Zwinger besteht. Es bot einem weiteren Turm, an dem ein Gebäude grenzt, Schutz und umfasst den südlichsten Punkt der Anlage, den sogenannten »Pulverturm«. Von hier aus verlief das Verteidigungssystem an der Ostseite des Berges nach Norden und schloss die »Rennebahn« ein, die Platz für kleinere Tourniere bot. Unmittelbar hinter dieser Fläche lagen der Leutenberger Flügel, die Kirche sowie Wirtschaftsgebäude, die den Burghof nach Osten begrenzten. Der an der östlichen Bergseite weiterführende Verteidigungsabschnitt war durch drei Rundbastionen besonders stark gesichert.

Die Bauaufnahme RUDOLPHS lässt erkennen, dass die teilweise über unregelmäßigem Grundriss errichteten Gebäude aus unterschiedlichen Zeiten stammen müssen. Den Bedürfnissen der Nutzer entsprechend, waren diese seit dem 16. Jahrhundert lediglich um- und ausgebaut worden. Erst nach der Mitte des 17. Jahrhunderts nahm die Intensität der Bauarbeiten an den einzelnen Trakten der Burg deutlich zu. Es zeigte sich das Bestreben, die verschiedenen Gebäude durch eine gemeinsame architektonische Gestaltung zu vereinheitlichen. Vor allem am Hauptgebäude lassen sich anhand der Abrechnungen verstärkt Arbeiten nachweisen, die DANIEL BERGNER, Sohn des Bildhauers NIKOLAUS BERGNER (1552 – nach 1609), als Burgvogt beaufsichtigte. BERGNER, der nach 1635 bis 1655 als Maler und Baumeister am Rudolstädter Hof nachweisbar ist, wird bereits 1659 in der Schwarzburgischen Amtsrechnung als Burgvogt genannt. Aufgrund seiner Kenntnisse, die er bei der Ausstattung der Rudolstädter St. Andreaskirche sowie bei dem Ausbau einiger Gemächer des Südflügels der Heidecksburg unter Beweis stellte, war BERGNER in der Lage, die Bauarbeiten auf der Schwarzburg zu koordinieren.[29]

Er muss das Vertrauen des Landesherrn besessen haben, denn als Burgvogt war BERGNER auch für die korrekte Buchführung aller Einnahmen und Ausgaben zuständig. Ob er eigene künstlerische Vorstellungen umsetzen konnte, ist heute nicht mehr zu belegen. Es ist aber auch nicht von der Hand zu weisen, dass BERGNER als ein örtlicher Baumeister fungierte, der alle vom Hof kommenden Anweisungen selbständig umsetzte. So arbeiteten in seiner Zeit als Burgvogt die Zimmerleute JACOB und HEINRICH SCHÖNHEID an den Zwerchhäusern des Hauptgebäudes. Im Jahre 1660 erhielten sie Geld für die Reparatur des Giebels über »M[eines] g[nädigen] Gr[afen] Und Herrn gemach, welcher aufgemauert gewesen und weil daß gebaut darunter die Last nicht tragen mögen, auff Befehl außgeschlagen worden mit Brettern zu beschlagen ...«[30] Danach ist der so gestützte Giebel schwarz und weiß gestrichen worden.[31] Natürlich mussten die Gebäude den wechselnden Funktionen angepasst werden. So erhielten im Oktober 1660 GEORG HEUNEMANN und HANS HÄUSER, Steinmetzen aus Burkersdorf, sechs Gl. für den Einbau einer Tür im großen unteren Turm auf dem gräflichen Haus, der als Gefängnis diente.[32] Im Juni 1660 arbeitete der Steinmetz HEINRICH MEURER an der eingefallenen Zwingermauer und im »Leutenberger Gemach«.[32] Eine Gruppe von Handwerkern war in dieser Zeit ständig mit dem Ausbau der verschiedensten Gebäude beschäftigt. So erhielt am 4. Oktober 1662 der Zimmermann HEINRICH SCHÖNHEID einen Gl., einen Gr. und sechs Pfg. für das Eindecken des Brau- und des Zeughauses mit 2700 Schindeln.[34] Die Arbeiten wurden im Frühjahr und Sommer 1663 fortgesetzt, denn SCHÖNHEID erhielt mehrmals Summen bezahlt, um die Dacharbeiten am Zeughaus fortzusetzen.[35] In diesem Jahr begann auch der Ausbau des Zeughausbodens, an dem SCHÖNHEID gemeinsam mit dem Zimmermann MATTHES UNBEHAUN beteiligt war.[36] Die akribisch geführten Rechnungsbücher der sechziger Jahre des 17. Jahrhunderts weisen oft auf den maroden Zustand vieler Gebäude hin. Immer wieder deckte starker Wind die Schindeldächer ab, riss Löcher in die Dächer des Hauptgebäudes, des Leutenberger Flügels und der Kirche, die dann mit Schiefer ausgebessert werden mussten.[37] Auch hielten die Fenster der Gebäude der Witterung nicht stand, und Teile des Simses, der das Hauptgebäude gliederte, drohten herabzustürzen, wenn sie nicht mit Metallklammern zusätzlich befestigt werden konnten.[38]

Trotz der baulichen Mängel gab es eine Reihe von repräsentativen Gemächern im Schloss. Der Kauf zahlreicher Trinkgläser in dieser Zeit und die Ausstattung der Küche mit diversem Geschirr zeigen, dass die Schwarzburg für Aufenthalte der gräflichen Familie genutzt wurde.[39] Selbst auswärtige Gäste konnten hier untergebracht werden. Im Juni 1665 weilte Graf ALBERT ANTON VON SCHWARZBURG-RUDOLSTADT gemeinsam mit Herzog RUDOLPH AUGUST VON WOLFFENBÜTTEL (1627 – 1666 – 1704) und dem Grafen ANTON GÜNTHER I. VON SCHWARZBURG-SONDERSHAUSEN (1620 – 1642 – 1666) einige Tage auf der Schwarzburg, um anschließend die Glashütte in Schmalenbuche zu besuchen.[40]

Als am 21. Juli 1665 der Burgvogt DANIEL BERGNER aufgrund seines Alters durch JOHANN CASPAR KELNER abgelöst wurde, gingen die begonnenen Arbeiten unvermindert weiter.[41] Neben dem in dieser Zeit entstandenen Befestigungssystem, war für eine teilweise Neueindeckung des Hauptgebäudes Schiefer gebrochen und geschlagen worden.[42] Auch wurden am 22. Oktober 1666 bei dem Glasermeister MARTIN GOTTWALD aus Rudolstadt zahlreiche Fenster bestellt.[43] Der Ziegeldecker, Meister HANS CRAMER, erhielt den Auftrag, das Dach über der Junkerstube auszubessern und die dafür notwendigen Ziegel aus Paulinzella zu beschaffen.[44] Bis zum Ende des Jahres 1666 verbaute er ca. 800 Ziegel.[45] Im Oktober 1668 richteten die Handwerker zahlreiche Gemächer her. Zwei Maurer »... haben [...] den 30. Juny, 1., 3. und 4. July in den Gemächern uf den Neuen Gebeu und das untere stockwergk [...] neu geweist.« Auch am »... secret in meines Gr[afen] und herrn Schlafgemach eine ecke ufgemauert.« Darüber hinaus wurden »... eine thür und zwey felder bey der kirch stuben außgemauert [...] der tritt vor dem Thorhauß und stuben gemacht und ein Loch so auß dem ambtshauß in das zeigkhauß gehet zu gemauert ...«.[46]

Auch das in einer komplizierten Zimmermannsarbeit gefertigte Hängewerk über dem Festsaal des Hauptgebäudes stammt nach dendrochronologischen Untersuchungen[47] aus den späten 60er Jahren des 17. Jahrhunderts. Wie aus den zitierten Rechnungen hervorgeht, sind außerdem in der Schlosskapelle bauliche Veränderungen vorgenommen worden. So erhielt der Zimmermann PETER UNBEHAUN im Jahre 1669 für den Einbau von Emporen, die er auf herrschaftlichen Befehl fertigte, neun Gl.[48] Im gleichen Jahr kam es zu Ausbesserungsarbeiten schadhafter Werksteine am Sommerhaus. Dazu begab sich der Steinmetz HANS MEURER in den Steinbruch nach Lichte, um dort den nötigen Sandstein für Pfeiler und Säulen zu brechen.[49] Das in den Amtsrechnungen immer wieder genannte Sommerhaus darf mit großer Sicherheit südlich des Leutenberger Flügels lokalisiert werden und ist wohl der Vorgängerbau des östlichen Seitentraktes des heutigen Kaisersaalgebäudes. Einige Jahre später, im Frühjahr 1675, deckte AEGIDIUS HEINRICH GRIESER das Dach über dem »Vorgebäude oder Sommerhäusigen in Hoff bey den kleinen Saal und kirchstuben ...« mit Schiefer.[50] Offensichtlich erwiesen sich die Arbeiten als sehr langwierig, denn 1678 erhielt der Schieferdecker GRIESER nochmals Geld für ein »... stück neues dach an dem Sommerhause ...«.[51]

Seit 1669 fungierte JOHANNES BÜHL als Burgvogt, der für den Aufenthalt der ›gräflichen Gesellschaft‹ vom 22. Juni bis 21. August auf der Schwarzburg neues Inventar angeschafft hatte. Dazu gehörten: »... zwey duzent Neue Lehn stühle, wovon das eine duz[end] Grün angestrichen / Ein facht bret, in meines gnädigen Grafen und heren Stuben gemach schrank / Ein vergitterter gatter Thür vor die treppen bey den frauen Zimmer, / zwey Neue bock kasten, / Neue Lange bänck, uf den obern Neuen kirchen standt / Eine Lange vorbank vor zwey tisch in der tischlerey / Ein Repositorium vor drey faches / Eine Lange Taffel, sambt das gestell und fach bretter in die Schneiderey Cammer, alwo die Kleyder druf zu geschnitten werden, / In küchen Cabinet einen wandttisch / In schlacht hauß ein drey fachig Schüßelbret, 16 Schieblin und bodenbret, das die postamenten druf gesezet werden, Item schubkästlein ...«.[52]

Im Jahre 1676 waren die Arbeiten an den Gebäuden des Schlosses so weit gediehen, dass der Maurer HEINRICH MEURER die Feuermauern »... uf dem Neuen gebäude und Leutenberg[ischen] Gemach so vorigen Jahres gebessert undt berapet worden ...« abgetragen und neu aufgemauert hatte.[53] Im Jahre 1682 lässt sich der Rudolstädter Hofmaler SEIVERT LAMMERS (1647 – 1711) mit seinen Gesellen auf der Schwarzburg nachweisen, wo er an der malerischen Ausgestaltung einiger Räume arbeitete.[54] Für die Dauer seines Aufenthaltes erhielt er eine Beköstigung in Höhe von drei Gl., die der Burgvogt in den Amtsrechnungen vermerkte.

In den 80er Jahren des 17. Jahrhunderts ist mit der Erweiterung der bestehenden Schlosskapelle begonnen worden. Noch auf dem Plan von ANDREAS RUDOLPH aus dem Jahre 1664 ist sie als kleiner rechteckiger Bau an der nördlichen Schmalseite des Leutenberger Flügels eingezeichnet, der keine Verbindung mit dem Hauptgebäude besaß. Nunmehr erfolgte die Verlängerung des Sakralbaues, der über einem großen Saal mit dem Leutenberger Flügel verbunden war, nach Westen, so dass er bis zum Hauptgebäude reiche. Dafür musste der sogenannte »Alte Turm« abgerissen werden, der sich an der südlichen Fassadenseite des Hauptgebäudes erhob. Dass im letzten Drittel des 17. Jahrhunderts sich Arbeiten nachweisen lassen, in deren Ergebnis die hofseitigen Fassaden nicht nur vereinheitlicht, sondern zu Schaufassaden ausgebildet wurden, lässt sich beispielhaft bei der Neugestaltung der Schlosskapelle belegen. Einen besonderen Akzent setzte dabei ein mittig an der Hofseite der Kirche angeordneter Erker, der mit einem eigenen Satteldach bedeckt war. Aus den Amtsrechnungen geht seit 1683 hervor, dass die Handwerker die »Hof-Capell« ausgestalteten.[55] Der bereits erwähnte Schieferdecker GRIESER brach allein 16 Zentner Schiefer auf Vorrat, damit das Kirchendach eingedeckt werden konnte.[56] Gleichfalls bestellte der Burgvogt neue Fenster für den »... Hochgräfl[ichen] gn[ädigen] kirchenstand ...« bei dem Glasermeister ANDREAS GOTTWALD aus Rudolstadt.[57] Ebenso war der Maurermeister WOLFF MEYER am 26. Oktober 1691 »... mit abnehmung und abtragung eines stücks am großen alten Turm, bey der Hoff Capell, gegenüber auf dem Hoch Gräff[lichen] stammhauß Schwarz[burg]« beschäftigt.[58] Die Arbeiten erwiesen sich schwieriger als geplant, denn im Jahr darauf, vom 5. bis 15. April 1692, mussten die Maurer CHRISTOPH SOMMER und WOLFF MEYER beim Abtragen des Mauerwerkes am baufälligen »Alten Turm« helfen.[59] Auf die Ausstattung der Schlosskapelle ist großer Wert gelegt worden. Im Inneren waren die Wände mit Alabasterplatten verkleidet worden und den Altarraum zierten zahlreiche Reliefs. Diese Arbeiten führte der Bildhauer FRANZ ANDREAS BREUNING aus, über dessen Schaffen bis heute nur wenig bekannt ist.[60] Wie die Abrechnungen zeigen, ließ er im Frühjahr und Sommer 1690 in der Nähe Schwarzburgs (bei Allendorf) die Steine brechen und zu Werkstücken schneiden.

## Das Baugeschehen von 1695 bis 1726

Am 10./11. Januar 1695 zerstörte ein Brand die nördlich vom Leutenberger Flügel liegenden Gebäude: das sogenannte »Alte Gebäude«, die »Junckerstube« mit dem darunter liegenden »Reisigenstall« und griff auch auf das Torhaus im oberen Schlosshof über.[61] Selbst die Kirche war so stark beschädigt worden, dass sie erst 1713, nach mehrjährigen Bauarbeiten, neu geweiht werden konnte.[62] Ein erster Hinweis auf die Lokalisierung des Brandes im Schlossgelände ist eine kurze Notiz, aus der hervorgeht, wie die vom Amtsschreiber LUDWIG verwalteten Gelder – es handelte sich um 1161 Gl., elf Gr. und 5½ Pfg. – nach seinem Tode zur Beseitigung der Brandschäden eingesetzt worden sind: »Seyndt aus nunmehro seel[igen] Ambtsschreiber Ludwigs Ambts reste, wie die Geld Einnahme pag. 2 besaget gehoben und (1) zu dem wiederaufbau des aufm Hochgräffl[ichen] Stammhause Schwarzburg den 11. Jan[uar] 1695 in der Nacht abgebranten alten Gebäudes, dann (2) zu Erbauung einer Scheun bey der Ambtsschreiberey und (3) zur Auffräumung des mit allerhand unnützen gebüsch und bäumen an geflochtenen Platzes unter der Auwiesen wiederumb angewendet worden ...«.[63]

Das zu Schaden gekommene »Alte Gebäude« gehörte zum östlichen Schlossflügel, der dem Hauptgebäude gegenüberlag. In der bisherigen Literatur zur Baugeschichte des Schlosses wurde vielfach davon ausgegangen, dass es sich bei dem zerstörten Gebäude um ein Sommer- oder Gartenhaus handele, an dessen Stelle das spätere Kaisersaalgebäude errichtet wurde. Diese Annahme lässt sich durch die Auswertung der schriftlichen Quellen und der neuen Ergebnisse der Bauforschung nicht mehr stützen. Erst nach dem Brand im Jahre 1695 erhielt das Schloss jene architektonische Gestalt, die auf der 1716 datierten Zeichnung (siehe Abb. S. 101) zu sehen ist. Das breit gelagerte Hauptgebäude, an dem hofseitig drei Portale ausgebildet sind, besaß ein mit Zwerchhäusern belebtes Satteldach. Die Kirche mit hohem Erker und Dachreiter ist mit dem Leutenberger Flügel als auch mit dem Hauptgebäude verbunden. Der gesamte östliche Schlossflügel muss demzufolge 1695 abgerissen und nicht wieder aufgebaut worden sein. Nach Norden, gegenüber dem Kirchflügel, wird der Hof durch ein neu errichtetes »Quergebäude«, in dem sich die Burgvogtei befand, begrenzt. Im Süden der Schlossanlage erscheint erstmalig auf dieser Darstellung das zum Kaisersaalgebäude erweiterte Sommerhaus.

In den Amtsrechnungen des ausgehenden 17. Jahrhunderts ist eine intensive Bautätigkeit auf der Schwarzburg nachvollziehbar. Vor allem am Hauptgebäude, das in diesen Jahren offensichtlich nicht bewohnt werden konnte, begannen umfangreiche Arbeiten. Den Erfordernissen des höfischen Zeremoniells entsprechend, wurden Räume neu angelegt und das Gebäude um ein Geschoss erhöht. So erhielt GEORG MÖLLER aus Bechstedt »... und Consorten, zum gewöhnlichen Lohne, von einem Fleck im neuen Gebäude uff dem Schloße so uff 297 Ellen [...] ausgemessen, die decke zu winden und zu verkleiben [...] incl[usive] von Rüststangen zu hauen ...«.[64] Auch Handwerker, wie der Zimmermann VOLKMAR SIEGMUND, der einen Lohn »... für holtz, zu bauen, zu decken, die Giebel zu beschlagen und Thüren, Fußboden und bäncke zu machen ...« erhielt.⁶⁵ Das Errichten von Fachwerkstrukturen im Hauptgebäude und der Bau eines Verbindungsganges, der zum Sommerhaus führte, zogen sich bis Ende 1704 hin.

An diesen Arbeiten war maßgeblich der Zimmermeister GEORG MÖLLER beteiligt. Akribisch sind die von ihm erbrachten Leistungen durch den damaligen Burgvogt VALENTIN BRETERNITZ in den Amtsrechnungen verzeichnet worden. Im Mai 1703 rechnete GEORG MÖLLER seine Leistungen »... von 8 Clafftern Stückel Holtze zum Neuen gebäu uff dem Schloße alhier ...« ab.⁶⁶ Im Juni wird »... demselben auch von 4 Clafftern holz zum winden derer decken, in besagten gebäu ...« bezahlt.⁶⁷ Am 22. Juli rechnete GEORG MÖLLER sechs Gl., sieben Gr. und neun Pfg. »... von 107 großen Feldtern in diesen Neüen Gebäu auszustückeln, zu zäunen [und] zu kleiben ...« ab.⁶⁸ Anfang August erhält er 14 Gl. und 15 Gr. »... Von einem Fleck in solchen Neüen Gebäu zu winden, welches uff 310 Ehlen außgemeßen, und von ieder Ehlen 1 gr[oschen] wie gewöhnlich ...«.⁶⁹ Im gleichen Jahr wurde GEORG MÖLLER und seinen Gesellen nochmals ein Betrag gezahlt »... von 130 großen Feldten [...] auszustückeln, zu zäunen und zu kleiben und von 92 Ehlen zu winden im Neüen Gebäu ...«.⁷⁰ Die Fachwerkkonstruktion des aufgesetzten Obergeschosses am Hauptgebäude muss Ende des Jahres 1704 gestanden haben, denn die Maurer TOFFEL SOMMER und HANS OCHSE hatten im Oktober an insgesamt 56 Tagen die neuen Schlote errichtet und waren mit Aufführung von Wänden beschäftigt.⁷¹ Im Jahre 1705 konnten einzelne Appartements und der zum Hauptgebäude führende Gang getüncht werden.⁷² Der Glasermeister MICHAEL MÖLLER aus Königsee lieferte 14 Fenster »... nach dem Hofe zu, mit Flügeln ...« für das »Neue Gebäude«.⁷³ Er arbeitete nach genauen Vorgaben und benötigte für die Fenster »... 1050 Spiegel Scheuben [...] nebst den eichenen Latten zu den Rahmen ...«.⁷⁴ Kurze Zeit später wurden nochmals drei Fenster »... uff dem Langen Gange ahm Vorgemach ...« geliefert und zwei Tischler bauten an »46½ Tagen« den Fußboden »... uff der langen Seiten des Neuen Gebäudes [...] wie auch Stuben und Cammer Thüren, item die Fenster Futter und bekleidung, sambt den Gelender umb einen Treppen zu verfertigen«.⁷⁵ Für die Anlage des Treppenhauses wurden »... 45 gedrehte Pfosten [...] In denen Gelendern umb 2 Treppen, wovon die einen quer gebauete und diesesmahl noch nicht gar fertig worden ...« gebraucht.⁷⁶

Um den organisatorischen Ablauf der Bauarbeiten zu überwachen, wurde Ende 1706 und Anfang 1707 für den Leutnant ANDREAS ADOLPH MEYLANDT (gest. 1732), der zuvor als Feldmesser tätig war, das mittlere Stockwerk im Torhaus ausgebaut.⁷⁷ Am 29. Januar 1707 erhielten acht »Herrschaftl[iche] Schloß und Forwergs Knechte, welche mit 16 Pferden den Herrn Lieutnant Meylanden sambt dessen familie und Haußrath anhero überführet ...« einen Gl. und drei Gr.⁷⁸ 1706 ist auch an dem »Neuen Quergebäude« mit der Burgvogtei gebaut worden, wo anschließend die Zimmerleute drei Stuben, Kammern und »Vorgemächer« herrichteten.⁷⁹

Neben den Arbeiten am Hauptgebäude ist Ende des 17. Jahrhunderts im Wesentlichen am Umbau des Garten- und Sommerhauses zu einer Art »Lusthaus« – dem späteren Kaisersaalgebäude – gearbeitet worden. Der aufragende Mittelbau war vermutlich mit dem nicht mehr bestehenden westlichen Seitentrakt in einer Bauphase errichtet worden. Der östliche Seitentrakt muss zu dieser Zeit bereits gestanden haben. Vor der reich gegliederten Fassade befand sich ein von zahlreichen Skulpturen und Wasserspeiern gezierter Altan, der über die Seitengebäude erschlossen werden konnte.⁸⁰

Nach der im September 1702 erfolgten Sicherung einer eingefallenen Mauer am westlichen Teil des Gartenhauses⁸¹, das LUDWIG FRIEDRICH I. VON SCHWARZBURG-RUDOLSTADT (1667 – 1710 – 1718) vorbehalten blieb, wurden die Voraussetzungen für nochmalige bauliche Veränderungen getroffen. Die Räume im östlichen Seitentrakt, die ANNA SOPHIE VON SCHWARZBURG-RUDOLSTADT (1670 – 1728) nutzte, waren so konzipiert, dass in ihnen wertvolle Sammlungsbestände präsentiert werden konnten. Hier befand sich das in den Inventaren beschriebene Spiegelgemach und Räume, die eine reiche Gemäldehängung besaßen. Erst nach der Fürstung LUDWIG FRIEDRICHS I. im Jahre 1710 ist der gesamte Dachbereich des Mittelbaus verändert worden und erhielt damit sein heutiges Aussehen. Die ursprüngliche Dachform wurde verändert und mit einem viereckigen Turmaufsatz versehen. An seinen schachtartigen Innenwänden bot sich Platz für die ganzfigurigen Kaiserbilder. In diesem Bereich vorgenommene dendrochronologische Untersuchungen⁸² weisen auf eine Bauzeit um 1713.

Die in den Amtsrechnungen dieser Jahre aufgezeichneten Bauleistungen lassen sich nicht eindeutig einzelnen Gebäuden zuordnen. Immerhin weilte vom 6. August 1707 bis zum 28. Februar 1708 der Hofmaler SEIVERT LAMMERS mit seinen Gehilfen auf der Schwarzburg, um »die neuen Gemächer uff Gräfl[ichen] Schloße« auszumalen.⁸³ Da am Hauptgebäude gebaut wurde, können sich derartige Arbeiten nur auf Gemächer im Leuten-

»Das Hoch Fürstl. Stamm-Hauß Schwarzburg. Im Jahre 1716«
Aquarellierte Federzeichnung nach einem heute verschollenen Original, kopiert von Alb. Frank, 1818
*Schlossmuseum Sondershausen Kr. 20.1*

berger Flügel oder auf die Appartements im West- und Osttrakt des späteren Kaisersaalgebäudes beziehen.[84]

Als Erstes waren die Arbeiten an der Schlosskirche einschließlich der Gewölbe des fürstlichen Erbbegräbnisses im Jahre 1713 beendet worden. Am 12. Juli erhielten die Kutscher, welche die neuen Glocken von Erfurt nach Schwarzburg brachten, eine Mahlzeit.[85] Nur wenige Tage später brachte ein Pferdegespann das Orgelgehäuse für die Kirche.[86] Unter großer Anteilnahme des Hofes und vieler auswärtiger Gäste erfolgte in einem feierlichen Gottesdienst am 26. Oktober die Weihe des prächtig ausgestatteten Sakralbaues.[87] Seine hofseitige Fassade war durch breite Gesimse gegliedert, die das Lagern des Baukörpers betonten. An dem mittig vorgebau-

ten Turm mit oktogonalem Aufsatz, Haube und Laterne dominierten die vertikalen Gliederungselemente. Davon sind heute nur noch die Pilaster und Säulengliederung sowie zwei Relieffelder am Turmstumpf erhalten geblieben. Hervorhebenswert sind die Wappen über dem Zugang in das Turmuntergeschoss: Das Allianzwappen zeigt links das schwarzburg-rudolstädtische und rechts das sachsen-gothaische Wappen. Die gespiegelten Monogramme verweisen auf FRIEDRICH LUDWIG I. (siehe Abb. S. 102) und seine Gemahlin ANNA SOPHIE, geb. Herzogin VON SACHSEN-GOTHA.

Fürst LUDWIG FRIEDRICH I. VON SCHWARZBURG-RUDOLSTADT, der am 24. Juni 1718 verstarb, hat die Vollendung des Hauptgebäudes nicht mehr erleben

Detail der hofseitigen Fassade der Schlosskirche
Photographie, um 1925   *Foto-Brand Schwarzburg*

Gespiegeltes Monogramm des Fürsten Ludwig Friedrich I. von Schwarzburg-Rudolstadt oberhalb des Eingangsportales der Schlosskirche, Zustand 2008

Die Schlosskirche, Photographie, um 1900   *TLMH Fotoarchiv*

können. Auf seinen Intentionen beruhte die Ausbildung von Schaufassaden an der Nordseite der Kirche sowie der Ostseite des Hauptgebäudes. Davon blieb nur der aus Gölitzer Sandstein errichtete portikusartige Anbau erhalten. Acht hohe Säulen mit ionischen Kapitellen, die sich paarweise auf je einem Sockel erheben, tragen einen mächtigen Architrav, der durch ein ausladendes und reich profiliertes Gesims abgeschlossen wird. Auf ihm ruht ein dreiachsiger, erkerartiger Vorbau, der den im zweiten Obergeschoss gelegenen Festsaal nach Osten erweitert. Drei hochrechteckige Fenster, über denen je ein runder gesprengter Giebel ausgebildet ist, werden von gepaart angeordneten korinthischen Pilastern gerahmt, auf denen kurze Gebälkstücke ruhen. Während das mittlere Fenster von einer reich gezierten Schriftkartusche mit zwei allegorischen Figuren bekrönt wird, sind Wappenschilder über den flankierenden Fenstern angeordnet. Das rechte Schild zeigt einen schreitenden Hirsch, das linke Schild einen aufgerichteten und gekrönten Löwen. Es handelt sich dabei um die Herzschilde aus dem schwarzburgischen Wappen, die für die Grafschaften Käfernburg und Schwarzburg sowie für die Herrschaft Klettenberg stehen.

Die Mittelachse des Anbaues erfährt eine besondere Betonung, da über dem Gesims der gedoppelten Pilaster, die das mittlere Fenster rahmen, ein aufragender Giebel

Die Ostfassade des Hauptgebäudes, Lichtdruck nach einer Photographie von Bräunlich, Jena, um 1893

ausgebildet wurde. Seine Fassade wird an jeder Seite von zwei korinthischen Säulen mit dazwischenliegenden Reliefs geziert. Den oberen Abschluss bildet ein Giebeldreieck, das auf Gebälkstücken und Konsolsteinen sitzt. Die würdevolle und prestigeträchtige Architektur des Anbaus sowie der bauplastische Schmuck sollten in besonderer Weise auf den Ruhm des schwarzburgischen Fürstenhauses und seines Vertreters, LUDWIG FRIEDRICHS I. VON SCHWARZBURG-RUDOLSTADT, weisen.

Die konsequente Anwendung der Säulenordnung sowie die Ausgewogenheit der Gliederungsmotive lassen Einflüsse der Architekturtheorie und der zeitgenössischen Schlossarchitektur erkennen. Sämtliche Reliefs zeigen Armaturen (Siegeszeichen), von denen ZEDLER in seinem Universallexikon schreibt, dass »… solche Zeichen […] meistentheils von Stein oder Marmor gehauen, auf Postamente gesetzet, und als Zierrathen in der Baukunst bey Fürst[lichen] und grosser Generalen Pallästen, bey

Ehren=Pforten, Stadt=Thoren, Zeugh=Häusern und dergleichen gebrauchet ...« werden.⁸⁸ Allerdings beschränkt sich die reiche Durchbildung der Fassade nur auf den portikusartigen Anbau, da es außer dem breit angelegten Traufgesims am Hauptgebäude, das sich an dem Anbau totläuft, wohl keinen weiteren Bauschmuck gab.

Ende 1718 ist die Fassadenarchitektur vollendet worden. Der Bildhauer Jeremias Daniel erhielt für die »Armaturen und anderer Arbeit« 27 Gl. und 19 Gr.⁸⁹ Nicht zuletzt erfolgte am 21. Februar 1719 die teilweise Bezahlung des Blattgoldes »... zu denen Meßingen Buchstaben am neuen Schloß Gebauete ...«⁹⁰ Die Endabrechnung erfolgte über die Kammerkasse Rudolstadt, wo am 15. April 1719 für die nach Schwarzburg gelieferten und vergoldeten 150 Stück Buchstaben und Punkte insgesamt zwölf Gl. und 18 Gr. ausgegeben wurden.⁹¹ Die Schriftzeichen waren für den Text der Kartusche bestimmt, die den Mittelbau ziert. (Abb.) Obwohl die Buchstaben heute nicht mehr vorhanden sind, hat sich deren Form auf der kupfernen Grundplatte der Kartusche teilweise abgezeichnet, so dass im Abgleich mit Teilvergrößerungen von historischen Photographien sowie neu gefertigten Detailaufnahmen⁹² die nebenstehende Transkription vorgenommen werden konnte.⁹³

Ein Saalfelder Bildhauer namens Johann Gottfried Kaufmann, der Reliefs und Skulpturen für Schloss Schwarzburg fertigte, bestätigte in einem Schreiben den Abschluss der Bauarbeiten am Hauptgebäude im Jahre 1719. Mit der Bitte um Weiterbeschäftigung wandte sich Kaufmann an Fürst Friedrich Anton und verwies darauf, dass er schon für Ludwig Friedrich I., der ein weitläufiges und kostbares Gebäude in Schwarzburg errichtete, tätig war. Da nunmehr die Bauarbeiten gänzlich eingestellt seien (1719), gäbe es auch keine Aufgabe mehr, obwohl er der einzige hier lebende Bildhauer im Land wäre.⁹⁴

Der Portikus des Hauptgebäudes, Photographie, um 1925   *Foto-Brand Schwarzburg*

Kartusche am Mittelbau, Zustand um 1925  
*Foto-Brand Schwarzburg*

Kartusche am Mittelbau, Zustand 2007  
*Foto Knut Krauße*

AVITAM • ARCEM  
QVAE GENTI • SCHWARZBVR  
GICAE NOMEN • DEDIT QVALIVMQ(VE)  
INSTAVRATIONE • FAMILIAE • ET •  
FAMAE SVPERSTITEM ESSE VOLVIT  
• LVDOV(ICVS) • FRIDERIC(VS) •  
I • PRINCEPS • SCHWARTZ(BVRGENSIS)  
A(NNO) • E(TERNI) • R(EGIS) • CHR(ISTI) •  
MDCCXVII •

Aufgrund der Wiedereinsetzung von Familie und (gutem) Ruf  
wollte Ludwig Friedrich I. von Schwarzburg im Jahre des ewigen Herrschers Christus 1717,  
dass die altangestammte Burg, die einem Schwarzburgischen Geschlecht  
welcher Abkunft auch immer den Namen gab, erhalten bleibe.

Das Eingangsportal vor dem Torhaus, Inschrift: »FR. ANT. PR. S. M.DCC.XXI.«, Photographie, 1939   *Foto-Brand Schwarzburg*

Der begehbare obere Abschluss des Eingangsportals, Photographie, 1939   *Foto-Brand Schwarzburg*

Auch der Schlossbrand vom 24. Oktober 1726 hat das Hauptgebäude nur partiell beschädigt, obwohl das Feuer in den südlich des Festsaales gelegenen fürstlichen Gemächern ausgebrochen war. Vor allem die Kirche brannte im Inneren aus, und die Flammen griffen schnell auf den Leutenberger Flügel über und richteten einen verheerenden Schaden an. Wegen der andauernden Bauarbeiten am Hauptgebäude, das über viele Jahre nur teilweise bewohnbar war, nutzte der fürstliche Hof neben den Gemächern des Kaisersaalgebäudes vor allem Räume im Leutenberger Flügel, der nach 1713 neu entstanden war.[95] Im Jahre 1719 konnten die Arbeiten beendet werden, denn am 16. November erhielten die Schieferdecker JOHANN CHRISTOPH GRIESER und CHRISTOPH THIEMEN für ihre erbrachte Leistung am »Leutenbergisch neuen Gebäu« 40 Gl.[96] In dieser Zeit ist wohl auch der in den Inventaren beschriebene »Große Saal« eingerichtet worden, der unmittelbar an die Kirche grenzte. In ihm befanden sich zahlreiche Gemälde und Ausstattungsstücke, darunter allein 79 Ahnenbilder, die in der Brandnacht wohl alle vernichtet wurden.[97] Einen ersten Augenzeugenbericht zum Brandgeschehen schrieb der Königseer Amtmann FRIEDRICH SAMUEL LANDGRAF (um 1666 – 1736) für den Rudolstädter Hof nieder: »Wird bey dem Fürst[lichen] Ambte früh um 7 Uhr berichtet, daß es zu Schwarzburg brenne und das Herrschaft[liche] stamhauß völlig in feuer stehe, worauf so fort befohlen worden Pferde von 2 spritzen zu vorschaffen und solche nebst der darzu gehörigen Mannschafft dahin abfuhren zulassen, auch sind die anderen Bürger befehligt, sich schleunig dahin zubegeben und löschen zuhelfen, ich aber bin vorausgeritten da ich aber dahin kommen ist das neue Gebäude nebst der Kirche allbereid niedergebrannt gewesen, dahero man nur dafür die anstalt machen und sorgen müssen, damit das Garttenhauß und auf dem hofe anstoßende gebäude erhalten würden, welches auch nechst göttl[icher] Hülfe bey ankunfft derer hiesigen und herschdorfer spritzen geschehen.«[98]

Die vom Amtmann LANDGRAF gewählte Formulierung, dass während des Brandes das »Neue Gebäude«

sowie die Kirche niedergebrannt seien, ist in vielen zeitgenössischen Berichten zu lesen.[99] So ist in den bisherigen Darstellungen zur Baugeschichte des Schlosses immer davon ausgegangen worden, dass mit dem Begriff »Neues Gebäude« nur das Hauptgebäude gemeint sein kann. Da nach den erfolgten bauhistorischen Untersuchungen[100] ein solch großer Brand in diesem Trakt auszuschließen ist, liegt es nahe, dass es sich bei dem genannten »Neuen Gebäude« um den 1718 vollendeten Leutenberger Flügel handelt.

Es ist anzunehmen, dass nach dem Tod des Fürsten LUDWIG FRIEDRICH I. die Bauarbeiten im Hauptgebäude nur schleppend vorangingen und die fürstlichen Repräsentations- und Wohnräume selbst 1726 noch nicht fertiggestellt waren. Dies bestätigt auch das Inventar von 1723, in dem nur die Räume des Fürsten erwähnt werden.[101] Fürst FRIEDRICH ANTON VON SCHWARZBURG-RUDOLSTADT verfolgte nicht mehr die ehrgeizigen Ziele seines Vaters bezüglich des Schlosses Schwarzburg. Von 1716 bis 1731 überschattete der »Bulisiussche Landstreit«[102] seine Regentschaft, der erhebliche finanzielle Auswirkungen auf die fürstliche Hofhaltung hatte. Dennoch ließ FRIEDRICH ANTON im Jahre 1721 ein triumphales Eingangsportal vor dem Torhaus errichten (siehe Abb. S. 106), das durch sein rustiziertes Mauerwerk und die auf FRIEDRICH ANTON bezogene Inschrift dessen Machtposition versinnbildlichte.

## Johann Moritz Richter d. J. und David Schatz Bauorganisation und Baubetrieb

Im Folgenden soll der Frage nachgegangen werden, wer auf der Schwarzburg den Baubetrieb koordinierte und die Arbeiten plante. Wie in anderen Landesherrschaften hatte sich auch in der Grafschaft Schwarzburg-Rudolstadt ein qualitativer Wandel in der Struktur des Bauwesens vollzogen, der im Vergleich zu anderen Ländern jedoch relativ spät erfolgte. Die quantitativ neuen Anforderungen an das Bauwesen mussten folgerichtig auch zu neuen Verantwortungsbereichen, Unterstellungen und Abhängigkeitsverhältnissen führen. Im Ergebnis dieses Prozesses bildete sich eine Organisationsform heraus, die überhaupt erst in der Lage war, alle landesherrlichen Bauaufgaben zu bewältigen. Es handelt sich dabei um das landesfürstliche Bauwesen, das sich in den sächsischen Herrschaftsgebieten bereits Ende des 15. Jahrhunderts etabliert hatte.[103] Es war so organisiert, dass es die allgemeinen und differenzierten Vorstellungen des Auftraggebers, unter gegebenen historischen, ästhetischen, finanziellen, materiellen und personellen Bedingungen optimal erfüllen konnte.

Der fürstliche Landesbaumeister prüfte die Projekte, fertigte die Pläne und Risse an, lieferte den Anschlag, verteilte die anstehenden Aufgaben und überwachte den Bau. Er musste also in der Architekturtheorie bewandert und handwerklich versiert sein, Kalkulationen aufstellen und den Arbeitsprozess rechnerisch überprüfen können. Denn im Regelfall war es so, dass der Landesherr eine limitierte Summe vorgab, mit der der Baumeister auszukommen hatte. Wenn er die vorgesehenen Baugelder überschritt, hatte er dies vor dem Landesherrn zu verantworten. Der fürstliche Baumeister war auch physischen Belastungen ausgesetzt. Häufig befanden sich die von ihm zu kontrollierenden Baustellen an räumlich weit voneinander entfernten Orten des Landes. An der eigentlichen Bauausführung war er nur wenig beteiligt. Auf den einzelnen Baustellen setzte der Landesherr örtliche, versierte Hofbeamte ein, die für den organisatorischen Ablauf der Bauarbeiten und deren handwerkliche Qualität verantwortlich waren.

Wie das landesfürstliche Bauwesen in den einzelnen Staaten ausgeprägt war, hing von der jeweiligen territorialherrschaftlichen Situation ab. So gab es erst seit dem späten 17. Jahrhundert in der Grafschaft Schwarzburg-Rudolstadt eine Anstellung von Baumeistern, die für alle landesherrlichen Projekte planerisch tätig waren. Beschäftigte der Hof zunächst auswärtige Architekten, die sich bereits einen Namen gemacht hatten, wurde im Jahre 1732 JOHANN JACOB ROUSSEAU (1712–1778) als erster Landesbaumeister angestellt, der ausschließlich die Bauvorhaben im Fürstentum Schwarzburg-Rudolstadt zu leiten hatte. Seit 1691 wurde vom Rudolstädter Hof der »Baw Meister zu Jehna H[err] Johann Moritz Richter« (1647–1705) beschäftigt, der eine quartalsweise Bezahlung von 28 Gl. und zwölf Gr. erhielt.[104] Nach RICHTERS Tod im Jahre 1705 zahlte der Rudolstädter Hof am 6. Mai 1706 noch ausstehende Beträge an seine Witwe. Diese erhielt »... 285 Gulden, 15 Groschen des Verstorbenen Bau Meisters Herrn Richters in Jehna nachgelaßene Fraw Wittibin ausstehende Besoldung, besage 2 quittungen und ambts Kelbra zu rechnung.«[105]

JOHANN MORITZ RICHTER D. J., 1647 in Weimar geboren, studierte in Jena und erhielt nach dem Tode seines Vaters JOHANN MORITZ RICHTER D. Ä. (1620–1667) im Jahre 1667 dessen Stelle als Landbaumeister am Weimarer Hof.[106] Zahlreiche Schlossbauten, an denen schon sein Vater tätig war, wurden von ihm fortgeführt. Dazu gehörten Schloss Moritzburg in Zeitz (bis 1678) und Schloss Neu-Augustusburg in Weißenfels. Auch plante er für den Herzog CHRISTIAN VON SACHSEN-EISENBERG (1653–1707) das Schloss Christianburg in Eisenberg. RICHTER, der in Jena seinen Hausstand gründete, baute in der Stadt einige Wohnhäuser, darunter das des Gelehrten ERHARD WEIGEL (1625–1699). Bevor der Baumeister am Rudolstädter Hof tätig war, hielt er sich am Hofe des Markgrafen CHRISTIAN ERNST VON BRANDENBURG-BAYREUTH (1644–1655–1712) auf, wo er die Bauarbeiten im Bayreuther Schloss leitete und für Erlangen den Plan für die Anlage einer Neustadt entwickelte. Im Jahre 1689 kehrte RICHTER nach Jena zurück und arbeitete für verschiedene Auftraggeber.

Zwei Jahre später erfolgte seine Anstellung durch den Rudolstädter Hof. RICHTER, der seit 1691 landesherrliche Bauvorhaben in Frankenhausen, Kelbra, Heringen und Schlotheim betreute, dürfte auch an Bauplanungen für die Schwarzburg beteiligt gewesen sein. Obwohl sein Name in den Abrechnungen nicht ausdrücklich erwähnt wird, ist durchaus anzunehmen, dass der Baumeister, der profunde architekturtheoretische Kenntnisse und baupraktische Erfahrungen besaß, auch Arbeiten auf der Schwarzburg zu planen hatte. Vor allem nach der Brandkatastrophe von 1695 dürften seine Kenntnisse von großem Wert gewesen sein. Dennoch haben sich bisher keine schriftlichen Quellen nachweisen lassen, die Auskunft über die konkrete Tätigkeit dieses Baumeisters für den Rudolstädter Hof geben könnten. Die in den Amtsrechnungen verzeichneten Bauarbeiten am Sommerhaus und am Hauptgebäude – Ende des 17. und zu Beginn des 18. Jahrhunderts – hatten allerdings Planungen zur Voraussetzung, die während der Amtszeit RICHTERS als schwarzburgischer Baumeister entstanden waren. Bis zu seinem Tod im Jahre 1705 waren die Arbeiten an den einzelnen Trakten der Schwarzburg noch nicht beendet und das Hauptgebäude stand nur im Rohbau.

Sein Nachfolger in der Funktion eines Landesbaumeisters wurde der in Leipzig ansässige Baumeister DAVID SCHATZ (1668–1750).[107] In den Rechnungsbüchern der Kammerkasse Rudolstadt lässt er sich im Jahr 1708 das erste Mal nachweisen. Für geleistete Dienste erhielt SCHATZ zur Neujahrsmesse die Quartalsbesoldung von 45 Gl. und 15 Gr.[108] Aus diesem Eintrag geht immerhin hervor, dass der Baumeister schon im letzten Quartal des Jahres 1707 für den Rudolstädter Hof tätig war. Darüber hinaus wurden ihm »Zehrungskosten« gezahlt, die SCHATZ jährlich geltend machte. Wie TRAJKOVITS in seiner Monographie zu DAVID SCHATZ vermutet, kam die Vermittlung des Baumeisters nach Rudolstadt durch den Leipziger Unternehmer und Kaufmann ANDREAS DIETRICH APEL (1662–1718) zustande, der den gräflichen Hof seit 1701 mit Kram- und Livreewaren belieferte.[109] SCHATZ hatte sich in Leipzig als »Kunst, Lust- oder Ziergärtner« einen Namen gemacht und war um 1701 von APEL beschäftigt worden.[110] Der gebildete Kaufmann, der sich offensichtlich auch um die Ausbildung des hoffnungsvollen Baumeisters kümmerte, ließ sich von ihm eine Gartenanlage entwerfen und ausführen. Die als »Apelscher Garten« in die Geschichtsschreibung eingegangene Anlage entsprach den neuesten Erkenntnissen der Gartenkunst und der Architekturtheorie. Fast gleichzeitig entstand mit dem Knautheimer Schloss der erste Schlossbau von DAVID SCHATZ, der »... so propere aufgeführt, daß es seines gleichen in dem Leipzigischen Creyße wohl wenige finden wird«.[111]

Mit DAVID SCHATZ gewann Graf ALBERT ANTON VON SCHWARZBURG-RUDOLSTADT einen bekannten Baumeister, der in der Lage war, die in der Grafschaft anstehenden Bauaufgaben zu realisieren. Bisher blieb jedoch ungeklärt, mit welchen Projekten SCHATZ betraut wurde, da es dazu in den Amtsrechnungen keine Hinweise gibt. Dabei ist stets übersehen worden, dass der Beginn seiner Tätigkeit in Rudolstadt mit den umfangreichen Bauarbeiten auf der Schwarzburg zeitlich übereinstimmt. Dass DAVID SCHATZ in seiner Funktion als Landesbaumeister an diesem wichtigen Schlossbau nicht beteiligt war, erscheint wenig plausibel. Zudem gab es seit dem Sommer 1707 mit MEYLANDT einen örtlichen Baumeister auf der Schwarzburg, der in der Lage war, die Planungen umzusetzen und die Arbeiten zu überwachen.

Im August 1707 weilte auch der mit DAVID SCHATZ bekannte Bildhauer und Architekt JOHANN NIKOLAUS FREUND (geb. um 1660) auf der Schwarzburg, der zusammen mit dem »Herrn Obrist Hofmeister und Renth Cammer Directori«, dem »Herrn Lieutnant Mylanden« und drei Dienern beköstigt wurde.[112] FREUND arbeitete an der Ausstattung der Schwarzburger Schlosskirche und dem Kaisersaalgebäude. Darüber hinaus sind FREUND laut Inventar aus dem Jahre 1719 Gartenskulpturen zuzuschreiben, die sich vor dem Kaisersaalgebäude befanden.[113]

Ein Großteil der beim Schlossbau benötigten Materialien stammte aus der unmittelbaren Umgebung Schwarzburgs. Der benötigte Alabaster wurde bei Allendorf gewonnen, aus Döschnitz stammte der »Marmor«

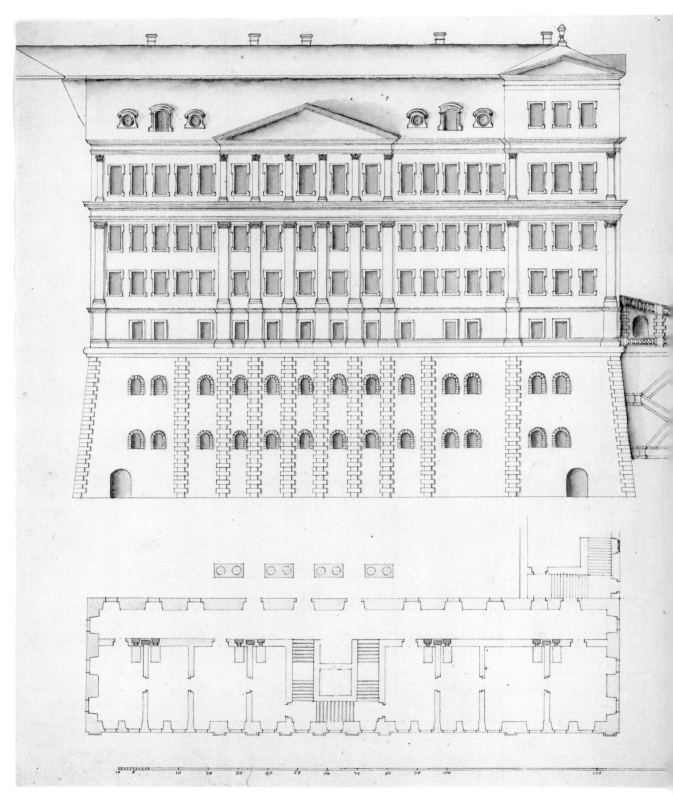

David Schatz (?), Entwurf für die Westfassade des Hauptgebäudes mit Grundriss des Erdgeschosses, um 1710   *ThStAR, Karten, Pläne und Risse Nr. 1874*

und unterhalb des Schlosses, an der Westseite des Schlossberges gelegen, befand sich ein Schieferbruch. Diese Materialien wurden effektiverweise im »Zucht- und Arbeitshaus«[114], das sich südlich des Kaisersaalgebäudes befand, bearbeitet.

Vor allem eine erhaltene Entwurfszeichnung des Hauptgebäudes könnte auf die Tätigkeit des Baumeisters DAVID SCHATZ für Schloss Schwarzburg weisen.[115] Der im Thüringischen Staatsarchiv Rudolstadt aufbewahrte großformatige Plan (siehe Abb.) zeigt die bergseitige Fassade und den Grundriss des Hauptgebäudes und muss als Vorstudie zur architektonischen Gliederung gedient haben.

Der mit Mansarddach versehene Baukörper erhebt sich über einem hohen Sockel, dessen Wehrhaftigkeit durch die vertikale Anordnung von Bossensteinen an den Ecken und zwischen den Fensterachsen unterstrichen wird. An dem viergeschossigen Bau sind die mittleren fünf Fensterachsen durch eine Pilastergliederung hervorgehoben, die über dem Traufgesims mit einem Giebeldreieck bekrönt wird. Mit dem Ziel, die langgestreckte Fassade zu strukturieren, sind die rechten äußeren vier Fensterachsen durch Pilaster eingefasst und durch einen erkerartigen Aufbau akzentuiert, der über das Traufgesims ragt. Als horizontales Gliederungselement beherrscht ein über dem zweiten Stockwerk angelegtes Gesims den Fassadenaufbau. Die sich daneben befindende Gebäudegruppe lässt sich nur schwer mit der topographischen Situation und dem tatsächlichen baulichen Bestand in Einklang bringen. Weder der Leutenberger Flügel noch das Sommerhaus sind hier berücksichtigt worden.

Unter dem Fassadenaufriss ist der Grundriss des Hauptgebäudes dargestellt, der durch die eingezeichneten Säulenstellungen auf den hofseitig geplanten portikusartigen Anbau aufmerksam macht. Dieser beantwortet damit die das Hauptgebäude betonende Pilastergliederung an der Westseite durch eine Säulengliederung an der Ostseite. Der nicht bezeichnete Plan, der eine der möglichen Gliederungsvarianten der bergseitigen Fassade festhält, lässt durchaus Intentionen von DAVID SCHATZ erkennen, die an einigen seiner Bauten zu finden sind: die Akzentuierung von Ecksituationen durch Pilastergliederung; das Hervorheben der Mitte eines Baukörpers durch entsprechende Gliederungsmotive wie Risalit oder Portikus, die von einem Giebeldreieck bekrönt werden; breit angelegte Traufgesimse, die sich durch ein flach ausgebildetes Relief auszeichnen; gleichartig profilierte Fenstergewände, die mit seitlich überstehenden Teilen, den sogenannten Ohren, verziert sind.

Johann Alexander Thiele, Die Schwarzburg von Osten
Öl auf Leinwand, um 1737/38   *Schlossmuseum Sondershausen Kb 224*

Sollte der Plan zum Hauptgebäude der Schwarzburg von DAVID SCHATZ stammen, muss dieser um 1710 entstanden sein. Nach dem Tod des Grafen ALBERT ANTON VON SCHWARZBURG-RUDOLSTADT war der Baumeister nicht mehr für den Rudolstädter Hof tätig.[116]

Der erhaltene Auf- und Grundriss stellt lediglich einen ersten Entwurf dar, der nur partiell realisiert wurde. Bis 1718/19 war der auf dem Plan eingezeichnete portikusartige Anbau fertiggestellt, dagegen ist das aufwendige Gliederungssystem an der Bergseite nie realisiert worden. Von den zahlreichen Bauplänen zum Schloss blieben bis auf den oben besprochenen nur noch vier weitere Entwurfszeichnungen zum Festsaal erhalten.[117]

· · · · ·

Die Bauarbeiten an Schloss Schwarzburg vermitteln eindrucksvoll, wie seit dem späten 17. und frühen 18. Jahrhundert der Schlossbau in der ständisch geprägten Gesellschaft an erster Stelle stand, galt es doch, mit den Mitteln der Architektur, die Herrschaft des Fürsten zu artikulieren. Nicht zuletzt wird dies in zahlreichen architekturtheoretischen Schriften erörtert, die sich gleichermaßen an Bauherren, Architekten und gelegentliche Besucher von Gebäuden wenden. Der Herrscher, zu dessen ›Tugenden‹ die Errichtung von Gebäuden gehörte, entwickelte sich in dieser Zeit gleichsam zum ›dilettierenden Architekten‹. Er entschied letztendlich über Aussehen und Gestalt der Bauwerke, die ein bestimmtes Anspruchsniveau zu vermitteln hatten. Diese Entwicklung zeichnete sich auch am schwarzburg-rudolstädtischen Hof ab, als sich unter Graf ALBERT ANTON und dessen Sohn Fürst LUDWIG FRIEDRICH I. eine an den großen Kunstzentren orientierte höfische Kultur durchsetzte.

Nach dem Ausbau zur Landesfestung im Jahre 1664 begann im späten 17. Jahrhundert die aufwendige Umgestaltung der Schwarzburg zu einem barocken Schloss. Nach dem Brand von 1695 entstand eine nach Osten geöffnete Anlage, die sich durch die Gebäude des Leutenberger Flügels und des Kaisersaals nach Süden ausdehnt. Insgesamt kam es zu einer Regularisierung der Architektur, deren Zentrum das neu entstandene *Corps de logis* im Hauptgebäude wurde. Gleich einem Mittelrisalit macht der portikusartige Anbau diese Hierarchisierung sinnlich erlebbar.[118] Mit der Öffnung des Schlosses nach Osten findet gleichsam eine »Entfestigung und Zurschaustellung statt«, und die Architektur erhält eine zusätzliche Raumwirkung.[119]

Diese Baumaßnahmen waren eng mit dem gewachsenen Repräsentationsbedarf der Schwarzburg-Rudolstädter Grafen und späteren Fürsten verknüpft. Ein Bauzwang war bereits entstanden, nachdem im Oktober Graf LUDWIG FRIEDRICH I. ANNA SOPHIE, Tochter des Herzogs FRIEDRICH I. VON SACHSEN-GOTHA, ehelichte. Mit dieser Heirat gelang es den in Rudolstadt residierenden Schwarzburgern eine dynastische Verbindung mit dem Gothaer Herzogshaus herzustellen, die ihnen hohes Ansehen und politischen Einfluss verschaffte. Für sämtliche landesherrlichen Bauvorhaben, vor allem die Schlösser, wirkte sich die im Jahr 1710 vollzogene Fürstung der Linie SCHWARZBURG-RUDOLSTADT noch gewichtiger aus.[120] Im Verständnis der Zeit sollte das Schloss eines Fürsten herrschaftlich sein und als Ort der Hofhaltung dienen, um eine beeindruckende Vorstellung fürstlicher Pracht geben zu können. Vor allem Fürst LUDWIG FRIEDRICH I., der seine ganze Energie auf den Ausbau des Schlosses Schwarzburg richtete, hat auf der Heidecksburg in Rudolstadt nichts Vergleichbares geschaffen. Mit dem Bau des Hauptgebäudes und der angrenzenden Schlosskirche konnten »... Rang und Stand sowie der soziale Aufstieg [...] zum Vorschein gebracht, ja ostentativ dokumentiert werden«.[121] Viel spricht heute dafür, dass Fürst LUDWIG FRIEDRICH I. VON SCHWARZBURG-RUDOLSTADT mit der Übernahme der Regentschaft im Jahre 1710 seine Residenz nach Schwarzburg verlegen wollte. Ein mögliches Vorhaben, das spätestens nach seinem Tod im Jahre 1718 aufgegeben wurde.

### ANMERKUNGEN

1. Mit dem Erlöschen der Linie Schwarzburg-Käfernburg im Jahre 1385 ist die Anlage bis zum 16. Jahrhundert nur noch zeitweise genutzt worden. Schon 1592 wird sie als großer Steinhaufen bezeichnet und 1661 ist der Abbruch der Burg erwähnt. – Vgl. dazu: MÜLLEROTT, Hansjürgen: Die Käfernburg über Oberndorf vorm Thüringer Wald. – In: Thüringen im Mittelalter. Die Schwarzburger, Rudolstadt 1995 (= Beiträge zur schwarzburgischen Kunst- und Kulturgeschichte; 3), S. 269 – 272.
2. Abschrift der Urkunde in: ThStAR, Hessesche Collectaneen A VIII 3c Nr. 1, Bd. 4, Bl. 288.
3. Vgl. ebenda, RS 112 – 420 Schlossbau Rechnungen Schwarzburg: »Register des Baues graven Balthazar belangend angefangen anno 1500 dinstags nach Trinitatis«
4. Vgl. ebenda, Bl. 9. Die Angabe bezieht sich auf Bauarbeiten zwischen Michaelis 1502 und Michaelis 1503. Genannt werden Zimmermannsarbeiten am Turm, an der Brücke sowie dem Tor- und Backhaus.
5. Umfassend geht Ulrich Schütte in seinem Buch: Das Schloss als Wehranlage. Befestigte Schlossbauten der frühen Neuzeit im alten Reich (Darmstadt 1994) diesen Fragestellungen nach. Die auf Seite 3 allgemein getroffene Feststellung, dass Burgen und Schlösser »... als Sitze fürstlicher, geistlicher und adeliger Herrschaft ...« Orte sind, von denen »... die Herrschaft über ein Territorium ausgeht ...«, trifft in besonderer Weise auf die imposante Anlage der Schwarzburg zu.
6. Eine frühe, wenn auch kurze Beschreibung des Schwarzburger Schlosses findet sich bereits für das Jahr 1548. Graf Wolrad von Waldeck (1509 – 1578) besuchte nach seiner Abreise vom Reichstag zu Augsburg auch Schloss Schwarzburg. Dazu heißt es in seinem Tagebuch: »... und gelangten endlich nach Schwarzburg, einem alten Schloss über dem Abhang eines Berges gebaut und ringsum die Höhen beherrschend. Die Schwarza umfließt den Berg, auf dem das Schloss liegt auf allen Seiten. Es bleibt für den Weg zur Burg nur ein Zugang frei, der ist holperig und voll von Kieseln bis hinauf zu den Gebäuden der Burg. Sie hat vorm ersten Eingang bis zur Höhe der Burg 5 Tore, die täglich geschlossen werden müssen. Rechts vom Eingang liegt jetzt die Wohnung des Grafen Günther, einst der Sitz unseres Schwiegervaters mit Gebäuden geschmückt. Zur linken liegt das Haus Johann Heinrichs und die Schloßkirche. Johann Heinrich läßt zur Zeit da bauen. Die Gebäude der beiden Grafen trennt der Weg. Es ist auch ein Graben da und ein viereckiger Turm zur Rechten vom ersten Tor.« Die hier wiedergegebene Transkription des Textes stammt von Berthold Rein (1860 – 1943) – Vgl. ThStAR, Nachlaß Rein Nr. 87.
7. Siehe hierzu den Beitrag von Knut Krauße in diesem Buch, S. 77 – 89.
8. Siehe hierzu den Beitrag von Helmut-Eberhard Paulus in diesem Buch, S. 183 – 201 bzw. von Jörg Hoffmann, S. 45 – 75.
9. Vgl. UNBEHAUN, Lutz: Albrecht VII. – In: Die Grafen von Schwarzburg-Rudolstadt. Albrecht VII. bis Albert Anton, Rudolstadt 2004, S. 37 ff.
10. Vgl. ebenda, S. 58.
11. Die Bezeichnung »Schwarzburger Stamm« aber auch »Stamm=Hauss« wird seit dem späten 17. Jahrhundert verwendet.
12. Vgl. von ARETIN, Karl Otmar: Das Alte Reich 1648 – 1806, Bd. 1: Föderalistische oder hierarchische Ordnung, Stuttgart 1997, S. 215.
13. Vgl. ebenda, S. 215.
14. Vgl. ebenda, S. 217 ff.
15. ThStAR, Geheimes Archiv (Restbestand) B VII 6b Nr. 1, Bl. 10.
16. Ebenda.
17. Ebenda.
18. Siehe dazu auch: HECKMANN, Herrmann: Baumeister des Barock und Rokoko in Thüringen, Berlin 1999, S. 71 – 78.
19. Neuere Forschungen dazu bei: ROHRMÜLLER, Marc: Schloss Friedenstein. Architektur – Distribution – Ausstattung. – In: Ernst der Fromme (1601 – 1675) Bauherr und Sammler, Gotha o. J., S. 11 ff.
20. Vgl. ThStAR, Geheimes Archiv (Restbestand) B VII 6b Nr. 1 sowie ThStA Gotha, Kammer Gotha Nr. 3 Q 2.1/1.
21. Vgl. ThStAR, Geheimes Archiv (Restbestand) B VII 6b Nr. 1, Bl. 2.
22. Rundbastion.
23. Aus Strohgeflecht bestehender Zaun.
24. ThStAR, Geheimes Archiv (Restbestand) B VII 6b Nr. 1, Bl. 26.
25. Vgl. ebenda.
26. Ebenda.
27. Ebenda Nr. 2, Bl. 21.
28. Siehe hierzu den Beitrag von Jens Henkel in diesem Buch, S. 311 – 347.
29. Vgl. FLEISCHER, Horst: Vom Leben in der Residenz. Rudolstadt 1646 – 1816, Rudolstadt 1996 (= Beiträge zur schwarzburgischen Kunst- und Kulturgeschichte; 4), S. 25; UNBEHAUN, Lutz: Die Stadtkirche St. Andreas in Rudolstadt, München 2003, S. 22.
30. ThStAR, RS 143-010 Rent- und Steueramt Königsee / Amt Schwarzburg 1659 / 1660, Bl. 131.

31. Vgl. ebenda.
32. Vgl. ebenda, Bl. 138.
33. Ebenda, Bl. 130.
34. Vgl. ebenda 1662/1663, Bl. 143. Die Arbeiten am Zeughaus müssen recht umfangreich gewesen sein, denn der Zimmermann Heinrich Schönheid wurde schon am 20. März 1662 für Dachdeckerarbeiten entlohnt. Siehe dazu: Ebenda, Bl. 144.
35. Vgl. ebenda, Bl. 143.
36. Vgl. ebenda 1663/1664, Bl. 139.
37. Vgl. ebenda 1668/1669, Bl. 165.
38. Vgl. ebenda 1665/1666, Bl. 153.
39. Der erste größere Ankauf von Trinkgläsern für die Schwarzburg muss wohl im Dezember 1667 getätigt worden sein, da dieser am 3. Januar 1668 in den Amtsrechnungen vermerkt ist. Auch in den folgenden Jahren werden für die Hofhaltung Gläser angeschafft. Siehe dazu: Ebenda 1667/1668, Bl. 177.
40. Vgl. ebenda 1664/1665, Bl. 139.
41. Vgl. ebenda, Bl. 138.
42. Vgl. ebenda 1665/1666, Bl. 153.
43. Vgl. ebenda 1666/1667, Bl. 165.
44. Vgl. ebenda, Bl. 164.
45. Vgl. ebenda, Bl. 167.
46. Ebenda 1667/1668, Bl. 171f.
47. Siehe hierzu den Beitrag von Knut Krauße in diesem Buch, S. 77–89.
48. Vgl. ThStAR, RS 143-010 Rent- und Steueramt Königsee/Amt Schwarzburg 1668/1669, Bl. 170.
49. Vgl. ebenda, Bl. 171.
50. Vgl. ebenda 1675/1676, Bl. 134.
51. Ebenda 1678/1679, Bl. 124.
52. Ebenda 1668/1669, Bl. 173f.
53. Vgl. ebenda 1676/1677, Bl. 129.
54. Vgl. ebenda 1682/1683, Bl. 138.
55. Vgl. ebenda, Bl. 145.
56. Vgl. ebenda, Bl. 146.
57. Vgl. ebenda, Bl. 147.
58. Vgl. ebenda 1691/1692, Bl. 122.
59. Vgl. ebenda, Bl. 123 und Bl. 124.
60. Vgl. ebenda 1689/1690, Bl. 123.
61. In »Teutschenbachs Schwarzburgischen Annalen von 1601–1757« wird berichtet, dass es des Nachts um 11 Uhr im Stammhause zu Schwarzburg gebrannt habe, wodurch das »Alte Gebäude« nebst der »Junckerstube« und dem darunter befindlichen »Reisigenstall« in Asche gelegt worden sei. – Vgl. ebenda, Hessesche Collectaneen A VIII 1c Nr. 8.
62. Vgl. ebenda, Geheimes Archiv (Restbestand) A IV 2b Nr. 2: »Schwartz[burgische] Kirch Weyhungs Acta 1713«
63. Ebenda, RS 143-010 Rent- und Steueramt Königsee/Amt Schwarzburg 1699/1700, Bl. 98. Die Einnahme in Höhe von 1104 Gl. und vier Gr. wird in diesem Band auf Bl. 2 mit der Bemerkung verzeichnet, dass dieses Geld »... aus seel[igen] Herrn Ambtschreiber Ludwigs Ambts Resten von dessen Successore nunmehro auch see[ligen] H[errn] Ambtschreiber Schnuphasen Successive gehoben und zum bauwesen angewendet worden bes[onders] wohlgedachten H[errn] Ambtschreiber Ludwigs bei der Hochgräf[lichen] Renth Cammer befindlichen Rest oder Stück Rechnung ...« stammt.
64. Ebenda 1701/1702, Bl. 118.
65. Vgl. ebenda, Bl. 127.
66. Vgl. ebenda 1702/1703, Bl. 117.
67. Vgl. ebenda.
68. Vgl. ebenda.
69. Ebenda 1703/1704, Bl. 118.
70. Ebenda.

71. Vgl. ebenda, Bl. 116.
72. Vgl. ebenda 1704/1705, Bl. 115: Genannt »... sind 4 Personen Georg Möllern und Consorten zu Bechstedt, welche im Neuen Gebäu uff hiesig hochgräf[lichen] Stammhause das ganze lange Theil über den Gutsch Stalle durchauß ehr us getunchet werden können, bemändelt und darüber ieder 24 völlige Tage à 4 gr[oschen] gerechnet diesen Sommer über 1705 zugebracht ...«. Schließlich erhielt Hans Christoph Güntzsche zehn Gl. »... von den Langen Gange durchauß, samt denen Vorgemächern zu beiden Seiten durchauß zu vertünchen ...«. Für diese Arbeiten werden neben Pigmenten auch Kälberhaare, Kalk, Leim und Milch gekauft.
73. Ebenda.
74. Ebenda.
75. Ebenda, Bl. 116.
76. Vgl. ebenda, Bl. 117.
77. Vgl. ebenda 1705/1706, Bl. 117.
78. Vgl. ebenda 1706/1707, Bl. 112.
79. Vgl. ebenda, Bl. 117.
80. Siehe hierzu den Beitrag von Horst Fleischer in diesem Buch, S. 153–181.
81. Der Maurer Christoph Sommer und »Consorten« erhielten am 30. September 1702 für «... 15 einzelne Tage, die vor etlichen Wochen eingefallene Mauer beym Sommer Hauße wieder uffzuführen ...« drei Gl. 15 Gr. neun Pfg. – In: ThStAR, RS 143-010 Rent- und Steueramt Königsee/Amt Schwarzburg 1701/02, Bl. 116.
82. Bauhistorische Untersuchungen des Jahres 2007 von Knut Krauße (Architekturbüro für Denkmalpflege Rudolstadt).
83. Vgl. ThStAR, RS 143-010 Rent- und Steueramt Königsee/Amt Schwarzburg 1707/1708, Bl. 11.
84. In den dreißiger Jahren des 18. Jahrhunderts hatten sich am westlichen Seitentrakt des Kaisersaalgebäudes so starke Setzungsrisse ergeben, dass das gesamte Gebäude nach 1737 geräumt werden musste. Der Bauinspektor Johann Heinrich Roß plante zunächst das Bauwerk mit »... 4 biß 5 Pfeiler theils in der Mitte unter ieder Wand, theils unter denen Ecken 4 biß 5 schu ins quadrat starck und etl[iche] 20 biß 30 Schu hoch aus dem fundament aufgeführet, und zu beyden Seiten von sothanen Pfeilern, Erdbogen biß an die Ring Mauer und das Mittlere stücke des Garten= Hauses geschloßen werden ...«. Offensichtlich sind die Sicherungsarbeiten immer wieder aufgeschoben worden, denn noch im Jahre 1756 war nur ein Teil der beschriebenen Maßnahmen verwirklicht. Schließlich ließ die fürstliche Bauverwaltung das Gebäude wenige Jahre später abreißen.
85. Vgl. ThStAR, RS 143-010 Rent- und Steueramt Königsee/Amt Schwarzburg 1712/1713, Bl. 112.
86. Vgl. ebenda.
87. Vgl. ebenda, Geheimes Archiv (Restbestand) A IV 2b Nr. 2: »Schwartz[burgische] Kirch Weyhungs Acta 1713«.
88. Vgl. ZEDLER, Johann Heinrich: Grosses vollständiges Universallexikon Wissenschaften und Künste, Bd. 37, Leipzig 1732ff., Sp. 1097.
89. Vgl. ThStAR, RS 143-010 Rent- und Steueramt Königsee/Amt Schwarzburg 1718/1719, Bl. 118.
90. Ebenda.
91. Vgl. ebenda, RS 114-002 Kammerkasse Rudolstadt 1718/1719, Bl. 84.
92. Besonderer Dank gebührt Herrn Knut Krauße für die aufwendig gefertigten Neuaufnahmen der Kartusche.
93. Die Inschrift nimmt auch bezüglich der hier vorgenommenen Datierung eine Schlüsselrolle ein. Merkwürdigerweise fanden sich weder archivalische, zeichnerische oder photographische Dokumentationen bzw. Übersetzungen dieses Textes. Eine Deutung der Inschrift erschien zunächst unmöglich, da die Buchstaben nach 1945 entfernt wurden und ein leeres Kartuschenfeld hinterließen. Nur durch die Hilfe von Herrn Dipl. phil. Franz Jäger (Die deutschen Inschriften des Mittelalters und der frühen Neuzeit, Forschungsstelle der Leipziger Akademie in Halle) und

Dr. Ilas Bartusch (Heidelberg) war die Transkription und Übersetzung der hier erstmals veröffentlichten Inschrift (vereinfachte Wiedergabe) möglich. Für diese schwierige Arbeit sei ihnen an dieser Stelle herzlich gedankt.

94. Vgl. ThStAR, Geheimes Ratskollegium Rudolstadt E III 6a Nr. 25.
95. Vgl. ebenda, RS 143-010 Rent- und Steueramt Königsee / Amt Schwarzburg 1712/1713, Bl. 115: Am 8. Juli 1713 werden Zimmerleute entlohnt »... von bauholtz zu fällen und auß zu hauen zu dem gebäuete über dem Leutenberg[ischen] Gemach ...«.
96. Vgl. ebenda 1719/1720, Bl. 115.
97. Vgl. ebenda, Hessesche Collectaneen A VIII 1c Nr. 8, S. 518 sowie das Inventar von 1723 (vgl. die Transkription in diesem Buch. S. 125 ff.)
98. Ebenda, Geheimes Archiv (Restbestand) B VII 6b Nr. 3, Bl. 1.
99. Dies geht auch aus dem von Wilhelm Ludwig von Beulwitz am 18. Januar 1727 verfassten Schreiben an »alle Räthe, Ritterschaft etc.« hervor, in dem er um finanzielle Unterstützung für die durch den Brand verursachten Schäden am Schloss bittet. – Vgl. ebenda C V 3e Nr. 37, Bl. 1.
100. Siehe hierzu den Beitrag von Knut Kraußse in diesem Buch, S. 77 – 89.
101. Erst Ende der dreißiger Jahre des 18. Jahrhunderts, wohl mit der Einweihung der wieder aufgebauten Schlosskirche am 26. August 1738, kamen auch die Bauarbeiten am Hauptgebäude zu einem gewissen Abschluss.
102. Vgl. Westphal, Siegrid: Revolution in Rudolstadt? Der Bulisiussche Landstreit im Fürstentum Schwarzburg-Rudolstadt in der ersten Hälfte des 18. Jahrhunderts. – In: ZVTG 61 (2007), S. 131 – 156 sowie Esche, Frank: Friedrich Anton. – In: Die Fürsten von Schwarzburg-Rudolstadt. 1710 – 1918, Rudolstadt 2001, S. 35 f.
103. In den wettinischen Gebieten zeichnete sich Ende des 15. Jahrhunderts ein Verwischen der Arbeitsbereiche von Bauhütte und Bauzunft ab. Die Landesherren behielten sich vor, Steinmetze, Maurer und Zimmerleute zwangsweise zur Verwirklichung ihrer Bauvorhaben heranzuziehen. Als Kurfürst Friedrich der Sanftmütige von Sachsen (1412 – 1464) das Amt eines fürstlichen Baumeisters einrichtete, stellte das einen »Schritt zu einem einheitlichen Landesbauwesen« und zur Beendigung der Konkurrenz zwischen Hütten und Zünften dar. – Vgl. dazu: Lemper, Ernst Heinz: Arnold von Westphalen. Berufs- und Lebensbild eines deutschen Werkmeisters der Spätgotik. – In: Die Albrechtsburg in Meißen, Leipzig 1972, S. 41. Für die ernestinischen Gebiete siehe: Unbehaun, Lutz: Leben und Werk des Baumeisters Nikolaus Gromann. Ein Beitrag zur thüringischen Kunstgeschichte. – In: Jahrbuch der Coburger Landesstiftung (1993), S. 335 – 368.
104. Vgl. ThStAR, RS 114-002 Kammerkasse Rudolstadt 1691/1692, Bl. 43.
105. Ebenda 1705/1706, Bl. 54.
106. Siehe außerdem Heckmann 1999 (wie Anm. 18), S. 92 – 98.
107. Vgl. Trajkovits, Thomas: Der sächsische Landbaumeister David Schatz (1668 – 1750). Leben und Werk, Beucha 2003.
108. Vgl. ThStAR, RS 114-002 Kammerkasse Rudolstadt 1708/1709, Bl. 60.
109. Vgl. Trajkovits 2003 (wie Anm. 107), S. 10.
110. Vgl. ebenda, S. 9.
111. Schwartze, Heinrich Engelbert: Historische Nachlese zu denen Geschichten der Stadt Leipzig, sonderlich der umliegenden Gegend und Landschaft, als denen trefflichen Ritter-Sitzen, Herrschafften, Pfarren, Gelehrten und merckwürdigen Begebenheiten [...], Leipzig 1744, S. 227.
112. Vgl. ThStAR, RS 143-010 Rent- und Steueramt Königsee / Amt Schwarzburg 1706/1707, Bl. 110.
113. Johann Nikolaus Freund lernte von ca. 1687 bis 1691 bei dem Stadtbauinspektor Giovanni Camino in Venedig, arbeitete anschließend drei Jahre in Bologna und Rom. Danach führten ihn Aufträge nach Wien, Graz und Laibach. Im Jahre 1694/95 trat Freund in die Werkstatt des Augsburger Bildhauers Abraham Baur und wurde wenig später an die badischen Höfe in Esslingen, Stuttgart, Durlach und Baden gerufen, um dort Architekturunterricht zu erteilen. In Rudolstadt schuf Freund im Turmuntergeschoss der St. Andreaskirche den Doppelsarkophag für den Grafen Albert Anton und seiner Gemahlin Aemilie Juliane. – Vgl. Allgemeines Künstler Lexikon. Die Bildenden Künstler aller Zeiten und Völker, Bd. 44, München; Leipzig 2005, S. 491.
114. Siehe hierzu den Beitrag von Jens Henkel in diesem Buch, S. 203 – 251.
115. Vgl. ThStAR, Karten, Pläne und Risse Nr. 1874. Einen vagen Hinweis auf die Herkunft der Grund- und Aufrisszeichnung gibt auch das Wasserzeichen des verwendeten Papiers. Es handelt sich dabei um ein gekröntes Lilienwappen, angehängter Viererhakenmarke und darunterstehenden Buchstaben WR für Wendel Riehel in Straßburg. Auch Schatz verwendete für seine Bauzeichnungen Bögen aus dieser Papiermühle. – Vgl. Trajkovits 2003 (wie Anm. 107), S. 208.
116. Noch am 16. Juni 1711 wurde David Schatz vom Rudolstädter Hof ein Trauergeld gezahlt. – In: Ebenda, S. 10 f.
117. Siehe hierzu den Beitrag von Katja Heitmann in diesem Buch, S. 117 – 151. Obwohl zahlreiche Baurisse zur Schwarzburg nach dem Tod des Landesbaumeisters Peter Caspar Schellschläger (1717 – 1790) archiviert wurden, sind diese nicht mehr nachweisbar. Unter der Überschrift »Verzeichnis der Bauakten nach Absterben des Landbaumeisters Schellschläger« sind für das Amt Schwarzburg folgende Pläne aufgeführt: »A Das herrschaft[liche] Begräbnisgewölbe anno 1758; B Herrschaft[liche] Amts- und andere Gebäude; C das hochfürstl[iche] Schloß 1738; D Das Gartenhauß und Keysersaal 1737; E Das Zeughauß 1737; F Das Zuchthauß 1743« – ThStAR, Geheimes Archiv (Restbestand) C XXIV 4a Nr. 2.
118. Vgl. Puntigam, Sigrid: Standeserhöhung und Schlossbau im kleinstaatlichen Bereich. – In: Die Künste und das Schloss in der frühen Neuzeit, München 1998 (= Rudolstädter Forschungen zur Residenzkultur; 1), S. 31 ff.
119. Vgl. ebenda, S. 36.
120. Bereits 1697 hatte der Kaiser die Grafen von Schwarzburg-Sondershausen und Schwarzburg-Arnstadt in den Reichsfürstenstand erhoben. Warum der in Rudolstadt residierende Graf Albert Anton von diesem zeremoniellen Akt zunächst Abstand nahm, ist heute nicht mehr eindeutig erklärbar. Neben finanziellen Lasten, die mit einer Standeserhöhung verbunden waren, befürchtete er wohl unkalkulierbare diplomatische Verwicklungen mit den sächsischen Lehnsherren.
121. Puntigam 1998 (wie Anm. 118), S. 35.

Katja Heitmann

# »Beyzierden und Zierrath«
## *Die Ausstattung von Schloss und Schlosskirche zwischen 1700 und 1770*

Glücklicherweise war der intendierte Umbau von Schloss Schwarzburg zum Reichsgästehaus der Nationalsozialisten in den 1940er Jahren nicht zum Abschluss gekommen. So haben sich noch heute einige wenige Stuckdecken im Bandlwerkdekor im zweiten Obergeschoss des zwar noch vorhandenen, aber ruinösen Stammhauses Schwarzburg erhalten, während die übrige Innenausstattung gänzlich verloren ist. Aufgrund nahezu vollständig fehlender Bauakten, die Hinweise auf den Initiator sowie auf die ausführenden Künstler und Handwerker hätten geben können, gestaltet sich die Erforschung der räumlichen Dekoration sowie des ›Meublements‹ von Schloss und Schlosskirche vor allem des 18. Jahrhunderts als schwierig. Sowohl die zeitgenössische Publizistik wie auch neuere Forschungen bieten ebenfalls nur wenig Anhaltspunkte, so dass die folgende Untersuchung vornehmlich auf der Grundlage einiger weniger überkommener Inventare erfolgen kann.[1]

## Schloss Schwarzburg
## Residenzstiftung bis 1718

Inwieweit die beiden Brände von 1695 und 1726 diesen umfassenden zerstörerischen Charakter hatten, der bisher von der Forschung angenommen wurde, darf insgesamt bezweifelt werden. Fakt ist indes, dass die Raumstruktur des Hauptgebäudes seit dem 16. Jahrhundert quasi unverändert überkommen war, worauf die Aus- und Umbauten der folgenden Jahrhunderte gründeten.[2] Seit dem letzten Drittel des 17. Jahrhunderts wurde ununterbrochen am Schlosskomplex gebaut, als nacheinander die renommierten sächsischen Baumeister ANDREAS RUDOLPH (1601–1679), JOHANN MORITZ RICHTER D. J. (1647–1705) sowie DAVID SCHATZ (1667–1750) vor Ort waren.[3] Der Leipziger Baumeister SCHATZ, der bis 1710 in schwarzburgischen Landen verblieb, darf als geistiger Urheber der bereits 1713 geweihten Schlosskirche sowie des noch heute gut erhaltenen, loggienartigen Portikus mit dem triumphalen Hoheitsmotiv der korinthischen Säulenordnung bezeichnet werden, den er in vergleichbarer Weise wenige Jahre später am Burgscheidunger Schloss wiederholte.[4] Die Vollendung des Säulenportals 1717/18 gibt zusätzlich einen Anhaltspunkt auf die Ausstattung des dahinter, im zweiten Obergeschoss verorteten Festsaals, da dieser in seinen Ausmaßen bis in den Portikus hineinreicht. Die tatsächliche Wand- und Deckengestaltung des Saales konnte also erst nach weitestgehender Vollendung des Eingangsportals realisiert werden, als SCHATZ seit vielen Jahren nicht mehr für das Baugeschehen am Schloss Schwarzburg zuständig war. Die Stuckierung der angrenzenden Appartements könnte zwar bereits früher erfolgt sein, da dort – archivalisch belegt – seit 1705 handwerkliche Arbeiten in den Innenräumen vorgenommen und Fenster eingesetzt wurden. Allerdings konzentrierten sich die baulichen Maßnahmen der folgenden Jahre auf den Ausbau der Schlosskirche samt Grablege sowie auf den repräsentativen Kaisersaal, so dass vermutlich nicht mit Nachdruck an der Innenausstattung des Hauptgebäudes gearbeitet wurde.

Der Ausbau der gesamten Anlage von Schloss Schwarzburg hing eng mit den Herrschaftsambitionen des Grafen und späteren Fürsten LUDWIG FRIEDRICH I. VON SCHWARZBURG-RUDOLSTADT (1667–1710–1718) zusammen. Spätestens nach der zwar bereits 1697 erfolgten, aber erst 1710 angenommenen Fürstung war der Landesherr bestrebt, den Regierungssitz von Rudolstadt in das altehrwürdige Stammschloss der Schwarzburger zu verlegen. Aus diesem Grund richtete er auch die Grablege der Rudolstädter Linie in der Schwarzburger Schlosskirche ein, wobei die Gebeine seiner Vorfahren jedoch in der Stadtkirche von Rudolstadt verblieben. Dieser symbolische Akt stellte einen Neuanfang an einem alten, geschichtsträchtigen Ort dar und unterstrich durch den

*Unbekannt, Entwurf für die Nordwand des Festsaales (Detail), lavierte Federzeichnung um 1720/25?*
*Staatliche Museen zu Berlin, Kupferstichkabinett, Inv.-Nr. KdZ 30394*

Rückbezug auf die jahrhundertealte reichsgräfliche Dynastie deren Bedeutung.⁵ Durch seinen frühen Tod im Jahre 1718 kamen die Baumaßnahmen indes größtenteils zum Erliegen, da sein Sohn und Nachfolger, FRIEDRICH ANTON VON SCHWARZBURG-RUDOLSTADT (1692 – 1718 – 1744), die ehrgeizigen Pläne seines Vaters auch wegen eines langjährig währenden Rechtsstreits mit den Untertanen aufgrund von willkürlichen Steuererhebungen – dem Bulisiusschen Landstreit⁶ – nicht weiterverfolgte, so dass Schloss Schwarzburg in der Folge lediglich als Nebensitz betrachtet und als Jagdschloss genutzt wurde.

Durch die Räumlichkeiten im Kaisersaalgebäude stand dem Fürstenpaar überdies ein adäquates *Logis* zur Verfügung. Aus diesem Grund konzentrierte sich die Baufortführung nach 1718 zunächst auf die Appartements und den Saal im Leutenberger Flügel, die zusätzlichen Raum für adlige Gäste bieten konnten, da die bisherigen Gästequartiere oberhalb der Stallungen aufgrund der Enge sicherlich nicht mehr den gestiegenen Ansprüchen und dem Zeitgeschmack entsprachen. Auch das Hauptgebäude wird weiter ausgebaut worden sein, jedoch keinesfalls mit vergleichbarer Intensität wie unter seinem Vorgänger. Dieser Umstand wird später im Hinblick auf die Untersuchung der heute noch vorhandenen Stuckaturen im dortigen Saal sowie in den daran angrenzenden Raumfolgen von Interesse sein.

## Die Schlosskirche von 1713 und der Vorgängerbau des 17. Jahrhunderts

Die Aktenlage zur Schlosskirche, die rechtwinklig zum Hauptgebäude lag, ist vergleichbar dürftig wie die zum gesamten Schlosskomplex. Durch die geplante Einrichtung der schwarzburg-rudolstädtischen Grablege besaß der Ausbau der Schlosskirche mit ziemlicher Sicherheit Priorität vor allen anderen Bauaufgaben.⁷ 1713 hatte der Saalfelder Orgelbauer JOHANN GEORG FINCKE (1680 – 1749)⁸ die neue Orgel in den Prospekt eingebaut, und am 26. Oktober desselben Jahres wurde die Kirche mit einem feierlichen Festgottesdienst geweiht.⁹

Die vom Schlosshauptmann ANDREAS ADOLPH MEYLANDT (gest. 1732) entworfenen, triumphalen *Castra Doloris* (Trauergerüste), in denen der Leichnam des Fürsten in der Schwarzburger Schlosskirche angemessen aufgebahrt werden sollte, können nur einen minimalen Eindruck des Innenraumes wiedergeben (siehe Abb.).¹⁰

Andreas Adolph Meylandt
Zeichnung eines Castrum Doloris
für Ludwig Friedrich I. von Schwarzburg-Rudolstadt
für die Schlosskirche Schwarzburg, 1718
ThStAR, Geheimes Archiv (Restbestand) B II 2c Nr. 2

Die Zeichnungen erlauben dem Betrachter einen Blick in den Chor, der durch eine halbhohe, rechtwinklig umlaufende Empore gegliedert war. Die Emporenstellung deutet auf einen geraden Chorabschluss hin. Zwei kolossale Pfeiler mit kompositem Kapitel flankierten den Eingang zum Chor und demonstrieren die liturgische Trennung zum Gemeinderaum. Die gesamte Kirche gliederte sich durch Pfeiler mit Kapitellen niedrigerer Ordnung sowie weiteren Emporen, wie sich noch anhand des Nachfolgebaues erkennen lässt. Die in den Stichkappen sichtbaren Medaillons und Festons können als zeitweilige Ausstattungsstücke betrachtet werden. Der rundbogige Abschluss gewährt zusätzlich den Ausblick in den darüberliegenden, durch eine Balustrade abgesetzten Deckenbereich. Auch zu dieser Zeit muss die Kirche bereits reich mit dem regional gebrochenen Marmor- und

Andreas Adolph Meylandt (?), Entwurf eines Castrum Doloris für Ludwig Friedrich I. von Schwarzburg-Rudolstadt für die Südseite der Schlosskirche Schwarzburg, 1718 (?)   *ThStAR, Regierung Rudolstadt Nr. 32*

Alabastersteinen verziert gewesen sein. Zusätzlich war der fürstliche Kirchenstand zwischen 1719 und 1723 mit vier Armlehnsesseln und weiteren zwölf bzw. vier Stühlen sowie einer Fußbank und einem Tisch nahezu gleich ausgestattet. Bei den Möbelstoffen überwogen blaue oder gelbblaue Farbtöne.[11]

Der Vorgängerbau des 17. Jahrhunderts war »über und über mit grühn= und weiteren Laubwerck« ausgemalt, hatte aber bei Weitem nicht die gleichen Ausmaße wie der repräsentative Bau des 18. Jahrhunderts.[12] Dennoch gibt ein Inventar aus dem letzten Drittel des 17. Jahrhunderts Aufschluss darüber, dass es sich hierbei bereits um eine hohe Emporenkirche mit drei Emporen auf reich geschnitzten Pfeilern und einem verglasten Herrschaftsstand gehandelt hat. Die Orgel aus dem Jahr 1683 war »ganz neu renoviret mit vergolden schnizz werck« und mit den Namensinsignien des gräflichen Herrscherpaares bekrönt. Oberhalb des Altars prangte »der Nahme Jesus vergold von Schnizzwerck«, während der »Neüe Predigt Stuhl von allerhandt Schnizzwerck [gefertigt war] und uf beeden Seiten auf geschnizten Pälmbäumen [stand] – alles vergoldet.« Die vielfältigen Alabasterplatten aus dem eigenen Alabastersteinbruch bei Allendorf sowie Reliefs im Altarbereich komplettierten auch hier die primär in Grüntönen gehaltene und durchaus kostbare, mit Silber und Gold gehöhte Innenraumdekoration.[13]

## Der Ausbau der Zimmer im Leutenberger Flügel zwischen 1719 und 1723

Obwohl das Hauptgebäude der Schwarzburger Schlossanlage inzwischen ebenfalls überwiegend fertiggestellt gewesen sein muss, beschränkte sich dessen räumliche Ausstattung bis zum Brand von 1726 vornehmlich auf die fürstlichen Wohnappartements im südlichen Teil des ersten Obergeschosses, wie anhand des Brandberichtes von 1726 ersichtlich ist.[14] Der überwiegende Teil der Innenräume war jedoch noch keineswegs bewohnbar und wurde erst allmählich ausgebaut. Wie eingangs erwähnt, wurde auch der an die Schlosskirche anschließende Leutenberger Flügel in den Jahren vor dem Brand von 1726 sukzessive ausgebaut. Dieses ehemals auch in Teilen als Zuchthaus und zu Wirtschaftszwecken genutzte Nebengebäude wurde zwischen 1719 und 1723 nachweislich auch zum Wohngebrauch umfunktioniert.[15]

Ein Jahr nach dem Tod des Fürsten LUDWIG FRIEDRICH (1718) war bisher nur ein großer Saal mit einer Vielzahl von Gemälden sowie einem angeschlossenen Verschlag mit zahlreichen aufbewahrten Tapetenbahnen im ersten Obergeschoss des Leutenberger Flügels nachweisbar. Der Saal, der vermutlich an der Nordseite des Gebäudes situiert war, hatte vor allem durch den quantitativ hohen Bildbestand, der sicherlich in Teilen aus dem Hauptgebäude stammte, eher Depotcharakter. Dort wurden 82 quadratische Porträts »von dem Schwartzburgischen Haiße«, zwei großformatige Gemälde der schwarzburgischen Prinzen und Prinzessinnen, ein Bildnis der drei Käfernburger Grafen samt ihren Gemahlinnen (»Käfernburger Gemälde«) sowie die allegorische Darstellung der Eitelkeit und einige wenige Möbel eingelagert.[16] Bemerkenswert ist das »Model von dem gantzen Haiße«, das noch 1719 dort stand und eine hölzerne Miniatur des Schwarzburger Schlosses zeigte, die zu Anschauungszwecken dienen mochte. Leider ist es nicht erhalten geblieben.

Weiterhin bemerkenswert ist zudem die Tatsache, dass sich 1723 in einem Verschlag im Leutenberger Flügel u. a. »Sieben Zehen auf Leinwand gemahlte Kayser in Lebensgröße« befunden haben. Dies ist insofern interessant, da der Kaisersaal spätestens seit 1719 vollständig mit den 48 lebensgroßen Kaiserbildnissen geschmückt und fertiggestellt war. Es drängt sich die Annahme auf, dass diese überzähligen Kaiserbilder im 17. Jahrhundert eventuell im Saal des Hauptgebäudes hingen. Die endgültige Lösung dieser Frage muss jedoch zunächst ein Desiderat der Forschung bleiben, auch weil der Leutenberger Flügel und sein Mobiliar bei dem Brand von 1726 in großen Teilen zerstört und nicht in vergleichbarer Weise wieder aufgebaut wurde.

1723 war der Innenausbau in den Gebäuden des Schwarzburger Schlosses weiter vorangeschritten. Zwei Gemächer, ein »Cabinet wo das Camin stehet«, sowie ein Schlafgemach bildeten theoretisch ein standesgemäßes Appartement für eine adlige Person, dem die »Neue Gallerie« mit 56 zum Teil gemalten Hirschköpfen, die u. a. aus Neuhaus stammten, vorgelagert war. Der angeschlossene Saal nebst Kammer und »Einschlage« diente hierbei vermutlich als Tafelzimmer. 1723 schmückte ein Teil der Gemälde aus dem Saal zusätzlich zu einem Historiengemälde und einer Allegorie der vier Elemente das erste Gemach, das gewiss als Vorzimmer diente. Im Kabinett hingen außerdem noch Gemälde des verstorbenen Fürsten LUDWIG FRIEDRICH I. auf einem Pferd und seiner Gemahlin ANNA SOPHIE, geb. Prinzessin VON SACHSEN-GOTHA (1670 – 1728).[17] Bei den zahlreichen Möbeln überwogen braune Farbtöne, wenn auch die Stuhlbezüge gelegentlich etwas farbenfroher gewebt waren.

In einem weiteren Geschoss waren bis auf ein Gemach und eine Kammer zu diesem Zeitpunkt keine Zimmer ausgebaut, wie auch eine Notiz am Ende der Aufstellung bezeugt: »Weilen das 3te [Geschoss] und übrige Gemächer auf der Neuen Gallerie noch nicht völlig ausgebauet, als haben solche nicht können inventiret [...] werden.« (vgl. das transkribierte Inventar von 1723 im Anhang).

Die im Inventar von 1723 aufgeführte Auflistung der hier beschriebenen Räumlichkeiten – großer Saal mit Verschlag, Neue Galerie, Kammer neben dem Saal, erstes Gemach, anderes Gemach, Kaminkabinett und Schlafzimmer – legt aufgrund der Wegrichtung des Schreibers vom Kaisersaalgebäude über den Leutenberger Flügel zur Schlosskirche und den Stallungen eine Verortung der Gemächer im Leutenberger Flügel nahe, obwohl dies aus logischen Gesichtspunkten nicht unbedingt nachvollziehbar ist: Warum sollte der fürstliche Auftraggeber der Innenausgestaltung des ursprünglichen Ökonomietraktes den Vorrang vor dem repräsentativeren Hauptgebäude geben? Es lässt sich nur insofern erklären, dass das Fürstenpaar bei seinen gelegentlichen Aufenthalten weiterhin die durchaus angemessenen Appartements im Kaisersaalgebäude nutzte und die Priorität zunächst auf zusätzliche Gästelogis im Leutenberger Flügel legte, da die Zimmer oberhalb der Stallungen in Größe und Ausstattung bei Weitem nicht mehr zeitgemäß waren. Gleichzeitig muss jedoch auch am Ausbau der Gemächer des Hauptgebäudes gearbeitet worden sein, denn kurz vor dem Brand von 1726 hatte Fürst FRIEDRICH ANTON bereits im südlichen Teil des ersten Obergeschosses sein Appartement bewohnt, dessen Ausstattung durch das Feuer großen Schaden nahm.[18]

## Die Schlossausstattung nach dem Brand von 1726

Obwohl es mit dem Brandbericht einen eindeutigen quellenkundlichen Nachweis über das Feuer im Schwarzburger Schlosskomplex in der Nacht auf den 24. Oktober 1726 gibt, ist bisher unklar, welchen genauen Umfang die Zerstörungen hatten.[19] Zumindest das Obergeschoss des Leutenberger Flügels, der Kirchturm und die darin befindlichen Glocken, die fürstlichen Gemächer im ersten Obergeschoss des Hauptgebäudes sowie möglicherweise ein Teil des Dachstuhls waren betroffen. Aufgrund fehlender Brandspuren im Dach des Hauptgebäudes sowie der dendrochronologisch nachgewiesenen Unversehrtheit des Unterzugbalkens im Saal, dessen Dachwerk noch aus den 1660er Jahren stammt, kann eine vollständige Zerstörung dieses Traktes sowie der Kirche im Prinzip ausgeschlossen werden.[20] Bisher war der Brand von der Forschung stets als Zäsur betrachtet worden, die einen vollständigen Schloss- und Schlosskirchenbau bedingt hätte. Durch diese Widerlegung müssen auch die erhaltenen Stuckdecken hinsichtlich ihres Entstehungszeitraumes neu bewertet werden, da es im zweiten Obergeschoss vermutlich nicht gebrannt hat, sondern nur eine starke Rauchentwicklung festzustellen war.[21]

Vielleicht waren die Schilderungen bezüglich der verheerenden Feuersbrunst ein wenig übertrieben formuliert, um die Spendenwilligkeit der Untertanen zu erhöhen.[22] Zumindest wurde umgehend ein Fond zur Finanzierung eingerichtet. Die Bediensteten und herrschaftlichen Räte hatten schon bereitwillig ihre Besoldungen zur Verfügung gestellt, und aus der Gemeinde Schwarzburg waren ebenfalls die ersten Spenden eingegangen. Erfolgreicher als die Aufforderung an die Gemeinden war der am 18. Januar 1727 erfolgte Spendenaufruf des Hofjunkers und Rittergutsbesitzers WILHELM LUDWIG VON BEULWITZ an »bestimmte hochwohlgeborene Herren«, gemeinsam zum Wiederaufbau beizutragen und ein »don gratuit« beizusteuern.[23] Eine beiliegende Liste namhafter Rittergutsbesitzer inklusive der Spendenhöhe belegt das Gelingen dieses Aufrufs.[24]

Archivalische Hinweise auf den tatsächlichen Fortgang der Bauarbeiten sind hingegen erst für die 1730er Jahre überliefert. Anhaltspunkte geben hierbei die Tagebucheinträge des Landesherrn, in denen er zusätzlich zum Tagesgeschehen die Einnahmen und Ausgaben seiner Privatschatulle notierte.[25] Aus ihnen wird ersichtlich, dass ein »Mahler Zwaden« mindestens seit Februar 1736 aktiv am Baugeschehen beteiligt war und in diesem Jahr u. a. für die Ausmalung eines Wappens entlohnt wurde.[26] Wer allerdings die Aufsicht über die Bauarbeiten führte, ist nicht eindeutig zu belegen. Nach MEYLANDTS Tod im Jahr 1732 übernahm sein ehemaliger Lehrling JOHANN MICHAEL HEUBEL (1690–1776) dessen Amt und Aufgaben.[27] Allerdings sind ihm vermutlich eher organisatorische Assistenzaufgaben zuzusprechen. Seit 1732 war zudem JOHANN JACOB ROUSSEAU (1712–1778) offiziell als Landbaumeister für alle fürstlichen Bauaufgaben am Rudolstädter Hof zuständig, wobei er archivalisch jedoch nur bis 1737 nachweisbar ist.[28] Eine Beteiligung des sächsischen Oberlandbaumeisters JOHANN CHRISTOPH KNÖFFEL (1686–1752) an Schloss Schwarzburg,

Johann Christoph Morgenstern
Günther XL. von Schwarzburg-Blankenburg in Lebensgröße
Öl auf Leinwand, 1744
Photographie um 1930 von einem heute verschollenen Gemälde
*TLMH Fotoarchiv*

Johann Christoph Morgenstern
Ludwig Günther I. von Schwarzburg-Rudolstadt in Lebensgröße
Öl auf Leinwand, 1744
*TLMH M 413*

der bis 1743 für den Rohbau des *Corps de logis* der Heidecksburg verantwortlich zeichnete, ist aus stilistischen Gründen auszuschließen.[29] Hingegen war sein Nachfolger, der sachsen-weimarische Landbaumeister GOTTFRIED HEINRICH KROHNE (1703–1756), offensichtlich gelegentlich mit der Ausstattung des Jagdschlosses betraut worden, wie sich noch zeigen wird. Seit 1733 nahm zudem JOHANN CHRISTOPH ROSS (gest. 1758) die Aufgaben eines Bauinspektors am Rudolstädter Hof wahr, und seit 1737 war PETER CASPAR SCHELLSCHLÄGER (1717–1790) als Architekt verakkordet.[30] Insofern gab es in den ersten Jahrzehnten des 18. Jahrhunderts zwar zahlreiches, architektonisch geschultes Personal am schwarzburg-rudolstädtischen Hof, was für den Neubau von drei großen Baumaßnahmen – Schloss Schwarzburg, Schloss Heidecksburg[31] und Schloss Ludwigsburg[32] – auch zwingend erforderlich war, aber eine direkte Einflussnahme auf die Schlossausgestaltung kann nur KROHNE nach 1743 zugesprochen werden.[33]

Seit Ende der dreißiger Jahre ist zumindest der Einsatz der Rudolstädter Hofhandwerker am Schloss Schwarzburg belegbar. So arbeiteten sowohl der Stadtilmer Tischler JOHANN NICOLAUS MÜLLER (gest. 1754), der Stuckateur JOHANN TOBIAS MÜLLER,[34] als auch der Rudolstädter Hoftischler GOTTFRIED CHRISTOPH STREICHER noch am Innenausbau, obwohl bereits zu dieser Zeit das erste Sitzmobiliar geliefert wurde.[35] Auch in den nächsten Jahren erfolgten immer wieder Transporte von Stühlen aus Rudolstadt, Arnstadt, Stadtilm oder auch Allersdorf ins Schwarzburger Schloss, die teilweise aus spanischem Rohr geflochten waren und die Form von englischen Lehnstühlen hatten. Zum Teil waren sie jedoch auch mit gelbem, bedrucktem Leder beschlagen.[36] In der Summe müssen 1745 über 100 Stühle im gesamten Schloss vorhanden gewesen sein, von denen sich ein Vierteljahrhundert später noch an die 90 Stück nachweisen ließen.[37]

1744 wird generell als Abschlussjahr der Bau- und Ausstattungsarbeiten am Hauptgebäude angenommen, da der rudolstädtische Hofmaler JOHANN CHRISTOPH MORGENSTERN (1697–1767), der seit 1725 in schwarzburg-rudolstädtischen Diensten stand, für dieses Jahr in seinem Tagebuch die Vollendung von acht Gemälden in Lebensgröße notierte: »Prinz Johann Friedrich, Durchl[aucht] Fürst [Friedrich Anton – Anm. d. Verf.], Fürst Ludwig Friedrich, Graf Günther XL. (siehe Abb.), Graf Albert [Albrecht VII. – Anm. d. Verf.], Graf Ludwig Günther (siehe Abb.), Kaiser Günther und Graf Albert Anton«.[38] Sie waren mit einem Schmuckrahmen versehen und hingen ebenso wie die im darauf folgenden Jahr fertiggestellten, oberhalb der Türen befindlichen Supraportengemälde – Wildbretstücke beziehungsweise »4 auf Leinentuch gemalte Jägerstücke« darstellend – im großen Saal.[39]

Auf diese Weise konnte jedem Besucher nun neben dem Kaisersaal auch im Festsaal der Memorial- und zusätzlich der Jagdschlosscharakter des Stammschlosses vor Augen geführt werden. Dies heißt jedoch nicht, dass das Hauptgebäude bis zu diesem Jahr vollkommen ungenutzt blieb. Bereits zwei Jahre zuvor hatte die Landesherrschaft mit Hofstaat mehrere Tage im Schloss *Logis* bezogen.[40]

Die fürstlichen Räumlichkeiten mögen seit 1744 bewohnbar gewesen sein, aber vollständig ausgestaltet war das Schloss noch nicht.[41] So war der Hofmaler CARL CHRISTLIEB REINTHALER (vor 1743–1770) noch 1750 im Schwarzburger Saal mit letzten Vergoldungsarbeiten beschäftigt.[42] Und fünf Jahre später hatte die Fürstin BERNHARDINE CHRISTINE SOPHIE VON SCHWARZBURG-RUDOLSTADT (1724–1757) in Pößneck ein »zweyseßlich Canepee und 8 Fouteillen Stühle« als zusätzliches Sitzmobiliar in Auftrag gegeben.[43] Auch die

Hirschgalerie im 1. Obergeschoss des Hauptgebäudes
Photographie von Eduard Lösche, Rudolstadt, um 1870
*TLMH Fotoarchiv*

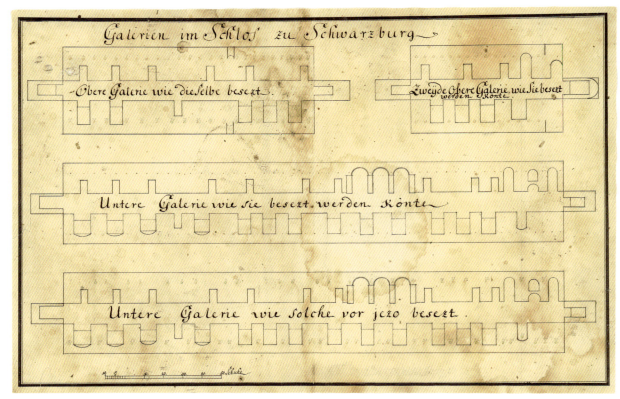

Plan zur Neudekoration der Galerien mit Hirschgeweihen im Hauptgebäude
Zeichnung, Ende 18. Jh.   *ThStAR, Karten, Pläne und Risse Nr. 1815*

Hirschgeweihe wurden erst sukzessive über die Jahre hinweg in den Galerien aufgehängt, und bis 1761 gelangten auf diese Weise über 130 Hirschgeweihe mit geschnitzten Hirschköpfen in die langgezogenen Korridore (siehe Abb.).[44] Die Dekoration mit Hirschgeweihen lässt sich außerdem bereits seit dem 16. Jahrhundert nachweisen und unterstreicht den tradierten Jagdschlosscharakter des Stammhauses.[45]

## Die Ausstattung der Schlosskirche nach dem Brand von 1726

Obwohl das Feuer den Turm und die Glocken beschädigt hatte, schien der Kirchenraum verschont geblieben zu sein.[46] So zeigt der Vergleich zwischen der historischen Photographie um 1870 (siehe Abb.) und den Zeichnungen der Trauergerüste denselben architektonischen Aufbau, was die Vermutung nahelegt, dass auch die Emporengliederung bereits vom Vorgängerbau und damit wahrscheinlich von DAVID SCHATZ oder sogar noch von JOHANN MORITZ RICHTER entworfen worden war.

Der Zutritt zur Kirche wurde durch das mittig gelegene Portal der Hofseite und über die Schlossgalerien ermöglicht, über die die fürstliche Familie direkten Zugang zu dem verglasten Herrschaftsstand besaß. Dort war vermutlich auch die Orgel situiert. Im gegenüberliegenden Chor befand sich ursprünglich eine Empore mit Kanzelaltar und Schalldeckel, der »… zu den raumbestimmenden Elemente[n] im protestantischen Kirchenbau …« zählte.[47] Um die fürstliche Vorrangstellung vor der geistlichen Macht zum Ausdruck zu bringen, war die Kanzel meist unterhalb, gelegentlich auf gleicher Höhe wie der Herrschaftsstand angeordnet.[48] Der Schwarzburger Kanzelaltar war in den architektonischen Aufbau einer Empore eingefügt, die ebenso wie die Kirche zurückhaltend gestaltet war und vor allem durch ihr kostbares Material wirken sollte.[49] Gemeinsam mit dem bekrönenden Auge Gottes im Strahlenkranz bildeten sie das sakrale Programm. Zusätzlich befand sich ein schlichter Blockaltar mit einer Marmorplatte vor Ort.

Das hölzerne Schnitzwerk dieses Kanzelaltars verdeutlicht den freieren Umgang mit dem Ornament und kann damit als eines der frühesten Beispiele für die allmähliche

Kanzelaltar der Schlosskirche, Photographie von Eduard Lösche, Rudolstadt, um 1870   *TLMH Fotoarchiv*

Die Schlosskirche, Photographie nach 1884  *TLMH Fotoarchiv*

 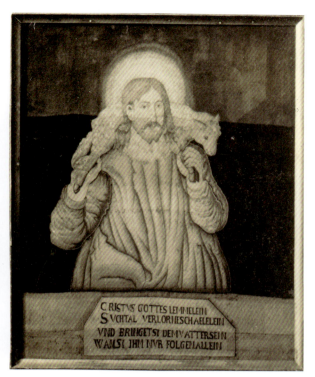

Christus als Apotheker, Gobelin, gerahmt, 17. Jh.  
*Klassik Stiftung Weimar, Inv.-Nr. N 7/62*

Christus als Guter Hirte, Gobelin, gerahmt, 17. Jh.  
Photographie um 1930  
*ThStAR, Nachlass Fürstin Anna Luise Nr. 198*

Hinwendung zur Rocaille im thüringischen Raum gelten. Das Bandlwerk der früheren Ausstattungsphase, das noch die Emporenbögen durchzieht, fand bei den Zierraten des Altars keine Verwendung mehr. Auf einer weiteren historischen Photographie aus der Zeit nach dem Umbau von 1883/84 (siehe Abb.) sind außerdem an der Decke zwei gefüllte Kartuschen mit filigranen, rankenartigen Girlanden zu erkennen, was auf ein französisch beeinflusstes Vorlagenblatt hindeuten könnte, wie es bei den Decken im Hauptgebäude später näher erläutert werden wird. Aus Symmetriegründen sind vier Medaillonfelder in den Ecken anzunehmen, um die vegetabile und florale Ornamente mit Bänderungen angeordnet waren, während das Deckenzentrum ebenfalls ornamental oder durch ein Gemälde mit religiösem Inhalt ausgefüllt gewesen sein könnte.

Beim 1883/84 erfolgten Umbau des Kirchenraumes wurden die Emporen im Chor entfernt, eine zusätzliche Kanzel an einer seitlichen Empore angefügt und der auf der Photographie sichtbare Baldachinaltar eingebaut.[50]

Es haben sich nur wenige Ausstattungsstücke aus der Schlosskirche erhalten: eine Bibel, die marmorne Altarplatte, die jetzt in einem Allendorfer Garten steht, und zwei heute in Weimar befindliche Gobelins die *Christus als Apotheker* sowie *Christus als Guter Hirte* darstellen (siehe Abb.). Außerdem sind die Schwarzburger Glocken noch heute in der Kirche von Allendorf zu hören, während der reich verzierte Kanzelaltar des 18. Jahrhunderts seit 1935 in der Stadtkirche von Großobringen zu besichtigen ist.[51]

Zumindest war die Ausstattung der Schlosskirche kurz vor der *solennen* (feierlichen) Einweihung, die anlässlich des 46. Geburtstages des Fürsten FRIEDRICH ANTON am 26. August 1738 stattfinden sollte, weitestgehend abgeschlossen.[52] Allerdings fehlten noch die farbige Fassung des stuckierten Wappens des schwarzburg-rudolstädtischen Fürstenhauses, des Fürstenhuts und des Monogramms des landesherrlichen Auftraggebers am Herrschaftsstand[53] sowie die vom Rudolstädter Glockengießer JOHANNES FEER (1688–1758) neu gefertigten Glocken für das Kirchengeläute.[54] Zudem hatte der Schlossbrand auch die ursprüngliche Orgel zerstört, so dass für die musikalische Untermalung der Weihe eine neue benötigt wurde. Dafür diente die intakte Orgel der ausgebrannten Schlosskirche von Schloss Heidecksburg, wozu der Fürst zuvor bereits persönlich geraten hatte.[55]

Der Festsaal im 2. Obergeschoss des Hauptgebäudes (das 2. Gemälde von rechts zeigt Ludwig Günther I. von Schwarzburg-Rudolstadt, das einzige heute erhaltene Gemälde aus dem Saal, vgl. Abb. S. 122), Photographie von Willy Lösche, Rudolstadt, Juni 1940

Ob diese in späteren Jahren durch ein zeitgemäßeres Modell ersetzt worden ist, kann nicht bestätigt werden. Den womöglich endgültigen Abschluss der Bauarbeiten an der Schlosskirche bildete 1744 der Einbau des Repetieruhrwerks durch den Uhrmacher Johann Christoph Lauterbeck, welches zur Viertel- und vollen Stunde schlagen sollte.[56] Der Rudolstädter Gymnasialdirektor und Historiograph Ludwig Friedrich Hesse (1783–1867) pries noch 1816 die kostbare Innenausstattung, bei der »... viele Sorgfalt auf die Verzierung derselben mit Marmor und Alabaster ...« verwendet worden war.[57]

## Das Schwarzburger Schloss in der zweiten Hälfte des 18. Jahrhunderts

Im Folgenden soll nun die Ausgestaltung der wichtigsten Räumlichkeiten des *Corps de logis* von Schloss Schwarzburg hauptsächlich auf der Grundlage des 1769/1770 erstellten Inventars untersucht werden.[58] So war um 1745 Goldgelb die dominierende Ausstattungsfarbe des Schlosses, was sich anhand der zahlreichen ledernen Stühle gezeigt hat. Die übrigen Dekorationselemente der Zimmer harmonierten in Form und Farbe mit den Stühlen, denn noch 1770 gab es beispielsweise gelbfarbige Wandleuchter, ein mit gelbem Taft ausgeschlagenes Himmelbett mit blauseidenen Vorhängen, ein weiteres Himmelbett mit gelben Vorhängen, ein Tischbett mit gelb- und rottaftenen Vorhängen, ein französisches Bett mit gelbweißen Vorhängen, kleine Sessel aus gelbem Samt und eine Tapete aus grünen und gelben Bahnen.

Erlauben Möbelinventare prinzipiell häufig durch die Benennung der Zimmer Rückbezüge auf deren Funktion und die dominierende Wandbehandlung, so gibt das Inventar von 1770 kaum Aufschluss über die Nutzung, da die Räume überwiegend nummerisch aufgelistet sind. Neben den Appartements des Fürstenpaares im ersten Obergeschoss können zumindest die Gemächer für die beiden Kinder Johann Friedrich (1721–1744–1767) und Sophie Albertine von Schwarzburg-Rudolstadt (1724–1799) neben dem Saal in der zweiten Etage verortet werden.[59] Die Zimmer Johann

Der Festsaal im 2. Obergeschoss des Hauptgebäudes
Photographie von Richard Zieschank, Rudolstadt, um 1925   *TLMH Fotoarchiv*

FRIEDRICHS entsprachen dem Ende des 19. Jahrhunderts vom Architekten PAUL LEHFELDT (1848–1900) als »Gesellschaftszimmer« bezeichneten Räumlichkeiten, in die das Pferdezimmer integriert war.[60]

Zu den herrschaftlichen Appartements des ersten Obergeschosses gelangte der Besucher über das aus »vaterländischem Marmor«[61] verfertigte Haupttreppenhaus, der sicher aus dem Döschnitzer Steinbruch unweit von Schwarzburg stammte und ebenfalls in der Galerie und im Saal von Schloss Heidecksburg Verwendung fand.[62] Die »Hirsch Gallerie«, die mit 49 geweihbekrönten Hirschköpfen und einem »Jagd-Stück«[63] von REINTHALER geschmückt war, durchzog den Flügel in seiner ganzen Länge. Zusätzlich stand dort zeitweise ein präparierter Hirsch, der noch auf Photographien aus der Zeit zwischen 1870 und 1940 zu sehen ist (vgl. Abb. S. 123).

Die herrschaftlichen Appartements, deren Raumaufteilung nicht mehr gänzlich nachvollzogen werden kann, befanden sich im südlichen Teil dieser Etage. Größtenteils waren sie sowohl von der Galerie aus begehbar, welche den Hauptzugang zu jedem Zimmer bot, als auch untereinander durch mittig gelegene Türen, was auf eine überkommene Raumverteilung aus dem 17. Jahrhundert schließen lässt. Im 18. Jahrhundert lagen die Türen üblicherweise auf der Fensterseite und bildeten eine *Enfilade*[64] aus.

Das im Inventar benannte Zimmer »Nr. 7« (vgl. Grundriss S. 256, Raum 12) könnte das fürstliche Audienzgemach gewesen sein, da es den größten Raum auf dieser Etage darstellte.[65] Darauf deutet auch der kostbare Alabasterkonsoltisch hin, der in Verbindung mit einem großen, goldgerahmten Wandspiegel an einer der beiden Wände angeordnet war. Ein vergleichbares Ensemble gab es auch in Zimmer »Nr. 9« (vgl. Grundriss S. 256, Raum 15), was auf ein weiteres Audienzzimmer hinweist, das der Fürstin zuzuschreiben ist. Derartige Tische waren bereits in den vierziger Jahren nach Schwarzburg gebracht worden.[66] Zudem sind dies die einzigen beiden Räume auf dieser Etage, deren Wände mit farbig bemalten Tapeten bespannt waren.[67] Leider lässt sich über die ehemaligen Stuckdecken dieses Geschosses keine Aussage treffen, da diese seit 1940 gänzlich verloren sind. Es ist jedoch anzunehmen, dass sie die noch heute sichtbaren *Plafonds* des zweiten Obergeschosses in ihrer Ausgestaltung ornamental übertrafen und vielleicht sogar ein herrschaftsbezogenes politisches Programm transportierten.

Im zweiten Obergeschoss befindet sich noch heute der zentral gelegene Festsaal, der der Breite des Portikus entspricht, aber aufgrund des Treppenaufganges nicht die gesamte Flügeltiefe einnimmt (siehe Abb. S. 128). Die beiderseits dieses großen Saales situierten Zimmer konnten nur über diesen und anschließend über Galerien betreten werden. Nur die in Richtung »auf den Garten Hauße« führende Galerie war um 1770 mit 40 Hirschköpfen bestückt. Gemälde sind nicht aufgeführt. 1744 gab es im Saal eine französische Speisetafel, um die ein Teil der gelbledernen Stühle gruppiert war. Noch 30 Jahre später sind zwei Dutzend dieser Tafelstühle und eine achteckige Tafel mit einem grünen Teppich nachzuweisen. In der linken Fensternische existieren außerdem noch heute einige Konsolen, die auf den Standort des Schenkstuhls hinweisen, der mit der schwarzburgischen Fahne geschmückt war, die zum Begrüßungstrinkgefäß, dem sogenannten Willkomm, gehörte.[68] Zusätzlich zu einem kupfernen Schwenkkessel und einem kleinen Schrank war dort eine Vielzahl an Trinkgläsern und Pokalen unterschiedlichster Arten repräsentativ arrangiert, wozu beispielsweise Flöten- und Glockengläser, aber auch Bier- und Weingläser gehörten. Beleuchtet wurde der Saal durch sechs Wand- und einen Kronleuchter aus geschliffenem Glas. Ein weißer Halbschrank und Kaminzubehör sowie die »5 aufgezogenen und 10 kleinen Vorhänge mit Quasten und Aufzügen« komplettierten die Ausstattung des Festsaales.

Die fürstlichen »Kinderzimmer« sind ebenso wie im ersten Obergeschoss im Inventar überwiegend nummeriert – bis auf das »Pferdte Zimer« und das Zimmer »so grün und braun« gemalt. (vgl. Grundriss S. 260, Raum 13 und 17) In den meisten Räumen lassen sich ebenfalls marmorne Konsoltische nachweisen, die hier explizit als vergoldet hervorgehoben werden, was sicherlich auf den Status der ehemaligen Bewohner hindeutet. Ausgehend vom Saal ist der erste Raum im Inventar als eine Art Arbeitszimmer mit Schreibkommode und Bücherbrett ausgewiesen. Das sich anschließende Kabinett wurde sowohl als Garderobe als auch als »Secret« genutzt. Der dritte Raum dieser Seite war das Pferdezimmer, das im Anschluss an diesen Abschnitt näher untersucht werden soll.[69] In den gegenüberliegenden, nördlichen Zimmern residierte Prinzessin SOPHIE ALBERTINE,
da sich dort noch 1770 ein kleiner Schrank sowie ein auf ihr Geburtsjahr datierter Ofenschirm mit Monogramm befanden: S. A. P. Z. S. (Sophie Albertine Prinzessin Zu Schwarzburg – Anm. d. Verf.).

# Das Pferdezimmer als Ausdruck fürstlicher Pferdeleidenschaft

Die Pferdezucht hatte bei den schwarzburgischen Fürsten eine lange Tradition, was sich nicht nur anhand der zahlreichen Gestüte, u. a. in Rudolstadt, Cumbach, Neuhaus und Schwarzburg, nachweisen lässt. Der Stellenwert, den die Rassetiere im Leben der schwarzburgischen Fürstenfamilie einnahm, zeigt sich neben den Pferdebildern auch durch die in der Marstallbibliothek erhaltene vielfältige Literatur zur Pferdezucht und -haltung sowie durch die von LUDWIG GÜNTHER II. VON SCHWARZBURG-RUDOLSTADT (1708 – 1767 – 1790) angelegten Pferdebücher mit detaillierten Angaben über die Zuchttiere.[70] Ausschlaggebend für die Einrichtung des Pferdezimmers und ursächlich für die Begeisterung der Schwarzburger für die edlen Vierbeiner dürfte aber der Umstand gewesen sein, dass die Schwarzburger ehemals das Amt des kaiserlichen Reichs-Stallmeisters ausgeübt hatten.[71] Ein vor allem für die Besucher von Schloss Schwarzburg deutlich sichtbares Zeichen dieser Würde waren die zahlreichen Gemälde von den Schwarzburger Zuchttieren im sogenannten Pferdezimmer, das bis 1940 in die Erbprinzengemächer und späteren Gesellschaftszimmer integriert war und photographisch dokumentiert ist (vgl. Grundriss S. 260, Raum 13). In diesem Sammlungsraum wurden zahlreiche Pferdedarstellungen (siehe Abb.) aus eigener Zucht präsentiert, die LUDWIG GÜNTHER II. eigenhändig gemalt hatte.[72] »Pferde statt der Tapete in vergoldeten Rahmen« verzierten 1769/1770 die gesamten Wände, was auf eine hohe Anzahl von Gemälden in diesem zweifenstrigen Raum schließen lässt.[73] HESSE bezifferte die Pferdedarstellungen noch 40 Jahre später auf 246 Stück: »Eines dieser Zimmer verdient wegen der darin befindlichen, von der Hand des Fürsten Ludwig Günther verfertigten Oelgemälde, welche 246 Pferde aus dem Marstalle zu Rudolstadt vorstellen, besondere Aufmerksamkeit.«[74] Dass dies eine durchaus realistische Anzahl ist, zeigt der Vergleich mit einer Aufnahme aus der Zeit um 1900 (siehe Abb. S. 132). Das Zimmer diente spätestens seit Ende des 18. Jahrhunderts der Geselligkeit, worauf drei Spieltische und ein Billardtisch sowie drei

Ludwig Günther II. von Schwarzburg-Rudolstadt, Segment aus dem Pferdezimmer  *TLMH M 656*

Das Pferdezimmer im 2. Obergeschoss des Hauptgebäudes
Photographie von Eduard Lösche, Rudolstadt, um 1900  *Fotoarchiv Lösche, Rudolstadt*

jeweils als »Luststück« bezeichnete *Supraporten* über den Türen hindeuten, und wurde im Rahmen von Festivitäten wie Jagdgesellschaften oder Geburtstags- und Hochzeitsfeierlichkeiten genutzt.

Zusätzliche Aspekte der schwarzburg-rudolstädtischen Pferdeliebhaberei verdeutlichen außerdem ein »eiserner Offen mit töpffernen Aufsatz, worauf [sich] ein Pferd von Gipß mit Reiter« befand, der 1757 im Audienzzimmer des Fürsten auf Schloss Heidecksburg stand.[75] Auf historischen Photographien des frühen 20. Jahrhunderts (siehe Abb. Pferdezimmer) sind vergleichbare Ofenaufsätze für Schloss Schwarzburg nachzuweisen.

## Die Stuckaturen. Französische Dekorationskunst in Schloss Schwarzburg?

Sowohl im Festsaal als auch in den beiderseits situierten Appartements ist auch heute noch teilweise der farbig gefasste Originalstuck an den Decken aus dem ersten Drittel des 18. Jahrhunderts erhalten. Wie eingangs bereits erwähnt, gestaltet sich deren Datierung schwierig, da als Eckdaten nur die Glaser- und Tüncherarbeiten von 1705 und die Fertigstellung des Portikus von 1717/18 als sicher gelten können. Vorausgesetzt, die Ausgestaltung erfolgte aufgrund der Priorität von Kirche und Kaisersaal äußerst langsam, so kann zwar in den Zimmern bereits früher stuckiert worden sein, im Saal aber kaum vor 1717.

Betrachten wir zunächst den Festsaal, dessen Wand- und Deckenstuck erst nach 1717 angefertigt sein kann, da dieser die gesamte Tiefe des Portikus umgreift. Die Wände des Festsaals sind durch kannelierte korinthische Pilaster gegliedert, die an den Durchgängen zu den Galerien jeweils paarig angeordnet sind. Diese architektonischen Gliederungselemente bilden das Pendant zu den an der Fassade des Mittelrisalits befindlichen Pilastern mit ebenfalls korinthischen Kapitellen. Die ursprünglich die Wandflächen ausfüllenden großformatigen Gemälde von MORGENSTERN wurden im Inventar von 1769/1770 als »8 St[ück] in Lebensgröße gemalte Portraits einiger Grafen und Fürsten zu Schwarzburg in vergoldeten Rahmen« bezeichnet.⁷⁶ Die Porträts stellten die bereits genannten schwarzburgischen beziehungsweise schwarzburg-rudolstädtischen Landesherrn dar, die für die Dynastie und vor allem für die Linie SCHWARZBURG-RUDOLSTADT eine besondere Bedeutung hatten: GÜNTHER XXI. VON SCHWARZBURG-ARNSTADT (1304–1326–1349) war im 14. Jahrhundert kurzzeitig deutscher König, während GÜNTHER XL. VON SCHWARZBURG-BLANKENBURG (1499–1526–1552) nahezu das gesamte schwarzburgische Territorium vereinte.⁷⁷ ALBRECHT VII. VON SCHWARZBURG-RUDOLSTADT (1537–1570/71–1605), der von MORGENSTERN in seinem Tagebuch als »Albert« bezeichnet worden war, erbaute Schloss Heidecksburg und gilt als Gründer der Rudolstädter Linie des Grafenhauses. Graf LUDWIG GÜNTHER I. VON SCHWARZBURG-RUDOLSTADT (1581–1612–1646) beendete im 17. Jahrhundert die vorausgegangenen Teilungen und schuf ein geeintes Territorium. Graf ALBERT ANTON VON SCHWARZBURG-RUDOLSTADT (1641–1662–1710) zeichnete für die Fürstung verantwortlich, die jedoch erst von seinem Sohn LUDWIG FRIEDRICH angenommen wurde, welcher das *Jus Primogeniturae* (Erbfolgerecht des Erstgeborenen) einführte. Mit FRIEDRICH ANTON wurde der aktuell regierende Fürst sowie mit dem Erbprinz JOHANN FRIEDRICH der gesicherte Fortbestand der Dynastie präsentiert. Von diesen Gemälden befindet sich das Porträt von LUDWIG GÜNTHER I. noch heute im Thüringer Landesmuseum Heidecksburg (siehe die Abb. S. 122).⁷⁸

Die exakte Reihenfolge aller Gemälde kann heute nicht mehr rekonstruiert werden.

Es haben sich vier Entwürfe eines zwar unbekannten aber künstlerisch nicht besonders versierten Zeichners erhalten (siehe Abb.),⁷⁹ die zwei Möglichkeiten der Wandbehandlung im Saal vorstellen.⁸⁰ Dargestellt sind die vier Wände des Saales, auf denen zwei unterschiedliche Varianten der Wandgestaltung präsentiert werden. Einerseits ist der letztlich realisierte Entwurf abgebildet, in den die großformatigen Gemälde, die seit 1744 schließlich die Zwischenräume füllen, eventuell später hinein skizziert worden sind. Anstatt der vorgeschlagenen Halbsäulen strukturieren jedoch heute kannelierte Pilaster die Wände, wie es in vergleichbarer Weise auch Jahre später im Saal des Ludwigsburger Schlosses ausgeführt wurde. Andererseits ist auf den Dessins ein rein ornamentaler Dekor im Bandlwerkstil vorgeschlagen, wodurch die Wand eine Felderstruktur erhalten hätte, auf die die schlichten geometrisierenden Schmuckformen in stuckierter oder geschnitzter Form aufgebracht worden wären. Aus den bänderartigen Überschneidungen sollten Wandleuchter sozusagen ›herauswachsen‹. Der Entwurf für den doppelten Kamin, dessen oberer Abschluss das mit einem Fürstenhut bekrönte und von einem Hermelinvorhang umfangene schwarzburgisch-ostfriesische Allianzwappen von FRIEDRICH ANTON und seiner Gemahlin CHRISTINE SOPHIE (1688–1750) bilden sollte, wurde ebenso wenig realisiert.⁸¹

Die bisher angenommene Datierung um 1735 muss in Frage gestellt werden, da zu dieser Zeit bereits JOHANN

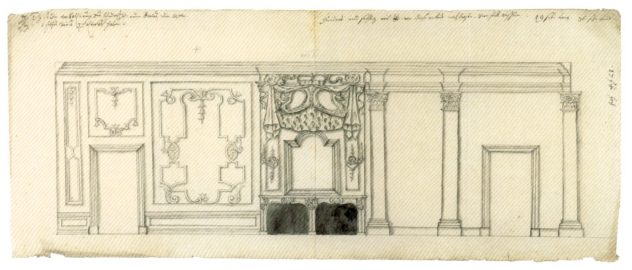

Unbekannt, Entwurf für die Westwand des Saales im 2. Obergeschoss des Hauptgebäudes, lavierte Federzeichnung, um 1720/25?
*Staatliche Museen zu Berlin, Kupferstichkabinett, Inv.-Nr. KdZ 30391*

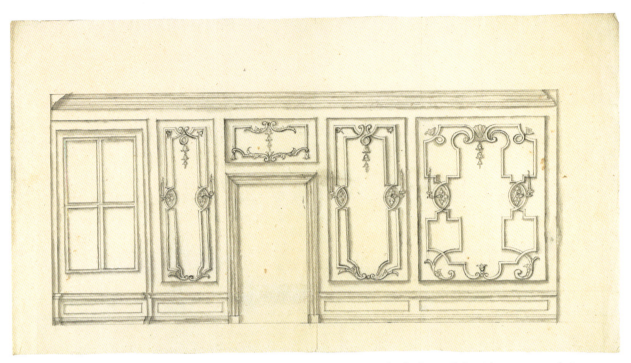

*Unbekannt, Entwurf für die Südwand des Saales im 2 Obergeschoss des Hauptgebäudes, lavierte Federzeichnung, um 1720/25?*
*Staatliche Museen zu Berlin, Kupferstichkabinett, Inv.-Nr. KdZ 30392*

JACOB ROUSSEAU als zuständiger Landbaumeister im schwarzburg-rudolstädtischen Fürstenhof verakkordiert war, der als versierter Bauzeichner keinesfalls derart dilettantische Zeichnungen vorgelegt hätte. Es ist vielmehr anzunehmen, dass die Zeichnungen bereits in den zwanziger Jahren durch einen zeichnerisch ungeübten Handwerker entstanden sind, aber aufgrund des Brandes nicht zur Ausführung gelangten. Ende der dreißiger Jahre dienten die Entwürfe dann erneut als Vorlage für den weiteren Ausbau des Saals. Möglicherweise hatte Fürst FRIEDRICH ANTON sich zu dieser Zeit zunächst für die Bandlwerk-Variante entschieden, wie auf einer der Zeichnungen vom Rudolstädter Kammerrat JOHANN FRIEDRICH VON SCHÖNFELD (1694–1761) schriftlich vermerkt worden war: »Ist die Embellirung des Schwartzburg. neuen Saales, wie Seren[issimus] solches bereits resolviret haben«. SCHÖNFELD war überhaupt erst ab 1737 offiziell in das schwarzburg-rudolstädtische Bauwesen involviert.[82] Dennoch favorisierte der Fürst letztlich doch die zeitlose aber dennoch für einen Saal angemessene Wandgliederung mit korinthischen Pilastern.[83]

*Unbekannt, Entwurf für die Ostwand des Saales im 2. Obergeschoss des Hauptgebäudes, lavierte Federzeichnung, um 1720/25?*
*Staatliche Museen zu Berlin, Kupferstichkabinett, Inv.-Nr. KdZ 30393*

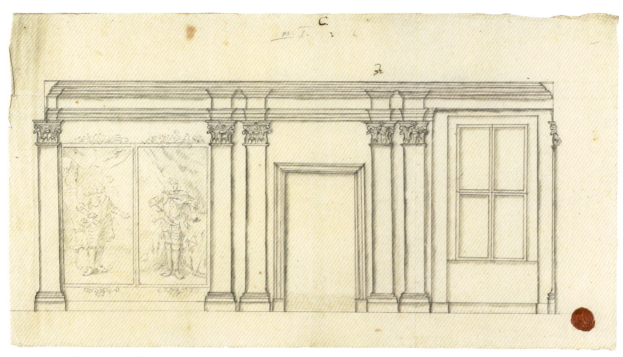

Unbekannt, Entwurf für die Nordwand des Saales im 2. Obergeschoss des Hauptgebäudes, lavierte Federzeichnung, um 1720/25?
*Staatliche Museen zu Berlin, Kupferstichkabinett, Inv.-Nr. KdZ 30394*

Stuckdecke im Saal des 2. Obergeschosses des Hauptgebäudes, um 1720/25 ?, Zustand 2007

Die lebensgroßen Porträts waren ebenfalls erst nachträglich in den bestehenden Entwurf eingezeichnet worden. Vor allem die skizzierte ornamentale Verzierung der Rahmen macht die endgültige Abkehr vom Bandlwerk deutlich, da ihnen bereits die unsymmetrische, aber dafür um so belebtere Formensprache der Rocaille eigen ist, die bereits 1738 am Schnitzwerk des Kanzelaltars in der Schwarzburger Schlosskirche Einzug gehalten hatte.

Der Deckenstuck im großen Saal muss jedoch bereits früher entstanden sein, während die Wanddekoration zu dem Zeitpunkt vermutlich zunächst ausgesetzt blieb, denn bei einer zeitnahen Realisierung hätte der fürstliche Auftraggeber sicherlich die Bandlwerkverzierung präferiert, die den Bogen zum französisch beeinflussten Deckenstuck gespannt hätte.[84] Die heute zartgrün hinterfangene Deckenstuckatur des Festsaales war ursprünglich weiß gefasst und golden gehöht (siehe Abb.). Sie war offensichtlich nach einem Vorlagenblatt des in die Niederlande ausgewanderten französischen Kupferstechers DANIEL MAROT (1661 – 1752) entstanden (siehe Abb.). Eine zentrale, gitterförmige Mittelrosette mit flankierender Bandlwerkstruktur, Rankenwerk, Maskenköpfen, Vö-

geln und Blumen schmückt die Deckenfläche, während sich das Bandlwerkornament nur in den Fensterlaibungen in schlichterer Form wiederholt.[85] Die geometrisierenden Stuckierungen unterliegen durchaus einer wohlproportionierten Symmetrie, welche durch die geschwungenen, groteskenartigen Elemente eine Auflockerung erfährt. Die rocaillierten Bekrönungen der Wandgemälde und

Detail der Stuckdecke im Saal, Zustand 2007

Kupferstich von Daniel Marot, aus: Peter Jessen (Hrsg.): Das Ornamentwerk des Daniel Marot, in 264 Lichtdrucken nachgebildet, Berlin 1892, S. 114, Tafel 18

Rahmungen der Supraporten sind hingegen eher der Ausstattungspraxis Anfang der vierziger Jahre zuzuschreiben und lassen eine Mitwirkung GOTTFRIED HEINRICH KROHNES vermuten. Die deutlichen stilistischen Diskrepanzen in der Behandlung der Wände und Decken tragen somit nicht dazu bei, einen einheitlichen Raumeindruck zu vermitteln.

Auch in den nördlich und südlich vom Saal gelegenen Zimmern sind die Stuckierungen im Bandlwerkstil mit Groteskenelementen ausformuliert und farbig hinterlegt (siehe Abb.). Im Gegensatz zum Festsaal bestehen die Zimmerdecken jedoch aus einem deutlich abgesetzten und mehrfach profilierten, zentralen Plafond, der von schmalen Seitenfeldern gerahmt wird. Im überwiegenden Teil war die Deckenmitte wahrscheinlich mit Gemälden ausgefüllt, die – Bezug nehmend auf die Nutzung des Schlosses – mit hoher Wahrscheinlichkeit Jagdthemen zum Inhalt hatten. Darauf deuten auch die stuckierten Hirsche innerhalb der geschwungenen und gebänderten Verzierungen. Auch lassen sich florale, rankenförmige Motive erkennen, die aus den Bänderungen ausschwingen. Im Gegensatz zur Groteskenvielfalt der Saaldecke, wo die rahmenden Stuckstreifen phantasievoll und pointiert mit Blumen und Vögeln verziert sind, ist der Stuck an den Zimmerdecken zurückgenommener und schlichter modelliert. Trotz des symmetrisch angelegten Grundschemas wirken die Decken dennoch sehr lebendig, auch wenn sie kein einheitliches Dekorationsprinzip aufweisen. Zum einen könnte eine kreative Umformung der Vorlagen der Grund gewesen sein. Zum anderen könnte dies auch darauf hindeuten, dass die Stuckdecken tatsächlich über einen langen Zeitraum hinweg gestaltet wurden. Die stilistische Diskrepanz wird deutlich im Vergleich zwischen der zartrosa sowie der blassgrün hinterfangenen Decke. So zeigt die rosafarbene Decke aufgrund ihrer filigranen, in den Plafond hineinschwingenden, floralen Leichtigkeit Parallelen zur Saalfelder Schlosskapelle und lässt somit eine frühere Entstehungszeit um 1720/25 annehmen. Im Gegensatz dazu ist die offensichtliche Betonung des stark profilierten Mittelplafonds bei der grünen sowie bei der blauen Decke mit der dominanten Bänderung mit den in den dreißiger Jahren entstanden Decken des Neuen Palais in Arnstadt oder der Rudolstädter Ludwigsburg zu vergleichen, was

Stuckdecke im 2. Obergeschoss des Hauptgebäudes, nach 1727 ?
(Raum 17, vgl. Grundriss S. 260), Zustand 2007

Detail der Stuckdecke
(Raum 17, vgl. Grundriss S. 260), Zustand 2007

Stuckdecke im 2. Obergeschoss des Hauptgebäudes, um 1720/25 ?
(Raum 14, vgl. Grundriss S. 260), Zustand 2007

Stuckdecke im 2. Obergeschoss des Hauptgebäudes, nach 1727 ?
(Raum 16, vgl. Grundriss S. 260), Zustand 2007

Stuckdecke im 2. Obergeschoss des Hauptgebäudes (Pferdezimmer), um 1720/25? (Raum 13, vgl. Grundriss S. 260), Zustand 2007

für eine Beschädigung durch den Brand von 1726 sprechen würde. Zumindest in Arnstadt und in Rudolstadt zeichnete die Stuckateurwerkstatt der Familie Müller verantwortlich für die Stuckaturen.[86] Dass diese Stuckateurfamilie durchaus in der Lage war, sich dem wandelnden Geschmack innerhalb der Ausstattung anzupassen, belegen die in den 1740er Jahren im Rocaillestil realisierten Deckenstuckierungen beispielsweise in der Treppe des Residenzschlosses Heidecksburg. Es ist also durchaus vorstellbar, dass den Stuckateuren unterschiedliche Kupferstichwerke als Inspirationsquellen dienten, nach denen sie eigene Inventionen erarbeiteten. Sicherlich spielte Marot hier ebenfalls eine wesentliche Rolle, aber mehr noch sind es Adaptionen aus den französischen Ornamentstichen (siehe Abb. S. 140) des königlichen Kammer- und Kabinettzeichners Jean Bérain d. Ä. (1640–1711). Die Anlehnung an die französische Groteskenvariation erfolgte jedoch weniger direkt, sondern vielmehr über die Publikationen des Nürnberger Bautheoretikers und Kupferstechers Paul Decker d. Ä. (1677–1713), der sich an den zarten und filigranen Bérainschen Ornamentinventionen orientiert hatte (siehe Abb. S. 140).[87]

Stuckdeckenfragmente im 2. Obergeschoss des Hauptgebäudes, um 1720/25? (Raum 4 und 5, vgl. Grundriss S. 260), Zustand 2007

Kupferstich von Jean Bérain d. Ä., aus: 100 planches principales de l'œuvre complet de Jean Bérain 1649–1711, Paris 1882 (?), Tafel 71

Wie modern die schwarzburgischen Deckenstuckaturen tatsächlich waren, zeigen beispielsweise die Parallelen zu den Ausstattungen in Schloss Schönborn im niederösterreichischen Göllersdorf (siehe Abb.), das vom späteren Würzburger Fürstbischof FRIEDRICH KARL VON SCHÖNBORN (1674–1746) zwischen 1712 und 1718 als Sommersitz errichtet worden war.[88] Der Architekturzeichner SALOMON KLEINER (1700–1761) verewigte das fertige Schloss um 1722/23 ebenso wie die stilistisch ebenfalls vergleichbaren Schlossbauten des Feldherrn Prinz EUGEN VON SAVOYEN (1663–1736) in zahlreichen Kupferstichen, die anschließend in Stichserien publiziert wurden.[89] Die Vergleichbarkeit der schwarzburgischen mit den österreichischen Stuckmodi belegt die Kenntnis zeitgemäßer Ausstattungspraxis des ausführenden schwarzburg-rudolstädtischen Baupersonals und lässt das Vorhandensein zahlreicher Stichwerke im höfischen Bestand oder eher noch im Besitz der beteiligten Handwerker vermuten.[90]

## Stammhaus, Residenz, Nebensitz, Jagdschloss – ein Résumé

Die Bau- und Ausstattungsgeschichte von Schloss Schwarzburg steckt weiterhin voller ungelöster Rätsel, die auch hier nur zum Teil entschlüsselt werden konnten. Sicher gilt indes, dass weitaus mehr Bausubstanz den Brand von 1726 überstanden hat, als bisher vermutet wurde. Da das eigentliche Schloss von der vermeintlichen Feuersbrunst weitestgehend verschont geblieben war, ist eine über die Jahre ›kontinuierliche‹ Ausgestaltung des Hauptgebäudes anzunehmen. Hierbei kann jedoch nur gemutmaßt

Kupferstich von Paul Decker d. Ä., aus: Rudolf Berliner: Ornamentale Vorlagenblätter des 15. bis 18. Jahrhunderts, Leipzig 1925, Blatt 337, Tafel 2

Salomon Kleiner »Ordinari Wohn-Zimmer« in Schloss Schönborn, aus: Peter Prange: Salomon Kleiner und die Kunst des Architekturprospekts, Augsburg 1997, S. 274, Abb. 106

werden, warum trotz der bereits 1705 im Hauptgebäude erfolgten ersten Ausstattungsarbeiten noch Jahre vergingen, bevor die Deckenstuckaturen in den zwanziger Jahren und die Wandverzierung im Saal erst Ende der dreißiger Jahre entstanden sein mögen. Ursache dafür waren vermutlich vielfältige Bauaktivitäten an den zahlreichen Gebäuden auf dem Schwarzburger Schlossareal, wobei der Kaisersaal und die Schlosskirche zwischen 1710 und 1720 absolute Priorität besaßen. Aber auch in den folgenden Jahren ließen nachlassendes Interesse aufgrund der Rückverlegung der Residenz nach Rudolstadt, langjährige juristische Dispute sowie zusätzliche Bauaufgaben – der Neubau des Apanagesitzes Schloss Ludwigsburg sowie der Wiederaufbau des abgebrannten *Corps de logis* von Schloss Heidecksburg – die Ausstattungsarbeiten immer wieder stagnieren. Als standesgemäßes *Logis* konnte das Hauptgebäude des temporären Residenzschlosses erst Mitte der 1740er Jahre genutzt werden.

Die Schwarzburger Schlosskirche bestand mit kleineren Modernisierungen bis in die Neuzeit zu einem großen Maße aus den architektonischen und kostbaren dekorativen Inventionen des repräsentativen Baues von 1713 und war erst im späten 19. Jahrhundert zumindest hinsichtlich der Ausstattung teilweise überformt worden.

Eine Besonderheit des Schwarzburger Schlosses stellte das Pferdezimmer als Spezialsammlungsraum dar, das bis zum 20. Jahrhundert von jedweder Modifikation verschont blieb. Durch die Präsentation der von LUDWIG GÜNTHER II. eigenhändig gemalten Rösser konnten die schwarzburgischen Landesherren unterschiedliche Aspekte versinnbildlichen: die über die territorialen Grenzen berühmte schwarzburgische Zucht von Rassetieren, die fürstliche Pferdebegeisterung, den Bezug zur Schwarzburg als Jagdschloss, aber auch die politisch bedeutsame Veranschaulichung des kaiserlichen Reichsstallmeisteramtes.

Dennoch bleibt Schloss Schwarzburg ein Gebäudekomplex, dessen bauliche Entwicklung aber vor allem auch dessen dekorative Ausstattung von zahlreichen Brüchen geprägt ist, die sich in der funktionellen Nutzung des Schlosses – Stammschloss, Residenz, Nebensitz, Jagdschloss – widerspiegeln.

ANMERKUNGEN

1. Zu nennen sind hier vor allem die kurz gefasste Beschreibung der Innenraumdekoration bei LEHFELDT, Paul: Bau- und Kunstdenkmäler Thüringens. Fürstenthum Schwarzburg-Rudolstadt, Bd. 1, Heft XX, Jena 1894, S. 30, und die Forschungen Helga Baier-Schröckes über mitteldeutsche Stuckdecken und thüringische Schlosskapellen. – Vgl. BAIER-SCHRÖCKE, Helga: Die Schloßkapellen des Barock in Thüringen, Berlin 1962 (= Das christliche Denkmal; 58) sowie dies.: Der Stuckdekor in Thüringen vom 16. bis zum 18. Jahrhundert, Berlin 1968 (= Schriften zur Kunstgeschichte; 10). Als archivalische Quellen dienen die Inventare von 1719, 1723 und 1770: ThStAR, Rudolstädter Schlossarchiv B XI Nr. 3 – 6 und Nr. 11.
2. Siehe hierzu den Beitrag von Lutz Unbehaun in diesem Buch, S. 91 – 115.
3. Zu den Baumeistern Andreas Rudolph und Johann Moritz Richter d. J. siehe HECKMANN, Hermann: Baumeister des Barock und Rokoko in Thüringen, Berlin 1999, S. 71 – 78 und S. 92 – 98.
4. Zu David Schatz siehe TRAJKOVITS, Thomas: Der sächsische Landbaumeister David Schatz 1668 – 1750. Leben und Werk, Beucha 2003.
5. Zur Bedeutung der Grablege siehe STEIN, Elke: Die Inszenierung des Todes. Rudolstädter Funeralschriften als Spiegel fürstlichen Standesbewußtseins. – In: ZVTG 55 (2001), S. 179 sowie S. 185 – 187.
6. Vgl. ESCHE, Frank: Friedrich Anton 1692 – 1718 – 1744. – In: Die Fürsten von Schwarzburg-Rudolstadt. 1710 – 1918, Rudolstadt 1998, S. 35f., sowie WESTPHAL, Siegrid: Revolution in Rudolstadt? Der Bulisiussche Landstreit im Fürstentum Schwarzburg-Rudolstadt in der ersten Hälfte des 18. Jahrhunderts. – In: ZVTG 61 (2007), S. 131 – 156.
7. Vgl. die unveröffentlichte Magisterarbeit von STEIN, Elke: Der Fürstentod als Fest? Erinnerung und Identitätsstiftung in Schwarzburg-Rudolstadt im 18. Jahrhundert, Jena 2001, S. 52ff., sowie STEIN 2001 (wie Anm. 5), S. 173 – 191.
8. Vgl. STERZIK, Torsten: Der Saalfelder Orgelbauer Johann Georg Fincke. – In: Wir in Thüringen. Jahrbuch des Landkreises Saalfeld-Rudolstadt 1997, S. 74 – 79.
9. Der Ablauf des Einweihungsgottesdienstes liegt in gedruckter Form vor. – Vgl. Historische Bibliothek Rudolstadt, Jur C yyy 6, Pag. 120 (30). Vgl. auch FLEISCHER, Horst: Vom Leben in der Residenz, Rudolstadt 1996 (= Beiträge zur schwarzburgischen Kunst- und Kulturgeschichte; 4), S. 55.
10. Dem Schlosshauptmann Adolph Meylandt oblag die Ausführung des Trauergerüsts. Eine Beschreibung der Castra Doloris bei STEIN 2001 (wie Anm. 5), S. 179 – 182, sowie STEIN 2001 (wie Anm. 7), S. 55 – 56 und S. 62 – 65.
11. Vgl. ThStAR, Rudolstädter Schlossarchiv B XI Nr. 4, Bl. 13 und ebenda Nr. 5, unpag.
12. Vgl. ebenda, Geheimes Archiv (Restbestand) B VII 8c Nr. 3, Bl. 51.
13. Vgl. ebenda, RS 143-010 Rent- und Steueramt Königsee / Amt Schwarzburg 1689/1690, Bl. 126.
14. Siehe hierzu den Beitrag von Horst Fleischer in diesem Buch S. xx – xx.
15. Siehe auch im Folgenden ThStAR, Rudolstädter Schlossarchiv B XI Nr. 4 und Nr. 5, unpag.
16. Zwischen 1714 und 1719 war Christian Arnold Reuter schwarzburgischer Hofmaler und logierte im Schwarzburger Schloss. Ihm kann sicherlich eine Beteiligung an der malerischen Ausgestaltung zugeschrieben werden. Siehe auch FLEISCHER 1996 (wie Anm. 9), S. 56.
17. Zu Ludwig Friedrich I. siehe FLEISCHER, Horst: Ludwig Friedrich I. 1667 – 1710 – 1718. – In: Die Fürsten von Schwarzburg-Rudolstadt. 1710 – 1918, Rudolstadt 1998, S. 14 – 31.
10. Horst Fleischer weist im Gegensatz zu mir die im Inventar von 1723 aufgelisteten Gemächer zum Teil dem auch im Brandbericht von 1726 angeführten fürstlichen Appartement im ersten Obergeschoss des Hauptbaus

zu. Eine endgültige Lösung ist aufgrund des fehlenden Quellenmaterials bisher nicht zu finden, so dass beide Interpretationsansätze zu diesem Zeitpunkt durchaus ihre Berechtigung erfahren und vorstellbar sind. Siehe hierzu den Beitrag von Horst Fleischer in diesem Buch S. 153 – 181.
19. Vgl. ThStAR, Hessische Collectaneen Nr. A VIII 1c Nr. 8, Bl. 578. Das Gästebuch des Schlosses Schwarzburg vermerkt unter dem 23. Juli 1729, dass drei Jahre nach dem Schlossbrand erstmals die fürstliche Familie die wohl inzwischen beräumte Baustelle besuchte. – Vgl. ebenda, Nachlass Fürstin Anna Luise Nr. 333 sowie den Beitrag von Horst Fleischer in diesem Buch, S. 153 – 181, in dem ausführlich auf die Ereignisse der Brandnacht eingegangen wird.
20. Siehe hierzu den Beitrag von Knut Krauße in diesem Buch, S. 77 – 89.
21. Siehe hierzu den Beitrag von Horst Fleischer in diesem Buch S. 153 – 181.
22. Vgl. ThStAR, Sammlung Johann Nicolaus Kiesewetter Nr. 17: Geldspenden und Zwangsabgaben für den Wiederaufbau des Schlosses, 1730.
23. Vgl. ebenda, Geheimes Archiv (Restbestand) C V 33 Nr. 37, Bl. 1 – 3, 5 – 6.
24. Vgl. ebenda, Bl. 5 – 6. Wilhelm Ludwig von Beulwitz ging mit gutem Beispiel voran und beabsichtigte, zusätzlich zu seiner bereits getätigten Spende weitere 50 Rthlr. seiner Besoldung dem Wiederaufbau zur Verfügung zu stellen. Des Weiteren spendeten unter anderem die adligen Familien von Könitz, von Witzleben und von Wurmb.
25. Generell finden sich in den Tagebüchern viele Hinweise auf Ausstattungselemente; allerdings kann aufgrund der unkonkreten Angaben kein direkter Zusammenhang zu Schloss Schwarzburg hergestellt werden.
26. Vgl. ThStAR, Haushaltungskalender Ab Ru 10/08, unpag. Heinrich Friedrich Zwaede ist nachweislich 1746/47 als Baukondukteur in den Diensten von Herzog Ernst August von Sachsen-Weimar (1688 – 1728 – 1748) am Eisenacher Stadtschloss beschäftigt. – Vgl. Allgemeines Lexikon der Bildenden Künste, Bd. 36 (1947), S. 606, und MÖLLER, Hans-Herbert: Gottfried Heinrich Krohne und die Baukunst des 18. Jahrhunderts in Thüringen, Berlin 1956, S. 177.
27. Vgl. DEUBLER, Heinz: Die Heubel in Schwarzburg-Rudolstadt. Verwandte Jenny von Westphalens. – In: RHH 20 (1974), S. 58.
28. Vgl. ThStAR, Kammer Rudolstadt C XXIV 5a Nr. 2, unpag. Der letzte Hinweis findet sich im Tagebuch des Fürsten Friedrich Anton, in dem er im Monat April 70 Taler aus seiner Privatschatulle an seinen Bruder Ludwig »wegen des Land Baumeisters Rousseaus Schuld« übereignet. – Vgl. ebenda, Haushaltungskalender Ru Ab 12/02, unpag. Zu Rousseau siehe HECKMANN 1999 (wie Anm. 3), S. 159 – 160.
29. Knöffel kann aus stilistischen Gründen ausgeschlossen werden, da er bereits in den dreißiger Jahren die zeitgemäßeren französischen Schmuckformen und kein Bandlwerk mehr verwandte. – Siehe hierzu HENTSCHEL, Walter / MAY, Walter: Johann Christoph Knöffel. Der Architekt des sächsischen Rokokos, Berlin 1973 (= Abhandlungen der sächsischen Akademie der Wissenschaften zu Leipzig; Phil.-hist. Kl. Bd. 64, H. 1), S. 93ff.
30. Vgl. ThStAR, Rudolstädter Schlossarchiv B XIII f Nr. 3, unpag. Die Berufsbezeichnungen der am Bau beschäftigten Personen und deren Kompetenzen können hier nicht weiter verfolgt werden. Die Undifferenziertheit von Benennungen wie zum Beispiel Architekt und Bauinspektor zeigt SENG, Eva Maria: Stadt – Idee und Planung. Neue Ansätze im Städtebau des 16. und 17. Jahrhunderts, München; Berlin 2003, S. 109 – 153.
31. Zu Schloss Heidecksburg in Rudolstadt immer noch maßgeblich MÖLLER 1956 (wie Anm. 26), S. 122ff., sowie UNBEHAUN, Lutz: Schloss Heidecksburg Rudolstadt, Regensburg 2006.
32. Die Ludwigsburg in Rudolstadt ist bisher noch kaum erforscht. Siehe hierzu BECK, Wolfgang / GOLDAMMER, Hans-Joachim: Die Ludwigsburg in Rudolstadt, Dresden 1957 (unv.) sowie Thüringer Finanzministerium (Hrsg.): Die Ludwigsburg in Rudolstadt. Festschrift anläßlich der

Fertigstellung des Thüringer Rechnungshofes 1998, Rudolstadt 1998.

**33.** Auch der Ansbachische Bauinspektor Johann David Steingruber (1702 – 1787) war 1735 kurzzeitig in Rudolstadt und erhielt für einen angefertigten Riss 50 Rthlr. – Vgl. ThStAR, Kammer Rudolstadt C XXIV 5a Nr. 5, unpag. Zu Steingruber siehe MAIER, Josef: Residenzschloss Ansbach. Gestalt und Ausstattung im Wandel der Zeit, Ansbach 2005 (= Jahrbuch des Historischen Vereins für Mittelfranken; 100), S. 529 – 530.

**34.** Vgl. ThStAR, Kammer Rudolstadt C XXIV 5a Nr. 11, unpag. Es ist durchaus möglich, dass die Stuckateurswerkstatt in Schwarzburg nach eigenen Entwürfen gearbeitet hat, wie es BAIER-SCHRÖCKE 1968 (wie Anm. 1), S. 75 annimmt.

**35.** Noch 1742 wurde Streicher »die Arbeit eines hölzernen Modells zu denen Schwartzburg. Camins übergeben und anvertrauet.« – Ebenda, Geheimes Ratskollegium E I 2a Nr. 83, Bl. 130 – 131. Und ein Jahr später schienen auch noch nicht alle Fußböden verlegt gewesen zu sein, da der Tischlermeister Kiefernbretter »von gantz reinen und nicht ästigen Bredern« benötigte. – Vgl. ebenda, Kammer Rudolstadt C XXIV 5a Nr. 13, Bl. 42.

**36.** Vgl. ebenda, Rudolstädter Schlossarchiv A XII Nr. 2, Bl. 3 und Bl. 6 sowie ebenda, Geheimes Archiv (Restbestand) B VII 8b Nr. 18, unpag.

**37.** Vgl. ebenda, Rudolstädter Schlossarchiv B XI Nr. 11, unpag.

**38.** TLMH, Sammelmappe Morgenstern A IV Nr. 19, unpag. Der jeweilige Titel von Johann Friedrich und Friedrich Anton weist darauf hin, dass zumindest diese beiden Gemälde noch vor dem Tod des Fürsten am 1. September 1744 vollendet waren, bevor der Erbprinz die Nachfolge antrat.

**39.** Vgl. ThStAR, Haushaltungskalender Ab Ru 11/7, unpag.

**40.** Vgl. ebenda Ab Ru 11/4, unpag. Die Tagebücher von Friedrich Anton und seinem Bruder Ludwig Günther II. von Schwarzburg-Rudolstadt (1708 – 1767 – 1790) aus diesem Jahr tragen die gleiche Signatur. In beiden wird für den Oktober die Reise nach Schwarzburg vermerkt. Ludwig Günther II. hatte bereits im Herbst 1739 zwei Wochen auf Schloss Schwarzburg verbracht und dort auch einen »Aufzuch« mit militärischem Habitus mit seinem Bruder Wilhelm Ludwig von Schwarzburg-Rudolstadt (1696 – 1757) gehalten. – Vgl. ebenda Ab Ru 11/1, unpag. Der Begriff ›Herrschaft‹ wird in diesen Archivalien übrigens nur verwendet, wenn mit größerem Gefolge gereist wurde.

**41.** 1744 vermerkte Hesse hierzu: »In diesen Jahr ist der neüe Schloßbau Zu Schwartzburg so weit Zu stande gebracht worden, daß darinen wieder logiret werden können.« – Ebenda, Hessesche Collectaneen Nr. A VIII 1c Nr. 8, Bl. 638. Noch 1743 wurden in Rudolstadt sechs für Schwarzburg bestimmte Kamine gefertigt, und die Fußböden waren immer noch nicht vollständig verlegt. – Vgl. ebenda, Kammer Rudolstadt C XXIV 5a Nr. 15, Bl. 35.

**42.** Vgl. ebenda, Haushaltungskalender Ab Ru 12/04, unpag. Die Vergoldungen an Stuckaturen und Schnitzereien zogen sich trotz weitestgehender Fertigstellung von Innenraumdekorationen oftmals noch über mehrere Jahre hin, da das Blattgold sehr teuer war.

**43.** Diese verblieben aber letztlich im Rudolstädter Schloss Heidecksburg. – Vgl. ebenda, Kammer Rudolstadt C XXIV 5b Nr. 7, Bl. 68.

**44.** Vgl. ebenda, Geheimes Archiv (Restbestand) B VII 7d Nr. 30, unpag. Laut Nachlass des ehemaligen Leiters des Schlossmuseums Heidecksburg, Berthold Rein (1860 – 1943), hatten Reinthaler und der Bildschnitzer Carl Adolph Kändler (1720 – 1762) bereits 1747 Aufträge für Hirschköpfe erhalten. – Vgl. ebenda, Nachlass Berthold Rein Nr. 42 und ebenda, Geheimes Ratskollegium B VII 6b Nr. 6, unpag.

**45.** Siehe hierzu den Beitrag von Jörg Hoffmann in diesem Buch, S. 45 – 75.

**46.** Vgl. ThStAR, Hessesche Collectaneen Nr. A VIII 1c Nr. 8, Bl. 518.

**47.** Vgl. BUCHSTAB, Bernhard: Orgelwerke und Prospektgestaltung in Thüringer Schlosskapellen – Visualisierung sakraler Musikinstrumente im höfischen Kontext, Marburg 2002, S. 2.

**48.** Dem »Herrschaftsstand als Bestandteil der Raumkonzeption« hat ELLWARDT, Kathrin in ihrer Dissertation: Kirchenbau zwischen evangelischen Idealen und absolutistischer Herrschaft: Die Querkirchen im hessischen Raum vom Reformationsjahrhundert bis zum Siebenjährigen Krieg, Petersberg 2004, S. 169 – 174 ein Kapitel gewidmet. Siehe auch KIESSLING, Gotthard: Die herrschaftliche Inanspruchnahme evangelischer Kirchen an Residenzorten. – In: Die Künste und das Schloß in der frühen Neuzeit, München; Berlin 1998 (= Rudolstädter Forschungen zur Residenzkultur; 1), S. 83 – 93.

**49.** Vgl. für den Jenaer Raum L'ARRONGE, Gerhart: Der Thüringer Kanzelaltar von 1700 – 1850. Eine Studie über protestantische Dorfkirchenkunst, Jena 1921. Einen Überblick bietet MAI, Hartmut: Der evangelische Kanzelaltar. Geschichte und Bedeutung, Halle 1969.

**50.** Die Altarplatte aus »inländischem Marmor« wurde hierbei aus dem Vorgängerbau übernommen und nur mit einem neuen, zeitgemäßen Baldachin versehen. – Vgl. ThStAR, Geheimes Archiv (Restbestand) C V 3e Nr. 36, unpag. Lehfeldt mutmaßte außerdem, dass die Schlosskirche noch ein zusätzliches »oberes Emporengeschoss« hatte. – Vgl. LEHFELDT 1894 (wie Anm. 1), S. 222.

**51.** Der Kanzelaltar war jahrelang im Schallhaus des Rudolstädter Schlossgartens eingelagert.

**52.** Nach dem neu eingeführten gregorianischen Kalender hatte der Fürst am 26. August Geburtstag, während er nach der zuvor gültigen julianischen Zeitrechnung am 14. August geboren worden war. Der Ablauf der Weihe befindet sich in gedruckter und handschriftlicher Form in: ThStAR, Geheimes Ratskollegium E II 5f Nr. 8 und Ebenda, Geheimes Archiv (Restbestand) A IV 2b Nr. 3.

**53.** Der Maler Zwaede wurde mit der Verfertigung beauftragt. – Vgl. ebenda, Rudolstädter Schlossarchiv A IX Nr. 4, unpag. Die Verlegung der Marmorplatten zog sich aufgrund indifferenter Meinungen zu deren Farbnuancierungen noch bis Juni 1743 hin: »Die Fortarbeitung des Marmornen Fuß-Bodens [wäre] Zurück Zu halten [...], bis man mit eine andere couleur Marmor derselben versehen kann.« – Ebenda, Kammer Rudolstadt C XXIV 5a Nr. 15, Bl. 35.

**54.** Vgl. ebenda, Haushaltungskalender Ab Ru 12/03, unpag. und ebenda, Rudolstädter Schlossarchiv A V 13, Nr. 25, unpag. Der Glockengießer Johann Feer ist nachweislich 1743 und 1744 noch am Rudolstädter Schlossbau Heidecksburg beschäftigt gewesen, wo er für die Glocke und die Uhr des Schlossturms zuständig war. – Vgl. ebenda, Kammer Rudolstadt C XXIV 5a Nr. 15, Bl. 73 und Bl. 74; Nr. 7a, Bl. 5 – 6, 8 – 9 und 38; Nr. 16, Bl. 28. Am Rudolstädter Hof war er jedoch bereits seit 1716 als Hofglockengießer angestellt. – Vgl. REIN, Berthold: Von Thüringer Glocken und Glockengießern. – In: Thüringer Fähnlein. Monatshefte für die Mitteldeutsche Heimat 3 (1934), S. 169 – 171.

**55.** Der Landesherr resolvierte weiterhin, dass sämtliche Türen der Kirche zwar mit Ölfarbe angestrichen werden sollten, welches aufgrund des Geruchs jedoch erst nach der Weihe erfolgen und man diese einstweilen nur grundieren sollte. Zusätzlich fehlte noch Bauholz für die vollständige Verfertigung einiger Kirchennebenräume sowie zur Stabilisierung des Glockengerüsts. Der Fürst hatte bei allen Punkten keine Einwände. Ein zusätzlicher Aspekt betraf die Festorganisation, wofür es Heubels Ansicht nach dringend notwendig war, dass sowohl ein Koch und Bäcker als auch die Durchlaucht selber sowie der Obrist und der Hofmarschall dringend in Schwarzburg benötigt würden. Friedrich Anton entschied, persönlich mit seiner Gemahlin vorbeizukommen und den Koch und Bäcker mitzubringen. – Vgl. ThStAR, Rudolstädter Schlossarchiv A IX Nr. 4, unpag.

**56.** Vgl. ebenda, Kammer Rudolstadt C XXIV 5a Nr. 7a, Bl. 51 – 52, 53 – 54.

**57.** Vgl. HESSE, Ludwig Friedrich: Rudolstadt und Schwarzburg nebst ihren Umgebungen historisch und topographisch dargestellt, Rudolstadt 1816 (= Taschenbuch der Geschichte u. Topographie Thüringens gewidmet; 1), S. 137. Siehe auch ThStAR, Hessesche Collectaneen Nr. A VIII 1c Nr. 8, Bl. 518.

**58.** Vgl. auch im Folgenden ThStAR, Rudolstädter Schlossarchiv B XI Nr. 11, unpag. Siehe hierzu auch den Beitrag von Jörg Hoffmann in diesem Buch, S. 45 – 75.
**59.** Über Johann Friedrichs Leben siehe UNBEHAUN, Lutz: Johann Friedrich 1721 – 1744 – 1767. – In: Die Fürsten von Schwarzburg-Rudolstadt. 1710 – 1918, Rudolstadt 1998, S. 48 – 65.
**60.** Vgl. LEHFELDT 1894 (wie Anm. 1), S. 219.
**61.** HESSE 1816 (wie Anm. 57), S. 137. Zusätzlich gab es am nördlichen Ende der Galerien noch kleinere Aufgänge.
**62.** Zum Döschnitzer Marmor siehe auch HUNDT, Rudolf: Döschnitzer Marmor. – In: RHH 2 (1956), S. 202 – 203.
**63.** Laut Inventar von 1860 handelt es sich dabei um eine Wilddarstellung. Das gezeigte Tier »mit weißem Kopf«, vermutlich ein Hirsch, ist in voller Lebensgröße ausgeführt und soll von Fürst Johann Friedrich von Schwarzburg-Rudolstadt erlegt worden sein. – Vgl. ThStAR, Rudolstädter Schlossarchiv B XI Nr. 15.
**64.** Reihung von Räumen, wobei die Türöffnungen gegenüber liegen.
**65.** Geht man von einer zeitüblichen Distribution für ein weniger streng zeremonialisiertes Landschloss aus, so sollten für das Fürstenpaar zumindest jeweils ein Vorzimmer, ein Audienzzimmer und ein Schlafzimmer – möglicherweise mit einer abschließenden Retirade – als angemessenes Appartement vorhanden gewesen sein. Zur Distribution von herrschaftlichen Appartements ist immer noch BAILLIE, Hugh Murray: Etiquette and the Planning of the State Apartments in Baroque Places. – In: Archaelogia or Miscellaneous Tracts relating to antiquity 101 (1967), S. 169 – 199, zu nennen. Vgl. auch LASS, Heiko: Jagd- und Lustschlösser. Kunst und Kultur zweier landesherrlicher Bauaufgaben, dargestellt an thüringischen Bauten des 17. und 18. Jahrhunderts, Petersberg 2006, S. 122 – 129. Die noch 1770 vorhandenen Abtritte in den Gemächern dieser Etage dürften aus der Erbauungszeit stammen.
**66.** Vgl. ThStAR, Geheimes Archiv (Restbestand) B VII 8b Nr. 18, unpag.
**67.** Der Begriff Tapete umfasste in der Frühen Neuzeit alle textilen und papiernen Arten von Wandbespannungen. – Vgl. die Definition bei ZEDLER, Johann Heinrich: Grosses vollständiges Universallexicon aller Wissenschafften und Künste, Bd. 41, Leipzig 1744, Sp. 1771 – 1773. Einen historischen Überblick bietet auch THÜMMLER, Sabine: Die Geschichte der Tapete. Raumkunst aus Papier, Kassel 1998.
**68.** Der Willkomm war ein silbervergoldeter Trinkpokal in Form einer »Goldenen Henne«, der allen herrschaftlichen Besuchern zur Begrüßung gereicht wurde, die erstmalig an der schwarzburgischen Tafel speisten. – Vgl. Thüringer Landesmuseum Heidecksburg (Hrsg.): Die Sammlungen, Rudolstadt 2004, S. 65 – 66.
**69.** Im Inventar von 1770 waren für das Hauptgebäude des Schwarzburger Schlosses insgesamt neun Abtritte, sechs Nachtstühle und 17 Nachttöpfe aus Porzellan verzeichnet.
**70.** Diesem Thema hat sich ausführlich HENKEL, Jens: Die Marstallbibliothek der Heidecksburg. – In: Historische Bibliotheken in Rudolstadt, Rudolstadt 1999 (= Beiträge zur schwarzburgischen Kunst- und Kulturgeschichte; 7), S. 205 – 219 gewidmet. Siehe dort auch die weiterführenden Literaturangaben. Die Pferdebücher Ludwig Günthers werden in einem kurzen Katalogbeitrag desselben Autors in den Beschreibungen zur Sammlung im TLMH (wie Anm. 68), S. 103 vorgestellt. Zur Biographie Ludwig Günthers siehe WINKER, Doreen: Ludwig Günther II. 1708 – 1767 – 1790. – In: Die Fürsten von Schwarzburg Rudolstadt. 1710 – 1918, Rudolstadt 1998, S. 66 – 83, hier S. 72f.
**71.** Für diesen Hinweis danke ich Heiko Laß. Vgl. etwa LEIBNIZ, Gottfried Wilhelm: Über das Erzzeugmeisteramt – In: Ders.: Sämtliche Schriften und Briefe, Vierte Reihe: Politische Schriften, Bd. 5: 1692 – 1694, Berlin 2004, S. 156.
**72.** Vgl. ThStAR, Rudolstädter Schlossarchiv B XI Nr. 11, unpag.
**73.** Vgl. ebenda.

**74.** HESSE 1816 (wie Anm. 57), S. 137.
**75.** Vgl. ThStAR, Rudolstädter Schlossarchiv B XIII d Nr. 8, Bl. 5.
**76.** Vgl. ebenda B XI Nr. 11, unpag. Die Leinwandgemälde hatten die ungefähren Maße von 290 cm × 190 cm (Kaminseite), 290 cm × 120 cm (Fensterseite) und 190 cm × 140 cm (Galerieseiten).
**77.** Siehe zu den schwarzburgischen Regenten die vom Thüringer Landesmuseum Heidecksburg herausgegebenen Publikationen: Die Grafen von Schwarzburg-Rudolstadt. Albrecht VII. bis Albert Anton, Rudolstadt 2000 sowie: Die Fürsten von Schwarzburg-Rudolstadt. 1710 – 1918, Rudolstadt 1998.
**78.** Vgl. Archiv des TLMH, Akte Einlagerungen 1945 – 1951. Das Gemälde wurde laut einer Mitteilung vom 11. April 1949 des Kreispolizeiamtes Rudolstadt bei einem Schwarzburger Einwohner sichergestellt und an die Verwaltung des Schlossmuseums Rudolstadt übergeben.
**79.** Nach Aussage von Thomas Trajkovits sind diese Zeichnungen keinesfalls dem bis 1710 am Schloss tätigen David Schatz zuzuweisen.
**80.** Die Zeichnungen befinden sich im Kupferstichkabinett der Staatlichen Museen zu Berlin. Sie konnten im Jahre 2004 in Zusammenarbeit mit dem TLMH eindeutig identifiziert und damit inventarisiert werden (Inv.-Nr.: 17095, 17097, 17098, 17099). Diese Zeichnungen gehören zu einem Bestand, der 1958 durch die Sowjetunion an die DDR zurückgegeben wurde.
**81.** Im Inventar von 1770 werden stattdessen »3 Alabaster Aufsätze über dem Kamin« genannt. – Vgl. ThStAR, Rudolstädter Schlossarchiv B XI Nr. 11, unpag.
**82.** Vgl. ebenda, Kammer Rudolstadt C XXIV 5a Nr. 7, unpag. und ebenda, Geheimes Ratskollegium E I 2a Nr. 83, Bl. 56 – 57, 58 – 59.
**83.** Eine weitere Notiz auf der Zeichnung veranschlagt 160 Rthlr. für die Arbeit nach den vorliegenden Rissen, was eine realistische Summe für die gesamte Stuckateursarbeit der Saalwände Ende der 1730er beziehungsweise Anfang der vierziger Jahre war.
**84.** Möglicherweise zierten auch Stoffbespannungen die Wände, bevor die Pilastergliederung eingefügt wurde.
**85.** Vgl. JESSEN, Peter (Hrsg.): Das Ornamentwerk des Daniel Marot in 264 Lichtdrucken nachgebildet, Berlin 1892, S. 114 und BAIER-SCHRÖCKE 1968 (wie Anm. 1), S. 74f. Zum Bandlwerk siehe außerdem von DÖRY, Ludwig Baron: Die Stuckaturen der Bandlwerkzeit in Nassau und Hessen, Frankfurt am Main 1954 (= Schriften des Historischen Museums; VII).
**86.** Vgl. BAIER-SCHRÖCKE 1968 (wie Anm. 1), S. 71ff. sowie S. 125.
**87.** Für Hinweise sowie regen Austausch hinsichtlich der Vorlagen und Einflüsse sei an dieser Stelle Martin Pozsgai und Thomas Wilke gedankt.
**88.** Vgl. zur Baugeschichte des Göllersdorfer Schlosses: PAULUS, Helmut-Eberhard: Die Schönbornschlösser in Göllersdorf und Werneck. Ein Beitrag zur süddeutschen Schloß- und Gartenarchitektur, Nürnberg 1982 (= Erlanger Beiträge zur Sprach- und Kunstwissenschaft; 69), S. 5ff., und PRANGE, Peter: Salomon Kleiner und die Kunst des Architekturprospekts, Augsburg 1997 (= Schriftenreihe des Historischen Vereins für Schwaben; 17), S. 264ff.
**89.** Vgl. PAULUS 1982 (wie Anm. 88), S. 165ff. und PRANGE 1997 (wie Anm. 88), S. 275ff.
**90.** Ob dieses Werk in der Rudolstädter Hofbibliothek vorhanden war, ist nicht gewiss. Nach Auskunft von Michael Schütterle, Leiter der Historischen Bibliothek, lässt sich ein anderes Kupferstichwerk desselben Stechers seit dem 18. Jahrhundert im fürstlichen Bestand nachweisen: KLEINER, Salomon: Wunderwürdiges Kriegs- und Siegeslager des Helden unserer Zeiten, oder eigentlichen Vor- und Abbildungen der Hof-, Lust- u. Gartengebäude, Eugenii Francisci, Herzogen zu Savoyen […], Augsburg 1731 – 1737.

(Anhang) Inventar des Schlosses Schwarzburg 1723

*in: ThStAR, Rudolstädter Schlossarchiv B XI Nr. 5.*
*Transkription des in deutscher Schrift verfassten Textes in wortgenauer Übertragung,*
*die originale Schreiweise wurde übernommen.*

# SCHWARTZBURG.
# INVENTARIUM ANNO 1723

d 20ten April verfertiget [20. April 1723]

»[...] **In der Küchen und daran stoßenden Gewölben**
An Kupffern Zeuge
An Meßing
An Blech
An Eisern Zeuge

**In dem Wasch Hause**

**Im Garten Hauße**
In der Verwittibten Herzogin Durchl. Bilder und Spiegel Cabinet, worinnen das Sächsische Hauß auf kleine Viereckichte Kupffer Blätter gemahlet, und mit Spiegeln Von der gleichen Große wechßel Weise in Stoccatur Versezt
Achtzehen Bilder über den Camin und 24 Spiegel
Zwanzig Bilder Zur rechten Hand und 22 Spiegel
Neunzehen Bilder in dem darauff folgenden Feld u. 34 Spiegel
Fünff und Zwanzig St. Zwischen denen beyden Fenstern und 34 Spiegel
Vier und Zwanzig st. in der Ecke und 34 Spiegel
Zehen st. in der Ecken gegen Morgen Zu u. 51 Spiegel
AchtZehen st. in der andern Ecke und 17 Spiegel
Zwey und Vierzig St. nach der Thür und 40 Spiegel
Sechzig auf der andern Seiten und 40 Spiegel
Sieben Zehen an Camin und 22 Spiegel
Ein fournirt mit Silber beschlagenes Bret=Spiel
Ein Zu samen Leg Tischgen

**In dem Gemach** Welches mit 15 st. Tappeten von Japanischer Lacc Arbeite verkleidet
Drey gemahlte doppelte Thüren mit Englischen Schlößern
Ein schwarzer Topfferner Ofen
Zwey Fenster mit 4 Flügeln, woran gebrochene Laden, auch jeder mit 4 Flügeln
Ein fournirter Schreib Tisch auf welchem Ein dergl. Schränckgen stehet

Ein Schränckgen auf welchem ein Von Alabaster fournirter Cantoir
Acht von Unterschiedlichen Farben flamich genehete Wollene Stühle
Ein Kleiner Stuhl mit einem UberZuge Von Cränz Naat
Ein Spiegel in einem vergolden Rahmen
Ein fournirt Zu samenleg Tischlein auf einer Säulen mit einem AusZuge
Eine versilberte Ruhe Banck mit rothen Damast beschlagen
Zwey Damastene Kießen und
Eine gelb und roth gedruckte Madrazze

**In der Cammer**
Ein Thron Bette mit Sechs Knöpffen alles roth angestrichen
Ein Vorhang mit Bund streiffichten Bast mit Futter Taffend gefüttert, und um mit Falbeln Von dergl. Zeugeingefaßt und eine dergl. Rück Wand
Eine Bett Decke von dergl. streifficht halb Seidenen Zeug [Größenangabe]
Ein gemahlter Schreibe Tisch
Ein dergl. Schranck
Ein Spiegel in einem vergolden Rahmen
Fünff Kleine auf Holz gemahlte Gemählte
Ein Brust st. von eingelegter und gestrieten Arbeit
Sechs Vierckichte Portraits mit blinden Rahmen
Ein Gemählte den Schiff Bruch des Seel. Prinz Wilhelms von Gotha vorstellend
Ein Nacht Licht in einer Laterne
Ein Fenster mit einem Laden jedes mit 4 Flügeln
Eine Thür Zum Abtritt mit Bändern und Klingeln die Füllung daran sind auf Tuch gemahlt
Zwey Oval Portraits mit vergoldenem Klapp Rahmen

**In dem Vor Hauß**
Sieben Zehen St. auf Leinwand gemählte Gemählte meisten theils einige Junge Herrschafften vorstellend auf blinden Rahmen

Eine ganz Gläserne Laterne an einem [...] hangend
Ein Klein Tisch Schräncklein
Ein gemahlter alter Mann und alte Frau an beyden Seiten nach dem Saale zu
Ein Bild über der Thür auf Holz gemahlet, Europa vorstellend

**In der Cammer daran**
Eine Doppel Thür mit einem Teutschen Schloße
Ein Kleider Schranck
Ein grau angestrichen Tisch Schräncklein, mit einer beschlagenen Thür und einem AusZuge
Ein Fenster mit 4 Flügeln

**In dem Kayser Saal**
In welchen alle Röhmische Kayßer Vom Julio Caesare als 48 in Lebens Größe auf Leinwand und 100 Köpfe in Fresco gemahlt
Vier gemahlte Doppel Thüren mit Englischen Schlößern
Ein Theil von einer Drey theiligen Taffel
Eine Oval Taffel worauf ein Teppicht von grünen Tuche
Eine Lederne Decke
SechZehen Stühle grünen Tuch überzogen
Sechs Fenster iedes mit 4 Flügeln und schwarzen Beschlägen
Zwölff Fenster ohne Flügel an der obern äußern Gallerie
Eine Oval Taffel
Ein Kleiner Oval Tisch mit einer grün streiffichten Decke
DreyZehen mit Vergoldeten Leder überzogene Stühle
Sechs unüberzogene mit Weißer Leinwand
Ein Viereckicht Braun tischgen
Ein halber weiser Oval Tisch

**In der Durchlauchtigsten Fürsten Zimmer**
Zwo Doppel Thüren mit Englischen Schlößern
Eine Blend Thür
Eine Fenster Thür nach dem Altan mit einem Englischen Schloße
Ein schwarzer Kachel Offen
Acht Stühle von bunder Seide flammicht genehet hierzu sollen auch so viel Leinene UberZüge seyn, befinden sich aber nur 7 Kappen und 5 Stuhl Size
Zwölff Viereckichte Portraits die Monate vorstellend
Neun Dito Oval auf dergl. vorstellend
Ein blechern Sprach Rohr
Eine Monat Uhr mit einem langen Perpendicul in einem fournirten Gefäße

**In dem Cabinet**
Ein von Nußbaumenen Holze fournirter Schranck mit Zwo Doppel und einer Fall Thür, die ersten mit Meßingen Beschlägen über diesen an statt der darinnen gestandenen Sturz Uhrein gemählte von denen 5 Sinnen
Zehen auf Oval Kupffer gemahlte Portraits
Zwey Auff Schub Fenster

**In dem Schlaff Cabinet**
Ein Thron Bette mit einem gelb gedruckten Vorhange mit gelb und roth wollenen Franzen nebst Einer rück Wand von dergl. gedruckten Leinwand
Zwey Fenster mit Schiebern
Ein Repositorium
Drey weiß angestrichene Schräncke in welchen Bücher befindl. [not: sind zu haben S. Hochfürstl. Durchl. den Catalogum]
Eine Thür in die neben Camer
Eine Nacht Uhr
Ein Kleiner mit weißen Leinen Tuch überzogener Stuhl
Schwarzburgk in miniatur gemahlet

**In der Cammer nach dem Abtritt**
Ein Fenster
Ein weißer Schranck mit dem Beschläge
Eine Thür Zum Abtritt mit Zwey Riegeln

**An der Treppen zum Gewächs Hauße**
Eine Doppel Thür mit einem Riegel
Ein Gemählte Von unterschiedlichen Sachen unter anderm mit einem Pocal
Ein Stück von Obst Früchten und Erd Gewächßen
Ein Küchen Stück, Feuer und Lufft vorstellend
Ein Küchen Stück, Waßer und Erde vorstellend, alle auf Leinwand gemahlet
Zwo Landschafften auf Holz
Ein dergl. mit Trauben und Obst
Ein Küchen Stück von allerhand Küchen Speiße, daran Eine Kaze eine Wurst hat
Ferner
Ein Gemählte mit Kraut, Artischocken und Würz Werck
Ein Klein St. auf Holz Confecturen und Obst. Zwo Landscgafften und eine Melone auf Holz
Ein Küchen Stück unter andern mit einem Kalbs Kopff und Hummers auf Tuch
Zwo Kleine Landschafften auf Tuch
Ein Klein Blumen Stück auf Holz
Ein Korb mit Obst auf Tuch
Ein gedeckter Tisch
Vier St. auf Holz die 4 Jahres Zeiten und 12 Monate vorstellend
Ein großes und Zwey Kleine Blumen Stücke auf Tuch
Eine Fette Gans und Einen Hand Korb mit Fleisch
Ein Sieb mit Obst
Ein Kalbes Kopff mit Rindfleisch
Ein Frucht und Küchen Stück an welchen unter andern ein hangender und Ein liegender Auerhahn, wein Traub, Ein Hund und Kaze auf Tuch
Ein Haußhaltungs Stück mit einer melkender Kuhe und Butterschlagen
Noch mehr
Ein Gemählte mit einem gebratenen Hune und Fleisch Stück, Kürbß, Obst, wein und Bier
Ein Nacht Stück, da eine Magd ein Licht in die Laterne stecket

Ein Küchen Stück von Enten
Zwo Kleine Landschafften
Ein Gartten Stück Von allerhand Gewächßen
Ein Küchen Stück da eine Magd Fiesche abschlachtet
Eine Gluck Henne
Ein Blumen Stück
Ein Han und Enten auf welchen ein Hund bellet
Ein Schincken und ein Glaß Bier
Ein Hirten Stück mit allerhand Vieh
St. Martins Aufzug Zum Bachus Fest
Zwey Blumen Stück auf Holz
Ein Küchen Stück von Fieschen
Ein Stück Zum Glücks Topff
Ein Großer Mann und Frau
Ein Aufsaz mit Confect
Vier Theile der Welt, als Europa, Asia, Africa und America
Drey alte Gemählte, das eine ein Rate Spiel, eines die Fette, und eines die magere Küche vorstellend

**An der Treppen bey Dero Durch. Zimmer**
Sieben auf Leinwand gemahlte Bilder von unterschiedl. Herrschafftl. Contrefaits
Vier St. Gemählte von denen Fünff Sinnen, ein Stück stehet in Ihro Durchl. Cabinet
Ein Brust Stück nach dem Boden Zu

**In der Cammer neben der Treppe**
Eine Thür mit Schloß, Schlüßel und Bändern
Zwey Kleine Fenster
Ein Rutschbetten
Ein Hänge Tiesch
Ein mit gelben Zeug und ein mit rother Leinwand beschlagener Stuhl
Ein Kupfferner Thee Keßel
Eine weise Schlaff Müze mit einem grünen Bande
Ein Paar Pantoffeln
Ein Baumwollen Halßtuch

**In der Cammer = Diener Stube**
Eine Thür mit Schloß, Schlüßel und Bändern
Ein Schwarzer Kachel Ofen
Zwey Kleine Fenster mit Schiebern
Ein Tiesch
Zwey mit gelben Tuch beschlagene Stühle
Ein Hirsch Geweyh von 18 Enden

**In der Cammer**
Eine Thür mit Schloß, Schlüßel und Bändern und Handhabe
Ein Klein Fenster mit Schiebern
Ein Rutsch Bette
Ein Nacht Stuhl

**In dem Vor Platz**
Ein Fenster
Ein Tiesch
Ein mit grünen Tuch beschlagener Stuhl
Ein Kleiner Lehn Stuhl
In der Laqveien Cammer
Eine verschloßene Thür
Ein Rutsch Bette und
Ein noch dergl. Bette

**In der Fräulein Stube**
Eine Thür mit Schloß, Schlüßel und Bändern u. Handhabe
Ein schwarzer Kachel Ofen
Zwey Tiesche mit
Zwey bund streiffigten Teppichen
Ein Rutschbette hinter dem breternen Verschlage
Ein grün beschlagen Stühlgen
Ein Kleider Schranck vor der Stuben
FünffZehen hölzerne StatuenZwey Fenster mit Schiebern
Zwey weiß beschlagene Stühle

**Auf dem Altan des Kayser Saals**
Vier Kupfferne Keßel Zu Abführung des Regen Waßers an denen 4 Ecken
Zwo Kupfferne Dach Rinnen, eine über Ihro Hoch Fürstl. Durchl. des Herrn, die andere aber über das Durchl. Herzogin Zimer

**In der Frauen Zimmer Stube**
Eine verschloßene Thür mit Zugehör
Ein Großes und ein Kleines Fenster
Ein Tiesch
Ein Kleinerer Tiesch
Ein Rutsch Bette
Drey mit Weißer Leinwand beschlagene Stühle

**In dem Gewächs = Hauße**
Drey Doppel Thüren mit Schlößern, Zug Schlößern und Bändern
Vier hohe Fenster mit doppelten Laden
Ein Oval Fenster über der Thür
Ein Schwarzer Kachel Ofen

**Im kleinen Gewächs = Hauße**
Zwo doppelte Thüren mit Schlößern, Bändern und Riegeln
Sieben Fenster jedes mit 4 Riegeln
Drey mit doppelten Laden
Ein Schwarzer Kachel Ofen

**In dem Vorhauß nach der Treppen**
Drey Thüren, Zwo mit Schlößern und eine mit Riegeln
Ein Fenster

**In dem Glaß Hauße**
Zwey Kleine Fenster mit Fliegeln
Nota: Die Neun hohe Fenster und Neun mit rother Leinwand überzogene Laden sind nacher Rudolstadt komen

**In dem Garten**
Sieben Statuen von Freunden
Vier Statuen von Lastern, als eine in dem Gartten und Drey auf dem Frontispicio des Gartten Haußes
Eine Kupfferne Kleine über dem Gewächs Hauße

**In dem großen Saale**
Eine Doppel Thür mit Schloße, Zug Schloße, Bändern und Handhaben
Ein eiserner Ofen
Vier Große Fenster mit Franz Glaß
Acht Dito etwas niedriger in der Höhe
Ein und achtzig 4 eckichte Portraits vom Schwarzb. Hauße
Ein verschloßener Kleider Schranck
Ein dito Kleinerer ohne Schloß
Ferner
Zwey Laternen
Ein Kleider Schranck mit vergolden Leisten und Capitailen verschloßen nebst einem Schlüßel
Eine große Oval Taffel
Zwey Theile von einem 3 theilichten Weißen OvalTiesche. not: das 3te St. stehet im Gartten Saale
Das mittlere Stück von einem braun gemahlten Oval Tiesche
Ein altes Tiesch Gestelle

**In einem weißen Einschlage daselbst**
Fünff Zegen Stück grün und weiß in Gold gestreiete Tappeten
Ein dergl. langes von 3 Stück Zu samen genehet
SechZehen Stück noch dergl. groß und Kleine Not: Sind im Saale aufgeschlagen
Vier Stück von weißen Wachs Tuche, sind theils noch im Verschlage, theils aber in einem neuen Gemache ausgebreitet

**In der Neuen Gallerie**
Drey und Dreißig St. gemahlte Hirsch Köpffe in […]
SechZehen St. Dergl. so von Neuen Hauß darzu komen
Sieben Weiße Hirsch Köpffe mit Geweihen
Ein Unter Sazu Z dem Schrancke welcher im Saal stehet

**In der Cammer neben dem großen Saale**
Ein Fenster mit Riegeln
Zwey Himel Bette
Eine Spanische Wand
Ein Kupfferner Bett Wärmer
Ein großer Spiegel mit einem schwarzen Rahmen
Ein Nacht Stuhl
Ein hölzerner Lehn Stuhl

**Im ersteren Gemach**
Zwey Fenster mit Fliegeln
Drey doppelte Thüren 2 mit Schlößern und einer mit 2 Riegeln
Ein Rutschbette
Eine bunde Cattune Madrazze
Ein mit Nußbaumen Holze fournirter Schranck mit einem dergl. Gestelle, mit Aufsaze
Ein Klein grün Schränckgen
Ein gemahlter Schreibe Tiesch
Das 3te Stück Zu einer braun gemahlten Oval Taffel
Ein Klein Zu samen leg fournir Tischlein
Ein großer Spiegel mit einem schwarzen Ramen
Zwey mit weißer Leinwand überzogene Stühle
Zwey Oval Portraits in vergolden Ramen
Ein großes Gemählte der allhiesigen Durchl. Prinzeßinen
Ein Dito derer Durchl. Prinzen und Prinzeßinnen
Ein groß Portrait die Eitelkeit vorstellend
Ein großes Gemählte mit 4 Portraits in Lebensgröße die 4 Elementa vorstellend

**Ferner im 1. Gemache**
Ein Gemählte darauf die 3 alten Graffen von Käffernburg mit ihren Gemahlinen
Ein auf Holz gemahltes Viereckichtes Historisch Gemählte
Ein eiserner Ofen mit einem Topffernen Aufsaz
Im andern Gemache
Vier Fenster mit Fliegeln
Drey doppelte Thüren mit Englischen Schlößern
Eineiserner Ofen mit einem Töpffernen Auf Saze
Ein braun und gelb gemahlter Schreibe Tiesch
Ein fournirtes Tischlein auf einem braun gemahlten Fuße
Ein braun gemahltes Tieschlein
Ein brauner Oval Tiesch von 2 Theilen
Acht Stühle mit gelb und blau wollenen Zeug und Leonischen Gold gemachten Uberzügen
Ferner
Ein klein Stühlgenmit einem Uberzuge von Creuz Nad
Zwanzig illuminirte Kupffer mit schwarzen Ramen
Ein Zerbrochener Spiegel mit einem fournirten Rahmen
Im Cabinet wo das Camin stehet
Zwey Fenster mit Fliegeln
Ein von Nußbaum fournirter Schranck
Zwey braun angestrichene Tischgen
Eine beschlagene aber noch ungemahlte Thür
Eine Stuz Uhr welche im Gartten Hauße gestanden
Durchl. Verwittibte Herzogin Portrait ohne Rahmen
Ein leerer Oval Rahmen von Alabaster übern Camin
Ein eisern Gäbelgen und Kohlen Zange
Ihro Durchl. des Hochseel. Herrn Portrait Zu Pferde

**Im Schlaff Gemach**
Zwey Fenster
Eine Thür Zum Abtritt mit einem Riegel
In dem neuen Gemach im Obern Stockwerck

Zwey große Fenster mit Taffel Glaß
Eine braune Oval Taffel
Zwey weiße 4eckichte Tischggen
Ein weißer Stuhl mit Leinwand bezogen
Ein weißer Stuhl so mit Taffend bezogen gewesen

**In der Cammer**
Ein großes Fenster mit Taffel Glaß
Ein Himel bette
Ein Rutsch bette
Ein alter Schranck ohne Schloß mit einem Riegel
Eine längl. weiße Taffel
Ein Rutschbette so auf der Gallerie stehet

**In dem Fürst. Kirchen = Stande**
Vier doppelte Thüren mit Meßingenen Schlößern und eisern
　durchbrochenen Bändern
Zwey Fenster
Sieben Fenster mit geschliffenen Glaße und 14 Meßingenen
　Knöpffen nach der Kirche Zu
Eine mit blauen Tuch überzogene Fuß Banck
Ein Tisch mit einer flamich bund geneheten wollenen Decke
Vier Stühle mit gelben und blau wollenen Zeug und
　Leonischen Gold geneheten Uberzügen
Vier Seßel mit Arm Lehnen, von dergleichen ÜberZügen
Eine brand Ruthe in dem Camin

**In der Kirch Stuben**
Eine weiße Thür mit einem Englischen Schloße
Ein Kleider Schranck
Ein alter Tisch
Ein Nacht Stuhl mit Arm Lehnen von schwarzen Leder
　überzogen
Zwey Fenster
Ein schwarzer Kachel Ofen
Drey mit weiser Leinwand überzogene Stühle
Ein Rutsch Bette

**In denen Gemächern übern Stall und Zwar In der ersten
　Stube der Gallerie**
Eine Thür mit einem Schloß, bändern, Handhabe und Kettel
Ein schwarzer Kachel Ofen mit einer Kupffernen Blase und
　Eisernen Rohre
Zwey Fenster jedes mit 4 Fliegeln
Ein Tiesch von Hartten Holze
Ein Stuhl mit Leinwand beschlagen
Ein dito alter

**In der Cammer**
Eine Thür mit Schloß, Bändern und Handhabe
Ein alt angestrichen Himel Bette
Ein mit grünen Tuch beschlagener Stuhl
Ein dito Kleiner mit weißer Leinwand beschlagen
Ein hölzerner Stuhl

Ein dito Kleiner
Zwey Fenster jedes mit 4 Fliegeln

**In der andern Stube**
Eine Thür mit Schloß, Bändern und Handhabe
Ein schwarzer Kachel Ofen
Zwey Fenster jedes mit 4 Fliegeln
Ein Kleiner Tisch mit einem Aus Zuge
Ein mit weißer Leinwand beschlagener Stuhl
Ein großes Repositorium
Ein alter Stuhl so mit grünen Tuch beschlagen gewesen
Ein hölzerner Stuhl
Ein braun Oval Zu samen gelegtes Tieschgen

**In der Cammer**
Eine Thür mit Schloß, Schlüßeln, Bändern und Handhabe
Ein Himel bette
Zwey Fenster jedes mit 4 Fliegeln
Eine Thür Zum Abtritte auf der Gallerie
Ein Rutsch bette auch daselbst

**In der Eck Stuben am Ende der Gallerie**
Eine Thür mit Schloß, Schlüßeln und Bändern
Ein schwarzer Kachel Ofen
Ein Tisch auf 4 gedreheten Pfosten mit einem Aus Zuge, und
　einer grünen weiß mit gelb gestreifften Decke
Fünff weiß überzogene Stühle
Eine bund streifficht genehete Tisch Decke

**In der Cammer**
Eine Thür mit Schloß, Schlüßeln, Bändern und Handhabe
Zwey Fenster jedes mit 4 Fliegeln
Ein Himel bette mit einem Vorhange von einem großen und
　Zwey Kleinen Stücken aus grün, gelb und weisen Garn
　genehet, und mit grünen Futter Taffent gefüttert
Ein dergl. Umlauff mit solchem Futter
Eine dergl. Bett Decke mit gelber Leinwand gefüttert
Eine Matrazze von gelber Leinwand
Zwey Rutsch bette
Ein Kleider Schranck mit Schloß und Schlüßel

**In der Stube über den Stall nachdem Hoffe zu, welche grau in
　grau gemahlet**
Zwo Thüren mit Schloß, Schlüßeln und Bändern
Zwey Fenster jedes mit 4 Fliegeln
Ein schwarzer Kachel Ofen
Ein braun angestrichen Tischlein auf Zwo Pfosten
Sechs Stühle mit blau und weißen Tripp Samet beschlagen
Ein Spiegel mit einem fournirten Rahmen
Ein fournirt Zu samen leg Tieschlein

**In der Cammer**
Zwo Thüren mit Schloß, Schlüßeln und Bändern
Ein Fenster mit 4 Fliegeln

Ein braunet Tiesch auf zwo Pfosten
Ein Himel bette, woran Ein Vorhang von Sechs Stücken aus wollenen Garn genehet mit gedruckten Cattun gefüttert und mit grün, blau und rothen Franzen eingefast
Ein dergl. Umlauff mit Leinwand gefüttert
Eine braune Madrazze

**In der Stuben nach dem Zeug Hauße Zu, so braun in braun gemahlet**
Zwo Thüren mit Schloß, Schlüßeln und Bändern
Ein schwarzer Kachel Ofen
Drey Fenster jedes mit 4 Fliegeln
Ein braun angestrichener Tiesch auf 2 Pfosten
Vier Stühle mit Violet weißen TrippSamet beschlagen
Ein Spiegl mit einem fournirten Rahmen
Ein breaun gemahlter Tiesch auf 4 Pfosten
Vier Stühle mit Gerischen gelb und roth Mor beschlagen
Zwey weiße Tiesche in dem Vorsaale

**In der Cammer so auch braun in braun gemahlet**
Eine Thür mit Schloß, Schlüßeln und Bändern
Ein Fenster mit 4 Fliegeln
Ein Himel bette, daran
Ein Vorhang von 6 Stücken, von grün, weiß, roth und gelben Seiden genehet, und mit gelber Leinwand gefüttert
Ein dergl. Umlauff
Eine dergl. Decke
Eine grüne Madrazze nebst
Einem dergl. Pfeil
Eine Thür Zum Abtritt
Ein braun angestrichen Tieschlein auf 2 Pfosten

**In der ersten Cavallier Stube**
Eine Thür mit Schloß, Schlüßel und Bändern
Ein Fenster mit 4 Fliegeln
Ein schwarzer Kachel Ofen
Ein Tiesch mit einer streiffigt wollenen Decke
Drey mit golden Leder beschlagene Stühle

**In der Cammer**
Eine Thür mit Schloß, Schlüßel und Bändern
Ein grün angestrichen Rutsch bette
Ein Fenster mit 4 Fliegeln

**In der andern Cavallier Stube über dem Stall**
Eine Thür mit Schloß, Schlüßel und Bändern
Zwey Fenster jedes mit 4 Fliegeln
Ein schwarzer Kachel Ofen
Ein weißer Tiesch mit einer grün streiffict wollenen Decke
Drey mit goldenen Leder beschlagene Stühle

**In der Cammer nach der Cavallier Stube**
Ein Rutsch bette
Eine Thür mit Schloß, Schlüßel und Bändern
Ein Fenster mit 4 Fliegeln

**In des Stall Meisters Stube**
Eine Thür mit Schloß, Schlüßel und Bändern
Zwey Fenster jedes mit 4 Fliegeln
Ein schwarzer Kachel Ofen
Zwey große Tiesche
Ein dito Kleiner
Zwey lange Bäncke
Vier hohe mit weißer Leinwand beschlagene Stühle
ein großer Lehn Stuhl mit braunem Leder beschlagen
Ein Tiesch mit grünen Tuch beschlagen

**In der Cammer nach dem Stall Zu**
Eine Thür mit Schloß, Schlüßel und Bändern
Ein Klein Fenster
Ein Rutsch Bette
Eine Thür Zum Abtritt mit einer Klincke

**In der andern Cammer**
Eine Thür mit Schloß, Schlüßel und Bändern
Ein gemahlt Himel bette
Ein alter Stuhl welcher mit gelben Zeuge beschlagen gewesen

**In der Cammer über der Treppe Zwischen den Ställen**
Eine Thür mit Schloß, Schlüßel und Bändern
Drey Fenster jedes mit 4 Fliegeln

**In der Capell Stube**
Zwo Thüren mit Schloß, Schlüßel, Bändern und Handhabe
Ein schwarzer Kachel Ofen
Ein Fenster unten mit 2 Fliegeln
Ein Tiesch worauf das Blat von Linden Holz
Ein alter mit goldene Leder beschlagener Stuhl
Zwey alte Stühle
Zwey holzerne
Zwo lange Bäncke

**In der Cammer**
Ein Fenster
Zwey Rutsch bette

**In einem Verschlag oben bey der Kirchen**
Ein Zerbrochener Spiegel mit einem fournirten Rahmen
Sechs grün angestrichene Geridons
Eine Licht Crone mit 6 Meßingenen Armen auf einem Elend Kopffe mit dem Geweihe
Eine Zu samen genagelte Thür mit Schloß, Bändern und einem Anwurff
Ein Fenster

**In der Cammer neben der Treppen**
Zwey weiße 4eckichte Schräncklein mit Thür Schloß und Bändern
Ein Fenster mit einem Schuber
Eine Zu samen genagelte Thür mit Bändern und einem Anwurff

**In dem Verschlage über dem großen Saale**
Sieben Zehen auf Leinwand gemahlte Kayser in Lebensgröße
Ein Wilder Mann und Frau in Lebens Größe gehauen und von Staniolet
Sieben Chirantolen mit ihren Armen von Staniolet
Ein alt Himel bette
Ein Zu samen genagelt Tieschlein
Ein Fenster
Eine Zu samen genagelte Thür mit Schloß und Bändern

*Nota: Weilen das 3te und übrige Gemächer auf der Neuen gallerie noch nicht völlig ausgebauet, als haben solche nicht können inventiret jedoch nach deren Perfection hierher specificiret werden.*

[...]

**In dem Gewölbe Die genante Folter Camer,** darinnen die Mobilien von denen weg gerißenen Gängen und Stuben des fordern alten Gebäudes bey und über dem Thor befindlichen
Ein gemahlt Himel Bette
Ein Zu samen gelegt genagelt Rutsch Bette in einem Verschlage
Eine Kupfferne Blase und
Blecherne Röhre, Not: Sind in dem Kleinen Saaletgen eingemacht
Eine lange Taffel von welcher das Blat von Linden Holze
Ein mit grünen Tuch beschlagener Stuhl
Vier alte Stühle
Eine alte Banck mit einem Deckel
Ein Kleiner weißer Tiesch
Ein braun angestrichen Tieschgen so das Mittel von einem Oval Tiesche
Ein mit weißer Leinwand überzogener Stuhl
Ein alter Trag Seßel mit rothen Sammet beschlagen gewesen
Ferner
Ein Schiefer Tiesch mit 4 Pfosten
Ein Gurt Bette
Ein Kleider Schranck mit Schlüßel u. Schloße
Ein grau angestrichen Repositorium
Ein weiß vergolden Geländer Zu einem OfenEin einzeln und Fünffzehen doppelte Cotrefaits vom Hauße Oldenburg
Ein Tiesch auff 4 Pfosten mit einem AusZuge Not. An dem Tischblat sind Zwo Ecken abgeschnitten

Ein großer grüner Schranck mit Zwo Thüren Schlüßel, Bänder und Zween SchubKasten. Not. Stehet auf der Gallerie bey des H. Hoff Marechals Zimer
Ein grün angestrichen Rutsch bette
Eine alte gemahlte Landschafft
Ein alt Gemählte den barmherzigen Samaritter vorstellend
Ein weißes Rutsch bette
Noch mehr
Ein alter Schranck mit Zwo Thüren u. bändern
Ein weiß Zu samen genagelt Rutsch bette
Ein Hang Tieschlein
Ein Kleiner Viereckichter weißer Tisch
Zwey mit weißer Leinwand beschlagene Stühle
Ein Klein grün beschlagenes Stühlgen mit Franzen ohne Lehne
Zwey mit weißer Leinwand beschlagene Stühle
Ein Klein Himel bette
Ein Rutsch bette
Ein Schranck so in einer Wand gestanden mit Schloß Schlüßel und bändern
Ein alter Stuhl mit gelben zeug beschlagen
Ein niedriger Schranck mit Zwo Thüren, Schloß und bändern
Drey lange bäncke so an denen Wänden gestanden
Ein Kleider Schranck ohne Schloß und Schlüßel
Ein Tiesch Schranck mit Schloß Schlüßel u. bändern
Ein weißer Stuhl mit Leinwand überzogen
Ein Klein weiß Tieschgen
Weiter
Ein fourniret Zu samen leg Tieschlein
Ein gemahlt Rutsch Bette
Ein Zu samen genagelt bette
Eine lange und eine Kurze banck
Ein Oval Tiesch
Drey Rutsch bette, worunter ein gemahltes
Zwey mit weißer Leinwand überzogene Stühle
Zwey alte weiße Stühle
Eine große Zu sammen lege Taffel auf Sechs gedreheten Pfosten
Vier Oval Taffeln
Zwo große lange Viereckichte Taffeln jede auf 4 Pfosten mit Zusammen Leg Blättern
Ein Schmahl langes Taffel Blat
Ein alter 4eckichter Tiesch

*Nota: Hierbey ist unterthänigst Zu gedencken, daß die Thüren, Kachel Öffen und Fenster theils in dieser Camer annoch befindlich theils in die Zimer wieder gebracht theils auch vom Burgk Schreiber Heubel auf hohen befehl verkaufft und theils in das neu aufgebauete Hauß zur Fischbachs Wiese gekomen. »*

Horst Fleischer

# Gestalt- und Funktionswandel des Schlosses im 18. Jahrhundert
## *Vom feudalen Hoflager zum romantisch verklärten Ort*

### Ludwig Friedrich heiratet eine Herzogin

Am 15. Oktober 1691, dem Tag seines 24. Geburtstages, heiratete der Erbprinz der Grafschaft Schwarzburg-Rudolstadt, LUDWIG FRIEDRICH I. (1667 – 1710 – 1718), in Gotha die älteste Tochter des Herzogs FRIEDRICH I. (1646 – 1675 – 1691) VON SACHSEN-GOTHA, ANNA SOPHIE (1670 – 1728). Ihre Mutter MAGDALENA SIBYLLA (1648 – 1681) entstammte der kurfürstlichen Nebenlinie SACHSEN-WEISSENFELS. Die Ehe war 1669 in Halle geschlossen worden. Herzog FRIEDRICH I. verstarb am 2. August 1691, so dass die Hochzeit am Gothaer Hof in aller Stille stattfand. Mit dem Herzog hatte Erbgraf LUDWIG FRIEDRICH während seiner Kavalierstour, die sich über den Zeitraum Mai 1687 bis Oktober 1688 erstreckte, in Paris gesellschaftlichen Umgang. In Versailles wurde er dem französischen König LUDWIG XIV. (1638 – 1715) vorgestellt, und im September 1688 konnte er in Wien Kaiser LEOPOLD I. (1640 – 1705) und weiteren hohen Würdenträgern des Reiches seine Aufwartung machen.[1]

Die Heirat LUDWIG FRIEDRICHS bedeutete einerseits einen Prestigegewinn für das Grafenhaus, insbesondere in der Auseinandersetzung mit den Wettinern zu Fragen landesherrlicher Souveränität der Schwarzburger, andererseits entstanden dem Hause Mehrkosten durch Protokollfragen, zu denen auch angemessenes Wohnen und Repräsentieren für die Gattin des Erbprinzen als Herzogin in einem gräflichen Hause gehörte. In der Hauptresidenz Rudolstadt galt es, für ANNA SOPHIE die ihrer Stellung angemessenen Wohn- und Empfangsräume zu bestimmen und funktionsgemäß auszustatten. Die von ihr zwischen 1691 und 1710 in der Heidecksburg bewohnten Räume sind bisher unbekannt geblieben. Ab 1711, nach dem Tode des Grafenpaares ALBERT ANTON VON SCHWARZBURG-RUDOLSTADT (1641 – 1662 – 1710) und AEMILIE JULIANE (1637 – 1706), begann die Modernisierung und repräsentative Ausstattung von elf Räumen des Südflügels von Schloss Heidecksburg, die sich um die »Unterste Galerie« (Oldenburger Galerie) gruppierten. Sie bestanden aus »... dem Kleinen Vorgemach, dem Schlafgemach, dem Vorplätzgen, der Küche, dem Großen Vorgemach, dem Guten Gemach, dem Spiegelgemach, dem Braunen Gemach, dem Ordinairen Vorgemach und dem Raritätenkabinett.«[2] In den Raumstuck der Repräsentationsräume wurden Porträts eingefügt, die Herkunft und Familie der ANNA SOPHIE symbolhaft bezeichneten. Die wandfeste Anbringung geschah nicht absichtslos, denn so wie ein Herrscher neu gewonnenes Territorium durch Schlösser und andere Bauten besetzte, so sollte den Abbildern ihrer Familienangehörigen über deren Tod hinaus Bleiberecht eingeräumt werden. Im Spiegelkabinett ist die ursprüngliche Ausstattung noch vorhanden.[3]

Im alten Westflügel der Heidecksburg, der 1735 abbrannte, besaßen der regierende Herzog von Gotha und seine Gemahlin, Bruder und Schwägerin der Herzogin ANNA SOPHIE, eine eigene Suite. Sie bestand aus sieben Räumen: »Audienzgemach des Herzogs, Schlafgemach, Garderobe, Gemach der Herzogin, Audienzgemach, Garderobe, Camin-Gemach, Vorgemach«. Die Garderobe des Herzogs war mit einer »bunt gemalten Tapete mit biblischen Historien« bespannt. Die der Herzogin enthielt eine »Tapete von Wachsleinwand mit Indianischen Figuren«, und das Vorgemach der Herzogin wies »eine gemalte Tapete« auf, »darauf Rudolstadt, Schwarzburg pp zu sehen« waren.[4] ANNA SOPHIES Spiegelkabinett im Schloss Heidecksburg verdient besondere Aufmerksamkeit. Seine Entstehung fiel in den Zeitraum von 1710 bis 1720 und erweist sich damit als ein sehr frühes Beispiel für ein Porzellan- und Spiegelkabinett in einer deutschen Residenz.[5]

Johann Ernst Ludwig Kämmerer, Das Stammhaus Schwarzburg
kolorierter Kupferstich nach einem Gemälde von J. A. Thiele, 1804 (Detail)

# Vom Sommerhaus der Anna Sophie zum Kaisersaal in Schwarzburg

Am 25. Mai 1702 heiratete FRIEDERIKE VON SACHSEN-GOTHA (1675 – 1709), eine jüngere Schwester von ANNA SOPHIE, den Erbprinzen JOHANN AUGUST VON ANHALT-ZERBST (1677 – 1718 – 1742). Dieser ließ für seine Frau seit 1704 ein Lustschloss, Friederikenberg genannt, nahe Zerbst in ländlicher Idylle errichten. Dessen Haupthaus umfasste auf rechteckigem Grundriss zwei Etagen und gartenseitig fünf Achsen. Rechts und links waren dem Bau je zwei Orangerieräume zugeordnet. Später wurde die ursprüngliche Anlage stark verändert.[6] Bemerkenswert ist dies deshalb, weil die Erbprinzessin von Schwarzburg-Rudolstadt einen ähnlichen Anspruch zu stellen hatte wie ihre Schwester in Zerbst.

In Schwarzburg konnte nicht aus wilder Wurzel gebaut werden, sondern ein Garten- oder Lusthaus musste sich hier in die beengte örtliche Situation und die Baumasse einer Burganlage einfügen. Ob ein seit 1664 fassbares Sommerhaus[7] noch heute als östlicher Seitentrakt des Kaisersaalgebäudes existiert, ist schwer zu entscheiden. Die im Vergleich zum Kaisersaal geringere Geschosshöhe des östlichen Teils deutet allerdings auf sein höheres Alter hin, zumal der nicht mehr existierende westliche Seitentrakt aufgrund gleicher Geschosshöhe mit dem Kaisersaal in eine gemeinsame Bauphase gehören dürfte (siehe Abb. S. 14). Im Gegensatz zu bisherigen Feststellungen in der Literatur wird davon ausgegangen, dass sich die Räume der Herzogin ANNA SOPHIE im ersten Obergeschoss des noch vorhandenen östlichen Teils befanden. Sie bestanden aus Vorzimmer (Vorhaus) mit zugehöriger Kammer, Schlafkammer, Kabinett und Gemach. Hier ist bis heute die Stuckdecke des Gemachs zu sehen, in deren vier Deckenspiegeln sich gemalte Szenen aus den Metamorphosen des OVID erhalten haben (siehe Abb.).[8] Die Wände des Zimmers waren nach Angabe des Inventars von 1719 mit fünfzehn Tapetenbahnen von japanischer Lackarbeit bespannt. Im Raum hing ein für die Schwarzburger wichtiger, fiktiver Ahnherr, CAROLUS WITTEKIND, 1532 gemalt. Der sächsische Ritter WITTEKIND DER SCHWARZE aus der Zeit KARLS DES GROSSEN (747? – 814) erhielt den Taufnamen KARL und wurde zum Stammvater aller schwarzburgischen Grafen. Die Wettiner beriefen sich auf einen sächsischen Herzog

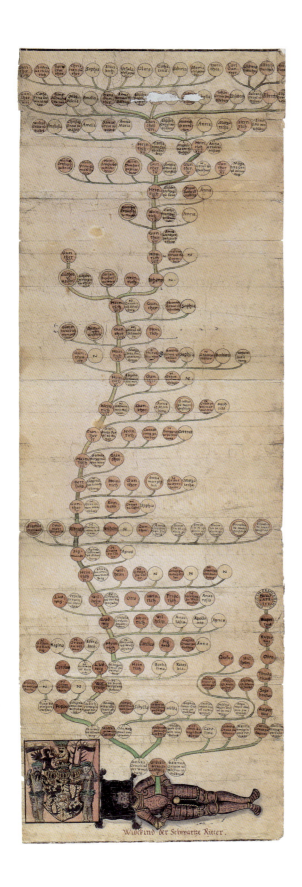

Ausgehend von »Widekind der Schwartze Ritter« Darstellung der Genealogia Schwarzburgicae des Sigismund Strophius aus einer Chronik von 1592    ThStAR, Schwarzburgica A VII 7a Nr. 27

Das Appartement der Fürstin im Kaisersaalgebäude, Zustand 2003

Wittekind, beide angeblich Vettern. Es ist davon auszugehen, dass für Anna Sophie Räume mit zeitgemäßer Ausstattung zuerst in Schwarzburg und ab 1711 auf der Heidecksburg künstlerisch gestaltet wurden.[9]

Als aufschlussreich erweist sich ein Vergleich des Spiegelkabinetts der Heidecksburg mit dem der Schwarzburg. Während im Rudolstädter Kabinett Spiegel und Porträts dem Sammlungsgut Porzellan untergeordnet sind, fehlten in Schwarzburg Konsolen für die Aufnahme von Porzellan, wodurch Porträts und Spiegel raumbestimmend wirkten: »Worinnen das Sächs[ische] Haus auf kleine viereckigte Kupferblätter gemahlet und mit Spiegeln von dergl[eichen] Größe wechselweise in Stuccatur angemachet«. Das neben dem Kabinett befindliche Gemach enthielt im Jahre 1719 u. a. »... ein Schränkgen, auf welchen ein in Alabaster fourniert Contoir. In dem Schränkl[ein] liegen Holtz geleimte Kupfer mit einem Firnis überzogen.« Vermutlich handelte es sich dabei um noch nicht eingefügte Porträts.[10] Die von Stuckrahmen eingefassten Spiegelscheiben und Porträts waren von gleicher Größe. Sie bedeckten in zehn durch das Inventar unterschiedenen Feldern alle Raumwände, worauf die Bezugsgrößen der Beschreibung, Ecke, Seite, Feld, Fenster, Kamin und Tür, hindeuten. Die Folge farbiger Porträts, reflektierender Spiegel und weißer Stuckrahmen müsste dabei die Wände schachbrettartig bedeckt haben, wobei die Stuckrahmen ein lineares Raster bildeten. Möbel, die die Wirkung des Raumes verändert hätten, fehlten ganz. Die sich im Kabinett aufhaltenden Personen konnten in den Spiegeln ihr Abbild erkennen und sich so in die Reihe der Porträtierten aus dem sächsischen Hause stellen. Von der Raumwirkung her kann man sich ein niederländisches Milieu des späten 17. Jahrhunderts vorstellen. Man vergleiche die Wirkung der Wände im zwischen 1681 und 1695 ausgestatteten Fliesensaal des Schlosses Oranienbaum, dessen bemalte und unbemalte Kacheln ein Schachbrettmuster ergeben.[11]

Die Dominanz der sächsischen Porträts wird um 1713 durch die Mächtigkeit der Kaiserbilder im Gebäude verdrängt, so dass man hier zwei Konzeptionen vermuten darf, die ursprünglich nicht aufeinander abgestimmt waren. Das würde auch erklären, warum die miniaturhaften Porträts auf Kupfer und die Spiegel noch zu Lebzeiten der Anna Sophie aus Schwarzburg verschwanden und in ihre Wohnräume im Südflügel der Heidecksburg verbracht wurden.

Mit der bevorstehenden Aufnahme des Grafenhauses Schwarzburg-Rudolstadt in den Reichsfürstenstand kündigte sich bereits vor 1710 ein Paradigmenwechsel an, der dem Haupttrakt des Gartenhauses eine neue inhaltliche Bestimmung gab. Die Entgegennahme der Huldigung der Reichsstädte Nordhausen, Mühlhausen und Goslar durch die Grafen Albert Anton und Ludwig Friedrich als Begleiter seines Vaters für Kaiser Joseph I. (1678–1711) im Oktober und November 1705 mag dabei von Einfluss gewesen sein. Der quadratische spätgotische Ratssaal in Goslar, heute als Huldigungssaal bekannt, besitzt einen Grundriss von 7,30 m × 7,30 m bei einer Höhe von 3,30 m und enthält mehrere große Kaiserbilder. Durch seine Betrachtung könnte Ludwig Friedrich Anregungen für eigene Gestaltungen empfangen haben. Der Grundriss des Kaisersaals in Schwarzburg beträgt ca. 12 m im Quadrat bei einer Höhe von 4 m bis zur Voute.[12]

Das Erdgeschoss des Gartenhauses nahm das »Gewächshaus« auf. Während das mittlere »Gewächshaus« über einen Kachelofen verfügte, war das »kleine Gewächshaus« im östlichen Seitentrakt mit einem eisernen Ofen versehen. Das »Glashaus« unterhalb der Räume des Fürsten im westlichen Seitentrakt blieb unbeheizt. Dieses verfügte über neun hohe Fenster an der Süd-, West- und Nordseite sowie zwei kleinere, vermutlich als Oberlichter zu den Türen des rückwärtigen Vorhauses (Treppenhaus) und zum mittleren Gewächshaus gehörig. So war der Zustand 1719. Im Inventar von 1723 besaß das Glashaus nur noch zwei kleine Fenster mit Flügeln. Man erfährt aber, dass die neun Fenster und dazugehörige Läden inzwischen nach Rudolstadt verbracht wurden. Somit entstand aus dem Glashaus ein fast fensterloser Raum, und die neun hohen Fensteröffnungen wurden zwischen 1719 und 1723 offensichtlich zugemauert, um nach aufgetretenen Bauschäden die Außenwände des westlichen Seitentrakts zu stabilisieren. 1750 heißt das Glashaus »altes Gewächshaus« und hat gar keine Fenster mehr. Da es noch als Gelegenheitsübernachtung für die Dienerschaft genutzt wurde, verfügte es nun über einen eisernen Doppelofen, über zwei Spanbetten und einen braun angestrichenen Tisch.

Das rückwärtige Treppenhaus zum Obergeschoss war nach den Inventaren von 1719 und 1723 als Gemäldegalerie gestaltet, wo ca. 50 Ölgemälde auf Holz und Leinwand dicht gehängt zur Schau gestellt wurden. Sie schufen thematisch die Verbindung zwischen der Küche im Leutenberger Gebäude und der fürstlichen Tafel im Saal des Gartenhauses. Neben lebensphilosophischen Themen: die fette und die magere Küche, das Affenspiel, vier Elemente, vier Jahreszeiten, zwölf Monate, Landschaften, ein Gartenstück mit allerhand Gewächsen, ein Stück zum Glückstopf, ein großer Mann und eine große

Doppelseite aus dem Inventar der Schwarzburg von 1719   ThStAR, Rudolstädter Schlossarchiv B XI Nr. 4

Frau, der Sankt Martins Aufzug zum Bacchusfest; wurden Themen der ländlichen Arbeit berührt: Hirten und Vieh, beim Melken der Kuh und Butterschlagen, eine Magd schlachtet einen Fisch, eine andere steckt ein Licht in die Laterne. Das Leben der Haustiere vermittelten die Bilder von Katzen und Hunden: die Katze holt die Wurst, ein Hund bellt Hahn und Enten an, aber auch eine Gluckhenne ist zu sehen. Stillleben zeigen den gedeckten Tisch, verschiedenes Obst und Gemüse, darunter Weintrauben, Artischocken und Gewürze, Fleisch, Fisch und Krebse auf der Tafel, den Auerhahn als Jagdbeute, Wein, Bier und dazugehörige Trinkgefäße, ein Aufsatz mit Konfekt sowie verschiedene Blumenstücke. Auffällig ist, dass diese Bilderfolge nur die Natur und die Freuden des Lebens pries. Dagegen fehlten religiöse Themen oder die Darstellung weltlicher Herrschaft. Lobpreisungen der Natur, der Tafelfreuden und des einfachen ländlichen Lebens stimmten auf ein fürstliches Tafelgemach ein, jedoch nicht auf ein Monument für die Kaiser des Heiligen Römischen Reiches, in dessen Traditionen sich das Haus Schwarzburg stellte.[13]

Aufmerksamkeit soll auch dem »Altan des Kayser Saals« gelten. Im Inventar von 1719 wird nicht vom Altan des gesamten Gartenhauses gesprochen, so dass sich dieser auf den Mittelbau, nicht aber auf die beiden Seitentrakte erstreckt haben muss und ihm vorgelagert war. Dort nahm er das Wasser aus den Regenrinnen der drei Gebäudeteile auf, leitete es in »vier kupferne Kessel«[14] und von dort in den Garten. Von den Räumen LUDWIG FRIEDRICHS her war der Altan über eine Fenstertür zugänglich. In den Inventaren von 1719 und 1723 wird auf der Saalebene von sechs Kaisersaalfenstern gesprochen.

An der Gartenfront zählte man bei späteren Inventarisierungen nur fünf. Das entspricht dem gegenwärtigen Bestand. Da der Altan nur in den Inventaren von 1719 und 1723 erscheint, später aber nicht mehr erwähnt wird, liegt der Schluss nahe, dass es sich um eine Holzkonstruktion handelte, die vor die Fassade des Mitteltrakts gesetzt und durch hölzerne Säulen gestützt wurde. Auf diesem Altan standen noch 1719 laut Inventar »fünfzehn hölzerne Statuen von Ziegenspeck«.[15] Nun sind hölzerne Statuen auf lange Sicht nicht geeignet, im Freien zu stehen. Deswegen brachte man sie später, wie das Inventar von 1723 verrät, in die »Fräulein Stube« des Gartenhauses und schützte sie so vor den Einflüssen der Witterung. Im Inventar von 1719 erscheinen »in einem Verschlag oben bei der Kirchen zur rechten Hand« weitere »elf Statuen aus Holz von Ziegenspecken«.

Obwohl die bisher bekannten Quellen keine weiteren Angaben zu den Statuen enthalten, soll der Versuch einer Interpretation gewagt werden. Bei dem Altan und den

Das Wappen über dem Hauptportal des Kaisersaalgebäudes

Martin Bernigeroth, Fürst Ludwig Friedrich I. von Schwarzburg-Rudolstadt, Kupferstich, um 1711
TLMH Gr. 1677/65

insgesamt 26 vorhandenen Holzstatuen des Saalfelder Hofbildhauers JOHANN GEORG ZIEGENSPECK (gest. 1720) könnte es sich um eine Festarchitektur handeln, die von ihrer Bestimmung her nicht von Dauer sein sollte. EDITH ULFERTS Arbeit über Thüringer Festsäle[16] enthält eine undatierte, aufwendige Festdekoration für den Grafen ALBERT ANTON, die belegt, dass am Hof von Schwarzburg-Rudolstadt bereits um 1700 auf Sockeln stehende Statuen Teile von Festdekorationen bildeten. In unserem Falle ist von einer Außen- und einer Innendekoration auszugehen. An der Außenfassade des Kaisersaals befindet sich über dem ovalen Oberlichtfenster des Hauptportals das Wappen der Fürsten von Schwarzburg-Rudolstadt. Präziser gesagt, ist es jedoch das Mittelschild aus dem neuen schwarzburgischen Wappen, wie es im Diplom Kaiser JOSEPHS I. über die Erhebung der Rudolstädter Grafen in den Reichsfürstenstand vom 2. Juni 1710 erscheint. Im Grafenwappen gab es keinen Reichsadler. Bei dem kleinen Wappen der Fürsten von Schwarzburg handelt es sich um den habsburgischen Reichsadler, der hier, im Unterschied zum Reichswappen, im Herzschild den österreichischen Erzherzogshut trägt.[17]

Die Schwarzburger waren den Habsburgern zu besonderem Dank verpflichtet. Figuren auf dem Altan unterhalb der Fenster und außen vor dem Kaisersaal könnten damit in Verbindung gebracht werden, zumal sie sinnvollerweise das Bildprogramm des Saales ankündigten. Im Kaisersaal sieht man Graf GÜNTHER XXI. VON SCHWARZBURG-ARNSTADT (1304 – 1326 – 1349) inmitten der Kaiser des Heiligen Römischen Reiches. Auf dem Altan dagegen sah man vermutlich Graf ALBERT ANTON (1710 verstorben) als kaiserlichen Kommissar (im Jahre 1705) inmitten der vierzehn Habsburger, die seit 1438 das Reich regierten. Seit April 1711 war KARL VI. (1685 – 1740) als vierzehnter Habsburger Kaiser des Reichs. Da der Altan einen Zugang von den Zimmern des Fürsten LUDWIG FRIEDRICH I. her besaß, konnte der Fürst sich selbst in die Reihe der fünfzehn Statuen begeben.

Zu beachten wäre hier auch eine möglicherweise gewollte Bezugnahme auf die Skulpturen der »Königsgalerie« am südlichen Querhausgiebel der Marienkirche in Mühlhausen. Dort gibt es über dem Portal einen Scheinaltan. Im Oktober 1705 hatte ALBERT ANTON in Begleitung seines Sohnes LUDWIG FRIEDRICH als kaiserlicher Kommissar die Huldigung der Reichsstadt Mühlhausen entgegengenommen. Möglicherweise übernahm LUDWIG FRIEDRICH aus den Reichsstädten Mühlhausen und Goslar absichtsvoll historische Bezüge zum Heiligen Römischen Reich in den Kaisersaal des 18. Jahrhunderts. Betrachtet man die elf weiteren im Inventar von 1719 noch benannten Statuen als lebendigen Stammbaum und Teil der inneren Festdekoration für den Kaisersaal, könnte man an den Mannesstamm der Rudolstädter Linie, von deren Ehefrauen begleitet, denken. Dem Paar ALBRECHT VII. VON SCHWARZBURG-RUDOLSTADT (1537 – 1570/71 – 1605) und JULIANE, geb. von NASSAU-DILLENBURG (1546 – 1588), käme dabei als Stammeltern ein besonderer Platz zu. ALBRECHTS zweite Ehefrau ELISABETH, geb. VON LEININGEN-WESTERBURG (1568 – 1617), mit der er keine Kinder hatte, dürfte deshalb nicht unter den Dargestellten zu finden gewesen sein. Es folgten die männlichen Nachkommen bis hin zu LUDWIG FRIEDRICH I.[18]

Die Fertigstellung und Einweihung des Gartengebäudes mit Kaisersaal wäre der richtige Zeitpunkt für eine solch umfangreiche Inszenierung gewesen. Eine Erstnutzung des Kaisersaals könnte es bei der Einweihung der neu erbauten Schlosskirche im Oktober 1713 gegeben haben. Allein an der fürstlichen Tafel im »Neuen Saal« sollten am 26. Oktober mittags und abends 34 Personen verköstigt werden (Haupttafel 20, zweite Tafel 14 Personen). Hinzu kamen 14 Plätze an der »Marschalltafel auf der Galerie«.[19] Setzt man voraus, dass der im Leutenberger Gebäude befindliche und im Inventar von 1719 genannte »Große Saal« nicht mit dem »Neuen Saal« des Jahres 1713 identisch ist, so wäre dieser »Neue Saal« der Kaisersaal und die angrenzende Galerie das »Vor Hauße« (noch heute der Raum unmittelbar vor dem Kaisersaal),

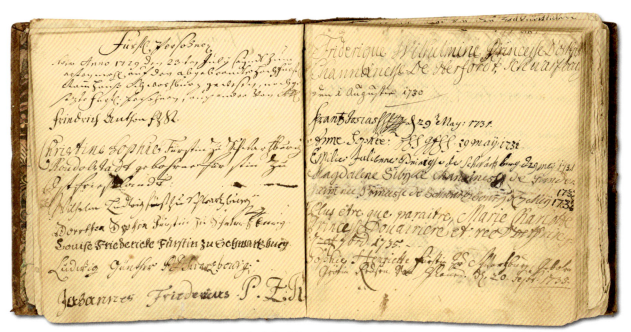

Doppelseite aus dem Gästebuch des Schlosses Schwarzburg, geführt von 1680 bis 1794
*ThStAR, Nachlass Fürstin Anna Luise Nr. 333*

das eine Verbindung zum Treppenhaus und zu den Räumen der Herzogin besaß.

Die festliche Einweihung des Gartengebäudes mit Kaisersaal fand möglicherweise am 26. Oktober 1714, dem Geburtstag des Fürsten, statt. Für diese Annahme gibt es nur Indizien.[20] Im Oktober 1714 hielten sich alle zehn fürstlichen Kinder in Schwarzburg auf, was auf ein besonderes Familienereignis hindeutet. Da kein Hoftafelverzeichnis (Fourierbuch) vorhanden ist, müssen die Eintragungen in das »Willkomm-Buch« des Schlosses Schwarzburg zu Hilfe genommen werden, das die Namen der fürstlichen Kinder im Oktober 1714 verzeichnet. Bemerkenswert ist auch (nach der gleichen Quelle), dass die Schwarzburg im Januar 1715 hohen Besuch beherbergte. Neben dem regierenden Herzog von Sachsen-Gotha, FRIEDRICH II. (1676 – 1693 – 1732), dem Bruder ANNA SOPHIES, war auch Erbprinz JOHANN AUGUST VON ANHALT-ZERBST, der Schwager, zu Gast auf dem Stammschloss. Vielleicht kamen sie, um die neue Sehenswürdigkeit Kaisersaal in Augenschein zu nehmen.

Seit 1712 sind Arbeiten im Schlossgarten dokumentiert. Zur weiter fortgeschrittenen Gartengestaltung gehört auch, dass im Rechnungszeitraum 1712/13 »zwölf Stück große Kübel zu Bäumen und Gewächsen« nach Schwarzburg gebracht wurden.[21] An Gartenstatuen werden im Inventar 1719 zwölf und im Inventar 1723 elf benannt, davon jeweils drei auf dem Dach des Gartenhauses.[22]

In der Bau- und Entwicklungsgeschichte des Gartenhauses lassen sich drei Etappen erkennen:

*Das Sommerhaus* (später östlicher Seitentrakt des Gartenhauses) für die Erbprinzessin ANNA SOPHIE, vor oder um 1700, mit Bilder- und Spiegelkabinett, das ihre hohe

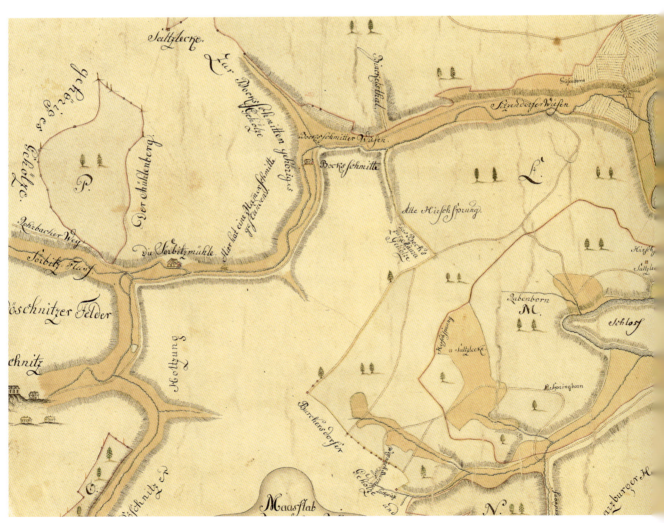

Herkunft aus ernestinischem Hause belegt, sowie einem Gemach mit Stuckdecke und Deckenmalereien aus den Metamorphosen des OVID, ausgestattet mit Tapeten von Lackarbeit nach japanischer Manier.

*Das Garten- und Lusthaus* für ANNA SOPHIE und LUDWIG FRIEDRICH entstand durch Anbau eines Mittel- und eines westlichen Seitentrakts an das ältere, östlich gelegene Sommerhaus. Die niedrigeren Seitenteile nahmen Appartements für das erbprinzliche Paar und im Dachgeschoss Räume für die Dienerschaft auf. Im Erdgeschoss wurden drei Räume zu Gewächshäusern bestimmt, für die Anzucht (Glashaus) und Überwinterung von Gartenpflanzen. Der Saal und die Appartements waren mit der Küche am Leutenberger Gebäude durch ein rückwärtiges Treppenhaus, der Saal durch einen Gang mit dem Hauptgebäude verbunden. Die Bildergalerie des Treppenhauses bereitete thematisch auf den als Speiseraum genutzten Saal vor und unterstrich die Funktion des Gebäudes als ein Lusthaus auf dem Lande. Der Saal war in diesem Zeitraum noch nicht als Kaisersaal gestaltet.

*Das Gartenhaus mit Kaisersaal.* Im Zuge der Vorbereitung auf die Fürstenwürde wurde dem privaten Gartenhaus die Funktion eines ›Staatstheaters‹ übertragen, in dem durch eine Bildergalerie mit sakraler Inszenierung das Stück *Das Heilige Römische Reich und die Schwarzburger* zur Selbstvergewisserung und für Gäste des Stammschlosses vorgestellt wurde. Erkennbare Widersprüche der inhaltlichen Gesamtgestaltung haben ihre Ursache im Funktionswandel der Anlage. Bei der Entwicklung der erweiterten Konzeption waren die Jahre 1705 (kaiserlicher Auftrag) und 1710 (Verleihung des Fürstentitels) von besonderer Bedeutung. Für die Einweihung des Hauses als Staatsgebäude wäre der 26. Oktober 1714, Geburtstag des Fürsten, ein mögliches Datum. Das Inventar 1719 zeigt das Haus bereits mit allerlei Gebrauchsspuren.

## Auf dem Wege zur Residenz

Seit 1707 übte LUDWIG FRIEDRICH für seinen erkrankten Vater die Landesregentschaft aus. Die Brandschäden vom Januar 1695 an Gebäuden des Schlosses Schwarzburg führten zu Teilabbrüchen und neuen Plänen für die Schlossanlage. Das Ergebnis der Überlegungen, an denen sicherlich der sächsische Baumeister DAVID SCHATZ (1668 – 1750) beteiligt war, denn er stand von 1708 bis 1710 mit einer Quartalsbesoldung im Dienst des gräflichen Hofes, führte zu einem »Modell von dem ganzen Hause«, das noch 1719 im »Großen Saal« des Leutenberger Gebäudes aufgestellt war.[23]

1708 stand die Errichtung eines Erbbegräbnisses in Schwarzburg auf dem Bauprogramm. Ob ein vorhandenes Gewölbe genutzt oder ein Begräbnisgewölbe unter der Schlosskapelle neu geschaffen wurde, ist nach der erhaltenen Bauakte, die nur die bisher unabgerechneten Leistungen beschreibt, nicht zweifelsfrei zu erkennen.

»Grundriß Über die Hochfürstl. Schwarzburgische Wälder« Karte von Michael Bourdillet 1712, kopiert 1802 von Johann Adolph Obstfelder (Detail)    *ThStAR, Karten, Pläne und Risse Nr. 1729*

Die Karte enthält Hinweise auf das Vorwerk Sonnewalde und die Schäferei Dissau, auf die Wasserversorgung des Schlosses sowie auf eine sternförmige »kleine Schanze zu Exerzitio der Hof Printzen«

Die Arbeiten standen unter der Leitung des Bildhauers Johann Nikolaus Freund (geb. um 1660), der bis zum Mai 1708 bereits den Doppelsarkophag für Aemilie Juliane (gest. 1706) und Albert Anton (gest. 1710) in der Rudolstädter Stadtkirche fertiggestellt hatte. Das Erbbegräbnis in Schwarzburg war somit von Anfang an für Ludwig Friedrich und seine Nachkommen bestimmt. Für die Schaffung einer neuen Residenz der zu erwartenden fürstlichen Linie von Schwarzburg-Rudolstadt im alten Stammschloss des Geschlechts der Schwarzburger konnte die Grablege sinnstiftend wirken. Wir erfahren, dass das Gewölbe mit einem Fenstergitter versehen war und durch eine eiserne Tür verschlossen werden konnte. An der Versetzung »deß Urni« (große Urnenplastik zur äußeren Ankündigung des Erbbegräbnisses oder ein steinerner Sarkophag im Gewölbe) arbeiteten die Zimmerleute Schönheit und Schlägel jeder zwölf Tage, die Maurermeister Unarth und Schwimmer jeder sechs Tage, die Handlanger insgesamt 56 Tage. Als Steinhauerarbeit wurden vom 22. Oktober bis 18. Dezember 49 Meistertage und 49 Jungentage in Anspruch genommen. »Zu Klammern und anderes an den Urno« brauchte man Eisen, das im Dezember 1708 abgerechnet wurde. Die Schlusszeile der Abrechnung lautet: »Rudolstadt, den 18. Dez[ember] 1708, Joh. N. Freundt«.[24]

50 Jahre später erfolgte eine Erweiterung des Begräbnisgewölbes. Dazu legte Landbaumeister Peter Caspar Schellschläger (1717 – 1790) am 24. Mai 1758 der fürstlichen Kammer ein Gutachten vor, das die Aufmauerung einer Lagerstätte für den verstorbenen Prinzen Wilhelm Ludwig (1696 – 1757) vorsah, der am 26. September 1757 in Gräfinau gestorben war. Zugleich plante man, ein angrenzendes Gewölbe für weitere eintretende Trauerfälle als Teil des Erbbegräbnisses herzurichten.[25]

Für den 26. Oktober 1713 war die »Einweihung der von Grund auf erbauten schönsten kostbaren Schlosskirche auf dem Stammhaus Schwarzburg am Geburtstag des Fürsten« vorgesehen.[26] Die Bezeichnung Schlosskirche wies ausdrücklich auf den Anspruch Ludwig Friedrichs hin, für das neue fürstliche Haus Schwarzburg-Rudolstadt über eine eigene Kirche mit Pfarrstelle und Erbbegräbnis zu verfügen. In Rudolstadt nutzte das gefürstete Grafenhaus die Stadtkirche als Hofkirche mit eigener Grablege.

Die Gästebücher des Schlosses verraten, dass ab dem 19. Oktober 1713 – unmittelbar vor den Einweihungsfeierlichkeiten der Schlosskirche – Mitglieder der Fürstenfamilie ihr Stammhaus besuchten. Den Anfang machte der fünfjährige Prinz Ludwig Günther II. (1708 – 1767 – 1790). Am nächsten Tag folgte der Fürst mit den Prinzen Friedrich Anton (1692 – 1718 – 1744), Wilhelm Ludwig, Albrecht Anton II. (1698 – 1720) sowie den Spitzen der Hof- und Landesverwaltung. Am 20. Oktober traf Herzogin Anna Sophie mit ihren Prinzessinnen und Hoffräulein ein. Nachdem am 22. Oktober nochmals im bisherigen »Kirchgemach« gepredigt worden war, nutzte man die verbleibenden drei Tage mit vielfältigen Vorbereitungen zur Bewirtung der fremden Gäste. Die beiden fürstlichen Tafeln im »Neuen Saal«[27] boten insgesamt 34 Personen Platz, so dass bei Abrechnung der fürstlichen Familie 22 Plätze für Würdenträger des Hofes und Gäste verblieben. Von hohen auswärtigen Gästen konnten nur Elisabeth Albertina von Schwarzburg-Sondershausen, geb. Prinzessin von Anhalt-Bernburg (1693 – 1774), Frau des Sondershäuser Erbprinzen, und eine Gräfin unbekannter Herkunft, Johanna Elisabeth, namhaft gemacht werden. Am Tag der Schlosskirchenweihe trug sich ein Adolph von Schott mit einem wenig frommen

Regulativ zur Einweihungsfeier der Schlosskirche Schwarzburg Rudolstadt, 1713 *Historische Bibliothek der Stadt Rudolstadt, Jur C V 6*

Spruch in das Gästebuch ein: »Ich hab gelitten nicht gar sehr gesoffen aber deßto merr«.²⁸ Alle Schlafplätze im Schloss waren besetzt. Für die Dienerschaft warb man im Dorf Schwarzburg Gastquartiere beim Amtsschreiber, beim Müller, beim Laboranten, beim Wildgarten und beim Bildhauer »in der Pfanne« ein. Pferde standen im Stall am Brauhaus, im großen Stall (44 Pferde) und im Stall beim Amtsschreiber (21 Pferde).

Für die Schlosskirche hatte der Saalfelder Orgelbauer JOHANN GEORG FINCKE (1680 – 1749), wahrscheinlich gemeinsam mit dem Bildhauer ZIEGENSPECK (Orgelprospekt), ein Orgelwerk geschaffen. Zur gleichen Zeit arbeiteten beide an der Orgel der Johanneskirche in Saalfeld, die im November 1714 geweiht wurde.²⁹

Am 27. Oktober fand die erste Trauung in der neuen Schlosskirche statt. Die Hochzeitstafel dafür war im »Pagensälgen« gedeckt worden. Auch in späteren Jahren wurde die Anwesenheit des Hofes zu Hochzeitsfeiern genutzt.³⁰

Während die Vorbereitungen für die äußere und innere Erneuerung des Hauptgebäudes liefen, zeigten sich die ersten Eintrübungen am politischen Horizont in der Oberherrschaft des kleinen Fürstentums. Im April 1716 protestierten Handwerker aus Stadtilm, Königsee und Blankenburg in Rudolstadt gegen steigende Abgaben und überreichten eine Bittschrift. Diese Aktion erwies sich später als Beginn eines bis 1731 währenden Landstreits, in dem die Untertanen vor dem Reichshofrat gegen die Landesherrschaft prozessierten.³¹ Kritikpunkte, die das fürstliche Bauen betrafen, waren das »Hühnerhaus in Schwarzburg«, womit man offensichtlich die Fasanerie meinte, und der »Schlossbau in Rudolstadt«.³² Nur der kostspielige Ausbau von zeitgemäßen Wohnräumen für ANNA SOPHIE im Südflügel, u. a. des Spiegelkabinetts, konnte zur Kritik geführt haben, denn andere Baumaßnahmen am Schloss sind für diesen Zeitraum nicht bekannt. Dass man nicht gegen Arbeiten am Schloss Schwarzburg protestierte, deutet darauf hin, dass die Baumaßnahmen an der Kirche und am Kaisersaalgebäude abgeschlossen waren, am Hauptgebäude aber noch nicht sichtbar begonnen hatten. Ein Beleg dafür ist die älteste erhaltene Abbildung des Schlosses von 1716, die das Hauptgebäude hofseitig noch mit seiner alten Fassade und ohne den Portikus vor dem Eingang darstellt (siehe Abb. S. 81).

Für die Absicht des Fürsten LUDWIG FRIEDRICH, seine ständige Residenz nach Schwarzburg zu verlegen, gibt es zwar Indizien, aber keine schlüssigen Beweise. Zu

Die Goldene Henne, Willkomm des Schlosses Schwarzburg
Silber, vergoldet, 1558 (erneuert 1731)   *TLMH Kg 1350*
Auf der ovalen Bodenplatte ist eingraviert:
»Wurde auf Befehl Ihro Hoch Fürstl. Durchlaucht Fürst Friederich Antons im Jahre 1731 repariret nach dem fatalem Brande 1726 dises Stuck fast gaentzlich verdorben worden.«

den Indizien zählt die lange Anwesenheit des Hofes im Stammschloss in den Jahren nach 1710. Da erst seit 1721 Fourierbücher vorliegen, sind wir auf das Gästebuch angewiesen, in das sich Personen eintrugen, die aus dem Schwarzburger Willkomm, der *Goldenen Henne* (siehe Abb.)³³, getrunken hatten. Es erweist sich jedoch, dass auch die Fourierbücher nach 1721 keine zuverlässige Auskunft über die Gäste auf der Schwarzburg bieten.³⁴ Da aus dem Willkomm nur in Anwesenheit des Fürsten getrunken wurde, lässt sich daraus ein Rückschluss auf die Aufenthaltsdauer des Hofes ziehen. Andererseits konnte der Hof auch ohne Gäste in Schwarzburg sein, so dass sich die Aufenthaltstermine nicht dokumentarisch niederschlugen.

1716 ließ LUDWIG FRIEDRICH für Schwarzburg ein Hoftafelgeschirr aus Zinn anfertigen. Es ist ein weiterer Beleg dafür, dass man für eine lang andauernde Hofhaltung im Jahr gerüstet sein wollte. Das Geschirr umfasste ca. 540 Teile, davon 276 Teller und 113 Schüsseln. Dazu gehörten auch »Salzöhrgen« und Leuchter sowie »Lavoirs« und Butterbüchsen. Jedes Stück trug Gravuren, die neben Eigentumsvermerk und Jahr auch die Tafel- und Tischkategorie bezeichneten, so dass nur Stücke zwischen den beiden fürstlichen Tafeln und der »Cavallier-Tafel« austauschbar waren.³⁵ Auf den Stücken stand »17 L F 16« und gegenüber »S« (Schwarzburg). Für das Küchen- und Kellerpersonal gab es kein Tafelgeschirr. An Geschirrgruppen für Dienstleute sind nachweisbar:

*Vor das Frauenzimmer 17 L F 16* [und] *S M* [Mädchen]
*Vor die Capelle 17 L F 16* [und] *S T* [Trompeter]
*Vor die Pagen 17 L F 16* [und] *S P*
*Officianten* [Beamte im Dienstverhältnis] *17 L F 16* [und] *S O*
*Laquaien 17 L F 16* [und] *S L*
*Cavallier-Diener 17 L F 16* [und] *S C D*
*Reitknechte 17 L F 16* [und] *S R*
*Kutscher 17 L F 16* [und] *S K*
*Waschleute 17 L F 16* [und] *S W*
*Jungen-Tisch 17 L F 16* [und] *S J*

In der Regierungszeit von Fürst LUDWIG FRIEDRICH I. zwischen 1710 und 1718 sind folgende Mindestaufenthaltszeiten des Hofes nach Monaten ermittelt worden: 1710 (sechs), im Trauerjahr für ALBERT ANTON 1711 (drei), 1712 (sechs), 1713 und 1714 (je fünf), 1715 (sechs), 1716 (drei) – im Lande gab es Proteste gegen steigende Abgaben, Beginn des Landstreits, 1717 (fünf), 1718 (zwei) – im Juni starb der Fürst.

### BESONDERE GÄSTE IM ZEITRAUM VON 1710 BIS 1717

**September 1710**: HEINRICH I. VON REUSS-SCHLEIZ (1695–1726–1744); MARIA ELISABETH, vermählte Gräfin zu SCHÖNBURG-ROSSBURG (ROCHSBURG) (1670–1737); JOHANNA AUGUSTA CHARLOTTA, Comtesse von SCHÖNBURG-WALDENBURG; SOPHIA AGNES WILHELMINE, Comtesse von SCHÖNBURG-ROSSBURG (1694–1774); Graf AUGUST ERNST VON SCHÖNBURG (1666–1729). **Juni 1711**: Graf CHRISTIAN ERNST VON STOLBERG-WERNIGERODE (1691–1710–1771); Graf FRIEDRICH CARL ZU STOLBERG-GEDERN (1693–1710–1767). **September 1712**: Graf HEINRICH XXII. VON REUSS-GERA (1680–1731); Prinz AUGUST I. VON SCHWARZBURG-SONDERSHAUSEN (1691–1750). **Oktober 1713**: Erbprinzessin ELISABETH ALBERTINA VON SCHWARZBURG-SONDERSHAUSEN. **Oktober 1714**: Alle zehn Prinzen und Prinzessinnen von Schwarzburg-Rudolstadt. **Januar 1715**: Erbprinz JOHANN AUGUST VON ANHALT ZERBST; Herzog FRIEDRICH II. VON SACHSEN-GOTHA. **Mai**: Prinzessin CHARLOTTE VON ANHALT-BERNBURG (1696–1762). **Oktober 1717**: Gräfin AUGUSTA DOROTHEA VON REUSS-SCHLEIZ, geb. VON HOHENLOHE UND GLEICHEN.

In der Regierungszeit von Fürst FRIEDRICH ANTON zwischen 1718 und 1744 ließ sich die Mindestaufenthaltsdauer des Hofes nach Monaten wie folgt bestimmen: 1719 (ein), 1720 bis 1722 (je vier), 1723 (fünf), 1724 (drei), 1725 (sieben), 1726 (vier) – am 24. Oktober 1726 brannte das Schloss, 1727 (ein), 1728 (null), 1729 bis 1730 (je ein), 1731 bis 1732 (je zwei), 1733 (ein), 1734 (null), 1735 (ein), 1736–1739 (je zwei), 1740 (ein), 1741 (zwei), 1742 (vier), 1743 (drei), 1744 (zwei) – im September starb der Fürst.

### BESONDERE GÄSTE IM ZEITRAUM VON 1720 BIS 1744

**Juni 1720**: Herzog CHRISTIAN ERNST VON SACHSEN-COBURG-SAALFELD (1683–1729–1745); Herzog KARL ERNST VON SACHSEN-COBURG-SAALFELD (1692–1720). **Oktober 1720**: Herzog FRANZ JOSIAS VON SACHSEN-COBURG-SAALFELD (1697–1729–1764). **Mai 1721**: Prinz JOHANN FRIEDRICH VON ANHALT-ZERBST (1695–1742), Onkel der Prinzessin SOPHIE AUGUSTE FRIEDERIKE VON ANHALT-ZERBST (1729–1796) – seit 1762 als KATHARINA II. Zarin von Russland. **Oktober 1723**: Prinzessin CAROLINA CATHARINA VON PFALZ-ZWEIBRÜCKEN-BIRKENFELD; Fürst GÜNTHER I. VON SCHWARZBURG-SONDERSHAUSEN (1678–1720–1740) mit Gemahlin ELISABETH ALBERTINA. **April 1725**: Graf HEINRICH II. VON REUSS-LOBENSTEIN (1702–1739–1782); Graf HEINRICH III. VON REUSS-LOBENSTEIN (1704–1731); Graf HEINRICH XXV. VON REUSS-LOBENSTEIN (1724–1783–1801). **September 1726**: Gräfin SOPHIE MARIA VON REUSS-LOBENSTEIN (1675–1748). **Oktober**: MAGDALENA, verwitwete Gräfin von SCHÖNBURG-HARTENSTEIN, geb. Prinzessin VON SCHWARZBURG-SONDERSHAUSEN (1680–1751). **Juli 1727**: Prinzessin LUISE DOROTHEA VON SACHSEN-MEININGEN (1710–1767), heiratete im September 1729 Herzog FRIEDRICH III. VON SACHSEN-GOTHA (1699–1732–1772), später VOLTAIRES »Minerva Deutschlands«. **August 1730**: Prinzessin FRIEDERIKE WILHELMINE VON OSTFRIESLAND (1695–1750), Kanonissin von Herford. **Mai 1731**:

Johann Wolfgang von Goethe, Schloss Schwarzburg, Bleistift, Tusche, Sepialavierung, 1781    *Klassik Stiftung Weimar GGz/1300*

Herzog Franz Josias von Sachsen-Coburg-Saalfeld; Herzogin Anna Sophie, seit 21. Januar 1723 Gemahlin des Saalfelder Herzogs, geb. Prinzessin von Schwarzburg-Rudolstadt (1700 – 1780); Prinzessin Emilie Juliane von Schwarzburg-Rudolstadt (1699 – 1774). **Mai 1732:** Prinzessin Magdalene Sibylle von Schwarzburg-Rudolstadt (1707 – 1795) zu Gandersheim. **September 1735:** Prinzessin Marie Charlotte von Ostfriesland (1689 – 1761); Fürstin Sophie Henriette von Schwarzburg-Rudolstadt, geb. Gräfin Reuss zu Untergreiz (1711 – 1771), Gemahlin von Fürst Ludwig Günther II. **April 1737:** Herzog Christian Wilhelm zu Sachsen-Gotha (1706 – 1748), Sohn von Herzog Friedrich II. **Februar 1741:** Herzog Johann Adolf zu Sachsen-Gotha (1721 – 1799), Sohn von Herzog Friedrich II. **Oktober 1742:** Herzog Johann Wilhelm zu Sachsen-Coburg-Saalfeld (1726 – 1745), Sohn von Herzog Franz Josias. **November 1743:** Herzog Ernst Friedrich von Sachsen-Coburg-Saalfeld (1724 – 1764 – 1800), Sohn von Herzog Franz Josias. **Dezember 1744:** Fürstin Bernhardine Christine Sophie, geb. Herzogin von Sachsen-Weimar (1724 – 1757), seit 19. November 1744 mit Fürst Johann Friedrich von Schwarzburg-Rudolstadt (1721 – 1744 – 1767) verheiratet.

In den Regierungszeiten der Fürsten Johann Friedrich bis Ludwig Friedrich II. zwischen 1744 und 1794 (Ende der Eintragungen im Gästebuch) wurden nur in den Jahren 1754 (vier), 1766 (drei) und 1768 (vier) Aufenthalte in mehr als zwei Monaten registriert.

## Besondere Gäste im Zeitraum von 1745 bis 1794

**Oktober 1745:** Prinzessin Charlotte Sophie von Sachsen-Coburg-Saalfeld (1731 – 1810), heiratete 1755 Herzog Ludwig von Mecklenburg-Schwerin (1725 – 1778) und wurde die Mutter des späteren Großherzogs Friedrich Franz I. (1756 – 1785 – 1837); Prinzessin Friederike Caroline von Sachsen-Coburg-Saalfeld (1735 – 1791), heiratete 1754 Christian Friedrich Karl Alexander Markgraf von Brandenburg-Ansbach (1736 – 1757 – 1791 – 1806). **November 1746:** Herzogin Ernestine

Albertine von Sachsen-Weimar-Eisenach (1722–1769), Schwester der Rudolstädter Fürstin, heiratete 1756 den Grafen Philipp Ernst von Schaumburg-Lippe (1723–1787). **April 1747:** Graf Friedrich Christoph zu Solms (1712–1792). **Oktober:** Graf Heinrich XII. von Reuss-Schleiz (1716–1744–1784). **Oktober 1750:** Gräfin Christina von Reuss-Schleiz, geb. Gräfin von Erbach-Schönberg (1721–1769), seit 1742 mit dem Grafen Heinrich XII. von Reuss-Schleiz verheiratet. **Januar 1754:** Herzog Christian Franz von Sachsen-Coburg-Saalfeld (1730–1797), »Obristlieutenant von Kayserl[ichen] Truppen«, häufiger Gast am Rudolstädter Hof. **30. Oktober 1766:** Erbprinz Ludwig von Nassau-Saarbrücken (1745–1794) heiratete am gleichen Tag in Schwarzburg Prinzessin Wilhelmine Sophie Elenore von Schwarzburg-Rudolstadt (1751–1780). **Juli 1769:** Herzogin Anna Sophie von Sachsen-Coburg-Saalfeld, geb. Prinzessin von Schwarzburg-Rudolstadt. September 1776: Heinrich XLII. von Reuss-Schleiz (1752–1784–1818). **Juni 1781:** Erbprinzessin Auguste Louise Friederike von Schwarzburg-Rudolstadt, geb. Herzogin von Sachsen-Gotha-Roda (1752–1805). **2. bis 5. Juli:** Johann Wolfgang von Goethe (1749–1832) und Karl Ludwig von Knebel (1744–1834) besuchen Rudolstadt, Blankenburg, Döschnitz und Schwarzburg; Goethe zeichnet Schloss Schwarzburg aus dem Tiergarten von der Westseite her (siehe Abb. S. 165). **März 1792:** Prinzessin Louise von Hessen-Homburg (1772–1854), die im Juni 1793 den Prinzen Karl Günther von Schwarzburg-Rudolstadt (1771–1825) heiratete. **Juni 1794:** Herzogin Louise von Mecklenburg-Schwerin, geb. Herzogin von Sachsen-Gotha-Roda (1756–1808). **Juli:** Erbprinz Friedrich Joseph zu Hessen-Homburg (1769–1829); Heinrich LIV. von Reuss-Lobenstein (1767–1801–1824).

Die Zahl der im »Willkomm-Buch« erfassten Personen lässt sich wie folgt darstellen:

|  | Personen | Jahresdurchschnitt |
|---|---|---|
| 1706–1709 (4 Jahre) | 22 | 5,5 |
| 1710–1718 (9 Jahre) | 130 | 14,4 |
| 1719–1744 (26 Jahre) | 177 | 6,8 |
| 1745–1794 (40 Jahre) | 225 | 5,6 |

Mit der Übernahme der Regierung für seinen erkrankten Vater erhielt Graf Ludwig Friedrich seit 1707 einen größeren Entscheidungsspielraum. Es war sicher kein Zufall, dass der Leutnant Andreas Adolph Meylandt (gest. 1732) im Juni 1707 mit seiner Familie auf die Schwarzburg zog, um die dort stattfindenden Bauarbeiten zu überwachen. David Schatz stand seit 1708 auf der Gehaltsliste des Rudolstädter Hofes und war unter den Personen des Hofstaates[36] mit einer Baumeisterbesoldung aufgeführt. Der hofseitige risalitartige Vorbau vor dem Hauptgebäude (Corps de logis) des Schwarzburger Schlosses, der 1717 bis 1718 entstanden sein dürfte, folgt den Regeln der Prachtarchitektur für ein Residenzschloss und könnte einem von Schatz im Zeitraum von 1708 bis 1710 gefertigten Entwurf zugrunde liegen. Gleiches gilt für die Marmortreppe, die vom Haupteingang zum ersten Obergeschoss des Gebäudes führte. Man darf also annehmen, dass Ludwig Friedrich trotz 1716 beginnender Handwerkerproteste am Plan einer Residenz Schwarzburg festhielt. Sein Tod 1718 veränderte die Lage. Sein Sohn Albert Anton besaß einen erkennbar geringeren politischen Ehrgeiz, widmete sich, wie aus seinen Aufzeichnungen zu ersehen ist, mit großer Leidenschaft dem Marstall und der Pferdezucht sowie der Entwicklung der Hofkapelle. Der Schlossbrand vom 24. Oktober 1726 bildete nur noch den Endpunkt in der Ausprägung des Stammschlosses zu einer Nebenresidenz und unter seinen Nachfolgern vor allem zur Durchgangsstation bei Jagdaufenthalten in Paulinzella, Neuhaus und auf dem Wurzelberg. Die Zeit der Empfindsamkeit und der Frühromantik führten seit den 60er Jahren des 18. Jahrhunderts in der Sicht auf das Schloss Schwarzburg zur Verklärung der Vergangenheit, zur Naturschwärmerei und zu poetischen Ergüssen, die das Schloss als lebendiges Denkmal der Ritterzeit begriffen und seine einstige realpolitische Funktion als regionales Zentrum der Landesherrschaft und -verwaltung verdrängten.

## Protokoll eines Brandes

Im September und Oktober 1726 hielten sich Fürst Friedrich Anton, seine Gemahlin Sophie Wilhelmine, geb. Herzogin von Sachsen-Saalfeld (1693–1727), und Magdalena Sophie, geb. Prinzessin von Schwarzburg-Sondershausen, seit 1716 verwitwete Gräfin von Schönburg-Hartenstein, in Schwarzburg auf. Am Tag vor ihrer Abreise wurden nur noch die Gemächer des Fürsten, der Herzogin und der Gräfin von Schönburg, nicht aber die Hofstube geheizt. Die Herrschaft reiste am 23. Oktober 1726 früh gegen acht Uhr nach Rudolstadt ab.³⁷ Zuvor hatte Herzogin SOPHIE WILHELMINE, die ein silbernes Messer vermisste, die Bettmeisterin CATHARINA MARGARETHA BAUER angewiesen, sofort alle benutzten Räume zu verschließen. Als das fürstliche Ehepaar das Schloss verlassen hatte, öffnete sie die Räume wieder, um darin Ordnung zu schaffen. Dabei half ihr MARGARETHA, Ehefrau des Barbiers BAUER, aus Rudolstadt, die ihrer Mutter stets bei Anwesenheit der fürstlichen Familie in Schwarzburg zur Hand ging. Die Schließerin war mit dem verstorbenen Förster BAUER von Dittersdorf verheiratet gewesen. Es dauerte fast bis zwei Uhr nachmittags, die Zimmer aufzuräumen und das gebrauchte Zinn zusammenzusuchen. Es fehlten zwei Teller. Sie befragte daraufhin die Frau des Schlosshauptmanns MEYLANDT und den Herrn Amtsverwalter, bei denen in den letzten Tagen einige Kavaliere gespeist hatten. Danach reinigte sie gemeinsam mit ihrer Tochter das Zinn, bevor sie sich ermattet niederlegte. Erst am nächsten Morgen wurde sie durch Feuergeschrei geweckt und sei mit der Tochter aus dem Bett gesprungen. Nachdem sie Gefäße zum Löschen aus der Küche geholt habe, sei sie »... zurück nach der Ritter-Galerie gelaufen und das neue Bette wollen herausbringen. Als sie das Gemach aufgemacht, maßen sie den einen Flügel nur so aufgerissen, hätte es schon in der Ecke und die eine Wand nach dem Fenster zu gebrannt und der Balken oben herabgegangen, auch das Gemach voller Dampf gewesen, sie hätten auch oben schon darüber gehackt, gepackt und geschrien, macht die Tür zu. Da sie denn wieder zugemacht und über den Hof nach der Bettstuben zugelaufen und da von Betten und Zinn nebst ihrer Tochter gerettet, was sie gekonnt.« Ihr Eidam (Schwiegersohn) habe dabei geholfen.

HANS PAUL SACHSE, der im Dorf Schwarzburg wohnende Hausknecht des Schlosses, gab zu Protokoll, dass er am Vormittag des 23. Oktober zwischen neun und zwölf Uhr die Öfen im Schloss kontrolliert habe. Es sei kein Feuer mehr vorhanden gewesen. Überhaupt käme er nur ins Gemach des Fürsten, wenn er den Kammerdienern »Harzgrief und Hartholz zum Camin« hineintrüge. »Wenn die Herrschaft wegreiset, so würden ihm die Zimmer vor der Nase zugeschlossen«. Die Schlüssel habe nur die Schließerin BAUER. Nach den Feuerrufen am nächsten Morgen sei er mit seinem Weibe aufs Schloss gelaufen. »Da er beim Großen Saale herumgehen wollte, wäre ihm schon das völlige Feuer entgegen geschlagen.«³⁸

In der Nacht vom 23. zum 24. Oktober schliefen vier Bauern aus Dröbischau im Tiergarten, die sich dort zum Holzfällen aufhielten. HANNS RITTER und sein Sohn, CASPAR MACHOLDT und MICHAEL KLENTER hielten ihr Nachtlager unter einem alten Baum. HANNS RITTER, der gegen 5 Uhr wach wurde, rauchte sein Pfeifchen Tabak und nahm wahr, dass »... in der Mitte des Schlosses gleich über den Dächelgen, so hinten angebauet, in einem Fenster helle gewesen, als wenn jemand mit einem Lichte da wäre und wäre doch nur in einem Fenster gewesen«.

CASPAR MACHOLDT hatte »wegen des bösen Wetters« nachts wenig schlafen können. Erst als es »gegen Morgen etwas stille« gewesen sei, hätte er einschlafen können. RITTER weckte MACHOLDT, und beide entdeckten jetzt, dass Klumpen von Feuer aus dem oberen Fenster heraus auf das »Dächelgen« fielen. Sie begannen daraufhin, »Feuer« zu schreien, bis ihnen die Stimme versagte. Endlich habe es die Wache gehört, und es sei vom Schloss Sturm geläutet worden. Sie liefen hierauf nach Sitzendorf, um Hilfe zu holen. Als sie zum Schloss kamen, wäre das Feuer schon in der Ecke beim Pfarrer heruntergefallen.

MICHAEL BUHL, ein Helfer aus Sitzendorf, wusste zu berichten, dass bei seiner Ankunft schon »der Turm auf der Kirche zu brennen angefangen« habe. »Wie er aufs Schloss kommen, hätte der Herr Hauptmann auf dem Hofe gestanden und vor Schrecken sich selbst fast nicht gekennet.« Er half dann, geborgene Sachen nach dem Gartenhaus hin zu retten. Er blieb noch den ganzen Tag, um die Sachen, die auf den Garten gebracht wurden, zu bewachen.

JOHANN ANDREAS HEYLBECK, Sohn des Nagelschmieds in Schwarzburg, hatte Glück. Als er früh um halb sechs vor dem Schloss erschien, war das Tor schon offen, obwohl es noch dunkel war. Grenadier JACOB EMOLDT stand auf der Wache. Das Tor wurde sonst erst bei Anbruch des Tages geöffnet. Schlosshauptmann MEYLANDT hatte tags zuvor am Nachmittag um fünf den Torschlüssel zur Wache gebracht, weil HEYLBECK am nächsten Morgen das Pferd zurechtmachen sollte, das sie für eine Reise brauchten. HEYLBECK tat das und begab sich dann in die Gesindestube des Schlosshauptmanns. Des Büchsenmachers Junge stürzte herein und rief »Feuer«.³⁹ Der Hauptmann kam in Schlafrock und Pantoffeln aus seiner Wohnung. Die Frau des Hauptmanns lief hinterher. Als HEYLBECK aus dem Hause des Hauptmanns auf den Schlosshof kam, »... hätte er den Herrn Pfarrer gerufen, dass Feuer im Schloss sei und der Pfarrer hätte die Schließerin gerufen, es hätte sich aber niemand gemeldet.«

Am Morgen des Brandes bestand die Torwache aus Korporal Just Heinrich Wernsdorff und den Grenadieren Martin Enders, Adam Romanus Friedrich und Jacob Emoldt. Wernsdorff war gegen 6 Uhr früh vor dem Brunnenhaus damit beschäftigt, sich zu waschen, als er Rufe aus dem Tiergarten hörte. Zu Enders, der vor die Tür getreten war, äußerte Wernsdorff, der sich gerade abtrocknete, dass gerufen würde. Enders glaubte, dass der Eselstreiber riefe und bemerkte, »wenn er früh austreibt, so schreit er so.« Daraufhin Wernsdorff, »Nein, nein, sie rufen Feuer.« Enders lief zum Korporal auf die Brücke, und sie schauten nach Burkersdorf und zur anderen Seite, sahen jedoch kein Feuer. Sollte das Feuer auf dem Schloss sein? Sie liefen hinauf. Ihnen schloss sich der alte Wirt Michel an, der vor dem Tor erschienen war. »Um ¼ auf Sieben« (6.15 Uhr) hörte Grenadier Friedrich die Holzhauer »Feuer« schreien. Er sah ins Tal und auf die andere Seite, konnte aber nichts wahrnehmen. Da er im Tor auf Posten stand und die Schildwache hatte, musste er zurückbleiben. Friedrich hatte Jacob Emoldt um 6 Uhr abgelöst. Um halb sieben war Grenadier Emoldt endlich in der Wachstube und zog sich an, als sein Ablöser »Feuer« rief. Er schloss sich daraufhin Wernsdorff und seinen Begleitern an, die alle zum Schloss hinaufliefen.

Zur Wache am »Stockhaus« (Zuchthaus) gehörten Gefreiter Amon Beyer und die Grenadiere Hermann Christoph Stollberg, Andreas Otto Theuerkauf und Johann Andreas Tille. Beyer war durch Tille bei der Schildwache abgelöst worden, anschließend ins »Blockhaus« (Wachhaus) und nach oben gegangen. Von dort aus hatte er über dem Schloss Rauch wahrgenommen. Zuerst glaubte er der Erklärung Stollbergs, dass der Rauch aus der »Alten Küche« käme. Sie hörten die Holzhauer rufen, konnten aber nicht bis zum Schloss sehen. Nachdem sie erkannt hätten, dass es im Schloss brenne und kein Schlüssel für das Tor zur Hand war, stiegen Beyer, Stollberg und Theuerkauf über die Mauer am Stockhaus und liefen zum Schloss hinauf. Theuerkauf wurde bald darauf vom Schlosshauptmann dazu beordert, nach Rudolstadt zu reiten und das Feuer bei Hofe zu melden.

Als Korporal Wernsdorff beim Schloss angekommen war, so seine Aussage, habe es »oben im Dach ein wenig gerauchet«. Nachdem er beim Hauptmann Lärm geschlagen habe, sei er wieder zurück zum Schloss, wo er auf Beyer, Stollberg und Theuerkauf aus dem Blockhaus getroffen sei. Der Korporal gab Stollberg den Befehl, auf den Turm zu laufen und »an der Glocken zu stürmen«. Weil es noch dunkel war, hätte sich dieser gesträubt, wäre aber von ihm »fortgetrieben« worden. »Sie hätten kein Feuer, nur Rauch zu der Galerie herausgezogen gesehen«. Stollberg wurde beim Läuten durch Büchsenmacher Haueisen, der im Hemd und nur mit Schuhen bekleidet war, unterstützt. Beide mussten den Turm wegen der starken Rauchentwicklung bald wieder verlassen. Stollberg sagte am 25. Oktober aus, »... als sie herunterkamen, hatte schon das Feuer über den Pfeilern zum Dache heraus gebrannt. Wo es entstanden, wisse er nicht.« Der Büchsenmacher sah auf dem Weg zum Turm »bei der Kirche Dampf, der durch das Dach gedrungen«. Aus der Turmluke bemerkte er dann »Feuer auf dem Dach«. »Das Feuer hätte er justement mitten im Schlosse über den Pfeilern, jedoch hinten nach der Schwarza zu auf dem Dache ausbrechen sehen ...«, bemerkte Haueisen bei der Befragung gegenüber dem Amtmann am 1. November. Am 25. Oktober hatte er ausgesagt, dass er beim Herunterkommen vom Turm das Dach nach hinten raus über den Pfeilern in vollen Flammen stehen sah und »hinten und vorne« wegen des Feuers eine große Gefahr erkannte.

Inzwischen waren die Soldaten vor der »Haupttür unten« angelangt, die verschlossen war. Zwar erschien die Tochter der Schließerin mit einer Schürze voller Schlüssel, doch fand man nicht den richtigen. Enders versuchte, die Tür mit der Flinte aufzustoßen, was aber misslang. Der hinzugekommene Hauptmann befahl Enders, einen Schuss zu tun, um so die Tür zu öffnen. Wernsdorff sagte gegenüber dem Amtmann, dass »Enders die Tür vor der Marmortreppe aufgerannt habe«. Man lief auf die Galerie (im ersten Obergeschoss) und sah durch das Schlüsselloch Licht im »Fürstlichen Gemach«. Emoldt stieß die Tür auf, worauf ihnen die Glut gleich entgegenschlug. Sie schlossen daraufhin die Tür, um Wasser holen zu lassen. Inzwischen war auch der Hauptmann mit dem »Informator« und dem von Rüxleben zur Stelle. Löschversuche im Gemach waren jedoch vergeblich. Der Hauptmann schickte Wernsdorff »... hinauf über das Fürstengemach zu sehen, wie es da oben stehe, es wäre ihm aber der Dampf entgegengeschlagen, dass er nicht bleiben können, Feuer habe er nicht gesehen. Darauf wären die Zimmerleute Hanns Heinrich Junghanß und der Schwarze kommen, welche des Fürsten Vorgemach aufgebrochen, wo noch kein Feuer, aber völliger Dampf gewesen. Indes wäre oben die Flamme über des Herrn Gemach völlig ausgebrochen, worauf der Herr Hauptmann gesagt, das Gott erbarm, nun ist keine Rettung und ihn vor ins Tor commandirt und befohlen, jedermann herein, aber niemand hinaus zu lassen.« Hauptmann MEYLANDT sagte aus, er habe das herrschaftliche Zimmer aufschlagen lassen. Dabei bemerkte er, dass »… der im Hochfürstl[ichen] Cabinet in der Ecken gestandene Schrank brannte, Feuer schlug zu den Fenster hinaus auf der Seite gegen die Schwarza zu.«

Gefreiter BEYER äußerte gegenüber dem Amtmann: Er wäre »… die bretterne Treppe, so über der marmorn gestanden, hinauf gegangen, weil es so helle gewesen, da er denn oben die völlige Flamme wahrgenommen«, habe er den Rückzug angetreten. Soldat ENDERS sagte am 4. Dezember aus, er wäre mit dem Herrn Hauptmann, WERNSDORFF und EMOLDT hinaufgegangen »… und auf den untern Saal nichts gesehen, wie sie aber in den andern kommen, hätten sie schon das Helle am Berge sehen können und da er bei dem engen Gange zu dem Fürstl[ichen] Gemach zum Fenster hinaus gesehen, hätte das Feuer aus dem Fürstl[ichen] Gemach in voller Flamme zum Fenster hinaus gebrannt. Er hatte daher die Tür aufgerissen, da ihnen denn das Feuer ins Gesicht geschlagen und Bart und Augenbrauen verbrannt, darauf er hinunter zum Brunnen gelaufen und einen Eimer, so da gestanden, mit Wasser hinauf getragen und des Hn. Hauptmanns Mägde wären mit Butten kommen und hätten in das Feuer gegossen, auch es soweit bracht, dass sie etwas in das Gemach treten können, doch wäre die Flamme noch in der Höhe gewesen. Sie waren daher in Kleinen Saal gegangen und hätte der Zimmermann müssen den Kleinen Saal aufhaben. Wie er, Enders, aber hinein gewollt, wäre ihm der Dampf und Hitze in den Hals gefahren, dass er zur Erde gefallen, indem hatte das Feuer oben überhand genommen und sie draußen gerufen, es wäre keine Rettung, wer drinnen wäre im Schlosse, sollte heraus. Er hätte aber nicht gewusst wohin. Endlich der Kühle nachgekrochen und also wieder hinauskommen. Da er gesehen, dass das Feuer schon das Dach völlig eingenommen und ein Stein, so oben herabgefallen, ihm beinahe den Kopf eingeschlagen. Er, Enders, hätte wohl in der Flamme, so in dem Gemach gewesen, auf der linken Seiten ein großer Haufen Zeug gelegen, worauf das Feuer herum gelaufen. Er konnte aber nicht sagen, was es gewesen und ob es vielleicht Gips, so von der Decke herunter gefallen, gewesen. Der Schrank hätte zwar auch noch gestanden in der Form, wie sie aber mit Wasser daran gegossen, wäre er zusammengefallen und verbrannt gewesen.«

Um seine Löschmannschaft zu vergrößern, hatte MEYLANDT vier arretierte Soldaten, nämlich HANS PETER HEILGEGEIST, FRIEDRICH BOHNE, JOHANN JACOB KLETTWICH und CHRISTOPH RÖHMHILD, aus dem Arrest entlassen. Außerdem wurden die Gefangenen aus dem Stockhaus in die Torwache gebracht. »Nachdem das Feuer meist nieder gewesen«, hatte Korporal WERNSDORFF in der Torwache noch einen Bauern aus Sitzendorf gestellt, der »… einen Samnet-Muff, Lichtputze und Strang in den Taschen gehabt.« MICHEL MÜLLER aus Burkersdorf nahm er ein Stück Zucker von ungefähr einem Pfund Gewicht ab.

Die Ursache des Feuers ist nie ermittelt worden. Deutet man die ersten Beobachtungen der Holzhauer im Tiergarten und der brandbekämpfenden Schlosswache richtig, so brach das Feuer im zweiten Obergeschoss des Hauptgebäudes über den Räumen des Fürsten FRIEDRICH ANTON im südlichen Teil des Gebäudes aus, wurde an seiner westlichen Talseite sichtbar, brannte sich durch den Fußboden, ließ Deckenbalken und Stuck im Fürstengemach darunter herabstürzen und ergriff auch das Kabinett, in dem ein nussbaumfurnierter Eckschrank verkohlte und beim Löschversuch zusammenstürzte. Im ersten Obergeschoss lagen die Repräsentationsräume des Fürsten, die aus Vorgemach, Gemach, Kabinett und Schlafgemach mit Abtritt bestanden. Ihnen war die »Neue Galerie« (Galerie mit Hirschköpfen und Geweihen) vorgelagert. Im Stockwerk darüber waren das »Neue Gemach« mit zugehöriger Schlafkammer bereits eingerichtet, während sich der »Kleine Saal« (der spätere Festsaal) noch im Ausbau befand.[40] Möglicherweise herrschte Westwind, so dass sich das Feuer vom Gemach des Fürsten im Hauptgebäude zwischen Portikus und Kirchflügel in Richtung Schlosskirche und Turm ausbreitete und dabei auch das Leutenberger Gebäude erfasste, jedoch nicht auf das Gartenhaus übergriff. Die schmelzenden Glocken stürzten vom Turm herab und vollendeten das Werk der Zerstörung.

## Der Wiederaufbau des Schlosses

Nach dem Brand war der Wille des Fürsten FRIEDRICH ANTON, das Schloss wieder aufzubauen, ungebrochen. Die Kammer forderte die schwarzburgischen Gemeinden auf, einen freiwilligen Beitrag zum neuen Bau des abgebrannten Stammhauses zu leisten. Wie die erhalten gebliebene Akte über das Amt Ehrenstein ausweist, hielt sich die Begeisterung in Grenzen.[41] Zwar war der Amtmann, JOHANN LUDWIG FREIESLEBEN, am 19. April 1727 mit gutem Beispiel vorangegangen und hatte 15 Gl.

zur schwarzburgischen Baukasse gegeben, fand jedoch keine Nachahmer. Drei Jahre später wurde der Amtmann durch die Kammer aufgefordert, die Spender für den Schlossbau im Amt zu erfassen und die gezahlten Beträge zu melden. Zugleich sollte er diejenigen erfassen und melden, die bisher keinen Beitrag geleistet hatten.

So musste FREIESLEBEN am 28. April 1730 einräumen, dass außer den Beamten, Priestern und Jägern niemand etwas gegeben hatte. Am 3. Juli beklagte sich die Kammer beim Amtmann, dass die Gemeinden noch keinen Beitrag entrichtet hätten. Daraufhin entschloss sich FREIESLEBEN offensichtlich zu einer Sammelaktion, die jedoch bescheiden ausfiel. Im Dorf Ehrenstein wurden durch 23 Personen zwei Gl., elf Gr. und zehn Pfg. gezahlt. In Breitenheerda waren es bei der gleichen Personenzahl noch sechs Pfg. weniger. In Kleinliebringen spendeten 36 Personen mit vier Gl. und neun Gr. den höchsten Betrag.

Am 7. November 1730 schrieb die Kammer dem Amtmann »... was das Quantum ieglicher Gemeinheit anbetrift, dermassen gering und schlecht, daß solches fürstlicher Cammer um so vielmehr befremdlich vorgekommen, da die Dörffer in der Untern Herrschaft ihre unterthänigste Treue und Devotion mit weit nachdrücklichern Zeugnissen an den Tag geleget, ieden einige zu 100 thln., die meisten zu 40, 50 bis 60 thlr. Und das Geringste zu 14 biß 18 thl. ultro verwilliget und bereits entrichtet.«[42]

Am 18. Januar 1727 wandte sich WILHELM LUDWIG VON BEULWITZ mit einem Spendenaufruf an die Deputierten der Ritterschaft im Landschaftskollegium. Er schrieb von der Einäscherung des Stammhauses Schwarzburg und der dort befindlichen schönen Kirche und dass es für das fürstliche Haus sehr beschwerlich sei, das zum Andenken des uralten Stammes von Schwarzburg aufgeführte Gebäude aus den eigenen Kammergütern und »Revenuen« (Einnahmen) wieder herzustellen. Als beispielhaft benannte er die Spende des kleinen Dorfes Benneckenstein in Höhe von 50 Rthlr. Der Umlauf zur Zahlung eines Beitrages nach eigenem Ermessen erbrachte insgesamt 125 Taler. Nur fünf adlige Grundbesitzer hatten ihn gezeichnet, wobei Beulwitz sich mit 50 Talern eintrug.[43]

Durch den Brand des Residenzschlosses Heidecksburg am 26. Juli 1735, bei dem Nord- und Westflügel bis auf die Außenmauern vernichtet wurden, verschärfte sich die Situation. Trotzdem gelang es, die Schlosskirche in Schwarzburg wiederherzustellen und am 26. August 1738 einzuweihen.[44] Nach dem Läuten um acht Uhr früh ver-

Die größte Glocke der Schlosskirche Schwarzburg
(H. 120 cm, D. 145 cm), Johannes Feer, Rudolstadt 1738
Photographie Anna Luise von Schwarzburg-Rudolstadt, 1917
*TLMH Fotoarchiv*
Oberhalb des schwarzburgischen Wappens
mit dem Schriftband (aus dem Lateinischen):
»DAS WORT GOTTES BLEIBT IN EWIGKEIT«
unterhalb: »ALLEIN ZU GOTTES EHR GOSS MICH
JOHANNES FEER IN RUDOLSTADT«
auf der Rückseite (aus dem Lateinischen): »Diese Überreste ließ nach einer doppelten Feuersbrunst [1695/1726] wiederaufrichten zu demselben Zweck, für den das Metall von den Vorfahren bestimmt war, nämlich zum Gottesdienst, der beste Fürst FRIEDRICH ANTON Fürst von Schwarzburg 1738«

sammelte sich der Hofstaat im Kaisersaal und zog beim Klang der Orgel in die Kirche ein. Trompeten- und Paukenschall erklang. Die neun auf der Schwarzburg vorhandenen Geschütze wurden unter Einsatz von 54 Pfund Pulver durch die Grenadiergarde dreimal abgefeuert.

Bis zum Tag der Weihe wurde an der Innenausstattung der Kirche intensiv gearbeitet. Der Marmorfußboden war zu verlegen, die über dem herrschaftlichen Kirchenstand befindliche Stuckaturarbeit, schwarzburgisches Wappen, Monogramm des fürstlichen Namens und Fürstenhut farbig zu gestalten und die Orgel provisorisch zu drapieren. Weiterhin sollte der Glockenstuhl im Turm durch eichene Säulen stabilisiert werden.[45] Der Rudolstädter Stück- und Glockengießer JOHANNES FEER (1688–1758) hatte drei Glocken mit einem Gesamtgewicht von 31 Zentnern und 20 Pfund gegossen, wobei er den Zentner zu 105 Pfund rechnete. Die größte Glocke (siehe Abb.) wog 18 Zentner, die beiden kleineren zusammen 13 Zentner und 20 Pfund.[46]

Der fortschreitende Ausbau des Hauptgebäudes ließ die Aufenthalte für den Hof attraktiver werden. Die fürstliche Familie hielt sich zu besonderen Anlässen häufiger im Schloss auf. Vom 13. September bis 18. Oktober 1741 war der Hof in Neuhaus, danach bis zum 4. November in Schwarzburg. FRIEDRICH ANTON ließ hier am 22. Oktober den 33. Geburtstag seines Bruders LUDWIG GÜNTHER zelebrieren, wozu ein Zimmer entsprechend hergerichtet wurde. Auch der dritte Bruder, Prinz WILHELM LUDWIG, war anwesend. Am nächsten Tag besichtigte FRIEDRICH ANTON gemeinsam mit dem Kammerrat JOHANN FRIEDRICH VON SCHÖNFELD (1694–1761), der auch für den Schlossbau in Rudolstadt zuständig war, den »neuen Bau« in Schwarzburg. Der Ausbau des Festsaals, der im zweiten Obergeschoss des Hauptgebäudes lag, zog sich über mehrere Jahre hin. Im September 1741 hatte FRIEDRICH ANTON einen gläsernen Kronleuchter für den Saal angekauft, den er mit 30 Rthlr. aus seinen Schatullgeldern bezahlte. Am 17. September 1743 besichtigte Landbaumeister GOTTFRIED HEINRICH KROHNE (1703–1756) gemeinsam mit dem Fürsten, der auf der Durchreise nach Neuhaus war, das Schloss. Danach arbeitete der Maler CARL CHRISTLIEB REINTHALER (vor 1743–1770) mit bis zu vier italienischen Stuckateuren, die von der Schlossbaustelle in Rudolstadt kamen, im Hauptgebäude. Erst im März 1745 lieferte JOHANN BERNHARD NÖLLER (gest. 1746), ein Erfurter Maler, zum Preise von je sechs Rthlr. vier Wildbretdarstellungen, die als Supraporten für den Saal gedacht waren. REINTHALER war noch bis März 1750 damit beschäftigt, den Saal auszumalen. Das um 1750 entstandene Inventar zeigt den als Tafelgemach eingerichteten Saal vollständig ausgestattet. So ist davon auszugehen, dass der Raum erst unter Fürst JOHANN FRIEDRICH fertiggestellt wurde.[47]

## Die Verwaltung des Schlosses

Auch bei Abwesenheit des Hofes wohnte und arbeitete eine größere Zahl von Personen ständig im Schloss, um die Sicherheit zu gewährleisten und die notwendigen Pflegearbeiten durchzuführen:

*Der Amtsverwalter* war in Schwarzburg zugleich Forstsekretär. Während der Amtssitz sich seit der Zeit um 1668 in Königsee befand, war das Schloss Ort der Rechnungs-

Johann Alexander Thiele, Blick vom Trippstein auf Schwarzburg, Öl auf Leinwand, um 1730
*Schlossmuseum Arnstadt, Inv.-Nr.: B 97*

führung (Rentamt) und der Berechnung von Forst- und Floßholz. Der Amtsverwalter wurde durch einen Amtsschreiber unterstützt. Das Amtsgebäude befand sich auf der Terrasse vor dem Eingang zum Schlossbereich.

*Der Schlosshauptmann* übte die militärische Befehlsgewalt im Bereich des Schlosses aus. Er hatte die Hausordnung sowie den Bauzustand der Gebäude und ihrer Anlagen zu überwachen und fungierte als örtlicher Bauleiter.

*Die Schlosswache* überwachte Tag und Nacht die Zugänge des Schlosses. Ihre Wachhäuser standen nördlich (unmittelbar westlich vor dem Eingangsportal, siehe Abb.) und südlich der Anlage. Die Schlosswache hatte außerdem die Aufsicht über die Insassen des Zuchthauses. Als Sollstärke waren 21 Mann, drei Gefreite und 18 Gemeine festgelegt. Die Grenadiere gehörten zur Leibkompanie in Rudolstadt und wurden nach einem Monat innerhalb der Kompanie ausgetauscht. Auf dem Lande erhielten sie die Kost von ihren Quartierwirten und in dieser Zeit nur die halbe Löhnung, einen Taler im Monat.[48]

*Die Schließerin* oder Bettmeisterin führte die Aufsicht über das im Schloss befindliche Inventar. Da Einrichtungsgegenstände auch nach Neuhaus und Paulinzella verlagert wurden und von dort nach Schwarzburg zurückkamen, war die Ausleihe auf Lieferscheinen festzuhalten. Die Aufsicht über die Arbeiten im Waschhaus, die Pflege der Bett- und Tischwäsche und des Tafelgeschirrs gehörte zu ihren Aufgaben. Sie hatte die Schlüsselgewalt zu allen Räumen des Schlosses und war zu Kontrollgängen bei Tageslicht verpflichtet. Besonders bei Wind und Wetter war die Verschlusssicherheit von Fenstern und Türen zu überprüfen. Aus dem Schlossbrand 1726 hatte man gewisse Lehren gezogen. Damals besaß der Schlosshauptmann nur die Torschlüssel. Die Schließerin bewahrte die »Capital-« und weitere Schlüssel auf. Bei der Verwirrung nach Ausbruch des Brandes mussten die Türen aufgebrochen werden, da die Schlüssel im entscheidenden Augenblick nicht zur Hand waren. Später besaß auch der Hauptmann weitere Schlüssel, durfte die Räume jedoch nur in Anwesenheit der Schließerin öffnen, da diese für das Inventar verantwortlich war.

Schloss, Zeughaus und Zuchthaus waren fremden Besuchern zugänglich, jedoch lag es im Ermessen der Bettmeisterin oder des Schlosshauptmanns, »… von den Antiquen Stücken […] Rede und Antwort …« zu geben und »… dabei einen guten Unterschied zu halten …«.[49]

*Prediger, Büchsenmacher, Zuchthausaufseher, Hausknecht* und *Gärtner* wohnten mit ihren Familien gleichfalls im Schlossbereich.

Ludwig Friedrich II. von Schwarzburg-Rudolstadt, Eingang zum Schloss Schwarzburg, Aquarell im Gästebuch des Schlosses, 1795 (unmittelbar rechts vor dem Eingangsportal ist das Wachgebäude zu sehen) *ThStAR, Nachlass Fürstin Anna Luise Nr. 77*

# Reisen zur Schwarzburg (Auswahl)[50]

Im Rahmen der jährlichen Hoflager fanden Staatsakte (Huldigungen, Kirchweihen, Beisetzungen von Mitgliedern der fürstlichen Familie, Besuche von regierenden Grafen, Fürsten und Herzögen), Familienfeiern (Geburtstage und Hochzeiten) und Jagdaufenthalte (zumeist auf der Durchreise nach Neuhaus und Paulinzella) statt.

Am 5. Juni 1711 ließ sich Fürst LUDWIG FRIEDRICH I. durch seine Untertanen und Vasallen huldigen. Als auswärtige Gäste waren die seit 1710 regierenden Brüder, die Grafen CHRISTIAN ERNST VON STOLBERG-WERNIGERODE und FRIEDRICH CARL VON STOLBERG-GEDERN, anwesend. Nach dem Gottesdienst in einem Saal begab sich der Fürst unter Begleitung der Prinzen in sein Zimmer, wo der Huldigungsakt stattfand. Zuerst wurden die Vasallen (Rittergutsbesitzer) aus Wildenspring, Griesheim, Angelroda, Breitenheerda, Dörnfeld a. d. Heide, Großliebringen, Kleinliebringen und Gräfinau per Handschlag verpflichtet, dann einige »Freisassen aus dem Bauernstand«. Es folgten die Stadträte von Königsee und Stadtilm.[51]

Zwei Jahre später, am 26. Oktober 1713, fand die Weihe der Schlosskirche statt.

Am 26. August 1738 wurde die 1726 ausgebrannte Schlosskirche erneut geweiht. Aus diesem Anlass hielt sich der Hof vom 22. August bis 5. September im Schloss auf. Während der Zeit des Hoflagers heiratete Hauptmann JOHANN FERDINAND MUFFEL VON ERMENREUTH (1707 – 1788) ein Fräulein VON WURMB. An den 15 Aufenthaltstagen benötigte man insgesamt 4 019 Essensportionen.

Vom 18. Oktober bis 4. November 1741 hielt sich die fürstliche Familie mit ihrem Gefolge in Schwarzburg auf. Bei dieser Gelegenheit fand am 19. Oktober die Trauung des Büchsenmachers HAUEISEN mit der Tochter des Drechslers NIEDLING aus Rudolstadt in der Schlosskirche statt. Nachdem die Hofkapelle am 22. Oktober angekommen war, konnte man den Geburtstag LUDWIG GÜNTHERS mit der Aufführung einer Serenade verbinden.

Das Erbbegräbnis unter der Schlosskirche nahm am 10. September 1744 den Leichnam des Fürsten FRIEDRICH ANTON auf. 186 Soldaten, 27 Unteroffiziere, 114 Fackelträger, zehn Stützenträger, 17 Pfarrer, 20 Förster, fünf Ratsherren von Königsee, neun Schuldiener und 24 Kutscher bildeten das Gefolge.

Am 5. September 1763 klagte Hofmarschall ERNST FRIEDRICH VON KYCKPUSCH gegenüber seinem Fürsten JOHANN FRIEDRICH, die Zahl mitreisender Personen habe sich so gehäuft, dass man sie kaum fortbringen könne. Auf dem »Küchwagen« fänden sich dieses Jahr 18 Personen ein, wo es sonst kaum zehn bis zwölf gewesen seien. »So kann der Küchschreiber darauf nicht fortkommen, muß mittels eines Pferdes an Ort und Stelle geschafft werden.« Als Reiseanwärter auf dem zweiten Küchenwagen zählte er auf: den Küchschreiber, den Mundkoch, den Hofbäcker, den Weinkellner, fünf Waschmägde, ein Mädchen, den Holzspalter und dessen Tochter, zwei Küchburschen, einen Konditorburschen, eine Küchenmagd, den Bratenwender und den Bankkoch. KYCKPUSCH meinte, »... daß sowohl der Silberdiener nebst seiner Tochter, die er jedes Mal mit sich schleppet, als auch der Mundschenk besonders nach Neuhaus, wo diese Personen wegen des Wurzelberges fast ganze acht Tage nur spazieren gehen, ganz füglich zurückbleiben können, zumalen des erstern Verrichtung der Hofbecker, des andern hingegen der Weinkellner Hörcher, wie mehrmals geschehen, versehen kann. Zu Schwarzburg dürften besagte Personen nöthig sein und könnten sodan kurz vor der Ankunft mit Gemächlichkeit dahin transportiert werden.«[52]

Im Rahmen des Hoflagers vom 26. Oktober bis 8. November 1766 fand am 30. Oktober 1766 die Vermählung des Prinzen LUDWIG VON NASSAU-SAARBRÜCKEN mit der Prinzessin WILHELMINE SOPHIE ELENORE VON SCHWARZBURG-RUDOLSTADT statt.

1769 verbrachte der Hof zwei Monate in Schwarzburg. Am 3. Juni früh um 6 Uhr ritten Fürst LUDWIG GÜNTHER und Prinz FRIEDRICH KARL (1736 – 1790 – 1793) in neuen Uniformen mit vier adligen Begleitern von Rudolstadt nach Schwarzburg, wo sie um 9 Uhr 45 eintrafen. Am 22. Juni holte ein preußisches Kommando fünf Arrestanten aus dem Zuchthaus als Rekruten für den Obristen VON LENGEFELD ab. Am 30. Juni kegelte LUDWIG GÜNTHER mit den Damen im Saal. Am 14. Juli gab es ein abendliches Feuerwerk im Tiergarten. Dazu wurden auch einige Geschütze aus dem Zeughaus eingesetzt. In einer Hütte auf dem Trippstein wurde am 15. Juli Kaffee getrunken. Beim Besuch der Oberjägermeisterin

Tableau mit Ansicht des Schlosses Schwarzburg von Osten
(Kopie nach einem Gemälde von J. A. Thiele, siehe Abb. S. 112)
Porzellanmanufaktur Volkstedt, um 1770
*Angermuseum Erfurt, Sammlung Kämmerer*

Sophie Margarethe von Holleben am 21. Juli besichtigte man ihr gut gebautes und geschmackvoll eingerichtetes Haus in Köditz. Im Pferdezimmer wurde am 27. Juli auf dem kleinen Billard gespielt.

Am 15. Oktober 1770 ritt der Fürst mit dem Hausmarschall von Wurmb und dem Reisestallmeister Johann Friedrich Freiherr von Ketelhodt von Rudolstadt nach Schwarzburg. Auf dem Schlossplatz wurden sämtliche Hengstfohlen begutachtet. Neun dreijährige Hengste kamen am 16. Oktober nach Rudolstadt.

Am 9. September 1784 begab sich der Fürst auf den Trippstein, um das Lusthäuschen zu besichtigen, das Georg Heinrich Macheleid (1723–1801) aus Schwarzburg dort bauen ließ. Am 14. September besuchten die Damen das Zuchthaus. Der Hof blieb vom 7. September bis 12. Oktober in Schwarzburg.

1785 dauerte der fürstliche Aufenthalt vom 13. September bis 14. Oktober. Am 20. September besichtigte die Hofgesellschaft das fertiggestellte Haus auf dem Trippstein. Ludwig Günther besuchte mit den Damen das Zeughaus am 21. September. Eine Woche später ritten die Prinzen Friedrich Karl von Schwarzburg-Rudolstadt und Christian Franz von Sachsen-Coburg-Saalfeld nach Geiersthal in die dort vom Förster Kämpfe angelegte Drahtziehfabrik.

Für die im September 1789 nach Schwarzburg und Neuhaus geplante Reise listete der Fourier die mitreisenden Personen in acht Gruppen auf, insgesamt 63 männliche und 22 weibliche Personen. Da die Gruppen zwei bis acht direkt oder indirekt der fürstlichen Familie zu dienen hatten, ergab sich ein Verhältnis Herrschaft zu Dienerschaft von etwa eins zu elf. Da vor Ort in Schwarzburg, Neuhaus und auf dem Wurzelberg weitere Bedienstete vorhanden bzw. zusätzliche Arbeitskräfte angeworben wurden, veränderte sich das Verhältnis. Für 24 Tage Arbeit in Neuhaus erhielten ein Hausknecht und seine Frau zwei Rthlr. Ein Bäckerbursche zur Aushilfe verdiente an 31 Tagen zwei Rthlr., 13 Gr. und sechs Pfg. Der größte Teil der Kosten war über den Hofetat gedeckt und wurde nicht berechnet. Die Extraausgaben (Barausgaben) der Reise betrugen 514 Rthlr., zwei Gr. und 3¼ Pfg. Darunter fielen z. B. Verpflegungsgelder, Fuhrlöhne und Gelder für Lebensmittelankäufe.

Die Reisegesellschaft nach Schwarzburg und Neuhaus umfasste folgende Personen:

1. Fürstliche Familie (sieben)
2. Hofadel (sieben)
3. Kammerjungfern (sechs)
4. Hofsekretär (ein), Haushofmeister (ein), Sprachmeister (ein), Leib- und Jagdpage (ein), Pagen (drei), Kammerdiener (ein)
5. Hoffourier (ein), Hoftrompeter (ein), Bedienter des Prinzen Christian Franz von Sachsen-Coburg-Saalfeld (ein), Büchsenspanner (ein), Hofmusikus (ein), Hofjäger (ein), Lakaien (acht) – davon einer für Tee und Kaffee, Läufer (ein), Kammerbursche (ein), Pagen-Bedienter (ein), Hofperückenmacher (ein)
6. Hofverwalter (ein), Mundköche (zwei), Bankkoch (ein), Hofbäcker, der die fürstliche Tafel besorgt (ein), Kellerknecht (ein), Hofweinkellner, der den Schenkstuhl besorgt (ein), Wasserträger (ein), Hofmetzger (ein), Metzgerbursche (ein), Küchenburschen (zwei), Konditorbursche (ein), Holzspalter (ein), Schlotfeger (ein), Fischjunge (ein), Bratenwender (ein)
7. Garderobe-Mädchen (vier), Silberscheuerin (eine), Waschmägde (drei), Pagen-Aufwärterin (eine)
8. Bediente der Kavaliere (zwei), Stallbediente (elf).[53]

Das Ende der jährlichen fürstlichen Hoflager war damit gekommen. 1789 brach in Frankreich die Revolution aus. Für die Lebensweise des Hochadels hatte sie gravierende Folgen.

## Aus dem Gästebuch des Schlosses von 1724 bis 1769[54]

Den Willkommen getrunken
zwei Pferde gehandelt,
zu Boden gesunken,
zu Fuße gewandelt.

*H. G. von Schlegel, 1. September 1724*

Die Seele will ich Gott,
das Hertz den Mädgens geben.
Die Ehre bleibt für mich,
dem Herrn Leib und Leben.

*E. A. von Kospodt, 22. Oktober 1747*

Gehetzt, gestürzt, in die Schwartze gefallen.
Ich weiß gewiß, dieses begegnet nicht allen.
Glück auf!

*Anton Adolph Wurmb, 8. November 1753*

Ich trinke voll von Lust und Danck erfüllten
    Zügen
in diesem prächtigen und hohen Fürstenhaus,
an diesem frohen Fest, bey Freude und Vergnügen,
auf höchstes Wohlergehen den schönen
    Willkomm aus.
Der Höchste wolle nur den treuen Wunsch erhören,
den iezo iedermann zu seinem Throne schickt.
So wird kein Ungemach das Wohl des Landes
    stören,
so lebt der beste Fürst nebst seinem Haus beglückt.

*Redliche Gedancken einer unterthänigen
Dienerin Louise Juliane Eleonore
Friederike von Lengefeld, geb. Wurmb
19. Oktober 1763*

Wenn einst nach später Zeit
    auf Gottes schnelles Winken
die weiten Himmel fliehn
    und alle Sonnen sinken:
und alle Körperwelt wird wieder
    Chaos sein.

*J. N. Jahn, Milizprediger, 30. Oktober 1764*

Kommt heute nur – kommt ihr Dryaden,
euch soll mein Opfer, ihr Naiaden,
in Schwarzburgs Flur gewidmet seyn.
Doch nein –
Nein, nur Jehova dir
soll meine Pflicht und Danckbegier
die frommen Wünsche weyhn:
Schmück unsern Fürsten Ludwig Günthern,
schmück Henrietten nebst den Kindern,
wie auch das ganze Fürstenhaus
mit deinen besten Seegen aus.

*Carl Christoph von Lengefeld, 14. Juli 1769*

Kranker bittre Leiden,
ihren ganzen Schmerz
fühlt des Arztes Herz.
Doch Gesunder Freuden
bleiben seiner Brust
stets die gröste Lust.
Würden alle Menschenkinder
blos vom Ansehn schon gesünder!
Wär dann alle Artzeney
für die Kranken Überley!
Wär das ganze Erdenrund
immer überein gesund
und der Menschen Lebenszeiten
wären Tage voller Freuden.
Welche himmelsgleiche Lust
wär nicht das für meine Brust.

*Georg Christian Füchsel, Hofmedicus
15. September 1768*

## Aus dem Gästebuch des Schlosses von 1795 bis 1810[55]

*Willkommen in der Wälder Nacht
die meine Burg umhüllt –
Wo noch, vom Ritter-Geist bewacht
die alte Sitte gilt!*

*Dich grüßet Herz und Hand und Mund,
zieh traulich bei uns ein!
Du sollst geweiht zum teutschen Bund,
sollst unser Gast-Freund seyn.*

Ludwig Friedrich von Schwarzburg-Rudolstadt<br>5. August 1795

*Zur Veste und zur Sicherheit
gebaut zur grauen Fehdezeit.
Zum Aufenthalt, zur Jagd, zu Festen,
zum Ruhort theuren Überresten.*

*Nun in der neuen Zeit erkiest
Der Fürst, der aller Wonne ist,
weiht Schwarzburgs Schloß, den ganzen Hayn,
zum Freundschafts-Tempel, zum Elisio ein.*

Heinrich XLII., Jüngerer Reuß<br>und weitere Reußen, 10. September 1795

*Die Ströme suchen die Tiefe – der unsers Lebens
sucht die Höhe und unsere Wellen fließen – hinaus.
Der Berg erhebt das Auge und das Herz zugleich,
und jede Höhe ist ein Thabor, der verklärt. –
Der edle Geist gleiche dem Riesen der Schweiz,
dem Mont Blanc. Wo er die Erde berührt,
schmilzt und vergeht er, aber sein Gipfel
wiederholet in der Nacht die Sonne,
und sie verschönet ihn und
verzehrt ihn nicht. – –*

*Alles Erhabene tritt in dieser schönen Minute um mich.
Und in der innigsten Dankbarkeit und Achtung wünsch'
Ich dem Fürsten, dem ich diesen Tag verdanke, auch
Diese Aehnlichkeit mit Höhen – daß die Gewitter nur
unter, nie über ihm bleiben, und das Sonnenlicht
immer an ihm.*

Jean Paul Friedrich Richter, 27. August 1799

*Gar freundliche Gesellschaft
leistet uns ein ferner Freund,
wenn wir ihn glücklich wissen.*

Auguste, Prinzessin von<br>Hessen-Homburg, 14. Oktober 1795

*Hier steht der Hochaltar
der heiligen Natur; -
Wandrer opfre darauf und
bete an.
5. September 1801
Friedrich Justin Bertuch sen.*

*Adel alten Geschlechts und
Liebenswürdigkeit des Charakters
sind so selten, daß man sich innigst
freut, einem Fürsten, der beides vereinigt,
solche Worte zu schreiben, um sich zu dessen
gnädigsten Andenken zu empfehlen.*

Friedrich August Wolf aus Halle<br>13. Juni 1805

*Wohl dem, der seiner
Väter gern gedenkt.*

Charlotte von Schiller,<br>geb. von Lengefeld, 31. Juli 1807

*Schön ist Mutter Natur
deiner Erfindungen Pracht.
Schöner ein groß Gemüth,
das den Gedanken deiner
Schöpfung noch einmal denkt!*

Zum Andenken eines schönen Tages.<br>Caroline von Wolzogen, 8. Mai 1810

*Glücklich, wem das Geschick und die Huld
der Edlen auch künftig
ähnlicher Tage Genuß freudig zu hoffen
vergönnt.*

Schlusszeilen aus der Eintragung<br>Wilhelm von Humboldts<br>Schwarzburg, den 10. September 1810

Georg Melchior Kraus, Schloss Schwarzburg vom Ufer der Schwarza aus gesehen
(unterhalb des Zuchthauses ist der Schieferbruch zu sehen), Aquarell aus dem Gästebuch des Schlosses, 1797
*ThStAR, Nachlass Fürstin Anna Luise Nr. 77*

## Schloss Schwarzburg.
## Ein Platz freundschaftlich-geselliger Unterhaltungen

Mit dem Regierungsantritt des Fürsten LUDWIG FRIEDRICH II. VON SCHWARZBURG-RUDOLSTADT (1767 – 1793 – 1807) im Jahre 1793 änderte sich zeitbedingt der gesellschaftliche Ton. Die adligen Besucher blieben in der Mehrzahl, doch traten bürgerliche Gelehrte an ihre Seite. Wie der Fürst, so waren auch zahlreiche Gäste Mitglieder des Freimaurerordens. Das wirkte sich auf den Umgangston aus. In den Stürmen der Zeit erschien Schwarzburg als Ort der Ruhe und Besinnung. Das Lebensgefühl der Romantik verklärte den Ort zu einem Denkmal vergangener Ritterzeit. Die Fürstin CAROLINE LOUISE (1771 – 1807 – 1814 – 1854) führte nach dem Tode LUDWIG FRIEDRICHS 1807 als Landesregentin bis 1814 die geselligen Zirkel fort. Wer auf Schloss Schwarzburg weilte, versäumte es auch nicht, die Klosterruine Paulinzella anzuschauen. So hielt es WILHELM VON HUMBOLDT (1767 – 1835), als er vom 7. bis 12. September 1810 zu Gast war. Die Herzogin HENRIETTE VON WÜRTTEMBERG (1780 – 1857) besuchte am 5. Oktober 1810 das Stammschloss. Der Weg dahin führte über mehrere Stationen: Bei der »Fichte auf dem Wege« nach Sitzendorf trank man Schokolade, es folgte ein Spaziergang durch den Tiergarten, von dort wanderte man über den »Philosophenstieg« zum Schloss, wobei man im Vorbeigehen das Zeughaus besichtigte.[56]

Ludwig Friedrich II. von Schwarzburg-Rudolstadt
»Fast tägl. Beschäftigung im August zu Schwarzburg«
Geheimes Tagebuch in Hieroglyphen, Federzeichnung, 1804
*TLMH Gr. 363/66*

Besondere Gäste im Zeitraum
von 1794 bis 1812

**16. Juni 1794**: Herzogin Louise von Mecklenburg-Schwerin, geb. von Sachsen-Gotha-Roda. **12. Juli**: Erbprinz Friedrich Joseph von Hessen-Homburg; Graf Heinrich LIV. von Reuss-Lobenstein. **31. Juli 1795**: Louise von Lengefeld, geb. von Wurmb (1743–1823). **21. August**: Friedrich Wilhelm Ludwig von Beulwitz (1755–1829); Amalie von Beulwitz, geb. von Bibra (1768–1826). **10. September**: Graf Heinrich XLII. von Reuss-Schleiz; Gräfin Karoline von Reuss-Schleiz, geb. von Hohenlohe-Kirchberg (1761–1849). **14. Oktober**: Prinzessin Auguste von Hessen-Homburg (1776–1871). **30. Januar 1796**: Erbprinz Friedrich Ludwig von Mecklenburg-Schwerin (1778–1819). **11. April**: Herzog Georg I. von Sachsen-Meiningen (1761–1782–1803). **6. September**: Herzog Carl August von Sachsen-Weimar-Eisenach (1757–1775–1828). **Juli 1797**: Georg Melchior Kraus (1733–1806, siehe Abb. S. 177). **14. Juli 1798**: Christian August von Brockenburg (1777–1857); Wilhelm Heinrich Carl von Gleichen-Russwurm (1765–1816). **7. Dezember**: Prinz Leopold Victor Friedrich von Hessen-Homburg (1787–1813); Prinz Ludwig von Hessen-Homburg (1770–1839). **28. April 1799**: Prinz Ludwig von Anhalt-Köthen (1778–1802). **27. August**: Jean Paul Friedrich Richter (1763–1825). **22. April 1801**: Graf Albert von Schönburg-Hinterglauchau (1761–1841); Graf Heinrich LXII. von Reuss-Schleiz (1785–1818–1854). **1. Juni**: Wilhelm Adam Thierry (1761–1823); Prinz Gustav von Hessen-Homburg (1781–1848). **20. August**: Prinz Ferdinand Heinrich Friedrich von Hessen-Homburg (1783–1866). **5. September**: Friedrich Justin Bertuch (1747–1822). **25. September**: Herzog Franz (1750–1800–1806); Prinz Ludwig (1755–1806); Erbprinz Ernst I. (1784–1806–1844); Prinz Ferdinand (1785–1851); Prinz Leopold I. (1790–1865), seit 1831 König der Belgier: alle von Sachsen-Coburg-Saalfeld. **10. September 1802**: Prof. Joseph Alexander Hamilton (1754–1828). **29. September**: Prinz Ernst Konstantin von Hessen-Philippsthal (1771–1849). **30. Juni 1803**: Prof. Johann Georg Eck (1777–1848). **20. August**: Graf Gustav Hermann August von Wartensleben (1774–1834). **21. August**: Fürst Heinrich LX. von Reuss-Köstritz (1784–1833); Prinz August Ludwig zu Sayn-Wittgenstein-Berleburg (1788–1874). **29. August**: Graf Heinrich LI. von Reuss-Ebersdorf (1761–1782–1822); Prinz Heinrich LXVII. von Reuss-Schleiz (1789–1854–1867). **12. Mai 1804**: Prof. Carl Ludwig Fernow (1763–1808). **13. Juni 1805**: Prof. Friedrich August Wolf (1759–1824); Johann Heinrich Meyer (1760–1832). **12. Oktober**: Graf Georg Wilhelm von Schaumburg-Lippe (1784–1807–1860). **17. Januar 1806**: Friedrich von Eisenhart (1769–1839). **31. Juli 1807**: Prinz Johann Karl Günther von Schwarzburg-Sondershausen (1772–1842); Charlotte von Schiller, geb. von Lengefeld (1766–1826). **1. Juni 1809**: Charlotte Auguste, Prinzessin von Bayern (1792–1873), seit 1816 Kaiserin von Österreich. **23. August**: Prof. Johannes Karl Hartwig Schulze (1786–1869). **8. Mai 1810**: Caroline von Wolzogen (1763–1847), geb. von Lengefeld; Bernhard Rudolf Abeken (1780–1866). **7.–12. September**: Wilhelm von Humboldt. **5. Oktober**: Herzogin Henriette von Württemberg, Schwägerin der Zarin Maria Fjodorowna. **4. Juni 1811**: Amalie von Stein, geb. von Seebach (1775–1860). **5. August**: Luise von Holstein-Sonderburg, geb. von Hessen-Kassel (1789–1867). **1. Oktober**: Prinzessin Louise Friederike von Anhalt-Dessau (1798–1858). **20. August 1812**: Prinz Wilhelm von Preussen (1783–1851); Prinzessin Maria Anna (Wilhelmine) von Preussen, geb. von Hessen-Homburg (1785–1846).

## Schloss Schwarzburg als Ort wechselnder, oft nicht realisierter Bestimmung – ein Resümee

In den 60er Jahren des 17. Jahrhunderts, als die Angst vor den Türken umging, begann man mit dem Umbau des Schlosses zu einer Landesfestung, die aber nie entstand. An der Wende vom 17. zum 18. Jahrhundert war das Heilige Römische Reich noch eine politische Größe, mit der ein thüringisches Grafenhaus zu rechnen hatte. Die kaiserliche Verleihung der Reichsfürstenwürde half einerseits, dem Druck der Wettiner auf die landesfürstliche Souveränität standzuhalten, andererseits erforderte sie höhere Aufwendungen für den Hof. Aus dem 1695 brandgeschädigten Stammschloss der Schwarzburger wollte Fürst Ludwig Friedrich I. eine neue Residenz ent-

Johann Ernst Ludwig Kämmerer, Schloss Schwarzburg von Südwesten
Aquarell aus dem Gästebuch des Schlosses, 1797   *ThStAR, Nachlass Fürstin Anna Luise Nr. 77*

wickeln. Erbbegräbnis und Schlosskirche des Jahres 1713 waren noch ein verhältnismäßig großer Entwurf, während der wahrscheinlich 1714 vollendete Umbau des Gartenhauses zu einem Monument des Reiches und der reichsgräflichen Familie in Gestalt des Kaisersaals bereits bauliche und architektonische Mängel aufwies. Die Erneuerung des Hauptgebäudes als *Corps de logis* eines Residenzschlosses konnte unter LUDWIG FRIEDRICH I. zwar begonnen werden, erfuhr aber durch seinen Tod 1718 eine Unterbrechung und durch den Brand von 1726 sein konzeptionelles Ende.

Fürst FRIEDRICH ANTON führte den Bau zwar weiter, doch die Reichsidee trieb ihn nicht mehr an. Der Fürst sorgte sich um seine Pferdezucht in Cumbach, Neuhaus und Schwarzburg. Zudem liebte er die Jagd in den heimischen Wäldern und die damit verbundenen Freuden des ländlichen Lebens. Das Schloss wurde zur Wegestation zwischen der Residenz und dem Thüringer Wald. Seine Nachfolger taten es ihm gleich.

Unter dem Druck der Französischen Revolution kamen die deutschen Kleinstaaten ins Wanken. Die Endzeitstimmung setzte geistige Kräfte für ein neues Gesellschaftsmodell frei. Die besten Vertreter des liberalen Adels und des Bürgertums, die das Erbe der europäischen Aufklärung angetreten hatten, arbeiteten an der Konstituierung der bürgerlichen Nation. Das Schloss, ein Treffpunkt der besten Geister Deutschlands, wurde für einige Jahre zum philosophischen Ort.

ANMERKUNGEN

**1.** Vgl. FLEISCHER, Horst: Ludwig Friedrich I. – In: Die Fürsten von Schwarzburg-Rudolstadt. 1710 – 1918, 3. Aufl., Rudolstadt 2001, S. 17 – 19.
**2.** ThStAR, Geheimes Archiv (Restbestand) B VII 8b Nr. 10: Inventar der Heidecksburg 1729.
**3.** Das »Gute Gemach« enthielt Porträts des Herzogs Friedrich II. von Sachsen-Gotha (1676 – 1693 – 1732), Bruder der Anna Sophie, sowie seiner Gemahlin Magdalena Augusta, geb. Fürstin von Anhalt-Zerbst (1679 – 1740), mit der er seit 1696 verheiratet war. Das »Spiegelgemach« zeigt noch heute sechs Porträts, darunter die Schwiegereltern von Anna Sophie, Graf Albert Anton von Schwarzburg-Rudolstadt und Gräfin Aemilie Juliane, geb. Gräfin von Barby und Mühlingen, sowie Graf Ludwig Friedrich I. Bei den übrigen drei Porträts dürfte es sich gemäß des erkennbaren ikonographischen Programms der Räume um Herzogin Anna Sophie, ihren Vater Herzog Friedrich I. von Sachsen-Gotha und ihre Mutter Magdalene Sibylle, geb. Herzogin von Sachsen-Weißenfels, handeln. Bei der Bezeichnung der Spiegelkabinett-Porträts weiche ich ab von: ULFERTS, Edith: Standeserhöhung als Programm? Die Festsäle in den Residenzen der Schwarzburger Grafen und Fürsten im späten 17. Jahrhundert – In:

Jahrbuch der Stiftung Thüringer Schlösser und Gärten 3 (1999), S. 34, Anm. 120. Im »Braunen Gemach« waren die Porträts des Markgrafen Albrecht von Brandenburg-Ansbach (1620 – 1667) und der Markgräfin Christine, geb. von Baden-Durlach (1645 – 1705), zu sehen. Sie heiratete am 27. Juli 1665 in erster Ehe den Markgrafen Albrecht und in zweiter Ehe am 14. August 1681 den Herzog Friedrich I. von Sachsen-Gotha geheiratet und wurde damit zur Stiefmutter Anna Sophies.

4. Vgl. ThStAR, Geheimes Archiv (Restbestand) B VII 8b Nr. 10: Inventar der Heidecksburg 1729 sowie ebenda, Rudolstädter Schlossarchiv B XIII d Nr. 6 und ebenda, B XIII f Nr. 3: Inventare der Heidecksburg 1733.

5. Vgl. LASS, Heiko: Schloss Heidecksburg in Rudolstadt. – In: Höfische Kostbarkeiten in Thüringen. Historische Anlagen der Stiftung Thüringer Schlösser und Gärten, Regensburg 2007, S. 176. Laß gibt für die Vollendung des Spiegelgemachs das Jahr 1729 an. Er bezieht sich offensichtlich auf das nach dem Tode der Herzogin Anna Sophie in der Zeit von Ende Januar bis Anfang Februar 1729 aufgestellte Inventar ihres persönlichen Nachlasses (vgl. ThStAR Geheimes Archiv (Restbestand) B VII 8c Nr. 5). Im Inventar werden in 104 Positionen 446 Gegenstände aus dem Spiegelkabinett benannt, vor allem aus Porzellan. Als Herstellungsorte sind vermerkt: »Indianisches Porzellan [Meißen], Delfter Porzellan, Augustenburger Porzellan, Dresdner Porzellan«. Die im Spiegelkabinett vorhandenen Gegenstände sind das Ergebnis von Schenkungen und einer ausgeprägten Sammeltätigkeit der Anna Sophie. Die sechs Porträts (vgl. die Inventare in Anm. 4) verweisen auf den Zeitraum 1710 (Tod Albert Antons) bis etwa 1720 (1718 starb Ludwig Friedrich I.). Das Parkett des Raumes stützt die zeitliche Zuordnung auf das zweite Jahrzehnt des 18. Jahrhunderts. In den Bodenintarsien zeigt ein Oval in der Mitte des Kabinetts den habsburgischen Kaiseradler, seit 1710 Bestandteil des Wappens von Schwarzburg-Rudolstadt. In den zugeordneten Schilden erscheinen Wappensymbole der Ernestiner: die Säule für Römhild und der stehende Löwe für das Pleißenland (Altenburg) sowie der Rautenkranz für das Herzogtum Sachsen. In den beiden Schilden für die gefürstete Grafschaft Schwarzburg sind der Hirsch für die Herrschaft Klettenberg und der Löwe für die Grafschaft Käfernburg-Schwarzburg vertreten. Die Schilde stehen zugleich für die eheliche Verbindung der Gothaer Herzogin mit dem Rudolstädter Grafen und seit 1710 Fürsten.

6. Vgl. Anhaltische Schlösser in Geschichte und Kunst, hrsg. v. Landeshauptarchiv Sachsen-Anhalt u. a., Niedernhausen / Taunus 1991, S. 96 (hier Abb. der Schlossanlage); HERRMANN, Dirk: Geschichte des Lustschlosses Friederikenberg (http://www.schloss-zerbst.de). Nach dem Tode der Erbprinzessin Friederike 1709 kamen die Arbeiten für längere Zeit zum Erliegen.

7. Siehe hierzu den Beitrag von Lutz Unbehaun in diesem Buch, S. 91 – 115.

8. Siehe hierzu den Beitrag von Helmut-Eberhard Paulus in diesem Buch, S. 183 – 201.

9. Vgl. KOCH, Ursula: Kaisersaal Schwarzburg, München; Zürich 1993 (= Schnell, Kunstführer; 1934), S. 5f. (Sujets der Deckenmalerei). Siehe auch ThStAR, Kanzlei Rudolstadt B VII 8a Nr. 12: Inventar der Schwarzburg einschließlich des Gartenhauses, o. J. (um 1750 entstanden). Im »Gartenhaus« beginnt man, wie auch in den älteren Inventaren, mit der Erfassung der »in Ihro Durchl[aucht] vormals verwittw. Herzogin Zimmer«, fährt mit dem »Kaisersaal« fort, in dem »... eine Tür aus dem Saale nach den hintersten Zimmern ...« führt, worauf die Beschreibung der Räume des Fürsten (im Westtrakt) folgt. Es erscheint durchaus logisch, mit Blick auf die Wegeanbindung des Gartenhauses an die Schlossanlage die »hintersten Zimmer« im heute nicht mehr vorhandenen Westteil der Anlage zu suchen. In ThStAR, Rudolstädter Schlossarchiv B XI Nr. 4 (Inventar der Schwarzburg 1719) gibt es im Bilder- und Spiegelkabinett der Herzogin eine »Ecke gegen Morgen«. Bei einer Lage des Spiegelkabinetts im Westtrakt hätte man die Ostecke des Spiegelkabinetts treffender mit der Ecke zum Kaisersaal hin bezeichnet.

Zu Carolus Wittekind und zu den Gründungsmythen vgl. CZECH, Vinzenz: Legitimation und Repräsentation. Zum Selbstverständnis thüringisch-sächsischer Reichsgrafen in der Frühen Neuzeit, Berlin 2003 (= Schriften zur Residenzkultur; 2), S. 61ff.

10. Vgl. ThStAR, Rudolstädter Schlossarchiv B XI Nr. 4. Noch zu Lebzeiten der Herzogin sind Spiegel und Bilder dem Kabinett entnommen worden, denn sie tauchen in ihrem Nachlass 1729 auf der Heidecksburg wieder auf. – Vgl. ebenda, Geheimes Archiv (Restbestand) B VII 8c Nr. 5: »Großes Vorgemach: Tisch-Schrank mit zwei Türen und Auszügen, worin 254 auf Kupfer gemalte Porträts. Raritätenkabinett: Ein Verschlag mit viereckigten Spiegeln zu den Bildern in Schwarzburg«. Die Porträts aus dem sächsischen Haus vererbte sie ihrem Enkel Johann Friedrich, der die Porträts in seinem Audienzgemach im alten Westflügel der Heidecksburg aufbewahrte. Zwei im August 1733 angefertigte Inventare belegen das. – Vgl. ebenda, Rudolstädter Schlossarchiv B XIII d Nr. 6 und ebenda, B XIII f Nr. 3: »In den Erbprinzen Audienz-Gemach ein braun gemalter Tisch-Schrank mit Auszügen, worinnen die dem Erbprinzen gehörigen 254 kleinen Porträts verwahrlich«. Das Inventar von 1729 (ebenda, B VII 8b Nr. 10) vermerkt außerdem, dass im Erbprinzenzimmer 1735 alles verbrannt ist. Damit verliert sich die Spur der Bilder.

11. Vgl. BECHLER, Katharina: Schloss Oranienbaum, Halle / Saale 2007, S. 236 (hier Abb. des Fliesensaals). Das Schwarzburg-Inventar von 1719 verzeichnet im Kabinett 243 Bilder, 318 Spiegel und 154 leere Felder, das Inventar von 1723 dagegen 253 Bilder und 318 Spiegel. Die Zahl leerer Felder bleibt ungenannt, so dass man zu diesem Zeitpunkt nicht mehr an eine weitere Komplettierung der Ausstattung zu denken schien.

12. Huldigungsdaten 1705: Nordhausen 16. Oktober, Mühlhausen 20. Oktober, Goslar 5. November. – Vgl. GRIEP, Hans-Günther: Weltkulturerbe Goslar, 9. Aufl., Goslar 2001, S. 22 – 23 (hier Abb. des spätmittelalterlichen Ratssaales). Zur Bedeutung des Kaisersaales siehe den Beitrag von Helmut-Eberhard Paulus in diesem Buch, S. 183 – 201.

13. Vgl. ThStAR, Rudolstädter Schlossarchiv B XI Nr. 4. Das Inventar wurde im März 1719 angefertigt und am 5. April 1719 von Andreas Adolph Meylandt übernommen. Vgl. auch ebenda, B XI Nr. 5 (1723) sowie ebenda, Kanzlei Rudolstadt B VII 8b Nr. 12 (um 1750).

14. Ebenda, Rudolstädter Schlossarchiv B XI Nr. 4: »4 kupferne Kessel zur Abführung des Wassers auf den vier Ecken. Zwei kupferne Dachrinnen, eine über des seel[igen] Herrns, die andere in der Hertzogin Zimmer« (Abschnitt Altan), »eine kupferne Rinne über das Gewächshaus« (Abschnitt Garten).

15. Johann Georg Ziegenspeck (gest. 1720) war Holzbildhauer in Saalfeld. ThStAR, Kammerkasse Rudolstadt, 1714 / 15 nennt ihn einen Maler. Da Holzstatuen farbig gefasst wurden, ist das nicht ungewöhnlich.

16. Vgl. ULFERTS 1999 (wie Anm. 3), S. 159, hier Abb. 157.

17. Vgl. VOCELKA, Karl / HELLER, Lynne: Die Lebenswelt der Habsburger, Graz; Wien; Köln 1997, S. 161f.

18. Nr. 1: Albrecht VII. und Nr. 2: Juliane von Nassau-Dillenburg, Nr. 3: Carl Günther (1576 – 1605 – 1630) und Nr. 4: Anna Sophie von Anhalt (1584 – 1652), Nr. 5: Ludwig Günther I. (1581 – 1612 – 1646) und Nr. 6: Aemilie Antonie von Oldenburg und Delmenhorst (1614 – 1646 – 1662 – 1670), Nr. 7: Albrecht Günther (1582 – 1612 – 1634) – unverheiratet, Nr. 8: Albert Anton und Nr. 9: Aemilie Juliane von Barby und Mühlingen, Nr. 10: Ludwig Friedrich I. und Nr. 11: Anna Sophie.

19. ThStAR, Geheimes Archiv (Restbestand) A IV 2b Nr. 2: Kircheinweihungsakte 1713.

20. Vgl. ebenda, Nachlass Fürstin Anna Luise Nr. 333. Es war Brauch, dass Personen gehobenen Standes bei einem ersten Besuch auf dem Stammschloss Schwarzburg, zuweilen auch im wiederholten Falle, aus der *Goldenen Henne*, dem Schwarzburger Willkomm, an der Tafel trinken durften und dies durch eine Eintragung im zugehörigen Gästebuch dokumentierten. Die Besuche des Gothaer Herzogs Friedrich II. in Rudolstadt

erfolgten stets mit großer Suite. – Vgl. ebenda, Rudolstädter Schlossarchiv A I 4 Nr. 25; enthält dazu auf Fourierzetteln folgende Belege: am 17. August 1692 mit 77 Personen und 66 Pferden, am 23. August 1699 mit 69 Personen (einschließlich sechs Gardisten) und 70 Pferden, am 27. Oktober 1704 mit 56 Personen und 64 Pferden, am 17. August 1717 mit 41 Personen und 44 Pferden, dabei u.a. ein Leibzug, ein Prinzen- und ein Damenwagen mit je sechs Pferden und zwei Kaleschen, am 16. Oktober 1720 mit 53 Personen und 53 Pferden.

21. Vgl. ebenda, Kammerkasse Rudolstadt, 1712/13. Ein Gulden wurde dafür aufgewendet.

22. 1719: Johann Nikolaus Freund sieben, Jeremias Daniel eine, Willer (?) vier, davon eine im Garten und drei auf dem Frontispiz des Gartenhauses. 1723: Johann Nikolaus Freund sieben, Laster (?) vier, davon eine im Garten und drei auf dem Frontispiz des Gartenhauses. Die Namen Willer und Laster, in den beiden Inventaren unterschiedlich für die gleichen Statuen in Anspruch genommen, konnten bisher nicht entschlüsselt werden. Möglicherweise handelt es sich um Gehilfen der Bildhauer Freund oder Daniel.

23. Vgl. TRAJKOVITS, Thomas: Der sächsische Landbaumeister David Schatz, Beucha 2003, S. 10f. Vgl. auch ThStAR, Rudolstädter Schlossarchiv B XI Nr. 4 (Inventar von 1719). Siehe dazu auch den Beitrag von Lutz Unbehaun in diesem Buch, S. 91–115.

24. ThStAR, Rudolstädter Schlossarchiv C XIX Nr. 7. Johann Nikolaus Freund war zu dieser Zeit Hofbildhauer in Rudolstadt und stand mit 57 Gl. und drei Gr. Quartalsbesoldung 1709 auf der Gehaltsliste. Er erhielt ca. zwölf Gl. mehr als Baumeister David Schatz. – Vgl. ebenda, Geheimes Archiv (Restbestand) A XVI 6b Nr. 1: Verzeichnis der herrschaftlichen Bedienten. Schwarzburger Tageslöhne aus dem Jahre 1708: Handlanger drei Gr., Steinhauerjungen fünf Gr., Maurermeister sechs Gr., Zimmerleute sechs Gr., Steinhauer sieben Gr.

25. Vgl. ebenda B VII 6b Nr. 13.

26. Vgl. ebenda A IV 2b Nr. 2. Als die 1726 abgebrannte Schlosskirche 1738 wieder eingeweiht wurde, führte man sie unter der Bezeichnung Schlosskapelle in den Akten. (Ebenda A IV 2b Nr. 3).

27. Ebenda Nr. 2: Kircheinweihungsakte 1713.

28. Eintragung vom 25. und 26. Oktober 1713 in das Gästebuch. – Vgl. ebenda, Nachlass Fürstin Anna Luise Nr. 333

29. Vgl. WERNER, Gerhard: Geschichte der Stadt Saalfeld, Bd. 2, Saalfeld 1996, S. 52 (Orgel der Johanneskirche), S. 72f. (biographische Angaben zu Finck oder Fincke).

30. Vgl. ThStAR, Geheimes Archiv (Restbestand) A IV 2b Nr. 2.

31. Vgl. RANKE, Ermentrude von: Das Fürstentum Schwarzburg-Rudolstadt zu Beginn des 18. Jh., Halle 1915 sowie WESTPHAL, Siegrid: Revolution in Rudolstadt? Der Bulisiussche Landstreit im Fürstentum Schwarzburg-Rudolstadt in der ersten Hälfte des 18. Jahrhunderts. – In: ZVTG 61 (2007), S. 131–156.

32. ThStAR, Rudolstädter Schlossarchiv E VIII 5b Nr. 2, Heft 10.

33. Siehe hierzu den Beitrag von Jens Henkel in diesem Buch, S. 203–251.

34. Vgl. CZECH 2003 (wie Anm. 9), insbes. S. 326–333, Tabelle 10. Die Fourierbücher erfassen die Gäste seit 1721 in Schwarzburg nur unzureichend. Von 1710 bis 1720 gibt es nur das Gästebuch der Schwarzburg als Bestätigung, aus dem Willkomm getrunken zu haben.

35. Vgl. ThStAR, Rudolstädter Schlossarchiv B XI Nr.: Inventar von 1723.

36. Vgl. ebenda, Geheimes Archiv (Restbestand) A XVI 6b Nr. 1: Verzeichnis der herrschaftlichen Bedienten von 1709.

37. Der Schilderung des Schlossbrandes liegt die Untersuchungsakte ThStAR, Geheimes Archiv (Restbestand) B VII 6b Nr. 3 zugrunde. Sie wurde vom Amtmann des Amtes Schwarzburg, Friedrich Samuel Landgraf, der in Königsee seinen Sitz hatte, vom 25. Oktober 1726 bis 3. Mai 1727 im Auftrage des Vizekanzlers Friedrich Christian von Reitzenstein (1679–1748) und der Rudolstädter Regierung geführt und ohne Ermittlung der Brandursache abgeschlossen. Landgraf war nach Ausbruch des Brandes bereits am Vormittag des 24. Oktober auf der Schwarzburg eingetroffen. Am 24. und 25. Oktober befragte er vor Ort die wichtigsten Zeugen: Schlosshauptmann, Schließerin, Hausknecht und Grenadier Stollberg, der mit dem Büchsenmacher gemeinsam Sturm geläutet hatte.

38. Sachse benutzte einen Weg, der vom Dorf nach oben führte und beim Blockhaus (»baraquen Hauße«) der Zuchthauswache in den Schlossbereich einmündete. Auf dem Weg zum Schloss kam er am Leutenberger Gebäude (»beim Großen Saale«) vorbei und bog um die Ecke in den Schlosshof ein, wo er das Feuer sah. Der »Große Saal« befand sich demnach im Leutenberger Gebäude.

39. Junge hier im Sinne von Lehrling oder Gehilfe. In der Untersuchungsakte wird an anderer Stelle vom Schreien der Kinder des Schlosshauptmanns gesprochen.

40. Bei den Angaben über die Einrichtung der Räume Friedrich Antons im Hauptgebäude sind wir auf die Angaben des Inventars von 1723, drei Jahre vor dem Brand, angewiesen. Im »Schlafgemach« stand kein Bett. Die Tür im »Kabinett« hatte zwar Beschläge, aber noch keine Farbfassung. Der Ovalrahmen aus Alabaster über dem Kamin war leer. Es gab zwei Gemälde an den Wänden: Ludwig Friedrich zu Pferde und Anna Sophie. Das »Vorgemach« war als Bilderkabinett gestaltet: zwei ovale Porträts, zwei große Gemälde mit den Prinzen und Prinzessinnen (Friedrich Anton und seine Geschwister), ein Gemälde, das die Eitelkeit darstellte, ein Gemälde mit vier Porträts, die die Elemente verkörperten, das Käfernburger Gemälde (drei Grafen von Käfernburg mit ihren Gemahlinnen) und ein viereckiges historisches Gemälde auf Holz. Hier könnte es sich um das Porträt von Carolus Wittekind, 1532 entstanden, gehandelt haben.

41. Vgl. ThStAR, Geheimes Archiv (Restbestand) B VII 6b Nr. 4.

42. Ebenda.

43. Vgl. ebenda C V 3e Nr. 37.

44. Siehe hierzu den Beitrag von Katja Heitmann in diesem Buch, S. 117–151.

45. Vgl. ThStAR, Rudolstädter Schlossarchiv A IX Nr. 4.

46. Vgl. ebenda A V 13 Nr. 25.

47. Vgl. ebenda, Fourierbücher Rudolstadt, Juli 1735 bis Dezember 1745. Die Fourierbücher sind wichtige Quellen für das Baugeschehen in Rudolstadt. Sie verzeichnen auch den Ortswechsel des Hofes nach Stadtilm, Paulinzella, Schwarzburg, Neuhaus und auf den Wurzelberg. Nach dem Tod des Kammerfouriers Johann Andreas Böhme am 29. August 1737 führte der Fourier Johann Meyer die Bücher. Die in Schwarzburg arbeitenden Handwerker und Künstler wurden nur zu der Zeit erfasst, in der sich dort auch der Hof befand. Miniaturmaler Reinthaler wurde in der ersten Novemberhälfte 1743 mit bis zu vier italienischen Stuckateuren vom Fourier versorgt. Daten für 1741: ThStAR, Bibliothek Ab Ru 11/4 (Tagebuch Friedrich Anton); Bilder von Nöller: ebenda 11/7 (Tagebuch Johann Friedrich); Reinthalers Arbeit 1750: ebenda 12/5 (Tagebuch Johann Friedrich); Inventar Schwarzburg um 1750: ebenda, Kanzlei Rudolstadt B VII 8b Nr. 12.

48. Vgl. ebenda, Geheimes Ratskollegium Rudolstadt E III 3e Nr. 2.

49. Vgl. ebenda A XV 6a Nr. 8.

50. Die folgenden Ereignisse sind den Fourierbüchern des Hofes entnommen.

51. Vgl. ThStAR, Kanzlei Rudolstadt C I 4k Nr. 8; ebenda, Geheimes Archiv (Restbestand) B III 7a Nr. 20.

52. Ebenda, Geheimes Ratskollegium Rudolstadt B VII 3c Nr. 5.

53. Vgl. ebenda, Rudolstädter Schlossarchiv C XVII a Nr. 16.

54. Vgl. ebenda, Nachlass Fürstin Anna Luise Nr. 333.

55. Vgl. ThStAR, Nachlass Fürstin Anna Luise Nr. 77.

56. Vgl. TLMH, Fourierbuch 1810.

Helmut-Eberhard Paulus

# Kaisersaal, Orangerie und Garten
# Ein barockes Gesamtkonzept

Schloss Schwarzburg¹, Stammsitz der Grafen und Fürsten VON SCHWARZBURG, war am 10. Januar 1695 in seinen östlichen Bauteilen das Opfer eines Brandes geworden. Die anschließende Neu- und Umgestaltung der Schlossanlage betraf auch den Bereich um das heutige Kaisersaalgebäude auf der landschaftsbeherrschenden Terrasse zu Ende des Bergsporns. Hier entstand ein sogenanntes Garten- oder Sommerhaus, das infolge der Erhebung der Grafen VON SCHWARZBURG-RUDOLSTADT in den Reichsfürstenstand im Jahre 1710 neuerlich zu Bedeutung gelangte. Leider lassen die Archivalien eine detaillierte Datierung der einzelnen Baumaßnahmen nicht zu, abgesehen von der Feststellung, dass das Kaisersaalgebäude 1719 vollendet war. Da der laternenförmige Oberbau mit hinreichender Wahrscheinlichkeit zwischen 1713 / 14 und 1718 / 19 über dem als Gartensaal genutzten Erdgeschoss errichtet wurde, darf vermutet werden, dass bereits parallel zu den diplomatischen Verhandlungen für die Standeserhöhung ab 1707 mit ersten Projektierungen begonnen wurde.² Der Zeitpunkt für den Baubeginn lässt sich mit den dendrochronologischen Ergebnissen für Hölzer im Dachbereich auf das Jahr 1713 in Einklang bringen.³ Der Abschluss der Arbeiten wird jedenfalls durch das erhaltene Inventar aus dem Jahr 1719 bestätigt.⁴ Es verzeichnet das »Gartenhauß« mit seiner vollen Ausstattung. So entstand damals der zweigeschossige Riegelbau an der nördlichen Schmalseite der Gartenterrasse, der durch seine Gliederung als dreiteilige Pavillongruppe sofort als Lusthaus erkennbar wird. Der risalitartig ausgeschiedene Mittelbau mit Walmdach und nochmals aufgesetzter, markanter quadratischer Laterne zeigt sich als zweigeschossige Tempelfront mit Dreiecksgiebel und Attika besonders ausgezeichnet. Die Seitentrakte mit Mansarddach, schlichter Achsengliederung und eigener Geschossteilung treten als Rücklagen dem Mittelbau gegenüber deutlich zurück.⁵

Der ursprünglich achsensymmetrisch angelegte Kaisersaalbau zeigt sich heute um den 1776 aus statischen Gründen abgetragenen Westtrakt reduziert.⁶ Die gestalterische Wirkung konzentriert sich daher noch deutlicher auf den kubischen Mittelteil als einen in sich geschlossenen, durch seine architektonische Instrumentation ausgezeichneten Bau. Das untere Geschoss verfügt über eine kolossal angelegte, genutete Lisenengliederung zu fünf Achsen mit paarweiser Verdoppelung der Lisenen an den Eckkanten. Nur das kleine, durch ein Ochsenauge und die markante Wappenkartusche der Schwarzburger überhöhte Portal in der Mittelachse durchbricht die sockelartige Geschlossenheit und Strenge dieses Erdgeschosses. Darüber folgt das geradezu zierliche, als Blendloggia gestaltete Obergeschoss mit einer ionischen Pilastergliederung auf durchlaufender Blendbrüstung. Von den fünf Fensterachsen sind die drei mittleren wie im Erdgeschoss durch eine verhaltene risalitartige Hervorhebung und den bekrönenden Dreiecksgiebel besonders ausgezeichnet. Über den eckseitig verdoppelten Pilasterpaaren und über der Mittelachse sind im Attikabereich drei Statuen aufgesetzt. Sie stellen die Allegorien der Rhetorik, Musik und Geometrie dar. Schon durch die Verschieferung ist die dreiachsige, genau über dem Mittelrisalit sich erhebende Laterne als Teil des Dachbereichs ausgewiesen.⁷ Doch nimmt die Giebelverdachung der Laterne sehr bezeichnend die Form, Größe und Axialität des Dreiecksgiebels über dem Obergeschoss wieder auf. Die Fassadengestaltung des Kaisersaalbaus weckt mit ihrem eigenwilligen dreiteiligen Aufbau aus hohem Sockelgeschoss, zierlichem Blendportikus und abschließendem pyramidalen Dachbereich sowie mit ihrer darauf abgestimmten architektonischen Instrumentation Assoziationen an Mausoleumsarchitektur⁸ und vor allem an Memorialbauten.⁹ Die Kombination des Tempel- und Kuppelmotivs weist trotz aller Verfremdung durch die Rechteckform der Laterne und bei aller Vermeidung eines sonst gängigen Bautyps den Kaisersaalbau als einen Memorialbau aus.

Zugleich nimmt der Außenbau konsequent auf die Innenarchitektur Bezug. So befindet sich im sockelartigen Erdgeschoss tatsächlich der schlichte, der genuteten

Rasenparterre und Kaisersaalgebäude, Ansicht von Süden

Kaisersaal, Blick in die Laterne

Lisenengliederung entsprechende Gartensaal, die *Sala terrena*. Das pilastergegliederte Obergeschoss wird vom vornehmen Kaisersaal beansprucht. Sein annähernd quadratischer Raum erweist sich durch die aufgesetzte, wiederum quadratische Laterne doppelt zentriert und überhöht. Der niedrig erscheinende, aber doch immerhin vier Meter hohe Raum erweckt durch die Voute einen noch gedrungeneren, fast kryptischen Eindruck. Der Raum wird von der Laterne regelrecht dominiert und nimmt den Charakter eines Sakralraumes an. Mit seiner Lichtführung erinnert er an die Oberlichtsäle in Nachfolge des 1645 bis 1652 entstandenen Oranjesaals von Huis ten Bosch, darunter auch an die sogenannte Kapelle der Luise Henriette von Oranien (1627 – 1667) im Stadtschloss von Berlin, die nach 1650 im zweiten Obergeschoss des Spreeflügels entstand. Hier in Schwarzburg ist in die Laterne allerdings eine Bildergalerie eingelassen, die in ursprünglich drei, heute zwei Reihen die Kaiser des Mittelalters präsentiert. Gleich einer Ahnengalerie nimmt dieser Bilderzyklus auch den sieben Monate regierenden römisch-deutschen König Günther, den XXI. Grafen von Schwarzburg-Arnstadt (1304 – 1349) als Ahnherrn des Schwarzburger Hauses auf. Einst umfasste die Bildergalerie 48 hochrechteckige Bilder mit lebensgroßen Darstellungen. Einige sind durch den Umbau von 1870 / 71 und weitere durch die Eingriffe ab 1940 verloren gegangen.[10] So sind die Gemälde der dritten und obersten Reihe vollständig abhandengekommen. Diese Bildergalerie ist Teil eines umfassenden raumbezogenen Programms über die Kaiser des Heiligen Römischen Reiches von Gaius Julius Caesar (100 – 44 v. u. Z.) bis Karl VI. (1685 – 1740). Davon sind die ältesten römischen Kaiser in 24 Medaillons hoch in der Laterne und die neben der Galerie verbleibenden in 76 Medaillons der stuckierten Deckenvoute dargestellt.[11] Ein Medaillon davon blieb für den Nachfolger des seit 1711 regierenden Karl VI. bewusst frei. Das Programm bestätigt in vollem Umfang den historischen

Kaisersaal, Blick in die Laterne

Kaisersaal, Gemälde im Plafond

Namen ›Kaisersaal‹.[12] Bemerkenswert ist dabei, dass die mittelalterlichen Kaiser und Könige besonders hervorgehoben werden, weil zu ihnen auch GÜNTHER XXI. VON SCHWARZBURG-ARNSTADT zählt, der hier als wichtigster Ahnherr des 1710 zu neuem fürstlichen Rang gelangten Geschlechts fungiert. Die Kaiser der Antike und der byzantinischen Zeit wurden ebenso wie die Kaiser der Neuzeit in den insgesamt 100 Medaillons dargestellt.[13] Diese Porträts sind offenbar Münzdarstellungen entnommen, wie sie zu damaliger Zeit in graphischen Werken überliefert wurden.[14] Das Kaisersaalprogramm wird durch die Allegorien der vier Erdteile als Hinweis auf den universalen Herrschaftsanspruch des Römischen Kaisertums ergänzt. Verbildlicht sind die Erdteile durch plastische Atlanten aus Stuck innerhalb der stuckierten Vouten. An den Ecken des Saals tragen diese Atlanten die Laterne gleich einem Himmelsgewölbe. In deutlicher Allusion an das Motiv sakraler Kuppeln sollte die Laterne also die Bedeutung eines himmlisch verklärten Be-

reichs beanspruchen. Ihre Darstellungen waren als Teil einer Apotheose zu begreifen.

Über die historische Ausgestaltung der Wände des heute ansonsten sehr schlichten Raumes lassen sich keine wesentlichen Aussagen treffen.[15] Sowohl die Umgestaltungen des 19. Jahrhunderts als auch die Umbauten und Wiederherstellungen des 20. Jahrhunderts haben die Spuren des ursprünglichen Zustandes vernichtet.

Der vornehmste Bereich des gesamten Kaisersaals, das Deckengemälde in der Laterne, zeigt die Gründung des Hauses Schwarzburg entsprechend der überlieferten Gründungssage, von der mehrere Varianten existieren.[16] Danach soll – wie hier dargestellt – ein römischer Legionär seine Lanze an der Stelle in den Boden gestoßen haben, an der sich heute die Schwarzburg erhebt. Die Lanze habe sogleich aus ihrem scheinbar toten Holz Zweige und Blätter ausgetrieben und sei so zum guten fruchtbringenden Omen für das gesamte Haus Schwarzburg geworden.[17] Zu Seiten dieses Mittelbildes bezeugen in den vier gemalten Kartuschen die Trophäen als Symbole der Ehre (Gloria) die dargestellte Ehrwürdigkeit der schwarzburgischen Dynastie.

Spätestens im Deckenspiegel der Laterne wird die eigentliche Intention des Kaisersaalprogramms und der damit verbundenen eigenwilligen Raumform offenbar. Es geht hier nicht um ›absolutistische Machtdemonstration‹, nicht um kaiserliche Machtansprüche und auch nicht um das Wesen des Gottesgnadentums,[18] sondern es geht um die Themen der altehrwürdigen Abstammung, der Anciennität des Geschlechts[19] und der Zugehörigkeit zum Kreis der kaiserlichen bzw. königlichen Blutsverwandten. Nach dem Standesrecht galten die Fürsten als unmittelbare Verwandte oder Verschwägerte der deutschen Könige bzw. der römischen Kaiser. Über ihnen standen außer dem Kaiser nur noch die Kurfürsten als Vertreter derjenigen kaiserlich bzw. königlich verschwägerten Dynastien, die zudem das Wahlrecht (die Kur) ausüben durften. In diesem oligarchischen System des alten Reichs bildeten also Abstammung, Blutsverwandtschaft und Anciennität jene unüberwindlichen Barrieren, die unter dem Gesichtspunkt der Ebenbürtigkeit selbst bei Verehelichungen nicht durchbrochen werden sollten. Vor dieser standesrechtlichen Selbstverständlichkeit vermittelt die Schwarzburger Bildergalerie eine klare Botschaft. Mit der Aufnahme des Ahnherrn GÜNTHER in die Kaisergalerie[20] bekam die Selbstdarstellung des Römischen Reichs als krönende Vollendung einer auf den Vier Weltreichen basierenden Weltgeschichte und ebenso die Verbildlichung der Herrscher als Repräsentanten des Vierten Weltreiches einen für das Haus Schwarzburg konkreten Bezug. Die Schwarzburger wurden so zum integrierten Teil der kaiserlich geprägten Weltordnung. Mit einem entsprechenden Platz in diesem hierarchischen Gefüge konnte das königliche Geblüt der Schwarzburger nachgewiesen werden.

Eine wichtige Ergänzung bildet dabei das Deckenbild. Die Gründungssage im Deckenspiegel verbürgte die Anciennität des Geschlechts auf römische Herkunft und damit in höchstmöglicher Steigerung. Die beigefügten Trophäen sind schließlich ein Hinweis auf den ehrenvollen und langjährigen ruhmreichen Dienst des Hauses Schwarzburg für Kaiser und Reich.

Der Schwarzburger Ehrentempel für die römischen Kaiser war also in seinem tieferen Sinn eine Gedenkstätte für GÜNTHER XXI. VON SCHWARZBURG-ARNSTADT und somit Zentrum der Ahnenverehrung des Hauses Schwarzburg. Als geistiges Mausoleum[21] hielt er die Erinnerung an das verstorbene und dem Stande der Heiligenverehrung nahe Mitglied der Familie wach. In dieser Gedenkstätte erwies sich die Ahnenprobe für die Erhebung der Schwarzburger in den Fürstenstand in vollem Umfang erfüllt und sogar bildlich nachvollziehbar. Zudem erschien die Standeserhebung von 1710 im Lichte dieses Bildprogramms nicht mehr als ein parvenühafter Aufstieg der Schwarzburger, sondern als dynastische Logik und zwingende Konsequenz der Verdienste vorheriger Generationen, insbesondere des abgebildeten Königs GÜNTHER. Eventuelle Zweifel an der fürstlichen Ebenbürtigkeit der Schwarzburger – wie etwa von den

Günther XXI. von Schwarzburg-Arnstadt

Wettinern vorgebracht – konnten im Lichte dieser Inszenierung sich nur als ungerechtfertigt erweisen, zumal die Wettiner zwar kurfürstliche Verwandtschaft, jedoch keinen deutschen König oder römischen Kaiser in ihren Reihen vorzuweisen hatten.

Von besonderem Interesse in diesem Zusammenhang ist die kunsthistorische Dimension des realisierten Programms, also die Frage, wie die heute unbekannten Künstler, der Verfasser des ikonologischen Programms und der Raumgestalter die Umsetzung des Themas inszenierten. Erkennbar wird, dass die sakrale Bauform der Kuppel durch die Grundform des Quadrats profaniert und von einer Bildergalerie ergänzt der Ahnenprobe dienstbar gemacht wird. In einem für Menschen normalerweise unzugänglichen Bereich, also dort, wo in sakralen Kuppeln die Evangelisten oder Kirchenväter als Zeugen des Glaubenswerks und der Heilsgeschichte erscheinen, werden hier die Kaiser und Könige als Zeugen des fürstlichen Standes der Schwarzburger angerufen. Dort wo etwa in der Kuppel des Petersdoms zu Rom mit den biblischen Worten der Berufung des PETRUS das wichtigste Zeugnis des päpstlichen Amts eingelassen ist, wird in Schwarzburg der Urahn GÜNTHER als erwählter römisch-deutscher König im Kreis der römischen Kaiser dargestellt. An der Stelle, an der im Sakralraum üblicherweise die Erscheinung des Heiligen Geistes oder die heiligmäßige Verklärung des Glaubenszeugen oder Kirchenpatrons verbildlicht wird, also im Scheitelbereich der Kuppel, wird hier ganz im Stil einer Heiligenvita die Entstehung des Hauses Schwarzburg als ein gleichsam gottgefälliges Wunder präsentiert. Letztendlich wird das gesamte Zeugnis der fürstlichen Abstammung des Hauses Schwarzburg in jenes verklärte himmlische Licht getaucht, das kuppelgleich über die Laternenfenster einfällt. Dieses Licht hebt diesen Bereich vom Raum darunter, mit seiner dem Aufenthalt von Personen dienenden irdischen Sphäre ab, die wie üblich ihr Licht durch die Seitenfenster erhält. Im Ergebnis zeigt sich demzufolge hier der historische Vorgang der Standeserhöhung zur Apotheose verklärt und damit wundergleich der irdischen Rationalität entzogen. Die sakralen Allusionen lassen diesen ›Ahnentempel‹, die Gedenkstätte des Hauses Schwarzburg, gleichsam zur Gnadenstätte wundertätiger Erscheinung werden, so als stünde der Kaisersaal genau an der Stelle, an der einst der Speer des römischen Legionärs Wurzeln schlug. Wie in einer Gnadenstätte ist hier das ›heilige‹ Wunder im Scheitel der profanen Kuppel zur himmlischen Erscheinung geworden. Das hintersinnige ikonologische Programm erfährt so durch die Stilmittel der Allegorese und des Illusionismus eine ideale Ergänzung. Die Untrennbarkeit von Sinnzusammenhang und Raumerlebnis schafft in der Tat ein unauflösbares, sinnlich erlebbares, illusionistisches Gesamtkunstwerk.

Das ikonologische Sinngebäude des Kaisersaals wird architektonisch durch die funktionale Ebene der Wohnräume des Fürstenpaars ergänzt. Auf nahezu gleicher Ebene zum Kaisersaal, also über den Winterungsräumen des Erdgeschosses, befanden sich in den Seitentrakten beiderseits des Kaisersaals die fürstlichen Appartements. Sie bestanden jeweils aus einem Vorplatzbereich und drei Wohnräumen, entsprechend dem klassischen Kanon aus Zimmer (Wohnzimmer), Nebenzimmer (rückwärtiger Kammer) und Kabinett.[22] Der westliche Seitentrakt, der wohl ursprünglich das Appartement des Fürsten enthielt, ist bereits 1776 abgetragen worden.

Im erhaltenen Osttrakt, wohl dem Appartement der Fürstin, befand sich einst ein Zimmer mit japanischen Lacktapeten. Das zugehörige – wohl zum Garten gelegene – Kabinett war als Bilder- und Spiegelkabinett eingerichtet, in dem auf Kupfer gemalte Porträts und Spiegel in die Stuckausstattung des Raums eingebunden waren.[23] Das teils erhalten gebliebene Appartement weist noch heute im mittig angeordneten Wohnzimmer eine Stuckdecke mit vier einzelnen Deckengemälden auf. Sie zeigen Szenen in der Art der Metamorphosen des OVID, ein Programm, wie es für Lusthäuser und Orangeriegebäude typisch ist. Im Gegenuhrzeigersinn sind dargestellt: die Göttin der Morgenröte, AURORA, bei der Verwandlung der Asche ihres Sohnes MEMNON in Vögel; die brennende CORNIX bei der Verwandlung in eine Krähe; LUNA, wie sie Endymion in den ewigen Schlaf versetzt; schließlich der Nordwind BOREAS, der ORITHYA raubt und zur Frau nimmt.[24] Alle vier Bilder beschreiben die Metamorphose in göttliche Wesen. Im Zyklus angeordnet kennzeichnen sie auch den Tageslauf und damit die Metamorphose des natürlichen Lichts.

Einer eigenen Erklärung bedarf die Tatsache, dass der ›Ahnentempel‹ des schwarzburgischen Hauses in Form des Kaisersaals hier die eigentümliche Position über einer ebenerdigen *Sala terrena* einnimmt, die zugleich Winterung einer Orangerieanlage war.[25] Der Raum im Erdgeschoss diente als ›Gewächshauß‹ der Überwinterung von exotischen, nicht winterharten Kübelpflanzen, einer an den Höfen beliebten Gruppe von Pflanzen, unter denen im 18. Jahrhundert die Zitrusgewächse die wichtigste Rolle spielten und die daher ›Orangerie‹ genannt wurde. Orangen- und Pomeranzenbäume genossen damals durch ihren mythologischen Hintergrund und ihre allegorische Dimension als Metaphern des Goldenen Zeitalters einen bevorzugten Platz im höfischen Bereich.[26] Die berechtigte Frage nach den Gründen der Schwarzburger Kaisersaaldisposition über einem Orangeriebereich wird man heute nur durch eine nähere Betrachtung der Gartenanlage, ihrer besonderen Orangeriedimension und der generellen Bedeutungsstränge der Orangerie zum ikonologischen Programm des Kaisersaals beantworten können. Jedenfalls ist 1870/71 die barocke Ausstattung des Kaisersaals im Innern durch ein neues Programm ersetzt worden, das in deutlichem Kontrast zum älteren, an der Verfassungswirklichkeit des Heiligen Römischen Reichs Deutscher Nation orientierten Programm stand.[27] Spätestens mit dem innerdeutschen Krieg von 1866 hatte sich die Ideenwelt des älteren Programms als offenbar erledigt erwiesen. 1940 wurde auch die jüngere Ausstattung von 1870/71 weitgehend zerstört. Die dabei wieder zum Vorschein gekommenen Reste der älteren barocken Ausstattung waren Anlass, diese ab 1956 soweit als möglich wiederherzustellen.[28]

## Der Schwarzburger Schlossgarten

Der Schlossgarten vor dem Kaisersaalgebäude befindet sich im südlichsten Abschnitt des schmalen langen Bergsporns, auf dem die Schlossanlage von Schwarzburg liegt. Das Areal vom Umfang etwa eines halben Hektars hat eine fast rechteckige oblonge Grundfläche, die sich auf der landschaftsbeherrschenden Höhenterrasse in Nord-Süd-Richtung erstreckt, zu den Längsseiten aber äußerst steil in das Tal der Schwarza abfällt. Im Westen sind der Stützmauer eine kleine rechteckige Kanzel und weiter südlich der Rest einer spitzwinkeligen Bastion angebaut. Auf der Ostseite führt die Straße Richtung Forstamtsgebäude vorbei, hinter der die Terrasse mit einer langen Stützmauer ihren Abschluss gegen das Tal findet. Das Kaisersaalgebäude besetzt markant die nördliche Schmalseite des Schlossgartenareals. Die südliche Stützmauer zur niedrigeren Terrasse des ehemaligen ›Steinhauses‹ und des Forstamtsgebäudes ist unter Verwendung älterer Befestigungsanlagen stark verwinkelt und bildet so einen unregelmäßigen bastionsähnlichen Abschluss. Charakteristisch für die Schwarzburger Schlossgartenanlage ist ihre Eigenständigkeit innerhalb des Schlossareals ebenso wie ihre Wirkung als Kabinettgarten mit kleinem abgeschlossenen Kosmos, ganz im Sinne einer paradiesischen Insel. Als architektonisch gerahmter Kunstgarten hob sich die Terrasse kontrastreich von der freien Landschaft des Schwarzatals ab, um diese doch zugleich zu beherrschen.

Die Entstehung des Schwarzburger Schlossgartens geht wie die Entstehung des Kaisersaalgebäudes auf die Zeit nach dem Brand von 1695 und während der langwierigen sukzessiven Standeserhöhung des Gesamthauses Schwarzburg von 1697 bis 1710 zurück. In dieser Zeit entwickelten Graf Albert Anton von Schwarzburg-Rudolstadt (1641–1662–1710) und sein Sohn Ludwig Friedrich I. (1667–1710–1718), der erste Fürst von Schwarzburg-Rudolstadt, besondere bauliche und gartenbauliche Aktivitäten für diesen Bereich. Jahres- und Schlussrechnungen von 1711 bis 1712 vermerken Röhrenarbeiten im Schwarzburger Lustgarten und deuten darauf hin, dass damit die notwendigen Vorbereitungen für Wasserspiele getroffen wurden.[29] Dies entspricht üblicherweise auch dem ersten Bauabschnitt bei Gartenbauarbeiten. Ein sich damit ergebender Beginn der eigentlichen Arbeiten wie Planierung, Ausstecken und Bepflanzen für das Jahr 1712 erscheint plausibel.[30] Besser als der laufende Baufortgang ist der Abschluss der Gartenbaumaßnahmen durch das Schloss- und Garteninventar vom März 1719 überliefert.[31] Dieses Inventar enthält auch den interessanten Hinweis auf die enge Verknüpfung zwischen dem Innenbereich des Kaisersaalgebäudes und dem Außenbereich bzw. zwischen der Fassade des Gebäudes und dem Figurenzyklus in der Gartenanlage. So wird im Inventar das ikonologische Programm als Teil des Gartens verzeichnet und damit trotz aller Kürze der Zusammenhang zwischen der Fassade des Kaisersaalgebäudes und dem Gartenprogramm deutlich. Hieraus erklärt sich, dass die zur Vervollständigung des Zyklus der sieben freien Künste auf dem Dachgesims des Kaisersaalgebäudes fehlenden Figuren wohl im Garten angeordnet waren, ebenso wie die weiteren im Inventar erwähnten Allegorien der vier Temperamente.[32]

Obwohl der Abschluss der Gartengestaltung mit dem Inventar für das Jahr 1719 gut überliefert ist, so fehlen namentliche Hinweise auf Planer oder Baumeister für Schlossbau und Gartenanlage. Gute Aufschlüsse gibt das Inventar allerdings über die Funktion des Kaisersaalgebäudes. Bis weit ins 19. Jahrhundert hinein wird es als »Gartenhauß« bezeichnet.[33] Zudem diente das Erdgeschoss des Gebäudes, insbesondere die dortige *Sala terrena,* als »Gewächshauß« zur Winterung der im Garten aufgestellten Kübelpflanzen.[34] So blieb, trotz der programmatischen Ausstattung des Kaisersaalgebäudes und dessen Einrichtung als standesbezogener Ehrentempel,

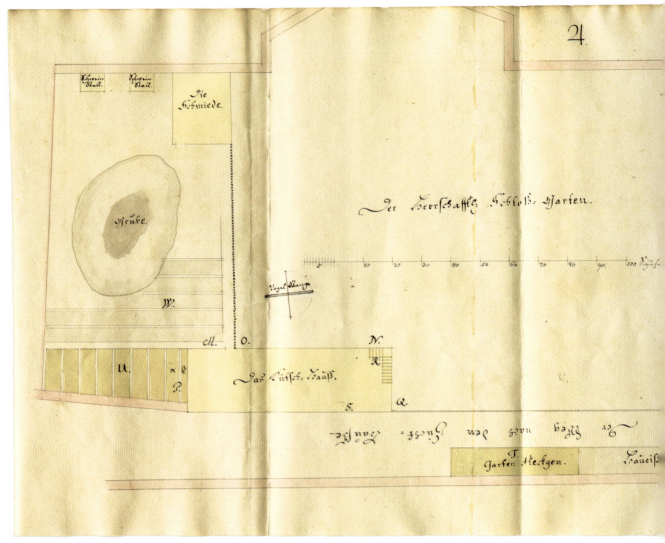

Peter Caspar Schellschläger, Plan des Schlossgartens Schwarzburg, um 1781   ThStAR, Kammer Rudolstadt Nr. 4780

auch nach 1719 die Funktion des Gebäudes als ein dem Schlossgarten dienendes Orangeriegebäude erhalten. Das Kaisersaalgebäude fiel unter die Typologie jener höfischen Gartenbauten, die mehrere Funktionen, darunter eine repräsentative, eine wohn- und eine lustgartenbezogene zu einer Einheit verbanden. So entstand eine Kombination aus Orangerie, Lusthaus, Ehrentempel und Gartenhaus.

Der Niedergang des Schwarzburger Schlossgartens wird schon zu Ende des 18. Jahrhunderts erkennbar. So wurde 1787 die Gärtnerstelle auf der Schwarzburg aufgelassen und der Garten privat verpachtet.[35] 1825 musste die Verpachtung wegen zunehmender Verwahrlosung wieder zurückgenommen werden. Der Schwarzburger Schlosshauptmann Ludwig Magnus von Holleben (1794 – 1845) ergriff die Initiative zur Wiederaufwertung der Schlossgartenanlage. Ein gleichzeitig erarbeiteter Schlossgartenplan von 1825 dokumentiert diese Initiative. Der Plan ist insofern von besonderer Bedeutung, als er trotz aller Ansätze für die damals in Mode stehende sogenannte ›Anglisierung‹ der Anlage noch immer die alte Grundform der barocken Anlage und den Standort der barocken Fontäne mit ausreichend konkreter Genauigkeit überliefert. Nach der Aktenlage dürfte der Plan den Angaben gemäß auch 1825/26 umgesetzt worden sein.[36] Erst im späten 19. Jahrhundert kam es auch zur weitgehenden Zerstörung der Reste der barocken Gartenanlage. Nachdem die Barockanlage in dieser Zeit zu-

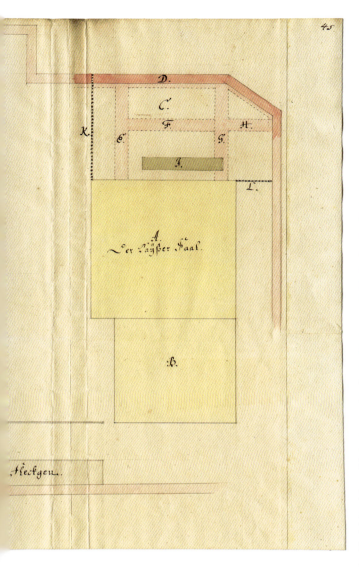

nehmend ihre gestalterische Auflösung erfuhr, wurde 1892 vor dem Kaisersaalgebäude schließlich ein Tennisplatz angelegt. 1905 entschloss man sich, den störenden Tennisplatz wieder zu entfernen und ein großes Rasenstück anzulegen. Entstanden war damals eine kleinteilige unregelmäßige Anlage aus verschlungenen Wegen und kleinteiligen Pflanzbereichen.

Mit Beginn der siebziger Jahre des 20. Jahrhunderts wurde im Zusammenhang mit der Restaurierung des Kaisersaalgebäudes auch dessen gärtnerisches Umfeld neu gestaltet. HUGO NAMSLAUER (1922–1999) fertigte als Mitarbeiter des damaligen Instituts für Denkmalpflege Berlin einen Entwurf, der den Garten weitgehend von höheren Pflanzungen freiräumte, um in Anklängen an die ehemalige Gartensituation des 18. Jahrhunderts ein Geviert von längsrechteckigen Rasenstücken zu schaffen.[37] So wurde zwar das Motiv des Kreuzwegs der barocken Anlage wieder aufgenommen, gleichzeitig aber auf die prägende zentrale Fontäne ebenso verzichtet wie auf die Einmessung ihres historischen Standorts. Das Zentrum des Kreuzwegs nahm seither ein Rhododendronstrauch ein. Schmerzlich vermisst wurden der Zentrierungseffekt der Fontäne für den gesamten Schlossgarten und die raumgestalterische Wirkung des für die Barockanlage verbindlichen Proportionskanons. An die Stelle des annähernd quadratischen Rasengevierts des 18. Jahrhunderts war nun ein längsrechteckiger Rasenplatz getreten, der das Erlebnis einer landschaftsparkähnlichen modernen Grünanlage vermittelte. Anstelle der historischen Boskettzone entstand ohne Zäsur die südwärtige Erweiterung der Rasenfläche mit dem Ergebnis einer Überbetonung und Streckung der Längsachse.

Im Jahr 2000 wurde im Zusammenhang mit der statischen Sanierung der Terrassen-Stützmauern auch die Überarbeitung des Schlossgartens von Schwarzburg unumgänglich. Für die Stiftung Thüringer Schlösser und Gärten stellte sich die Frage, ob man die unvermeidlichen Maßnahmen nicht zum Anlass nehmen sollte, um den historischen Bezug zwischen Gebäude und Gartenanlage auf der Grundlage der historischen Grundrisse aus der Mitte des 18. Jahrhunderts wiederherzustellen. Zahlreiche Mängel der Grünanlage von 1971, in gestalterischer Hinsicht und im Pflanzenbestand, schlossen die Möglichkeit des Erhalts der alten Substanz aus und legten eine konsequente Neugestaltung nahe, die dem Bamberger Gartenarchitekten HELMUT WIEGEL (geb. 1960) anvertraut wurde. Die Entwurfsarbeit umfasste mehrere Gestaltungsvarianten, deren Prüfung zunehmend eine Annäherung an die Vorgaben der historischen Quellen und damit doch an den überlieferten historischen Zustand bewirkte.[38] Mit der Saisoneröffnung am 5. Mai 2001 konnte die neue Anlage der Öffentlichkeit übergeben werden.

## Der barocke Gartenplan von 1744

Die entscheidenden Hinweise auf die Gestalt der barocken Gartenanlage ergaben sich aus einem im Thüringischen Staatsarchiv Rudolstadt befindlichen historischen Plan.[39] Die teils aquarellierte Federzeichnung ist zwar unsigniert und undatiert, sie enthält aber aufgrund der eingezeichneten Broderie-Monogramme für JOHANN

FRIEDRICH (1721–1744–1767) und BERNHARDINE CHRISTINE SOPHIE (1724–1757) VON SCHWARZBURG-RUDOLSTADT einen deutlichen Hinweis auf die Hochzeit des Fürstenpaars im Jahr 1744. Der Gartenplan gibt in schematischer Form das Parterre unmittelbar vor dem Kaisersaalgebäude wieder, allerdings in einer vereinfachenden Darstellungsweise. So enthält der Plan zwar einen Maßstab, doch scheint dieser für die Darstellung der benachbarten Stützmauernbereiche nicht verbindlich zu sein. Auch vermag man mit dem Plan den Standort der Mittelfontäne nicht in den heutigen Bestand einzumessen. Folgerichtig muss man schließen,

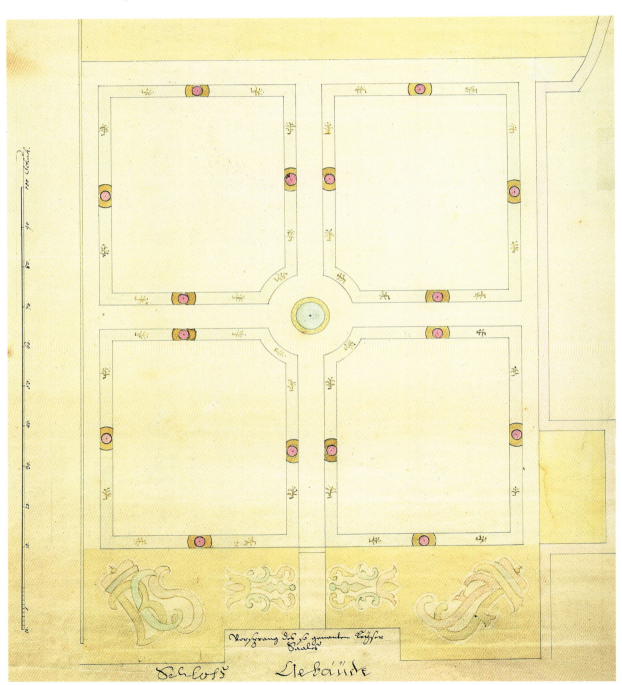

Plan des Schlossgartens Schwarzburg, 1744   *ThStAR, Karten, Pläne und Risse Nr. 1919*

dass es sich bei diesem Plan um keinen Gesamtentwurf für die Gartenanlage handelt, zumal der Plan den Garten auch nicht in seiner Gänze erfasst. Deutlich spürbar ist die Absicht, »… zusätzliche, vielleicht sogar nur zeitweise vorgesehene Elemente in eine bereits bestehende Gestaltung einzufügen«.[40] In der Tat bestätigt sich dieser Plan als ein begrenztes Projekt, das aus Anlass konkreter Hochzeitsfeierlichkeiten der ergänzenden Ausschmückung des Gartens diente. Die besondere Qualität des Plans besteht darin, dass er die Grundstruktur des Mittelteils des Schwarzburger Barockgartens sehr genau wiedergibt, die wesentlichen Elemente darin verzeichnet und vor allen Dingen den Proportionskanon und damit die Größenverhältnisse der barocken Anlage überliefert. So kann kein Zweifel an Kreuzweg und zentraler Wasserfontäne als den bestimmenden Elementen aufkommen. Die einzelnen Rasenstücke waren von Rabatten eingefasst, diese wiederum an den Mittelpunkten der nicht näher definierten Blumenbänder mit Postamenten ausgesetzt. Offen bleibt, ob sich auf den Postamenten nun Formbäumchen oder Statuen befanden. Sowohl das im Inventar von 1719 überlieferte Statuenprogramm für den Garten wie der im gleichen Inventar verzeichnete Hinweis auf Kübelpflanzen in der Winterung des Kaisersaalgebäudes lassen vermuten, dass beides zutrifft. Waren die Postamente in den Rabatten aber sowohl für Kübelpflanzen als auch für Statuen vorgesehen, so könnten sie nur im Wechsel aufgestellt gewesen sein. Konkrete Nachweise fehlen jedoch. Im Ergebnis lässt sich aus dem Gartenplan von 1744 also kein detailliertes Bild des Gartenparterres von Schwarzburg erschließen, wohl aber die anschauliche Grundstruktur des ursprünglichen Raum- und Proportionsgefüges im Schlossgarten von Schwarzburg.

Der Plan von 1744 umfasst auch nicht den südlichsten Bereich des heutigen Gartenareals, der nach einem Bericht aus dem Jahr 1788 als Kegelbahn genutzt war. Diese Verwendung deutet darauf hin, dass sich hier eine Boskettzone befand, also ein Bereich, der im Kontrast zum Parterre stand.[41] Die klassische Dreiteilung der barocken Gartenanlage kann daher auch für Schwarzburg als gesichert gelten.

## Der informative Gartenplan von 1825

Neben dem zeitgenössischen Gartenplan der barocken Anlage ist auch der spätere, für das Jahr 1825 überlieferte Plan »… über den neu anzulegenden Schlossgarten …«

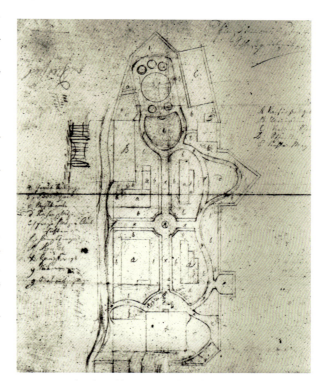

Plan des Schlossgartens Schwarzburg, um 1825
*ThStAR, Rudolstädter Schlossarchiv A XII Nr. 13*

äußerst aufschlussreich. Es handelt sich um eine Bleistiftzeichnung, die mit der Initiative des Schlosshauptmanns von Holleben in Verbindung steht. Der ebenfalls im Thüringischen Staatsarchiv Rudolstadt befindliche Plan bemüht sich einerseits um die Erhaltung des Kreuzwegs und der zentralen Fontäne, versucht aber gleichzeitig, die Außenbereiche durch unregelmäßige Wege nach dem Vorbild des sogenannten englischen Stils aufzulockern. In Bezug auf die Barockanlage ist der Plan insofern bemerkenswert, als er die überkommene kreuzförmige Wegestruktur des Barockgartens nochmals bestätigt und in die begrenzenden Terrassenmauern maßstabsgerecht einbindet.[42] Der besondere Wert des Plans besteht darin, dass er den Standort der zentralen Wasserfontäne in die Gesamtanlage einmisst. Auch die Ausrichtung des Kreuzwegs auf das Kaisersaalgebäude und der tatsächliche Abstand der Fontäne vom Kaisersaalbau werden nachvollziehbar. Diesem hohen Aussagewert in Einzelfragen zur barocken Gestalt gegenüber tritt die gestalterische Bedeutung des Plans von 1825 als künstlerische Leistung der Zeit deutlich zurück. So ist die Intention eines Englischen Gartens nicht konsequent verfolgt, zumal die noch immer strukturgebende barocke Gartenanlage nur durch die Anfügung geschwungener Wege in den Randzonen des Kreuzwegs dem Zeitgeschmack angenähert wurde. Die Gartenanlage von 1825 konnte weder den Anforderungen eines architektonischen Gartens noch den Ansprüchen eines Englischen Gartens genügen. Mit ihr nahm die folgende hundertfünfzigjährige Beliebigkeit des Umgangs mit der gartenarchitektonischen Grundform des Schwarzburger Schlossgartens ihren Anfang.

## Die Wiederherstellung des Gartens von 2001

Zu Beginn der notwendigen baulichen Maßnahmen an der Gartenterrasse und der damit verbundenen Entwurfsarbeit 1998 und 1999 wurde überlegt, ob sich nicht die Gelegenheit für eine Rekonstruktion der Gartenanlage des mittleren 18. Jahrhunderts bietet. Die Kombination überlieferter Daten aus dem Plan von 1744 mit Angaben aus dem Plan von 1825 hätte die grundrissmäßige Rekonstruktion der Gartenanlage durchaus ermöglicht. Andererseits erwies sich die Quellenlage über die Grundrisse hinaus als ausgesprochen spärlich. Sie hätte – zumindest nach strengen Maßstäben – eine beweisbare Rekonstruktion im Detail nicht zugelassen. Nach intensiver konzeptioneller Diskussion entschloss man sich, wie schon 1971, den Ansatz in der grundsätzlichen Neugestaltung zu suchen, nun allerdings unter konsequenter Berücksichtigung aller zur Verfügung stehender historischer Quellen. Der grundsätzlich gegenwartsbezogene Ansatz wurde auch damit begründet, dass sich Grundform und Außengrenzen der Gartenterrasse seit dem 18. Jahrhundert verändert haben. So zeigt sich die Terrassenanlage heute gegenüber dem Plan von 1744 durch Einbeziehung des ehemaligen Boskettbereichs um ein gutes Drittel nach Süden verlängert. Ein gewichtiges Argument gegen eine klassische Rekonstruktion bildete die Tatsache, dass die gartenarchäologischen Sondagen aufgrund der stark gestörten Gesamtsituation keine Befunde erbrachten. Schließlich musste zugestanden werden, dass der Plan von 1744 zwar für das Kreuzwegkompartiment proportionsgerechte und maßstäbliche Angaben liefert, für den Bereich außerhalb des Parterres aber nur unzureichende Aussagen ermöglicht. Letztlich standen für den Boskettbereich südlich des Parterres keine historischen Angaben zur Verfügung. Spätestens für diesen Bereich konnte nur die Neugestaltung den planerischen Ansatz bilden.

Die grundsätzliche Neugestaltung sollte andererseits Erkenntnisse aus verbürgten Quellen des 18. Jahrhunderts nicht unberücksichtigt lassen, wie weitgehend im Gestaltungsvorschlag Hugo Namslauers von 1971. Möglichst viele historisch verbürgte Daten sollten in die Neugestaltung einfließen. Zum methodischen Ansatz wurde das ›Zitat historischer Gestaltungselemente‹ im Rahmen der Neugestaltung. Das Ziel sollte die anschauliche Erinnerung an die historische Anlage mit Wiedererkennungseffekt hinsichtlich des Barockgartens sein. Der Verlust der 1971 entstandenen Anlage wurde bewusst in Kauf genommen, weil sie sich im Licht der historischen Quellen als ein inkonsequenter Rekonstruktionsversuch erwies, dessen Denkmalwert sich in der Spiegelung zeitbedingter Unzulänglichkeiten erschöpfte. Dem Vorbild der Barockanlage wurde eindeutig Vorrang eingeräumt.

In Abstimmung mit dem Planer für die Neugestaltung, Helmut Wiegel, wurde der Plan von 1744 darauf geprüft, welche Teile zitierfähig wären. Im Wesentlichen waren es drei Elemente. An erster Stelle war es die quadratische Grundform des Rasenparterres und deren Gliederung durch den Kreuzweg. Hierfür konnten die Maße aus dem historischen Plan übernommen werden. Von zweiter wesentlicher Bedeutung war die Ausrichtung des Parterres auf den Kaisersaalbau, sowohl durch die Wiederaufnahme der historischen Axialität als auch der alten Distanzen zur Fassade des Gebäudes, wie sie durch den Plan von 1825 überliefert waren. Das wichtigste Zitat aus dem Plan von 1744 war die Übernahme des historischen Fontänebeckens, das sowohl den Mittelpunkt des Rasenparterres als auch das Zentrum der gesamten Gartenanlage zu bilden hatte. Nach Festlegung dieser drei Leitpunkte gab zeitweise die ermittelte Grundform des Rasengevierts zu Diskussionen Anlass. So wurden Zweifel an der Verlässlichkeit des Plans von 1744 in Bezug auf die nahezu quadratische Grundform des Rasengevierts laut. Tatsächlich barg die bestehende, auf Veränderungen zurückgehende Grundform der Gartenterrasse die Gefahr, zu einer mehr längsrechteckigen Anlage des Rasenstücks zu verleiten. Die Neuplanung von 1970/71 war dieser Versuchung erlegen. Im Ergebnis erwies es sich aber doch als richtig, dem historischen Plan von 1744 zu vertrauen. So lässt sich mit der heutigen Neugestaltung gut nachvollziehen, welches Gewicht der annähernd quadratischen Grundform des Rasenstücks für die räumliche Wirkung der Gesamtanlage zukommt. Jetzt korrespondiert das Rasengeviert wieder mit dem Grundquadrat des Kaisersaals und ordnet sich dem Modul der Gesamtanlage unter.

## Neue Elemente in der Gestaltung von 2001

Neben der Übernahme wichtiger Zitate aus den historischen Plänen war es unumgänglich, bewusst Abweichungen vom historischen Plan von 1744 in Kauf zu nehmen. An vorderster Stelle ist der Verzicht auf eine Rekonstruktion des Broderiestücks unmittelbar vor der Fassade des Kaisersaalgebäudes zu nennen. Diese Entscheidung war von gravierender Bedeutung, weil an die Stelle des Broderiestücks ein schlichter Orangeriestellplatz trat, der zumindest in dieser Form für die Gartenanlage von Schwarzburg nicht nachgewiesen ist. Ausschlaggebend für die Aufgabe des Broderiestücks waren die zu erwartenden Folgekosten und Unterhaltsprobleme. Auf absehbare Zeit wird man sich die Rekonstruktion des Broderiestücks nicht leisten können. Dass man sich als Ersatz für den einfachen Orangeriestellplatz entschied, hat einen historischen und einen pragmatischen Grund. Nach den historischen Quellen war die besondere Bedeutung der Kübelpflanzen auf Schloss Schwarzburg bis hin zur Überwinterung im Kaisersaalgebäude zweifelsfrei überliefert. Es war daher zwingend, den Pflanzen wieder einen angemessenen Platz einzuräumen. Ursprünglich dürften die Orangeriepflanzen in das zentrale Rasenparterre um den Kreuzweg eingestellt gewesen sein, eine Deutung, die im Detail aber nicht nachweisbar und auch nicht rekonstruierbar ist. So entschloss man sich für eine Vereinfachung. An die Stelle der zeitlich befristeten Gestaltung der Broderie-Monogramme für die Hochzeit von 1744 trat als quasi Platzhalter ein Orangeriestellplatz, auf dem die Kübelpflanzen ohne historisierende Attitüde und im Arrangement frei beweglich aufgestellt werden können. Mit dieser gegenwartsbezogenen Flexibilisierung des Orangeriebestands sollte jede hypothetische Rekonstruktion vermieden werden. Zudem konnte man sich damit die Freiheit der Aufstellung vorbehalten, um nach Bedarf die Kübelpflanzen auf dem Vorplatz oder innerhalb des Parterres zu arrangieren. Erst diese pragmatische Lösung ermöglichte die Rückkehr der Kübelpflanzen nach Schwarzburg ohne überzogene Interpretation der Quellen.

Neben der bewussten gestalterischen Abweichung von den Angaben des Plans von 1744 waren Ergänzungen außerhalb des Kreuzwegstücks notwendig, auf die der historische Plan nicht eingeht. Anstelle einer klassischen Boskettzone südlich des Rasenparterres wählte man einen schlichten Baumsaal in der Grundform des Rechtecks, bestückt mit Feldahornbäumen. Zur Wiedergewinnung der Belvedere-Situation auf der gesamten Terrassenanlage mit der Möglichkeit des Ausblicks von den Mauerkanzeln und ehemaligen Bastionen in das Schwarzatal wurden die Waldschneisen zumindest teilweise zurückgeschnitten.

Eine ganz wesentliche Rolle für das heutige Erscheinungsbild der Schwarzburger Gartenanlage spielt die gestalterische Handschrift des Gartenarchitekten HELMUT WIEGEL. So sehr man sich in der großen Form auch der Zitate aus der Barockzeit bediente, so sollte im Detail der Zeitpunkt der Wiederherstellung der Gartenanlage ablesbar bleiben. So steht der großen klassisch barocken Dreiteilung der Gesamtanlage in Orangeriestellplatz, Rasenparterre und Baumsaal und den Gestaltungselementen von Quadrat, Kreuzweg und Fontäne gleichzeitig der Einsatz von Materialien und die Gestaltung der Details nach prononciert gegenwärtigen Maßstäben gegenüber. Das Ergebnis der wiederhergestellten Gartenanlage von Schloss Schwarzburg ist weniger die

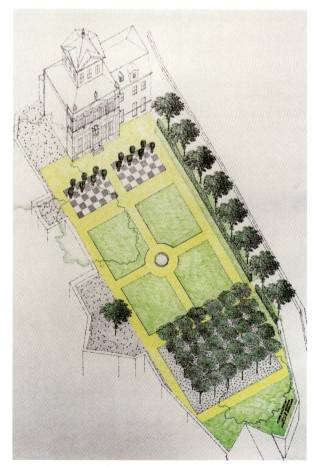

Isometrie des Schlossgartens Schwarzburg, 2001

Rekonstruktion eines barocken Gartens als die adäquate Ergänzung des überlieferten baulichen Bestands der Barockzeit am Kaisersaal durch die zugehörige Gartenanlage. Konservatorischer Grundsatz war also die Beseitigung störender Elemente, die das Erlebnis des überlieferten barocken Denkmals beeinträchtigen würden.

## Die Schwarzburger Orangerie

Bisher wurden Kaisersaalgebäude und Schlossgarten von Schwarzburg in der wissenschaftlichen Diskussion getrennt betrachtet. Es fehlte einfach der Ansatz, zwischen der Gartenanlage einerseits und dem Kaisersaalgebäude mit seinem ikonologischen Programm andererseits sowie zwischen der Funktion des Kaisersaalgebäudes als Lusthaus und als Winterungsgebäude einer Orangerie einen Zusammenhang herzustellen.[43] Dies erscheint umso verwunderlicher, als das Inventar von 1719 hinsichtlich des ikonologischen Programms diesen Kontext bereits herstellt. Anstatt diese Eselsbrücke zur gesamtheitlichen Betrachtung von Kaisersaalgebäude und Gartenanlage aufzugreifen, haben sich Interpretationen bis zur Hypothese verstiegen, dass die bekrönenden Figuren des Kaisersaalgebäudes ursprünglich Gartenfiguren gewesen seien und erst nachträglich auf das Dach gelangten.[44] So manche scheinbaren Widersprüche in Schwarzburg lösen sich schnell auf, wenn man Kaisersaalgebäude und Gartenanlage als Teile einer ganzheitlich geplanten, programmatisch zielgerichteten Orangerieanlage ansieht. Dann wird erklärlich, warum der Verfasser des Inventars von 1719 keine Veranlassung sah, das ikonologische Programm einer als Orangerie-Gesamtheit zu betrachtenden Anlage nach Architektur und Gartenarchitektur zu differenzieren.

Der gesamtheitlichen Idee einer ›Orangerie Schwarzburg‹ lag allerdings nicht der Orangeriebegriff zugrunde, wie er seit dem späten 19. Jahrhundert und überwiegend noch bis heute in der Kunstgeschichte vertreten wird, nämlich der Begriff Orangerie als Bezeichnung für eine Architekturform oder für ein Gebäude.[45] Das Gesamtkonzept der Schwarzburger Lustgartenanlage hatte eine Orangerie in des Wortes ursprünglicher Bedeutung zum Ziel, also einen von Zitronen, Pomeranzen und anderen ausländischen Bäumen geprägten gartenarchitektonischen Raum[46] einschließlich der damit verknüpften besonderen architektonischen, programmatischen und symbolischen Bezüge. In Schwarzburg erweist sich erneut die frühneuzeitliche Orangerie als der Bereich, in dem sich die Orangenbäume befinden, als Sphäre,[47] die in der Ansammlung der Zitrusgewächse ihre Prägung findet. Zur Orangerie in dieser ursprünglichen Bedeutung gehörten das Winterungsgebäude für die Pflanzen und das Lustgebäude zum sommerlichen Aufenthalt der Menschen ebenso wie der Sommerstellplatz der Kübelpflanzen. Unverzichtbarer Bestandteil war auch das alle Bereiche verbindende allegorische Programm in seiner bildmäßigen Umsetzung und Ausrichtung auf die Zitruskultur. Um diese Komponente für Schwarzburg nachzuweisen, soll hier auf die Orangeriekultur eingegangen werden.

Grundform und Typus der Schwarzburger Orangerie entsprechen bei näherer Betrachtung durchaus dem gängigen barocken Schema. Vom Typus her handelte es sich um eine mobile Orangerie, bei der Sommer- und Winterstandort verschieden waren. So wurden die Kübelbäumchen im Wechsel von Sommer und Winter an verschiedenen Standorten aufgestellt. Im Sommer fanden sie auf dem Parterre, im Winter in den Erdgeschossräumen des zugehörigen Lustgebäudes ihren Platz. Dem Typus der mobilen Orangerie entsprechend gab es zwei architektonisch voneinander abgrenzbare Bereiche, das Gebäude einerseits, in Schwarzburg das Kaisersaalgebäude, und den Orangerie-Garten andererseits. Hinsichtlich des Winterungsgebäudes lassen sich in Schwarzburg nur die üblichen Hinweise festhalten, etwa dass die Erdgeschossräume des Kaisersaalgebäudes über südwärtige hochrechteckige Fenster und über besonders dicke und massive Mauern verfügen, die in der Regel noch heute das Absinken der Innenraumtemperatur unter die Null-Grad-Grenze verzögern. Eine nordwärtige Durchfensterung wird vermieden. Der Schwarzburger Sommerstellplatz in Form des Parterres zeigt dagegen eine durchaus individuelle Formensprache. Gewählt wurde hier die Orangerie auf rechteckigem Grundriss, die zwar die einfachste Grundform unter den vielen möglichen architektonischen Formen eines Orangerie-Sommerstellplatzes aufnimmt; doch bleibt diese Rechteckform in Schwarzburg nicht ein einfacher Stellplatz, sondern erweist sich durch den Kreuzweg und die zentrale Fontäne zum einfachsten Typus des Orangerieparterres fortentwickelt. Damit nimmt die Schwarzburger Anlage immerhin das Grundmuster solch bekannter und bedeutender Orangerieanlagen wie in Fontainebleau[48] oder in Versailles[49] (siehe Abb.) auf. Funktional betrachtet ist der Schwarzburger Sommerstellplatz für die Kübelpflanzen zugleich das Gartenparterre zum Kaisersaalgebäude und bildet nicht zufällig den Mittelbereich des gesamten Schwarzburger Lustgartens.

Versailles, Orangerie, Prospekt nach Perelle

Das Wesen einer jeden Orangerie wird geprägt durch die Ambivalenz zwischen architektonischen Teilen und vegetativen Elementen. Die Orangerie ist somit eine Verflechtung von Hochbau, Tiefbau, Bildkünsten und Gartenarchitektur einerseits sowie von verschiedenen Kunstformen und natürlichen Gewächsen andererseits.[50] Dies gilt entsprechend für die Orangerieanlage von Schloss Schwarzburg in ihrer Gesamtheit, die bisher viel zu gebäudebezogen betrachtet wurde. So ist die Orangerie im Grundsatz ein Gartenkunstwerk und genutzte Architektur zugleich. In ihrem tiefsten Kern ist sie eine Metapher der durch den Menschen kultivierten Natur und lebt von der funktionalen Einbeziehung des Menschen in die Gesetzmäßigkeiten der Naturwelt. In ihrer Vollendung ist sie aber ein eigenen Gesetzen gehorchender Mikrokosmos und damit die am weitesten entwickelte Variante des Gesamtkunstwerks.

Es ist nicht verwunderlich, dass Orangerien für sich eine eigene allegorische Dimension in Anspruch nehmen, die gleichzeitig mit vielen anderen programmatischen Bezügen verflochten sein kann. Im Mittelpunkt der allegorischen Dimension der Orangerie steht fast immer das Faszinosum der Fruchtbarkeit, die Symbolik des ewigen Lebens, die Metapher des Goldenen Zeitalters, die Sphäre der Tugenden und die mythologische Bildwelt der olympischen Gottheiten. Neben die allegorische Dimension tritt schon im 17. und 18. Jahrhundert der nützliche Aspekt. So wurden die seltenen und exotischen Früchte der Verarbeitung oder dem Verzehr zugeführt, nicht ohne über die Exklusivität der Früchte das Selbstbewusstsein ihrer Besitzer oder Konsumenten zu heben. Seit dem 16. Jahrhundert wurde die Orangerie auch zu einer Kunstform im höfischen Bereich. Gerade die Kunstform hat die kunsthistorische und bauhistorische Forschung immer wieder dazu verleitet, das Phänomen Orangerie einseitig als Formen- und Gestaltungsproblem zu sehen.[51] Nach wie vor wird zu wenig berücksichtigt, dass das Phänomen Orangerie nicht nur durch das Gebäude definiert wird, sondern entscheidend aus dem Pflanzenbestand und seiner Kultivierung. Letztlich hat die Orangerie ihren Platz in der Schlossarchitektur aufgrund der allegorischen Dimension gefunden. Nicht nur ihr äußeres Erscheinungsbild, sondern gerade auch ihre vielschichtige Bedeutungswelt wird von der Ambivalenz zwischen Pflanzenwelt und Architektur bestimmt. Schon von der Entstehung her rangiert die gärtnerische Komponente dabei klar vor der architektonischen. Dies wird sehr deutlich bei den frühen Orangerien, die vorwiegend Anlagen mit in den Grund ausgepflanzten und im Erdreich wurzelnden Bäumen waren. Ihre Winterungen waren abschlagbare Behelfsvorrichtungen. Gleiches gilt letztlich auch für die jüngeren mobilen Orangerien, für die der Sommerstandort von Disposition und Erlebniswert her noch immer der wichtigere und gestalterisch anspruchsvollere Standort geblieben ist.

Die orangeriebezogene Dimension des Lustgartens von Schwarzburg wurde wohl auch deshalb lange verkannt, weil man im Kaisersaalbau nicht das ›typische‹ Orangeriegebäude erkannte. Dabei wurde nicht bedacht, dass die Zusammensetzung der Orangerie aus einem gärtnerischen und einem baulichen Element immer zu individuellen gestalterischen Lösungen führte, bei der einmal der Garten, ein andermal das Bauwerk dominant wird. Überwog das Gartenelement, so sank das Gebäude zur schlichten Einfassung des Gartenparterres ab. Sollte die Dominanz des Gebäudes gesteigert werden – so wie in Schwarzburg – dann konnte ihm die Funktion einer Prospektarchitektur, einer Würdearchitektur vom Tempel bis zum Triumphbogen oder gar eines Lustschlosses zugewiesen werden. Selbst eine anschauliche Dominanz des Bauwerks drohte die zugrunde liegende gärtnerische Dimension der Orangerie nicht zu beeinträchtigen. So ist es kaum verwunderlich, dass es für die Orangerie keine verbindliche Bauform gibt, weder für das Gebäude noch für die als Sommerplatz fungierende Gartenanlage. Erfolglos blieben bislang alle Versuche, für die Disposition von Orangerien, deren Bauformen oder Stellung innerhalb des Schlossensembles einheitliche Kriterien festzulegen. Die Besonderheit der Orangerie ist der ausgesprochene Variantenreichtum in architektonischer und gartenarchitektonischer Hinsicht. Es erscheint auch problematisch, vom ›Bautypus Orangerie‹ zu sprechen. Vielmehr sollte man von einer nach gärtnerischen Grundsätzen und gestalterischen Möglichkeiten ausgerichteten ›Bauaufgabe Orangerie‹ sprechen und akzeptieren, dass die gärtnerischen Grundsätze die Konstante und die Kunstformen nur eine Variable bilden.

Das den vielen verschiedenen Kunstformen der Orangerie zugrunde liegende gestalterische Motiv ist weniger die architektonische Funktion im Sinne unserer heutigen nutzungsabhängigen Denkweise als vielmehr das Ideal der Orangerie.[52] Dieses aber gründet in der sinnhaften Verflechtung aus Pflanzenbestand, Architektur und allegorischer Dimension. Die seit Arnold Tschira vorherrschende, hochbauorientierte Betrachtung der Orangerie und die einseitige Verwendung des Begriffs Orangerie im Sinne eines Gebäudes hat den Blick auf diese ganzheitliche Dimension der Orangerie vielfach verstellt.

Die zeitgenössische Literatur sah das Wesen der Orangerie primär im Pflanzenbestand und der damit verknüpften Orangeriekultur begründet und nicht im dienenden Gebäude.[53] So muss denn die Orangerie über die architektonischen Teile hinausgehend als eine besondere Sphäre aufgefasst werden, sofern sie in ihrer Vielgestaltigkeit und Vielschichtigkeit nicht verkannt werden soll.

Dass sich die Orangerie weder in eine bauliche Typologie noch in ein standortmäßiges Regelsystem innerhalb des Schlossbezirks eingrenzen lässt, erweist auch die individuelle Lösung in Schwarzburg. So wenig die Schwarzburger Anlage auf den ersten Blick den gängigen Vorstellungen von Orangerien zu entsprechen scheint, so sehr erweist sie sich bei näherer Betrachtung als die individuelle Kombination bekannter Bausteine der Orangeriekultur zu einer besonderen Sphäre. Selbst das Kaisersaalgebäude für sich vermag den Weg zu den Bedeutungsschichten einer Orangerie zu eröffnen. Wie für Orangeriegebäude üblich, überlagern sich hier mehrere architektonische Funktionsbereiche vom Tempel bis zum Lusthaus. So ist dem kubischen Mittelpavillon in der Fassade die klassische Instrumentation des Tempelbaus aufgelegt, hier variiert durch eine Zweigeschossigkeit.

Gleichzeitig bilden das obere Geschoss mit dem Memorialraum des Kaisersaals und dem markanten Laternenaufsatz die Metapher eines geistigen Mausoleums. Neben Tempelbau und Memorialbau ist das Kaisersaalgebäude aber auch Lustgebäude im Sinne eines klassischen Gartenkasinos. Als Teil einer paradiesischen Ansprüchen genügenden Gartenanlage diente es dem Fürsten als Wohnraum, bildete die Stätte höfischer Lustbarkeiten oder den Rahmen für Kontemplation im Gartenbereich. Das eingebaute fürstliche Appartement zeigt das Kaisersaalgebäude als Musterbeispiel eines bewohnbaren höfischen Gartenhauses.

Ergänzt wird dieser Bezug durch das ikonologische Programm des Kaisersaals, das den fürstlichen Anspruch des Hauses Schwarzburg definiert. Schon die besondere allegorische Bedeutung der Orangerie bildet einen metaphorischen Spiegel des herausgehobenen fürstlichen Standes. Mit den Sieben Freien Künsten, die als ikonologisches Programm die Schwarzburger Gartenanlage ergänzten, wird der Bereich der Tugendallegorien angesprochen. Die Tugend (Virtus) aber ist Inbegriff des fürstlich-höfischen Ideals schlechthin. So wird in Schwarzburg die Orangerie für sich schon, neben dem Kaisersaalprogramm, zu einem Attribut der Standeserhöhung. Dass Orangerien als Gartenkunstwerke auch Ausdruck des Standesbewusstseins sein können, hat bereits Volkamer in seinem zweiten Band der Nürnbergischen Hesperiden bemerkt: »So wissen sich nicht allein die regierenden Fürsten und Herren von dem gemeinen Adel und niedern Volk mit Aufführung der kostbarsten Palläste, sondern auch zugleich mit Anlegung der allerschönsten Gärten zu distinguiren und ihr hohes Ansehen dardurch zu behaupten.«[54]

## Der Kaisersaal als Ruhmestempel

Dass der Kaisersaal mit seiner Bildergalerie als Ahnenprobe aufgefasst werden muss, wurde bereits dargelegt. Die Besonderheit dieser Ahnenprobe besteht allerdings darin, dass sie nicht in der sonst gängigen Form eines Stammbaums mit dem genealogischen Arrangement von Wappenschilden präsentiert wird. In Schwarzburg wählte man die besondere allegorische Dimension der Gründungslegende als Ansatzpunkt, verknüpfte diese mit der historischen Dimension eines zum König erwählten Familienmitglieds und errichtete unter allegorischer Verarbeitung dieser beiden Tatbestände einen illusionistischen Ruhmestempel. Gegenstand dieses Ruhmestempels ist eindeutig die Dynastie der Schwarzburger und deren Präsentation als altehrwürdiges Geschlecht von fürstlicher Ebenbürtigkeit. Kulminationspunkt des gesamten Programms ist die Darstellung der Gründungslegende im Scheitelpunkt der Laterne. Dargestellt wird dort der von einem römischen Legionär in den Boden gestoßene Speer, der gleich einem Wunder Zweige und Blätter aus dem scheinbar toten Holz austreibt. Dieses Wunder im Deckenbild der Kaisersaal-Laterne ist eine Allusion auf die Entstehung und Entwicklung der real existierenden schwarzburgischen Dynastie. Wird die Gründungslegende durch ihre Darstellung im Scheitelbereich des Kaisersaals zu einer gleichsam wundertätigen Erscheinung, so zeigt sich dieses Wunder im Erdgeschoss des Kaisersaalgebäudes und im Gartenparterre dann als botanische Realität. Denn die dort aufgestellten Orangenbäume bilden die weitere Metapher des im Kaisersaal dargestellten Wunders.

Als scheinbar tote Stämme und aller Erde entblößt, gelangten im 17. und 18. Jahrhundert die Zitrusgewächse in den Handel. Erst durch die besondere Kunst der Orangeriegärtner wurden sie nach dem Transport aus Italien nördlich der Alpen wieder zum Leben erweckt. Die einschlägige Gartenliteratur des 18. Jahrhunderts vermerkt des Öfteren, dass es zu den Wundern der Zitrusgewächse, insbesondere des Orangenbaums und des Pomeranzenbaums, gehöre, dass selbst Stämme, die von aller Erde befreit waren, erneut Wurzeln zu schlagen vermögen. So sehr auch botanisch versierte Zeitgenossen wie etwa VOLKAMER diese Form des Vertriebs von Orangenbäumen im Blick auf eine angemessene Baumzucht kritisierten[55], so sehr war die Gesellschaft des 17. und 18. Jahrhunderts doch von diesem Austreibverhalten der Orangenbäume fasziniert und sah darin die Symbolkraft für Unsterblichkeit und Fruchtbarkeit bestätigt. 1666 schreibt der brandenburgische Gärtner JOHANN SIGISMUND ELSHOLTZ (1623 – 1688) in Begeisterung von der vegetativen Kraft der Orangenbäume: »Und dieweil durch die Welschen Kaufleute unter andern auch ausgehobene Citronen und Pomerantzen-Bäume mit daran hangenden Früchten im Kasten gepacket im Frühjahr zu uns anhero pflegen gebracht zu werden: so ist zu wissen, daß selbige gar wol bekommen, wenn man sie nach Abbrechung der Früchte kurz abstümlet, also dass sie kein laub noch äste behalten. Nachmals setzet sie in hölzerne Kasten mit guter erde angefüllet und stellet sie in einen freyen, doch schattigen Ort, daß sie den gantzen Sommer vor der Sonnen nicht getroffen werden, so fassen sie gutes theils und treiben an.«[56]

So überraschend im Ergebnis der metaphorische Zusammenhang zwischen der Gründungslegende der Schwarzburger und dem Orangenbaum auch sein mag, so sehr gilt es festzuhalten, dass diese allegorische Bezugsetzung im Bereich der Orangeriekultur damals gängig war. Das bekannteste Vergleichsbeispiel ist die Darstellung des Prinzen MAURITS VON ORANIEN-NASSAU (1567 – 1625), dem auf Porträtdarstellungen als Attribut der Stumpf eines Orangenbaums beigegeben wurde, aus dem heraus ein junger Trieb sich entfaltete (siehe Abb.).[57] Dieses Attribut war das Symbol seiner besonderen dynastischen Stellung als Sohn des ermordeten niederländischen Freiheitshelden WILHELM VON ORANIEN (1533 – 1584), genannt DER SCHWEIGER. Die daraus sich entwickelnde Orangeriekultur für das Haus Oranien-Nassau schlug sich dann insbesondere bei den weiblichen Nachfahren sehr kreativ nieder. Mit der Einheirat der Töchter von Prinz FREDERIK HENDRIK VON ORANIEN-NASSAU (1584 – 1647) in befreundete Herrscherhäuser errichteten diese bei Berlin, bei Dessau, in Friesland und bei Bad Kreuznach Orangerien, die

Prinz Maurits von Oranien-Nassau mit Stumpf und Trieb eines Orangenbaums, Kupferstich von Willem Swanenburgh, um 1600

wichtiger Bestandteil der Schlösser Oranienburg, Oranjewoud, Oranienstein, Oranienbaum, und Oranienhof wurden.⁵⁸

Nichts wäre nahe liegender, als nun bei den Schwarzburgern auch einen Bezug zu WILHELM VON ORANIEN und zum Geschlecht Oranien-Nassau zu suchen. Und in der Tat, es gibt diesen Bezug. Fürst LUDWIG FRIEDRICH I., eben der erste Fürst von Schwarzburg-Rudolstadt, hatte mit Gräfin JULIANE VON NASSAU-DILLENBURG (1546–1588) eine Urgroßmutter, die 1575 Graf ALBRECHT VII. VON SCHWARZBURG-RUDOLSTADT (1537–1571–1605) geheiratet hatte. Sie war die Schwester jenes WILHELM VON NASSAU-DILLENBURG, der 1544 als Erbe von Orange und damit des Fürstentums Oranien einschließlich der niederländischen Besitzungen schließlich Statthalter und Prinz der Niederlande wurde. Als Freiheitsheld der Niederländer ging er in die Geschichte ein. Zudem war der Großvater von LUDWIG FRIEDRICH I. VON SCHWARZBURG-RUDOLSTADT ein Vetter von FREDERIK HENDRIK VON ORANIEN-NASSAU (1584–1647), jenes Prinzen der Niederlande, der die bekannten Schlösser Honselaarsdijk und Rijswijk erbauen ließ. Seine Gattin AMALIA VON SOLMS-BRAUNFELS (1602–1675) errichtete 1645 bis 1652 das Schloss Huis ten Bosch mit seinem berühmten Oranjesaal, einer zentralen Halle des Schlosses, in der sie ihren verstorbenen Gatten mit einem aufwendigen Gemäldezyklus verherrlichte. Bisweilen wird dieser Oranjesaal als konkretes Vorbild des Schwarzburger Kaisersaals vermutet.⁵⁹ So verweist also die Schwarzburger Programmatik mit ihren Orangenbäumen auch auf die Verwandtschaft zum Haus Oranien-Nassau. Da zu dieser Zeit, 1710, das Haus Oranien-Nassau durch Verschwägerung mit den Stuarts längst ein königliches geworden war, bestätigt diese Abkunft nochmals die fürstliche Ebenbürtigkeit der Schwarzburger. Mit Recht nahmen daher die Schwarzburger Anleihe an den Metaphern ihrer königlichen Verwandten, die den Orangenbaum zur Allegorie ihres eigenen Stammbaums stilisierten und damit Fruchtbarkeit und Unsterblichkeit der Dynastie gegenständlich verbildlichten.

Für die weitere lebendige Tradierung und gegenwartsbezogene Pflege des Schwarzburger Gartens ergibt sich daraus eine wichtige Konsequenz. Die Zitrusbäume sind als unverzichtbares Attribut der Schwarzburger Anlage und ihres Programms zu erkennen. Die 2001 in Angriff genommene Wiederherstellung der Orangerie kann daher nur ein erster Anfang sein. Eine systematische Erweiterung und Ergänzung der Orangerie ist für die Wiedergewinnung des möglichst ungeschmälerten Gesamtkunstwerks Kaisersaal Schwarzburg unerlässlich. Die angemessene Vermehrung des Orangeriebestands durch weitere Zitrusbäume vermag dann auch in Schwarzburg das Erlebnis der Orangerie als paradiesischer Sphäre zu gewährleisten.

ANMERKUNGEN

1. Jüngere Publikationen zu Schloss Schwarzburg: PAULUS, Helmut-Eberhard: Orangerie und Kaisersaal von Schloß Schwarzburg. Amtlicher Führer Special, München; Berlin 2002; PAULUS, Helmut-Eberhard: Ruhmestempel und Orangeriebelvedere – der Kaisersaalbau und das Orangerieparterre von Schloß Schwarzburg. – In: Jahrbuch der Stiftung Thüringer Schlösser und Gärten 5 (2001), Lindenberg 2002, S. 9–24; WIEGEL, Helmut: Die Neugestaltung des Gartenparterres von Schloß Schwarzburg. – In: Jahrbuch der Stiftung Thüringer Schlösser und Gärten 4 (2000), Lindenberg 2001, S. 66–70; ULFERTS, Edith: Standeserhöhung als Programm ? Die Festsäle in den Residenzen der Schwarzburger Grafen und Fürsten im späten 17. Jahrhundert. – In: Jahrbuch der Stiftung Thüringer Schlösser und Gärten 3 (1999), Lindenberg 2000, S. 9–35; LÖHMANN, Bernd: Die Leitkonzeption für die Gestaltung und Nutzung des Schloßgartens zu Schwarzburg. – In: Jahrbuch der Stiftung Thüringer Schlösser und Gärten 2 (1997/98), Lindenberg 1999, S. 128–134.
2. FLEISCHER, Horst: Ludwig Friedrich I. – In: Die Fürsten von Schwarzburg-Rudolstadt. 1710–1918, Rudolstadt 1997, S. 15–30; WINKER, Doreen: Albert Anton. – In: Die Grafen von Schwarzburg-Rudolstadt. Albrecht VII. bis Albert Anton, Rudolstadt 2000, S. 181–209. Ursula Koch wollte (zuletzt 1993) das Kaisersaalgebäude mit einem ›Neuen Gebäude‹ identifizieren und kam diesbezüglich zu ihrer Datierung. Sie stellte fest, dass die Rohbauarbeiten von 1699 bis 1708 zähfließend vorankamen und in den Jahren 1709 und 1710 erhöhte Ausgaben auf den beginnenden Innenausbau hindeuten. Diese Angaben können nach dem aktuellen Forschungsstand nicht bestätigt werden. – Vgl. KOCH, Ursula: Kaisersaal Schwarzburg, München; Zürich 1993.
3. Untersuchungen des Ingenieurbüros für Denkmalpflege Rudolstadt im Jahre 2007. Zur Geschichte des Kaisersaalgebäudes vgl. auch die Beiträge von Jörg Hoffmann, Horst Fleischer und Jens Henkel in diesem Buch.
4. Vgl. ThStAR, Rudolstädter Schlossarchiv B XI Nr. 4: Inventar Schwarzburg von 1719.
5. In der älteren Literatur werden die Rücklagen bisweilen missverständlich als Flügel bezeichnet.
6. Zum Abbruch siehe ThStAR, Geheimes Ratskollegium Rudolstadt B VII 6b Nr. 8. Siehe hierzu auch KOCH, Ursula: Der Kaisersaal in Schwarzburg. – In: RHH 7/8 (1971), S. 151.
7. Der Laternenbereich wird irreführenderweise teils als ein drittes Geschoss bezeichnet. Er ist jedoch definitiv nicht betretbar, sondern – einem Kuppelbereich entsprechend – dem Aufenthalt von Personen vorenthalten.
8. Das Grabmal des Königs Mausollos von Halikarnassos (reg. 377–353 v. u. Z.) zeigt diese Dreiteilung aus Unterbau, Portikus und Pyramidendach.
9. Anschauliche Parallelen zeigen sich etwa zum Mausoleum Kaiser Ferdinands II. (1578–1637) in Graz von 1614. Auch dort ist das Giebelmotiv mit drei Statuen besetzt und bildet eine Kontrastfolie vor dem dahinterliegenden Tambourbereich.
10. Vgl. KOCH 1971 (wie Anm. 6), S. 151–152. Siehe hierzu außerdem den Beitrag von Jens Henkel in diesem Buch S. 203–251.

11. Vgl. ThStAR, Geheimes Archiv (Restbestand) B VII 8 b Nr. 18, Bl. 9.
12. Vgl. ebenda Nr. 17. Darauf hat bereits Ulferts 2000 (wie Anm. 1), S. 20, Anm. 96 besonders hingewiesen.
13. Vgl. ThStAR, Rudolstädter Schlossarchiv B XI Nr. 4: Inventar Schwarzbug von 1719; vgl. hierzu außerdem Koch, Ursula: Der Kaisersaal in Schwarzburg. – In: RHH 5/6 (1971), S. 106 sowie dies. 1971 (wie Anm. 6), S. 149.
14. Vgl. Ulferts 2000 (wie Anm. 1), S. 18, Anm. 85 und S. 21. Sie schlägt Carl Gustav Heraeus (1671 – 1725/30?) als möglichen Urheber des Programms vor.
15. Die für 1758 nachgewiesene Alabaster-Verkleidung ist dem abgebrochenen Westtrakt zuzuweisen. – Vgl. ThStAR, Kammer Rudolstadt B VII 6b Nr. 11: 24. Mai 1758; vgl. hierzu auch Ulferts 2000 (wie Anm. 1), S. 18.
16. In der schwarzburgischen Geschichtsschreibung des 18. Jahrhunderts existieren nebeneinander mehrere Legenden über die Ursprünge des Hauses Schwarzburg. Einmal soll es der aus Sachsen stammende ›Schwarze Ritter Wittekind‹ gewesen sein (8. Jahrhundert); in einer anderen Version ist ein aus Italien vertriebener vornehmer Römer der Gründer der Schwarzburg (5. Jahrhundert). Die letztere und ältere Version wurde offensichtlich für den Kaisersaal bevorzugt. – Vgl. Heydenreich, Lebrecht Wilhelm Heinrich: Historia des ehemals Gräflichen nunmehro Fürstlichen Hauses Schwarzburg, Erfurt 1743, S. 14 ff. Czech dagegen führt den Gründungsmythos ausschließlich auf den sächsischen Ritter ›Wittekind der Schwarze‹ zurück. – Vgl. Czech, Vinzenz: Legitimation und Repräsentation. Zum Selbstverständnis thüringisch-sächsischer Reichsgrafen in der frühen Neuzeit, Berlin 2003 (= Schriften zur Residenzkultur; 2), S. 62 f.
17. Vgl. Koch 1993 (wie Anm. 2), S. 8.
18. Koch 1971 (wie Anm. 6), S. 148 schreibt von einem »kaiserlichen Wohnrecht«, ohne hierfür Nachweise zu liefern. Ferner wird das Programm als Darstellung des »kaiserlichen Machtanspruchs« sowie der »Demonstration der Unveränderlichkeit und Gottgewolltheit des eigenen Machtanspruchs« gedeutet. Für diese Theorien fehlt jede Beweisführung. Insbesondere für das Thema ›Macht‹ wären Metaphern des Feudal- und Lehensrechts nachzuweisen.
19. Vgl. auch Ulferts 2000 (wie Anm. 1), S. 20, Anm. 107.
20. Günther XXI. von Schwarzburg-Arnstadt wurde nicht zum Kaiser gekrönt. Er wurde 1349 von der Wittelsbacher Fürstenpartei als Gegenkönig zum Luxemburger Karl IV. (1316 – 1378) erwählt, bei seiner Abdankung aber als legitimer König in die offizielle Reihe der Kaiser und Könige aufgenommen.
21. Zum Mausoleumsbezug ausführlicher bei Ulferts 2000 (wie Anm. 1), S. 21 und Anm. 116.
22. Ebenda, S. 106.
23. Siehe hierzu den Textbeitrag von Horst Fleischer in diesem Buch, S. 153 – 181.
24. Aurora und Memnon gem. Ovid, Metamorphosen 13, 576 – 622; Verwandlung der Cornix durch Pallas gem. Ovid, Metamorphosen 2, 547 – 595; Luna und Endymion gem. Apollodoros, Bibliothek 1, 7, 6; Boreas raubt Orithya gem. Ovid, Metamorphosen 6, 682 – 721.
25. Vgl. Koch 1971 (wie Anm. 6), S. 150.
26. Vgl. Paulus, Helmut-Eberhard: Die Schönbornschlösser in Göllersdorf und Werneck, Nürnberg 1982 (= Erlanger Beiträge zur Sprach- und Kunstwissenschaft; 69), S. 129 – 135.
27. Koch 1971, S. 151; Deubler, Heinz: Die Innenausstattung des Schwarzburger Kaisersaals von 1869 bis 1940. – In: RHH 7/8 (1979), S. 139 – 143 und Anm. 2. Siehe hierzu auch den Beitrag von Jens Henkel in diesem Buch, S. 203 – 251.
28. Vgl. Koch, Ursula: Der Kaisersaal in Schwarzburg. – In: RHH 9/10 (1971), S. 198 – 200.
29. ThStAR, Rent- und Steueramt Königsee Nr. 169, S. 117. Hierzu Löhmann 1999 (wie Anm. 1), Anm. 3.
30. Vgl. ebenda, S. 128 – 134, bes. S. 129.
31. Vgl. ThStAR, Rudolstädter Schlossarchiv B XI Nr. 4: Inventar Schwarzburg von 1719.
32. Vgl. ebenda, S. 130.
33. Vgl. Löhmann 1999 (wie Anm. 1), S. 130, Anm. 7.
34. Vgl. ebenda, Anm. 8.
35. Vgl. ebenda, Anm. 16.
36. Siehe hierzu ebenda, Anm. 21 und den Beitrag von Jens Henkel in diesem Buch, S. 203 – 251.
37. Vgl. Koch 1971 (wie Anm. 28), S. 200.
38. Vgl. hierzu Wiegel 2001 (wie Anm. 1), S. 66 – 70.
39. Vgl. ThStAR, Karten, Pläne und Risse Nr. 1919; vgl. hierzu Löhmann 1999 (wie Anm. 1), S. 130.
40. Ebenda, S. 130.
41. Vgl. ebenda, S. 131.
42. Vgl. ebenda, Anm. 20.
43. Vgl. Koch 1971 (wie Anm. 6), S. 150.
44. Vgl. ebenda, S. 151 und Koch 1993 (wie Anm. 2), S. 9.
45. Grundlegend für diese Betrachtungsweise Tschira, Arnold: Orangerien und Gewächshäuser, Berlin 1939.
46. Vgl. hierzu Wimmer, Clemens Alexander: Die Verbreitung der Zitrusarten im Renaissance- und Barockgarten. – In: Schirarend, Carsten / Heilmeyer, Marina: Die Goldenen Äpfel, Berlin 1996, S. 79 – 82, bes. S. 79.
47. Zur Orangerie als Sphäre siehe Paulus, Helmut-Eberhard: Die Orangerie als Ideal. – In: Jahrbuch der Stiftung Thüringer Schlösser und Gärten 2 (1997/98), Lindenberg 1999, S. 103 – 127; Paulus 1982 (wie Anm. 26), S. 125 – 131.
48. Orangerie im Jardin de la Reine, Fontainebleau.
49. Prospekt der Orangerie nach Perrelle, Versailles.
50. Zu Orangerien siehe: Wo die Zitronen blühn. Orangerien – Historische Arbeitsgeräte, Kunst und Kunsthandwerk. Katalog zur Ausstellung in der Orangerie im Neuen Garten 2001, Potsdam 2001; Oranien-Orangen-Oranienbaum. Ergebnisband des von der Kulturstiftung Dessau-Wörlitz durchgeführten Symposions 1997, München; Berlin 1999 (= Kataloge und Schriften der Kulturstiftung Dessau-Wörlitz; 9); Der Süden im Norden. Orangerien – ein fürstliches Vergnügen, Regensburg 1999; Schirarend / Heilmeyer 1996 (wie Anm. 45); Saudan-Skira, Sylvia / Saudan, Michel: Orangerien. Paläste aus Glas vom 17. bis zum 19. Jahrhundert, Köln 1998; Paulus, Helmut-Eberhard: Orangerie und Teatro. Ein Beitrag zur Orangerie im Barock. – In: Ars Bavarica 31/32 (1983), S. 77 – 88; Paulus 1982 (wie Anm. 26), S. 125 – 156.
51. Vgl. hierzu Wimmer 1996 (wie Anm. 46), S. 79 – 82.
52. Zum Ideal der Orangerie siehe Paulus 1999 (wie Anm. 47), S. 103 – 127.
53. Vgl. Wimmer 1996 (wie Anm. 46), S. 79 – 82.
54. Volkamer, Johann Christoph: Continuation der Nürnbergischen Hesperidum, Bd. 2, Nürnberg 1714 – Voransprache S. c.
55. Vgl. Volkamer, Johann Christoph: Nürnbergische Hesperides, Bd. 1, Nürnberg 1708, S. 32.
56. Elsholtz, Johann Sigismund: Vom Garten-Bauw, Cölln / Spree 1666, S. 206.
57. Vgl. Erkelenz, Wies: Orangenbäume im Besitz des Prinzen von Oranien, vor allem auf Het Loo. – In: Oranien-Orangen-Oranienbaum. Ergebnisband des von der Kulturstiftung Dessau-Wörlitz durchgeführten Symposions 1997, München; Berlin 1999 (= Kataloge und Schriften der Kulturstiftung Dessau-Wörlitz; 9), S. 92 – 102.
58. Vgl. ebenda, S. 100.
59. Bereits Ulferts 2000 (wie Anm. 1), S. 21 hat auf die Parallelen zwischen Schwarzburg und Huis ten Bosch verwiesen, allerdings die dynastischen und die Orangeriebezüge außer Betracht gelassen.

Jens Henkel

## »Wo noch, vom Ritter-Geist bewacht, die alte Sitte gilt!«[1]
## Zur Bau- und Nutzungsgeschichte von 1815 bis 1940

*So in dankbarer Brust nun trag ich noch immer die Höhen,*
*welche der Tannen Nacht mächtig und finster umkränzt,*
*und den grünenden Hain, der zum süßen Gemurmel der Schwarza*
*sanft einladend herab steigt von der felsigen Höh,*
*und den waldigten Hügel, den inselartig geformten,*
*den in verzogener Bucht lieblich die Wiese umschlingt,*
*aber vor allen Euch, des Schlosses heilige Hallen,*
*alten Fürstengeschlechts nimmer entweiheten Sitz,*
*wo die Deutschheit noch weilt, bewahrt in Kraft und in Sitte,*
*die, auf das Eigne nicht stolz, würdig das Fremde verschmäht,*
*wo zwei edle Geschlechter, die rühmend nennet die Vorzeit,*
*holder Eintracht Band glücklich und sicher verknüpft.*[2]

Wilhelm von Humboldt, Schwarzburg 10. September 1810

Mit diesem Beitrag sollen veränderte Nutzungsakzente und die damit verbundenen baulichen Veränderungen des Schlosses Schwarzburg, wie sie sich insbesondere seit dem Ende des 19. Jahrhunderts abzeichneten, dargestellt werden. Es bot sich an, diesen Überblick nach den Regierungszeiten der jeweiligen Fürsten zu gliedern, da Bau- und Ausstattungsmaßnahmen am und im Schloss sehr stark von den Ambitionen der in Rudolstadt residierenden Regenten geprägt waren. Im Unterschied zu den Jahrhunderten zuvor ist in der Zeit ab 1815 die archivalische Quellenüberlieferung zum Schloss Schwarzburg deutlich dichter und erlaubt – wenn auch nicht lückenlos – zumindest bis 1918 einen detaillierten Einblick in das Baugeschehen, Schlossausstattung und Nutzung durch Fürstenfamilie und Dienstpersonal. Mit der Abdankung des Fürsten GÜNTHER VICTOR VON SCHWARZBURG-RUDOLSTADT UND SONDERSHAUSEN (1852 – 1890 – 1918 – 1925) im Jahre 1918 verschlechtert sich die Quellenlage deutlich. Abgesehen von Briefen und Tagebuchaufzeichnungen der Fürstin ANNA LUISE VON SCHWARZBURG-RUDOLSTADT (1871 – 1951), finden sich kaum Archivalien, die Auskunft über Ausstattung, Nutzung und Bauunterhalt des Schlosses bieten. Das nach 1918 privatisierende Fürstenpaar sah keinerlei Veranlassung mehr, Veränderungen im Schloss schriftlich zu dokumentieren. Der Beitrag schließt mit dem letzten Aufenthalt der Fürstin in Schwarzburg im Jahre 1940. Das Schloss wurde durch einen Willkürakt der nationalsozialistischen Regierung zu einem Reichsgästehaus bestimmt. Abrisse und Umbauten hinterließen eine Ruine.

### 1814 – 1867

Schloss Schwarzburg während der Regierungszeit des Fürsten FRIEDRICH GÜNTHER VON SCHWARZBURG-RUDOLSTADT

In den Jahren von 1806 bis 1815, zwischen französischer Fremdherrschaft und Befreiungskriegen, spielte Schloss Schwarzburg für Sommeraufenthalte der Fürstenfamilie eine nur untergeordnete Rolle. Erst 1815 war die Zeit existentieller Bedrohungen und außerordentlicher finanzieller Belastungen durch die Aufnahme des Fürstentums Schwarzburg-Rudolstadt in den Deutschen Bund beendet und der Rahmen für eine stabile politische Entwicklung in den folgenden Jahrzehnten gesetzt.

Mit dem Regierungsantritt FRIEDRICH GÜNTHERS VON SCHWARZBURG-RUDOLSTADT (1793 – 1814 – 1867)[3] galt dessen Aufmerksamkeit zunächst dem Ausbau

*August Wilhelm Julius Ahlborn, Schloss Schwarzburg (Detail), Öl auf Leinwand, 1826*
*Niedersächsisches Landesmuseum, Landesgalerie, Hannover, Inv.-Nr.: PNM 584*

Friedrich Wilhelm Delkeskamp, Schloss Schwarzburg
Aquarell, 1816   *TLMH Gr. 11/98*

angemessener Wohnräume in der Rudolstädter Heidecksburg. Das frisch vermählte Fürstenpaar⁴ ließ dafür das Erdgeschoss des Südflügels zwischen 1816 und 1820 mit großem Aufwand umbauen. Während so auf der Heidecksburg dem Zeitgeschmack entsprechende Wohnräume geschaffen wurden, geriet das unweit der Residenzstadt gelegene, klimatisch benachteiligte und im Inneren unwirtlich wirkende Schloss Schwarzburg zunehmend ins Abseits. Seine Einrichtung war eher schlicht, reichte aber wohl für einen mehrwöchigen Sommer- oder Jagdaufenthalt aus.

Die Schriftstücke dieser Jahre beklagen unablässig den immer gleichen bedauernswerten Zustand: kaputte Dächer und Fenster, Salpeterschäden, Risse im Mauerwerk, herabfallender Putz, eingefrorene Wasserleitungen und marode Umfassungsmauern. Die letzten größeren Bauarbeiten an der noch immer ganz vom 18. Jahrhundert geprägten Schlossanlage lagen Jahrzehnte zurück, und die Vernachlässigung zeigte gravierende Folgen. Die Schadensberichte, die stets nur Notreparaturen zur Folge hatten, verstärken den Eindruck, dass das Fürstenhaus mit Bauunterhalt und angemessener Nutzung dieses großen Baukomplexes überfordert war. Denn nicht nur die Schwarzburg und die Heidecksburg waren zu erhalten, sondern eine für das kleine Fürstentum erstaunliche Anzahl weiterer »herrschaftlicher Bauten« musste betreut werden: Stadtschloss Ludwigsburg und Orangerie in Rudolstadt, Jagdschloss Paulinzella, Burg Greifenstein, Burg Ehrenstein, Fasanerie Schwarzburg, Wurzelberghaus bei Katzhütte, Schweizerhaus (ab 1838), Eberstein (ab 1844), Schloss Rathsfeld, Schloss Frankenhausen sowie zahlreiche Forsthäuser, weitere Jagdhäuser, Vorwerke und Amtshäuser.

Aus dem Jahre 1812 sind 42 Gebäude der Schwarzburg durch eine Zeichnung überliefert (siehe Abb.), in der die Grundflächen der Baukörper wie auf einem Schnittmusterbogen in Gruppen dargestellt wurden, ohne die einzelnen Bauteile zu einem maßstabsgetreuen Lageplan zusammenzustellen.⁵ Anlass für die Zeichnung eines un-

Friedrich Heubel, Modell der Schwarzburg, um 1810   *Schlossmuseum Arnstadt*

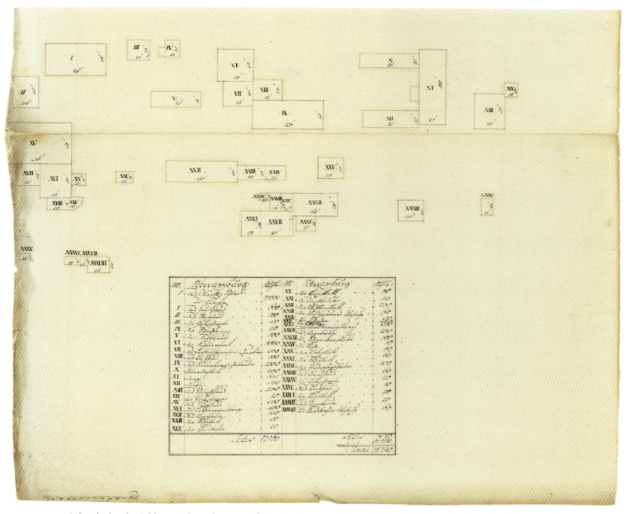

Gebäudeplan des Schlosses Schwarzburg, angefertigt im Zusammenhang mit dem Abschluss einer Brandversicherung, 1812
ThStAR, Geheimes Ratskollegium Rudolstadt E VII 3c Nr. 6c

bekannt gebliebenen Autors war der Abschluss einer Brandversicherung, die eine konkrete Vermessung der einzelnen Bauten ebenso wie Angaben zur Beschaffenheit erforderte. Die Zusammensetzung dieser Gebäudesegmente ermöglicht einen Überblick über die Bebauung und deren Nutzung, wie sie zu Beginn des 19. Jahrhunderts bestand (siehe Abb. S. 60).

Die damit sichtbare Struktur dürfte sich seit Mitte des 18. Jahrhunderts kaum verändert haben und weist eine bis weit vor das nördliche Schlossportal hinausreichende kleingliedrige Bebauung auf. Die herrschaftlich genutzten Räume im Hauptgebäude, die Schlosskirche und das Kaisersaalgebäude werden von den seit Jahrhunderten gewachsenen Baulichkeiten eines Wirtschaftshofes, eines Zuchthauses und eines Amtssitzes gleichsam umzingelt. Es gab zahlreiche Ställe, Scheunen, Schuppen, Fruchtböden, dem Schloss vorgelagert die Gebäude der Amtsverwaltung mit Kuhstall, Fruchtboden, Schreibstube, Wohnung des Tiergärtners und Brauhaus. Dieser überkommene ›Wildwuchs‹ an Gebäuden, der in keiner Weise mehr den tatsächlichen Nutzungen des Schlosses als mehrwöchiger Sommer- bzw. Jagdaufenthalt entsprach, beeinträchtigte erheblich das Erscheinungsbild.

Für die Fürsten des 19. Jahrhunderts war weniger das dem barocken Geist verpflichtete und ganz auf Repräsentation ausgestattete Schloss von Interesse, sondern ein wohnlich eingerichteter und romantisch in die Landschaft eingebetteter Sommersitz mit vorzeigbarer mittelalterlicher Vergangenheit als ›Stammhaus‹ der traditionsbewussten Schwarzburger. Diese veränderte Sichtweise geht auf die Zeit um 1800 zurück, als Fürst LUDWIG FRIEDRICH II. (1767 – 1793 – 1807) und CAROLINE LOUISE (1771 – 1807 – 1814 – 1854) von SCHWARZBURG-RUDOLSTADT erste Veränderungen in der Umgebung des Schlosses anregten.[6] So wurde der bereits 1790 aufgegebene Tiergarten im Jahre 1805 für das Jagdvergnügen erneut belebt, und zahlreiche »Borken- oder Mooshäuschen« sowie »Tempel« zierten die neu angelegten Wanderwege rund um das Schloss und im Schwarzatale.[7] Hatte man bisher Schloss Schwarzburg von Rudolstadt aus nur mühsam über holprige Wege – mit mehrmaligen Durchquerungen der Schwarza – erreichen können, entstand bis 1804 unter Leitung des Schlosshauptmanns JOHANN DAVID HEUBEL (1752 – 1818)[8] die neue ›Kunststraße‹ zwischen Blankenburg und Schwarzburg. Dies war zugleich eine nicht zu unterschätzende Weichenstellung im Hinblick auf den aufblühenden Fremdenverkehr und die damit entstehende Hotellerie in und um Schwarzburg.

Die eingangs beschriebenen misslichen Verhältnisse im Inneren des Schlosses Schwarzburg wie in dessen äußerem Erscheinungsbild veranlassten im Jahre 1823 den Schlosshauptmann und Kammerjunker LUDWIG MAGNUS VON HOLLEBEN (1794 – 1845)[9] dem Fürsten einen »Plan zu Schwarzburgs Verschönerung« vorzulegen.[10] Dabei ging es in erster Linie um die Veränderungen der Gestalt des Schlossgartens am südlichen Ende der Schlossanlage[11], aber auch um die Umnutzung von Gebäuden und um die Anlage von Alleen in der näheren Umgebung. Zunächst schlug VON HOLLEBEN die »... Entfernung des ein traurig Ausblick u[nd] Gedanken erregenden Zuchthauses ...« vor. Das Zuchthausgebäude sollte zukünftig als Wohnung für den Stallmeister, den Zeughausverwalter, den Schlossprediger und für die zeitweise aus Rudolstadt anreisende Dienerschaft genutzt werden. Das Arbeitsgebäude des Zuchthauses – das »Steinhaus« – hätte als Werkstatt für Maurer, Zimmerleute und Tischler eine sinnvolle Verwendung finden können. In Bezug auf die aus der Zeit um 1664 stammenden festungsartig hohen Mauern im hinteren Teil des Schlosses machte VON HOLLEBEN den Vorschlag, diese »... um der Gesundheit u[nd] freyen Aussicht willen ...« in der Höhe zu reduzieren. Die zum Gemüsegarten des Zuchthausaufsehers STÄDTLER umfunktionierte ehemalige barocke Parkanlage südlich des Kaisersaalgebäudes sollte mithilfe eines neu einzustellenden Gärtners in einen dem Zeitgeschmack entsprechenden englischen Garten um-

Wilhelm Adam Thierry, Château de Schwartzenbourg, kolorierte Umrissradierung, um 1812    *Angermuseum Erfurt, Inv.-Nr.: 5481*

Christian Gottlob Hammer, Schloss Schwarzburg nach einer Zeichnung von Christian Gottlob Richter
kolorierte Umrissradierung, um 1811   *TLMH Gr. 1/87*

gewandelt werden. Dabei macht die der Akte beigefügte Skizze[12] (siehe Abb. S. 193) deutlich, dass sich das Areal bis zur südlichen Spitze des Bergsporns ausdehnen sollte und damit den Wegfall des dort gelegenen Zuchthauses zur Voraussetzung hatte. Für die Nutzung aller anderen Gärten des Schlosses hatte es bereits seit Jahrzehnten keinen Bedarf mehr gegeben, so dass der »Küchengarten«[13], der »Absatzgarten« und der »Garten am Schlossgraben« längst verpachtet und die Gärtnerstelle seit 1787 nicht mehr besetzt worden war.

Das Erdgeschoss des Kaisersaalgebäudes wurde bisher als Orangerie genutzt. Hier standen die Kübelpflanzen zur Überwinterung. VON HOLLEBEN schlug nun vor, diesen großzügigen Raum im Sommer als »Gartensalon« für die fürstliche Familie zu nutzen. Eine in der Plansammlung der Heidecksburg aufbewahrte undatierte Bauzeichnung[14] von JOHANN PAUL MARTIN SEERIG (1764? – 1839)[15], die Grundriss und Wandfassung dieses Raumes zeigt, könnte aus dieser Zeit stammen (siehe Abb. S. 208). Ebenso sollte der bisher angestammte, aber hier eigentlich völlig deplazierte Wohnraum des Zeughausverwalters im Erdgeschoss des Seitentraktes im Kaisersaalgebäude beräumt werden, um weitere Aufenthaltsräume für die fürstliche Familie zu gewinnen. Bisher stand dieser lediglich ein Appartement im Obergeschoss des Seitentraktes – unmittelbar neben dem Kaisersaal – zur Verfügung. Generell wäre es laut VON HOLLEBEN wünschenswert, wenn sich die Räume der Dienerschaft mehr auf den Leutenberger Flügel, auf das Kastellangebäude und das Torhaus konzentrieren würden. Seine Gedanken zur Wiederbelebung der Gartenanlage und zur Umnutzung von Räumen im Kaisersaalgebäude machen deutlich, dass dem südlich gelegenen Teil der Schlossanlage mehr Aufmerksamkeit als bisher zuteil ward. Eine Tendenz, die sich bis zum Ende des 19. Jahrhunderts noch verstärken sollte.

Auch die nähere Umgebung des Schlosses hatte VON HOLLEBEN in seinem Plan berücksichtigt. Die Fasanenzucht war bereits 1814 endgültig aufgegeben worden, so dass die zwischen Schwarzburg und Allendorf gelegene

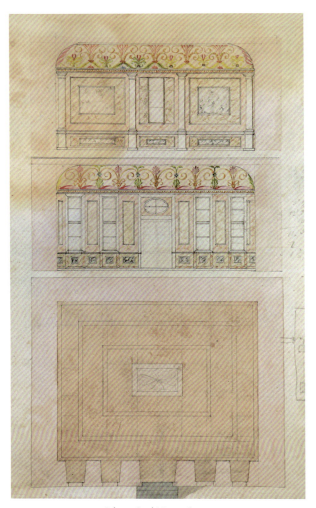

Johann Paul Martin Seerig
Grund- und Aufriss des unteren Saales im Kaisersaalgebäude
aquarellierte Federzeichnung, um 1825   *TLMH Bz 230*

Fasanerie als von einem Park umgebenes Jagdschlösschen genutzt werden konnte. Als Verbindung zum Schloss sah er eine befahrbare, mit Pappeln und Linden gezierte Allee als vorteilhaft an. Gleiches galt für den Ausbau der Verbindungswege nach Königsee, Paulinzella, Dittersdorf und Braunsdorf.

Inwieweit die Pläne realisiert wurden, lässt sich nur teilweise beantworten. Zumindest zeigen die überlieferten Rechnungen, dass zwischen 1823 und 1826 der Gartenbereich unmittelbar hinter dem Kaisersaalgebäude umgestaltet und der Weg zum neuen Jagdschlösschen im ehemaligen Fasaneriegelände angelegt wurde. Interessant ist in diesem Zusammenhang eine Akte aus dem Jahre 1825 über die »Umwandlung des herrschaftlichen Gemüsegartens in eine Lust-Anlage«[16], aus der hervorgeht, dass sich die »Quartal-Fröhner« des Amtes Schwarzburg nach bereits 497 Tagen geleisteter Frondienste (Neupflanzungen, Wegebau, Erdtransporte) weiteren Arbeiten verwehrten. Mithilfe der »Quartalschultheißen« forderten sie ein Gutachten über die Rechtmäßigkeit ihrer Dienste. Ob diese Streitigkeiten die Ursache waren, dass LUDWIG MAGNUS VON HOLLEBEN 1825 sein Amt als Schlosshauptmann niederlegte, bleibt bislang ungeklärt.

In VON HOLLEBENS Plan war auch das Zuchthaus angesprochen worden. Die Existenz einer solchen Anstalt an so exponierter Stelle innerhalb des Schlossbezirkes bedarf einer kurzen Erläuterung: Die Gründung dieses »Zucht- und Arbeitshauses«[17] muss um das Jahr 1701 aus ganz praktischen Gründen erfolgt sein; die Unterbringung von Strafgefangenen war mit Zwangsarbeitsdiensten für den Schlossbau verbunden. So hatten die meist 30 bis 50 Insassen im sogenannten »Steinhaus« Alabaster aus Allendorf und »Döschnitzer Marmor«[18] zu Tischplatten, Kamineinfassungen, Mörsern oder Schreibzeugen zu verarbeiten.[19] Da unterhalb des Zuchthauses, unmittelbar am westlichen Schlosshang gelegen, noch ein fürstlicher Schieferbruch betrieben wurde, standen somit wichtige Baumaterialien für das Eindecken der Dächer und für die Innenausstattung der Schlösser in Schwarzburg und Rudolstadt zur Verfügung.

Dass dieses Zuchthaus einen wenig erbaulichen Anblick für die fürstlichen Herrschaften bot, ist nachvollziehbar. LUDWIG FRIEDRICH II. hatte bereits im Jahre 1800 die psychisch Kranken nach Rudolstadt verlegen lassen, und 1826 veranlasste sein Sohn FRIEDRICH GÜNTHER die endgültige Verlegung des Zuchthauses in die Residenzstadt.[20] Damit war der größte »Schandfleck« im Schlossbereich getilgt, und vom neu gestalteten Garten aus konnte die »freye Aussicht« genossen werden. Mit dem Rückbau der ehemals hohen Umfassungsmauern verschwanden zunehmend die baulichen Erinnerungen an die ab 1664 erfolgten Umbauten zur Landesfestung. Auch die im Grundriss spitzwinklige Bastion (»Schanze«), unmittelbar westlich vor dem Eingangsportal gelegen, die ursprünglich als Standort für Geschütze gedacht war, konnte im 19. Jahrhundert der weitaus friedvolleren Nutzung als Wäschetrockenplatz dienen.

Weitere, funktionslos gewordene Gebäude hat man in den Folgejahren abgerissen oder in ihrer Nutzung verändert. Dies betraf zahlreiche kleinere Schuppen und Ställe, die Schmiede für den Büchsenmacher, die Beräumung des Hofes hinter dem Leutenberger Flügel[21] und insbesondere den Abriss nahezu aller Gebäude, die unmittelbar vor dem Schlosseingang lagen.[22] Nach der Aufgabe Schwarzburgs als Sitz eines Rentamtes im Jahre 1844, wurde auch die hier gelegene »Amtsverwalterey« mitsamt Nebengebäuden abgetragen.[23] Somit konnte die bisher sehr beengte und unebene Zufahrt zum Schloss verbreitert und begradigt werden. Lediglich das 1760 neu errichtete Wachgebäude[24] unmittelbar rechter Hand vor dem Eingangsportal (siehe Abb.) blieb noch bis zum Ende des 19. Jahrhunderts bestehen.

Hingegen erweiterte die Gastwirtsfamilie HÜBNER die Baulichkeiten ihres florierenden Gasthofes *Weißer Hirsch,* der gegenüber dem Schloss unmittelbar vor dem nördlichen Zugang zur Schlossterrasse lag. Durch geschicktes Verhandeln, durch Kauf oder Tausch von ehemals fürstlichen Grundstücken expandierte der Gasthof im 19. Jahrhundert und verfügte 1858 neben etlichen Stallungen auch über ein Tanzhaus, eine Kegelbahn und eine eigene Brauerei.[25] Den geruchsintensiven Betrieb eines Bratwurstrostes verbat sich jedoch die Fürstenfamilie bei ihrer Anwesenheit in Schwarzburg.[26]

Der Gasthof war natürlich Nutznießer des aufkommenden »Fremdenverkehrs«, der von der neuen Straße zwischen Blankenburg und Schwarzburg profitierte.

Der Eingang zum Schloss mit dem rechter Hand vorgelagerten Wachgebäude, Photographie vor 1887   *TLMH Fotoarchiv*

Ferdinand von Laer, »Erinnerung an Schwarzburg und seine Umgebung«, Lithographie, um 1860   TLMH Gr. 7/2007

Schriftsteller hatten die Idylle des Schwarzatals entdeckt und priesen in Reisebeschreibungen die romantische Lage des Schlosses. So nimmt es nicht wunder, dass in den Jahren nach 1815 zahlreiche hymnische Landschaftsgedichte auf diese Gegend entstanden.[27] »Kunstanstalten« stellten graphische Ansichten des Schlosses als »Gedenkblätter« her und warben für den Aufenthalt in Schwarzburg. Auch das Interesse an der Geschichte des Schlosses war geweckt, so dass erstmals Aufsätze zu diesem Thema von FRIEDRICH HEUBEL (1755–1835)[28] und LUDWIG FRIEDRICH HESSE (1783–1867) in gedruckter Form erscheinen konnten.[29]

Die ›Touristen‹ der Jahre zwischen 1815 und 1867 dürften jedoch der Fürstenfamilie in Schwarzburg selten begegnet sein. Zwar konnte auf besonderes Verlangen das Zeughaus besichtigt werden, aber ansonsten blieb den Besuchern der Einlass bei Anwesenheit der fürstlichen Herrschaften verwehrt. Fürst FRIEDRICH GÜNTHER weilte zudem nur für wenige Wochen des Jahres in Schwarzburg. Die Zeit der großen, finanziell aufwendigen »Hoflager« des 18. Jahrhunderts war vorbei, lediglich der engste Kreis der Familie war in Sommeraufenthalte und Jagdausflüge nach Schwarzburg oder in die Jagdschlösser Paulinzella und Rathsfeld einbezogen. Leider hat FRIEDRICH GÜNTHER – im Gegensatz zu seinem Vater LUDWIG FRIEDRICH II. – keine Tagebücher hinterlassen, die Auskunft über seine Reisen nach Schwarzburg hätten geben können. So lassen sich in Hinblick auf Nutzung und Ausstattung des Schlosses nur Schlussfolgerungen aus überlieferten Inventarverzeichnissen, aus Fourierbüchern, Bauakten und Personallisten ziehen.

Im Vergleich zur Rudolstädter Heidecksburg muss Schloss Schwarzburg in der ersten Hälfte des 19. Jahrhunderts ein wenig gastlicher Ort gewesen sein. Bei Auswertung der Gebäudeinventare aus den Jahren zwischen 1810 und 1860 bezüglich der künstlerischen Ausstattung ist zu bemerken, dass noch ganz die barocken Raumfassungen des 18. Jahrhunderts dominierten, nur das Mobiliar entsprach zeitgemäß modischen Ansprüchen.[30] Abgesehen von den wandfesten Gemälden im Festsaal, im Pferdezimmer (im Inventar beschrieben: »Pferde, statt Tapete«)[31]

und den Bildnissen im Kaisersaal nimmt man erstaunt zur Kenntnis, dass sich nahezu keine Gemälde im Schloss befanden.

Bereits im Jahre 1810 hatte der Archivar und Bibliothekar Ludwig Friedrich Hesse im Auftrag des damaligen Erbprinzen Friedrich Günther ein Verzeichnis aller Gemälde und Plastiken in den schwarzburgischen Schlössern angefertigt.[32] Für Schwarzburg vermerkte der Autor lediglich drei Gemälde (Schlacht bei Murten, Jagdszene, Arabischer Zuchthengst) von Heinrich Cotta (1791–1856) in den fürstlichen Räumen des ersten Obergeschosses im Hauptgebäude. Für die davor liegende »Fürstliche Gallerie« wird ein Jagdstück von Reinthaler[33] und für den Eingangsbereich zum Kaisersaal das Gemälde *Prinzess Europa* eines unbekannten Künstlers vermerkt. An dieser asketischen Ausstattung sollte sich auch in den nächsten Jahrzehnten wenig ändern.

Da die letzten Bestandsaufnahmen lange zurücklagen (1783 bzw. 1804), drängten 1820 die Rudolstädter Verwaltungsbehörden auf die Neuanlage einer Inventarliste.[34] Die noch im selben Jahr gefertigte Übersicht verzichtet, wie seit dem 18. Jahrhundert für die Schwarzburg üblich, weitgehend auf eine Raumbezeichnung oder auf einen Nutzungshinweis. Lediglich Nummern waren für die einzelnen Zimmer und Kammern der 32 Räume des Hauptgebäudes vergeben. Damit sind Schlussfolgerungen über die Lage dieser Räume, über deren Bewohner bzw. Funktion problematisch. Das Inventar macht zumindest deutlich, dass die Ausstattung – gemessen am Anspruch als Stammhaus der Schwarzburger – nur als äußerst bescheiden bezeichnet werden kann. Das Hauptgebäude des Schlosses zeigte weitaus mehr Hirschtrophäen als Kunstwerke und präsentierte sich in der Innenausstattung eindeutig als Jagdschloss der Fürsten von Schwarzburg-Rudolstadt. Allein die Galerie im ersten Obergeschoss

Gustav Täubert, Blick vom Gasthof *Weißer Hirsch* zum Schloss Schwarzburg, Chromolithographie, um 1860   *TLMH Gr. 15/91*

Die Galerie im 1. Obergeschoss des Hauptgebäudes
Photographie von Eduard Lösche, Rudolstadt, vor 1886
*TLMH Fotoarchiv*

schmückten 49 Geweihtrophäen sowie ein präparierter Hirsch auf Rollen (siehe Abb.); die Galerie im zweiten Obergeschoss zierten 41 geschnitzte Hirschköpfe mit Geweihen.

Um einen Eindruck von den Räumlichkeiten zu bekommen, sei hier beispielhaft die im Inventar von 1820 aufgezeichnete Ausstattung im Zimmer des Fürsten FRIEDRICH GÜNTHER benannt:

*Im Zimmer Nr. 7.*
*Zwey Rouleaux*
*Acht polirte Stühle mit doppelten bronzirten Adler und gepolstert*
*Ein Canapée, dito*
*Eine Commode, dito*
*Ein grosser runder polirter Tisch mit Decke*
*Ein bronz.-Secretair*
*Ein Wiener Pianoforte mit Decke*
*Zwey Gemählde (Oberon)* [dazu Vermerk: *sind auf der Fasanerie*]
*Ein Spiegel mit vergoldetem Rahmen*
*Ein Alabaster Tischgen*
*auf einer Console 2 Blumenvasen, 1 kl. Service mit 2 Tassen, 2 Tassen, 1 Glas, 1 Flacon, 1 Schreibzeug von Perlmutter, 1 dergl. von Saffian, 1 Schachbret*

[spätere Ergänzung:]
*Ein Gemählde die Schlacht bei Murten vorstellend* [Kopie von Heinrich Cotta nach einem Bild aus der Dresdener Gemäldegalerie von Bourgignon]
*2 schwarze Blumenäsche* [Blumenübertöpfe]
*1 blecherner SpuckNapf*
*3 Paar französische Tassen*
*1 Uhr mit Bronze*
*1 Alabaster Vase*
*1 Spieltisch mit Schachbret fournirt*[35]

Zur Ausstattung des als Speisesaal genutzten Festsaales im zweiten Obergeschoss vermerkt dasselbe Inventar zwei Dutzend »polierte Rohrstühle«, sechs Wandleuchter, einen Kronleuchter, drei Alabasteraufsätze über dem Kamin, einen achteckigen Tafeltisch mit grüner Decke, einen weißen Schrank, einen Ofenschirm mit Jagstück[36], zwei Feuerböcke und drei Schaufeln vor dem Kamin. Der zugehörige Schenkstuhl war mit zahlreichen Gläsern und Pokalen ausgestattet. Hier stand der traditionelle *Willkomm* des Fürstenhauses, die *Goldene Henne* – ein Trinkgefäß, das seit dem 16. Jahrhundert Gästen der Schwarzburg zur Begrüßung gereicht wurde (siehe Abbildung).[37]

Die Goldene Henne mit Geschmeide, aus: Paul Lehfeldt: Bau- und Kunst-Denkmäler Thüringens, Jena 1894, S. 221

Eine Nutzung des Kaisersaales scheint bis 1867 kaum von Interesse gewesen zu sein, da die Inventare nur sieben Stühle, einen halbrunden Tisch, einen Eckschrank, einen Billardtisch und einen Spucknapf verzeichnen.[38] Im Obergeschoss des Seitentraktes im Kaisersaalgebäude wohnten besuchsweise meist Angehörige der Fürstenfamilie, so um 1850 Prinz ADOLPH VON SCHWARZBURG-RUDOLSTADT (1801 – 1875) und seine Frau MATHILDE (1826 – 1914). Im darunter liegenden Erdgeschoss, rechter Hand des Gartensalons, befand sich noch immer die Wohnung des Zeughausverwalters.

Immerhin gelangten zwischen 1820 und 1826 von der Heidecksburg einige neue Möbel nach Schwarzburg, und der Bestand an Tafelgeschirr wurde durch Neuerwerbungen ergänzt.[39] Auch war neues Bettzeug notwendig und erweiterte den von der Schließerin aufgelisteten Bestand von 39 Federbetten, 109 Unterbetten, 125 Kissen, zwölf Matratzen und neun Überdecken. Für das Jahr 1828 findet sich ein Hinweis, dass acht Bronzeleuchter nach Schwarzburg geliefert wurden. Ob diese für den Fest- oder den Kaisersaal bestimmt waren, bleibt unklar.

Die Durchsicht weiterer Inventare bis 1860 zeigt, dass die Beschreibung etwas differenzierter und der Ausstattungsgrad etwas höher ausfällt als in den vorausgegangenen Jahrzehnten.[40]

In Bezug auf die Bewohner des Schlosses finden sich jetzt vermehrt Angaben. So vermittelt das Inventar von 1860, dass traditionell der jeweilige Erbprinz, jetzt

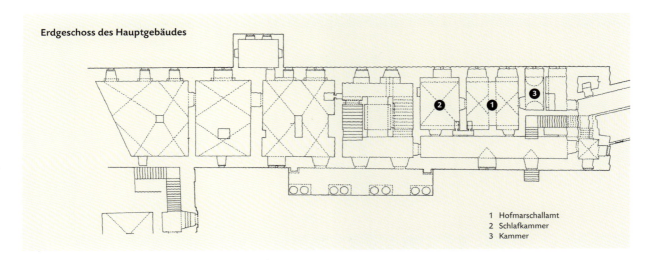

1 Hofmarschallamt
2 Schlafkammer
3 Kammer

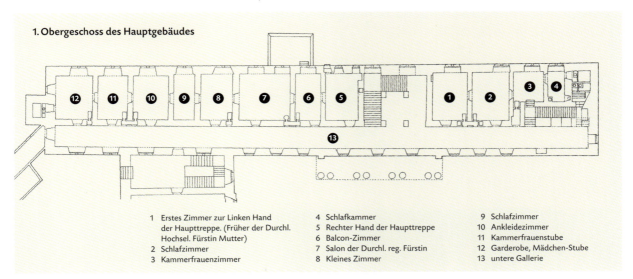

1 Erstes Zimmer zur Linken Hand der Haupttreppe. (Früher der Durchl. Hochsel. Fürstin Mutter)
2 Schlafzimmer
3 Kammerfrauenzimmer
4 Schlafkammer
5 Rechter Hand der Haupttreppe
6 Balcon-Zimmer
7 Salon der Durchl. reg. Fürstin
8 Kleines Zimmer
9 Schlafzimmer
10 Ankleidezimmer
11 Kammerfrauenstube
12 Garderobe, Mädchen-Stube
13 untere Gallerie

Die Raumbezeichnungen innerhalb des Hauptgebäudes, Rekonstruktion von Diana Turtenwald nach dem Schlossinventar von 1860
Grundrisse: Knut Krauße, 2008   *ThStAR, Rudolstädter Schlossarchiv B XI Nr. 15*

Albert (1798 – 1867 – 1869), Räume im nördlichen Teil des zweiten Obergeschosses besaß, währenddessen Prinz Georg (1838 – 1869 – 1890) mit dem Mansardgeschoss des Hauptgebäudes vorliebnehmen musste. Im ersten Obergeschoss waren südlich des Treppenhauses – wie bereits seit dem 18. Jahrhundert üblich – die Räume für Fürst und Fürstin, nördlich des Treppenhauses lagen Zimmer, welche die Fürstinmutter Caroline Louise bis zu ihrem Tode im Jahre 1854 genutzt hatte.[41]

Hinsichtlich der Ausstattung mit Gemälden wird vermerkt, dass sich in einem Raum neben dem Pferdezimmer zehn auf Kupfer gemalte Porträts befinden, die Geschwister des Fürsten Ludwig Günther II. zeigen.

Hinweise finden sich auch auf ein »Blaues Zimmer« neben dem Festsaal, dessen mit blauem Stoff bezogene Sitzgarnitur durch mit Silberfarbe überzogene Holzteile auffiel. Dieser Raum wurde aus diesem Grund um 1900 als »Silberzimmer« bezeichnet.

Sobald die fürstlichen Herrschaften im späten Frühjahr jeden Jahres ihr Kommen von Rudolstadt aus avisierten, muss vor Ort eine hektische Betriebsamkeit ausgebrochen sein. Die Zimmer waren herzurichten, die Betten zu beziehen, der Weinkeller war auf seinen Bestand zu kontrollieren und die Küche nebst Vorräten einsatzbereit zu halten. Dazu kam, dass sämtliche Bau- und Repa-

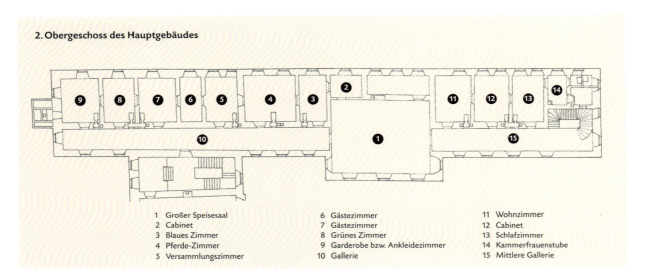

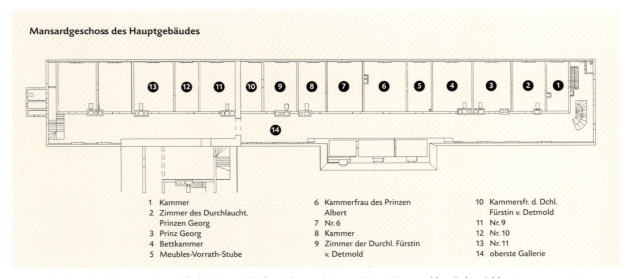

Die Raumbezeichnungen innerhalb des Hauptgebäudes, Rekonstruktion von Diana Turtenwald nach dem Schlossinventar von 1860
Grundrisse: Knut Krauße, 2008    ThStAR, Rudolstädter Schlossarchiv B XI Nr. 15

Elisabeth zur Lippe, Der Schlosshof, Bleistiftzeichnung, 1855/56   *TLMH Fotoarchiv*

raturarbeiten am Schloss zum Zeitpunkt des Eintreffens der Fürstenfamilie abgeschlossen zu sein hatten. Um den von der Heidecksburg gewohnten Bedienungskomfort auch auf dem Nebensitz zu gewährleisten, mussten Einwohner aus Schwarzburg für bestimmte Dienste rekrutiert oder Personal von Rudolstadt hierher mitgenommen werden.[42] So waren zusätzlich Zimmer und Kammern im Leutenberger Flügel für das Küchenpersonal und die Silberscheuerin sowie die »Cavalierszimmer« und »Kutscherstuben« im Obergeschoss der Stallflügel bereitzuhalten.

Abgesehen von einigen Aufenthalten in anderen Schlössern blieben die fürstlichen Herrschaften in der Regel bis Anfang August, um dann in Rudolstadt das traditionelle Vogelschießen und den Auftakt der Theatersaison nicht zu verpassen. So erwachte in Schloss Schwarzburg nur für wenige Wochen im Jahr das herrschaftliche Leben.

Außerhalb dieser Zeiten hatte nur eine kleine Schar Bediensteter ihre Wohnung und ihren Wirkungskreis im Schloss. Die Zahl des fest angestellten Personals und deren jeweiliger Wohnort im Schlossbereich der Schwarzburg war zwar zwischen 1815 und 1867 durchaus Veränderungen unterworfen, aber im Wesentlichen beschränkte es sich auf folgende Personen und deren Familien: den

Elisabeth zur Lippe, Rückkehr auf Schloss Schwarzburg
Bleistiftzeichnung, 1857   *TLMH Fotoarchiv*

August Wilhelm Julius Ahlborn, Schloss Schwarzburg, Öl auf Leinwand, 1826
*Niedersächsisches Landesmuseum, Landesgalerie, Hannover, Inv.-Nr.: PNM 584*

Tiergärtner (in einem dem Schloss vorgelagerten und 1843 abgerissenen Gebäude[43]), den Burgvogt[44] (Burgvogtei im Torgebäude), den Schlossprediger und die Schließerin[45] (Stallflügel), den Zuchthausarzt (im Leutenberger Flügel bis zum Wegfall der Stelle im Jahre 1825), den Büchsenmacher bzw. Zeughausverwalter (im Erdgeschoss des Seitentraktes des Kaisersaalgebäudes), den Zuchthausmeister (im Erdgeschoss des Zuchthausgebäudes bis zum Wegfall der Stelle im Jahre 1825) sowie den Hausknecht[46] (vermutlich im Bereich Stallflügel) und den Gartenknecht[47] (ab 1828 Wohnung im ehemaligen Zuchthausgebäude).

Die Hinweise auf das Baugeschehen in und um das Schwarzburger Schloss beschränken sich für die Jahre nach 1815 meist auf notdürftig ausgeführte Reparaturen. Abgesehen vom Abriss einiger Gebäude und der schon erwähnten Einrichtung eines Gartensalons unterhalb des Kaisersaales sind nur noch wenige Ereignisse erwähnenswert:

1822 Eine neu entdeckte Quelle am nördlich gelegenen Tännich wird gefasst und Röhren zum Brunnen gegenüber dem Wachgebäude geleitet.[48]

1832 Der Sammelbehälter für die Wasserversorgung von der südlich gelegenen Schabsheide wird erneuert.

1834 Für die Schlosskirche wird eine neue Orgel von MENGER aus Paulinzella erworben.[49]

1835 Das Zeughaus erhält statt Holzschindeln eine Schieferdeckung.

1838 Das »Schweizer Haus« entsteht als Wohnung für den Tiergärtner (siehe Abb.).

1844 Der Eberstein wird als Jagdaufenthalt erbaut.

1848 Der Tiergarten am Wurzelberg wird aufgelöst.

1860 Die Justizämter Königsee und Oberweißbach lagern Aktenbestände in Keller des Hauptgebäudes ein. Aufgrund des Platzbedarfs für dieses Archiv werden zentnerweise alte schwarzburgische Aktenbestände vernichtet.[50]

1863 Das ehemalige Zuchthausgebäude wird als Forstamtswohnung umfunktioniert.[51]

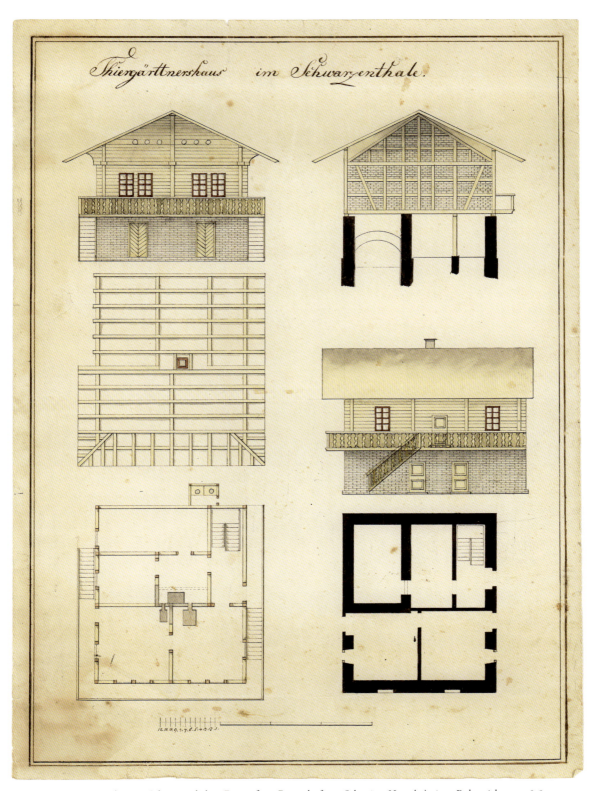

»Thiergärttnershaus im Schwarzenthale«, Entwurf von Beyersdorf zum Schweizer-Haus, kolorierte Federzeichnung, 1838
ThStAR, Zeichnungssammlung Schloss Schwarzburg, ohne Nr.

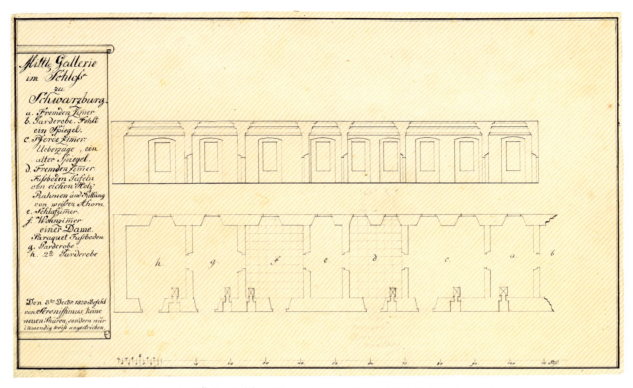

Die Räume im südlichen Teil des 2. Obergeschosses im Hauptgebäude, Federzeichnung, 1833
ThStAR, Karten, Pläne und Risse Nr. 1870

1865 Eine Kopie des Grabmals von Graf GÜNTHER XXI. VON SCHWARZBURG-ARNSTADT (1304 – 1326 – 1349) aus dem Frankfurter Dom entsteht im Auftrag des Rudolstädter Fürstenhauses.[52]

1866 Reparaturen an den äußeren Umfassungsmauern, an der »Kaisersaalgallerie«, im Kaisersaal und im Gartensalon. Holzschindeldächer an Wirtschaftsgebäuden werden durch Dachschiefer ersetzt.[53]

Zwei erhaltene Bauzeichnungen verweisen auf geplante Umbauten, die im Bereich des Kaisersaalgebäudes und im Hauptgebäude vorgenommen werden sollten. Ob diese realisiert wurden, lässt sich heute allerdings nicht mehr feststellen. Eine der Zeichnungen aus dem Jahre 1838, zugleich die früheste bildhafte Darstellung des Kaisersaales[54], zeigt dessen Grund- bzw. Aufriss und könnte auf eine Neuverlegung von Parkett hindeuten (siehe Abb.). Auf der anderen Arbeit aus dem Jahr 1833 ist erstmals ein Grund- und Aufriss des zweiten Obergeschosses des Hauptgebäudes überliefert (siehe Abb.).[55] Die Zeichnung zeigt Standorte der Öfen und enthält Anweisungen über die Neuverlegung von Parkett und den Neuanstrich mit weißer Farbe von Rahmen, Füllungen und Türen.

Gleichzeitig bietet sie einen verlässlichen Überblick zum Standort des Pferdezimmers und weiterer Räume, die als »Fremdenzimmer« genutzt wurden. Zur Anordnung der unmittelbar darunter gelegenen fürstlichen Wohnräume haben sich leider keine vergleichbaren Unterlagen auffinden lassen.

Die seit Jahrzehnten ungeklärte Frage, inwieweit der Staat Schwarzburg-Rudolstadt den dringend notwendigen Bauunterhalt des Schlosses absichern könne, fand erst 1853 eine Klärung. Zur Entlastung der »Fürstlichen Hofkasse«[56] war ein spezieller »Hofbaufonds« eingerichtet worden, der auf Staatskosten die schrittweise Sanierung aller herrschaftlichen Bauten ermöglichen sollte. Schloss Schwarzburg gehörte per Staatsgrundgesetz vom 22. März 1854 zum »Fürstlich Schwarzburg-Rudolstädtischen Hausfideikomissvermögen (Kammergut)« und blieb als vererbbares Privatvermögen in Verwaltung staatlicher Behörden.[57] Für diese Grundsatzentscheidung hatte es in Schwarzburg-Rudolstadt jahrzehntelanger Überlegungen bedurft, und es sollten noch etliche Jahre vergehen, bis sich sichtbare Wirkungen in Schwarzburg zeigten. Noch fehlte es an aussagefähigen Grundrissen wie auch aktuellen Zustandsbeschreibungen der Bau-

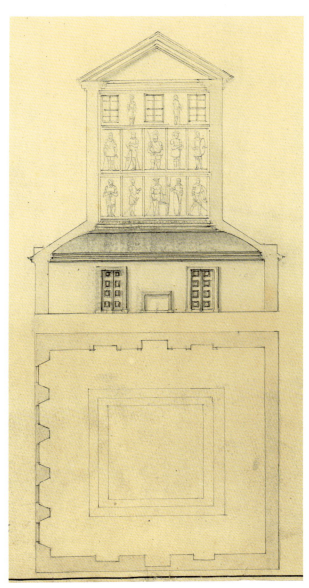

Grund- und Aufriss des Kaisersaales, Federzeichnung, 1838
*ThStAR, Karten, Pläne und Risse Nr. 1871*

men für Schwarzburg auf ähnlichem Niveau und deckten gerade einmal den dringendsten Reparaturbedarf. Von Investitionen konnte keine Rede sein.

Da Fürst FRIEDRICH GÜNTHER durchaus entscheidenden Einfluss auf die Gewichtung des neuen »Hofbaufonds« hatte, kann angesichts der oben benannten Summen nur davon ausgegangen werden, dass Schloss Schwarzburg eine untergeordnete Rolle als temporärer Jagdaufenthalt spielte.

Lediglich die Schlosskirche Schwarzburg wurde noch einmal ein wichtiger Bezugspunkt in seinem Leben. Seit nahezu einhundert Jahren hatten hier keine fürstlichen Hochzeiten mehr stattgefunden.[60] Doch völlig überraschend und noch dazu unstandesgemäß verehelichte sich ausgerechnet in Schwarzburg der mittlerweile 67jährige Fürst am 24. September 1861 mit der 20jährigen MARIE (1840 – 1909), Tochter des »Kreisphysikus« Dr. SCHULTZE aus Insterburg. Abgeschirmt von der Öffentlichkeit fand die Trauung in Abwesenheit seiner Familie und des brüskierten Rudolstädter Hofes statt.

# 1867 – 1869

Schloss Schwarzburg während der Regierungszeit des Fürsten ALBERT VON SCHWARZBURG-RUDOLSTADT

Nach dem Ableben FRIEDRICH GÜNTHERS VON SCHWARZBURG-RUDOLSTADT im Jahre 1867 gelangte dessen Bruder ALBERT VON SCHWARZBURG-RUDOLSTADT (1798 – 1867 – 1869)[61] an die Regentschaft. In nur zwei Regierungsjahren hatte Fürst ALBERT, bereits 69 Jahre alt und von Krankheit gezeichnet, wohl kaum persönliche Akzente in Hinblick auf Schloss Schwarzburg gesetzt. Bezüglich des Bauunterhaltes und der Ausstattung des Schlosses fielen jedoch in seiner Zeit wichtige Entscheidungen.

Nur wenige Wochen nach dem Tode FRIEDRICH GÜNTHERS machte sich der ganze angestaute Unmut über den Zustand der schwarzburgischen Schlösser bemerkbar. In einem mit erstaunlich deutlichen Worten verfassten Brief des Hofmarschallamtes schrieb der Kammerherr und 1. Flügeladjutant des Fürsten, ANTON VON HUMBRACHT (1834 – 1896), am 19. November 1867 an das Fürstliche Ministerium Rudolstadt: »... dass fast seit 30 Jahren [...] so gut wie Nichts für das Innere der Schlösser etc. geschehen, ja kaum dessen Verfall aufzuhalten

substanz, die eine Berechnung des Investitionsbedarfs ermöglichten.

Die »Spezial-Rechnungen der Fürstlichen Hauptlandeskasse, Ressort des Fürstlichen Finanzcollegiums Bauwesen«[58] machen jedoch deutlich, dass in den Folgejahren die Heidecksburg ein Großteil der stets zu geringen Summen verschlang und Schloss Schwarzburg weiterhin nur stiefmütterlich behandelt wurde. So betrugen die Ausgaben im Jahre 1856 für die Heidecksburg 12 096 Gl., für Schwarzburg jedoch nur 1 301 Gl.[59] In den Jahren zwischen 1859 und 1867 bewegten sich die Sum-

August Bauermeister, Die Gebäude des südlichen Schlossbereiches, kolorierte Federzeichnung, um 1860
ThStAR, Bauamt Rudolstadt Nr. 1253

versucht worden ist.« Die finanziellen Mittel des bisherigen »Hofbaufonds« erwiesen sich als viel zu niedrig. Mit der Einrichtung eines »außerordentlichen Schlossbau-Etats« könne es aber gelingen »... alle Fürstlichen Etablissements in einen Stand zu setzen, der einfach aber anständig genannt werden, der den, die hiesige Gegend so häufig besuchenden Fremden kein mitleidiges Lächeln mehr abzwingen, oder diesen gar Veranlassung zu spöttelnden Bemerkungen geben soll. [...] Es würde gerade zu an Vandalismus grenzen, wollte man die vorhandenen Kunstwerke nicht wieder in ihren ursprünglichen Zustand versetzen, sondern dieselbe noch mehr verkommen lassen.«[62]

Der Bericht schließt mit dem Vorschlag, zunächst einen Sonderetat von 73 900 Rthlr. bereitzustellen. Auch an die offensichtlich unmotivierten Bediensteten wurde in diesem Schreiben gedacht. Trotz enorm gestiegener Lebenshaltungskosten bekäme die gesamte fürstliche Dienerschaft das gleiche ärmliche Gehalt wie vor 30 Jahren, nämlich jährlich 19 848 Gl. Eine Vorschlagsliste für Gehalts- bzw. Pensionserhöhungen wurde beigefügt.[63]

Noch im selben Jahr lieferte Regierungs- und Baurat RUDOLF BRECHT (1826 – 1912) eine Übersicht, die den Investitionsbedarf der einzelnen Schlösser auflistete.[64] Im Falle Schwarzburgs war die Bilanz erschreckend. BRECHTS Zustandsbeschreibungen und Vorschläge können hier nur stichpunktartig wiedergegeben werden: Fürstengruft (Mauerfraß, herabfallender Putz, Fäulnis); Schlosskirche (Wandputz zerstört, Fenster verfault, Fußboden versackt, Bänke verfallen); Küche, Wasch-, Back- und Plättstube, Silberkammer, Scheuerküche (desolate Fenster, Türen und Fußböden); Leutenberger Flügel mit Wohnungen und Konditorei (Renovierung aller Zimmer); Kaisersaal (neue Zugangstreppe, Reparatur Kamine, neue Fenster); Galerie zum Kaisersaal (neue Fenster und Türen); Wohnräume des Hauptgebäudes (Reparaturen

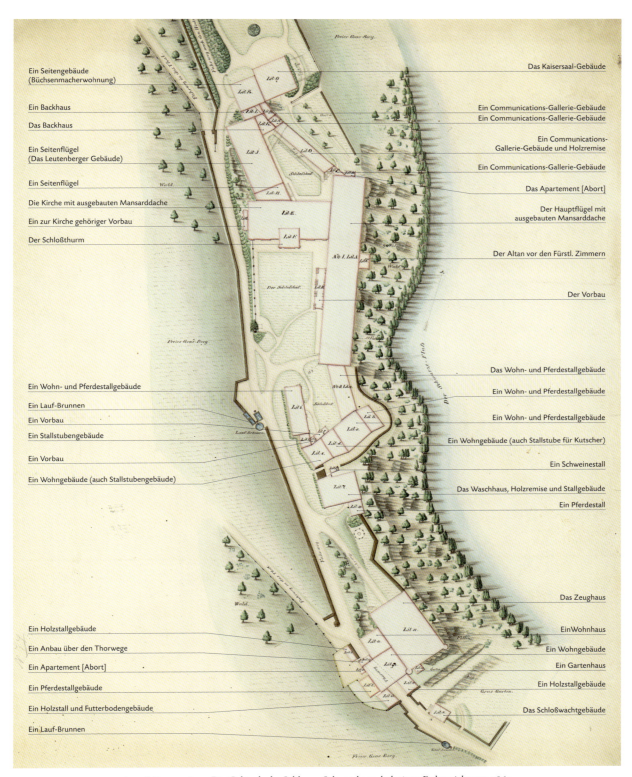

August Bauermeister, Die Gebäude des Schlosses Schwarzburg, kolorierte Federzeichnung, 1860
ThStAR, Zeichnungssammlung Schloss Schwarzburg, ohne Nr., angefertigt für eine Bestandserfassung zum Abschluss einer Gebäudeversicherung
(die dazugehörige Akte mit der hier zitierten Beschreibung der Bauten befindet sich in: ThStAR, Bauamt Rudolstadt Nr. 1253)

der Fenster und Türen, neue Gardinen bzw. neue Innendekoration, Restaurierung der Gemälde, Aufpolieren der Möbel); Festsaal (neue Buffets sowie Anbringung eines Spiegels über dem Kamin); Silberzimmer (Neuversilbern der Möbel); Pferdezimmer (Restaurierung der 246 Pferdebilder).

Die Auflistung, die zugleich interessante Nutzungshinweise für die Räume bietet, fährt im Bereich der Stallflügel und des Kastellangebäudes fort: Stallflügel (Räume für die »Fürstlichen Kinder« im Obergeschoss, Fenster und Möbel sind zu reparieren); Badestube (versackter Fußboden); Reitknechtszimmer, Plättstube, Kavalierszimmer, Kastellanswohnung (Fenster desolat, neue Betten und Möbel); Bettmeisterei (»alles reparieren«); Pfarrerwohnung (»total verfallen«); Stall für Reitpferde (»sieht bauerisch aus«); Stall für Kutschpferde (neu zu verputzen); Sattelkammer und Kutscherstube (stark reparaturbedürftig). Das Torgebäude wird nicht erwähnt.

Am Ende der Übersicht betonte BRECHT ausdrücklich, dass Schloss Schwarzburg insbesondere an »... der fast überall vortretenden Nässe, die sehr bedenklichen Mauerfraß erzeugt hat ...« litt und veranschlagte für die oben aufgeführten notwendigsten Reparaturen zunächst die Summe von 9 000 Rthlr.

Anfangs schien der Investitionsplan aufzugehen. Der Landtag von Schwarzburg-Rudolstadt genehmigte für den Erhalt der schwarzburgischen Schlösser die Summe von 50 000 Rthlr. für das Jahr 1868. Davon sollten 10 500 Rthlr. für neue Möblierung, 37 200 Rthlr. für Reparaturen und Dekorationen sowie 2 300 Rthlr. für die Erneuerung des gesamten Marstalles ausgegeben werden. Fürst ALBERT war zudem bereit, die bisher angesparten Kapitalien, die eigentlich für einen Theaterneubau in Rudolstadt vorgesehen waren, für den Schlössererhalt zu verwenden.[65] Die Mittel wurden zuerst für Arbeiten auf dem Residenzschloss Heidecksburg eingesetzt und ließen das Budget merklich schrumpfen. Als im Jahre 1868 außerdem standesgemäße Wohnräume für Besuche des frisch vermählten großherzoglichen Paares – MARIE (1850 – 1922), geb. VON SCHWARZBURG-RUDOLSTADT, und FRIEDRICH FRANZ II. VON MECKLENBURG-SCHWERIN (1823 – 1842 – 1883) – in der Heidecksburg und der Schwarzburg eingerichtet werden mussten, waren alle Finanzplanungen hinfällig und der Etat drastisch überzogen.

Archivalisch überlieferte Unterlagen zum »Schlossbau-Etat« weisen zwar Abrechnungen einzelner Handwerker aus, geben aber in der Regel keinen Hinweis darauf, ob diese Arbeiten auf der Heidecksburg oder der

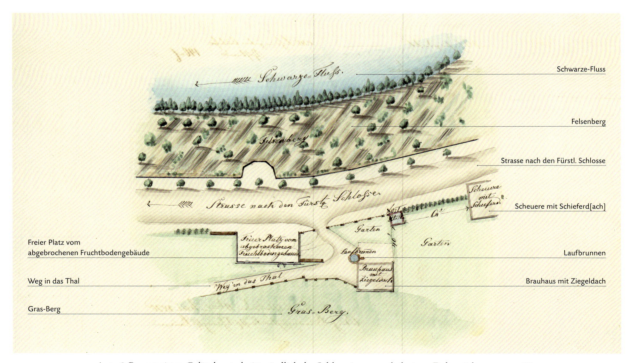

August Bauermeister, Geländeausschnitt nördlich des Schlosseinganges, kolorierte Federzeichnung, um 1860
ThStAR, Bauamt Rudolstadt Nr. 1253

Richard Schinzel, Schwarzburg, Bleistiftzeichnung, weiß gehöht, um 1850   *TLMH Gr. 858/66*

Schwarzburg ausgeführt wurden. Nur wenige Maßnahmen können somit eindeutig Schloss Schwarzburg zugeordnet werden:

1867 Erneuerung der Röhrenleitung zum »Wachtbrunnen« vor dem Schloss. Reparatur von Stützmauern im hinteren Hof. Neuer Gips-Estrich auf den Galerien im Hauptgebäude.[66]

1868 »Restaurierung der Zimmer in Schwarzburg«[67]. Neues Geländer im Haupttreppenhaus Glaser- und Schlosserarbeiten im Fest- und Kaisersaal.

1869 Statische Absicherung des am Berghang gelegenen Waschhauses. Neue Eisengeländer an den Umfassungsmauern. Lieferung von vergoldeten Türgarnituren. Abrechnung von Dekorationsarbeiten (Gardinen, Möbelbezugsstoffe u. ä.) für Zimmer des Hauptgebäudes.[68] Kurzzeitige Aufstellung der Dioskurenköpfe im Kaisersaal.[69]

Staatsminister JAKOB HERMANN VON BERTRAB (1818–1887) bilanzierte 1869 ernüchtert, dass die bisher veranschlagten Summen mit Mühe für die Neuausstattung der Heidecksburg ausreichten. Für Schloss Schwarzburg müssten ab 1869 unbedingt zusätzliche Mittel eingeplant werden, da die in den drei Jahren zuvor jeweils ausgegebenen 1000 bis 2500 Gl. völlig unzureichend wären.[70] Selbst eine »angemessene« luxuriöse Ausstattung der Innenräume der fürstlichen Schlösser wurde ab 1869 als wünschenswert angesehen und sei auf Staatskosten durch den Hofbaufonds zu finanzieren.[71]

Leider haben sich keine konkreteren Angaben oder gar bildliche Überlieferungen zur beginnenden Neuausstattung des Inneren von Schloss Schwarzburg erhalten. Fürst ALBERT verstarb am 26. November 1869, so dass alle weiteren Umgestaltungsarbeiten seinem Sohn GEORG vorbehalten blieben.

Blick auf Schloss Schwarzburg, Photographie von Eduard Lösche, Rudolstadt, vor 1886   *TLMH Fotoarchiv*

## 1869 – 1890

### Schloss Schwarzburg während der Regierungszeit des Fürsten GEORG VON SCHWARZBURG-RUDOLSTADT

FÜRST GEORG ALBERT VON SCHWARZBURG-RUDOLSTADT (1838 – 1869 – 1890)[72] orientierte sich nach seinen Studienzeiten in Bonn und Göttingen auf eine militärische Laufbahn. Im Jahre 1859 in die preußische Armee eingetreten, führte ihn seine Karriere vom noblen Kürassier-Regiment *Garde du Corps* bis zum Rang eines Generalmajors der Kavallerie. Als sein Vater ALBERT verstarb, gelangte Georg in die Regierungsnachfolge und musste die erhoffte Laufbahn als kommandierender General aufgeben. Eine geordnete Übernahme der Regierungsgeschäfte war aber zunächst kaum möglich, da GEORG am Deutsch-Französischen Krieg 1870/71 teilnahm. Die Kaiserproklamation des Königs WILHELM I. VON PREUSSEN (1797 – 1888) am 18. Januar 1871 im Schloss zu Versailles, bei der er selbst anwesend war, gehörte zu seinen persönlichen Sternstunden.

Seit der Gründung des Deutschen Kaiserreiches hatte Fürst GEORG in Schwarzburg-Rudolstadt mehr zu repräsentieren als zu regieren. Er engagierte sich verstärkt für Kunst und Denkmalpflege und fand genügend Freiräume, um seiner Jagdleidenschaft nachzugehen sowie seine Kunst- und Waffensammlungen zu erweitern. Die unter der Regierung seines Vaters begonnenen, aber immer wieder ins Stocken geratenen Umbauarbeiten am Schloss Schwarzburg wurden trotz Abwesenheit des Fürsten GEORG weitergeführt.[73] Nach der überraschenden Bekanntgabe seiner Verlobung im Mai 1871 mit MARIE VON MECKLENBURG-SCHWERIN (1854 – 1920) mussten sich wiederum alle Investitionen auf die Heidecksburg konzentrieren. Hier war mit großem finanziellem Aufwand und in höchster Eile eine komplette Zimmerflucht für das zu erwartende Fürstenpaar einzurichten.

Als noch im selben Jahre die Verlobung aufgelöst wurde, waren die Räume bereits fertiggestellt, was im Landesetat mit 23 000 Rthlr. Schulden zu Buche schlug.

Im Schwarzburger Schloss dürften zu diesem Zeitpunkt die Umgestaltungsarbeiten weitgehend abgeschlossen gewesen sein. Unter Leitung des Baurates RUDOLF BRECHT waren gravierende Eingriffe in die noch immer in Teilen vorhandenen barocken Raumfassungen vorgenommen worden. Dies galt insbesondere für den Kaisersaal wie für die fürstlichen Wohnräume im ersten Obergeschoss des Hauptgebäudes. Sie waren jetzt im Stil der Neurenaissance ausgeführt, während im zweiten Obergeschoss – vorrangig für Gäste des Hauses reserviert – das traditionelle Erscheinungsbild des Barock bzw. Rokoko belassen wurde. Photographien der Jahre um 1890 zeigen Festsaal und Pferdezimmer noch immer in den Raumfassungen des 18. Jahrhunderts. Ebenso blieben in den benachbarten Räumen, im Gegensatz zu den fürstlichen Wohnräumen, die aus derselben Zeit stammenden Stuckdecken erhalten. Mobiliar und Innendekoration entsprachen dagegen dem Zeitgeschmack von 1870.

Leider sind in den Rauminventaren dieser Zeit die fürstlichen Wohnräume ausgeblendet worden. Aber die wenigen erhaltenen Photographien aus den Jahren vor 1890 (siehe Abb. S. 226) erlauben durchaus einen Eindruck vom Stilempfinden dieser Epoche. In den Wohnräumen des Fürsten waren alle Erinnerungen an das Barockzeitalter getilgt. Die gesamte Neuausstattung huldigte jetzt einem Eklektizismus, der sich ganz am Renaissancestil des 16. Jahrhunderts orientierte. Die hölzernen Wandverkleidungen und architekturbezogenen Türeinfassungen wurden von wuchtigen Sitzgruppen mit reichlich Plüsch und Samt, klobigen Buffetriesen, schweren Teppichen und Gardinen ergänzt. Da jede freie Wandfläche der Anbringung von historischen Waffen zu dienen hatte, wirkt die gesamte Innendekoration aus heutiger Sicht völlig überladen. Lediglich ein einziges Gemälde ist im Salon zu erkennen. Dabei handelt es sich um das Porträt der Gattin des Dr. JOHANN STEPHAN REUSS von LUCAS CRANACH D. Ä. (1472 – 1553) aus dem Jahre 1504, das sich heute in der Gemäldegalerie der Staatlichen Museen zu Berlin befindet.[74] Die reichlich vorhandenen Stellflächen wurden genutzt, um Fayencekrüge und Gläser aus der Sammlung des Fürsten zu präsentieren. Unter der Dekorationswut von GEORG hatte insbesondere die Zeughaussammlung zu leiden, da

Blick vom oberen Ort Schwarzburg auf das Schloss, Photographie von Eduard Lösche, Rudolstadt, vor 1886   *TLMH Fotoarchiv*

*Salon des Fürsten Georg von Schwarzburg-Rudolstadt (1. Obergeschoss, Raum 12, vgl. Grundriss S. 256)    TLMH Fotoarchiv*

er Hunderte von Objekten als willkommene Schaustücke für die schwarzburgischen Schlösser entnehmen ließ.[75] Andererseits war es GEORG besonders wichtig, dass im Zeughaus eine ›Trophäe‹ aus Beutestücken des Deutsch-Französischen Krieges errichtet wurde. Die französischen Waffen erbat er vom Kaiser, um auch in Schwarzburg ein ›Memorial zur Erinnerung an die größte Zeit Deutschlands‹ zu errichten.[76]

Als nahezu exemplarisch für das veränderte Stilempfinden nach der Gründung des Zweiten Deutschen Kaiserreiches und für die inszenierte Selbstdarstellung der schwarzburg-rudolstädtischen Dynastie kann die Umgestaltung des Kaisersaales bezeichnet werden. Bereits 1869 waren aus statisch-konstruktiven Gründen am einsturzgefährdeten Laternenbereich und Dachaufbau des Kaisersaalgebäudes Sicherungsarbeiten durchgeführt worden.[77] Da das Gebäude eingerüstet war, konnte die völlige Neugestaltung im Inneren folgen. Das bisherige Bildprogramm[78] aus der Zeit nach 1710 wurde jetzt als ›unkünstlerisch‹ empfunden, und es hing zudem einem Reichsgedanken an, der spätestens im Jahre 1806, mit dem Untergang des ›Heiligen Römischen Reiches deutscher Nation‹, sein Ende gefunden hatte. Also wurden kurzerhand alle 48 lebensgroßen Kaiserporträts in der Laterne überdeckt und die Kaisermedaillons in der Voute übertüncht. Ungeachtet einer möglichen Erhaltung oder gar Restaurierung des kulturhistorisch bedeutsamen Saales wurde gewaltsam eingegriffen, um eine Neueinrichtung im Stile ›altdeutscher‹ Neurenaissance zu ermöglichen.

Der schwarzburg-rudolstädtische Hofmaler RUDOLPH OPPENHEIM (1828–1898) erhielt den Auftrag, je ein überlebensgroßes Kaiserporträt für die vier Wände der Laterne anzufertigen.[79] Die Auswahl fiel auf KARL DEN GROSSEN (747?–814), HEINRICH I. (876–936), FRIEDRICH I. BARBAROSSA (1122–1190) und GÜNTHER XXI. VON SCHWARZBURG-ARNSTADT (1304–1326–1349).[80] Heute nimmt man amüsiert zur Kenntnis, dass der Maler den Auftrag hatte, diesen Persönlichkeiten die Gesichtszüge von Rudolstädter Fürsten des 19. Jahrhunderts zu verleihen (siehe Abb. S. 229).[81] Im Saal unterhalb der Laterne schilderte ein etwa 1,10 m hoher Wandfries wichtige Ereignisse aus der schwarzburgischen Geschichte. Diese ganz einem schwärmerischen Historismus verpflichtete Bildfolge von OPPENHEIM beschäftigte sich in Text- und Bildfeldern mit »Herzog von Alba

Der Kaisersaal, Photographie, um 1900  *TLMH Fotoarchiv*

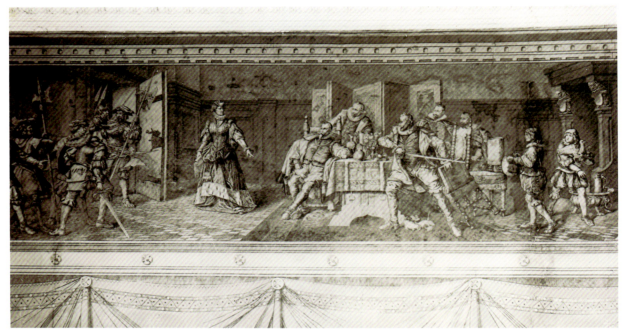

Rudolph Oppenheim, »Herzog von Alba auf dem Schlosse zu Rudolstadt«, Detail aus dem Wandfries im Kaisersaal
Photographie von Willy Lösche, Rudolstadt, 1940   *TLMH Fotoarchiv*

auf dem Schlosse zu Rudolstadt« (siehe Abb.), »Königswahl und Einzug Kaiser Günthers in Frankfurt«, »Kaiser Heinrich der Finkler« und »Kaiser Friedrich I. Barbarossa im Kyffhäuser«. Zwei Motive waren Allegorien auf »Nährstand und Industrie« sowie auf »Lehrstand und Wehrstand«. Die rein naturalistisch, ohne tiefschürfende künstlerische Ambitionen vorgetragenen Geschichten scheinen Fürst GEORG überzeugt zu haben; Hofmaler OPPENHEIM durfte sich ab 1871 als »Fürstlichen Rat« bezeichnen.

Die bisher in der Literatur getroffene Aussage, dass die Neugestaltung des Saales bereits 1869 abgeschlossen war[82], lässt sich anhand der archivalischen Überlieferung nicht bestätigen. Zwar fehlen in den Akten Aussagen zu OPPENHEIMS künstlerischer Tätigkeit im Kaisersaal völlig, aber die Bauabrechnungen[83] zeigen deutlich, dass die Arbeiten am Saal frühestens 1871 vollendet waren. Zwischen 1871 (Wände, Fenster und Türen im Kaisersaal erhielten einen Neuanstrich, die noch vorhandenen Türen zum abgetragenen Westtrakt wurden vermauert) und 1875 (Arbeiten in den unmittelbar benachbarten Fluren und Treppenhäusern) fanden noch abschließende Bautätigkeiten statt. Der im Inventar von 1860 erwähnten Nutzung des Kaisersaales als Billardzimmer folgte nun seine neue Funktion als Speisesaal. Neu waren die farbigen, in Blei gefassten Glasmalereien für die Fenster und eine zentrale Sitzgruppe für acht bis zehn Personen.[84] Auf den Buffets und Kaminaufsätzen konnten jetzt ausgewählte kunsthandwerkliche Stücke aus dem schwarzburgischen Familienbesitz präsentiert werden, welche die Bedeutung des Saales als »Schauraum« zur schwarzburgischen Geschichte unterstrichen.

Auch der Garten vor dem Kaisersaalgebäude erfuhr 1870 durch einen neuen Brunnen mit Fontäne eine Verschönerung.[85] Mit der Sanierung der Fassaden am Hauptgebäude und an der Schlosskirche zwischen 1871 und 1873 fand die Aufwertung der gesamten Schlossanlage einen vorläufigen Abschluss.[86] Die Farbfassung in einem dunklen Rot löste das bisherige Weiß ab.[87]

Über den erbärmlichen Zustand der Schlosskirche und der darunter befindlichen Familiengruft ist bereits im Jahre 1867 geschrieben worden. Obwohl es kaum bildhafte Überlieferungen des gesamten Sakralraumes gibt, scheint dieser sich noch ganz im Zustand des 18. Jahrhunderts befunden zu haben. Erst im Jahre 1883 / 84 wurde die Kirche einer umfassenden Erneuerung unterzogen. Auch dafür hatte RUDOLF BRECHT die Bauleitung, und aus seiner Sicht war es konsequent, alle Spuren des Barock und Rokoko zu tilgen. An der östlichen Stirnseite ließ er einen Baldachinaltar einbauen und entfernte die Kanzel aus der Zeit um 1738 ebenso wie die flankierende Balustrade (siehe Abb. S. 125).[88]

Lediglich die Glocke des Rudolstädter Glockengießers JOHANNES FEER (1688–1758) aus dem Jahre 1738 wurde belassen und erinnerte an den Vorgängerbau.[89] Die Neueinrichtung war innenarchitektonisch wenig überzeugend und hinterließ einen weitgehend schmucklosen sakralen Raum, der nur durch neue farbige Glasmalereien an den Fenstern belebt wurde. Mit dem Einbau eines neuen Instrumentes des Rudolstädter Orgelbauers CARL LÖSCHE (1842–1919)[90] verband sich die Hoffnung auf eine Verbesserung der bisher miserablen Akustik. Dieser Wunsch des Fürsten GEORG kostete noch einmal 14 665,92 M.[91] Die feierliche Weihe der neu gestalteten Kirche fand am 12. Oktober 1884 statt.[92]

Dies waren die bislang bedeutsamsten Umbauten des 19. Jahrhunderts, die zumindest in einigen Bereichen des Schlosskomplexes den eingetretenen Verfall stoppten.

Das Kaisersaalgebäude
(die farbige Fassung des 18. Jh. wurde hell übertüncht)
Photographie von Eduard Lösche, Rudolstadt, vor 1870
*TLMH Fotoarchiv*

Rudolph Oppenheim, Fürst Georg als König Günther XXI.
Photographie nach dem seit 1940 verschollenen Gemälde
*TLMH Fotoarchiv*

Darüberhinaus sind noch folgende ausgewählte Baumaßnahmen bzw. Ereignisse zu erwähnen:

1873 Neuer Wasseranschluss für den Schlossbereich von der Schabsheide; auf die Leitung vom Tännich wird verzichtet.[93]

1874 Bau eines neuen Eishauses.[94]

1876 Das herrschaftliche Brauhaus kauft auf Abriss Gastwirt HÜBNER vom *Weißen Hirsch*.[95] Die Gewölbe im Erbbegräbnis erhalten einen neuen Putz.[96]

1880 Der hölzerne Wassertrog auf dem Schlosshof wird entfernt.[97]

1881 Beginnende Projektierungsarbeiten für einen Eisenbahnanschluss Schwarzburgs.[98] Fürst GEORG verhindert die Streckenführung durch das Schwarzatal.

1884 Zuarbeiten zur Geschichte des Schlosses Schwarzburg und seiner Kunstwerke für LEHFELDTS *Bau- und Kunstdenkmäler Thüringens*.[99]

1885 Sicherungsarbeiten am Portikus des Hauptgebäudes.[100]

1886 Pläne für eine neue Giebelgestaltung am Hauptgebäude im Stil der Renaissance werden nicht realisiert (siehe Abb.).[101] Treppenhaus und Fürstengalerie erhalten einen grüngrauen Anstrich, den Sockelbereich der Wände ziert ein »Teppichmuster«.[102]

1887 Der Ausbruch der Rotzkrankheit führt zur Vernichtung des Pferdebestandes, der gesamte Stallbereich muss saniert und neue Pferde angekauft werden.[103] Das Lieblingspferd des Fürsten wird präpariert und findet im Zeughaus Aufstellung. Einweihung des »Löwenbrunnens« vor dem Schlosstor. Gründung des Schwarzburgbundes als Zusammenschluss von Studentenverbindungen.[104]

1888 Der »Abtritt« auf der Südseite des Hauptgebäudes löst sich.[105]

Fürst GEORG blieb Zeit seines Lebens unverheiratet, wenn auch nicht kinderlos. Die neu gestalteten Räume auf Schloss Schwarzburg nutzte er demzufolge weitgehend allein als Ausgangspunkt für zahlreiche Jagdausflüge in den Schwarzburger Tiergarten oder nach Paulinzella. Seine Eltern waren bereits verstorben, und lediglich seine Schwester ELISABETH ZUR LIPPE (1833 – 1896) war ein gern gesehener Gast. Ihrem Zeichentalent verdanken wir einige der wenigen Ansichten vom Inneren des Schlossbereiches zu dieser Zeit (siehe Abb. S. 215). Die Anzahl des auf dem Schlosse wohnenden Dienstpersonals[106] war im Vergleich zu GEORGS Vorgänger nicht wesentlich erhöht worden und schien für die Wochen seiner Jagdaufenthalte ausreichend, zumal als Alternative das aparte Hotel *Weißer Hirsch* zur Verfügung stand. Hier schien er weitaus häufiger den Wohn- und Bedienungskomfort gefunden zu haben, der seinen Ansprüchen genügte.[107]

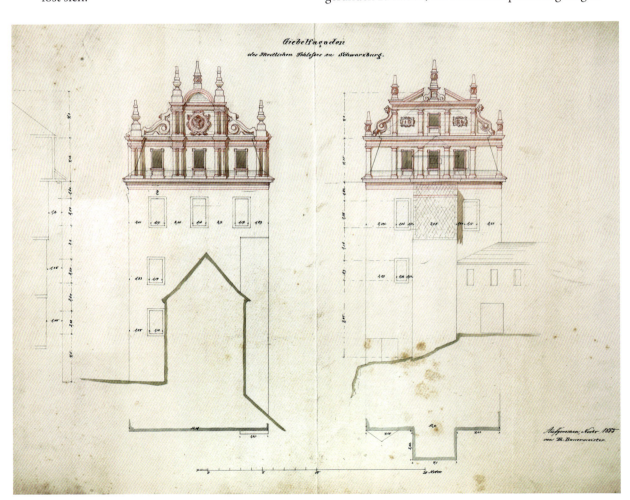

Theodor Bauermeister, Entwurf für eine nicht realisierte Neugestaltung der Giebelfassaden des Hauptgebäudes im Stil der Renaissance
kolorierte Federzeichnung, 1885  *TLMH Bz. 379*

Schwarzburg, Chromolithographie aus: Eduard Walther, Geographische Charakterbilder, Eßlingen 1891   *TLMH Gr. 6/96*

## 1890 – 1918

### Schloss Schwarzburg während der Regierungszeit des Fürsten Günther von Schwarzburg-Rudolstadt

Fürst Günther Victor von Schwarzburg-Rudolstadt (1852 – 1890 – 1918 – 1925)[108] heiratete am 9. Dezember 1891 in Rudolstadt Anna Luise von Schönburg-Waldenburg (1871 – 1951). Nachdem sie bereits ihre lediglich viertägigen ›Flitterwochen‹ in Schwarzburg verbracht hatten, sollten beide bis an ihr Lebensende eine ausgesprochene Vorliebe für diesen Ort entwickeln. Zu keinem anderen Zeitpunkt der vorausgegangenen 150 Jahre investierte hier ein Schwarzburger Fürst so umfassend und kostspielig wie in den Jahren nach 1891. Zwar wurden die Gebäude in ihrer historisch gewachsenen Struktur belassen, aber im Inneren wurden alle Segnungen, die der industrielle Fortschritt in Form von elektrischer Beleuchtung oder Telefon mit sich brachte, möglichst schnell übernommen.[109]

Wie sich in den folgenden Jahren herausstellen sollte, kamen die Abgelegenheit Schwarzburgs und die waldreiche Umgebung dem kränkelnden und öffentlichkeitsscheuen Günther sehr entgegen.[110] Schwarzburg wurde für ihn neben Schloss Rathsfeld der ideale Rückzugsort, um seinen künstlerischen Interessen nachzugehen, aber vor allem seiner exzessiven Jagdleidenschaft zu frönen. Somit entwickelte sich Schloss Schwarzburg zum sommerlichen Lebensmittelpunkt des Fürstenpaares, wo es weitgehend abgeschirmt von der Öffentlichkeit zeitgemäßes Wohnniveau mit fürstlichem Lebensstil verbinden konnte.

Unmittelbar nach der Hochzeit begannen – auch dank der Mitgift von Anna Luise – umfangreiche Umbauten und Neueinrichtungsmaßnahmen im Schloss. Das gesamte funktionale Umfeld, wie Küchen, Wasserleitungen, Toiletten und Heizungsanlagen, musste schnellstens auf

Blick auf Schwarzburg, Photographie von Eduard Lösche, Rudolstadt, um 1890   *TLMH Fotoarchiv*

den neuesten Stand gebracht werden. Auch stieg die Zahl des Dienstpersonals sprunghaft an, so dass entsprechende Räume benötigt wurden.[111] Die Gästezimmer im zweiten Obergeschoss des Hauptgebäudes waren für die reichlich vorhandene Verwandtschaft zu modernisieren und standesgemäß einzurichten.

Insbesondere zwischen 1891 und 1900 lässt sich anhand der archivalischen Überlieferung eine bisher nicht gekannte Intensität an Baumaßnahmen im Inneren des Schlosses nachweisen: Hunderte Quadratmeter Parkett wurden verlegt, und die untere Galerie erhielte ein durchgehendes Holzpaneel. Die kostspieligen Ausstattungsarbeiten der Zimmer übernahm in erster Linie die Münchener Firma *Theodor Gäbler. Tapeten. Teppiche. Möbelstoffe*, die sich mit dem Titel *Königlich Bayerischer Hoflieferant* und *Fürstlich Schwarzburgischer Hoflieferant* schmücken konnte.[112] Diese und andere Firmen hatten sich umgehend beworben, als die Verlobung des Fürsten öffentlich wurde und sich Großaufträge für die Neueinrichtung der fürstlichen Gemächer nicht nur in Schwarzburg, sondern auch für die Schlösser in Rudolstadt, Frankenhausen und Rathsfeld abzeichneten. Allein im Jahre 1891 kosteten die Dekorationsarbeiten in Schloss Schwarzburg 8 912,50 M.[113] Die erhaltenen Rechnungen belegen die luxuriöse Ausstattung mit kostbarem englischem Seidendamast, Leder- und Cretonnetapeten, Kelim-Dekorationen für die Fenster, orientalischen Teppichen, erlesenen Möbelbezugsstoffen und vergoldeten Bilderstangen. Eine besondere Vorliebe entwickelte Fürst GÜNTHER für Möbel, Leuchter und Bilderrahmen aus Hirschgeweihen, die in nahezu jedem Zimmer des Schlosses zu finden waren.

Für die Wohnräume des Fürstenpaares wurden zunächst die umlaufenden Paneele und die Türeinfassungen im Stil der Neurenaissance vom Vorgänger Fürst GEORG übernommen, aber die Zimmer durch neue Möbel, Tapeten und veränderte Plafondmalereien anders akzentuiert.[114] Die Photographien dieser Zeit zeigen eine Wohnkultur, die sich mit Speisesaal, Salon (siehe Abb.), Casino, Raucher- oder Herrenzimmer ganz an einem großbürgerlichen Lebensstil orientierte. Besonders augenfällig ist, dass die martialisch anmutenden Waffendekorationen nach dem Tode des Fürsten GEORG vollständig entfernt und zurück ins Zeughaus überführt wurden.

Salon des Fürsten Günther von Schwarzburg-Rudolstadt
(1. Obergeschoss, Raum 12 mit Blick in Raum 10, vgl. Grundriss S. 256)
*TLMH Fotoarchiv*

An deren Stelle befanden sich jetzt ausgewählte Gemälde, die meist den Depots der Heidecksburg entnommen und teils restauriert wurden. Günther hatte ein besonderes Interesse an historischen Gemälden und anderen kunsthandwerklichen Gegenständen, die im Zusammenhang mit der schwarzburgischen Geschichte standen. Um überhaupt einen Überblick zu bekommen, veranlasste er im Jahre 1898 die Auflistung sämtlicher Bildwerke aus seinem Besitz. Vorgelegt wurde das opulente vierbändige Werk von Hofrat Oskar Vater (1861–1954) unter dem Titel *Verzeichnis der in den Fürstlichen Schlössern befindlichen Gemälde*.[115] Außerdem entdeckte das finanzkräftige Fürstenpaar im Kunst- und Antiquitätenhandel zahlreiche neue Objekte und vergab selbst an Künstler Auftragswerke. Besonders gefragt waren Familienporträts und Ansichten des Schwarzburger Schlosses.[116]

Der Kaisersaal war nun endgültig geschichtsträchtige Kulisse für den neuen Speisesaal des Schlosses, wobei die künstlerische Umgestaltung des Jahres 1871 durch den Hofmaler Rudolf Oppenheim belassen wurde. Legendär blieb für die eingeladenen Gäste die Tischdekoration mit hohen Sektflöten und dem künstlerisch herausragenden Tafelschmuck, den Anna Luise von den *Schwarzburger Werkstätten für Porzellankunst* anlässlich des 60. Geburtstages von Günther im Jahre 1912 anfertigen ließ (siehe Abb.).[117] Zwei 1896 neu gemauerte dekorative Kamine[118] sorgten nicht nur für das entsprechende Wohlbefinden an kühlen Tagen, sondern

Der Kaisersaal mit Jagdtafelschmuck und Wappenstühlen, Photographie von Richard Zieschank, Rudolstadt, um 1925   *TLMH Fotoarchiv*

Links: Der Schwarzburgische Löwenkasten, Holz, mit Pergament überzogen, um 1230   *Germanisches Nationalmuseum Nürnberg*
Mitte: Der Schwarzburger Willkomm, Porzellanmanufaktur Meißen, 1749   *Klassik Stiftung Weimar*
Rechts: Der Schießbecher, Zinn, 1. Hälfte 17. Jh., Waffensammlung Schwarzburger Zeughaus, Ossbahr 1648   *Schlossmuseum Sondershausen Km 7*

Entwurf für die Durchgangstür vom Gartensalon in die Glasveranda des Kaisersaalgebäudes
kolorierte Federzeichnung der Firma Hartmann & Ebert Dresden, um 1902
*ThStAR, Zeichnungssammlung Schloss Schwarzburg, ohne Nr.*

Marie von Mecklenburg-Schwerin, Blick in die Galerie vor dem Kaisersaal, Aquarell, 1900
*Schlossmuseum Sondershausen, Inv.-Nr.: Kr. 27.2*

boten zugleich Gelegenheit auf den Simsen ›Reliquien‹ der schwarzburgischen Geschichte zu präsentieren. Dazu gehörten neben der *Goldenen Henne* (siehe Abb. S. 163 und 212) der *Schwarzburgische Löwenkasten*[119] (siehe Abb.), ein *Willkomm* aus Meißner Porzellan[120] (siehe Abb.), ein *Schießbecher* aus Zinn[121] (siehe Abb.), ein gläserner *Wappenhumpen*[122] sowie das sogenannte »Strafglas«[123]. An den Wänden standen die »Wappenstühle«, deren Rückenlehnen auf blauem Samt gestickte Wappen schwarzburgischer und verwandter Häuser zieren.[124]

Der dem Kaisersaal vorgelagerte Flur, über den die Gäste den Saal betreten konnten, bekam einen repräsentativen Charakter, indem zur Gartenseite hin ein überproportioniertes Fenster mit farbigen Glasmalereien[125] eingelassen wurde (siehe Abb.). Komplett umgestaltet zeigte sich auch der darunterliegende Gartensalon. Er erhielt 1890/91 eine neue Holzvertäfelung und 1898/99 einen wuchtigen Kamin aus Ruhpoldinger Marmor.[126] Die noch bis 1891 von den jeweiligen Zeughausverwaltern[127] genutzten Räumlichkeiten im unmittelbar anschließenden Erdgeschoss des Seitentraktes dienten seit 1898 als Billardsalon.[128] An Stelle des im 18. Jahrhundert bereits abgetragenen westlichen Teils des Kaisersaalgebäudes gelang es nach mehreren gescheiterten Versuchen in den Jahren 1902/03 eine sogenannte Glasveranda anzubauen, die als Musikzimmer diente und durch eine im Jugendstil gehaltene Verbindungstür (siehe Abb.) ebenfalls mit dem Gartensalon verbunden war.[129]

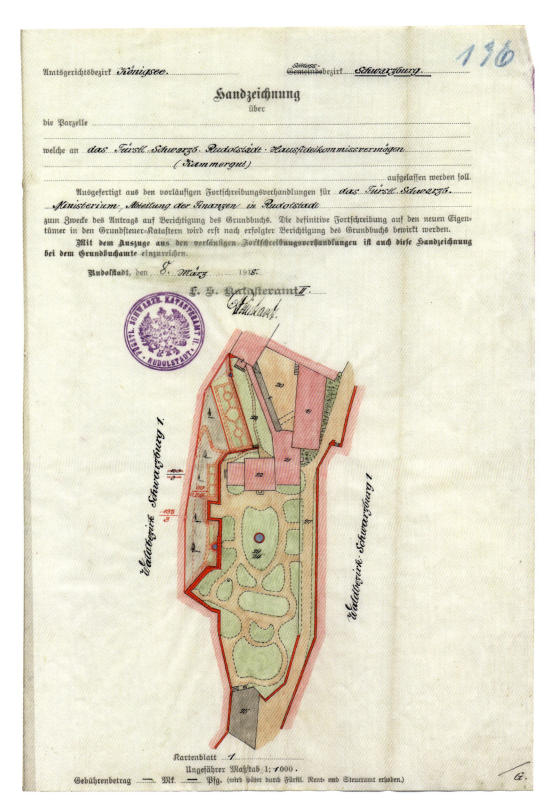

Die Gartengestaltung vor dem Kaisersaalgebäude, um 1918, kolorierte Federzeichnung
ThStAR, Ministerium Rudolstadt, Abt. Finanzen CLVIII Nr. 168

Waren schon die Umgestaltungen im Inneren des Kaisersaales, der Anbau der Glasveranda oder der Fensterdurchbruch an der Fassade des Seitentraktes aus heutiger Sicht denkmalpflegerisch nicht vertretbare Eingriffe in die Bausubstanz, so fand dies im Gartenbereich vor dem Kaisersaalgebäude seine Fortsetzung, als dieser zwischen 1892 und 1905 zu einem Tennisplatz umfunktioniert wurde. Anschließend folgte eine gärtnerische Neugestaltung dieses Platzes.

Die Schwarzburger Schlosskirche hinterließ nach umfassenden Putz- und Malerarbeiten des Jahres 1895 einen gepflegteren Eindruck.[130] Im Inneren war auffällig, dass jetzt sakrale Kunstwerke Aufstellung fanden, die ursprünglich aus verschiedenen Dorfkirchen stammten und durch Ankauf in den Privatbesitz von GÜNTHER gelangten. Eines der bedeutendsten Exemplare war ein dreiflügeliger Altar aus dem Jahre 1503 der berühmten Saalfelder Werkstatt *Lendenstreich*. Dieser stand ehemals

Die Schlosskirche Schwarzburg mit Fürstenstand und dem Wüllerslebener Altar von 1503, Photographie, um 1900
*TLMH Fotoarchiv*

Das Kaisersaalgebäude mit der angebauten Glasveranda, bleiverglasten Fenstern und neu angefügten Fensterläden im 1. Obergeschoss
Photographie von Hugo Lösche, um 1905    *TLMH Fotoarchiv*

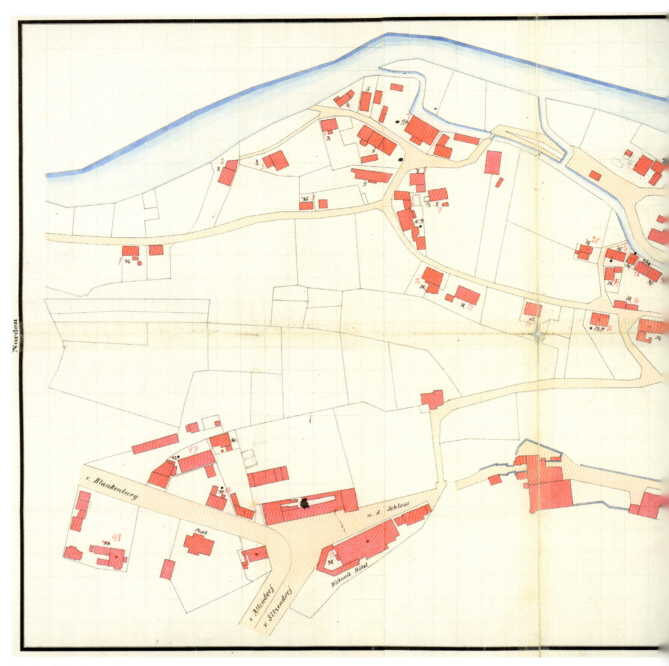

Ortsplan Schwarzburg, 1894
*ThStAR, Karten, Pläne und Risse Nr. 1005*

in der Kirche Wüllersleben bei Stadtilm. GÜNTHER kaufte den Altar im Jahre 1891 und ließ ihn auf einer Empore der Schwarzburger Schlosskirche aufstellen (siehe Abb. S. 237).[131] Das Grabmal des für die Dynastie so wichtigen Ahnherren König GÜNTHER XXI. war bereits auf Kosten der Schwarzburger Fürsten restauriert worden. Nun gelangte 1893 zumindest eine aufwendig gefertigte Kopie nach dem Original im Frankfurter Dom in die Schlosskirche Schwarzburg.[132] Auch die Fürstengruft unterhalb der Kirche erfuhr in der Regierungszeit GÜNTHERS eine umfassende Sanierung[133] und Erweiterung, um 1895 einige Särge vom mittlerweile aufgelösten Rudolstädter Garnisonsfriedhof unterzubringen.[134]

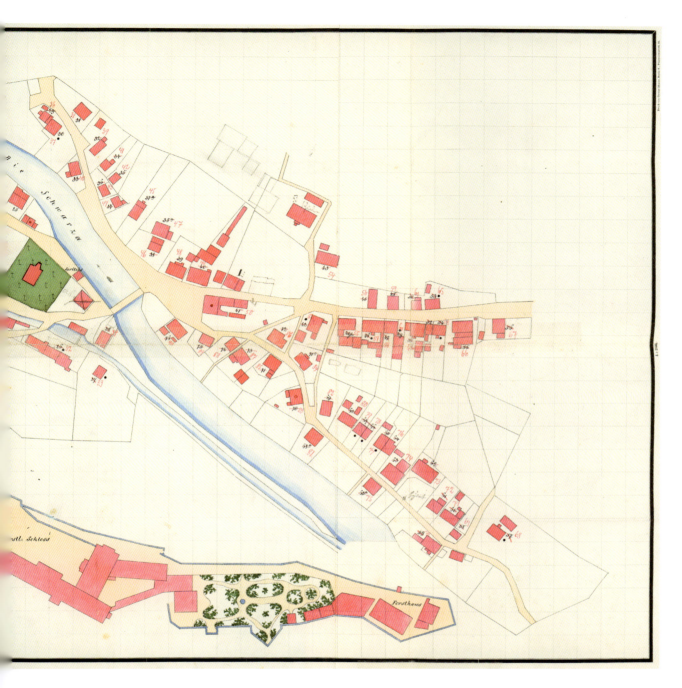

Folgende ausgewählte Ereignisse und Baumaßnahmen sind für die Jahre 1890 bis 1918 noch erwähnenswert:

1891 Beginnende Erneuerung der Treppenanlagen, die zu den einzelnen Geschossen des Kaisersaalgebäudes führten.[135] Verkauf eines Großteils der Fenster des Hauptgebäudes mit farbigen Bleiverglasungen. Einbau von »Wasserclosets« und Badezimmern[136].

1894 Einrichtung einer Dunkelkammer für die leidenschaftliche Photographin ANNA LUISE.[137]

1894/95 Vollständiger Umbau der Küche zwischen Leutenberger Flügel und Kaisersaalgebäude. Höfe und Wege werden mit Kies ausgelegt.[138]

1895 Als Abschluss der wissenschaftlichen Inventarisierung der Zeughaussammlung durch den Sekretär der schwedischen Leibrüstkammer Stockholm,

Der Hof hinter dem Leutenberger Flügel
Photographie von Willy Lösche, Rudolstadt, um 1935
ThStAR, Bezirkstag und Rat des Bezirkes Gera Nr. 5855

Die Küche im Leutenberger Flügel
Photographie von Georg Albert von Priem, 1894
ThStAR Nachlass Fürstin Anna Luise Nr. 287

Carl Anton Ossbahr (1859–1925), erscheint ein gedruckter Katalog.

1896 Die Verbindungsgalerie zum Kaisersaal erhält einen Stabparkettboden. Der Schlosshof wird durch vier neue Kandelaber verschönert. Kaminbrand im Kaisersaal.[139]

1897 Einrichtung einer »Mikrotelefonstation«, um die Dienerschaft im Bedarfsfall schneller für Verrichtungen erreichen zu können.[140]

1899 Bau eines neuen »Eishauses« am Wallgraben vor dem Schlosseingang.[141] Die Galerien des Hauptgebäudes werden mit Läufern ausgelegt.[142]

1900 Wilhelmina Königin der Niederlande (1880–1962) weilt inkognito für fast vier Wochen im 1898/99 luxuriös umgebauten Hotel *Weißer Hirsch* in Schwarzburg.[143] Abriss des Wurzelberghauses bei Katzhütte. Der erste Personenzug hält am 27. Juni am neuen Bahnhof Schwarzburg. Neuverlegung eines »Mosaikfußbodens« in der Galerie im ersten Obergeschoss des Hauptgebäudes.[144]

1901 Beginn der Installation und des Ausbaus einer »Fernsprechanlage«.[145]

1903 Verbreiterung der Schlosszufahrt auf der Terrasse.[146]

1904 Planung eines neuen Be- und Entwässerungssystems für das Schloss.[147] Abtragung der östlichen Befestigungsmauer an der sogenannten »Schanze« (Reste der Fortifikation von 1664) vor dem Schlosseingang.[148]

1906 Henry van de Velde (1863–1957) besucht erstmals Schwarzburg. Das Fürstenpaar pflegt in den Folgejahren regen Kontakt und stellt ihm die Fasanerie als zeitweiligen Wohnaufenthalt zur Verfügung.[149]

1907 Beginn von Projektierung und schrittweisem Ausbau einer elektrischen Beleuchtungsanlage (für 500 Osram-Lampen geplant).[150] Umrüstung der historischen Kronleuchter.

1908 Günther erhält einen mit Sichtblenden geschützten Platz zum Sonnenbaden auf dem Dach der Wagenremise.[151] Im gleichen Jahr Beginn des Einbaus einer Wasserkraftanlage mit Turbine zur Stromerzeugung.[152]

1909 Die bisher im südlichen Hof gelegene Forstamtswohnung (ehemals »Zuchthaus«) wird aufgegeben. Der neue Förster Albin Leeg (1876–1943) zieht in das Torhaus.[153] Im südlichen Hof, wo sich auch die Kesselanlagen zum Abkochen der Hirschschädel befanden[154], werden die Schuppen zu Autogaragen umgebaut, da zwei Automobile von der Firma *Benz & Co. Mannheim* angeschafft werden.[155]

1916 Aufschotterung der Zufahrtsstraße zum Schloss.[156]

Zum Leidwesen des Fürstenpaares verkürzten sich die wochenlangen Sommeraufenthalte in Schwarzburg[157] erheblich, als Günther im Jahre 1909 zugleich die Regentschaft von Schwarzburg-Sondershausen übernahm. Die Sondershäuser Linie war mit dem Tode des kinderlosen Fürsten Karl Günther (1830–1880–1909) erloschen. Somit erhöhte sich die Zahl der Reisetermine außerhalb Schwarzburgs, da zusätzliche Repräsentationstermine im fernen Schwarzburg-Sondershausen wahrzunehmen waren.

Die Ereignisse des Ersten Weltkrieges (1914–1918) verfolgten GÜNTHER und ANNA LUISE aus der sicheren Perspektive ihrer schwarzburgischen Schlösser. GÜNTHER war zwar seit dem Jahre 1900 General der Kavallerie, konnte aber bei Kriegsausbruch aufgrund seines Gesundheitszustandes das 7. Thüringische Infanterie-Regiment Nr. 96 in Rudolstadt lediglich verabschieden. Ganz deutschnational gesinnt, verfolgte GÜNTHER das Kriegsgeschehen in der Zeitung, ANNA LUISE notierte wichtige Ereignisse in ihr Tagebuch und Zeughausverwalter PAUL FISCHER (1877–1937) zündete bei Siegesnachrichten der deutschen Truppen eine selbst gebastelte kleine Kanone. Ansonsten verlief das fürstliche Leben auf Schloss Schwarzburg wie gewohnt, lediglich unterbrochen durch patriotische Auftritte und durch Sammelaktionen für kriegsnotwendiges Metall. Auch im Schloss

Speisekarte für die Mittagstafel in Schloss Schwarzburg, 1917
*TLMH Fotoarchiv*

Mittagstafel im Kaisersaal anlässlich des Geburtstages von Fürst Günther von Schwarzburg-Rudolstadt, 1909
Aus dem Photoalbum von Anna Luise von Schwarzburg-Rudolstadt   *ThStAR, Nachlass Fürstin Anna Luise Nr. 299*

Schwarzburg mussten alle Dinge aufgelistet werden, die der Meldepflicht über Gegenstände aus Kupfer, Messing und Reinnickel unterlagen.¹⁵⁸ Selbst das Einschmelzen zweier historischer Bronzeglocken aus der Schwarzburger Schlosskirche konnte nicht verhindert werden.¹⁵⁹ Nur die älteste und zugleich wertvollste Glocke von 1738 durfte wegen ihres kulturhistorischen Wertes verbleiben.

Bis in die letzten ereignisreichen Tage des November 1918 ließ es sich Günther nicht nehmen, nahezu täglich die wildreichen Forste der Umgebung zu durchstreifen. Sein ganzer waidmännischer Stolz der letzten Jahre war ein am 18. August 1914 erlegter 26-Ender mit einem 35 Pfund schweren, abnorm geformten Geweih, das anschließend im Festsaal des Schwarzburger Schlosses Aufstellung fand.¹⁶⁰

## 1918 – 1940

### Schloss Schwarzburg nach der Abdankung des Fürsten Günther von Schwarzburg-Rudolstadt und Sondershausen

Die Nachrichten von den dramatischen Ereignissen, die 1918 zur Abdankung des deutschen Kaisers führten, verfolgte Günther von Schloss Schwarzburg aus. Als letzter der deutschen Bundesfürsten legte er am 23. November für Schwarzburg-Rudolstadt und am 25. November 1918 für Schwarzburg-Sondershausen die Regierung nieder.¹⁶¹ Das gesamte Eigentum des ehemaligen ›Schwarzburg-Rudolstädtischen Hausfideikommissvermögens (Kammergut)‹, damit auch Schloss Schwarzburg, ging an den schwarzburg-rudolstädtischen Staatsfiskus über. Beide Fürstentümer wurden zunächst zu Freistaaten erklärt und gingen 1920 im neu gegründeten Land Thüringen auf.

Noch am 22. November 1918 trat – nach wie vor als »Fürstliche Verordnung« veröffentlicht – nach Genehmigung durch den Landtag ein Gesetz in Kraft, das die Abfindung des fürstlichen Hauses und dessen Eigentums- und Nutzungsansprüche regeln sollte.¹⁶² In Hinblick auf Schloss Schwarzburg legte das Gesetz fest, dass dem Fürsten »folgende Gerechtsame und Ansprüche« zustehen: »Der Nießbrauch am Stammschloß Schwarzburg samt dem von der Schwarza umflossenen Bergrücken, auf dem das Schloß steht, und allem Zubehör, soweit es gegenwärtig zum vorbehaltenen Besitze des Fürstlichen Hauses gehört, also an allen Gebäuden (Stall, Remisen, Kellerhaus, Torhaus, Zeughaus, Schloßwachtgebäude usw.), den Gärten, den Wiesen im Schwarzatale und im Schwarzburger Forste, der Fasanerie mit Garten, Anlagen und Nebengebäuden, dem Schweizerhaus mit Hof und Garten und dem Eberstein im Umfange der bisherigen Eigentumsnutzung.«

Weiterhin hatte der Fürst Ansprüche auf folgende »bewegliche Sachen« im Schloss Schwarzburg: »1. die volle Einrichtung der vom Fürsten und der Fürstin bewohnten Zimmer und der Gastzimmer; 2. alles Silber, Porzellan und Glas; 3. alle Betten und Wäsche; 4. die ganze Küchen- und Kellereinrichtung; 5. die Marstalleinrichtung mit allen Pferden, Geschirren, Wagen und Geräten. Die Waffen-Sammlung des Zeughauses fällt nach dem Ableben des Fürsten der Günther-Stiftung zu. Alles übrige fällt in das Eigentum des Staatsfiskus.«

Zusätzlich wurden Abfindungen, Rentenzahlungen und Jagdrechte festgelegt. Fürstin Anna Luise, vom Fürsten als Alleinerbin eingesetzt, erhielt im Falle des Ablebens ihres Gatten neben Räumen in der Heidecksburg und im Schloss Sondershausen als Witwensitz Schloss Schwarzburg zugesprochen.

Die bereits angesprochene *Günther-Stiftung* trat ebenfalls am 22. November 1918 in Kraft.¹⁶³ Sie sollte folgendem Ziel dienen: »Die dauernde Erhaltung des jetzigen Residenzschlosses Heidecksburg in Rudolstadt und des Stammschlosses zu Schwarzburg mit ihren stilvollen Einrichtungen im geschichtlichen und künstlerischen Interesse und die Wahrung der Räume der Schlösser für angemessene öffentliche und gemeinnützige Veranstaltungen, wie öffentliche Sammlungen und Ausstellungen, bei denen ein höheres Interesse der Kunst, der Wissenschaft oder des Gewerbes obwaltet.«

Zu diesem Zwecke übereignete der Staatsfiskus auch Schloss Schwarzburg dieser Stiftung. Während die Rudolstädter Heidecksburg als Wohnsitz des Fürstenpaares aufgegeben wurde und sich dort seit 1919 das Schlossmuseum befand, stellte sich die Situation in Schwarzburg etwas anders dar. Abgesehen von den Winteraufenthalten im Schloss Sondershausen blieb die Schwarzburg nun ständiger Sommeraufenthalt für Günther und Anna Luise. Eine museale Nutzung wie in Rudolstadt stand nicht zur Debatte.

Im Interesse des Staates wäre eine exakte und schriftlich festgehaltene Differenzierung zwischen privatem und staatlichem Eigentum an Einrichtungsgegenständen in den Schlössern notwendig gewesen. Da dies nicht erfolgte, verschärften sich die folgenden, jahrelang geführten Rechtsstreitigkeiten über Abfindungen, Renten, Eigentums- und Nutzungsansprüche.¹⁶⁴ Fürst Günther

Günther und Anna Luise von Schwarzburg-Rudolstadt
auf dem Balkon des Hauptgebäudes. Die Aufnahme entstand
am 22. November 1918, dem Vortag der Abdankung des Fürsten.
*ThStAR, Nachlass Fürstin Anna Luise Nr. 308*

hatte seine Haltung zur Abdankung und den gesetzlichen Regelungen von 1918 mittlerweile grundsätzlich geändert. In Nachbetrachtung der Ereignisse machte GÜNTHER geltend, dass er nur unter starkem psychischem Druck der Thronentsagung zugestimmt habe. Die Rechtmäßigkeit der damaligen Regelungen sei anzufechten. Als ein Argument für diese Position wurden Gewaltandrohungen angeführt, von denen er unmittelbar vor der Abdankung Kenntnis bekam. Sogar eine Stürmung und Plünderung des Schlosses Schwarzburg hätten die Bewohner des benachbarten Sitzendorf erwogen.[165]

Die Situation verschärfte sich, als 1923 die vom Fürsten initiierte *Günther-Stiftung* aufgelöst wurde und das Land Thüringen per Gesetz in deren Rechtsnachfolge gelangte.[166] Es folgten erbitterte gerichtliche Auseinandersetzungen zwischen GÜNTHER bzw. ANNA LUISE und dem Land, die insbesondere im Falle der jetzt von Thüringen beanspruchten Zeughaussammlung eskalierten und 1926 zu staatsanwaltschaftlichen Ermittlungen wegen des Verdachts auf Unterschlagung von Stücken aus dem Zeughaus führten.[167]

Erst 1928/29 beendete ein außergerichtlicher Vergleich die Streitigkeiten. Im »Vertrag zwischen dem Lande Thüringen und dem früher in den ehemaligen Fürstentümern Schwarzburg-Rudolstadt und Schwarzburg-Sondershausen regierenden Fürstenhause«[168] wird die oben zitierte, jetzt als »Rudolstädter Fürstenabfindung« bezeichnete Regelung vom 22. November 1918 von ANNA LUISE ZU SCHWARZBURG und den anderen Familienangehörigen[169] anerkannt. Akzeptiert wurden damit die Eigentumsübertragung des Schlosses Schwarzburg an das Land Thüringen ebenso wie die Übernahme und museale Nutzung des Zeughauses durch den Staat. Das lebenslang zugesprochene Wohnrecht von ANNA LUISE auf Schloss Schwarzburg blieb unberührt.

Wie den Tagebüchern von ANNA LUISE zu entnehmen ist, hatte das Fürstenpaar auch nach der Abdankung versucht, den gewohnten Lebensrhythmus beizubehalten. Zwar mit erheblich geringerem Personal und durch die Inflationszeit mit finanziellen Einbußen verbunden[170], aber immerhin mit der Möglichkeit, diese Verluste durch Verkäufe von wertvollen Kunstobjekten an Kunsthändler, aber auch an Museen teilweise zu kompensieren. Im Gegensatz zur Zeit vor 1918 trat nun das Fürstenpaar bei seinen immer noch intensiven Kontakten zu Antiquitätenhändlern ausschließlich als Verkäufer auf. Dazu hat sich kaum eine schriftliche Überlieferung erhalten, die detailliert Auskunft geben könnte, wann welche Objekte an wen zu welchem Preis veräußert wurden.[171] Lediglich im Falle der schon erwähnten Entnahme von Stücken aus der Zeughaussammlung durch ANNA LUISE und ihren Generalbevollmächtigten, den Hofmarschall GUSTAV ADOLF VON HALEM (1871 – 1932), finden sich konkrete Hinweise, da sich die Prozessunterlagen des Jahres 1926 erhalten haben.[172]

Es bleibt unverständlich, warum beispielsweise ausgerechnet das älteste Stück der schwarzburgischen Kunstsammlungen, der *Schwarzburgische Löwenkasten* aus der Zeit um 1230, verkauft wurde. Gleiches gilt für den aus Meißner Porzellan gefertigten *Schwarzburger Willkomm* aus dem Jahre 1749. Überhaupt ist es nahezu unmöglich, sich ein Bild von der Ausstattung des Schwarzburger Schlosses für die Jahre ab 1918 zu machen, da GÜNTHER und ANNA LUISE als Privatpersonen agierten, die frei über ihr Eigentum verfügen konnten. Einen Zwang, dies für die Nachwelt zu dokumentieren, gab es nicht. Die Situation wird zusätzlich unübersichtlich, da es insbesondere in den ersten Jahren nach der Abdankung zu zahlreichen Übernahmen von Ausstattungsgegenständen aus ehemaligen Besitzungen kam. So wurden Wohnungseinrichtungen auf der Heideckburg aufgelöst und die Schlösser Paulinzella und Gehren beräumt.[173] Hinsichtlich des Verbleibs dieser Objekte haben sich kaum aussagefähige Unterlagen erhalten.

Der kinderlos gebliebene Fürst GÜNTHER verstarb am 16. April 1925 in Sondershausen und wurde drei Tage später in der Gruft der Schwarzburger Schlosskirche beigesetzt.[174] Nur wenige Wochen vorher war Reichspräsident FRIEDRICH EBERT (1871–1925) verstorben. Welch Ironie der Geschichte, dass sich die Lebenswege beider Personen ausgerechnet in Schwarzburg gekreuzt hatten, als Ebert bei einem Erholungsaufenthalt im Jahre 1919 die »Weimarer Verfassung« hier unterzeichnete.[175] Mit offensichtlicher Verachtung notierte ANNA LUISE in ihrem Tagebuch: »In Berlin starb an einer Blinddarm-Entzündung der Reichspräsident Ebert (Sozialist, ehemaliger Sattler, dann Gastwirt, wurde durch die Revolution Präsident ...)«.[176]

Nach dem Tode ihres Gatten lebte ANNA LUISE mit einem kleinen Kreis von Verwandten, Freunden und Bediensteten im Sommer weiterhin auf Schloss Schwarzburg. Zu diesem Kreis gehörte bis 1937 auch die Schwester des Fürsten, THEKLA VON SCHWARZBURG-RUDOLSTADT (1859–1939). Gemeinsam mit ihrer Hofdame VALESKA VON KNOBLAUCH (1867–1943) bewohnte diese vom Frühjahr bis zum Herbst jeden Jahres das Obergeschoss des Stallflügels (»Theklaflügel«). Für alle verwaltungstechnischen und juristischen Angelegenheiten war seit 1921 GUSTAV ADOLF VON HALEM als »Hofmarschall« für die »Hausverwaltung der Fürstin Anna Luise« tätig. Als Schlossverwalter bzw. Kastellan fungierte von 1926 bis 1940 der ehemalige Leibjäger FERDINAND HERMS (1871–1946)[177], als Gesellschafterin für ANNA LUISE die Hofdame ELISABETH VON RHOEDEN (1867–1946). Zusätzlich standen u. a. noch die Kammerfrau THERESE PRASE (1871–1945) sowie der Chauffeur WEINMANN zur Verfügung. Dieser wohnte im Torhaus der Schwarzburg. Dort befanden sich auch die Wohnungen des Gendarmeriebeamten WILHELM und der Familie des Zeughausverwalters PAUL FISCHER, die beide allerdings nicht mehr in Diensten der Fürstin standen. Ebenso fiel die Belegung des Forstamtsgebäudes am südlichen Ende der Schlossanlage nicht mehr in die Zuständigkeit der »Hausverwaltung der Fürstin Anna Luise«. Hier wohnte jetzt ein Forstangestellter des Landes Thüringen.

Die jahrelangen Auseinandersetzungen über Rechte und Pflichten des Staates an Schloss Schwarzburg trugen nicht gerade zur Beförderung seines Bauunterhaltes bei. Immer wieder kam es zu Auseinandersetzungen mit der fürstlichen Hausverwaltung über dringend notwendige Reparaturarbeiten im Inneren wie am Äußeren des Schlosses, die jedoch kaum den inzwischen deutlich sichtbaren Verfall aufhalten konnten. Das zuständige Thüringische Finanzministerium tat sich schwer, in einen Schlosskomplex zu investieren, der – abgesehen vom Zeughaus – öffentlich auf absehbare Zeit nicht zugänglich war. Die erhaltenen Archivalien bzw. Unterlagen des verantwortlichen Bauamtes Rudolstadt machen dieses Dilemma deutlich und lassen für die Jahre nach 1918 nur wenige Ereignisse und Baumaßnahmen erwähnenswert erscheinen:

1924 Die Terrasse vor dem Schlosseingang geht in die Verwaltung der Gemeinde Schwarzburg über.[178]

1925 Neuverlegung von Split auf der Schlossterrasse und im Schlosshof.[179] Einbau von drei neuen Glocken aus der Apoldaer Glockengießerei in die Schlosskirche.

1926 Neuanstrich für 30 Fenster, Erneuerung von Klingelleitungen.[180]

1931 Aufstellung von Hydranten im Schlossbereich.[181]

1932 Zeitweise Öffnung einiger Schlossräume für den Besucherverkehr, um zusätzliche Einnahmen zur Erhaltung der Schlossräume zu erzielen.

1933 Neueindeckung des Schlosskirchendaches, da die Kirche stark von eindringender Nässe und Salpeterfraß betroffen war.[182] Erneuerung der völlig überalterten elektrischen Lichtanlagen. 1. Schloss-Serenade unter Leitung von Musikdirektor ERNST WOLLONG (1885–1944).

1934 Die Kurverwaltung Schwarzburg lässt das Schloss anstrahlen.[183]

Schloss-Serenade auf der Schwarzburg, 1935
*Fotosammlung Ingrid Bock, Allendorf*

1936   Die Schlossterrasse erhält neuen Diabas-Split mit der Begründung, dass jedes Jahr wichtige Persönlichkeiten des Reiches Schwarzburg besuchten.[184]
1937   Starke Sturmschäden am Schloss, einige bleiverglaste Fenster im Kaisersaal werden zerstört.[185]
1939   Das Land Thüringen stellt die vergleichsweise hohe Summe von 17 520 RM (ansonsten durchschnittlich 1 000 RM) für Schloss Schwarzburg zur Verfügung. Es erfolgen Maurer- und Putzarbeiten sowie die Erneuerung von Wasserleitungen.[186]

Die Machtübernahme der Nationalsozialisten und die Ernennung von ADOLF HITLER (1889–1945) zum Reichskanzler hatte ANNA LUISE VON SCHWARZBURG zunächst noch mit Erwartungen an ein Erstarken alter monarchischer Kräfte verbunden. Sie schrieb am 18. März 1933: »Bei Schwarzburg fällt mir die bodenlose Taktlosigkeit der dortigen Nazis ein, die ohne Weiteres auf dem Schloß die Hakenkreuzfahne hissten, sie hätten vorher anfragen dürfen. Allerdings ist's auch recht nachlässig von Herms, nicht anzufragen, ob er flaggen solle, dann hätte ich eine schwarzweißrote Fahne hissen lassen. Das furchtbar selbstbewußte Auftreten der Nazis ist u[nd] bleibt eben unsympathisch. Hitler hat schon seine liebe Not mit ihnen, sie im Zaum zu halten, u[nd] welch' ein Glück, daß Hitler Papen zur Seite hat!«[187]

Spätestens mit dem Überfall Deutschlands auf Polen im Jahre 1939 dürften sich ihre Illusionen aufgelöst haben. Nur wenige Monate später wurde sie mit der kriegsbedingten Anordnung konfrontiert, Dachrinnen und Fallrohre aus Kupfer sowie die Bronzeglocken der Schlosskirche zum Einschmelzen abzuliefern. Erneut gelang es ANNA LUISE, die älteste Glocke der Schlosskirche aus dem Jahre 1738 wegen ihres kulturgeschichtlichen Wertes vor diesem Schicksal zu bewahren.[188] Außerhalb ihres Einflusses und Vorstellungsvermögens lagen allerdings die dann folgenden Ereignisse des Jahres 1940.

Es begann zunächst mit der noch harmlos klingenden Nachfrage der Berliner Regierung, ob der in deutscher Internierung befindliche belgische König LEOPOLD III. (1901–1934–1951–1983) mit seiner Familie im Schloss Schwarzburg untergebracht werden könne. Ein Anliegen, dem ANNA LUISE am 30. Mai 1940 zustimmte. Kurz danach überschlugen sich jedoch die Ereignisse; ANNA LUISE wurde am 5. Juni der Befehl ADOLF HITLERS übermittelt, dass sie aufgrund beginnender Baumaßnahmen die Schwarzburg umgehend und für immer zu verlassen habe.[189] Innerhalb der nächsten Tage sei das Schloss vollständig zu beräumen. Die Tradition des nahezu tau-

Angehörige einer SA-Wehrsportgruppe vor dem Schwarzburger Schloss, nach 1933   *Foto-Brand Schwarzburg*

sendjährigen Besitzstandes der Schwarzburger Dynastie und die verbrieften Nutzungsrechte aus der Zeit der Weimarer Republik galten dem neuen, ebenfalls auf tausend Jahre angelegten »Dritten Reich« nichts mehr. Der NSDAP-Gauleiter von Thüringen und Reichsstatthalter für Thüringen FRITZ SAUCKEL (1894–1946) übereignete dem Reichsfiskus kurzerhand Grundstücke und Gebäude des Schlosses »zur besonderen Verwendung« als Reichsgästehaus.[190] Als »Gegenleistung« erhielt ANNA LUISE eine Abfindungssumme von 180 000 RM, Prinz FRIEDRICH GÜNTHER ZU SCHWARZBURG (1901–1971)[191] als potentieller Erbfolger 350 000 RM.[192]

Die mittlerweile nahezu siebzigjährige ANNA LUISE hatte sich entschlossen, nach Sondershausen zu ziehen, wo ihr nach wie vor das Nießbrauchrecht an einigen Räumen des Schlosses zustand. Der Ablauf der völlig überhasteten Gesamträumung von Schloss Schwarzburg innerhalb von nicht einmal zehn Tagen ist nur schwer vorstellbar. Sicherlich waren davon Tausende mehr oder minder kleinteilige Haushaltsgegenstände, Hunderte von Möbelstücken, Antiquitäten und Bildern sowie Unmengen an Bettwäsche und andere Textilien betroffen. Über diesen Vorgang finden sich selbst in den Tagebüchern von ANNA LUISE kaum Hinweise. Lediglich Zeitzeugen berichten, dass die Fürstin noch vieles meistbietend versteigern ließ oder zum Abschied verschenkte. Vermutlich ist auch von Verlusten durch Diebstahl auszugehen. Die Lastkraftwagen, die das Verbliebene nach Sondershausen transportierten, stellte das Land Thüringen zur Verfügung, so dass am 13. Juni 1940 die Räumung weitgehend beendet war. Eine emotional zutiefst aufgewühlte ANNA LUISE, die noch am 7. und 8. Juni den Photographen WILLY LÖSCHE (1898–1989) mit einigen

245

Aufnahmen des inzwischen fast vollständig beräumten Schlosses beauftragt hatte, verließ Schwarzburg an diesem Tage für immer. Im Gepäck hatte sie den traditionellen *Willkomm* der Schwarzburger; dem Gästebuch des Schlosses fügte sie eine letzte Eintragung hinzu:

»Im Juni des Jahres 1940 mußte ich auf Befehl der Deutschen Reichsregierung die Schwarzburg für immer verlassen, da das Schloß für andere Zwecke verwendet werden soll. Die ›Goldene Henne‹ hat mit mir Schwarzburg verlassen und wird zu meinen Lebzeiten nicht mehr als ›Willkommen‹ benutzt werden. Ich schreibe dies in tiefem Kummer nieder.

Anna Luise, Fürstin Witwe zu Schwarzburg.
Prinzeß von Schönburg-Waldenburg.
Sondershausen im Juli 1940.«[193]

• • • • •

Das Schloss Schwarzburg diente zwischen 1815 und 1890 jeweils nur als kurzzeitiger Sommer- und Jagdaufenthalt der in Rudolstadt residierenden Fürsten von Schwarzburg-Rudolstadt. Seit der Mitte des 18. Jahrhunderts war der Bauunterhalt vernachlässigt worden, was zu gravierenden Schäden an der Bausubstanz geführt hatte. Das Innere des Schlosses wirkte unwirtlich und entsprach in keiner Weise dem Wohnkomfort der Heidecksburg. Größere Veränderungen betrafen lediglich Abriss bzw. Umnutzung einiger jahrhundertealter Bauten, die funktionslos geworden waren und das Erscheinungsbild beeinträchtigten (Zuchthaus, Amtsgebäude mit Schuppen, Stallungen und Fruchtboden). Die bisher wehrhaft wirkende Schlossanlage wurde nun sowohl in der Außensicht als auch aus der Perspektive ihrer Bewohner als Teil einer romantischen Landschaft neu empfunden.

Erst in den Regierungsjahren der Fürsten ALBERT (1867–1869) und GEORG (1869–1890) konnte durch die Einrichtung eines staatlich finanzierten Schlossbau-Etats der Verfall aufgehalten werden. Die fürstlichen Wohnräume erhielten eine neue Innenausstattung im Stil der Neurenaissance und der neu bewertete Kaisersaal ein historisierendes Bildprogramm zur schwarzburgischen Geschichte. Auch in der Schlosskirche verdrängte eine neue Raumfassung das Dekor des Barock und Rokoko. In den Fassungen des 18. Jahrhunderts beließ das Fürstenhaus den Festsaal und das Pferdezimmer. Diese wurden ebenso wie das Zeughaus gelegentlich als Attraktionen dem zunehmenden ›Fremdenverkehr‹ geöffnet.

Mit dem Regierungsantritt des Fürsten GÜNTHER im Jahre 1890 änderte sich die Situation für Schwarzburg grundlegend. Das Schloss wurde sommerlicher Lebensmittelpunkt des Fürstenpaares, und innerhalb weniger Jahre gelang es, mit großem finanziellen Aufwand zeitgemäßen Wohnkomfort (Elektrifizierung, Wasserkraftanlage, Telefonanlage) und fürstlichen Lebensstil zu vereinen. Insbesondere der südliche Teil der Schlossanlage mit Kaisersaalgebäude und Schlossgarten rückte dabei in den Mittelpunkt. Hier konzentrierte sich das Alltagsleben, da Speisesaal, Gartensalon, Billardsalon und Musikzimmer direkt benachbart zur Verfügung standen.

Zwei einschneidende Ereignisse veränderten die Nutzung des Schlosses: die Abdankung des Fürsten im Jahre 1918 und die Zwangsräumung im Jahre 1940. Die neu erlassenen Gesetze der Zeit nach dem Ersten Weltkrieg erlaubten ein Nießbrauchrecht am Schloss, so dass das Fürstenpaar und nach GÜNTHERS Tod 1925 seine Witwe ANNA LUISE hier mit einem kleinen Kreis von Bediensteten und Freunden weiterhin wohnten. Die Heidecksburg gaben sie als ständigen Wohnsitz auf, stattdessen lebten sie im Sommer in Schwarzburg und im Winter im Schloss Sondershausen. Für den Bauunterhalt war fortan das Land Thüringen zuständig. Mangelnde Investitionen konnten einen deutlich sichtbaren Verfall bis 1939 jedoch nicht aufhalten.

Als 1940 die Reichsregierung entschied, das Schloss Schwarzburg als Reichsgästehaus umzubauen, hatte ANNA LUISE innerhalb weniger Tage eine Totalberäumung des Schlosses vorzunehmen. Die überhastet begonnenen und später abgebrochenen Bauarbeiten zerstörten das nahezu tausend Jahre durch die Schwarzburger Grafen und späteren Fürsten genutzte Schloss fast vollständig.

ANMERKUNGEN

1. Zitiert aus dem Eingangsvers von Fürst Ludwig Friedrich II. von Schwarzburg-Rudolstadt (1767–1793–1807) für das Gästebuch des Schlosses Schwarzburg. – Vgl. ThStAR, Nachlass Fürstin Anna Luise Nr. 77.
2. Auszug aus einem Gedicht im Gästebuch des Schlosses Schwarzburg. Transkription nach dem Original. – In: Ebenda, Bl. 68. Zusätzlich überliefert in einer Abschrift der Fürstin Caroline Louise von Schwarzburg-Rudolstadt (1771–1807–1814–1854) – Vgl. ebenda, Rudolstädter Schlossarchiv D Nr. 63.
3. Zur Biographie vgl. HENKEL, Jens: Friedrich Günther. – In: Die Fürsten von Schwarzburg-Rudolstadt. 1710–1918, Rudolstadt 1997, S. 115–127.
4. Friedrich Günther vermählte sich am 15. April 1816 mit Amalie Auguste von Anhalt-Dessau (1793–1854).
5. Vgl. ThStAR, Geheimes Ratskollegium Rudolstadt E VII 3c Nr. 6c. Eine stark verkürzte Benennung der Gebäude im Schlossbereich Schwarz-

burg für das Jahr 1786 findet sich zusätzlich in: ThStAR, Kammer Rudolstadt Nr. 7567.

6. Siehe hierzu den Beitrag von Horst Fleischer in diesem Buch, S. 153 – 181.

7. Vgl. »Einladung der Claus und des Lust-Hains bey Schwarzburg an ihre Durchlauchtigste Fürstin und fromme Clausnerin!« – In: Rudolstädter Wochenblatt Nr. 19, 1797.

8. Am 2. März 1812 wurde Heubel Oberbaudirektor des Fürstentums Schwarzburg-Rudolstadt, dem Wilhelm Thierry (1761 – 1823) als Baudirektor zur Seite stand. Oberste Baubehörde des Fürstentums war bis in die Mitte des 19. Jahrhunderts die Kammer, die auch für die herrschaftlichen Gebäude zuständig war. – Vgl. Hess, Ulrich: Geschichte der Staatsbehörden in Schwarzburg-Rudolstadt, Jena; Stuttgart 1994 (= VHKTh GR; 2), S. 50. Der Bau einer »Chaussee« von der Heidecksburg bis nach Schwarzburg ging auf eine Idee des Fürsten Ludwig Friedrich II. zurück, der diesen Plan 1799 in seinem Tagebuch vermerkte. – Vgl. ThStAR, Rudolstädter Schlossarchiv D Nr. 128.

9. Von Holleben war 1819 als Nachfolger Johann David Heubels in die Funktion des Schlosshauptmannes berufen worden.

10. Vgl. ThStAR, Rudolstädter Schlossarchiv A XII Nr. 13. Die Verfasserschaft und die Datierung erschließen sich nicht unmittelbar aus dem überlieferten Plan, sondern ergeben sich aus dem Aktenzusammenhang.

11. Vgl. Löhmann, Bernd: Die Leitkonzeption für die Gestaltung und Nutzung des Schloßgartens zu Schwarzburg. – In: Jahrbuch der Stiftung Thüringer Schlösser und Gärten 2 (1997/98), S. 128 – 134, bes. S. 131.

12. Vgl. ThStAR, Rudolstädter Schlossarchiv A XII Nr. 15.

13. 1744 vermerken die Kammerrechnungen die Neuanlage eines Küchengartens. 39 Tage Arbeit für das Roden eines Stück Feldes wurden ebenso abgerechnet wie die Kosten für einen Maulwurffänger. – Vgl. ebenda, RS 114-002 Kammerkasse Rudolstadt.

14. TLMH, Inv.-Nr.: Bz 230.

15. Seerig war 1812 zu Schloss- und Gartenintendant berufen worden. Er sollte damit auch auf die »… mit Oeconomie verbundene Schönheit sehen, überhaupt sorgen, die mit dem Zeit-Geist fortschreitende höhere Garten-Cultur […] zu bezwecken.« – In: ThStAR, Geheimes Ratskollegium Rudolstadt E VII 2d Nr. 8 sowie ebenda, Bauamt Rudolstadt Nr. 57.

16. Ebenda, Kammer Rudolstadt Nr. 3283.

17. Vgl. [Hesse, Ludwig Friedrich (?)]: Fortgesezte [sic!] Landesbeschreibung des Fürstenthums Schwarzburg-Rudolstadt. – In: Gnädigst privilegierter Fürstlich Schwarzburgischer Stadt- und Land Calender auf das Jahr 1807. In dieser und anderer zeitgenössischer Literatur wird stets das Jahr 1718 als Gründungsjahr angegeben, jedoch scheint die Gründung bereits um 1700/01 erfolgt zu sein, da in den archivalischen Quellen für diese Zeit die Dachdeckung des »Steinhauses« mit Holzschindeln aufgeführt wird. – Vgl. ThStAR, RS 143-010 Amtsrechnungen Schwarzburg 100/01.

18. Dabei handelt es sich um einen polierfähigen, farbigen Kalkstein aus dem benachbarten Sorbitztal. Für die exakten Angaben ist Prof. Helmut Witticke, Schwarzburg, zu danken.

19. Die Zellen für die Häftlinge waren in einem dreistöckigen Gebäude in den beiden obersten Geschossen untergebracht, der Zuchthausverwalter wohnte im Erdgeschoss. Die Insassen wurden unterschieden in »gottlose Frauen, Diebe, Mörder, Landstreicher, Vagabunden und geistig Verwirrte«. Verstorbene stellte man der Anatomie in Jena zur Verfügung. – Vgl. ThStAR, Geheimes Archiv (Restbestand) C V 3e Nr. 70.
Im nebenstehenden Steinhaus erfolgte die Bearbeitung des Alabasters bzw. Marmors. Das Areal war von einer hohen Mauer umgeben und wurde am Eingangstor von einem Gendarm bewacht. Ausführlichere Beschreibungen finden sich in: Ebenda, Sammlung A XIV Nr. 51, Heft 19.

20. Der neue Standort war ab 1827 in der Burgstraße 3 in Rudolstadt. – Vgl. ebenda.

21. Der Flügel war bis 1820 ganzjährig vom »Zuchthausmedicus« Dr. Küster bewohnt, in dessen Hinterhof sich »Bauschutt und Unrat« angesammelt hatten. – Vgl. ebenda, Rudolstädter Schlossarchiv A XII Nr. 6.

22. Bereits 1843 erfolgte der Abriss des Tiergärtnerhauses und des Fruchtbodengebäudes, das seit Jahrhunderten für die Lagerung der Zinsen und Abgaben des gesamten Amtes Schwarzburg genutzt wurde. – Vgl. ebenda, Ministerium Rudolstadt, Abt. Finanzen Nr. 1710.

23. Der Sitz des Amtes Schwarzburg war bereits um 1668 nach Königsee verlegt worden; die Bezeichnung »Amt Schwarzburg« sowie einige der betreffenden Gebäude blieben bis Mitte des 19. Jahrhunderts erhalten.

24. Zum 1760 erneuerten Wachgebäude vgl. ThStAR, Geheimes Ratskollegium Rudolstadt C V 3e Nr. 46. Die personelle Besetzung ist für das Jahr 1730 überliefert: drei Gefreite und 18 »gemeine« Soldaten. – Vgl. ebenda E III 3e Nr. 2. Im Jahre 1852 waren noch drei »Militär-Invaliden« des Rudolstädter Militärkommandos für Wachdienste abgestellt, die jeweils zehn Tage hintereinander den Dienst auszuführen hatten. – Vgl. ebenda, Ministerium Rudolstadt, Abt. Staatsministerium Nr. 1189.
Den Platz beim Wachgebäude zierten noch Ende des 18. Jahrhunderts ein »spanischer Reiter« und ein Pranger. – Vgl. dazu: [Walther, Ludwig Albert]: Versuch einer Einleitung sowohl überhaupt in die Thüringische als besonders in die Schwarzburgische Geschichte […], o. O. 1788, S. 5. An der Stelle des Wachgebäudes wurde 1887 ein Brunnen errichtet.

25. Das auf der Schlossterrasse gelegene ehemals fürstliche Brauhaus, zuletzt 1736 neu erbaut, kaufte Hübner auf Abriss und verwertete es an anderer Stelle weiter. Bei allen Baumaßnahmen dieses expandierenden Geschäftsmannes achtete das Ministerium darauf, dass die waldreiche Umgebung Schwarzburgs davon nicht betroffen war und sich alles auf den Bereich eingangs der Schlossterrasse zu konzentrieren hatte. Bei Neubauten wurde ihm der ›Schweizer Stil‹ empfohlen. – Vgl. ThStAR, Ministerium Rudolstadt, Abt. Finanzen Nr. 1907 und Nr. 2013 sowie ebenda, Kammer Rudolstadt Nr. 3789.

26. Vgl. ebenda, Ministerium Rudolstadt, Abt. Finanzen Nr. 311.

27. Allein das im Thüringischen Staatsarchiv Rudolstadt vorhandene Gästebuch des Schlosses (Nachlass Fürstin Anna Luise Nr. 77) bietet eine Fülle an mehr oder minder gelungenen lyrischen Einträgen. Der in der Literatur zu findende Hinweis auf einen Eintrag Friedrich Schillers (1759 – 1805) ist falsch, jedoch verewigte sich Caroline von Wolzogen (1763 – 1847), Schwägerin Schillers, am 8. Mai 1810 mit einem Schiller-Gedicht. – Vgl. ThStAR, Nachlass Fürstin Anna Luise Nr. 77: Gästebuch des Schlosses, S. 69. Weiterhin: Kirsten, Wulf (Hrsg.): »Umkränzt von grünen Hügeln …«. Thüringen im Gedicht, Jena 2004, sowie Lawatsch, Hans-Helmut: Die Schwarzburg-Gedichte von Johann Diederich Gries, dem berühmten Übersetzer der Goethezeit. – In: RHH 3/4 (2007), S. 66 – 71.

28. Friedrich Heubel war seit 1793 Stallmeister in schwarzburgischen Diensten. Zwischen 1798 und 1804 war er für die Gestüte in Neuhaus und auf dem Wurzelberg zuständig. Seinen Wohnsitz hatte er ab 1798 im Torhaus der Schwarzburg. Nach seiner Pensionierung machte sich Heubel einen Namen durch die Anfertigung von Korkmodellen, von denen sich u. a. ein Modell der Schwarzburg und eines der Kirchenruine Paulinzella erhalten haben. – Vgl. Heubel, Johannes: Die Thüringer Heubel, Weimar 1938.

29. Beispielsweise sind zu nennen: Hesse, Ludwig Friedrich: Rudolstadt und Schwarzburg nebst ihren Umgebungen, Rudolstadt 1816 und [Heubel, Friedrich]: Der Wegweiser von Rudolstadt nach Schwarzburg, Rudolstadt 1803. Interessant sind in diesem Zusammenhang die von Ludwig Friedrich Hesse angeregten Schüleraufsätze, die sich u. a. auch mit der Geschichte des Schlosses Schwarzburg beschäftigen. – Vgl. ThStAR, Hessesche Collectaneen A VIII 5a Nr. 21.

30. Siehe hierzu den Beitrag von Jörg Hoffmann in diesem Buch, S. 45 – 75.

31. Vgl. ThStAR, Rudolstädter Schlossarchiv B XI Nr. 12.

32. Vgl. ebenda, Rudolstädter Hofmarschallamt Nr. 504-4.

33. Siehe hierzu den Beitrag von Katja Heitmann in diesem Buch, S. 117 – 151.
34. Vgl. ThStAR, Rudolstädter Schlossarchiv A XII Nr. 3a.
35. Ebenda B XI Nr. 12.
36. Hierbei handelt es sich um das Gemälde von Johann Alexander Thiele (1685 – 1752) *Das Rathsfeld bei Frankenhausen* aus dem Jahre 1736, das sich heute im Schlossmuseum Sondershausen befindet.
37. Folgt man der Familienüberlieferung, so gelangte dieser Willkomm durch Katharina von Schwarzburg, die Heldenmütige (1509 – 1567) im Jahre 1558 in den Besitz des Grafenhauses. Er wurde Gästen des Schwarzburger Schlosses zum Begrüßungstrunk gereicht. Zum Amüsement der Anwesenden legte man dabei dem Gast zusätzlich ein schweres hölzernes »Geschmeide« um die Schultern (auch »Jungfrau« genannt). Mitte des 17. Jahrhunderts wurde die *Goldene Henne* in einem Schrank im sogenannten »Apothekergewölbe« aufbewahrt. Da vom Brand des Jahres 1726 schwer beschädigt, ließ ihn Fürst Friedrich Anton von Schwarzburg-Rudolstadt (1692 – 1718 – 1744) 1731 in einer Augsburger Goldschmiedewerkstatt restaurieren. Anschließend stand dieses in Silber gefertigte und vergoldete Stück bis etwa 1890 in dem als Speisesaal genutzten Festsaal im Hauptgebäude des Schlosses. – Vgl. ThStAR, Kanzlei Rudolstadt B VII 8b Nr. 14; Schloss Heidecksburg. Die Sammlungen, Rudolstadt 2004, S. 65f. sowie DEUBLER, Heinz: Die goldene Auerhenne vom Schlosse Schwarzburg. – In: RHH 3/4 (1975), S. 79 – 82.
38. Vgl. ThStAR, Rudolstädter Schlossarchiv B XI Nr. 12.
39. Vgl. ebenda A XII Nr. 3a. Bereits 1812 ließ die Fürstin Caroline Louise für Schwarzburg fünf Dutzend Bestecke in Jena fertigen und erwarb zudem ein kleines Tafelservice aus Pariser Steingut, ein Service für 24 Personen aus Nürnberg sowie ein schwarzes Wedgewood-Teeservice. Um 1840 wird der Ankauf eines etwa 160-teiligen Berliner Porzellanservice für Schwarzburg erwähnt. – Vgl. ebenda B XI Nr. 16.
40. Vgl. ebenda Nr. 15: Inventar von 1860.
41. Vgl. ebenda.
42. Dazu zählten u.a. »Bettmädchen«, Lakaien, Küchenangestellte, Waschfrauen, Kehrfrauen, Stallpersonal und Kutschenwäscher. Auf der Heidecksburg waren im Jahre 1846 allein dem Fürstenpaar 35 Bedienstete zugeordnet. – Vgl. StadtAR, II / 1-4 / 4054.
43. Vgl. ThStAR, Rent- und Steueramt Königsee CXL III E Nr. 39 (kassierte Akte).
44. Personenbezogen wurde auch die Bezeichnung »Burg- oder Schlosshauptmann« verwendet. Im 19. Jahrhundert setzte sich die Bezeichnung »Kastellan« durch.
45. Zu den Aufgaben der »Bettmeister- und Schließerinstelle«, die seit Jahrzehnten von Mitgliedern der Familie Heubel wahrgenommen wurde, gehörte die regelmäßige Kontrolle der Bestände an Bettzeug, Mobiliar und Geschirr sowie die Führung des Inventars der fürstlichen Wohnräume.
46. Seit dem 18. Jahrhundert von Mitgliedern der Familie Lämmerzahl ausgeübt. Eine Instruktion für Hausdiener aus dem Jahre 1903 zeigt neben dem ausdrücklichen Gebot der Verschwiegenheit die vielfältigen Aufgaben: Glocken läuten, Orgelbälge treten, Heizdienste, Wartung der Lampen, Wegedienste, Transport von Speisen, Schließdienste, Bedienung des Schlosspredigers und Einsammeln der Kollekte nach dem Gottesdienst in der Schlosskirche. – Vgl. ThStAR, Rudolstädter Hofmarschallamt Nr. 322.
47. Vgl. ebenda, Ministerium Rudolstadt, Abt. Staatsministerium Nr. 1186.
48. Vgl. ebenda, Geheimes Archiv (Restbestand) C V 3e Nr. 48.
49. Vgl. ebenda Nr. 36. Im Gegensatz zur bekannten Orgelbauerei Schulze in Paulinzella findet sich keine Literatur zu einem Orgelbauer Menger, der vermutlich Mitarbeiter bei Schulze war. Lediglich ein Friedrich Menger und ein Johann Michael Menger sind um 1834 in Paulinzella nachweisbar.
50. Vgl. ebenda, Schwarzburgisches Justizamt Amtsgericht Königsee Nr. 1196. Im Jahre 1892 wurde dieses Archiv endgültig aufgelöst und 18 Zentner Akten vernichtet.
51. Dabei handelt es sich um eine Dienststelle des Forstamtes Katzhütte. – Vgl. ebenda, Bauamt Rudolstadt Nr. 358.
52. Vgl. ebenda, Ministerium Rudolstadt, Abt. Staatsministerium Nr. 1343. 1856/57 wird auf Kosten der Rudolstädter und Sondershäuser Linie das Grabmal restauriert. 1864 entsteht eine Kopie für das Germanische Nationalmuseum Nürnberg und nachfolgend eine weitere für das Rudolstädter Fürstenhaus. Beide Nachbildungen haben sich nicht erhalten und sind wohl den Ereignissen des Zweiten Weltkrieges zum Opfer gefallen. – Vgl. das noch unveröffentlichte Manuskript von BÄRNIGHAUSEN, Hendrik: Die Anfertigung von Gipsabgüssen des »Kaiser-Günther«-Grabmals aus dem Dom zu Frankfurt am Main für das Germanische Nationalmuseum Nürnberg und die Schlosskirche von Schloss Schwarzburg (1860 – 1865).
53. Vgl. ThStAR, Bauamt Rudolstadt Nr. 353.
54. Ebenda, Karten, Pläne und Risse Nr. 1871.
55. Ebenda Nr. 1870.
56. Die Ausgaben der fürstlichen Hofhaltung betrugen zwischen 1819 und 1828 jährlich durchschnittlich 35 000 Rthlr., allein die Küche beanspruchte davon 9 000 Rthlr. – Vgl. ebenda, Rudolstädter Schlossarchiv A III 1 Nr. 65.
57. Vgl. ebenda, Ministerium Rudolstadt, Abt. Finanzen CXLIII Gen. Nr. 5.
58. Vgl. ebenda, RS 114-154.
59. Vgl. ebenda, Ministerium Rudolstadt, Abt. Finanzen CXLIII Gen. Nr. 51a.
60. Letztmalig war die Schlosskirche im Jahre 1763 für die Hochzeit des Prinzen Friedrich Carl von Schwarzburg-Rudolstadt (1736 – 1790 – 1793) mit Friederike Sophie Auguste von Schwarzburg-Rudolstadt (1745 – 1778) genutzt worden.
61. Zur Biographie vgl. UNBEHAUN, Lutz: Albert. – In: Die Fürsten von Schwarzburg-Rudolstadt. 1710 – 1918, Rudolstadt 1997, S. 129 – 141.
62. ThStAR, Ministerium Rudolstadt, Abt. Staatsministerium Nr. 2012.
63. Im Falle Schwarzburgs wurde vorgeschlagen, dass Kastellan August Steinbruch (gest. 1888) jährlich 250 Gl. (bisher 50 Gl.), Hausknecht Johann Heinrich Lämmerzahl 90 Gl. (bisher 70 Gl.) und Zeughausverwalter Carl Christian Spieß (um 1822 – 1895?) 30 Gl. (bisher 28 Gl.) erhalten sollen.
64. Vgl. ThStAR, Ministerium Rudolstadt, Abt. Staatsministerium Nr. 2012.
65. Vgl. ebenda sowie ebenda Nr. 2013.
66. Vgl. ebenda, Abt. Finanzen CXLIII Gen. Nr. 51b.
67. Ebenda, Abt. Staatsministerium Nr. 2012.
68. Vgl. ebenda, Rudolstädter Schlossarchiv B XI Nr. 22.
69. Vgl. ebenda. Die beiden monumentalen Köpfe sind Abgüsse der Rossbändiger auf dem Quirinal in Rom und wurden 1804 für die Heidecksburg erworben. Heute befinden sie sich in der Eingangshalle des Thüringer Landesmuseums Heidecksburg.
70. Vgl. ebenda, Ministerium Rudolstadt, Abt. Staatsministerium Nr. 2012.
71. Vgl. ebenda, Abt. Finanzen CXLIII Gen. Nr. 103.
72. Zur Biographie vgl. HENKEL, Jens: Georg Albert. – In: Die Fürsten von Schwarzburg-Rudolstadt. 1710 – 1918, Rudolstadt 1997, S. 143 – 159.
73. Insbesondere 1870 fällt die vergleichsweise hohe Investition von 7 314 Gl. für Schwarzburg auf. – Vgl. ThStAR, RS 114-154.
74. Das Gegenstück, ein Porträt ihres Gatten, befindet sich im Germanischen Nationalmuseum Nürnberg. Das Damenporträt befindet sich seit 1923 in der Gemäldegalerie Berlin und wurde im Tausch von der Kunsthandlung Cassirer & Böhler Berlin-München erworben. Für die Information ist Herrn Dr. Stephan Kemperdick, Staatliche Museen zu Berlin, zu danken.
75. Auch in seinen neuen Wohnräumen auf der Heidecksburg, die im Gegensatz zu Schwarzburg ganz im Stil der Neogotik gehalten waren, wurde jede freie Wandfläche mit Waffen aus der Zeughaussammlung dekoriert.

**76.** Vgl. ThStAR, Rudolstädter Hofmarschallamt Nr. 764.
**77.** Vgl. ebenda, Ministerium Rudolstadt, Abt. Finanzministerium CXLIII Gen. Nr. 73.
**78.** Siehe hierzu den Beitrag von Helmut-Eberhard Paulus in diesem Buch, S. 183–201.
**79.** Oppenheim war seit 1865 als Hofmaler angestellt und hatte neben seiner künstlerischen Tätigkeit die Aufgabe, Bilder der Gemäldesammlung zu reinigen bzw. zu restaurieren. – Vgl. ThStAR, Rudolstädter Hofmarschallamt Nr. 250.
**80.** Alle Porträts gelten seit dem Umbau zum Reichsgästehaus als verschollen. Lediglich zwei Vorzeichnungen von Oppenheim haben sich im TLMH erhalten (Inv.Nr.: Gr. 1/2008 und Gr. 2/2008).
**81.** Fürst Friedrich Günther als Kaiser Karl der Große, Fürst Albert als Kaiser Heinrich I. und Fürst Georg als Kaiser [korrekt ist König] Günther XXI. und Prinz Adolph als Kaiser Friedrich I. – Vgl. DEUBLER, Heinz: Die Innenausstattung des Schwarzburger Kaisersaals von 1869 bis 1940. – In: RHH 7/8 (1979), S. 139–143 (teils mit falschen Bildzuschreibungen).
**82.** Diese zeitliche Einordnung wurde bisher ungeprüft übernommen aus: LEHFELDT, Paul: Bau- und Kunstdenkmäler Thüringens, Heft XX, Jena 1894, S. 219.
**83.** Vgl. ThStAR, Ministerium Rudolstadt, Abt. Finanzen CXLIII Gen. Nr. 73.
**84.** Vgl. ebenda, Rudolstädter Hofmarschallamt Nr. 507. Die Sitzgruppe wurde 1874 erworben.
**85.** Vgl. ebenda, RS 114-154. Hier wird die Ausgabe von 101 Gl. für Fontänen und Brunnenornamente verzeichnet.
**86.** Vgl. ebenda, Ministerium Rudolstadt, Abt. Finanzen CXLIII Gen. Nr. 73.
**87.** Siehe hierzu den Beitrag von Knut Krauße in diesem Buch, S. 77–89.
**88.** Die Kanzel gelangte auf die Heidecksburg und wurde jahrelang im Schallhaus des Schlossgartens eingelagert. 1934 kam sie in die Kirche von Großobringen. – Vgl. Thüringer Fähnlein 11 (1935), S. 685.
**89.** Die Glocke ist 1738 aus dem Material der beim Schlossbrand von 1726 geschmolzenen Glocken der Vorgängerkirche gegossen worden.
**90.** Die Orgel gelangte 1941 in die Friedhofskirche (seit 1958 Friedenskirche) nach Königsee, wo sie sich noch heute befindet. – Vgl. Thüringer Gauzeitung, Rudolstädter Zeitung Nr. 289 vom 22.10.1941 sowie KUNTZ, Winfried: Carl Loesche – ein Orgelbauer im Fürstentum Schwarzburg-Rudolstadt, Privatdruck, Gräfenthal-Großneundorf 1998.
**91.** Vgl. ThStAR, Ministerium Rudolstadt, Abt. Finanzen CXLIII E Nr. 101, Bd. 1.
**92.** Das Programmheft hat sich erhalten: Ebenda, Nachlass Fürstin Anna Luise Nr. 167. Siehe auch: Schwarzburg-Rudolstädtische Landeszeitung 1884, Nr. 242–244.
**93.** Vgl. ebenda, Bauamt Rudolstadt Nr. 360 und Rudolstädter Hofmarschallamt Nr. 572.
**94.** Vgl. ebenda, Bauamt Rudolstadt Nr. 361.
**95.** Vgl. ebenda, Rudolstädter Hofmarschallamt Nr. 569.
**96.** Vgl. ebenda, Bauamt Rudolstadt Nr. 362.
**97.** Vgl. ebenda, Ministerium Rudolstadt, Abt. Finanzen CXLIII E Nr. 101, Bd. 1.
**98.** Vgl. ebenda, Rudolstädter Hofmarschallamt Nr. 569.
**99.** LEHFELDT 1894 (wie Anm. 82).
**100.** Vgl. ebenda, Ministerium Rudolstadt, Abt. Finanzen CXLIII E Nr. 101, Bd. 1.
**101.** Vgl. TLMH: Inv.-Nr.: Bz 379.
**102.** Vgl. ThStAR, Rudolstädter Hofmarschallamt Nr. 569.
**103.** Betroffen waren in Schwarzburg: der »Pferdestall am Tore«, der »lange Pferdestall« (zwölf Pferde), der »Stall der Reitpferde« (sechs Pferde) und der »Große Eckstall« (16 Pferde). 8 000 M Sanierungskosten wurden veranschlagt. – Vgl. ebenda, Bauamt Rudolstadt Nr. 619. Fürst Georg entschied, dass zwei Reitpferde (Kosten ca. 15 000 M) und 22 Wagenpferde (Kosten ca. 44 000 M) gekauft werden müssen. Diese Summe war ein Vielfaches der jährlichen Ausgaben für den Bauunterhalt Schwarzburgs (z. B. im Jahre 1888: 2 873 M). – Vgl. ebenda, Ministerium Rudolstadt, Abt. Staatsministerium Nr. 1355.
**104.** Vgl. HÜBNER, Helmut: Die Geschichte des Schwarzburgbundes. – In: RHH 9/10 (1993), S. 216–220.
**105.** Vgl. ThStAR, Bauamt Rudolstadt Nr. 369.
**106.** 1886 gab es in Schwarzburg folgende Angestellte: Hilmar Brand (seit 1834 Förster und Tiergartenverwalter), August Steinbruch (seit 1866 Kastellan), Carl Christian Spieß (seit 1850 Büchsenmacher und Zeughausverwalter), Franz Neubauer (seit 1874 Schlossgendarm). Außerhalb wohnten: Friedrich Himmelreich (seit 1846 Tiergärtner, wohnte auf der Fasanerie), Adolf Himmelreich (seit 1846 Tiergärtner) und Louis Oppel (Tiergärtner, wohnte im Schweizerhaus). – Vgl. ebenda, Rudolstädter Hofmarschallamt Nr. 320.
**107.** Einige der Rechnungen haben sich in seinem Nachlass erhalten. – Vgl. ebenda, RS 111-070: Rechnungen Fürst Georg.
**108.** Im vorliegenden Beitrag wird auf detaillierte Angaben zur Biographie des Fürstenpaares verzichtet, da hierzu in den letzten Jahren etliche Veröffentlichungen erschienen sind (siehe Literaturverzeichnis). Hingewiesen sei an dieser Stelle nur auf: WINKER, Doreen: Günther. – In: Die Fürsten von Schwarzburg-Rudolstadt. 1710–1918, Rudolstadt 1997, S. 161–179 sowie: WINKER, Doreen / MAREK, Dieter: Anna Luise von Schwarzburg. 1871–1951. Ein Leben in Bildern aus ihrem photographischen Nachlaß, Rudolstadt; Sondershausen 2005.
**109.** Dazu gehörten auch so scheinbare Kleinigkeiten wie Messerputzmaschinen oder ein 1907 erworbener Staubsauger Marke ›Vampir‹. – Vgl. ThStAR, Rudolstädter Hofmarschallamt Nr. 494.
**110.** In der Reiseliteratur der Zeit um 1900 findet sich immer häufiger für Schwarzburg die schwärmerische Bezeichnung »Perle Thüringens im grünen Herzen Deutschlands«.
**111.** Im Jahre 1895 wurden folgende Räume für Hofstaat bzw. Dienerschaft genutzt: Hofmarschall im Erdgeschoss Hauptgebäude, Adjutanten des Fürsten im Mansardgeschoss Hauptgebäude, Hofdamen im Obergeschoss Stallflügel. Die Diener und Kammerfrauen belegten Zimmer im Mansard- und Erdgeschoss des Hauptgebäudes sowie im Obergeschoss des Leutenberger Flügels. Das Küchenpersonal bezog Wohnungen unmittelbar neben dem Küchentrakt. – Vgl. ThStAR, Ministerium Rudolstadt, Abt. Finanzen CXLIII Gen. Nr. 103.
Um 1910 werden folgende Personen als Dienerschaft genannt: Lehmann (Schlosskastellan); M. Stehle, A. Keller, O. Rabold, S. Neubauer (Bettmädchen); M. Jahn, H. Unger (Kaffeeküche); Th. Jakoby, H. Mackeldey (Hofküche); I. Munsche, Lisa Sternkopf, E. Löffler (Waschküche); Th. Gessenhardt, L. Gessenhardt (Kehrfrauen); I. Stehle (Stallfrau); Max Lämmerzahl (Hausmann); B. Rabold (Wagenwäscher); A. Unger (Gartenarbeiter); Paul Fischer (Zeughausverwalter); Stehle (Torwärter); Himmelreich, W. Reinhardt, H. Reinhardt (Tiergärtner); Hirschmann, Jung (Briefträger). – Vgl. ebenda, Rudolstädter Hofmarschallamt Nr. 348.
**112.** Vgl. ebenda Nr. 566. Ebenfalls als »Fürstlich Schwarzburgischer Hoflieferant« fungierte die Firma *Möbel, Parquet & Bautischlerarbeiten Fabrik Gebrüder Bauer Breslau, Filiale Berlin*.
**113.** Vgl. ebenda. Die baulichen Kosten übernahm in der Regel die Staatskasse (Hofbaufonds). Dazu kamen die Ausgaben zur Fürstlichen Hofhaltung sowie die Privatschatulle des Fürsten. Die Ausgaben aus der Privatschatulle Günthers betrugen beispielsweise im Jahre 1891 53 337,06 M. – Vgl. ebenda, RS 111-080.
**114.** Ab 1903 ließ Günther zahlreiche dieser Wandvertäfelungen entfernen und durch Tapeten ersetzen. – Vgl. ebenda, Ministerium Rudolstadt, Abt. Finanzen CXLIII E Nr. 101, Bd. 2.

**115.** Siehe hierzu den Beitrag von Heike Beckel und Diana Turtenwald in diesem Buch, S. 253 – 275.
**116.** Zu zwei Gemäldeankäufen von 1893 und 1901 mit künstlerisch anspruchsvollen Darstellungen des Schlosses Schwarzburg von Carl Malchin (1838 – 1923) vgl. LENGEMANN, Jochen: Carl Malchins Gemälde »Schloß Schwarzburg [1901]«. Ein fürstliches Hochzeitsgeschenk. – In: Sondershäuser Beiträge. Püsterich 5 (1999), S. 23 – 41 sowie ESCHE, Andrea / LENGEMANN, Jochen: Carl Malchins Bild »Schloß Schwarzburg [1893]«. – In: Sondershäuser Beiträge. Püsterich 6 (2001), S. 158 – 162.
Das sich heute auf der Heidecksburg befindliche Gemälde von Wilhelm Lindenschmit (1829 – 1895) *Herzog Alba bei einem Frühstück auf der Heidecksburg* erwarb Günther 1899 bei einer Kunstauktion des Berliner Auktionshauses Lepke zum Preis von 800 M für Schloss Schwarzburg. – Vgl. ThStAR, Rudolstädter Hofmarschallamt Nr. 506.
**117.** Vgl. WINKER / MAREK 2005 (wie Anm. 108), S. 100.
**118.** Vgl. ThStAR, Rudolstädter Hofmarschallamt Nr. 546 und die Konstruktionszeichnung im TLMH Inv.-Nr.: Bz 380.
**119.** Dieser vermutlich für den profanen Gebrauch bestimmte Kasten ist der Zeit um 1230 zuzuordnen. Provenienz und Zweckbestimmung sind bis heute nicht eindeutig geklärt. Der Löwenkasten wurde 1895 durch den Münchener Restaurator Zwerschina restauriert. 1924 verkaufte Fürst Günther für 7 000 M an das Germanische Nationalmuseum Nürnberg, wo er noch heute in der ständigen Ausstellung zu sehen ist. – Vgl. DEUBLER, Volker: Der Schwarzburger Löwenkasten. – In: RHH 1/2 (1982), S. 20f. sowie zum Verkauf: ThStAW, Thüringisches Volksbildungsministerium Abt. C Nr. 1396, Bl. 46.
**120.** Bei dieser 1749 in Meißen gefertigten Porzellanplastik in Form eines Bären handelt es sich um ein Trinkgefäß, das Gästen zur Begrüßung gereicht wurde. Für diesen Zweck lässt sich der Kopf abnehmen. Der Text auf dem Spruchband lautet: »Wen ich willkommen heiß in Schwartzburgs Fürstenhaus / Der trinck aufs Fürstens wohl mich rein und redlich aus; Misens Königsschloß hat mich zur Welt gebracht / und Nimptschens treues Herz hat diesen Wunsch erdacht. Anno 1749.« Diesen und andere Schwarzburger *Willkommen* stellte erstmals Thure Freiherr von Cederström (1843 – 1924) in einem Beitrag der Zeitschrift des Münchener Alterthums-Vereins vom Dezember 1895 vor.
Anna Luise ließ das Objekt 1927 im Berliner *Auktionshaus Lepke* versteigern (Schätzpreis 2 000 M). Ersteigert wurde der Willkomm durch die Kunstsammlungen Weimar, in deren Besitz er sich noch heute befindet. – Vgl. Schwarzburgbote Nr. 49 vom 2. Dezember 1927. Interessanterweise tauchte im Jahre 2000 im Rudolstädter *Auktionshaus Wendl* eine farblich veränderte Fassung als Neuausformung des 19. Jahrhunderts auf.
**121.** Der als Willkomm genutzte Becher gehört zu den sogenannten Scherzgefäßen. In diesem Fall lösten sich beim Absetzen des Gefäßes durch einen Radschlossmechanismus 18 Schussladungen. Das Stück stammt aus der ersten Hälfte des 17. Jahrhunderts und war unter der Inventarnummer 1648 durch Carl Anton Ossbahr (1859 – 1925) für die Zeughaussammlung inventarisiert. Nach der 1895 erfolgten Restaurierung in München fand der Becher im Kaisersaal Aufstellung. – Vgl. DEUBLER, Volker: Ein Schwarzburger Schießbecher. – In: RHH 3/4 (1983), S. 83 – 85.
**122.** Der Emailhumpen wurde als Willkomm anlässlich der Einweihung des Jagdhauses Neuhaus im Jahre 1669 von der Glashütte Schmalenbuche gefertigt. – Vgl. RANZ, Hans-Jörg: Restaurierung des Thüringer Wappenhumpens »Schwarzburger Willkomm«. – In: Sondershäuser Beiträge 4 (1998), S. 73 – 87.
**123.** Dieses Scherzgefäß bestrafte den Nutzer, indem es den Inhalt nur tropfenweise weitergab. Ursache waren Spiralwindungen im Inneren, die dazu ein ständiges Drehen des Glases erforderten. Über Alter, Provenienz und Verbleib ist nichts bekannt. Eine Abbildung mit kurzem Begleittext findet sich in: CEDERSTRÖM, Thure Freiherr von: Die Schwarzburger »Willkommen«. – In: Zeitschrift des Münchener Alterthums-Vereins, Dezember 1895, S. 3.
**124.** Die Tradition, dass jeweils eine Dame einen solchen Stuhl stiftete, wurde 1834 durch die hessen-homburgischen Prinzessinnen begründet und bis zur letzten Fürstin Anna Luise weitergeführt, deren Stuhl das schönburg-waldenburgische und das schwarzburgische Wappen zierte. – Vgl. ThStAR, Rudolstädter Hofmarschallamt Nr. 544. Die auf 18 Stühle angewachsene Sammlung befand sich bis 1940 im Kaisersaal. Anschließend gelangten diese auf die Rudolstädter Heidecksburg, wo sie bis 2008 verwahrt wurden. Nach Restitutionsansprüchen wurden die Stühle an eine Erbengemeinschaft abgegeben und noch im gleichen Jahr mithilfe von Spendengeldern durch den Förderverein Schloss Schwarzburg e.V. für Schloss Schwarzburg angekauft.
**125.** Die Bleiverglasungen sollen sich vor 1890 in den Wohnräumen des Fürsten Georg befunden haben. – Vgl. ebenda, Bauamt Rudolstadt Nr. 374.
**126.** Vgl. ebenda. Der Kamin wurde von der Münchener Firma *Zwisler & Baumeister* für 3 084,00 M geliefert.
**127.** Der Zeughausverwalter erhielt nun eine Wohnung im Torhaus des Schlosses.
**128.** Vgl. ThStAR, Bauamt Rudolstadt Nr. 375. Die Kostenplanung veranschlagte für die Einrichtung des Billardsalons 5 553,92 M.
**129.** Die Kosten waren mit 10 000 M veranschlagt. Bei Probebohrungen des Jahres 1898 wurden noch Baureste des ehemals massiven Seitentraktes gefunden. – Vgl. ThStAR, Ministerium Rudolstadt, Abt. Finanzen CXLIII E Nr. 101, Bd. 2.
**130.** Vgl. ebenda.
**131.** Im Jahre 1923 verkaufte Günther die beiden Seitenflügel. Über ein Brüsseler Auktionshaus gelangten zumindest die Flügelfiguren in das Museum of Art nach Toledo / Ohio (USA), wo sie sich noch heute befinden. Das Schicksal des Mittelschreins ist unbekannt. Weiterhin wurde in der Schwarzburger Schlosskirche ein Baldachinaltar aus dem Jahre 1479 aufgestellt, der aus der Kirche Schwarza stammte. Auch dieses Kunstwerk soll nach 1920 verkauft worden sein. – Vgl. Heimatbilder der Vergangenheit aus Saalfeld 1 (1911), S. 57 sowie Meisterwerke der Kunst aus Sachsen und Thüringen, Magdeburg (1906). Für hilfreiche Informationen ist Herrn Dr. Gerhard Werner, Saalfeld, zu danken.
**132.** Vgl. ThStAR, Rudolstädter Hofmarschallamt Nr. 546. Die Kosten der Kopie betrugen 11 820,00 M.
**133.** 1892 wurde der Zugang zur Gruft erneuert und 1893 bis 1895 erfolgte eine Innensanierung des 70 m² großen Raumes. – Vgl. ebenda, Bauamt Rudolstadt Nr. 371.
**134.** Vgl. ebenda, Ministerium Rudolstadt, Abt. Staatsministerium Nr. 1361.
**135.** Vgl. ebenda, Rudolstädter Hofmarschallamt Nr. 546.
**136.** Noch 1895 beklagt sich Günther, dass seine Badewanne keinen Abfluss habe. Jedes Mal müsse das Wasser per Hand abgeschöpft werden, zumal »Höchstderselbe täglich zu baden beabsichtige«. – Vgl. ebenda, Ministerium Rudolstadt, Abt. Finanzen CXLIII E Nr. 101, Bd. 2.
**137.** Vgl. ebenda, Abt. Staatsministerium Nr. 1361.
**138.** Vgl. ebenda, Abt. Finanzen CXLIII Gen. Nr. 103.
**139.** Vgl. ebenda, Bauamt Rudolstadt Nr. 372.
**140.** Vgl. ebenda, Rudolstädter Hofmarschallamt Nr. 569.
**141.** Vgl. ebenda. Hinweise auf Eisgerüste bzw. Eishäuser finden sich häufig in den Akten. Abgeleitetes Tropfwasser erstarrte hier zu Eiszapfen, die zur Kühlung von Lebensmitteln und Getränken benötigt wurde. Dafür stand in Schwarzburg beispielsweise der Felsenkeller unter dem Zeughaus zur Verfügung.
**142.** Vgl. ebenda Nr. 508.
**143.** Vgl. HÜBNER, Helmut: Königin Wilhelmina der Niederlande im Jahre 1900 in Schwarzburg. – In: RHH 1/2 (1993), S. 13 – 17.
**144.** Vgl. ThStAR, Bauamt Rudolstadt Nr. 376.
**145.** Vgl. ebenda.

**146.** Vgl. ebenda, Rudolstädter Hofmarschallamt Nr. 569.
**147.** Vgl. ebenda, Ministerium Rudolstadt, Abt. Finanzen CXLIII E Nr. 101, Bd. 2.
**148.** Vgl. ebenda, Nachlass Fürstin Anna Luise Nr. 27.
**149.** Vgl. u. a. LAWATSCH, Hans-Helmut: Henry van de Velde in Schwarzburg. – In: RHH 5/6 (1993), S. 125 – 129.
**150.** Vgl. ThStAR, Ministerium Rudolstadt, Abt. Finanzen CXLIII E Nr. 101, Bd. 2.
**151.** Vgl. ebenda, Rudolstädter Hofmarschallamt Nr. 569.
**152.** Vgl. ebenda, Bauamt Rudolstadt Nr. 378.
**153.** Vgl. ebenda, Rudolstädter Hofmarschallamt Nr. 569.
**154.** Vorarbeit für die anschließende Präparation der Geweihtrophäen.
**155.** Vgl. WINKER / MAREK 2005 (wie Anm. 108), S. 90 f.
**156.** Vgl. ThStAR, Rudolstädter Hofmarschallamt Nr. 569.
**157.** Als äußeres Zeichen der Anwesenheit des Fürsten auf dem Schloss wurde auf dem Hauptgebäude traditionell die goldgelbe Flagge mit dem kaiserlichen Doppeladler (Herzschild des schwarzburgischen Wappens) gehisst. Bei Besuchen von Mitgliedern der fürstlichen Familie war es die Flagge in den blau-weißen Landesfarben.
**158.** Vgl. ThStAR, Rudolstädter Hofmarschallamt Nr. 811: »Bekanntmachung betr[effend] Beschlagnahme, Meldepflicht und Ablieferung von fertigen, gebrauchten und ungebrauchten Gegenständen aus Kupfer, Messing und Reinnickel« vom 31. Juli 1915. Aus dem Schloss Schwarzburg wurden u. a. abgeliefert: Kessel, Türdrücker, Fensterschließer, Schöpflöffel und 45 lfm. kupferne Dachrinnen.
**159.** Die sogenannte »große Glocke« aus dem Jahre 1738 konnte in der Schlosskirche verbleiben, vom Einschmelzen waren 1917 betroffen: die »mittlere Glocke« von der Rudolstädter *Glockengießerei Mayer* aus dem Jahr 1800 sowie die »kleine Glocke« aus der Apoldaer *Glockengießerei Ulrich* von 1885. – Vgl. ThStAR, Rudolstädter Hofmarschallamt Nr. 811 (mit Photographien).
**160.** Vgl. MÜLLER, Hubert: Der Schwarzburger Tiergarten, Manuskript, Schwarzburg 1992.
**161.** Die Umstände seiner Abdankung brauchen an dieser Stelle nicht weiter ausgeführt werden, da diese in der Literatur ausführlich geschildert wurden. – Vgl. u. a. LENGEMANN, Jochen: Landtag und Gebietsvertretung von Schwarzburg-Rudolstadt 1821 – 1923. Biographisches Handbuch Jena; Stuttgart 1994 (= VHKTh GR; 1, Teil 1), S. 41 ff.
**162.** Gesetzsammlung für das Fürstentum Schwarzburg-Rudolstadt 1918, 14. Stück Nr. XXX vom 22. November 1918 betreffend die Abfindung des Fürstlichen Hauses nach dem Verzicht des Fürsten auf die Regierung.
**163.** Ebenda, betreffend die Errichtung einer *Günther-Stiftung*. Weiterhin: Gesetzsammlung für Schwarzburg-Rudolstadt, 5. Stück Nr. XII vom 15. März 1919 betreffend die Ergänzung und Erweiterung der durch Höchste Verordnung vom 22. November 1918 errichteten *Günther-Stiftung*.
**164.** Vgl. JUNG, Otmar: Volksgesetzgebung. Die »Weimarer Erfahrungen« aus dem Fall der Vermögensauseinandersetzungen zwischen den Freistaaten und ehemaligen Fürsten, Bd. 1, Hamburg 1990.
**165.** Vgl. ThStAR, Staatsanwaltschaft beim Thüringischen Landgericht Rudolstadt Nr. 23.
**166.** Gesetzsammlung für Thüringen 1923, Nr. 22: Gesetz über die Vermögensauseinandersetzung des Landes Thüringen mit den ehemaligen thüringischen Freistaaten vom 29. März 1923.
**167.** Siehe hierzu den Beitrag von Jens Henkel in diesem Buch, S. 311 – 347.
**168.** Vertrag vom 6. Juli 1928, als Gesetz vom Thüringer Landtag 1929 beschlossen. – Vgl. Gesetzsammlung für Thüringen 1929, Nr. 8 vom 18. März 1929.
**169.** Neben Anna Luise waren dies: Prinz Friedrich Günther zu Schwarzburg (1901 – 1971), Prinzessin Alexandra zu Schwarzburg (1868 – 1958), Gräfin Marie Antoinette zu Solms-Wildenfels (1898 – 1984), die Prinzessin Irene zu Schwarzburg (1899 – 1939) sowie Prinzessin Helene von Schönaich-Carolath (1860 – 1937).
**170.** Das Vermögen des Fürsten wurde 1918 auf 60 – 80 Mio. Goldmark geschätzt. – Vgl. ThStAR, Staatsanwaltschaft beim Thüringischen Landgericht Rudolstadt Nr. 23.
**171.** Laut Gerichtsakten der Staatsanwaltschaft Rudolstadt sollen 1926 neben einigen Objekten aus der Waffensammlung auch Kunstgegenstände aus dem Schwarzburger Schloss für 32 000 M an die Berliner Kunsthandlung *Margraf & Co.* verkauft worden sein. Genannt werden in den Akten: vier Tapisserien, ein Harnisch und ein Schreibsekretär. Mehrere Gläser und Fayencen kaufte das Kunstgewerbemuseum in Frankfurt / Main für 6 400 M. – Vgl. ebenda sowie ThHStAW, Thüringisches Volksbildungsministerium, Abt. C Nr. 1396.
**172.** Siehe hierzu den Beitrag von Jens Henkel in diesem Buch, S. 311 – 347.
**173.** 1919 gelangten insbesondere Möbel aus dem Schloss Gehren nach Schwarzburg; im gleichen Jahr musste Schloss Paulinzella geräumt werden, das in Landeseigentum übergegangen war. Gleiches galt für das Schloss Frankenhausen, dessen Inventar wurde 1919 nach Sondershausen bzw. in das Schloss Rathsfeld überführt, wo das Fürstenpaar noch Nießbrauchrechte besaß. – Vgl. ThStAR, Rudolstädter Hofmarschallamt Nr. 508.
**174.** Auf der »Anna-Luisen-Höhe« bei Schwarzburg wurde 1927 ein Gedenkstein mit einer Bildnisplatte Günthers eingeweiht, der um 1950 zerstört wurde.
**175.** Friedrich Ebert wohnte im Hotel *Weißer Hirsch* und nutzte auch dessen Dependance, die *Schwarzaburg*. Er unterzeichnete die Verfassung am 11. August 1919. – Vgl. Friedrich Ebert in Schwarzburg (Sonderheft der RHH), Rudolstadt 1994.
**176.** ThStAR, Nachlass Fürstin Anna Luise Nr. 48.
**177.** Vgl. WINKER / MAREK 2005 (wie Anm. 108), S. 156 f.
**178.** Vgl. ThStAR, Bauamt Rudolstadt Nr. 381.
**179.** Vgl. ebenda, Thüringisches Hochbauamt Rudolstadt Nr. 274.
**180.** Vgl. ebenda.
**181.** Vgl. ebenda.
**182.** Vgl. ebenda Nr. 265.
**183.** Vgl. ebenda Nr. 267.
**184.** Vgl. ebenda Nr. 201.
**185.** Vgl. ebenda Nr. 265.
**186.** Vgl. ebenda.
**187.** Ebenda, Nachlass Elisabeth von Rhoeden Nr. 11: Brief vom 18. März 1933.
**188.** Zu dieser angeblich 800 Kilogramm schweren Glocke hatte Anna Luise ein besonderes Verhältnis, da diese beim Läuten anlässlich der Beisetzung ihres Gatten 1925 zersprungen war und zunächst in der Fürstengruft unterhalb der Schlosskirche und später im Zeughaus aufbewahrt wurde. Seit 1949 befindet sich die Glocke in der Kirche zu Allendorf. – Vgl. dazu: HASSENSTEIN, Karl-Helmut: Bemerkenswerte Nachrichten über die zersprungene Schwarzburger Glocke. – In: RHH 5/6 (2008), S. 116 – 119. Die in der Schlosskirche befindlichen drei Glocken, erst 1925 geweiht, mussten abgeliefert werden.
**189.** Vgl. ThStAR, Nachlass Fürstin Anna Luise Nr. 57. Das sogenannte »Insitzrecht« auf Schloss Schwarzburg wurde Anna Luise bereits mit Wirkung vom 1. Juni 1940 abgesprochen. – Vgl. ebenda, Thüringisches Hochbauamt Rudolstadt Nr. 269.
**190.** Siehe hierzu den Beitrag von Enrico Göllner in diesem Buch, S. 277 – 299.
**191.** Friedrich Günther war der Sohn des Prinzen Sizzo zu Schwarzburg (1860 – 1926), der mit dem regierenden Fürstenhaus Zeit seines Lebens über die Legitimität seiner Erbfolgeansprüche zerstritten war.
**192.** Vgl. ThStAR, Thüringisches Hochbauamt Rudolstadt Nr. 268.
**193.** Ebenda, Nachlass Fürstin Anna Luise Nr. 334.

Heike Beckel und Diana Turtenwald

# Die herrschaftlichen Wohnräume zwischen 1900 und 1940

Erstmals soll versucht werden, einen Überblick über Raumbezeichnungen, Raumnutzungen und die Gemäldeausstattung der herrschaftlichen Wohnräume im Hauptgebäude und im Kaisersaalgebäude des Schlosses Schwarzburg zu geben.[1] Ausgeklammert bleiben weitestgehend die zahlreichen Räumlichkeiten für das Dienstpersonal, die sich in weiteren Gebäuden des Schlosskomplexes befanden.

Bis zum Ende des 19. Jahrhunderts geben vor allem Schlossinventare[2] vereinzelt Hinweise auf Raumbezeichnungen. Erst für die Zeit um 1880 liegen Geschosspläne vor, die zwar die einzelnen Räume zeigen, aber weder Bezeichnung noch Vermerke zur Nutzung enthalten. Erschwerend für die Recherchen zu diesem Beitrag war zudem die Tatsache, dass sich keine bildhaften Überlieferungen vor 1880 erhalten haben, die einen Eindruck von den Innenräumen vermitteln. Erst mit dem Zeitalter der Photographie und insbesondere durch die Nachlässe der Rudolstädter Photographenfamilie Lösche sowie der letzten Fürstin Anna Luise von Schwarzburg (1871 – 1951)[3], erhalten wir ein Abbild einiger fürstlicher Gemächer. Doch auch hier ist nicht immer eine eindeutige Zuordnung möglich, da die Photographien in Hinblick auf den Aufnahmeort oft unbeschriftet blieben. Das Hauptproblem bleibt: Das Schlossgebäude ist heute Ruine, und nahezu alle historischen Raumfassungen sind beim 1940 begonnen Umbau zum Reichsgästehaus zerstört worden. Eine aus heutiger Sicht zu erwartende Dokumentation des ursprünglichen Zustandes ist offensichtlich 1940 nicht erfolgt und führte zu einem enormen Kenntnisverlust über das Aussehen des Schlosses.[4]

Die wichtigsten Quellen für einen Rekonstruktionsversuch verdanken wir dem Sekretär des Rudolstädter Hofmarschallamtes Hofrat Oskar Vater (1861 – 1954). Das von ihm im Jahre 1898 angeregte vierbändige »Verzeichnis der in den Fürstlichen Schlössern befindlichen Gemälde«[5] verzeichnet erstmals mit Inventarnummern den gesamten Gemäldebestand und verweist zugleich auf ihren Standort. Hilfreich war außerdem das vermutlich um 1907 begonnene und 1912 überarbeitete »Inventarien-Verzeichnis. Die Räume der Schwarzburg«[6], das einen guten Überblick zur Gesamtausstattung der Räume gibt. Grundrisse sind jedoch auch hier nicht angefügt oder haben sich nicht erhalten.

Diese beiden Archivalien im Abgleich mit der photographischen Überlieferung bildeten auch die Grundlage für eine abschließende Übersicht zum Gemäldebestand der herrschaftlichen Wohnräume. Dabei ist zu beachten, dass dieser einem ständigen Wechsel innerhalb der Schwarzburg unterlag, aber auch ein Austausch mit anderen Schlössern erfolgte. Gravierende Veränderungen ergaben sich 1918 im Zusammenhang mit der Abdankung des Fürsten Günther Victor von Schwarzburg-Rudolstadt und Sondershausen (1852 – 1890 – 1918 – 1925). Während vor 1918 Schloss Schwarzburg nur für wenige Wochen als Aufenthaltsort diente, wurde es nach der Abdankung als ständiger Sommersitz genutzt. Die Heidecksburg in Rudolstadt, seit 1919 als Schlossmuseum öffentlich zugänglich, wurde als Wohnsitz völlig aufgegeben. Für das Winterhalbjahr stand Schloss Sondershausen zur Verfügung. Zahlreiche Kunstwerke, auch Gemälde, gelangten durch Nachlässe und geräumte Schlösser zusätzlich nach Schwarzburg. Dazu finden sich jedoch kaum archivalische Überlieferungen.

Ein weiterer Einschnitt war das Jahr 1940, in dem – wie bereits oben angemerkt – die nationalsozialistische Regierung entschied, Schloss Schwarzburg zu einem Reichsgästehaus umzubauen. Im Zuge dieser Maßnahme kam es zu gravierenden Verlusten am Gesamtinventar und damit auch am Gemäldebestand von Schloss Schwarzburg.

## Die Räume im Erdgeschoss des Hauptgebäudes

Unmittelbar unter dem Portikus des Hauptgebäudes befanden sich drei Türen, die Zugang zum Vestibül bzw. Treppenhaus und zum »Alten Salon« boten. Alle Räume

Die Galerie im 1. Obergeschoss des Hauptgebäudes
Photographie von Anna Luise von Schwarzburg-Rudolstadt,
Thüringerwald-Verlag Richard Zieschank, Rudolstadt, um 1925
*TLMH Fotoarchiv*

im »Parterre« (Erdgeschoss) besaßen ein Kreuzgratgewölbe. Nördlich der Eingangshalle befanden sich die Räume des Hofmarschallamtes (Räume 1–4). Dieses Amt wurde von GEORG ALBERT VON PRIEM (1850–1920) bis zu seinem Tod ausgeübt. Da sein Nachfolger, GUSTAV ADOLF VON HALEM (1871–1932) weitgehend in Sondershausen lebte und bei seinen Aufenthalten in Schwarzburg ab 1922 das Pferdezimmer im zweiten Obergeschoss (Raum 13) benutzte, standen diese Räume seit 1920 als Gästezimmer zur Verfügung.[8]

Vor 1907 wurde der Raum südlich des Treppenhauses als »Casino« bezeichnet und als Klub- oder Gesellschaftsraum genutzt (Raum 7). Als Dekoration dienten historische Waffen, die nach 1907 in das Zeughaus des Schlosses gelangten. Ab diesem Zeitpunkt erhielt das Zimmer die Bezeichnung »Alter Salon« und wurde bis spätestens 1912 durch eingezogene Wände in drei Räume geteilt (Empfang, Salon, Schlafzimmer).[9] Das sich anschließende Lampengewölbe wurde ebenso wie der Nebenraum durch den Hausknecht genutzt (Räume 9 und 10).

Auf das unterhalb des Erdgeschosses gelegene »Souterrain« (Untergeschoss) soll an dieser Stelle lediglich kurz hingewiesen werden. Hier befanden sich neben Flur und Sanitäranlagen fünf Zimmer sowie eine Werkstatt mit Nebenraum. Das Petroleum- und Kohlengewölbe, auch als »Harzgewölbe« bezeichnet, war ebenfalls im Untergeschoss untergebracht. Die Inventare benennen weiterhin einen Brunnen und den »Keller unter dem Hofe«.

Die Vermessungsarbeiten des Jahres 1940 verzeichneten für das Erdgeschoss eine Gesamtfläche von 327 m².[10]

Blick in das Erdgeschoss des Treppenhauses (Raum 6) mit einem präparierten Hirsch auf Rollen, der bereits im Schlossinventar von 1770 Erwähnung findet  *Fotoarchiv Lösche, Rudolstadt*

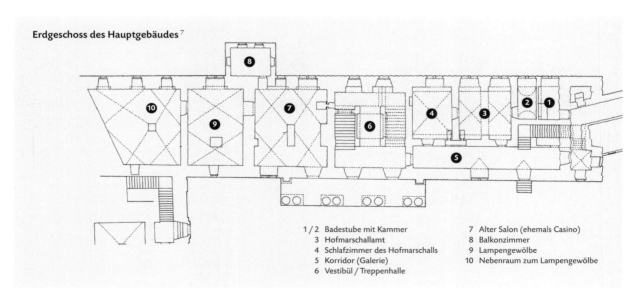

Erdgeschoss des Hauptgebäudes[7]

1/2 Badestube mit Kammer
3 Hofmarschallamt
4 Schlafzimmer des Hofmarschalls
5 Korridor (Galerie)
6 Vestibül / Treppenhalle
7 Alter Salon (ehemals Casino)
8 Balkonzimmer
9 Lampengewölbe
10 Nebenraum zum Lampengewölbe

Hofmarschall Georg Albert von Priem in seinem Zimmer (Raum 3)   *Fotoarchiv Lösche, Rudolstadt*

Casino (Raum 7)   *TLMH Fotoarchiv*

Treppenhaus (Raum 6)   *TLMH Fotoarchiv*

# Die Räume im ersten Obergeschoss des Hauptgebäudes

Die von der Galerie aus zugänglichen Zimmer waren nach Westen orientiert und boten einen Blick auf die Hirschwiese. Als bestimmende Dekoration der Galerie dienten seit Jahrhunderten Geweihtrophäen. Zusätzlich waren Familienporträts des 17. und 18. Jahrhunderts arrangiert, die bis 1912 von der Heidecksburg nach Schwarzburg überführt worden waren. Daneben befanden sich hier Schränke und anderes Mobiliar, auf denen Teile der Keramiksammlung zur Schau gestellt wurden. Tagebücher und Briefe der Fürstin ANNA LUISE verweisen darauf, dass sie die weitläufige Galerie bei schlechtem Wetter gern zum »Spazieren« nutzte.[11]

Die Räume nördlich des Treppenhauses wurden bis zu ihrem Tode von Prinzessin MATHILDE VON SCHWARZBURG-RUDOLSTADT (1826–1914) – Mutter des Fürsten GÜNTHER – bei ihren Aufenthalten in Schwarzburg genutzt. Diese Räume hatten den Vorteil, dass sie beheizbar waren, so dass ANNA LUISE und GÜNTHER sie nach 1918 bei ihren Winteraufenthalten nutzten. Das ehemalige Schlafzimmer der Prinzessin MATHILDE wurde als Esszimmer umfunktioniert (Raum 7)[12] und ab diesem Zeitpunkt als »Winter-Eßzimmer« bzw. durch die farbige Wandgestaltung als »Hellblaues Zimmer« bezeichnet.[13]

Der Salon stand nach der Umgestaltung im Jahr 1918 als Wohnzimmer zur Verfügung (Raum 6). Der Raum war zeitweise in der Farbe Rot gehalten und somit von der Fürstin als »Rotes Zimmer« bezeichnet.[14]

Schlafzimmer der Prinzessin Mathilde (Raum 7)
*Fotoarchiv Lösche, Rudolstadt*

Der sich anschließende Raum (5) diente MATHILDE als Schreibzimmer. Nach 1918 als »Winter-Spielzimmer« eingerichtet, stand er insbesondere den anwesenden Herren für das Kartenspiel zur Verfügung.

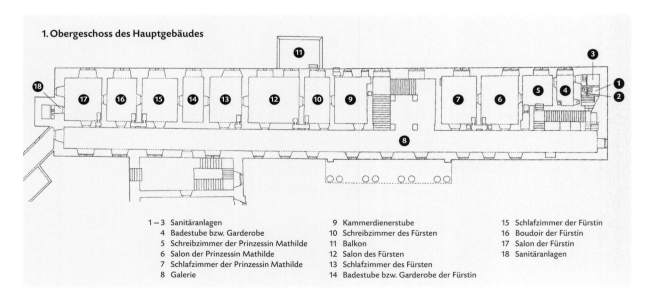

1–3 Sanitäranlagen
4 Badestube bzw. Garderobe
5 Schreibzimmer der Prinzessin Mathilde
6 Salon der Prinzessin Mathilde
7 Schlafzimmer der Prinzessin Mathilde
8 Galerie
9 Kammerdienerstube
10 Schreibzimmer des Fürsten
11 Balkon
12 Salon des Fürsten
13 Schlafzimmer des Fürsten
14 Badestube bzw. Garderobe der Fürstin
15 Schlafzimmer der Fürstin
16 Boudoir der Fürstin
17 Salon der Fürstin
18 Sanitäranlagen

Salon der Prinzessin Mathilde (Raum 6)  *Fotoarchiv Lösche, Rudolstadt*

Die Galerie (Raum 8), Blick nach Süden  *Fotoarchiv Lösche, Rudolstadt*

Schreibzimmer des Fürsten (Raum 10)
*TLMH Fotoarchiv*

Salon des Fürsten (Raum 12)
*Fotoarchiv Lösche, Rudolstadt*

Der Salon des Fürsten Günther von Schwarzburg-Rudolstadt (Raum 12)
Photographie von Richard Zieschank, Rudolstadt, um 1925   *TLMH Fotoarchiv*

Südlich der Marmortreppe diente der erste Raum (9) dem jeweiligen Kammerdiener des Fürsten und wurde spätestens 1907 durch Einzug von Trennwänden in Stube, Klosett, kleinen Flur und Garderobe untergliedert.

Die anschließenden Räume bewohnten Fürst und Fürstin. Günther standen ein Schreibzimmer (Raum 10), ein Salon (Raum 12) und ein Schlafzimmer (Raum 13) zur Verfügung. Vom Salon aus konnte der Balkon betreten werden, der einen stimmungsvollen Blick zur Wildfütterung auf der Hirschwiese bot. Die überlieferten Photographien lassen erkennen, dass Raumfassung und Ausstattung stark dem Historismus verpflichtet waren. Diese Umgestaltung, die alle vermutlich noch vorhandenen Raumfassungen des 18. und 19. Jahrhunderts zer-

Boudoir der Fürstin (Raum 16)
*Fotoarchiv Lösche, Rudolstadt*

Salon der Fürstin (Raum 17)
*Fotoarchiv Lösche, Rudolstadt*

Der Salon der Fürstin Anna Luise von Schwarzburg-Rudolstadt (Raum 17)
*Fotoarchiv Lösche, Rudolstadt*

störte bzw. überkleidete, geht auf seinen Vorgänger Fürst GEORG ALBERT VON SCHWARZBURG-RUDOLSTADT (1838 – 1869 – 1890) zurück.[15]

Die Zimmer der Fürstin schlossen sich unmittelbar denen des Fürsten an und bestanden aus einer Folge von vier Zimmern: einer Badestube (Raum 14), dem Schlafzimmer (Raum 15), dem auch als Frühstückszimmer genutzten Boudoir (Raum 16) sowie ihrem Salon (Raum 17). Die Räume waren nicht so vordergründig repräsentativ angelegt wie die ihres Gatten. Hier dominierten zahllose persönliche Erinnerungsgegenstände und Familienporträts.

Die Vermessungsarbeiten des Jahres 1940 verzeichneten für das erste Obergeschoss eine Fläche von 334 m².[16]

# Die Räume im zweiten Obergeschoss des Hauptgebäudes

Die Marmortreppe führte zum »Ahnensaal« (Raum 8), der mit seiner Fläche von 140 m² der größte Raum des Schlosses war. Neben dem Pferdezimmer (Raum 13) war dies der einzige Raum mit der ursprünglichen Raumfassung des 18. Jahrhunderts. Um 1890 verlor er seine bisherige Nutzung und Bezeichnung als »Speisesaal«[17] zugunsten des Kaisersaales und diente fortan nur zu repräsentativen Zwecken. Bis 1940 blieb die architektonisch eingebundene Dekoration mit acht lebensgroßen Porträts der Vorfahren des Fürstenhauses, welche 1744 vom Hofmaler Johann Christoph Morgenstern (1697–1767) geschaffen wurden, unverändert. Zusätzlich war der Saal mit Geweihtrophäen sowie Pokalen, Gläsern und Fayencen ausgestattet.

Die Räume (1–5) nördlich des »Ahnensaals« wurden bis 1914 von der Schwester des Fürsten, Prinzessin Thekla von Schwarzburg-Rudolstadt (1859–1939), bewohnt.[18] In den darauf folgenden Jahren nutzte sie bei ihren Sommeraufenthalten Zimmer im Obergeschoss des westlichen Stallflügels (siehe Abb.). Der sich nördlich des Hauptgebäudes anschließende Gebäudeteil wurde ab diesem Zeitpunkt als »Theklaflügel« bezeichnet. Die freigewordenen Räume im Hauptgebäude bezog ab 1914 Elisabeth von Rhoeden (1867–1946), die seit 1907 Hofdame der Fürstin Anna Luise war.[19]

Das südlich an den Saal folgende »Silberzimmer« (Raum 11) mit dem dazugehörigen Schlafzimmer (Raum 10) wurde für Gäste genutzt. Seinen Namen erhielt es

Treppenaufgang mit Plastik *Polyhymna,* Gips, um 1800 (Raum 9)
*Fotoarchiv Lösche, Rudolstadt*

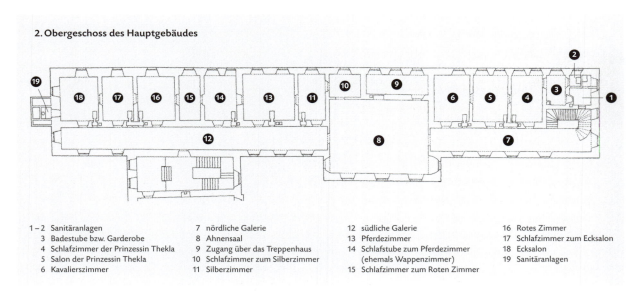

| | |
|---|---|
| 1–2 Sanitäranlagen | 12 südliche Galerie |
| 3 Badestube bzw. Garderobe | 13 Pferdezimmer |
| 4 Schlafzimmer der Prinzessin Thekla | 14 Schlafstube zum Pferdezimmer (ehemals Wappenzimmer) |
| 5 Salon der Prinzessin Thekla | 15 Schlafzimmer zum Roten Zimmer |
| 6 Kavalierszimmer | 16 Rotes Zimmer |
| 7 nördliche Galerie | 17 Schlafzimmer zum Ecksalon |
| 8 Ahnensaal | 18 Ecksalon |
| 9 Zugang über das Treppenhaus | 19 Sanitäranlagen |
| 10 Schlafzimmer zum Silberzimmer | |
| 11 Silberzimmer | |

Ahnensaal mit Blick in die nördliche Galerie (Raum 8 und 7)    *TLMH Fotoarchiv*

Salon der Prinzessin Thekla von Schwarzburg-Rudolstadt im westlichen Stallflügel    *Fotoarchiv Lösche, Rudolstadt*

Salon der Prinzessin Thekla (Raum 5)   *Fotoarchiv Lösche, Rudolstadt*

Schlafzimmer mit Blick in den dazugehörigen Ecksalon (Raum 17 und 18)   *Fotoarchiv Lösche, Rudolstadt*

Rotes Zimmer mit Blick ins Schlafzimmer (Raum 16 und 15)   *Fotoarchiv Lösche, Rudolstadt*

Pferdezimmer mit Blick ins Schlafzimmer (Raum 13 und 14)
*Fotoarchiv Lösche, Rudolstadt*

Ecksalon mit Blick ins Schlafzimmer (Raum 18 und 17)
*Fotoarchiv Lösche, Rudolstadt*

Die südliche Galerie (Raum 12)
*Fotoarchiv Lösche, Rudolstadt*

durch eine Reihe in Silber bemalter Möbel. Hier wohnte zeitweise der mit dem Fürstenpaar befreundete Maler Heinrich Schönchen (1861 – 1933).[20]

Dem Silberzimmer schloss sich das Pferdezimmer (Raum 13) mit einer angrenzenden Schlafstube (Raum 14) an, ehemals als »Wappenzimmer« bezeichnet. Hier standen die sogenannten »Wappenstühle«, die nach 1890 ihren Platz im Kaisersaal fanden.[21] Die Bezeichnung »Pferdezimmer« bezieht sich auf 246 kleinformatige Gemälde, die Pferde des fürstlichen Marstalles zeigen. Sie füllten die gesamte Wandfläche des Raumes aus. Die Pferdebildnisse entstanden durch Fürst Ludwig Günther II. von Schwarzburg-Rudolstadt (1708 – 1767 – 1790). Pferdezimmer und angrenzende Schlafstube nutzte die Mutter der Fürstin Anna Luise, Luise von Schönburg-Waldenburg (1844 – 1922), während ihrer Besuche auf Schloss Schwarzburg. Nach ihrem Tod bewohnte Hofmarschall von Halem bei seinen Aufenthalten in Schwarzburg diese Räume.[22]

An das Pferdezimmer schlossen sich zwei Wohnbereiche an, die aus einem Schlafzimmer (Raum 15) und dem »Roten Zimmer« (Raum 16) bzw. einem Schlafzimmer (Raum 17) und dem Ecksalon (Raum 18) bestanden. Die Bezeichnung als »Rotes Zimmer« bezieht sich auf die mit rotem Samt bezogenen Sitzmöbel. Die älteste Schwester des Fürsten Günther, Großherzogin Marie von Mecklenburg-Schwerin (1850 – 1922), gehörte mit ihrer Tochter Elisabeth zu den kurzzeitigen Nutzern dieser Raumfolge.[23] Für ihre weiteren Besuche auf Schloss Schwarzburg stand das nach 1890 neu eingerichtete Appartement im ersten Obergeschoss des Seitentraktes im Kaisersaalgebäude zur Verfügung.

Die Vermessungsarbeiten des Jahres 1940 verzeichneten für das zweite Obergeschoss eine Fläche von 390 m².[24]

Blick vom Pferdezimmer in das Silberzimmer (Raum 13 und 11)
Photographie von Anna Luise von Schwarzburg-Rudolstadt, vor 1918   *ThStAR, Nachlass Fürstin Anna Luise Nr. 285*

## Die Räume im Mansardgeschoss des Hauptgebäudes

Das Mansardgeschoss, im Sprachgebrauch der Schlossbewohner auch als »Olymp« bezeichnet, war über das nördlich gelegene Treppenhaus zu erreichen. Die unmittelbar unter der Dachschräge gelegenen Räume waren schlicht ausgestattet und dienten in erster Linie als Wohnungen der Bediensteten. Der Bilderschmuck bestand lediglich aus Graphiken oder Kunstdrucken.

Die Mehrzahl dieser Räume wurde als Dienerzimmer (Räume 3, 5, 6, 7, 8, 11, 12, 13, 18, 20) genutzt. Zusätzlich gab es eine Bettenkammer (Raum 4) sowie zwei Räume als Gästewohnung (Raum 14 und 15). Hier verbrachten die Kinder des Prinzen ULRICH VON SCHÖNBURG-WALDENBURG (1869–1939), des Bruders der Fürstin ANNA LUISE, ihre Sommerferien.[25]

In der Mitte der Etage (Raum 9 und 10) lag die Wohnung von WILLIBALD FREIHERR VON IMHOFF (1862–1954). Dieser war von 1899 bis 1918 Flügeladjutant des Fürsten GÜNTHER.[26] Am nördlichen Abschluss der Etage (Raum 1 und 2) befanden sich Salon und Schlafzimmer der jeweiligen Hofdame von Prinzessin MATHILDE[27].

Über Treppen sowohl am nördlichen als auch am südlichen Ende konnte der Bodenraum erreicht werden.

Die Vermessungsarbeiten des Jahres 1940 verzeichneten für das Mansardgeschoss eine Fläche von 440 m².[28]

## Die Räume im Kaisersaalgebäude

Das Kaisersaalgebäude bestand aus dem Mittelbau mit dem Kaisersaal und dem Gartensalon im Erdgeschoss. Der östlich gelegene Seitentrakt besaß ein niedriges Kellergewölbe, einen Salon im Erdgeschoss, zwei darüber liegende Geschosse sowie einen Bodenraum im sogenannten »Wärtertürmchen«. An der westlichen Seite des Mittelbaus schloss sich eine eingeschossige Glasveranda an.

Galerie im Mansardgeschoss (Raum 17)
Zeichnung Elisabeth von Schwarzburg-Rudolstadt, 1851
*TLMH Fotoarchiv*

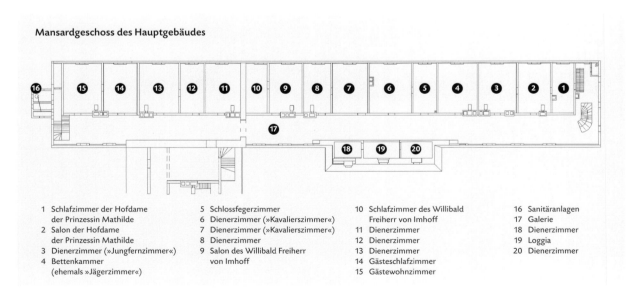

**Mansardgeschoss des Hauptgebäudes**

1 Schlafzimmer der Hofdame der Prinzessin Mathilde
2 Salon der Hofdame der Prinzessin Mathilde
3 Dienerzimmer (»Jungfernzimmer«)
4 Bettenkammer (ehemals »Jägerzimmer«)
5 Schlossfegerzimmer
6 Dienerzimmer (»Kavalierszimmer«)
7 Dienerzimmer (»Kavalierszimmer«)
8 Dienerzimmer
9 Salon des Willibald Freiherr von Imhoff
10 Schlafzimmer des Willibald Freiherr von Imhoff
11 Dienerzimmer
12 Dienerzimmer
13 Dienerzimmer
14 Gästeschlafzimmer
15 Gästewohnzimmer
16 Sanitäranlagen
17 Galerie
18 Dienerzimmer
19 Loggia
20 Dienerzimmer

Übergang von der Kaisersaalgalerie in den Vorflur zum Kaisersaal  *Fotoarchiv Lösche, Rudolstadt*

Blick vom Gartensalon in den Billardsalon des Kaisersaalgebäudes  *Fotoarchiv Lösche, Rudolstadt*

Blick vom Billardsalon in den Gartensalon des Kaisersaalgebäudes  *Fotoarchiv Lösche, Rudolstadt*

Blick in die Glasveranda des Kaisersaalgebäudes  *Fotoarchiv Lösche, Rudolstadt*

Das Kaisersaalgebäude war mit dem Schlosshauptgebäude durch die »Kaisersaalgalerie« verbunden. Diese führte vom südlichen Ende des ersten Obergeschosses des Hauptgebäudes in einen Flur, von welchem der Zugang zum Kaisersaal und zu einem Appartement möglich war. Neben Gemälden und Graphiken zierten vor allem Geweihtrophäen die Galerie. An den Wänden standen Schränke und Buffets, dekoriert mit einer Vielzahl von Gläsern, Keramiken und Zinngefäßen.[29]

Im Erdgeschoss (siehe Grundriss S. 66) des östlichen Seitentraktes befand sich der Billardsalon, welcher 1898 eingerichtet wurde und auch den Namen »Neuer Salon« trug. Bis zur Neueinrichtung im Jahre 1891 diente dieser Bereich dem Zeughausverwalter als Wohnung. Neben dem Billardtisch gehörten weitere Spieltische und eine Vielzahl von Gesellschaftsspielen zur Ausstattung. Zur Dekoration diente neben Gemälden und Geweihtrophäen eine Sammlung von ca. 500 Gläsern und Krügen, die aus dem Nachlass des Fürsten Georg stammte.

Der über fünf Stufen vom Billardsalon aus erreichbare und bereits 1890/91 eingerichtete Gartensalon lag im Mittelbau unter dem Kaisersaal. Im Winter diente er zur Aufbewahrung der Kübelpflanzen des Schlossgartens. Den Tagebüchern der Fürstin Anna Luise ist zu entnehmen, dass sie sich oft zur Abendgestaltung in diesem Raum mit Freunden und Familienmitgliedern zusammenfand. Es wurde musiziert, vorgelesen, die Herren spielten Karten, die Damen beschäftigten sich mit Handarbeiten.[30]

Der Gartensalon war durch eine im Jugendstil gehaltene zweiflügelige Tür mit der Glasveranda verbunden. 1902 als Anbau an den Mittelbau ausgeführt, wurde aus statischen Gründen eine leichte Eisenkonstruktion mit Glasdach bevorzugt. Als Musikzimmer genutzt, war es mit einem Flügel und Korbmöbeln ausgestattet. Im Zuge der Umgestaltung zum Reichsgästehaus im Jahre 1940 wurde die Glasveranda abgerissen.

Der im Obergeschoss gelegene Kaisersaal[31] diente seit dem Regierungsantritt des Fürsten Günther im Jahre

Der Gartensalon im Erdgeschoss des Kaisersaalgebäudes mit Blick in die Glasveranda  *Fotoarchiv Lösche, Rudolstadt*

Wappenstuhl, um 1840, Rückenlehne mit applizierten preußischen und hessisch-homburgischen Doppelwappen

1890 als repräsentativer Speisesaal. An den Wänden waren die sogenannten »Wappenstühle« aufgereiht, die sich noch bis ca. 1890 im Wappenzimmer im zweiten Obergeschoss des Hauptgebäudes befunden hatten (Raum 14). Diese 18 Armlehnstühle sind mit dunkelblauem Samt bezogen und zeigen die Wappen verwandter Dynastien (siehe Abb.). Das gesamte Bildprogramm des Saales schuf 1870/71 der Hofmaler RUDOLPH OPPENHEIM (1828 – 1898).[32] Dessen vier Kaiserporträts und der Wandfries mit Szenen aus der schwarzburgischen Geschichte sind 1940 entfernt worden.

Im ersten Obergeschoss des Seitentraktes (siehe Grundriss S. 68), der über einen Flurbereich eine direkte Anbindung an den Kaisersaal hatte, befinden sich bis heute drei aneinandergrenzende kleine Zimmer. Im mittleren dieser drei Räume hat sich die mit mythologischen Szenen bemalte Stuckdecke aus dem frühen 18. Jahrhundert erhalten, die auf die einstige Nutzung als fürstliches Appartement verweist. Bei ihren Besuchen auf Schloss Schwarzburg bewohnte die älteste Schwester des Fürsten GÜNTHER diese Raumfolge (Salon, Schlafzimmer und Garderobe). Prinzessin MARIE VON SCHWARZBURG-

Rudolstadt war die dritte Gemahlin des Großherzogs Friedrich Franz II. von Mecklenburg-Schwerin (1823–1842–1883).

Im zweiten Obergeschoss des Seitentraktes befanden sich eine Dienerstube und eine aus drei Räumen bestehende »Cavaliers-Wohnung«.

## Der Gemäldebestand auf Schloss Schwarzburg

Ausgangspunkt dieser Untersuchung sind die beiden von Hofrat Oskar Vater 1898 und 1907/12 vorgelegten Inventare des Schlosses. Sie bieten bis heute die einzigen umfassenden Informationen zum Gemäldebestand dieser Jahre. Dabei handelt es sich jedoch nur um verbale Beschreibungen der Bilder, oft ohne exakte Zuschreibungen zu Künstlern bzw. Entstehungszeiten. So bleibt lediglich ein Abgleich mit den vorhandenen Photographien der Innenräume des Schwarzburger Schlosses, der die Identifizierung einzelner dort sichtbarer Gemälde zulässt. Diese Sachlage erschwert eine detaillierte Beurteilung des Bestandes, zumal ca. 90% der Gemälde bis heute als verschollen gelten müssen. Somit kann in folgender Betrachtung nur ein summarischer Überblick gegeben werden, eine kunstwissenschaftliche Bewertung dieser Sammlung bleibt problematisch und muss weiteren Untersuchungen vorbehalten bleiben.

Schon der Vergleich der beiden oben genannten Quellen lässt erkennen, dass der Gemäldebestand in den Räumen keineswegs statisch festgeschrieben war, sondern ständigen Veränderungen unterlag. Dies betrifft sowohl den Austausch von Gemälden innerhalb des Schlosses als auch Ab- und Zugänge aus anderen schwarzburgischen Schlössern. Zusätzlich ist zu bedenken, dass es insbesondere bis 1914 zu zahlreichen Ankäufen kam, andererseits aber auch Verkäufe und Schenkungen getätigt wurden. Auch Leihgaben für bedeutende Kunstausstellungen stellte das Fürstenhaus zur Verfügung – so beispielsweise 1906 für die Erfurter Ausstellung *Meisterwerke der Kunst aus Sachsen und Thüringen* und 1914 für die Darmstädter Ausstellung *Deutscher Barock und Rokoko*.

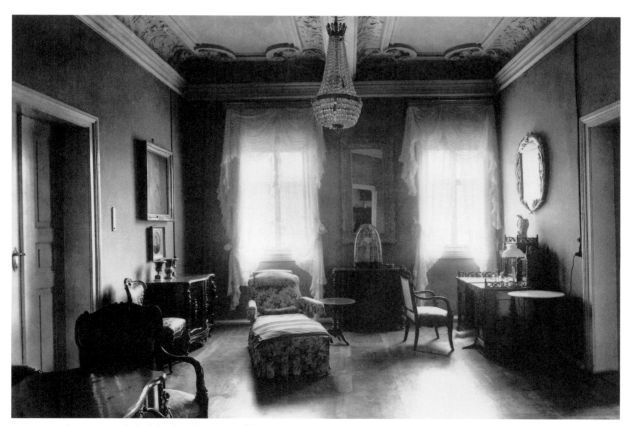

Mittleres Zimmer (Salon) der dreiteiligen Raumfolge im 1. Obergeschoss des Kaisersaalgebäudes (die heute wieder sichtbare barocke Deckenausmalung war zu diesem Zeitpunkt übertüncht)   *Fotoarchiv Lösche, Rudolstadt*

Carl Malchin, Schloss Schwarzburg, Öl auf Leinwand, 1901
Hochzeitsgeschenk des Fürstenhauses Schwarzburg-Rudolstadt
anlässlich der Vermählung des Prinzen Heinrich von Mecklenburg
mit Königin Wilhelmina der Niederlande
*Rijksmuseum Paleis Het Loo, Nationaal Museum,
Apeldoorn / Niederlande, Inv.-Nr.: PL 943*

produktionsdrucke wurden bei dieser Zählung nicht berücksichtigt) auf Schloss Schwarzburg. Die Beschreibung der Bildwerke in den Inventaren lässt erkennen, dass vor allem Porträts, Landschaftsmalereien und Jagdstücke zur Ausstattung der Wohnräume gehörten. Der überwiegende Teil dieser Bilder gehörte zu der seit Jahrhunderten gewachsenen Sammlung der fürstlichen Familie. Der kleinere Teil betrifft Neuerwerbungen des Fürstenpaares, die entsprechend persönlicher Vorlieben für ihre unmittelbaren Wohnräume bestimmt waren. Außergewöhnlich und in den Raumfassungen des 18. Jahrhunderts belassen, blieben das Pferdezimmer und der »Ahnensaal«.

Laut dem bereits benannten Gemäldekatalog und dem Inventarverzeichnis befanden sich um 1910 ca. 600 Gemälde (darunter allein 246 Pferde-Darstellungen im Pferdezimmer), Druckgraphiken und Zeichnungen (Re-

Bei den Porträts handelt es sich um Auftragswerke des gräflichen und späteren fürstlichen Hauses, die zumeist Angehörige der schwarzburgischen Dynastie, aber auch Personen verwandter Häuser zeigen. Neben diesen historischen Gemälden des 16. bis 19. Jahrhunderts, die zahlreiche Zimmer und insbesondere die Galerien des Schlosses zierten, beauftragte das Fürstenpaar auch zeitgenössische Künstler. Ein besonders freundschaftliches Verhältnis verband dabei GÜNTHER und ANNA LUISE mit dem Hofmaler RUDOLPH OPPENHEIM sowie mit HEINRICH

Carl Malchin, Die Schwarzburg von Nordwesten, Öl auf Leinwand, 1893   *Schlossmuseum Sondershausen Inv.-Nr. Kb 134*

Wilhelm Tübbecke, Schloss Schwarzburg, Öl auf Leinwand, 1910   TLMH M 690

Schönchen, von dessen Hand zahlreiche Familienporträts stammen.³³ Kontakte wurden außerdem zu den Malern Franz von Lenbach (1836–1904), Hermann Krüger (1834–1908), Alfred Schwarz (1867–1951) und Raffael Schuster-Woldan (1870–1951) gepflegt, deren Werke wohl am ehesten dem konservativen Kunstgeschmack des Fürstenpaares entsprachen. So lässt sich auch die besondere Vorliebe für Gemälde von Vertretern der Weimarer Malerschule des ausgehenden 19. Jahrhunderts erklären. Für Schloss Schwarzburg wurden Gemälde von Carl Malchin (1838–1923) (siehe Abb.), Emil Zschimmer (1842–1917), Thure Freiherr von Cederström (1843–1924) und Ludwig von Gleichen-Russwurm (1836–1901) angekauft.

Als Beispiel für die Ausstattung der herrschaftlichen Räume auf Schloss Schwarzburg sollen Gemälde benannt werden, die sich im Jahre 1898 in den drei Räumen des Fürsten Günther befanden (erstes Obergeschoss, Räume 10, 12, 13):

Gleichen-Russwurm, Ludwig von: *Frauen auf dem Bleichplatze,* Öl/Leinwand, 1889, V–12.³⁴

Drathmann, Christoffer (1856–1903): *Ein sitzender Rehbock,* Öl/Leinwand, o. J., VIII–9.

Unbekannt: *Stillleben. In der Mitte auf einem Tische ein Hummer ...,* Öl/Leinwand, o. J., X–10.

Malchin, Carl: *Die Schwarzburg von Nordwesten,* Öl/Leinwand, 1893, XII–132 (siehe Abb.).

Krüger, Hermann: *Der Kyffhäuser vor dem Denkmalbau, Abendbeleuchtung,* Öl/Leinwand, o. J., XII–133.

Heinsius, Johann Ernst (1731–1794): *Kopf eines Knaben. (Kopf von dem jüngeren Sohn des Rubens), nach Rubens,* Öl/Leinwand, o. J., XIV–38.

Schönchen, Heinrich: *Anna Luise, Prinzessin von Schönburg-Waldenburg,* Öl/Leinwand, 1899, XV–a–451.

Unbekannt: *Auf einer Bank sitzt ein Frauenzimmer mit einem Briefe ...,* Öl/Holz, o. J., V–31.

Unbekannt: *Links ein Frauenzimmer mit Licht ...,* Öl/Holz, o. J., V–32.

Unbekannt: *Interieur. Links Dame in grünem gerafften Kleide ...,* Öl/Holz, o. J., V–33.

Wouwerman, Philips (1619–1668) (?): *Die Schmiede,* Öl/Holz, o. J., VII–8.

Wouwerman, Philips (1619–1668) (?): *Reiter und Fußgänger,* Öl/Holz, o. J., VII–9.

Unbekannt: *Marie, Prinzessin von Schwarzburg-Rudolstadt,* Öl/Holz, o. J., XV–a–325.

Wymann Mory, Karl Christian (1836–1898): *Schweizerlandschaft. Partie aus dem Kanton Glarus,* Aquarell/Papier, o. J., XII–194.

Stagura, Albert (1866–1947): *Landschaft. Fluß mit Steinblöcken im Gebirge,* ohne Angabe zur Maltechnik auf Pappe, 1907, XII–247.

Mit der Einrichtung der *Günther-Stiftung*[35] des Jahres 1918 versuchte man, auch die Besitzverhältnisse an den Gemälden des Schlosses Schwarzburg zu klären. Diesbezüglich wurde festgelegt, dass die gesamte Einrichtung – zu der auch die Gemälde zählten – der vom Fürsten und der Fürstin bewohnten Räume sowie der Gästezimmer als ihr Eigentum in Privatbesitz verbleiben konnte. Außerdem erhielten sie lebenslanges Wohnrecht auf Schloss Schwarzburg zugesprochen.

Ab diesem Zeitpunkt hatten sich die Lebensumstände der Schlossbewohner grundlegend verändert. Da auch das Hofmarschallamt aufgelöst und Personal drastisch reduziert werden musste, gab es keine Veranlassung mehr, Inventare über den Kunstbesitz zu führen. Somit ist es aus heutiger Sicht nahezu unmöglich, den Besitzstand an Gemälden für die Jahre nach 1918 festzuschreiben. Es bleiben vereinzelte Hinweise auf Gemäldeübernahmen aus anderen schwarzburgischen Schlössern wie aus Rudolstadt, Paulinzella oder Gehren. Auch vom Jagdschloss Rathsfeld gelangten im Oktober 1918 verschiedene Gegenstände, darunter 23 Bildwerke, nach Schloss Schwarzburg.[36] Exakte Angaben, um welche Gemälde es sich bei diesen Umlagerungen handelte, sind nicht überliefert.

Im Jahre 1930 erbte ANNA LUISE verschiedene Gegenstände aus dem Nachlass der Fürstin MARIE VON SCHWARZBURG-SONDERSHAUSEN (1845–1930). Allerdings durfte sie gemäß einer Entscheidung des Landes Thüringen nicht rechtsgeschäftlich darüber verfügen. Die Objekte, darunter eine Vielzahl von Gemälden (148 Stück), verblieben zunächst in der ehemaligen Wohnung der verstorbenen Fürstin in Sondershausen. ANNA LUISE übernahm 1932 aus diesem Nachlass 18 Ölgemälde.[37] Ob diese Bilder nach Schwarzburg überführt wurden oder in Sondershausen verblieben, ist aus der Aktenlage nicht ersichtlich.

Das private Kapitalvermögen des Fürstenhauses hatte durch die Inflationszeit erhebliche Einbußen erlitten. Um den gewohnten Lebensstandard weiter zu erhalten, sah sich das Fürstenpaar veranlasst, auch Objekte aus dem überkommenen Kunstbesitz zu verkaufen. Dazu wurden Gegenstände aus den Depots der Heidecksburg[38], aber auch aus Schloss Schwarzburg an den Kunsthandel oder an Museen veräußert. Bis auf wenige Ausnahmen – wie die Verkäufe aus der Waffensammlung des Schwarzburger Zeughauses[39] – können bis heute aufgrund fehlender Archivalien keine konkreten Aussagen zu diesen Vorgängen getroffen werden. Nur gelegentlich finden sich dazu Andeutungen in den lückenlos überlieferten Tagebüchern der ANNA LUISE VON SCHWARZBURG.[40]

Diese Tagebücher sind in Hinblick auf den Umgang mit der reichhaltigen Gemäldesammlung von Interesse, da sie belegen, mit welcher Intensität die Räume des Schlosses nach der Abdankung verändert wurden. Entbunden von allen staatsmännischen Pflichten, konnte sich das Fürstenpaar nun ganz der Neueinrichtung bzw. Umgestaltung von Zimmern widmen.[41] Wie folgendes Beispiel aus dem Tagebuch der ANNA LUISE belegt, wurden 1919 nahezu täglich Veränderungen vorgenommen[42]:

29. Juli 1919: »Den übrigen Vormittag hingen Günther u[nd] ich in Fremdenzimmern Bilder um.«

.................................................

30. Juli 1919: »Danach hingen Günther u[nd] ich weiter Bilder um.«

.................................................

1. August 1919: »Nach d[em] Tee hingen Günther u[nd] ich in der Galerie im 2. Stock Bilder auf.«

.................................................

3. August 1919: »Den übrigen Vormittag hingen Günther u[nd] ich in Theklas Gang Bilder auf. [...] Nach dem Tee hingen Günther u[nd] ich in einem Fremdenzimmer im Olymp Bilder auf.«

.................................................

6. August 1919: »Den übrigen Vormittag ließen Günther u[nd] ich im Winterspielzimmer Bilder aufhängen.«

.................................................

8. August 1919: »Nach dem Tee ließen Günther u[nd] ich auf d[em] Gang im 2. Stock Bilder aufhängen.«

.................................................

13. August 1919: »Danach hingen Günther u[nd] ich im Eßzimmer und auf dem Gang Bilder um.«

Auch nach dem Tode GÜNTHERS im Jahre 1925 nutzte die Witwe ihr Wohnrecht auf Schloss Schwarzburg. Größere Bewegungen im Gemäldebestand sind für die Folgezeit nicht nachweisbar.

Im Jahre 1940 kam es für Schloss Schwarzburg zu einem gravierenden Einschnitt, da die Reichsregierung beschlossen hatte, das Schloss zu einem Reichsgästehaus umzubauen.[43] ANNA LUISE musste innerhalb weniger Tage das Schloss komplett beräumen.[44] Für den Umzug nach Schloss Sondershausen stellte die Thüringer Landesregierung Möbelwagen und Verpackungsmaterial zur Verfügung.[45] In dieser chaotischen Situation zwischen dem 7. und 13. Juni 1940, als die Fürstin letztmals auf dem Schloss weilte[46], verlieren sich die Spuren von nahezu allen Bildwerken. Bis heute muss unklar bleiben, wohin Gemälde ausgelagert wurden, was Diebstahl zum

Opfer fiel oder bewusst von der Fürstin bei ihrem Abschied verschenkt oder verkauft[47] wurde.

Zusammenfassend kann festgestellt werden, dass sich im Abgleich mit den beiden oben genannten Inventaren von 1898 und 1907/12 heute lediglich ca. 10% des ehemals vorhandenen Gemäldebestandes nachweisen lassen. Inwieweit sich noch weitere Bildwerke der ursprünglichen Ausstattung des Schlosses Schwarzburg sowie hier nicht thematisierte Objekte aus den Bereichen Mobiliar und Kunsthandwerk in privatem oder staatlichem Besitz befinden, muss weiteren Forschungen vorbehalten bleiben.

### Anmerkungen

1. Dieser Beitrag basiert auf der vom Thüringer Landesmuseum Heidecksburg Rudolstadt angeregten Diplomarbeit »Schloss Schwarzburg. Rekonstruktion der Gemäldeausstattung zwischen 1918 und 1940«. Diese wurde von Heike Beckel an der Hochschule für Technik, Wirtschaft und Kultur Leipzig (FH) im Jahre 2005 vorgelegt.
2. Siehe hierzu den Beitrag von Jörg Hoffmann in diesem Buch, S. 45–75.
3. Etwa 8 000 Negative und Positive aus dem Nachlass der Fürstin Anna Luise befinden sich heute im Thüringischen Staatsarchiv Rudolstadt.
4. Siehe hierzu den Beitrag von Enrico Göllner in diesem Buch, S. 277–299.
5. Archiv des TLMH, K 44.
6. ThStAR, Rudolstädter Hofmarschallamt Nr. 495.
7. Die Grundrisse wurden von Knut Krauße, Ingenieurbüro für Denkmalpflege in Rudolstadt, angefertigt. Als Grundlage dienten die undatierten Bauzeichnungen Nr. 509, 510 und 511 (um 1880) im Bestand des TLMH sowie die Bauzeichnung des Mansardgeschosses im Bestand des ThStAR, Zeichnungssammlung Schloss Schwarzburg o. Nr.
8. Vgl. ThStAR, Nachlass Fürstin Anna Luise Nr. 44.
9. Vgl. ebenda, Rudolstädter Hofmarschallamt Nr. 495.
10. Vgl. ThHStAW, Thüringisches Finanzministerium Nr. 3225, Bl. 31 und Bl. 32.
11. Vgl. ThStAR, Nachlass Fürstin Anna Luise Nr. 46.
12. Vgl. ebenda Nr. 41.
13. Vgl. ebenda Nr. 46.
14. Vgl. ebenda Nr. 41.
15. Siehe hierzu den Beitrag von Jens Henkel in diesem Buch, S. 203–251.
16. Vgl. ThHStAW, Thüringisches Finanzministerium Nr. 3225, Bl. 31 und Bl. 32.
17. Die Bezeichnung des Saales variierte im 18. und 19. Jahrhundert zwischen »Saal« und »Großer Speisesaal«. Erst im 1907/12er Inventar von Oskar Vater wird der Begriff »Ahnensaal« gebraucht.
18. Zuvor wurden diese Räume von Fürstin Elisabeth zur Lippe (1833–1896), Schwester des Fürsten Georg von Schwarzburg-Rudolstadt, bei Besuchen genutzt. – Vgl. ThStAR, Rudolstädter Hofmarschallamt Nr. 495.
19. Vgl. ebenda, Nachlass Fürstin Anna Luise Nr. 37 sowie die 1954/55 verfassten Lebenserinnerungen von Margarete Jahn (1907–1982) zu Schloss Schwarzburg, S. 7. Diese Aufzeichnungen wurden freundlicherweise von Ingrid Bock aus Allendorf zur Verfügung gestellt.
20. Vgl. ThStAR, Nachlass Fürstin Anna Luise Nr. 41.
21. Die Stühle haben sich erhalten und gehörten bis zum Jahr 2008 zur Sammlung des TLMH. Vgl. auch DEUBLER, Heinz: Die Innenausstattung des Schwarzburger Kaisersaals von 1869 bis 1940. – In: RHH 7/8 (1979), S. 139–143.
22. Vgl. ThStAR, Nachlass Fürstin Anna Luise Nr. 46.
23. Vgl. ebenda, Rudolstädter Hofmarschallamt Nr. 495.
24. Vgl. ThHStAW, Thüringisches Finanzministerium Nr. 3225, Bl. 31 und Bl. 32.
25. Vgl. JAHN 1954/55 (wie Anm. 19), S. 7.
26. Vgl. WINKER, Doreen / MAREK, Dieter: Anna Luise von Schwarzburg. 1871–1951. Ein Leben in Bildern aus ihrem photographischen Nachlaß, Rudolstadt; Sondershausen 2005, S. 193.
27. Vgl. ThStAR, Rudolstädter Hofmarschallamt Nr. 495.
28. Vgl. ThHStAW, Thüringisches Finanzministerium Nr. 3225, Bl. 31 und Bl. 32.
29. Vgl. ThStAR, Rudolstädter Hofmarschallamt Nr. 496.
30. Vgl. ebenda, Nachlass Fürstin Anna Luise Nr. 41ff.
31. Siehe hierzu den Beitrag von Helmut-Eberhard Paulus in diesem Buch, S. 183–201.
32. Siehe hierzu den Beitrag von Jens Henkel in diesem Buch, S. 203–251.
33. Vgl. WINKER / MAREK 2005 (wie Anm. 26), S. 78f.
34. Die letztgenannten Inventarnummern beziehen sich auf das Verzeichnis von Oskar Vater.
35. Siehe hierzu den Beitrag von Jens Henkel in diesem Buch, S. 203–251.
36. Vgl. ThStAR, Rudolstädter Hofmarschallamt Nr. 536.
37. Vgl. ThHStAW, Thüringisches Finanzministerium Nr. 8016.
38. Vgl. ThStAR, Nachlass Fürstin Anna Luise Nr. 45.
39. Siehe hierzu den Beitrag von Jens Henkel in diesem Buch, S. 203–251.
40. Vgl. ThStAR, Nachlass Fürstin Anna Luise Nr. 53.
41. Vgl. ebenda Nr. 41.
42. Ebenda Nr. 42.
43. Siehe hierzu den Beitrag von Enrico Göllner in diesem Buch, S. 277–299.
44. Siehe hierzu den Beitrag von Jens Henkel in diesem Buch, S. 203–251.
45. Als Beispiel für den Umgang mit den Kunstwerken des Schlosses im Jahre 1940 kann folgendes Beispiel dienen: In einem Schreiben an den thüringischen Finanzminister von der verantwortlichen Bauleitung vom 3. September 1940 wird mitgeteilt, dass gemäß einer Verfügung vom 30. August des gleichen Jahres die vier großen Kaiserbilder des Hofmalers Oppenheim aus dem Kaisersaal nach Rudolstadt überführt werden sollen. Der Transport scheint nie an seinem Ziel angekommen zu sein. Der Verbleib dieser vier Gemälde ist bis heute ungeklärt. – Vgl. ThHStAW, Thüringisches Finanzministerium Nr. 3226.
46. Vgl. WINKER / MAREK 2005 (wie Anm. 26), S. 180.
47. Laut Mitteilung von Prof. Helmut Witticke, Schwarzburg, soll Anna Luise unmittelbar vor ihrer endgültigen Abreise nach Sondershausen zahlreiche Objekte meistbietend versteigert haben. Noch im Jahre 1948 erwarb das Rudolstädter Schlossmuseum von der Fürstin das Gemälde *Herzog Alba bei einem Frühstück auf der Heidecksburg* von Wilhelm Lindenschmit (1829–1895). Dieses gehörte zur zeitweisen Ausstattung des Schlosses Schwarzburg und war vom Fürstenpaar 1899 erworben worden. – Vgl. ThStAR, Nachlass Fürstin Anna Luise Nr. 193 sowie Archiv des TLMH, Akte Sammlung 1, 1941–1958.

Enrico Göllner

# Hitlers Reichsgästehaus im Thüringer Wald

Nach einer nahezu tausendjährigen Geschichte als ›Stammhaus‹ der Fürsten von Schwarzburg-Rudolstadt endete diese Tradition abrupt, als die Nationalsozialisten den Witwensitz der Fürstin Anna Luise von Schwarzburg (1871–1951) in ein sogenanntes Reichsgästehaus umfunktionieren wollten. Die folgenden Ausführungen analysieren die politischen und rechtlichen Rahmenbedingungen dieses Vorhabens. Eingegangen wird auf die Umstände der Zwangsräumung und der damit verbundenen Abfindung des Fürstenhauses, auf die äußere und innere Gestalt des geplanten Reichsgästehauses sowie auf den Ablauf der Umbaumaßnahmen. Zusätzlich spielen die Arbeitskräftesituation, die Struktur der Bauleitung und die Finanzierung des Projektes eine Rolle.

Bis auf einige Aufsätze in der regionalen Literatur und einem unveröffentlichten Manuskript[1] ist diesem Thema in der Forschung bisher wenig Beachtung geschenkt worden. Daher stützt sich dieser Beitrag hauptsächlich auf Akten und Pläne des Thüringischen Hauptstaatsarchivs in Weimar und des Thüringischen Staatsarchivs in Rudolstadt.[2]

Warum wurde gerade Schloss Schwarzburg im Schwarzatal für ein solches Vorhaben in Betracht gezogen? Bereits Ende der 1930er Jahre begann die nationalsozialistische Führung das Tal für politische und propagandistische Zwecke zu nutzen. So wurden in den Orten Schwarzburg und Sitzendorf Lazarett- und Erholungsheime eingerichtet. Zusätzlich sollte ab 1939 in Sitzendorf ein Marinekurlazarett entstehen. Dieses Bauvorhaben wurde jedoch aufgrund der verschlechterten Kriegssituation 1943 eingestellt.[3]

Durch seine reizvolle Lage im ›grünen Herzen Deutschlands‹ war diese Region schon seit dem 19. Jahrhundert ein begehrtes Urlaubsziel. Nun sollte Schloss Schwarzburg mit seinen ausgedehnten Jagdrevieren neben politisch-repräsentativen auch Erholungszwecken dienen und dem Regierungs- und Führungspersonal des Deutschen Reiches wie auch ausländischen Staatsgästen zur Verfügung stehen. Ähnliche Projekte bzw. Gästehäuser sind in Berlin (Gästehaus der Reichsregierung Schloss Bellevue[4]), bei Salzburg (Gästehaus des Führers Schloss Kleßheim[5]) und bei Waldenburg in Schlesien (Gästehaus der Reichsregierung Schloss Fürstenstein[6]) nachweisbar. Ob es unterschiedliche Nutzungsakzente für diese Gästehäuser gab und welche Rolle dabei Schloss Schwarzburg spielen sollte, kann im Rahmen dieses Beitrages nicht untersucht werden und muss weiteren Forschungen vorbehalten bleiben.

## Die Zwangsräumung des Schlosses

Als am 28. Mai 1940 die belgische Regierung kapitulierte und die deutschen Truppen Leopold III. (1901–1934–1951–1983), König der Belgier, gefangen nahmen, sollte er auf dem Gebiet des Deutschen Reiches interniert werden. In diesem Zusammenhang kam Schloss Schwarzburg ins Gespräch. Dieses diente jedoch als Witwensitz der Fürstin Anna Luise von Schwarzburg, so dass es zunächst der Klärung besitzrechtlicher Fragen bedurfte. Somit wurden Verhandlungen zwischen der Präsidialkanzlei des Führers und Reichskanzlers, als Auftraggeber für den Umbau des Schlosses, und der Fürstin bzw. ihrem Generalbevollmächtigten Günther von Wulffen (1873–1954) aufgenommen. Dem Tagebucheintrag der Fürstin Anna Luise vom 30. Mai 1940 ist zu entnehmen, dass »… der Thüringische Statthalter Sauckel aus Weimar hatte anfragen lassen, ob ich die Schwarzburg zum Aufenthalt des Königs Leopold von Belgien auf ein Jahr zur Verfügung stellen wollte.«[7]

Nur wenige Tage später verschärfte sich die Situation dramatisch. Am 5. Juni schrieb die Fürstin in ihr Tagebuch: »Er [G. v. Wulffen] kam dann zu mir, berichtete über seine Verhandlung mit den Regierungsvertretern, die ihm Hitlers Befehl überbrachten, daß ich Schwarzburg für immer aufzugeben hätte, da es anderweitig

Postkarte »SA über Schwarzburg« (Ausschnitt), um 1939
Photographische Anstalt A. Bernhardt Schwarzburg, Sammlung Foto-Brand Schwarzburg

(wahrscheinlich gar nicht zur Unterbringung des Königs von Belgien) verwendet werden, sofort im Innern ausgebaut werden solle.«[8] Es ist zu vermuten, aber nicht belegbar, dass schon zu diesem Zeitpunkt seitens der Reichsregierung die Idee verfolgt wurde, das Schloss nicht mehr allein für die Unterbringung des Königs vorzusehen[9], sondern es anderweitig zu nutzen, nämlich als ein Gästehaus.

Am Tag darauf fanden eine erste Besichtigung des Schlosses und anschließend eine Besprechung der zukünftigen Maßnahmen statt. Unter den Teilnehmern waren der Staatsminister im Rang eines Reichsministers und Chef der Präsidialkanzlei des Führers und Reichskanzlers Dr. OTTO MEISSNER (1880–1953), der Architekt Prof. HERMANN GIESLER (1898–1987)[10] sowie der NSDAP-Gauleiter von Thüringen und Reichsstatthalter für Thüringen FRITZ SAUCKEL (1894–1946)[11]. In der aktenkundlichen Niederschrift wurde ausdrücklich darauf hingewiesen, dass das Schloss für die Unterbringung eines »hohen Gefangenen« vorgesehen war.[12] Die Kosten für die Abfindung der Fürstin, die Verwaltungskosten und die Kosten für den Umbau sollte das Reich tragen.

Aus den Akten ist nicht eindeutig zu ermitteln, von wem letztendlich die Initiative ausging, Schloss Schwarzburg einer Neunutzung zuzuführen. Obwohl in einigen Schriftstücken die Floskel »lt. Führerbefehl«[13] vorkommt, kann nicht zwangsläufig daraus geschlussfolgert werden, dass ADOLF HITLER (1889–1945) der tatsächliche Initiator war. Zunächst war offenbar die Gefangennahme des belgischen Königs der Anlass, dass auf Befehl HITLERS die Präsidialkanzlei Vorschläge zu erarbeiten hatte, was es für Unterbringungsmöglichkeiten von »... Staatsoberhäuptern, Regierungschefs usw. während des Krieges ...« gäbe.[14] Acht ›fürstliche Wohnsitze‹ kamen in die engere Auswahl, wobei geographische Lage, Eigentumsverhältnisse und Überwachungsmöglichkeiten besondere Berücksichtigung fanden. ALBERT SPEER (1905–1981) hatte die Entscheidungsfindung vorzubereiten. In einem Bericht vom 19. Juni 1940 heißt es: »Schloß Schwarzburg in Thüringen, landschaftlich besonders schön gelegen, auf einem Felsrücken stehend und nur durch einen schmalen Zugang vom Dorf Schwarzburg aus zugänglich, ist leicht zu überwachen. [...] Da es unweit der Autobahn und damit in nur 1½ bis 2½ Stunden Entfernung von Bayreuth und Nürnberg liegt, kann es später auch noch zu anderen Zwecken Verwendung finden (z. B. zur Unterbringung prominenter Gäste des Führers, die zu den Festspielen oder dem Parteitag eingeladen sind).«[15]

Neben diesen Argumenten lassen sich zwei Theorien entwickeln, warum Schloss Schwarzburg in diese Auswahl aufgenommen wurde und man sich letztlich für eine Umnutzung des Schlosses entschied. Am 22. Juni 1940 hatte ADOLF HITLER verfügt »... sowohl Schloss Schwarzburg wie auch Schloss Klesheim als Gästehäuser für besondere Zwecke des Führers herzurichten.«[16]

Zum einen wird vermutet, dass der Anstoß für die Inbesitznahme des Schlosses Schwarzburg von Gauleiter SAUCKEL oder dem Chef der Präsidialkanzlei MEISSNER ausgegangen sein könnte. Für beide Personen ist belegt, dass sie den Ort und das Schloss persönlich kannten. Im Falle MEISSNERS ist belegt, dass er als stellvertretender Leiter des Büros des Reichspräsidenten im August 1919 zugegen war, als FRIEDRICH EBERT (1871–1925) in Schwarzburg die Verfassung der Weimarer Republik unterschrieb.

Auch SAUCKEL, einer der einflussreichsten und ehrgeizigsten »Gaufürsten«[17] im nationalsozialistischen Deutschland, war mehrfach in Schwarzburg.[18] Zum Ausbau seines Einflusses übernahm er zusätzlich die Funktion des Reichsverteidigungskommissars für den Wehrkreis IX, und ab März 1942 wurde SAUCKEL zum Generalbevollmächtigten für den Arbeitseinsatz berufen. Vermutlich hatte er bei der Entscheidung für die Unterbringung des belgischen Königs auf Schloss Schwarzburg und für dessen Umgestaltung einen entscheidenden Beitrag geleistet. So heißt es in einer Niederschrift des Oberregierungs- und Baurates STEFFEN von 1945: »Das Schloss Schwarzburg wurde der Reichsregierung, die ein Unterkommen für den [...] König von Belgien suchte, von der Gauleitung angeboten.«[19] Aufgrund der harten Rivalitätskämpfe unter den führenden Männern des Reiches hätte SAUCKEL mit der Gefangenhaltung eines Staatsoberhauptes bzw. der Errichtung eines dem staatspolitischen Zweck dienenden Reichsgästehauses seine Machtstellung ausbauen können. Reizvoll war zudem das angebotene, wenn auch eingeschränkte Nutzungsrecht für ihn und die Thüringische Landesregierung[20], was eine zusätzliche Aufwertung seines ›Mustergaus‹ gegenüber anderen Reichsgauen und Ländern bedeutet hätte.

Die Verbindung zwischen SAUCKEL und GIESLER, der als Architekt für die Umbaumaßnahmen in Schwarzburg zuständig werden sollte, hatte sich bereits beim Umbau der Stadt Weimar zur repräsentativen Gauhauptstadt ab 1936 bewährt.[21] GIESLER wirkte hier als verantwortlicher Architekt für die Bauten am Adolf-Hitler-Platz und entwarf das Herzstück dieses baulichen Vorhabens, das sogenannte »Gauforum«.

Die zweite Theorie geht davon aus, dass die Entscheidung für Schloss Schwarzburg mit der mangelnden Nähe von Mitgliedern der Adelshäuser SCHWARZBURG und SCHÖNBURG-WALDENBURG zur nationalsozialistischen Politik zusammenhängen könnte. Dabei gerieten insbesondere FRIEDRICH GÜNTHER ZU SCHWARZBURG (1901–1971), Agnat des letzten Fürsten GÜNTHER VICTOR VON SCHWARZBURG-RUDOLSTADT (1852–1890–1918–1925), und GÜNTHER VON SCHÖNBURG-WALDENBURG (1887–1960), Vetter der letzten Fürstin ANNA LUISE, ins Visier. Obwohl FRIEDRICH GÜNTHER vom Thüringischen Finanzministerium als »politisch einwandfrei«[22] eingestuft wurde, gab es in seiner Vergangenheit einen nicht näher bezeichneten Vorfall, der den Austritt FRIEDRICH GÜNTHERS aus der SA zur Folge hatte. In einem Schreiben der NSDAP-Ortsgruppe Großharthau an die SA-Standarte 103 in Bautzen wurde ihm ausdrücklich ein gewünschter Wiedereintritt verweigert, da es dort Zweifel an seiner politischen Zuverlässigkeit gab.[23]

Bei GÜNTHER VON SCHÖNBURG-WALDENBURG bestanden seitens der sächsischen Gauleitung erhebliche Bedenken bezüglich seiner Einstellung zum Nationalsozialismus. Als Oberhaupt des Hauses SCHÖNBURG-WALDENBURG wurde ihm eine »ablehnende Haltung gegenüber der Partei« unterstellt und er als »weltanschaulicher Gegner«[24] bezeichnet. Aufgrund seiner humanistisch orientierten Bildung engagierte er sich besonders im kulturellen Bereich und war Mitglied des sächsischen Rotary-Clubs. Dies und seine religiösen Verbindungen zur ›Bekenntnisfront‹[25] sowie zur ökumenischen Bewegung nährten die Bedenken an seiner politischen Haltung.

Vor diesem Hintergrund könnte von der obersten politischen Führung respektive ADOLF HITLER der Entschluss gefasst worden sein, dem eigensinnigen mitteldeutschen Adel einen ›Denkzettel‹ zu verpassen und Schloss Schwarzburg in eine nationalsozialistische Einrichtung umzugestalten.

## Die Abfindung des Fürstenhauses und die Übereignung des Schlosses an das Reich

Wie schon erwähnt, wurde der Fürstin am 5. Juni 1940 mitgeteilt, dass sie das Schloss innerhalb weniger Tage zu räumen hätte. Daraufhin protestierte sie, wie auch andere Angehörige verschiedener deutscher Adelshäuser, gegen diese in ihren Augen unangemessene Behandlung, die einer faktischen Enteignung glich. So schrieb HEINRICH XXXIII. REUSS (1879–1942) an die Präsidialkanzlei in Berlin: »Denn ich kann mir nicht gut denken, daß eine staatliche Behörde derart rücksichtslos gegen verbriefte Rechte und gegen eine ehem[alige] Landesmutter vorzugehen die Absicht hat oder haben soll …«[26]. Doch all dies konnte die beginnenden Umbauarbeiten nicht mehr aufhalten. Bereits am 13. Juni 1940 war die völlig überhastete Räumung des Schlosses weitgehend abgeschlossen. An diesem Tag verließ ANNA LUISE Schloss Schwarzburg für immer und nahm ihren ständigen Wohnsitz im Schloss Sondershausen.

In den nun folgenden Verhandlungen des Generalbevollmächtigten der Fürstin und der Präsidialkanzlei wurde die Höhe der Abfindungssumme zum entscheidenden Punkt der Auseinandersetzungen. Für die Abtretung des Nießbrauchrechtes der Fürstin wurde der erste Vorschlag ihrerseits über eine Abfindungssumme von 212 300 RM nicht angenommen. »Herr Staatsminister Dr. Meißner erklärte dem Generalbevollmächtigten der Fürstin, Herr v. Wulffen, auf einen Vertrag von 212 300.– RM […] könne die Fürstin nicht annähernd rechnen.«[27] Begründet wurde diese Entscheidung damit, dass nicht der Affektionswert, der sich auf den Charakter des Schlosses als ältesten deutschen Familienbesitz bezieht, sondern nur der tatsächliche Mietwert zugrunde gelegt werden könne. Um die Abfindungssumme festzulegen, bedurfte es der Vermessung der Flächen von Wohn- und Nebenräumen: 65 Wohnräume mit 2 180 m$^2$ und 38 Nebenräume mit 1 334 m$^2$.[28]

Am 25. September 1940 teilte die Präsidialkanzlei GÜNTHER VON WULFFEN mit: »Das Reich zahlt Ihrer Durchlaucht der Frau Fürstin zur Ablösung ihres Wohnrechtes an Schloß Schwarzburg eine jährliche Rente von 20 000 RM (einschließlich Abfindung der Einnahmen aus der Schlossbesichtigung) oder eine Kapitalabfindung von 150 000 RM.«[29] Zusätzlich werde die Reichsregierung die Umzugskosten und die Kosten für den Abfindungsvertrag übernehmen. Von einer steuerlichen Befreiung wurde abgesehen. VON WULFFEN schlug der Fürstin in einem Brief vom 26. September 1940 vor, die jährliche Rente anzunehmen.[30] Er hegte aber auch Zweifel bezüglich der entstehenden Steuerbelastung.

Am 14. Januar 1941 vereinbarten die Präsidialkanzlei und der Generalbevollmächtigte der Fürstin im Vergleichs- und Abfindungsvertrag[31] dann doch statt einer Rentenzahlung die Gesamtsumme von 201 500 RM. Dieser Betrag setzte sich aus folgenden Posten zusammen:

1. Abfindung 180 000 RM
2. 4 % Zinsen 4 500 RM
3. Kosten der Rechtsberatung 2 500 RM
4. Kosten der Begutachtung des Schlosses 2 500 RM
5. Kosten für die Errichtung einer Begräbnisstätte 12 000 RM.[32]

Die Kosten für eine Begräbnisstätte waren nötig, da die Särge der Fürstengruft unter der Schwarzburger Schlosskirche ausgelagert werden mussten. Vorerst gelangten sie in ein Gewölbe auf der Heidecksburg in Rudolstadt.[33] Als endgültige Lösung sollte jedoch eine – nie realisierte – Begräbnisstätte bei Schwarzburg entstehen.

Neben Fürstin ANNA LUISE besaß auch Prinz FRIEDRICH GÜNTHER ZU SCHWARZBURG Rechte am Schloss Schwarzburg. Die vertragliche Einigung zwischen der Präsidialkanzlei und dem Generalbevollmächtigten des Prinzen, Freiherr VON BESCHWITZ, beinhaltete die Abtretung seiner Rechte am Schloss für 350 000 RM. Zusätzliche 5 000 RM erhielt FRIEDRICH GÜNTHER als Kostenerstattung für die Vertragsverhandlungen.[34] Nach Abschluss und Vollzug der Vergleichs- und Abfindungsverträge fielen somit alle Rechte an Schloss Schwarzburg dem Land Thüringen zu. Das Eigentumsrecht besaß das Land bereits seit den 1920er Jahren; ANNA LUISE war seit dieser Zeit lediglich ein Nießbrauchrecht zugestanden worden.

Am 22. Oktober 1941 gelangte das Schloss in das Eigentum des Deutschen Reiches. Der an diesem Tag geschlossene Übereignungsvertrag zwischen dem Land Thüringen und dem Reich beinhaltete außerdem sämtliche auf dem Bergrücken gelegenen Grundstücke mit den darauf befindlichen Gebäuden. Dafür räumte das Reich dem Thüringischen Gauleiter SAUCKEL und der Thüringischen Landesregierung »… für besondere dienstliche Zwecke repräsentativer Art ein Nutzungsrecht nach Maßgabe folgender Bestimmungen ein:

1. Die Nutzung tritt nur ein, soweit das Schloß nicht vom Führer oder der Reichsregierung in Anspruch genommen wird [...]
2. Von der Nutzung sind bestimmte, vom Staatsminister näher zu bezeichnende Räume, die der Verfügung des Führers vorbehalten bleiben, ausgeschlossen.
3. Die Kosten der Nutzung, die außerhalb der vom Reich zu tragenden allgemeinen Verwaltungs- und Unterhaltungskosten liegen, trägt der Reichsstatthalter und Gauleiter in Thüringen oder das Land Thüringen.«[35]

Außerdem wurden dem Reichsstatthalter in Thüringen die örtliche Verwaltung, Unterhaltung und Bewirtschaftung des Schlosses und der dazugehörigen Grundstücke und Einrichtungen übertragen. Bei wichtigen Maßnahmen von finanzieller Tragweite war jedoch die Zustimmung des Staatsministers MEISSNER einzuholen.

## Die äußere und innere Gestalt des Reichsgästehauses

Wie bereits erwähnt, bestand der über Jahrhunderte gewachsene Schlosskomplex aus Gebäuden verschiedener Epochen. Nach den zunächst für die Unterbringung des belgischen Königs erforderlichen Umbaumaßnahmen zeigen die Planungen des Jahres 1941 eine vollkommene Umgestaltung der Anlage mit einem äußerlich einheitlichen Charakter. Die in der Fernsicht dominierenden Teile der Schlossanlage wie Hauptgebäude, Kirchturm und Zeughaus sollten als Silhouette erhalten bleiben. Dagegen war vorgesehen, den ›Theklaflügel‹ mit angrenzenden Wirtschaftsgebäuden, den Kirchflügel (außer Turm) wie auch den Leutenberger Flügel niederzulegen und an deren Stelle moderne Neubauten zu errichten.

Ungeachtet des kulturgeschichtlichen Wertes des Kaisersaales sahen die Planungen ab dem Jahr 1941 auch einen kompletten Abriss dieses Gebäudes vor. An seiner Stelle war ein Neubau (›Gartenflügel‹) geplant, welcher sich in seiner Fassadengestaltung den anderen Flügeln des Reichsgästehauses anpasste. So erzeugte die äußere Gestalt des Komplexes den Eindruck eines geschlossenen homogenen Baues.

Im Norden des Schlossareals, wo sich bis 1940 Torhaus und Zeughaus befanden, wurde ein neuer Eingangsbereich mit einem von einem Säulenportikus geschmückten neoklassizistischen Wachgebäude geplant.

Die Pläne machen deutlich, dass Anordnung und Stellung der Neu- und Umbauten von der Positionierung der markantesten Gebäude der alten Schlossanlage kaum abwichen. Das Bauvorhaben *Umgestaltung Schloss Schwarzburg* setzte sich sozusagen aus dem Umbau und der Niederlegung bestehender Gebäude und deren Wiederaufbau in modifizierter Gestalt an gleicher Stelle zusammen. Die Fassaden der Neubauten sollten denen des verbliebenen Hauptgebäudes angeglichen werden, um das charakteristische Äußere der Schlossanlage zu wahren. Bauzeichnungen machen deutlich, dass sich in Schwarzburg architektonische Elemente des Barock mit denen eines zeittypischen NS-Repräsentationsbaus vermischten.

Modell des Reichsgästehauses, um 1941   *Photographie von Willy Lösche, Rudolstadt*

Im Gegensatz zur äußeren Fassadengestaltung, die eine gewisse Rücksicht auf die bestehende Architektur nahm, wurde die Raumstruktur der Innenräume wie deren Anordnung grundlegend verändert bzw. völlig zerstört. In diesem Zusammenhang wird in den folgenden Ausführungen hauptsächlich auf das zentrale zweiflügelige Gebäude des Schlosskomplexes, das aus Hauptgebäude und Turmflügel (ehemaliger Kirchflügel) bestand, sowie auf den Gartenflügel eingegangen. Eine detaillierte Erläuterung der anderen Baulichkeiten würde den Rahmen dieses Beitrages sprengen.

Im Hauptgebäude befanden sich bis 1940 insgesamt 36 Wohnräume und zwölf Nebenräume. Die überlieferten Umbaupläne lassen folgende neue Raumstrukturen erkennen: Nach dem Betreten des Hauptgebäudes durch das Hauptportal gelangt man in eine Eingangshalle, die sich über die gesamte Tiefe des Gebäudes erstreckt. Auf der südlichen Seite wird sie von einer ca. 200 m² großen Haupthalle flankiert, an deren Ende sich ein Treppenhaus anschließt. Durch einen Zugang in der Haupthalle ist der Turmflügel zu erreichen. Zur nördlichen Seite der Eingangshalle schließt sich ein 21 m langer Gang an, der ebenfalls in ein Treppenhaus mündet, über welches die nördlich gelegenen Gebäude (ehemals Stallflügel) erreicht werden können. Von diesem Flur aus gehen Büro-

und Portierräume ab. Die Sanitäranlagen befinden sich ebenfalls im Erdgeschoss.

Das erste Obergeschoss wird durch die erwähnten Treppenhäuser bzw. durch ein größeres im Turmflügel, wo sich auch die Bibliothek befindet, miteinander verbunden. Die Räume im Hauptgebäude werden wie bisher durch eine Galerie flankiert, die sich über dessen gesamte Länge erstreckt. An dieser liegen, von Süden ausgehend, ein Musikzimmer, ein Empfangszimmer mit Erker, ein Wohnzimmer, ein Gesellschaftszimmer, ein kleineres Zimmer und das Speisezimmer mit einer knapp 10 m langen Tafel. Am nördlichen Ende des Gebäudes befindet sich neben sanitären Einrichtungen das Treppenhaus, das den Zugang zum zweiten Obergeschoss ermöglicht. Neben mehreren Wohn- und Schlafzimmern bildet ein 140 m² großes Kaminzimmer den Mittelpunkt dieser Etage. Es hätte genau an der Stelle entstehen sollen, wo sich der fürstliche Festsaal befand. Im Turmflügel beherrscht ein großer Frühstücksraum das zweite Obergeschoss. Das durchgehende Dachgeschoss von Turmflügel und Hauptgebäude besteht hauptsächlich aus Gästezimmern.

Die Kellergeschosse dienen zur Unterbringung von Wirtschaftsräumen (z. B. Wäscherei) und der Heizzentrale. Der Felsgrund sollte dafür zusätzlich vertieft

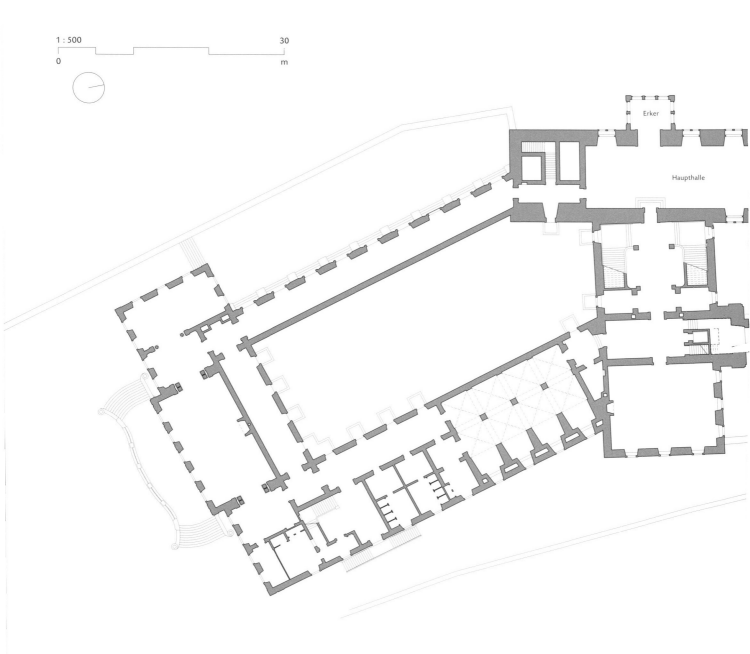

Grundriss Erdgeschoss, Entwurf 1942, Maßstab 1 : 500
ThStAR, Bauleitung zur Umgestaltung des Schlosses Schwarzburg Nr. 551 C
Umzeichnung durch Jörg Hoffmann, 2008

werden, um zwei Etagen zu gewinnen. Die dafür notwendigen Ausschachtungsarbeiten und die Einziehung des Mauerwerkes wurden bis zur Stilllegung des Bauvorhabens teilweise fertiggestellt.

Der im Norden des Hauptgebäudes angrenzende Flügel beherbergte mehrheitlich Wirtschafts- und Personalräume. Das Erdgeschoss stand vor allem dem Sicherheitsdienst (SD) und dem medizinischen Personal zur Verfügung.

Im Neubau des südlich gelegenen viergeschossigen ›Gartenflügels‹ (ehemals Kaisersaalgebäude) war die Unterbringung von hochrangigen Gästen beabsichtigt. Im ersten Obergeschoss befanden sich hintereinander angeordnete Räume (Empfangszimmer, Wohnzimmer mit Balkon, Ankleidezimmer und Schlafzimmer), die

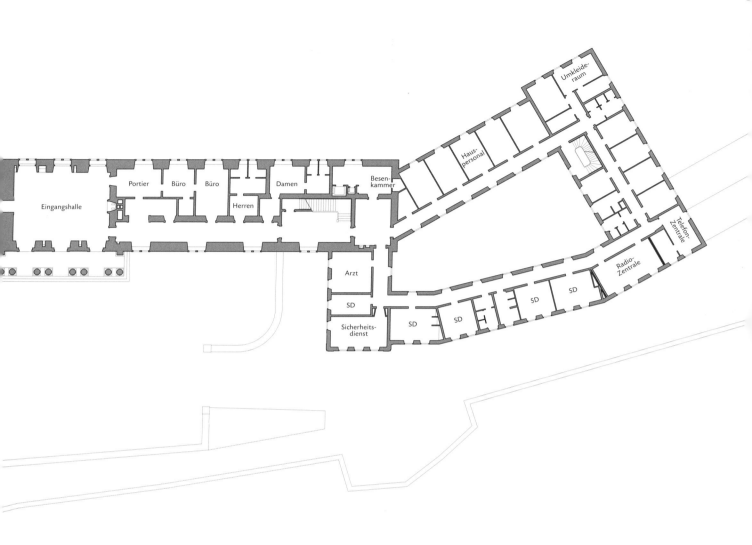

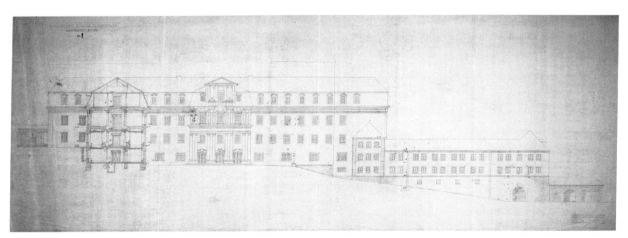

Ansicht des Reichsgästehauses von Osten, 1942 *ThStAR, Kreisbauamt Rudolstadt 9/100, Bl. 1*

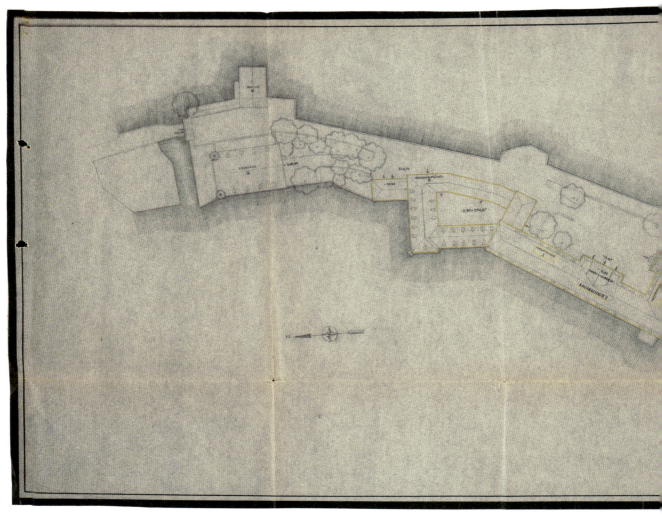

Hermann Giesler, Lageplan des Reichsgästehauses, November 1941
ThHStAW, Thüringisches Finanzministerium Nr. 3228, Bl. 134

einen eigenen Bereich bildeten. Nach der aufwendigen technischen Ausstattung zu urteilen, waren diese Zimmer möglicherweise auch für ADOLF HITLER selbst gedacht. Im Empfangszimmer war neben anderen elektronischen Einrichtungen ebenfalls eine Fernsprechstation für die »Adjutantur des Führers« vorgesehen.[36] Außerdem zeigen die Pläne nach 1942, dass ein Luftschutzbunker in diesem Bereich geplant war. Dieser hätte sich nach Fertigstellung südlich des Hauptgebäudes, in Höhe des Untergeschosses unterhalb des Verbindungsganges zum Gartenflügel befunden. Diese Lage ist nicht ohne Grund gewählt worden, denn diese Schutzräume konnten sowohl vom Hauptgebäude als auch vom Gartenflügel aus erreicht werden.

Für die funktionale Ausstattung der Räume wurden bei verschiedenen Lieferanten Bestellungen vorgenommen. Die Firma *Carl Deiring* aus Kempten übernahm die Planung für eine Heizanlage und für die sanitären Einrichtungen. *F. Küppersbusch & Söhne A.G.* aus Gelsenkirchen und *Sümak* aus Stuttgart-Zuffenhausen erstellten Zeichnungen und Pläne für diverse Küchenanlagen.[37] Die bereits erfolgten Lieferungen lagerten Ende 1942 auf dem Schlossgelände. Dies betraf unter anderem Anrichten, Brat- und Backöfen, Wäschereimaschinen (z. B. Waschmaschinen, Zentrifugen, Einweichbottiche) sowie Elektro- bzw. Installationsmaterial im Wert von ca. 100 000 RM.

Darüber hinaus waren der Einbau einer Fernsprechanlage und einer Fernseh- bzw. Rundfunkanlage sowie Aufzugsanlagen geplant. Dafür war in der Position »besondere Betriebseinrichtungen« im genannten Kosten-

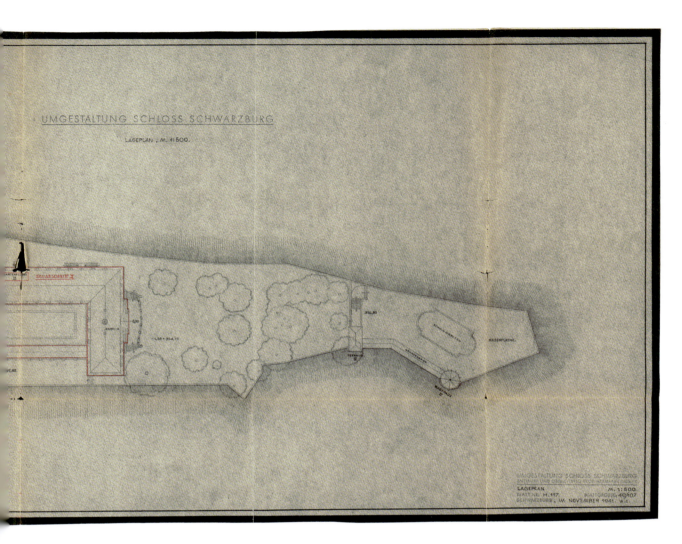

voranschlag eine Summe von 150 000 RM vorgesehen. Verhandelt wurde mit der Firma *Telefunken* über die Bereitstellung einer »elektro-akustischen Anlage«, die ursprünglich für die UdSSR bestimmt war.[38] Die Firma *Gustav Linse* aus Erfurt sollte die Lieferung der Aufzugsanlagen übernehmen.

Beispielhaft für die geplante luxuriöse Ausstattung der repräsentativen Räume sind die Bestellungen bei dem Berliner Goldschmied Prof. EMIL LETTRÉ (1876–1954): ein reich ziselierter, großer Deckenleuchter (925er Silber), ein Paar Girandolen (925er Silber), eine reich ziselierte Ampel (925er Silber) sowie ein großer Rundspiegel (925er Silber) mit zwei dazugehörigen reich ziselierten Kerzenträgern.

Der Wert dieser Stücke belief sich auf 40 000 RM. Weiterhin lassen sich im »Bestandsverzeichnis des Zu- und Abganges von Ausstattungsgegenständen im Gäste-

haus des Reiches, Schloß Schwarzburg«[39] zahlreiche Ankäufe im Kunst- und Antiquitätenhandel nachweisen. In der Mehrzahl im Jahre 1941 erworben, werden aufgeführt: 18 Gobelins bzw. Tapisserien, 49 Gemälde bzw. Graphiken und 45 Möbelstücke. Diese Objekte waren bereits in Schwarzburg oder im Münchener Büro des Architekten GIESLER eingelagert.

## Der Ablauf der Umbaumaßnahmen

Noch im Juni 1940 war die Bauleitung zunächst davon ausgegangen, das Schloss in 3½ Monaten wieder bewohnbar zu machen. Dies sollte lediglich mit dem Einbau einer Zentralheizung und neuer Wasserleitungen erreicht werden. Jedoch ergaben sich nach einer Überprüfung des Bauzustandes so erhebliche Mängel, dass

**Abschrift**

Der
Reichsverteidigungskommissar
für den Wehrkreis IX

Kassel
Adolf-Hitler-Platz 3 / Fernruf: 31155
Weimar, den 24. Juli 1940.
Fürstenplatz 2 / Fernruf: 1307

24

An den

Generalbevollmächtigten für die
Regelung der Bauwirtschaft,
Gebietsbeauftragten für den
Wehrkreis IX,
Herrn Oberbaudirektor Müller,

K a s s e l

Kronprinzenstraße 1/2.

Im Anschluß an mein Telegramm vom 19. d.Mts.
und unter Bezugnahme auf die heutige Rücksprache bestätige
ich, daß der Staatsminister und Chef der Präsidialkanzlei
im Auftrag des Führers den Aus- und Umbau des Schlosses
S c h w a r z b u r g als vordringliche kriegswichtige
Maßnahme angeordnet hat.

Ich bitte Sie, den Bau zu betreuen und weitgehend zu fördern.

gez. S a u c k e l

Eingeg. 26. Jul. 1940
Tgb. Nr. 1733

In Abschrift

an den Herrn Thür.Ministerpräsidenten

W e i m a r

zur gefl. Kenntnis.

Weimar, den 24. Juli 1940
Der Reichsverteidigungskommissar
für den Wehrkreis IX
gez. Sauckel.

Beglaubigt:
Sekretär.

Einstufung des Umbaus als »kriegswichtige Maßnahme«   *ThStAR, Bezirkstag und Rat des Bezirkes Gera Nr. 5604*

größere Bereiche des Schlosses vollständig erneuert bzw. saniert werden mussten.

Bereits im Juli 1940 hatte Gauleiter SAUCKEL die Besorgnis geäußert, dass die bereits begonnenen Bauarbeiten durch die Kontingentierung des Baumaterials nicht so fortschreiten würden wie geplant. Deshalb teilte er in seiner Funktion als Reichsverteidigungskommissar für den Wehrkreis IX dem Gebietsbeauftragten für die Regelung der Bauwirtschaft, Oberbaudirektor MÜLLER, die Anordnung der Präsidialkanzlei mit, den Aus- und Umbau des Schlosses Schwarzburg als »vordringlich kriegswichtige Maßnahme« einzustufen (siehe Abb.).[40]

Die Umbaupläne wurden in die Bauabschnitte I und II eingeteilt. Der Abschnitt I beinhaltete die Abbrucharbeiten am Kirchflügel, am Hauptgebäude und den sich nördlichen anschließenden Bauten (Pferdeställe, Burgvogtei, Waschküche). Anschließend plante man den Neubau dieser Teile als Turmflügel (ehemaliger Kirchflügel), als Hauptgebäude sowie als Personal- und Wirtschaftsflügel (ehemalige Pferdeställe und Burgvogtei). Im Abschnitt II war die Niederlegung des Kaisersaalgebäudes, des Leutenberger Flügels sowie des westlich gelegenen Verbindungsganges (ehemalige Kaisersaalgalerie) vorgesehen, an deren Stelle ein neuer Gartenflügel für die Unterbringung hochrangiger Gäste entstehen sollte.

Der nachstehend geschilderte Bauablauf der Umgestaltung von Schloss Schwarzburg zum Gästehaus des Reiches basiert auf den Baufortgangsberichten der örtlichen Bauleitung an das Thüringische Finanzministerium.[41]

Der Umbau des Schlosses Schwarzburg begann mit der Gesamtberäumung des Schlosses in der Zeit vom 8. bis zum 19. Juni 1940. Anschließend folgte die Untersuchung des Zustandes der für den ersten Bauabschnitt relevanten Gebäude. Hauptgebäude und Kirchflügel erwiesen sich als stark baufällig, verursacht von ungenügender Fundamentierung, was zu enormen Rissbildungen geführt hatte. Ein Bericht verweist auf folgende Mängel: »starke Rissbildung in den Wänden und Decken des Kirchenflügels und der Hauptgebäude«, »sehr schlechtes Mauerwerk des Kirchenflügels und des Leutenberger Teiles« sowie auf das Fehlen von Doppelfenstern.[42] Die irreparablen Schäden an den Gewölben im Erdgeschoss des Hauptgebäudes führten zu dem Entschluss, sie gänzlich niederzulegen und neu aufzubauen. Bis zum 31. August 1940 wurden im ersten und zweiten Obergeschoss die freigewordenen Zwischenwände abgebrochen und die zur Aufnahme der Deckenkonstruktion erforderlichen Holzfachwerkbinder eingezogen. Da eine Verlegung des

Das beräumte Mansardgeschoss im Hauptgebäude
*Photographie von Willy Lösche, Rudolstadt, Juni 1940*

Treppenhauses vorgesehen war, wurde das Treppengewölbe ebenso wie die Treppenpfeiler herausgebrochen. Um den Einbau einer Zentralheizung zu ermöglichen, wurden alle historischen Kamine und Öfen entfernt.

Der erste Bauabschnitt sah auch die Räumung des Zeughauses[43] und den Abriss des Torhauses vor. Hier sollte der neue Eingangskomplex »Wachhof« entstehen. Um die Schlosszufahrt für die benötigten Baufahrzeuge zu erweitern, wurde das Torhaus als eines der ersten Gebäude des Schlosskomplexes bis zum 30. August 1940 abgebrochen. Das Zeughaus sollte völlig entkernt werden und nach den Umbauarbeiten als Quartier für das Personal der Fahrbereitschaft und als Kraftfahrzeuggarage des zukünftigen Reichsgästehauses dienen.[44]

Indessen kam die Räumung des Zeughauses, das sich mit seinen über 3000 Objekten noch vollständig als Waffenmuseum präsentierte, nicht so voran wie erhofft. Nach den Plänen von GIESLER wurde nämlich erwogen, »... die Zeughausbestände (Waffen) mit zur Ausschmückung einzelner Räume des Schlosses zu verwenden.«[45] Jedoch stellte sich bei einer Besichtigung heraus, »... daß die Bestände dafür zu umfangreich und in vielen Teilen

Blick vom Hof des Leutenberger Flügels
auf den stehengebliebenen Turm der Schlosskirche, Winter 1940/41
*Fotosammlung Ingrid Bock, Allendorf*

(Kanonen, Uniformen, Schlitten etc.) ungeeignet seien.«[46]. Es wurde demnach beschlossen, den größten Teil der Waffen auf die Heidecksburg nach Rudolstadt zu transportieren und dort einzulagern. Die für die Ausstattung des Reichsgästehauses vorgesehenen Objekte verblieben auf dem Schwarzburger Schlossgelände. Die vollständige Räumung des Zeughauses war im Oktober 1940 abgeschlossen.

Bei einer weiteren Bauuntersuchung wurde festgestellt, dass die bestehenden Wasserleitungen für eine Weiternutzung ungeeignet waren. Sie wiesen einen hohen Verrostungsgrad auf und machten deshalb eine Erneuerung erforderlich. Auch die Leitungen für die Abwasserentsorgung mussten neu geplant werden, da sich diese für den weiteren Gebrauch als bedenklich erwiesen. Die Abwasser- und Fäkalienleitungen mündeten bisher ca. fünf Meter vom Gebäude an den Hang des Schlossberges. Zur Behebung dieser Situation wurde eine Kläranlage geplant.

Der am 10. September 1940 begonnene Abbruch des Kirchflügels war im Oktober schon bis auf die Gewölbe im Untergeschoss fortgeschritten. Da der Kirchturm erhalten werden sollte, wurden entsprechende Sicherungsmaßnahmen vorgenommen. Diese konnten bis zum Oktober nicht beendet werden, da die vorhandene Fundamentierung des Turmes nicht ausreichte. Den Grund für die erforderliche Erneuerung dieses Fundaments beschreibt die Bauleitung in ihrem Baufortgangsbericht für den Monat November 1940: »Bei der Untersuchung des Turmfundamentes hat sich gezeigt, daß ein Fundament garnicht vorhanden ist und der Turm in seinen unteren Ausmaßen 50 cm unter das Erdreich reichend auf die vollkommen verworfene und verwitterte Felsschicht aufgesetzt ist.«[47]

Im selben Monat wurden die Ausschachtungsarbeiten zur Tieferlegung des Heizungskellers und der Rohrkanäle im Hauptgebäude fortgesetzt und mit den Unterfangungsarbeiten an der zum Kirchflügel angrenzenden Außenwand begonnen. Die Planungen der örtlichen Bauleitung für den ersten Bauabschnitt wurden noch im November 1940 abgeschlossen; im Dezember begannen die Folgeplanungen für den zweiten Bauabschnitt. Zu diesem Zeitpunkt gingen die Lieferung der Zentralheizung, der Anlage der Warm- und Kaltwasserinstallation,

Die Beräumung der Schlosskirche
*Photographie von Willy Lösche, Rudolstadt, Juni 1940*

Der Abriss des Kirchflügels, 1940  *Fotosammlung Ingrid Bock, Allendorf*

der Küchen- und Kühlanlage, der sanitären Objekte sowie der Aufzugsanlage in Auftrag.

Vom 3. bis zum 19. Januar 1941 wurden die Arbeiten angesichts der schlechten Wettersituation eingestellt. Diese konnten am 20. des Monats fortgesetzt werden. Damit war es möglich, den Abbruch des Kirchflügels zu beenden. Das geplante Abstützen der an das Hauptgebäude grenzenden Außenmauer reichte nicht aus, so dass die Mauer vollständig abgebrochen werden musste.[48]

Die Tieferlegung des Heizungskellers im Hauptgebäude wurde beendet, die Ausschachtungsarbeiten für Heizkanäle und Wassersammelbehälter dauerten bis Februar 1941 an. Neben der Aufmauerung des Heizkellers begannen der Abbruch der schadhaften Gewölbe im Erdgeschoss sowie die Unterfangung der Mittelwand[49].

Im Hinblick auf die bauliche Situation des Leutenberger Flügels und des Kaisersaalgebäudes ergab eine Untersuchung der Bauleitung, dass deren Zustand so schlecht war, dass nur ein Gesamtabbruch in Frage kommen konnte. Mit dem Abriss des Leutenberger Flügels wurde sofort begonnen.

In den periodisch verfassten Berichten der örtlichen Bauleitung wurden ab dem 7. März 1941 mehrfach der

Der abgerissene Kirchflügel (Verbindungsstelle zum Hauptgebäude), 1940
*Fotosammlung Ingrid Bock, Allendorf*

Der Zustand des Kaisersaales nach den abgebrochenen Umbauarbeiten 1940/41   *TLMH Fotoarchiv*

Abzug von Arbeitskräften und die daraus resultierenden Probleme im Baufortschritt bemängelt. So rechnete die Bauleitung mit der Fertigstellung des Rohbaus im Bauabschnitt I nicht vor Ende des Jahres 1941. Auch eine Anfrage über die Zuteilung von zusätzlichen 150 Arbeitskräften an den Gebietsbeauftragten des Generalbevollmächtigten für die Regelung der Bauwirtschaft im Wehrkreis IX, Oberbaudirektor MÜLLER, brachte zunächst kein Ergebnis.

Im März und April 1941 wurden die Arbeiten im Hauptgebäude weiter fortgesetzt. Bei der Unterfangung der Mittelmauer am Hauptgebäude kamen bisher unbekannte Kellergewölbe zum Vorschein, die man umgehend abbrach. Der Leutenberger Flügel war Ende April bis auf das Kellergeschoss abgerissen worden. Am Hauptgebäude begannen die Fundamentierungsarbeiten für die Stützmauern an der Ost- und Westseite und an der Trennwand zwischen dem ehemaligen Kirchflügel. Da sich die Umbauarbeiten durch den Abzug von Arbeitskräften verlangsamten und immer noch kein Ersatz weder vom zuständigen Arbeitsamt in Saalfeld noch vom Landesarbeitsamt Erfurt zugeteilt war, wandte sich die Bauleitung mit einem Schreiben vom 18. April an die Präsidialkanzlei mit der Bitte um Bereitstellung von 200 bis 300 Arbeitskräften.[50]

Von Mai bis Juli 1941 wurden die Entfernung der schadhaften Kellergewölbe, die Unterfangung der Mittelwand und die Errichtung der Zwischenwände im Hauptgebäude abgeschlossen. Außerdem konnten die Auflager für den Trägerrost im Erdgeschoss fertiggestellt und die Durchbruchsarbeiten für die Fenster an der Westseite abgeschlossen werden. Ebenfalls kamen die Fundamentierungsarbeiten für die Trennwand zwischen dem ehemaligen Kirchflügel und dem Hauptgebäude zum Abschluss. Die Arbeiten am Fundament für die westliche Stützmauer dauerten noch bis Anfang 1942.

Im letzten Quartal des Jahres 1941 konnte man die Wand zwischen dem Hauptgebäude und dem Kirchflügel bis zum zweiten Obergeschoss fertigstellen und mit dem Betonieren der Fundamente am Kirchflügel beginnen. Im Hauptgebäude wurden die schadhaften Gewölbe des Erdgeschosses entfernt und der Trägerrost zur Abfangung der Mittelwand verlegt. Die Arbeiten an den Fensterdurchbrüchen im Erdgeschoss und ersten Obergeschoss kamen zum Abschluss, die im zweiten Obergeschoss dauerten noch bis Anfang 1942 an. Des Weiteren

Der Abriss des Leutenberger Flügels und der Kaisersaalgalerie, 1941
*Fotosammlung Ingrid Bock, Allendorf*

konnten die Arbeiten zur Abfangung des Festsaales, der in den Neubau einbezogen werden sollte, abgeschlossen werden. Im Baubericht der örtlichen Bauleitung für den Zeitraum von August 1941 bis Februar 1942 wird mitgeteilt: »Mit dem Einziehen der Zwischenwände im Erd- und 1. Obergeschoss wird in Kürze begonnen, desgleichen mit der Durchführung der Decke über dem 1. Obergeschoss.«[51] Und an anderer Stelle: »Die Fundamentierung des Erkers an der Westseite des Gebäudes schreitet fort.«[52] Gleiches galt für den Abbruch des westlichen Stallflügels (›Theklaflügel‹) und des nördlichen Giebels des Hauptgebäudes.

Bis zur Stilllegung des Bauvorhabens durch Reichsminister ALBERT SPEER, Generalbevollmächtigter für die Regelung der Bauwirtschaft, am 17. April 1942[53] waren die Umbauarbeiten stetig fortgeführt worden. Die sofortige Einstellung der Arbeiten war jedoch noch nicht möglich, da notwendige Sicherungsmaßnahmen an Kirchflügel und Hauptgebäude erfolgen mussten. So wurden die »Sicherung des Turmes […] Fertigstellung der Mauern […] bis zu einer Höhe von durchschnittlich 5 – 7 m«[54], die »Betonierung von r[un]d 180 qm Decke im Hauptbau«[55] sowie die »Verschalung einiger Durchbrüche«[56] vorgesehen. Der endgültige Termin für die Stilllegung wurde demnach auf den 15. September 1942 verschoben.

## Bauleitung und Arbeitskräfte

Mit dem Entschluss, das Schloss Schwarzburg für die Unterbringung des Königs von Belgien vorzusehen, wurde am 19. Juni 1940 HERMANN GIESLER[57] die Leitung als Architekt des Schlossumbaus übertragen. Aufgrund seiner großen Auftragsfülle entschied er, die örtliche Bauleitung nicht zu übernehmen, sondern sich nur auf die Aufgaben der Oberleitung und der künstlerischen Leitung zu konzentrieren.[58] Sein Honorarvertrag sah dennoch die stolze Summe von 517 300 RM vor. Davon wurden 200 000 RM ausgezahlt.[59] In Schwarzburg nahm die örtliche Bauleitung als Teil der Bauverwaltung des Thüringischen Finanzministeriums die Arbeiten auf. Zuständig waren Regierungsbaurat ERNST ORLAMÜNDER und Regierungsbaumeister RUDOLF NEIN[60], der vom 10. Juni bis zum 3. Dezember 1940 dem örtlichen Entwurfsbüro zugeteilt war.[61] Zusätzlich für die Bauleitung wurden im Jahr 1941 die technischen Angestellten PRÄSSLER und SCHULZE eingestellt. Ebenfalls traten Regierungsbauinspektor OPEL im Januar (27. Januar 1941)[62] und die Bürohilfskraft HELENE SCHMIDTS (geb. 1913) im November (15. November 1941)[63] dem Baubüro bei. Als Arbeitsräume dienten Zimmer des Hotels *Schwarzaburg* auf dem Schlossberg.

Neu eingezogene Wände im Erdgeschoss des Hauptgebäudes, Zustand 2007

An den Arbeiten waren die lokalen Unternehmen *Schwenkbier, R. u. O. Reinhard, Abicht & Reinh., Beyersdorf* und *Macheleidt* beteiligt. Diese Firmen stellten der Bauleitung bis zum November 140 Arbeiter, welche hauptsächlich für Abbruch- und Fundamentierungsarbeiten eingesetzt wurden. Bereits seit Anfang 1941 bestand das Problem, dass wiederholt Arbeitskräfte zur Wehrmacht eingezogen wurden. Trotz der Weisung von Reichsmarschall HERMANN GÖRING (1893–1946), welcher am 9. November 1940 die Eintragung des Bauvorhabens in die »Dringlichkeitsstufe 1«⁶⁴ der kriegswichtigen Bauvorhaben verfügte, konnte der weitere Abzug von Arbeitskräften nicht verhindert werden. So war der Fortgang der Umbauarbeiten bereits Anfang des Jahres 1941 stark behindert, zumal bei den Arbeiten zum Bau der Stützmauern an der Ost- und Westseite des Schlossgeländes schwierige Grundverhältnisse aufgetreten waren, die einen größeren Arbeitskräfteaufwand erforderten. Es gelang der Bauleitung nicht, bis März 1941 auch nur den ersten Bauabschnitt abzuschließen.

Die Bauleitung sah sich daraufhin veranlasst, 200 bis 300 weitere Arbeitskräfte bei den zuständigen Arbeitsämtern in Saalfeld und Erfurt zu beantragen. Da aber diese nicht bereitgestellt werden konnten, wandte man sich an die Präsidialkanzlei, um von dort aus beim Reichsarbeitsministerium einen Antrag auf Sonderzuteilung von Arbeitskräften zu stellen. Dies geschah mit der Bitte um Genehmigung zum Einsatz ausländischer Arbeiter oder Kriegsgefangener, falls keine deutschen Arbeitskräfte zur Verfügung stehen sollten.⁶⁵

Zunächst wies das Reichsarbeitsministerium der Baustelle 300 italienische Arbeiter zu. Um deren Unterbringung zu gewährleisten, begann die Bauleitung bereits im September 1941 mit dem Aufbau sogenannter »Reichseinheitsbaracken« auf der unterhalb des Schlosses gelegenen Rechenwiese (siehe Abb. S. 305). Am 1. November des Jahres war das Lager mit sechs Mannschaftsbaracken zu je 54 Betten, einer Wirtschaftsbaracke, einer Baracke für die Lagerführung, einer Waschbaracke, zwei Abortbaracken sowie einem Kellergebäude mit Wirtschafts- und Kohlenkeller bezugsfertig. Jedoch konnten die zugesagten italienischen Arbeiter nicht mehr zugewiesen werden. Als Ersatz sollten hierfür ab dem 1. Januar 1942 belgische Arbeiter dienen. Bis zum 9. Februar waren 15, bis zum 6. März 44 und bis zum 23. März letztlich 50 ausländische Arbeiter auf der Baustelle beschäftigt.⁶⁶

Bei der Stilllegung des Vorhabens am 17. April 1942 zählte die Belegschaft insgesamt 174 Arbeiter, wovon 50 ausländischer Herkunft waren.⁶⁷ Für die Ausführung der Sicherungsarbeiten waren bis zum 15. September von den 174 Arbeitskräften lediglich 50 vorgesehen. Die restlichen Arbeiter wurden der Rüstungsindustrie oder dem ›Osteinsatz‹ zugewiesen.

Nach der Auflösung des Baubüros am 10. März 1943 wurde Regierungsbauinspektor OPEL wieder der Bauverwaltung Rudolstadt zugeteilt, um sich von dort aus mit dem Abschluss der Bauplanungen zu beschäftigen.⁶⁸ Die angefallenen Bauakten erhielt die zuständige Behörde der Bauverwaltung in Rudolstadt.⁶⁹ Regierungsbaurat ORLAMÜNDER wurde für die ›Organisation Todt‹⁷⁰ in den Dienststellen des Baubevollmächtigten beim Reichsministerium SPEER im Wehrkreis VII eingesetzt. Regierungsbauinspektor PRÄSSLER kam zur ›Baugruppe Giesler‹ der Einsatzgruppe Russland-Nord (›Organisation Todt‹) und Bauingenieur SCHULZE zur Wehrmacht. Die Büroangestellte HELENE SCHMIDTS schied am 31. März 1943 aus dem Dienst der örtlichen Bauleitung aus.⁷¹

Ungeachtet der Kriegsereignisse wurde noch im März 1944 eine Vereinbarung zwischen Staatsminister MEISSNER und Architekt GIESLER getroffen, dass »... die Planungsarbeiten für Schloß Schwarzburg in geringem Umfange wieder aufgenommen und weitergeführt werden.«⁷² Der Auftrag ging an den Architekten FRIEDRICH FASBENDER (1905–1971).⁷³ Dieser war bereits als Leiter in GIESLERS Entwurfsbüro für das Reichsgästehaus Schwarzburg tätig, gelangte dann aber mit der ›Baugruppe Giesler‹ im Rahmen der ›Organisation Todt‹ nach Riga. Krankheitsbedingt dort ausgeschieden, war er seit April 1944 in Schwarzburg tätig und bewohnte dort bis Kriegsende Räume im Forstamtsgebäude.⁷⁴

## Die Finanzierung des Bauvorhabens

Ursprünglich sollten die notwendigen Arbeiten, um Schloss Schwarzburg für die Internierung des Königs von Belgien zu nutzen, innerhalb von 3½ Monaten bis September 1940 abgeschlossen sein. Dazu wurde u. a. der Einbau einer Zentralheizung sowie einer neuen Wasser- und Abwasserleitung mit einem Kostenaufwand von ca. 1,5 Mio. RM vorgesehen. Aufgrund erheblicher Mängel am Schlossgebäude sowie der später veränderten Zweckbestimmung, das Schloss in ein Gästehaus des Reiches umzugestalten, erhöhte sich die Bausumme bis Ende 1941 auf 15,5 Mio. RM⁷⁵.

Die Niederschrift der am 6. Juni 1940 geführten Besprechung über die notwendigen Baumaßnahmen am

Entwurfsskizze zum Bibliotheksraum im 1. Obergeschoss des Hauptgebäudes, um 1941
*ThStAR, Bauleitung zur Umgestaltung Schloss Schwarzburg C 568*

Schloss Schwarzburg legte fest: »Die Kosten des Umbaues übernimmt das Reich, die Rechnungen werden von Berlin bezahlt.«[76] Genau einen Monat später wurde dem Thüringischen Finanzministerium von der Präsidialkanzlei mitgeteilt, dass bis zum 15. jeden Monats der voraussichtliche Geldbedarf für den Folgemonat abzurufen wäre.[77] Daraufhin beauftragte das Ministerium die örtliche Bauleitung mit der Vorlage des für den folgenden Monat geplanten Bedarfs an Betriebsmitteln.

Zu Beginn der Umbauarbeiten im August 1940 beantragte die örtliche Bauleitung 100 000 RM. Die weitere Bauplanung sah für die Monate Oktober, November und Dezember zunächst einen Bedarf von monatlich 300 000 RM vor. Aufgrund der Auslagerung der Schwarzburger Zeughaussammlung und der damit verbundenen Folgekosten erhöhte sich der Bedarf für den Oktober um zusätzliche 50 000 RM, da die Reithalle auf Schloss Heidecksburg in Rudolstadt für die Neuaufstellung dieser Waffen umgebaut werden sollte.[78]

Für Januar bis April 1941 wurden je 200 000 RM veranschlagt. Bedingt durch die Kriegslage veränderte sich im April die monatliche Betriebsmittelanforderung: »Im

Entwurfsskizze zur Eingangshalle im Hauptgebäude, um 1941
*ThStAR, Bauleitung zur Umgestaltung Schloss Schwarzburg C 570*

Ansicht des Schlosses von Westen, 1941   *Fotosammlung Ingrid Bock, Allendorf*

Hinblick auf die durch die Kriegssituation angespannte Kassenlage des Reiches bitte ich [...] die erforderlichen Geldmittel künftig a) bei einem Monatsbedarf bis 400.000 RM halbmonatlich zum 1. u[nd] 15. jeden Monats b) bei einem Monatsbedarf von mehr als 400.000 RM dekadenweise, und zwar für die erste Dekade bis zum 1., für die zweite Dekade bis zum 10. und für die dritte bis zum 20. jeden Monats anzumelden.«[79]

Demnach forderte die Bauleitung ab April 1941 den finanziellen Bedarf für die erste und die zweite Hälfte des Folgemonats getrennt an. Bis zum 30. April wurden dem Baufonds 1 206 500 RM zur Verfügung gestellt, wonach abzüglich aller Ausgaben ein Restbetrag von 567 279,09 RM blieb. Diese Mittel wurden bis August verbraucht. Für September betrug der Finanzbedarf 250 000 RM. Im Oktober wurden keine zusätzlichen Mittel angefordert, für die Monate November und Dezember 1941 jedoch je 100 000 RM.[80]

Im ersten Quartal des Jahres 1942 benötigte die Bauleitung für den Monat Januar 200 000 RM, für den Februar 300 000 RM und für den Monat März 200 000 RM. Am 17. April 1942 wurde die Stilllegung der Baustelle verfügt. Für die anschließend notwendigen Sicherungsarbeiten forderte die Bauleitung beim Finanzministerium bzw. der Präsidialkanzlei einen Betrag von 150 000 RM an.

Seit Beginn der Umbauarbeiten an Schloss Schwarzburg waren dem Baufonds insgesamt 2 546 500 RM zur Verfügung gestellt worden. Bis zum 22. April 1942 kam es zur Ausgabe von 2 253 187,59 RM. Mit dem Restbetrag von 293 312,41 RM und den zusätzlich angeforderten 150 000 RM für Sicherungsarbeiten konnten die laufenden Ausgaben bis Januar 1943 bestritten werden. Bis zum Juni 1942 hatte die Präsidialkanzlei der Bauleitung verschiedene zusätzliche Beträge zur Verfügung gestellt, so dass bis zum 12. Januar 1943 dem Baufonds insgesamt tatsächlich 2 880 000 RM für den Umbau von Schloss Schwarzburg zur Verfügung gestanden hatten. Davon wurden 2 772 970,80 RM verausgabt. Den verbliebenen Restbetrag erhielt die Präsidialkanzlei zurück.[81]

Als sich die Stilllegung des Bauvorhabens im Frühjahr 1942 abzeichnete, fragte die *Thüringische Zellwolle A.G.* aus Rudolstadt-Schwarza an, ob das freigewordene Barackenlager auf der Rechenwiese unterhalb des Schlossberges angemietet werden könne. Diese Unterkünfte wurden ab Mai 1942 vermietet; die daraus erwirtschafteten Mietbeträge wurden dem Baufonds gutgeschrieben.[82] Die durch Einstellung der Umbaumaßnahmen am Schloss nicht mehr benötigten Einrichtungsgegenstände wurden auf andere Institutionen aufgeteilt. So sollten die von der Leipziger Firma *Siemens-Reiniger-Werke AG* (Den-

Ansicht des Schlosses von Osten, Winter 1940/41   *Fotosammlung Ingrid Bock, Allendorf*

tal-Abteilung) gelieferten sanitären Anlagen den ›Zahnpflegestätten‹ der Stadt- und Landkreise Hildburghausen, Meiningen, Arnstadt, Greiz, Schleiz, Sondershausen und Gotha zur Verfügung gestellt werden. Die Küchenausstattung war für die Ausweichstellen der Präsidialkanzlei und des »Gästehauses des Führers« in Schloss Kleßheim vorgesehen.[83]

Wie schon erwähnt, erhöhte sich die ursprünglich veranschlagte Bausumme von 1,5 Mio. RM auf insgesamt 15,5 Mio. RM im Dezember 1941. Die im Folgenden aufgeführten Einzelbeträge sind dem Kostenvoranschlag vom 16./17. Dezember 1941 entnommen.[84] Dieser gliedert sich in die Teile »Kosten des Umbaues« und »Kosten für die Geräteausstattung«.

Mit 12 Mio. RM waren die »Kosten des Umbaues« des Schlosses angegeben. Dieser Betrag ergibt sich aus der Summe der geplanten Kosten für die Erschließung des Grundstückes, für den Umbau bzw. Neubau verschiedener Gebäudeteile, für besondere Betriebseinrichtungen, für die Arbeiten der Planungs- und Bauleitung, für unvorhergesehene Arbeiten und Aufwendungen sowie für Bildhauerarbeiten und Arbeiten für den künstlerischen Gebäudeschmuck. Die Kosten für die Erschließung des Grundstückes wurden mit 935 000 RM angegeben. Dieser Betrag setzt sich aus den Abfindungssummen für ANNA LUISE VON SCHWARZBURG und FRIEDRICH GÜNTHER ZU SCHWARZBURG, den Umzugsentschädigungen für die Freimachung der auf dem Schlossgelände befindlichen Gebäude und den Kosten für den geplanten Gesamtabriss des Kaisersaalgebäudes wie des südlich davon gelegenen Forstamtsgebäudes zusammen. Dazu sollte es aber nicht mehr kommen.

Für Teilabbrüche wie innerhalb des Hauptgebäudes, des Kirchflügels, des ›Theklaflügels‹, der Burgvogtei, des Zeughauses und des Waschhauses wurde ein Abbruchvolumen von 48 800 m³ errechnet, das Kosten von 370 000 RM verursacht hätte. Der Wiederaufbau in und an diesen Gebäuden hätte nochmals 4,5 Mio. RM verschlungen. Als Neubauten sollten der ›Gartenflügel‹ (ehemaliges Kaisersaalgebäude), ein Verbindungsgang zum Hauptgebäude mit Kosten von über 2 Mio. RM sowie weitere Nebengebäude entstehen, für die mehr als 300 000 RM kalkuliert waren. Da sich schon 1940 herausstellte, dass das Hauptgebäude und der Kirchflügel eine ungenügende Fundamentierung besaßen, wurden zur Behebung dieser Mängel 150 000 RM veranschlagt. Neben den Um- bzw. Neubauten wurde auch die Erneuerung der Außenanlagen im Kostenvoranschlag bedacht. Der entsprechende Posten beinhaltete den Abbruch und die Wiedererrichtung von Stützmauern am Hauptgebäude, den Bau einer neuen Wasser- und Abwasserleitung, die Befestigung des Hofes und der Straßen, die Gestaltung des Gartens mit dem Bau eines Schwimmbeckens und einer Freitreppe sowie Kosten für den Anschluss an das elektrische Versorgungsnetz. Somit hätten die Kosten für Um- bzw. Neubauten sowie Umgestaltung der Außenanlagen 8 201 500 RM betragen.

Als besondere Betriebseinrichtungen galten eine Fernsprechanlage, eine Rundfunkanlage sowie Lasten- und Personenaufzüge der Erfurter Firma *Gustav Linse,* die mit einem Kostenaufwand von 150 000 RM zu Buche standen. So wurde an den Einbau einer »elektro-akustische[n] Anlage, die in Verbindung mit Fernseh-Einrichtungen arbeitet«[85], der Firma *Telefunken* gedacht. Weitere Posten waren die Kosten für Bildhauerarbeiten und für die künstlerische Gestaltung der Gebäudeteile, mit 500 000 RM veranschlagt, sowie die Kosten für unvorhersehbare Arbeiten und Aufwendungen (Erstellung eines Barackenlagers, Richtfeste, Auslösungen der dienstverpflichteten Arbeiter usw.), die mit 1 273 800 RM kalkuliert waren.

Zu den »Kosten des Umbaus« zählten auch die Entlohnung der Bauleitung sowie die Architektenhonorare. Dafür sollten 939 700 RM bereitgestellt werden. Gemäß des Vertrages vom 28./30. August 1940 zwischen Architekt GIESLER und Staatsminister MEISSNER[86] entfielen 336 300 RM auf die Honorare für die Umgestaltung, 181 100 RM auf Leistungen für die Gebäudeausstattung und 272 400 RM auf Kosten für Statiker, Modelle, angestellte Architekten und für die Anmietung eines Baubüros. Insgesamt wurden 789 800 RM veranschlagt. Für die von der Bauverwaltung des Thüringischen Finanzministeriums eingesetzte örtliche Bauleitung entstanden Kosten in Höhe von 150 000 RM.

Die »Kosten für die Geräteausstattung« waren mit 3,5 Mio. RM kalkuliert. Bis zum Kriegsende 1945 wurden 420 000 RM ausgegeben, davon allein ca. 250 000 RM für Gobelins, Mobiliar und Bilder.[87] Für die technische Ausstattung plante man den Einbau einer Zentralheizanlage mit Warmwasserbereitung (Firma *Carl Deiring* / Kempten i. Allgäu), von Kühlräumen und Kühltischen (Firma *Karl Kampfhamer* / München und ›Sümak‹/ Stuttgart) sowie von Kippbratpfannen, Elektro-Bratöfen, Spieß- und Grillapparaten, Elektroherden, Elektro-Wärmeanrichten (Firma *Küppersbusch & Söhne A.G.* / Gelsenkirchen) im Gesamtwert von ca. 150 000 RM.[88] Die teilweise schon gelieferten Geräte lagerten in Gebäuden auf dem Schlossgelände und wurden nach Stilllegung der Baustelle anderen Einrichtungen zugeführt.

Wenn man bedenkt, dass es 1940 ursprünglich um die Summe von 1,5 Mio. RM für die Umgestaltung des Schlosses Schwarzburg zur Unterbringung des belgischen Königs ging, so stellt sich die finanzielle Situation innerhalb weniger Monate danach völlig anders dar. Mit der weit umfassenderen und offensichtlich völlig unrealistischen Entscheidung für ein Gästehaus des Reiches erhöhte sich diese Summe um 14 Mio. RM. Mit der Anhebung des Kostenaufwandes auf insgesamt 15,5 Mio. RM, mit dem Abzug von Arbeitskräften sowie angesichts der aktuellen Kriegssituation kamen nun doch Zweifel am Bauvorhaben selbst auf. Besonders der Reichsminister der Finanzen JOHANN LUDWIG Graf SCHWERIN VON KROSIGK (1887 – 1977) meldete sich mahnend zu Wort. Er schrieb am 30. Juli 1941 an Staatsminister MEISSNER: »Gegen die Durchführung dieses nicht mehr auf dringende Kriegsbedürfnisse abgestellten Bauvorhaben während des Krieges bestehen ernstliche Bedenken.«[89] Am 17. April 1942 wurde das Bauvorhaben aus den schon genannten Gründen stillgelegt.[90]

Bedenken hätten schon im Anfangsstadium der Planungen aufkommen müssen. In einem Bericht des Oberregierungs- und Baurats STEFFEN vom 29. Mai 1945 wird resümiert: »Die Annahme, daß mit diesem kostspieligen Ausbau nun auch Endgültiges und Zweckentsprechendes erreicht worden wäre, ist irrig. Der Bau hat sich schon in seinem Anfangsstadium als zu klein erwiesen! Es war daher geplant, auf der Terrasse des Schloßberges [...] ein neues ›Gästehaus‹ [anstelle des Hotels *Weißer Hirsch*] zu errichten.«[91] Und an anderer Stelle schrieb er, dass Nachteile und Schwierigkeiten »... bei gewissenhafter Prüfung fast ausnahmslos im voraus zu überblicken ...«[92] gewesen wären.

Die Baustelle wurde nach der Stilllegung nur geringfügig gesichert und bis Kriegsende als Bergungsort für Kunstgegenstände, Akten und Industriegüter genutzt.[93] Einige dort gelagerte Baumaterialien und technische Einrichtungsgegenstände sind anderen Bauvorhaben oder Einrichtungen zugesprochen und abtransportiert worden. Letztlich befand sich das Schloss spätestens ab 1943 in einem ruinösen Zustand.

· · · · ·

Nach der Gefangennahme des belgischen Königs LEOPOLD III. am 28. Mai 1940 wurde das Schloss Schwarzburg für dessen Unterbringung vorgesehen. Fürstin ANNA LUISE VON SCHWARZBURG, die das Schloss als Witwensitz nutzte, wurde enteignet. Noch während der Umbaumaßnahmen an Schloss Schwarzburg, welche im

Zustand des Hauptgebäudes nach Einstellung der Umbauarbeiten   *TLMH Fotoarchiv*

Juni 1940 begannen, entschied die Reichsregierung, den Zweck des Umbaues zu ändern und ein Reichsgästehaus zu errichten. Dafür sollten Teile der bisherigen Schlossanlage umgestaltet werden, aber auch Neubauten entstehen, die im Inneren zeitgemäßen Komfort und luxuriöse Ausstattung miteinander verbanden. Um den Umbau möglichst schnell voranzutreiben, wurde das Vorhaben als kriegswichtig eingestuft. Im April 1942 kam es jedoch wegen der Verschlechterung der Kriegssituation und der daraus resultierenden Verknappung der Ressourcen und fehlender Arbeitskräfte zur kriegsbedingten Stilllegung. Danach wurden lediglich noch Maßnahmen zur Sicherung der Baustelle durchgeführt. An eine endgültige Stilllegung der Baustelle wurde jedoch nicht gedacht, da nach dem geplanten siegreichen Kriegsende das Vorhaben weitergeführt werden sollte. In den letzten Kriegsjahren nutzte man die Anlage u. a. als Bergungsort für ausgelagerte Kunstwerke und für Akten regionaler Unternehmen. Nach dem Zusammenbruch des nationalsozialistischen Regimes 1945 waren weder Ressourcen noch Argumente für die Weiterführung des Vorhabens vorhanden, und man hinterließ eine bis heute ruinöse Anlage als unvollendetes Bauvorhaben.

Resümierend lässt sich urteilen, dass in einem barbarisch zu nennenden Akt nicht nur ein jahrhundertealtes Schloss, sondern ein für Region und Fürstendynastie namensgebendes und damit symbolträchtiges Bauwerk, das nahezu tausend Jahre als ›Stammhaus‹ der Fürsten VON SCHWARZBURG-RUDOLSTADT gedient hatte, zerstört wurde.

### ANMERKUNGEN

1. WAHL, Volker: Schloss Schwarzburg als Gästehaus der Reichsregierung 1940–1945. – In: RHH 9/10 (2006), S. 235–241 und RHH 11/12 (2006), S. 305–310; KOCH, Alfred: Schloß Schwarzburg im 2. Weltkrieg. – In: RHH 5/6 (1996), S. 112–115 und RHH 7/8 (1996), S. 149–153; HERZ, Hans / KOCH, Alfred / SCHODER, Hans: Schloss Schwarzburg, [Rudolstadt] 1972 (unveröffentlichtes Typoskript im Archiv des TLMH).
2. Dieser Beitrag basiert auf meiner vom Thüringer Landesmuseum Heidecksburg Rudolstadt angeregten Diplomarbeit »Die Umbaumaßnahmen des Schlosses Schwarzburg in Thüringen zum ›Reichsgästehaus‹. Grundlagen für eine Museumspublikation«. Diese wurde an der Hochschule für Technik, Wirtschaft und Kultur Leipzig (FH) im Jahre 2005 vorgelegt. Im Rahmen eines Werkvertrages mit dem Thüringischen Staatsarchiv Rudolstadt konnte ich 2006 dessen Bestand »5-21-2010 Bauleitung zur Umgestaltung des Schlosses Schwarzburg« mit 575 Plänen und Rissen verzeichnen und dazu ein Findbuch erstellen.
3. Vgl. KRÄNKEL, Joachim: Das Marineheim zu Sitzendorf – In: RHH 7/8 (2005), S. 208–213.
4. Nach dem Ersten Weltkrieg (1914–1918) ging das barocke Schloss Bellevue vom Haus Hohenzollern auf das Land Preußen über. 1938/39 vom Deutschen Reich angekauft, baute der Architekt Paul Baumgarten (1873–1946) das Schloss zu einem Reichsgästehaus um und erweiterte die Anlage um einen weiteren Flügel. Bereits 1941 wurde das Schloss bei einem Bombenangriff so sehr zerstört, dass es für die weitere Nutzung als Reichsgästehaus nicht mehr in Frage kam. – Vgl. http://www.bundespraesident.de/Die-Amtssitze/Schloss-Bellevue-,11088/Die-Geschichte.htm
5. Das barocke Schloss Kleßheim bei Salzburg wurde in den Jahren 1940/41 in ein sogenanntes »Gästehaus des Führers« umgebaut. Im Juli 1941 dem Reichsgau Salzburg einverleibt, wurde es am 10. November für 1,5 Mio. RM an das Deutsche Reich verkauft. Bereits im Jahre 1938 begannen die Architekten Otto Strohmayr (1900–1945) und Otto Reitter (1896–1958) mit den Planungs- und Umbauarbeiten, die überwiegend die vollkommene Neugestaltung der Innenräume sowie des Parkgeländes beinhalteten. Am 1. März 1942 konnte das Gästehaus als bezugsfertig gemeldet werden. Während der Funktion als Gästehaus des Führers waren u. a. der italienische Duce Benito Mussolini (1883–1945), der ungarische Reichsverweser Miklós Horthy (1868–1957), der rumänische Präsident Ion Antonescu (1882–1946) und der Zar von Bulgarien, Boris III. (1894–1943) zu Gast. Daneben nutzte man es auch als Aufenthaltsort und Genesungsstätte für die politischen Spitzen des Reiches. – Vgl. ZAISBERGER, Friederike / SCHLEGEL Walter: Burgen und Schlösser in Salzburg. Pongau, Pinzgau, Lungau, Bd. 1, St. Pölten / Wien 1978, S. 126 f. sowie FRÜCHTEL, Michael: Der Architekt Hermann Giesler. Leben und Werk (1898–1987), Tübingen 2008, S. 272–275. Dies ist die erste umfassende Arbeit zu Leben und Werk Gieslers als einem der wichtigsten Architekten während des Nationalsozialismus. In einem kurzen Abschnitt wird auch das Projekt Schloss Schwarzburg vorgestellt.
6. Schloss Fürstenstein, im 13. Jahrhundert an der Landesgrenze zu Böhmen erbaut, liegt im jetzigen Landkreis Wałbrzych (Polen), ehemals Stadt Waldenburg. 1943 geriet das Schloss unter Zwangsverwaltung des Deutschen Reiches und wurde der ›Organisation Todt‹ unterstellt. Ähnlich wie in Schwarzburg wurden die begonnenen Umbauarbeiten nicht zu Ende geführt. – Vgl. KOCH, W. John: Schloss Fürstenstein. Erinnerungen an einen schlesischen Adelssitz, Edmonton 2005 sowie FRÜCHTEL 2008 (wie Anm. 5), S. 275–278.
7. ThStAR, Nachlass Fürstin Anna Luise Nr. 57.
8. Ebenda.
9. Der Plan zur Unterbringung des belgischen Königs Leopold III. ist in Hinblick auf Schloss Schwarzburg nie realisiert worden. Bis 1944 wurde er auf Schloss Laeken bei Brüssel gefangen gehalten. Den Winter 1944/45 musste der König mit seiner Familie auf Schloss Hirschstein in Sachsen verbringen und wurde anschließend nach Österreich in die Nähe Salzburgs deportiert. Nach dem Krieg ging er aufgrund der ablehnenden Haltung der belgischen Bevölkerung – er hatte während des Krieges 1941 geheiratet – ins Exil (Schweiz). Zwar kehrte er 1950 nach Belgien zurück, sah aber anlässlich weiterer Protestaktionen der Öffentlichkeit von seinem Amt ab. – Vgl. u. a. WAHL, Volker: Schloss Schwarzburg als Gästehaus der Reichsregierung 1940-1945. – In: RHH 9/10 (2006), S. 237 sowie http://www.hirschstein.de.
10. Vgl. FRÜCHTEL 2008 (wie Anm. 5).
11. Siehe zu Fritz Sauckel bes. RASSLOFF, Steffen: Fritz Sauckel. Hitlers ›Muster-Gauleiter‹ und ›Sklavenhalter‹, Erfurt 2007.
12. Vgl. ThHStAW, Thüringisches Finanzministerium Nr. 3225, Bl. 1.
13. Ebenda Nr. 3226, Bl. 184.
14. Zitiert nach Früchtel 2008 (wie Anm. 5), S. 269.
15. Zitiert nach ebenda, S. 270.
16. Zitiert nach ebenda, S. 269.
17. RASSLOFF, Steffen: Fritz Sauckel. Hitlers Muster-Gauleiter. – In: Thüringen. Blätter zur Landeskunde 36 (2004), S. 1.
18. Sauckel hatte beispielsweise 1933 und 1935 das Zeughaus des Schlosses besichtigt. – Vgl. Archiv des TLMH, Akte Zeughaus 1931–1936.

19. Zitiert nach HERZ / KOCH (wie Anm. 1).
20. Vgl. ThStAR, Thüringisches Hochbauamt Rudolstadt Nr. 268.
21. Vgl. RASSLOFF (wie Anm. 17), S. 5.
22. ThHStAW, Thüringisches Finanzministerium Nr. 3225, Bl. 11 / 12.
23. Vgl. ebenda, Bl. 14.
24. GÖTZE, Robby Joachim: Günther Fürst von Schönburg-Waldenburg (1887 – 1960): eine Biographie unter besonderer Berücksichtigung seines Einflusses auf das Kultur- und Geistesleben in der Zeit der Weimarer Republik und des deutschen Nationalsozialismus, Glauchau 1997, S. 59 (Aktenauszug).
25. Oppositionsbewegung evangelischer Geistlicher und Laien gegen die nationalsozialistischen Gleichschaltungsmaßnahmen der Deutschen Evangelischen Kirche. – Vgl. ZENTNER, Christian / BEDÜRFTIG, Friedemann (Hrsg.): Das große Lexikon des Dritten Reiches, München 1985, S. 65f.
26. ThHStAW, Thüringisches Finanzministerium Nr. 3225, Bl. 25.
27. Ebenda Nr. 3226, Bl. 3.
28. Vgl. HERZ / KOCH / SCHODER (wie Anm. 1), S. 6.
29. ThStAR, Nachlass Fürstin Anna Luise Nr. 150, Bl. 32.
30. Vgl. ebenda, Bl. 34 und Bl. 35.
31. Vgl. ThHStAW, Thüringisches Finanzministerium Nr. 3225, Bl. 59.
32. Vgl. ebenda Nr. 3227, Bl. 71.
33. Die Überführung der 44 Särge erfolgte am 3. Oktober 1941 in ein behelfsmäßig eingerichtetes Gewölbe unterhalb der Reithalle der Heidecksburg. Trotz Ausbau des Raumes gab es Platzprobleme, so dass eine Einäscherung einiger beschädigter Särge erwogen wurde. – Vgl. ebenda, Bauabteilung Nr. 3050.
34. Vgl. ebenda, Thüringisches Finanzministerium Nr. 3225, Bl. 94.
35. ThStAR, Thüringisches Hochbauamt Rudolstadt Nr. 268.
36. Vgl. ThStAR, Bauleitung zur Umgestaltung des Schlosses Schwarzburg C 507.
37. Vgl. ThStAR, Kreisbauamt Rudolstadt Nr. 9/246, Bl. 23, 34 und 38.
38. Vgl. ThStAR, Bezirkstag und Rat des Bezirkes Gera Nr. 5604. Der Vertrag mit der Firma *Telefunken* wurde am 4. August 1942 abgeschlossen. Es sollte die Summe von 169 209,50 RM gezahlt werden. Die Lieferung ist jedoch nicht mehr erfolgt. – Vgl. KOCH (wie Anm. 1), S. 149.
39. ThHStAW, Thüringisches Finanzministerium Nr. 2543, Bl. 32 – 38. Die Auflistung enthält detaillierte Angaben zu den einzelnen Objekten (Kaufsumme, Verkäufer, Ort der Einlagerung).
40. Vgl. ebenda Nr. 3226, Bl. 41.
41. Vgl. ebenda, Bl. 110, 137, 166, 193; Nr. 3227, Bl. 14, 84, 138, 171; Nr. 3228, Bl. 127 sowie Nr. 3229, 111.
42. Vgl. ebenda Nr. 3227, Bl. 11.
43. Siehe hierzu den Beitrag von Jens Henkel in diesem Buch, S. 311 – 347.
44. Vgl. ThStAR, Bauleitung zur Umgestaltung Schloss Schwarzburg C 378.
45. ThHStAW, Thüringisches Finanzministerium Nr. 3226, Bl. 19 und Bl. 20. Siehe außerdem den Beitrag von Jens Henkel in diesem Buch, S. 311 – 347.
46. ThHStAW, Thüringisches Finanzministerium Nr. 3226, Bl. 19, Bl. 20.
47. Ebenda, Bl. 193.
48. Die anfallenden riesigen Schuttmengen wurden mittels einer Rutsche zur unterhalb des Schlosses gelegenen Zwischendeponie auf der Hirschwiese transportiert.
49. Mittelwand ist eine zwischen den Außenwänden der Länge des Gebäudes nach errichtete Wand. Sie dient u. a. zur Unterstützung der Geschossdecken.
50. Vgl. ThHStAW, Thüringisches Finanzministerium Nr. 3227, Bl. 132.
51. Ebenda Nr. 3228, Bl. 127.
52. Ebenda.
53. Vgl. ebenda Nr. 3229, Bl. 111.
54. Ebenda, Bl. 105.
55. Ebenda.
56. Ebenda.
57. Zur Biographie vgl. FRÜCHTEL 2008 (wie Anm. 5). Giesler war seit 1938 Hitlers Chefarchitekt für München und in dieser Eigenschaft zum »Generalbaurat für die Hauptstadt der Bewegung« ernannt. Ab 1941 arbeitete Giesler für die ›Organisation Todt‹.
58. Vgl. ThHStAW, Thüringisches Finanzministerium Nr. 3226, Bl. 16.
59. Vgl. WAHL (wie Anm. 1), S. 236.
60. Vgl. ThHStAW, Thüringisches Finanzministerium Nr. 3225, Bl. 1.
61. Vgl. ebenda Nr. 3227, Bl. 27.
62. Vgl. ebenda, Bl. 56.
63. Vgl. ebenda Nr. 3228, Bl. 73.
64. Ebenda Nr. 3226, Bl. 199.
65. Vgl. ebenda Nr. 3227, Bl. 132.
66. Vgl. ebenda Nr. 3228, Bl. 106, 118, 127.
67. Vgl. ebenda Nr. 3229, Bl. 111.
68. Vgl. ebenda Nr. 3230, Bl. 88.
69. Dies ist der Grund, warum sich heute im Thüringischen Staatsarchiv Rudolstadt ein Großteil der Bauunterlagen erhalten hat. – Vgl. ThStAR, Findbuch 5-21-2010. Bauleitung zur Umgestaltung des Schlosses Schwarzburg (1940 – 1944).
70. Die Baukolonnen der ›Organisation Todt‹ (OT) wurden in den besetzten Gebieten zur Instandsetzung der Verkehrswege hinter der Front eingesetzt.
71. Vgl. ThHStAW, Thüringisches Finanzministerium Nr. 3230, Bl. 1 – 3.
72. Ebenda, Bl. 119.
73. Vgl. WAHL, Volker: »Im Geiste der alten Kampfgemeinschaft«. Der Neusser Rathaus-Architekt Friedrich Fasbender und seine thüringische Vorgeschichte. – In: Novaesium 2006 (= Neusser Jahrbuch für Kunst, Kultur und Geschichte), S. 239 – 248.
74. Vgl. WAHL (wie Anm. 1), S. 305. Siehe außerdem den Beitrag von Sabrina Lüderitz in diesem Buch, S. 301 – 309.
75. Vgl. ThStAR, Bezirkstag und Rat des Bezirkes Gera Nr. 5604.
76. ThHStAW, Thüringisches Finanzministerium Nr. 3225, Bl. 1.
77. Vgl. ebenda Nr. 3226, Bl. 61.
78. Siehe hierzu den Beitrag von Jens Henkel in diesem Buch, S. 311 – 347.
79. ThHStAW, Thüringisches Finanzministerium Nr. 3227, Bl. 127.
80. Vgl. ebenda Nr. 3226, Bl. 139; Nr. 3228, Bl. 3, 11, 36, 60.
81. Vgl. ebenda, Bl. 86, 99, 115; Nr. 3229, Bl. 9; Nr. 3230, Bl. 114.
82. Vgl. ebenda Nr. 3229, Bl. 50, 85, 86 – 88.
83. Vgl. ebenda, Bl. 77; Nr. 3230, Bl. 106.
84. Vgl. ThStAR, Bezirkstag und Rat des Bezirkes Gera Nr. 5604.
85. Ebenda.
86. Vgl. ThHStAW, Thüringisches Finanzministerium Nr. 3226, Bl. 46 sowie ThStAR, Bezirkstag und Rat des Bezirkes Gera Nr. 5604.
87. Vgl. HERZ / KOCH / SCHODER (wie Anm. 1): Aktenauszug.
88. Vgl. ThHStAW, Thüringisches Finanzministerium Nr. 3229, Bl. 140, Nr. 3230, Bl. 44.
89. Ebenda Nr. 3227, Bl. 179.
90. Vgl. ebenda, Bl. 88 – 90; Nr. 3229, Bl. 6 und Bl. 7 sowie ThStAR, Bezirkstag und Rat des Bezirkes Gera Nr. 5604.
91. Zitiert nach HERZ / KOCH / SCHODER (wie Anm. 1).
92. Zitiert nach HERZ / KOCH / SCHODER (wie Anm. 1).
93. Siehe den Beitrag von Sabrina Lüderitz in diesem Buch S. 301 – 309.

Sabrina Lüderitz

# Schloss Schwarzburg als kriegsbedingtes Einlagerungsdepot für Museen, privaten Kunstbesitz, Industrie und Behörden von 1943 bis 1945

Dieser Beitrag versucht erstmals einen Überblick zu diesem weithin unbekannten Kapitel in der Geschichte des Schlosses Schwarzburg zu geben. In der Literatur finden sich nur vereinzelt Hinweise[1] auf dieses Thema, die Bestandslage in den Archiven ist bislang unzureichend erforscht. Die von mir vorgenommene Sichtung von Archivalien im Thüringischen Hauptstaatsarchiv Weimar, im Thüringer Landesmuseum Heidecksburg Rudolstadt und im Museumsarchiv der Klassik Stiftung Weimar[2] kann daher nur als ein Ansatz für künftige Forschungen betrachtet werden.

Die lediglich begonnenen Umbauarbeiten am Schloss Schwarzburg zum Reichsgästehaus[3] wurden im Frühjahr 1942 eingestellt und hinterließen eine notdürftig abgesicherte Ruine.[4] Die Bauarbeiten hatten historische Raumfassungen vernichtet, Böden und Decken waren teils entfernt, neue Tür- und Fensterdurchbrüche waren geschaffen worden. Auf dem Schlossgelände lagerten Materialien zur Sicherung der Gebäude sowie diverse Baustoffe zu einer immer noch geplanten Fortführung der Umbaumaßnahmen nach Kriegsende. Ferner befanden sich zu diesem Zeitpunkt Gegenstände im Schloss Schwarzburg, die der künftigen Ausstattung des Reichsgästehauses dienen sollten. Dabei handelte es sich beispielsweise um »… elektrische Herde, Anrichten, Brat- und Backöfen und Wäschereimaschinen für die Küchen- und Wäschereianlagen sowie Elektroinstallationsmaterial und ein Teil des umfangreichen Installationsmaterials für die Sanitär- und Heizungsanlage«.[5] Außerdem wurden hier Kunstgegenstände verwahrt, wie beispielsweise ein Teil der von der Reichsregierung angekauften Gobelins, Bilder sowie Dekorations- und Möbelstoffe, die eigens für die Einrichtung des geplanten Reichsgästehauses durch den leitenden Architekten Prof. Hermann Giesler (1898–1987) angekauft wurden.[6] Eine Auswahl von Waffen aus dem Zeughaus, die für die dekorative Ausstattung des Gästehauses bereits ausgesucht war, verblieb ebenfalls auf dem Schloss.[7]

Die angekauften Einrichtungsgegenstände im Gesamtwert von rund 250 000 RM wurden im Forstamtsgebäude des hinteren Schlosshofes – »… das einzige von dem Umbau nicht betroffene Gebäude der Schlossanlagen …«[8] – deponiert. Ein nicht datiertes, aber wohl aus dem Jahre 1942 stammendes Verzeichnis[9] gibt Auskunft über Zu- und Abgänge von Ausstattungsgegenständen und Geräten. Es macht deutlich, dass Giesler auf Kosten der Reichsregierung neben den bereits erwähnten Kunstobjekten eine große Anzahl von Silbergeräten wie Kerzenleuchter, Deckenleuchter und Spiegel im Gesamtwert von 40 000 RM erwarb. Diese Silbergeräte verblieben aber aus Sicherheitsgründen in der herstellenden Werkstatt des Goldschmieds Prof. Emil Lettré (1876–1954) in Berlin.[10] Weitere Antiquitäten, besonders Gemälde, bewahrte Giesler in seinem Münchener Büro auf.[11]

Angesichts drohender Luftangriffe der Alliierten geriet im Jahre 1943 bei der Suche nach scheinbar sicheren Depots für staatliche Kunstgüter das Schloss Schwarzburg ins Visier der Staatlichen Kunstsammlungen in Weimar. Dort konnte im vorhandenen Bergungsraum eine sichere Unterbringung von Kunstgegenständen nicht mehr garantiert werden. Der Direktor der Staatlichen Kunstsammlungen in Weimar, Dr. Walther Scheidig (1902–1977), sah sich deshalb veranlasst, mit Unterstützung des Thüringischen Finanzministers die Reichskanzlei in Berlin um Überlassung von zusätzlichen Depots zu bitten. Dabei zog Scheidig, zugleich seit dem 1. Dezember 1940 Direktor des Schlossmuseums Heidecksburg in Rudolstadt und verantwortlich für die Waffensammlung des Schwarzburger Zeughauses, neben dem Schloss Schwarzburg auch die Dornburger Schlösser in Betracht, um Kunstgüter aus staatlichem und privatem Besitz aufzunehmen. Die Wahl auf Schloss

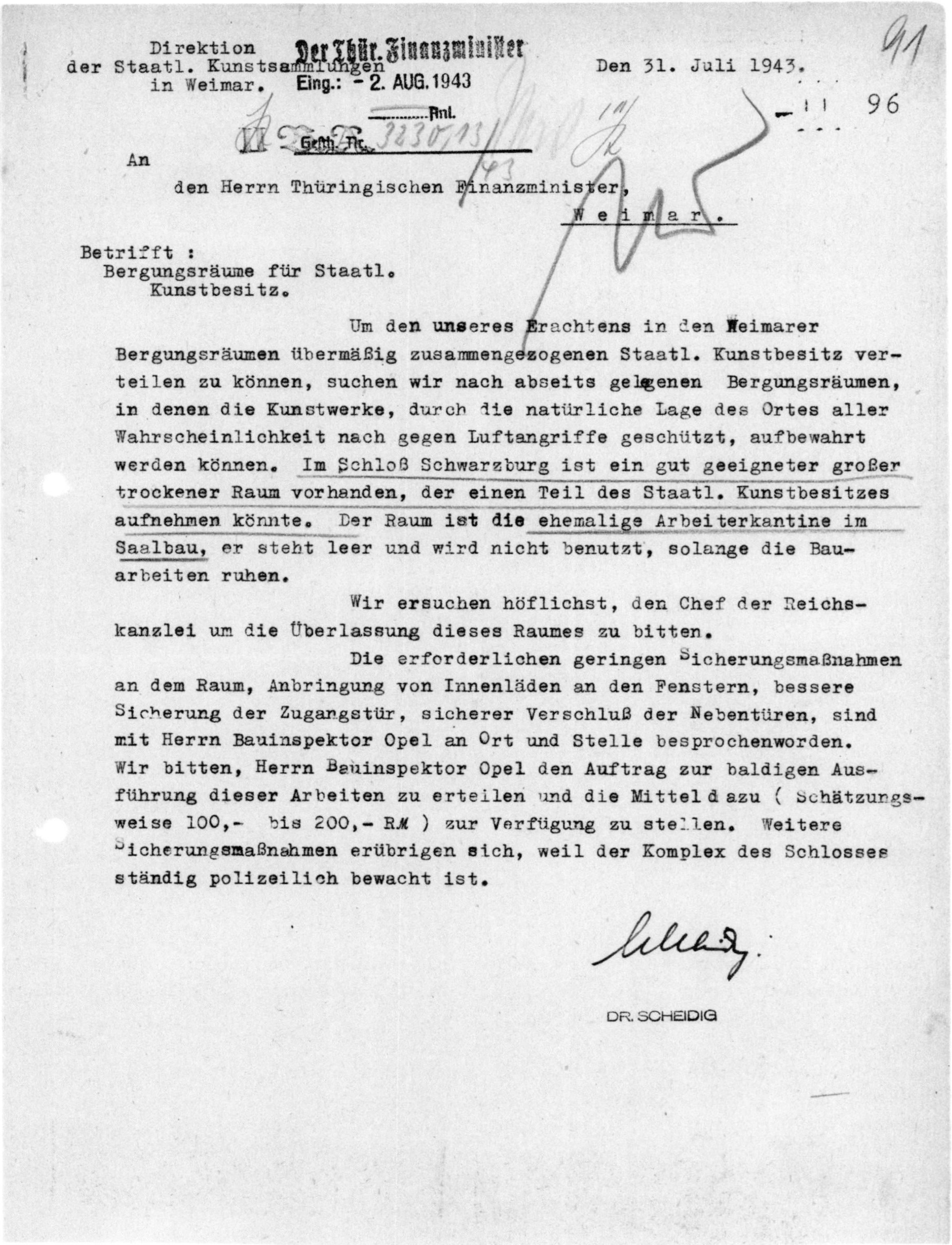

Direktion  Der Thür. Finanzminister  Den 31. Juli 1943.
der Staatl. Kunstsammlungen
in Weimar.  Eing.: -2. AUG. 1943

An

den Herrn Thüringischen Finanzminister,
Weimar.

Betrifft :
Bergungsräume für Staatl.
Kunstbesitz.

       Um den unseres Erachtens in den Weimarer Bergungsräumen übermäßig zusammengezogenen Staatl. Kunstbesitz verteilen zu können, suchen wir nach abseits gelegenen Bergungsräumen, in denen die Kunstwerke, durch die natürliche Lage des Ortes aller Wahrscheinlichkeit nach gegen Luftangriffe geschützt, aufbewahrt werden können. Im Schloß Schwarzburg ist ein gut geeigneter großer trockener Raum vorhanden, der einen Teil des Staatl. Kunstbesitzes aufnehmen könnte. Der Raum ist die ehemalige Arbeiterkantine im Saalbau, er steht leer und wird nicht benutzt, solange die Bauarbeiten ruhen.

       Wir ersuchen höflichst, den Chef der Reichskanzlei um die Überlassung dieses Raumes zu bitten.

       Die erforderlichen geringen Sicherungsmaßnahmen an dem Raum, Anbringung von Innenläden an den Fenstern, bessere Sicherung der Zugangstür, sicherer Verschluß der Nebentüren, sind mit Herrn Bauinspektor Opel an Ort und Stelle besprochen worden. Wir bitten, Herrn Bauinspektor Opel den Auftrag zur baldigen Ausführung dieser Arbeiten zu erteilen und die Mittel dazu ( Schätzungsweise 100,- bis 200,- RM ) zur Verfügung zu stellen. Weitere Sicherungsmaßnahmen erübrigen sich, weil der Komplex des Schlosses ständig polizeilich bewacht ist.

DR. SCHEIDIG

*Schreiben Dr. Walther Scheidigs an den Thüringischen Finanzminister vom 31. Juli 1943*
*ThHStAW, Thüringisches Finanzministerium Nr. 3230*

Schwarzburg fiel letztendlich im Juli 1943: »Um den unseres Erachtens in den Weimarer Bergungsräumen übermäßig zusammengezogenen Staatl[ichen] Kunstbesitz verteilen zu können, suchen wir nach abseits gelegenen Bergungsräumen, in denen die Kunstwerke, durch die natürliche Lage des Ortes aller Wahrscheinlichkeit nach gegen Luftangriffe geschützt, aufbewahrt werden können. Im Schloß Schwarzburg ist ein gut geeigneter großer trockener Raum vorhanden, der einen Teil des Staatl[ichen] Kunstbesitzes aufnehmen könnte. Der Raum ist die ehemalige Arbeiterkantine im Saalbau [gemeint ist ein Raum im Erdgeschoss des Kaisersaalgebäudes – Anm. d. Verf.], er steht leer und wird nicht benutzt, solange die Bauarbeiten ruhen. [...] Die erforderlichen geringen Sicherungsmaßnahmen an dem Raum, Anbringung von Innenläden an den Fenstern, bessere Sicherung der Zugangstür, sicherer Verschluß der Nebentüren, sind mit Herrn Bauinspektor Opel an Ort und Stelle besprochen worden. [...] Weitere Sicherungsmaßnahmen erübrigen sich, weil der Komplex des Schlosses ständig polizeilich bewacht ist.«[12]

Seit September 1943 war SCHEIDIG auch Beauftragter für die Sicherung des privaten Kunstbesitzes im Bezirk Thüringen.[13] Er ließ in Thüringer Zeitungen inserieren, dass diese Objekte den Staatlichen Kunstsammlungen in Weimar übergeben werden können. Es ist anzunehmen, dass diese Gegenstände vor ihrer Einlagerung bewertet wurden. Informationen über den geplanten Einlagerungsort erhielten die Privatbesitzer jedoch nicht.[14] Aus der Zeit der Deponierung auf Schloss Schwarzburg haben sich keine Bestandslisten, die heute eine Rekonstruktion dieses Vorganges erlauben würden, erhalten. Lediglich eine Sammlung von Uhren, Uhrwerken und Uhrteilen aus dem 17. bis 19. Jahrhundert findet in den Archivalien Erwähnung.[15]

Die Auslagerung der Kunst- und Kulturgüter aus staatlichem und privatem Besitz nach Schwarzburg begann im Oktober 1943.[16] Sie stand unter der Oberaufsicht von SCHEIDIG, die Angelegenheiten vor Ort hatte der Schlossverwalter der Rudolstädter Heidecksburg HERMANN STIELER (1884–1967) zu regeln. Für die Einlagerung des Staats- und Privatbesitzes sollte der »... sogenannte Gartensaal unter dem Kaisersaal auf Schloß Schwarzburg ...«[17] Verwendung finden. SCHEIDIG drängte in einem Schreiben an die Bauverwaltung des Thüringer Finanzministeriums auf rasche und konkrete Raumzuweisungen. Die Sicherstellung der Kunstgüter müsse noch vor Eintritt des Winters durchgeführt werden, da die Zufahrt zum Schloss Schwarzburg dann durch Eis und Schnee unmöglich würde.

Im November 1943 überführte das Stadtmuseum Gera Kunstgüter aus seinem Bestand über Rudolstadt nach Schwarzburg.[18] Um welche Objekte es sich dabei handelte, ist anhand der Quellenlage bisher nicht ersichtlich.

Bis Anfang des Jahres 1944 war auch die Einlagerung von 146 Gemälden aus den Staatlichen Kunstsammlungen in Weimar abgeschlossen.[19] Darunter befanden sich Werke von HANS BALDUNG GRIEN, neun Arbeiten von LUCAS CRANACH, ein Diptychon von ALBRECHT DÜRER, acht Gemälde von CASPAR DAVID FRIEDRICH sowie Werke von JAKOB PHILIPP HACKERT, FRANZ VON LENBACH, FRIEDRICH PRELLER, CHRISTIAN ROHLFS, JACOPO ROBUSTI genannt TINTORETTO und JOHANN FRIEDRICH AUGUST TISCHBEIN.[20]

Aus dem Schloss Sondershausen wurden insgesamt zwölf Gemälde, darunter zwei Werke von LUCAS CRANACH sowie ein Gemälde von CHRISTIAN WILHELM ERNST DIETRICH eingelagert.[21]

Die überlieferten Listen zeigen zudem, dass auch Teile von Altären ohne Herkunftsangaben in die Schwarzburger Depots gelangten. Lediglich ein Altar ist mit der Bezeichnung »Weimarer Stadtkirche« näher benannt.[22]

Im Juni des Jahres 1944 planten Dr. WALTHER SCHEIDIG und Dr. FRANZ PAUL SCHMIDT (1895–1972), Leiter des Lindenau-Museums Altenburg sowie der dortigen Landesbibliothek, die Auslagerung von Gemälden. Dazu heißt es in einem Brief von SCHEIDIG an SCHMIDT: »Bitte denken Sie noch daran, die Bilder recht deutlich mit Schildern auf der Rückseite als Eigentum des Lindenau-Museums zu kennzeichnen; es befindet sich recht verschiedenartiger Besitz in Schwarzburg, und niemand weiß doch, wer später einmal wieder die Bilder an die einzelnen Besitzer verteilen wird. Für die Verzeichnisse der Bilder können Sie sich wohl der beiliegenden Formulare bedienen, die zwar für Privatbesitzer abgefaßt sind, aber schließlich auch für diese Bergung verwendbar sind.«[23]

Allerdings stand ein Termin für den Transport noch nicht fest, wohl aber der nicht näher benannte Bergungsraum im Schloss Schwarzburg. Die Überführung der Gemälde, darunter auch frühitalienische Tafelbilder, aus dem Lindenau-Museum nach Schwarzburg scheiterte letztlich aber an der lapidaren Tatsache, dass SCHMIDT trotz vielfacher Bemühungen kein Auto für den Transport bereitstellen konnte.

Eine Anfrage durch den Oberpräsidenten der Rheinprovinz Düsseldorf JOSEF TERBOVEN (1898–1945) nach Einlagerungsraum für rheinische Museumsbestände erging im Dezember 1944 an den Staatsminister und Chef der Präsidialkanzlei Dr. Otto Meissner (1880 – 1953) in Berlin: »Die Kriegslage macht es erforderlich, daß aus den gefährdeten Westgebieten Kunst- und Kulturgut, vor allem die Bestände der Museen weitestgehend in Sicherheit gebracht werden müssen. Im Schloß Schwarzburg sind noch 100 – 120 qm Abstellraum für leichte Gegenstände (Bilder) vorhanden. Ich bitte darum, diesen Bergungsraum für rheinische Museumsbestände zur Verfügung zu stellen.«[24]

Terboven dankte im Februar des Jahres 1945 für die Zuweisung des Raumes im Schloss Schwarzburg. Gleichzeitig erklärte er aber die Angelegenheit als erledigt, da er den Bergungsraum nicht mehr benötige.

Schloss Schwarzburg wurde aber nicht nur für die Einlagerung von Kunstgütern genutzt, sondern auch Behörden, Unternehmen und der Industrie zur Verfügung gestellt. Mit Beginn des Jahres 1944 sind wiederholt Anfragen an die zuständige Bauverwaltung im Thüringer Finanzministerium nachweisbar. So bat das Katasteramt in Rudolstadt um Sicherung unersetzbarer Karten und Bücher, wofür drei leer stehende Räume im ersten Geschoss des sogenannten »Theklaflügels«[25] des Schwarzburger Schlosses vorgeschlagen wurden. Dies wurde im März 1944 genehmigt. Eine Miete wurde nicht erhoben, da es sich um eine staatliche Einrichtung handelte. Die Nutzung als Depot setzte diverse Brandschutzmaßnahmen voraus. So entstanden in diesem Fall Kosten in Höhe von 100 RM durch die Vermauerung von Fenstern, dem Einbau einer feuerfesten eisernen Tür sowie der Sicherung der restlichen Fenster durch Läden.[26]

Im Mai desselben Jahres bat ein Drogist aus Schwarzburg die Bauverwaltung um Raum für ein Ausweich- und Reservelager auf Schloss Schwarzburg zur Unterbringung von Medikamenten, Verbandsstoffen, Lebensmitteln und Kolonialwaren. Auch ihm wurde ein Raum im Theklaflügel zugeteilt. Die monatliche Miete betrug 10 RM.[27]

Die Thüringische Zellwolle AG, Schwarza stellte im Juni 1944 die Anfrage auf Überlassung eines 35 m² großen Raumes neben der Heizungsanlage im Untergeschoss (Keller) des Schlosses Schwarzburg: »Wir benötigen einen einigermaßen brand- und sprengbombensicheren Abstellraum für unsere sicherzustellenden Akten und Geschäftspapiere und haben leider nicht die Möglichkeit, im näheren und weiteren Umkreis unseres Ausweichbüros im Lager Schwarzaperle, Schwarzburg einen anderen Raum als den obengenannten [womit der Raum im Untergeschoss neben der Heizungsanlage gemeint ist – Anm. d. Verf.] zu finden, der den notwendigen Anforderungen einigermaßen genügen würde.«[28]

Für den Einlagerungsraum im Untergeschoss des Hauptgebäudes erhob die Bauverwaltung eine monatliche Miete von 20 RM.[29]

Anfang September 1944 begann die Einlagerung von Säureballons des Rudolstädter Torpedo-Arsenals Mitte, einem der wichtigsten Großbetriebe der Rüstungsindustrie im ostthüringischen Raum. Die mietfreie Lagerfläche verteilte sich auf neun Räume. Im Einzelnen waren dies zwei Räume im Baustofflagerschuppen, je ein Raum im Erd- und Dachgeschoss des Zeughauses, ein Raum im Erdgeschoss des Hauptgebäudes sowie ein Raum in der Eingangshalle und drei weitere Räume im Obergeschoss des Hauptgebäudes. Insgesamt stand dem Torpedo-Arsenal Mitte so eine Lagerfläche von 1 254 m² zur Verfügung.[30]

Wenig später erhielt die Firma Ernst W. & F. Spitzbarth aus Rudolstadt ein Depot zur Unterbringung von Textilwaren. Genehmigt wurden zwei Lagerräume über dem Garagengebäude mit einer Fläche von etwa 120 m².[31] Die Miete für die zur Verfügung gestellten Räume wurde auf 25 RM pro Monat festgesetzt.[32]

Das von Bombenangriffen verschont gebliebene Schloss Schwarzburg wurde am 12. April 1945 durch US-amerikanische Truppen besetzt.[33] Etwa 40 Mann der 15. American Infantry Division unter Befehl von Captain Paul Estes wurden auf Schloss Schwarzburg stationiert und verwahrten damit auch die Schlüssel zu den Depoträumen. Dennoch durfte Scheidig weiterhin Kontrollen in den Räumen mit dem eingelagerten Kunstgut durchführen. Bei seiner ersten Besichtigung am 12. Juni 1945 konnten die Bestände noch vollständig nachgewiesen werden. Eine zweite Kontrolle am 25. Juni 1945 ergab jedoch schwerwiegende Eingriffe: »... eine Nebentür aufgebrochen, Kunstgegenstände aus Vitrinen liegen lose herum, Koffer und Pakete sind durchwühlt, der Inhalt teilweise verstreut ...«.[34] So musste Scheidig beispielsweise den Verlust des Diptychons von Albrecht Dürer mit den Bildnissen des Ehepaares Tucher feststellen. Captain Estes kommentierte diesen Sachverhalt damit, dass seine Befehlslage nicht die Aufsicht der Kunstgüter umfasse, sondern lediglich die Bewachung des Torpedo-Arsenals in den Kellerräumen des Schlosses. Captain Estes riet Scheidig zu einer schnellstmöglichen Räumung der Kunstdepots.[35]

Ort und Schloss Schwarzburg, Aufnahme der US-amerikanischen Luftaufklärung vom 10. April 1945
*Thüringer Landesamt für Vermessung und Geoinformation, Gen.-Nr.: 8/2008*

Am 1. Juli 1945 zogen die amerikanischen Truppen von Schloss Schwarzburg ab.[36] Daraufhin erfolgte am 19. Juli 1945 ein dritter Kontrollgang. Dieser diente einer letzten Bestandsaufnahme vor der Inbesitznahme des Schlosses Schwarzburg durch die sowjetische Besatzungsmacht.

»Nach dem Abzuge der Amerikanischen Truppen wurde am 19. Juli 1945 in Gegenwart von Zeugen (Museumsdirektor Dr. Scheidig – Weimar, Bauinspektor Opel – Rudolstadt, Platzmeister Ehle – Schwarzburg) festgestellt, daß die Türen der Depots erbrochen waren, in den Depots große Unordnung herrschte und daß eine Anzahl leere Gemälderahmen herumlag, zu denen Gemälde fehlten.«[37]

Der offensichtlich sofort erkennbare Verlust von 13 Gemälden veranlasste die Direktion der Staatlichen Kunstsammlungen in Weimar, ein Verzeichnis der entwendeten Werke zu erstellen.[38] Dieses listet Gemälde folgender Künstler auf[39]:

1. DÜRER, ALBRECHT: *Bildnis des Hans Tucher,* Inv.-Nr.: G 31, Öl / Holz, Maße 29,7 cm × 24,7 cm
2. DÜRER, ALBRECHT: *Bildnis der Felicitas Tucher (geb. Rieter),* Inv.-Nr.: G 32, Öl / Holz, Maße 29,8 cm × 24,4 cm
3. CRANACH, LUCAS (DER ÄLTERE): *Venus mit dem Amor, der von Bienen verfolgt wird,* Inv.-Nr.: G 32, Öl / Holz, Maße 50 cm × 35 cm
4. FRIEDRICH, CASPAR DAVID: *Landschaft (Rügen) mit Regenbogen,* Inv.-Nr.: G 35, Öl / Leinwand, 59 cm × 84,5 cm (siehe Abb.)
5. GRAFF, ANTON: *Bildnis des Dichters Ch. F. Gellert,* Inv.-Nr.: G 38, Öl / Leinwand, oval, Maße 48 cm × 33,5 cm
6. VELDE, WILLEM VAN DE (DER JÜNGERE): *Meeresstrand bei bewegter See,* Inv.-Nr.: G 80, Öl / Eiche, Maße 24,1 cm × 32 cm
7. LENBACH, FRANZ VON: *Bauernhof mit Hühnern,* Inv.-Nr.: G 585 f, Öl / Leinwand, Maße 28 cm × 33,5 cm
8. BAUM, PAUL: *Märzlandschaft mit Krähen am Bach,* Inv.-Nr.: G 886, Öl / Holz, Maße 21,9 cm × 32,8 cm
9. BARBARI, JACOPO DE': *Christus,* Inv.-Nr.: G 2, Öl / Holz, Maße 31 cm × 25 cm
10. SEEKATZ, JOHANN CONRAD: *Junge Dame und wahrsagende Zigeunerin,* Inv.-Nr.: G 94, Öl / Leinwand, Maße 24 cm × 22 cm
11. LENBACH, FRANZ VON: *Wegkapelle / Kapelle in Landschaft,* Inv.-Nr.: G 585 e, Öl / Leinwand, Maße 37,5 cm × 48 cm
12. TISCHBEIN, FRIEDRICH AUGUST: *Bildnis der Lady Foster (geborene Elisabeth Hervey),* Inv.-Nr.: G 104, Öl / Leinwand, oval, Maße 29,5 cm × 20 cm
13. DIETRICH, CHRISTIAN WILHELM ERNST (DIETRICY): *Besenbinder mit Kind,* Inv.-Nr.: L 279, Öl / Holz, Maße ca. 25 cm × 20 cm, Provenienz: Sondershausen

Anhand dieser Übersicht meldeten die Staatlichen Kunstsammlungen in Weimar am 21. Juli 1945 die Verluste sowohl an das Landesamt für Volksbildung in Weimar als auch am 3. Oktober 1945 an den Generaldirektor der Berliner Museen, Prof. Dr. HEINRICH ZIMMERMANN (1886 – 1971) zur Weiterleitung an die Interalliierte Kommission. Ein schnelles und koordiniertes Handeln sollte verhindern, dass die Werke in den Kunsthandel gelangten oder gar vernichtet würden.[40]

Ein abschließender, deutlich später gefertigter Bericht von SCHEIDIG aus dem Jahr 1966 vermittelt detaillierte Angaben zu den möglichen Umständen der Diebstähle aus den Depoträumen auf Schloss Schwarzburg: »Viele Reste von amerikanischen Zigaretten, Abdrücke von amerikanischen Militärschuhen im Staub und Schmutz der Fußböden der Depots. Platzmeister Ehle erklärt, daß in den Nächten vor dem Abmarsch der amerikanischen Truppen geplündert worden sei. Beratung und Anleitung könnte der Architekt Fassbender gegeben haben, der im Schlossbezirk Schwarzburg seit einigen Monaten wohnte und mit den amerikanischen Truppen in engem Kontakt stand. Fassbender ist mit Hilfe der amerikanischen Truppen bei deren Abzug am 1. Juli 1945 unter Zurücklassung seiner Möbel nach Westdeutschland geflohen.«[41]

Besonders im Fall des Gemäldes von CASPAR DAVID FRIEDRICH, »... dessen Werke bei den Nazi-Architekten sehr geschätzt waren, aber keineswegs, wie etwa Gemälde von Dürer und Cranach, internationalen Wert hatten ...«[42], soll der Architekt FRIEDRICH FASBENDER (1905 – 1971) eine Rolle gespielt haben. Allerdings wurde in den weiteren Ermittlungen erfolglos nach ihm gefahndet.[43]

Nach dem Abzug der US-amerikanischen Truppen entstand am 25. Juli 1945 eine sowjetische Ortskommandantur in Schwarzburg.[44] Bereits am 17. Juli war auf dem Schloss Schwarzburg ein »... russisches Kommando erschienen, das die ganzen Baulichkeiten durchsuchte, und dabei auch auf die Kisten stieß, in denen das restliche Küchengerät verpackt war. Auf Befragen, wem das gehöre, gab Herr Ehle an, daß es für den Schloßumbau bestimmt sei. Mit den Worten ›Aha, Hitler‹ wurde es von den Russen auf Lastkraftwagen verladen und abgefahren.«[45] Aufgrund dieses Vorfalls ordnete SCHEIDIG an, alle Kunstgegenstände im Erdgeschoss des Kaisersaalgebäudes zu konzentrieren. Trotz Bewachung durch Ortspolizisten konnten weitere Plünderungen der Depoträume nicht verhindert werden. Hierbei sollen einige Bewohner des Ortes Schwarzburg und Umgebung mit den auf Schloss Schwarzburg eingesetzten sowjetischen Soldaten in Verbindung gestanden und diese auf Kunstwerke aufmerksam gemacht haben. »Die Ortspolizei erklärt, gegen diese Plünderungen machtlos zu sein, da sie von russischen Gendarmen ausgeführt werden, die oft in Begleitung von Ortseinwohnern in den Depots Eintritt erzwingen.«[46] Daraufhin wurden Hausdurchsuchungen bei verdächtigen Einwohnern angeordnet, Funde konnten indes zu diesem Zeitpunkt nicht verzeichnet werden.[47] Die von Einheimischen verübten Einbruchsversuche galten offensichtlich mehr den im Schlossgelände gelagerten Baumaterialien und Textilien.

Caspar David Friedrich, Landschaft mit Regenbogen
(seit Ende des Zweiten Weltkrieges vermisstes Gemälde aus dem Bestand der Weimarer Kunstsammlungen)

Erst im Jahre 1949 wurde bei einem Schwarzburger Einwohner ein großformatiges Ölgemälde aus dem Festsaal sowie zwölf Bilder aus dem »Pferdezimmer« des Schlosses Schwarzburg polizeilich sichergestellt.[48] Ein weiteres der ursprünglich 246 Pferdebilder konnte das Thüringer Landesmuseum Heidecksburg im Jahre 1995 aus Privatbesitz käuflich erwerben.

Betroffen von Diebstählen waren auch die bis Ende 1945 im Schloss verbliebenen Bestände aus der Waffensammlung des Schwarzburger Zeughauses. Insbesondere kostbare Jagdgewehre sowie Uniformen und Orden des schwarzburg-rudolstädtischen Fürstenhauses gelten bis heute als verschollen.[49]

Eine Gesamtberäumung des Schwarzburger Depots und der Rücktransport der verbliebenen Kunstgegenstände nach Weimar erfolgten wahrscheinlich bis Ende Oktober 1945. Einem Brief vom 1. November 1945 an Platzmeister EHLE ist zu entnehmen, dass auf Schloss Schwarzburg nur noch Waffen aus der Zeughaussammlung lagerten. Eine Bewachung durch die Ortspolizisten für die Kunstgüter war dadurch nicht mehr notwendig.[50] Lediglich im ehemaligen Forstamtsgebäude lagerten noch Einrichtungsgegenstände, die für das geplante Reichsgästehaus gedacht waren. Der Abtransport dieser Objekte nach Weimar lässt sich für den 2. Oktober 1946 nachweisen. Dabei handelte es sich unter anderem um drei Gobelins, ein Paneau und eine Verdure, die zunächst an das Landesamt für Finanzen Weimar geliefert wurden und sich noch heute in den Sammlungen der Stiftung Weimarer Klassik befinden.[51]

In Bezug auf die Bestände des Geraer Stadtmuseums erfolgte zwischen den Direktionen der Staatlichen Kunstsammlungen in Weimar und des Stadtmuseums Gera im September 1945 ein Briefwechsel, in welchem eine schnellstmögliche Rückführung der ausgelagerten Kunstgüter nach Gera angestrebt wurde.[52] Weitere Details sind bisher nicht bekannt.

Die bereits erwähnte Privatsammlung von Uhren, Uhrwerken und Uhrteilen aus dem 17. bis 19. Jahrhundert war nicht auffindbar. Während in diesem konkreten Fall zumindest der Sammlungsinhalt bekannt war, können bis heute zu weiteren Verlusten von Kunstgütern aus privatem Besitz keine Angaben gemacht werden, da die Inhalte der Koffer und Kisten selbst der Direktion der Staatlichen Kunstsammlungen in Weimar nicht bekannt gewesen sein sollen. Weitere Recherchen könnten hier vielleicht Aufschluss bringen.

Mit dem Rücktransport der Kunstgüter begann auch die Räumung der Lager, welche verschiedene Unternehmen angemietet hatten. Nachweislich konnten zumindest die Katasterunterlagen im Oktober 1945 nach Rudolstadt zurückgeführt werden. Zu den Beständen anderer Firmen gibt die Aktenlage keine Auskunft.

Den Staatlichen Kunstsammlungen in Weimar sind 126 Gemälde aus unterschiedlichen Auslagerungsdepots verloren gegangen.[53] Lediglich aus dem Depot auf der Wachsenburg bei Arnstadt wurden sämtliche Kunstgegenstände ohne Verluste nach Weimar überführt.[54] Bei der Suche nach den vermissten Gemälden aus den ehemaligen Schwarzburger Depots konnten die Staatlichen Kunstsammlungen in Weimar einige unerwartete und spektakuläre Erfolge verbuchen. Die Bildnisse von HANS und FELICITAS TUCHER, Werke ALBRECHT DÜRERS, wurden 1966 in New Yorker Privatbesitz aufgefunden. Gleiches gilt für das Gemälde von FRIEDRICH AUGUST TISCHBEIN mit dem Bildnis der Lady FOSTER, das 1965 im Münchener Kunsthandel entdeckt wurde. Ein Schweizer Kunsthändler erwarb das Bild im Herbst desselben Jahres und veräußerte es nach New York. Auch dieses Gemälde soll ursprünglich aus US-amerikanischem Privatbesitz stammen.[55]

Im Dezember des Jahres 2000 ließ die Meldung aufhorchen, dass in New York das vermisste Christus-Bild von JACOPO DE' BARBARI von der US-amerikanischen Zollbehörde beschlagnahmt und nach Weimar zurückgeführt wurde. Bereits Mitte des Jahres war den Weimarer Kunstsammlungen ein Kaufangebot aus den USA in Höhe von 100 000 Dollar für das Gemälde unterbreitet worden. Dem FBI wurde von Weimar aus die Telefonnummer des Anbieters mitgeteilt. Dieser konnte festgenommen und das Bild in Sicherheit gebracht werden.[56] Offen bleibt bis heute, wie, wann und durch wen dieses Gemälde in die Vereinigten Staaten gelangt war.

• • • • •

In der gebotenen Kürze dieses Beitrages konnte das Thema »Schloss Schwarzburg als kriegsbedingtes Einlagerungsdepot für Museen, privaten Kunstbesitz, Industrie und Behörden von 1943 bis 1945« nur grob umrissen werden. Die zur Verfügung stehende Aktenüberlieferung ließ eine lückenlose Klärung aller diesbezüglichen Vorgänge nicht zu.

Während für die Staatlichen Kunstsammlungen in Weimar ein Verzeichnis der Kunstwerke existiert, die nach Schwarzburg gelangten, ist für die Einlagerung von Objekten aus anderen Museen sowie aus Privatbesitz kein Einzelnachweis überliefert. Ebenfalls sind nur wenige Unterlagen über die Nutzung von Räumen auf Schloss Schwarzburg durch Unternehmen, Industrie und Behörden erhalten geblieben.

Als im April 1945 US-amerikanische Truppen in Thüringen einmarschierten, wurde auch Schloss Schwarzburg eingenommen. Nach deren Abzug übernahm Ende Juli 1945 die sowjetische Besatzungsmacht die Kontrolle. Diese unübersichtliche und heute kaum rekonstruierbare Situation der ersten Nachkriegsmonate führte zu zahlreichen Verlusten an den eingelagerten Objekten. Die angestrebte rasche Beräumung aller Depots war im Wesentlichen erst Ende 1946 abgeschlossen.

ANMERKUNGEN

1. Hinweise zur Einlagerung von Kunstgegenständen auf Schloss Schwarzburg während des Zweiten Weltkrieges finden sich in: WAHL, Volker: Schloss Schwarzburg als Gästehaus der Reichsregierung 1940 bis 1945. – In: RHH 9/10 (2006), S. 235 – 241 sowie RHH 11/12 (2006), S. 305 – 310 ; FÖHL, Thomas: Das Thema der Raub- und Beutekunst. Eine unendliche Geschichte. – In: Heimat Thüringen 1 (2005), S. 26 – 28 ; AMFT, Hubert: Jacopo de' Barbaris Christus-Bild wieder in Weimar. – In: Weimarbrief 1 (2001), S. 9 – 10 ; BERNHARD, Marianne / ROGNER, Klaus: Verlorene Werke der Malerei. In Deutschland in der Zeit von 1939 bis 1945 zerstörte und verschollene Gemälde aus Museen und Galerien, Berlin 1965, S. 175 – 179 ; FAZ vom 1. Dezember 2000, S. 46.
2. Ich danke besonders Herrn Dr. Thomas Föhl, stellvertretender Direktor der Klassik Stiftung Weimar für die Zusendung von Kopien aus dem Museumsarchiv der Klassik Stiftung Weimar.
3. Siehe hierzu den Beitrag von Enrico Göllner in diesem Buch, S. 277 – 299.
4. Einrichtungsgegenstände und privaten Kunstbesitz musste die Fürstin Anna Luise von Schwarzburg (1871 – 1951) bereits 1940 von Schwarzburg überhastet nach Schloss Sondershausen überführen.
5. ThHStAW, Thüringisches Finanzministerium, Bauabteilung Nr. 3229, Bl. 140.
6. Vgl. ebenda sowie Nr. 3226, Bl. 75, 77, 79, 146, 161.
7. Siehe hierzu den Beitrag von Jens Henkel in diesem Buch, S. 311 – 347.
8. ThHStAW, Thüringisches Finanzministerium Nr. 2543, Bl. 91.
9. Vgl. ebenda, Bl. 32 – 43.
10. Vgl. ebenda, Bauabteilung Nr. 3229, Bl. 140.
11. Vgl. ebenda, Thüringisches Finanzministerium Nr. 2543, Bl. 32 – 43. Siehe hierzu auch den Beitrag von Enrico Göllner in diesem Buch, S. 277 – 299. Noch in den siebziger Jahren des letzten Jahrhunderts fand in München ein Prozess statt, in dem es u. a. um die Klärung von Eigentumsfragen an Kunstwerken aus Gieslers Besitz ging, die ursprünglich für das Schwarzburger Schloss erworben wurden. – Vgl. FRÜCHTEL, Michael: Der Architekt Hermann Giesler. Leben und Werk, Tübingen 2008, S. 355.

12. ThHStAW, Thüringisches Finanzministerium Nr. 3230, Bl. 91: Auszug Brief von Scheidig an den Thüringischen Finanzminister vom 31. Juli 1943.
13. Vgl. ebenda, Thüringisches Finanzministerium, Bauabteilung Nr. 3230, Bl. 100.
14. Vgl. ebenda, Thüringisches Volksbildungsministerium, Abt. C Nr. 1349, Bl. 292.
15. Vgl. Archiv der Klassik Stiftung Weimar, Akte K 12: Verzeichnis der im Schwarzburger Depot entwendeten Gemälde mit handschriftlichem Vermerk von Dr. Föhl: »aus: Akte K 12 4x«. Eine Datierung des Verzeichnisses kann aufgrund fehlender Aktenangaben nicht gegeben werden.
16. Vgl. ThHStAW, Thüringisches Volksbildungsministerium, Abt. C Nr. 1349, Bl. 276, 282, 283.
17. Ebenda, Thüringisches Finanzministerium, Bauabteilung Nr. 3230, Bl. 100.
18. Vgl. Archiv des TLMH, Akte Geschichte Museum 1939–1945. Laut Auskunft des Stadtmuseums Gera vom Jahre 2007 gibt es dort keine Kenntnisse über diesen Vorgang.
19. Vgl. ThHStAW, Thüringisches Volksbildungsministerium, Abt. C Nr. 1349, Bl. 283: Reisekostenrechnung Stielers vom 9. und 30. Dezember 1943 nach Schwarzburg wegen Hilfe bei Bergungsarbeiten; vgl. ebenda, Bl. 302, 311, 319: Reisekostenrechnung Stieler / Scheidig wegen Depotkontrolle.
20. Vgl. Archiv der Klassik Stiftung Weimar, Akte K 12: Liste der in Schloss Schwarzburg geborgenen Bilder mit handschriftlichem Vermerk von Dr. Föhl: »Liste um 1943, aus: Akte K 12«.
21. Vgl. ebenda.
22. Vgl. ebenda.
23. ThHStAW, Thüringisches Volksbildungsministerium, Abt. C Nr. 1355, Bl. 159.
24. Ebenda, Thüringisches Finanzministerium Nr. 2543, Bl. 19–21.
25. Der sogenannte Theklaflügel ist ein Nebengebäude, das sich unmittelbar an das Hauptgebäude des Schlosses anschließt, in dessen Obergeschoss sich bis 1939 die Wohnräume der Prinzessin Thekla von Schwarzburg-Rudolstadt (1859–1939) befanden.
26. Vgl. ThHStAW, Thüringisches Finanzministerium, Bauabteilung Nr. 3230, Bl. 131–132.
27. Vgl. ebenda, Bl. 142, 144.
28. Ebenda, Bl. 146.
29. Vgl. ebenda, Bl. 147.
30. Vgl. ebenda, Bl. 227.
31. Vgl. ebenda, Bl. 212–213.
32. Vgl. ebenda, Thüringisches Finanzministerium Nr. 2543, Bl. 12.
33. Vgl. Archiv der Klassik Stiftung Weimar, Akte K 12/1.
34. Ebenda: Bericht über Diebstahl von Kunstwerken aus Depots der Staatlichen Kunstsammlungen in Weimar, Briefwechsel Scheidig/Jäger vom 1. Juni 1966.
35. Vgl. ebenda, Akte K 12, Bl. 11–12.
36. Vgl. ebenda, Bl. 12.
37. Ebenda, Akte 36.
38. Vgl. ebenda, Akte H 14, Bl. 61.
39. Die Auflistung der Gemälde erfolgte auf Grundlage des Verzeichnisses der im Schwarzburger Depot entwendeten Gemälde (Akte K 12 der Klassik Stiftung Weimar). Fehlende Signaturen beziehungsweise unvollständige Maße wurden dem Katalog BERNHARD / ROGNER 1965 (wie Anm. 1) sowie der Homepage www.lostart.de entnommen.
40. Vgl. Archiv der Klassik Stiftung Weimar, Akte K 12/1, Bl. 4.
41. Ebenda, Bl. 3.
42. Ebenda.
43. Friedrich Fasbender studierte von 1930 bis 1932 Architektur an der Staatlichen Hochschule für Baukunst in Weimar. 1943 erhielt er den Titel eines Diplom-Architekten. Fasbender sollte 1944 die Umbaumaßnahmen am Schloss Schwarzburg wieder aufnehmen, so dass er im April 1944 eine Wohnung im Forstamtsgebäude Schwarzburg zugewiesen bekam. 1949 ist Fasbender in Neuss nachzuweisen. Hier erhielt er den Auftrag für den Neubau des Rathauses, welches am 26. August 1954 eingeweiht wurde. – Vgl. dazu: WAHL 2006 (wie Anm. 1) und METZDORF, Jens: »Zeichen kraftvollen Selbstbewußtseins«. Zur Fertigstellung des Neusser Rathauses vor 50 Jahren. – In: Novaesium 2004. Neusser Jahrbuch für Kunst, Kultur und Geschichte (2004), S. 49–66.
44. Vgl. Archiv der Klassik Stiftung Weimar, Akte K 12, Bl. 12.
45. ThHStAW, Thüringisches Ministerium für Wirtschaft und Arbeit Nr. 2936, Bl. 22. Leider werden weder Adressat noch Absender genannt.
46. Archiv der Klassik Stiftung Weimar, Akte K 12, Bl. 57.
47. Im Oktober 1948 keimte noch einmal Hoffnung auf, ein vermisstes Gemälde zurückzuerhalten. Den Staatlichen Kunstsammlungen in Weimar wurde durch einen ortsansässigen Kunsthändler ein Gemälde von Franz Lenbach zum Kauf angeboten, das als »Wegkapelle / Kapelle in Landschaft« in der Liste der vermissten Kunstwerke als Nr. 11 aufgeführt ist. Die eingeleiteten Untersuchungen ergaben, dass »... es sich bei diesem Gemälde, wie jetzt festgestellt werden konnte, nicht um die Originalstudie von Lenbach handelt, die im Jahre 1945 mit noch anderen Kunstwerken aus dem Kriegsdepot in Schwarzburg gestohlen wurde.« – ThHStAW, Thüringisches Ministerium des Innern Nr. 1100, Bl. 6.
48. Vgl. Archiv des TLMH, Akte Einlagerungen 1945–1951. Dabei handelt es sich um eine Mitteilung am 11. April 1949 des Kreispolizeiamtes Rudolstadt an die Verwaltung des Schlossmuseums Rudolstadt.
49. Siehe hierzu den Beitrag von Jens Henkel in diesem Buch, S. 311–347.
50. Vgl. Archiv der Klassik Stiftung Weimar, Akte H 14, Bl. 40: Abschrift oder Durchschlag des Briefes vom Schlossmuseum (?) an Platzmeister Ehle in Schwarzburg.
51. Vgl. ThHStAW, Thüringisches Finanzministerium Nr. 2543, Bl. 91. Unter den Objekten befanden sich Silbergeräte und Möbel, drei Gobelins (318006 Nr. 14067, Maße 180 × 342 cm – 318007 Nr. 14066, Maße 180 × 342 cm – 315708 Nr. 14068, Maße 453 × 427 cm), ein Paneau (624507 Nr. 14092, Maße 265 × 310 cm) sowie eine Verdure (423503, Nr. 14131, Maße 305 × 260 cm).
52. Vgl. ebenda, Bl. 48.
53. Vgl. BERNHARD / ROGNER 1965 (wie Anm. 1), S. 175–179.
54. Vgl. Archiv der Klassik Stiftung Weimar, Akte H 14, Bl. 26.
55. Vgl. ebenda, Akte K 12, Bl. 8 mit handschriftlichem Vermerk: »Aus Akte H 14 entnommen für Akte K 12 26.7.82«.
56. Vgl. AMFT 2001 (wie Anm. 1), S. 9.

Jens Henkel

# Das Zeughaus
## *Vom Waffenlager zur Schausammlung des Fürstentums Schwarzburg-Rudolstadt*

Grundlage dieses Beitrages[1] bilden die im Thüringischen Staatsarchiv Rudolstadt überlieferten Inventare der Zeughausbestände, von denen jeweils ein repräsentatives Verzeichnis des 16., 17. und des 18. Jahrhunderts transkribiert und als Anhang beigefügt wurde. Zur Geschichte der Waffensammlung im 20. Jahrhundert standen zusätzlich die Archivalien im Thüringischen Hauptstaatsarchiv Weimar und die Akten des Thüringer Landesmuseums Heidecksburg zur Verfügung, so dass insbesondere die Geschehnisse unmittelbar nach Ende des Zweiten Weltkrieges erstmals detailliert geschildert werden können.

Die Baugeschichte des Zeughauses wurde in der Fachliteratur bisher kaum thematisiert. Erst ein Grundriss des Jahres 1664 vermittelt verlässliche Anhaltspunkte zum Aussehen des Gebäudes. Anfang des 18. Jahrhunderts folgen die frühesten malerischen und graphischen Darstellungen des Schlosses, die ebenso ausgewertet wurden wie die Photographien seit dem Ende des 19. Jahrhunderts. Problematisch bleiben Aussagen zur Innenarchitektur vor 1890, da erst ab diesem Zeitpunkt Ansichten überliefert sind.

In Abstimmung mit der Arbeit anderer Autoren, die an diesem Buchprojekt beteiligt waren, konnten einige bisher ungeklärte Fragen beantwortet werden, wobei die aktuellen bauhistorischen Untersuchungen eine besondere Rolle spielen.[2] Diese in den Beitrag eingeflossenen Ergebnisse verstehen sich jedoch nur als ein Ansatz für weitere Forschungen, da eine wissenschaftliche Gesamtbewertung des Zeughauses und seiner bis heute ca. 4 000 Objekte umfassenden Sammlung noch aussteht.

## Zur Baugeschichte

Das Zeughaus als Bautypus lässt sich europaweit seit dem 15. Jahrhundert nachweisen.[3] Mit der raschen Entwicklung schwerer Feld- und Festungswaffen waren die bisher genutzten Waffenkammern zu klein geworden. So entstanden eigene Gebäude für Lagerung, Pflege und Bereitstellung der militärischen Gebrauchsgüter, die ihrer Nutzung entsprechend als »Zeughaus«, »Bliedenhaus«, »Pulvergewölbe« oder in späterer Zeit mit komplexer Aufgabenstellung auch als »Arsenal« bezeichnet wurden.

Die bisher früheste bekannte Benennung eines Raumes zur Einlagerung von Waffen in Schwarzburg erfolgt in einem Teilungsvertrag der Schwarzburger Grafen vom 10. Juni 1453.[4] Dieser benennt für den inneren Burghof (Kernburg) in einem nicht näher definierten Gebäude einen »Juden keller« und die darüber liegende Harnischkammer (»Harnasch kamer«).[5] Je nach räumlichen Gegebenheiten war deren Existenz in Burgen durchaus üblich und notwendig. Sie dienten der Aufbewahrung der Waffen und Ausrüstungsgegenstände des Burgherren, seiner Familie oder auch seinem unmittelbaren Gefolge. Die bisher in der Literatur (REIN 1930, DEUBLER 1962)[6] getroffene Aussage, dass es sich bei dem im Vertrag von 1453 aufgeführten »schutzin huß« um die erste Erwähnung des späteren Zeughauses handelt, lässt sich nicht bestätigen. Stattdessen war es sehr wahrscheinlich ein Gebäude im Eingangsbereich der Burg, das als Wohnung und Arbeitsstätte für einen »Schützenmeister« genutzt wurde und zugleich der Absicherung des Burgbezirkes auf dieser Seite diente.[7]

Die erste Erwähnung des Zeughauses, das mit dem westlich des Burgtores gelegenen Gebäude identisch ist, findet sich in einem um 1550/60 zu datierenden Waffeninventar der Schwarzburg. Dieses ist mit dem Begriff »Zeugkhause« überschrieben.[8] Das Inventar hat den Charakter eines Bestandsverzeichnisses, gibt aber keine Auskunft über die äußere oder innere Gestalt des Gebäudes. Bei der genannten Anzahl von Geschützen und deren Zubehör scheint es aber naheliegend, dass diese Objekte in einem großen, im Erdgeschoss gelegenen Saal deponiert waren.

Blick in das Erdgeschoss des Zeughauses
Photographie von Willy Lösche, Rudolstadt, 1934

Im Jahre 1583 folgt ein weiterer Hinweis auf das »Zeughaus«. Als Graf Günther XLI. von Schwarzburg-Blankenburg-Arnstadt (1529 – 1552 – 1583) verstarb, entstand ein umfangreiches Inventar der Schwarzburg. Es bezieht sich jedoch im Falle des Zeughauses[9] nicht auf den Gesamtbestand an Waffen, sondern auf das Eigentum dieses Grafen und vermittelt erneut keine Angaben zum Gebäude. Lediglich der Hinweis auf 1 000 Holzschindeln, die vor dem Zeughaus lagern, könnte auf eine bevorstehende Dacherneuerung hinweisen. Interessant ist die erstmalige Erwähnung eines Pulverturmes. Nicht etwa unmittelbar am Zeughaus, sondern neben der Küche des Leutenberger Flügels gelegen, vermerkt das Inventar die Lagerung von neun Tonnen Pulver sowie Fässer mit Schwefel und Salpeter.[10]

In einem Gesamtinventar des Schlosses, gefertigt 1613 anlässlich einer Landesteilung unter den drei Söhnen des verstorbenen Grafen Albrecht VII. von Schwarzburg-Rudolstadt (1537 – 1570/71 – 1605), wird auf den Anbau einer Rüstkammer an das Zeughausgebäude verwiesen.[11] Die Erweiterung der Stellfläche war notwendig geworden, da die Zahl der Geschütze und anderer Ausrüstungsgegenstände sich seit 1583 mehr als verdoppelt hatte. Dass es zwischen 1583 und 1613 zu größeren Aus- und Umbauten am Zeughausgebäude gekommen sein muss, belegen die aktuellen dendrochronologischen Untersuchungen, die Auskunft über das Alter der verwendeten Hölzer geben.[12] Diese Analysen datieren die ältesten Holzständer im Inneren des Erdgeschosses sowie die Dachsparren auf die Jahre 1603/04. Somit kann der bis heute erhaltene, viergeschossige Aufbau des Gebäudes nicht vor diesem Zeitpunkt entstanden sein.

Im Zusammenhang mit den Ereignissen des Dreißigjährigen Krieges von 1618 bis 1648 ist erwähnenswert, dass die Schwarzburger Bevölkerung Gelegenheit erhielt, angesichts der Drangsale durch plündernd umherziehende Soldaten, Wertgegenstände in eine Kammer des Zeughauses einzulagern. Diese Tatsache vermittelt ein nach dem Tode des Grafen Ludwig Günther I. von Schwarzburg-Rudolstadt (1581 – 1612 – 1646) im Jahre 1647 erstelltes Inventar der Schwarzburg.[13] Es erwähnt außerdem, dass sich inzwischen ein weiteres Gebäude unmittelbar am Zeughaus befand. Da es nur als Wohngebäude mit Stube und Schlafkammer beschrieben wird, könnte es für eine Person bestimmt sein, die unmittelbar am Zeughaus zu wohnen hatte und für die Beaufsichtigung des Waffenbestandes zuständig war.

Das Inventar aus dem Jahre 1656 zeigt, dass die Bestände kriegsbedingt stark dezimiert waren.[14] Die Auflis-

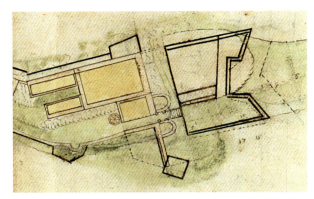

Andreas Rudolph, Bestandsplan der Schlossanlage Schwarzburg mit Hervorhebung des Zeughauses und der beiden Anbauten, kolorierte Federzeichnung, um 1664 (Detail)
*ThStAR, Geheimes Archiv (Restbestand) B VII 6b Nr. 1*

tung verrät jedoch nichts über die Art der Lagerung im Zeughaus oder in der angrenzenden Rüstkammer. Neu ist lediglich der Hinweis, dass sich zu Defensionszwecken im Bereich des benachbarten Eingangstores »… ein klein helwe Mörser uffn vieren Richtung …« befand sowie »Ein helwe Mörselein in Rundel, da man zum thor eingehet.«

Amtsrechnungen der Jahre 1662/63 belegen größere Ausbesserungsarbeiten am Zeughaus.[15] Sie erwähnen Zimmermannsarbeiten, Reparaturen im Bodenbereich des Zeughauses und die Neueindeckung des Daches mit 3 000 Holzschindeln. Diese Baumaßnahmen könnten im Zusammenhang mit den zu dieser Zeit gefassten Plänen stehen, dass – angesichts angeblich drohender Türkeneinfälle – Schwarzburg als Landesfestung ausgebaut werden sollte. Im Zusammenhang mit diesen Überlegungen zur Fortifikation des gesamten Schlossbereiches wurden im Jahre 1664 Grundrisse angefertigt[16], die uns zum ersten Male eine Vorstellung von den oben angesprochenen Bastionen (Rondell), vom Zeughaus und dessen Anbauten bieten (siehe Abb.).[17] Deutlich erkennbar sind – unmittelbar nach dem Halsgraben mit Zugbrücke – links und rechts des Tores die beiden wehrhaften Rondelle, die im Verteidigungsfall mit Geschützen bestückt werden konnten. Westlich des Tores schließt sich das höher gelegene Zeughausgebäude an, das in seinen Abmessungen von 28 × 18 m dem heutigen Zustand entspricht. Auch werden die beiden schon erwähnten Anbauten deutlich, von denen einer als »Rüstkammer« bezeichnet wurde. Die markanten und noch heute sichtbaren Halbschalentürme an der 13 m hohen Wehrseite des Zeughauses sind, wenn man der Zuverlässigkeit des Zeichners vertrauen darf, im Jahre 1664 noch nicht vorhanden.[18]

In dem aus dem gleichen Jahr stammenden Inventar, zwei Jahre nach dem Regierungsantritt des Grafen ALBERT ANTON VON SCHWARZBURG-RUDOLSTADT (1641 – 1662 – 1710), wird erstmals vermerkt, dass auch leichtere Waffen und Ausrüstungsgegenstände »… uffm boden überm Zeughauß …« eingelagert sind.[19] Zugleich werden die zwei weiteren Böden unter dem Dach als Schüttboden für Getreide sowie für die Lagerung von Hanf und Flachs ausgewiesen. Auch das Gebäude für die Rüstkammer vor dem Zeughaus findet Erwähnung. Dieses wird als zweigeschossig beschrieben und nahm hauptsächlich einsatzbereite Gewehre auf.

Der Brand des Jahres 1695 hatte das Zeughaus verschont. In den folgenden Jahren bemühte sich Graf ALBERT ANTON um einen zeitgemäßen Um- und Neubau des Schlosses. Als »Stammschloss« des Grafenhauses neu bewertet, erfuhr es unter der Regierung seines Sohnes LUDWIG FRIEDRICH I. VON SCHWARZBURG-RUDOLSTADT (1667 – 1710 – 1718) eine zusätzliche Aufwertung durch die 1710 erfolgte Erhebung der schwarzburg-rudolstädtischen Linie in den Reichsfürstenstand.

Zum Aussehen des Zeughausgebäudes gab es bisher nur bruchstückhafte Einzelhinweise. Um 1710 wird die Überlieferung dichter und erlaubt ein anschaulicheres Bild von der Innen- und Außenarchitektur. Aus dem schlichten Militärspeicher der Schwarzburg hatte sich das zentrale Waffendepot und zugleich die Schausammlung des Fürstentums Schwarzburg-Rudolstadt entwickelt. Bedeutung und Funktionalität dieses Zeughauses sind dabei im Kontext mit weiteren Zeughäusern im Fürstentum zu betrachten. Dazu gehörten unter anderem Gebäude in Frankenhausen und Stadtilm sowie die auf Jagdausrüstung spezialisierten Zeughäuser in Paulinzella und Dittersdorf. Auch im Bereich der Rudolstädter Heidecksburg gab es bis zum Schlossbrand von 1735 ein eigenes Zeughaus sowie Kammern für den fürstlichen Waffenbesitz[20]. Jedoch nur in Schwarzburg stand ein solch optisch dominantes Gebäude zur Verfügung, und nur in Schwarzburg entwickelte sich in so überragender Quantität und Qualität die historisch gewachsene Sammlung.

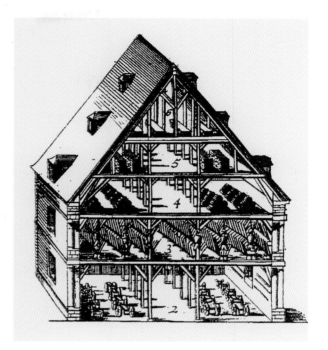

Schnitt durch ein einflügeliges Zeughaus, 1697
Abb. aus: Hartwig Neumann: Das Zeughaus (Bildband),
Koblenz 1991, S. 39

Kurzbeschreibung eines Zeughauses, aus: Johann Friedrich Penther:
Anleitung zur Bürgerlichen Bau=Kunst …, Augsburg 1744, S. 10
*TLMH Schlossbibliothek Bk 11a*

Informationen, wie ein solcher Zeughausbau beispielhaft auszuführen sei, vermittelten die noch heute in der Schlossbibliothek der Heidecksburg vorhandenen architekturtheoretischen Schriften. Aber auch die Bildungsreisen der Rudolstädter Regenten in die großen höfischen Zentren Deutschlands und Europas haben sicher zu Möglichkeiten geführt, sich von der Prachtentfaltung eines solchen Zeughauses zu überzeugen.

Die Ausführung im Falle Schwarzburgs fiel eher bescheiden aus. Sie zeigt die im 18. Jahrhundert durchaus übliche Mischform zwischen einem zivilen und einem militärischen Speicherbau. Hauptfunktion war natürlich die Aufnahme der Waffen in den untersten zwei Geschossen. Die darüberliegenden Böden der Dachgeschosse dienten bis zum Ende des 19. Jahrhunderts hinein als Kornschüttböden[21], deren Getreidevorrat in

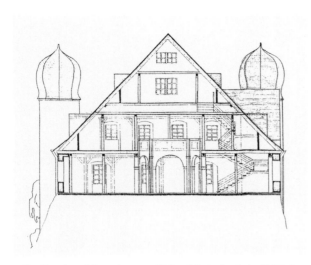

Das Zeughaus Schwarzburg von Süden, Schnitt durch das Gebäude aus einer Nutzungsstudie des Instituts für Denkmalpflege Erfurt, 1972
ThStAR, Bezirkstag und Rat des Bezirkes Gera Nr. 5575

Belagerungszeiten von großem Vorteil sein konnte. Den einzigen Bauschmuck des Gebäudes stellen die beiden mit je einer Haube bekrönten Türme an der wehrhaften und mauerverstärkten Nordseite dar, deren Anbau in der Zeit um 1710 erfolgt sein könnte.[22] Die geringe Stärke des Mauerwerks und der Durchmesser der Türme machen deutlich[23], dass diese ansonsten funktionslose Doppelturmanlage lediglich als dekorativer Zusatz zu verstehen ist, der die optische Fernwirkung des Schlosskomplexes aufwertete und somit fürstlicher Selbstdarstellung zu dienen hatte.

Das Gebäude war als lang gestreckter Einzelflügel ausgeführt, an dessen südlich gelegener Schmalseite ein Portal die notwendige Ein- und Ausfahrt der Geschütze ermöglichte. Die notdürftige Beleuchtung des Inneren erfolgte durch zehn Fenster, im ersten Obergeschoss durch zwei Fenstererker im Satteldach ergänzt. Während die meisten bekannten Zeughäuser in der Geschützhalle des Erdgeschosses ein gemauertes Gewölbe aufweisen, wurde darauf in Schwarzburg zugunsten einer schlichten Holzständerkonstruktion ohne Zwischenwände verzichtet, die das Erdgeschoss in drei gleichmäßige Schiffe unterteilte. Diese Ständer wurden durch hölzerne Bögen verbunden, die das Inventar von 1708 als »Arcaden« bezeichnet und eine auf Schauwirkung bedachte Anordnung der darunter befindlichen großen Geschütze auf dem Schieferboden ermöglichte.[24]

Die bis zum 18. Jahrhundert wohl geschlossen gehaltene Holzbohlendecke zum ersten Obergeschoss war spätestens um 1708 geöffnet worden, um an der Brüstung des galerieartigen Umlaufs Rüstungen, kleinere Waffen und militärische Utensilien aller Art dekorativ anzubringen. Zur Verbindung der einzelnen Geschosse waren Stiegen eingebaut.

Die bisherige Beschreibung vermittelt, dass wir es um 1710 mit dem in der zeitgenössischen Literatur[25] beschriebenen klassischen Typ des Zeughauses zu tun haben. Dessen Position innerhalb des Schlossbereiches und seine äußere wie innere Gestalt können als Paradebeispiel für die Demonstration von Macht und Wehrhaftigkeit gelten. Noch heute vermittelt sich dem Betrachter der eindrucksvolle Zusammenklang der Zeughausarchitektur im Eingangsbereich mit dem dahinter liegenden »Stammschloss« der Fürsten von Schwarzburg-Rudolstadt. Das südliche Ende beschließt das Kaisersaalgebäude, gleichsam Ahnentempel und Ruhmeshalle des Fürstengeschlechtes.

Der Brand des Jahres 1726 betraf die herrschaftlichen Gebäude im Zentrum der Schlossanlage. Das Zeughaus blieb verschont, jedoch schien es zunehmend vernachlässigt, da sich alle Anstrengungen natürlich auf den Wiederaufbau des Schlosses konzentrierten. Den Zustand des Zeughauses beschreibt 1732 Schlosshauptmann Obristleutnant LUDWIG HEINRICH VON WURMB anlässlich einer Inventarübergabe an den Fähnrich JOHANN

Das Zeughaus von Norden, Zustand 2004

314   Das Zeughaus

MICHAEL HEUBEL (1690 – 1776): das Zeughaus ist baufällig, die Bestände sind durch Schäden an den Fenstern und am Dach Wind und Wetter ausgesetzt und durch die maroden Böden rieselt das Getreide in die Waffenhalle. Nicht ausgeführt wird allerdings sein Vorschlag, das Gebäude ganz aufzugeben und ein neues Zeughaus im hinteren Schlosshof zu errichten.[26]

Nachdem um 1744 die wesentlichen Bauarbeiten am neuen Hauptgebäude des Schlosses abgeschlossen waren, lassen sich erst für die Jahre zwischen 1748 und 1750 die dringend notwendigen Reparaturen am Zeughaus nachweisen. Der enorme Holzbedarf, den der Neubau des Schlosses erfordert hatte, muss zu deutlich sichtbaren Kahlschlägen rund um Schwarzburg geführt haben. Nur auf dem nahe gelegenen Quittelsberg hatte man noch Holzbestände speziell für die Arbeiten am Zeughaus und für die angrenzenden Gebäude zurückgehalten.[27] Dazu beräumte man kurzzeitig die Kornböden in den Obergeschossen, um Baufreiheit für die Dacharbeiten zu

Das Zeughaus von Süden, Zustand 2007

erhalten. Anschließend wurden im gesamten Gebäude verfaulte Fußbodenbretter ersetzt und neue Bretterwände eingezogen. Auch die tragenden Pfeiler mussten ausgetauscht und ergänzt werden, da ein Einsturz der Decken

Das Erdgeschoss des Zeughauses
Zeichnung Knut Krauße auf Grundlage der Pläne
der Messbildstelle GmbH Dresden, 2007

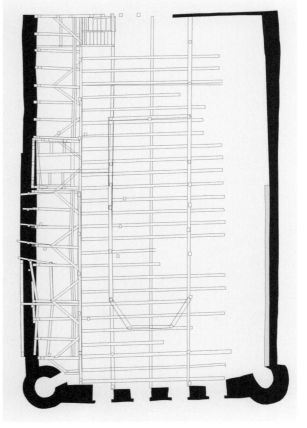

Das erste Obergeschoss des Zeughauses
Zeichnung Knut Krauße auf Grundlage der Pläne
der Messbildstelle GmbH Dresden, 2007

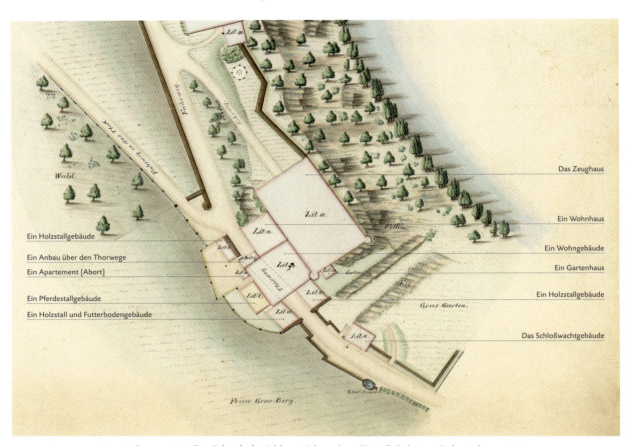

August Bauermeister, Die Gebäude des Schlosses Schwarzburg (Detail), kolorierte Federzeichnung, 1860
ThStAR, Zeichnungssammlung Schloss Schwarzburg, ohne Nr.

Ludwig Friedrich II. von Schwarzburg-Rudolstadt
Eingang zum Schloss Schwarzburg mit den noch intakten festungsartigen Vorbauten und dem Wachgebäude
Aquarell im Gästebuch des Schlosses, 1795 (Detail)
ThStAR, Nachlass Fürstin Anna Luise Nr. 77

drohte. Die Fußböden der Obergeschosse erhielten einen Estrichbelag. Der noch heute sichtbare weiße Anstrich der Ständer und Bogenauskleidungen im ersten Obergeschoss ist zu dieser Zeit vorgenommen worden.[28]

Dies scheinen die letzten größeren Instandhaltungsarbeiten am Zeughausgebäude bis in das 19. Jahrhundert gewesen zu sein. Lediglich die beiden unmittelbar sich anschließenden Gebäude, von denen eines als »Rüstkammer« bezeichnet war, wurden nach 1738 abgetragen.[29] Ansonsten haben sich äußere Gestalt und Innenarchitektur des Zeughauses nicht mehr wesentlich verändert. In den folgenden Jahrzehnten mehrten sich jedoch erneut die Klagen der Verantwortlichen über eindringende Nässe und Verfall der Bausubstanz. Doch erst im Jahre 1835 finden größere Reparaturarbeiten statt. In diesem Jahr werden u. a. die Holzschindeln auf dem Dach erstmals durch eine Schieferdeckung ersetzt.[30] Auch die Sicherung des Gebäudes war nach den Erfahrungen der Revolutionsjahre 1848/49 – aufgebrachte Einwohner

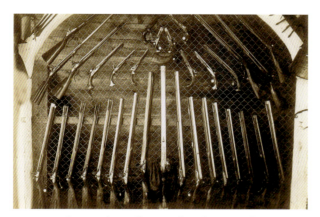

Die Dekoration der Waffen an großmaschigen Metallgittern in einem Bogen des 1. Obergeschosses
Photographie um 1900   *TLMH Fotoarchiv*

hatten die Rudolstädter Gewehrkammer gestürmt – ein vordringliches Thema. So erfolgten 1851 die Vergitterung der Fenster und eine zusätzliche Verstärkung der Eingangstür des Zeughauses.[31]

Der Sekretär der Königlichen Leibrüstkammer Stockholm, CARL ANTON OSSBAHR (1859 – 1925), bearbeitete zwischen 1891 und 1894 erstmals nach wissenschaftlichen Gesichtspunkten die Schwarzburger Zeughaussammlung. Bei der teilweisen Neuordnung der Bestände nutzte er die vorgegebene Innenarchitektur, ergänzte diese aber durch großmaschige Metallgitter zwischen einigen der Ständer (siehe Abb.). An diese befestigte er dann die Waffen mit Draht. Eine Dekorationsart, die bis 1940 nicht mehr verändert werden sollte.

Bis zur Abdankung des Fürsten GÜNTHER VICTOR VON SCHWARZBURG-RUDOLSTADT (1852 – 1890 – 1918 – 1925) im Jahre 1918 war das Fürstliche Finanzministerium für den Bauunterhalt und das Fürstliche Militärkommando für die Waffenbestände zuständig. Dies änderte sich nun schlagartig, da nach der Abdankung zunächst die *Günther-Stiftung* und ab 1923 das Land Thüringen verantwortlich waren. Dem Fürsten und seiner Gattin verblieben lediglich noch Wohnrechte auf Schloss Schwarzburg. Durch den Vertrag vom 29. März 1923 war das Land Thüringen nunmehr für »… die dauernde Erhaltung des früheren Residenzschlosses Heidecksburg in Rudolstadt und des Stammschlosses in Schwarzburg mit ihren stilvollen Einrichtungen im geschichtlichen und künstlerischen Interesse …«.[32] zuständig. Somit stand das

Blick auf das Zeughaus, um 1930, Photographische Anstalt A. Bernhardt, Schwarzburg   *TLMH Fotoarchiv*

Land in der Pflicht, sich auch um die bauliche Unterhaltung des Zeughauses zu bemühen.

Die Akten des zuständigen Thüringischen Hochbauamtes Rudolstadt zeigen jedoch, dass aufgrund unzureichender finanzieller Zuwendungen der Verfall des Gebäudes weiter fortschritt. Risse im Außenputz wurden ebenso beklagt wie ein stets undichtes Dach und herunterfallender Putz. Obwohl das Zeughaus ein wichtiger touristischer Faktor für Schwarzburg war, zeigte sich sein Zustand noch immer so, wie es OSSBAHR 1894 verlassen hatte: keine Heizung und ohne elektrische Beleuchtung.[33]

Mit der Entscheidung der nationalsozialistischen Regierung, Schloss Schwarzburg ab 1940 als Reichsgästehaus umzubauen[34], war das Ende der Waffensammlung am jahrhundertealten Standort gekommen. Sie wurde ausgelagert und sollte in Teilen der Neuausstattung des Gästehauses dienen. Das Zeughausgebäude ging wie alle anderen Baulichkeiten des Schlosses aus dem Besitz des Landes Thüringen in das Eigentum des Deutschen Reiches über. Innerhalb des geplanten Eingangskomplexes »Wachhof« (siehe Abb.) sollte ein völlig entkerntes Zeughaus als Garage dienen. Im Obergeschoss waren Unterkünfte für die Wachmannschaft und das Personal der Fahrbereitschaft geplant.[35]

Glücklicherweise ist es bis zur kriegsbedingten Stilllegung der Baustelle im Jahre 1942 zu keinen gravierenden Um- oder Ausbauten am Zeughaus mehr gekommen. Das leer stehende Gebäude fand 1944 noch eine zweckentfremdete Nutzung, da das Rudolstädter Torpedo-Arsenal Mitte zu Auslagerungen gezwungen war.[36] Immerhin war das Zeughaus mit Glück dem Abriss entgangen und überstand, notdürftig gesichert, die Jahre nach Ende des Krieges.

Erst Anfang der 50er Jahre des 20. Jahrhunderts rückte das Schloss Schwarzburg wieder in das Bewusstsein der Öffentlichkeit, als einer der Zeughaustürme wieder aufgebaut wurde. Der östliche Turm war in der Nacht vom 1. auf den 2. April 1947 in sich zusammengebrochen und die herunterfallenden Steinmassen richteten damit weitere Zerstörungen am ohnehin nur in Resten vorhandenen historischen Eingangsportal vor dem Torgebäude

Entwurfszeichnung für die Eingangssituation zum Reichsgästehaus Schwarzburg, linker Hand das neue Wachgebäude, um 1941
*ThStAR, Zeichnungssammlung Schloss Schwarzburg, o. Nr.*

an (siehe Abb. S. 355). Bis zum Ende der DDR folgten Planstudien für eine Nutzung des Schlosses als Ferienheim des FDGB und als Erholungsheim der SED, die das Zeughausgebäude entweder als Gaststätte oder als Bade- und Fitnesstempel vorgesehen hatten.[37] Es blieb bei Absichtserklärungen.

Der gesamte Schlosskomplex Schwarzburg ging 1994 in das Eigentum der neu gegründeten *Stiftung Thüringer Schlösser und Gärten* über. Seit dem Jahr 2007 gibt es erstmals Hoffnung für das Zeughaus. Dank der privaten *Stiftung für Schloss Heidecksburg und Schloss Schwarzburg im ehemaligen Fürstentum Schwarzburg-Rudolstadt* und des Engagements des *Fördervereins Schloss Schwarzburg e.V.* sieht sich die *Stiftung Thüringer Schlösser und Gärten* nunmehr in der Lage, mit einem auf mehrere Jahre angelegten Sanierungsprogramm das Zeughaus vor dem Verfall zu bewahren. Krönender Abschluss könnte die Rückkehr der Waffensammlung »Schwarzburger Zeughaus« sein.

## Zur Sammlungsgeschichte

Dass bereits 1453 eine Harnischkammer existierte, belegt der schon erwähnte Teilungsvertrag unter den Schwarzburger Grafen. Aussagen zu Umfang des Bestandes oder Art der Waffen werden allerdings nicht gemacht.

Konkreter sind dagegen die Angaben des Inventars um 1550/60, das erstmals mit dem Begriff »Zeughaus« auf ein eigenes Gebäude verweist und 133 Geschütze und Hakenbüchsen als Bestand verzeichnet (siehe Anhang 1).[38] Anlass des Inventars ist vermutlich die Überprüfung des Bestandes auf Einsatzfähigkeit, da der Zustand etlicher Stücke bemängelt wurde. Neben den bereits vorhandenen 400 Kugeln sowie vier Ladeschaufeln, vier Wischern und vier Setzkolben wird zahlreiches Zubehör nachgefordert. Dies betrifft neben Stangen, Ladeschaufeln und Wischern auch Hebezeug, Stricke und Nägel. Da im Inventar weder Harnische noch Handwaffen erwähnt werden, kann davon ausgegangen werden, dass diese noch immer in einer separaten Kammer untergebracht waren.

Das Inventar, das 1583/84 nach dem Tode des Grafen GÜNTHER XLI. VON SCHWARZBURG-BLANKENBURG-ARNSTADT gefertigt wurde[39], verweist nicht auf den Gesamtbestand, sondern lediglich auf Objekte aus dessen Besitz in Schwarzburg. Die Mehrzahl der Stücke aus seinem bedeutenden militärischen Nachlass – er war Heerführer in Diensten Kaiser KARLS V. (1500 – 1558) und König PHILIPPS II. (1527 – 1598) – gelangte nach Arnstadt.[40] Für das Schwarzburger Zeughaus verzeichnete und beglaubigte der Arnstädter Notar PETRUS MÜLLER folgende Objekte:

*36 Karnbuchsen*
*5 darzu die nicht gefegt sind*
*3 buchsen uf bocken*
*2 Barsen* [Partisanen]
*308 eiserne unnd 2 feuer Kugel in gesambt klein und gros*
*159 Dopelhacken*
*5 eiserne Schif Barsen* [geschäftete Partisanen][41]

Einen Gesamtüberblick über den auf über 1 000 Objekte gewachsenen Bestand vermittelt ein Schlossinventar des Jahres 1613.[42] Es verzeichnet u. a. 41 Geschütze wie Feuermörser, Schlangen und Falkonette sowie einen geschlossenen Posten von 166 Hakenbüchsen nebst hunderten Kugeln und Geschützzubehör. Im Schwarzburger Zeughaus scheint somit ausschließlich artilleristisches Material aufbewahrt worden zu sein. Die weitere Ausrüstung des Schwarzburger Militärs lagerte dagegen im Rudolstädter Residenzschloss Heidecksburg, das zu diesem Zeitpunkt selbst über ein Zeughaus verfügte. Dieses kann im nordwestlichen Bereich der Schlossanlage vermutet werden. Es wird im oben genannten Inventar von 1613 als »Newe Rustcammer« und ein Jahr zuvor als »Zeughaus des gräflichen Hauses Schwarzburg« bezeichnet. Das 1612 erstellte Inventar der »Kriegsrüstung«[43] macht deutlich, dass in Rudolstadt die Waffen und Ausrüstungsgegenstände schwarzburg-rudolstädtischer Infanteristen aufbewahrt wurden. Es verzeichnet u. a. 156 Harnische mit Sturmhauben, 162 Gewehre, 406 Schützenhauben, 50 Hellebarden, 300 Degen, 600 Gürtel mit Gehänge sowie 100 in den Landesfarben Gelb und Blau gehaltene Schützenröcke.

In die Zuständigkeit des Burgvogtes fiel auch die Führung des Waffeninventars. Dessen über Jahre geführte Anmerkungen zu den einzelnen Stücken zeigen, dass der Bestand naturgemäß nicht statisch abgeschlossen, sondern ständigen Veränderungen unterworfen war. Unbrauchbares wurde vernichtet und nicht mehr Benötigtes verkauft. Hinzu kamen neue Ausrüstungsteile und dies je nach Bedarf im regen Austausch mit den anderen schwarzburgischen Waffenkammern bzw. Zeughäusern.

Als im Jahre 1656 der Burgvogt JOSEPH GRELLHARD starb, war dies erneut Anlass für ein Gesamtinventar des Schwarzburger Schlosses (siehe Anhang 2).[44] Es macht deutlich, dass jetzt nicht mehr nur Geschütze in Schwarzburg lagerten, sondern auch Ausrüstungsteile, die nach dem Ende des Dreißigjährigen Krieges vorerst nicht mehr benötigt wurden. Aufgeführt werden beispielsweise 276 Sturmhauben, 83 Söldnerharnische, 148 Musketen und 169 Musketierdegen. Bemerkenswert ist, dass sich noch immer die Geschütze des frühen 16. Jahrhunderts im Zeughaus befanden. Mit Entstehungsjahr und schwarzburgischem Wappen versehen (siehe Abb.), konnten diese von der vermeintlich ruhmreichen Militärgeschichte künden. Dass sie aufbewahrt wurden, ist ein Hinweis auf das Traditionsbewusstsein der Schwarzburger Grafen, die ein an anderen Orten aus ökonomischen Gründen übliches Einschmelzen der Bronzerohre nicht zuließen.

Mit der 1710 erfolgten Erhebung der Schwarzburger Grafen in den Reichsfürstenstand entwickelte sich der Waffenbestand zu einer repräsentativen Schausammlung. Wie muss man sich die Ausstattung eines solchen Gebäu-

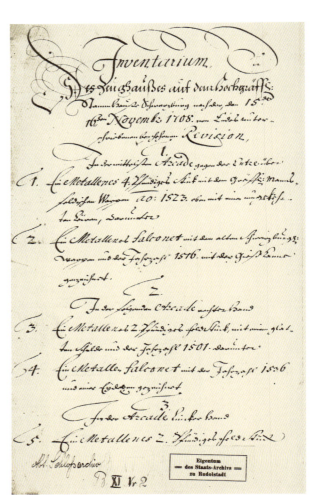

»Inventarium des Zeughaußes auf dem Hochgräffl. Stammhause Schwarzburg ...«, 1708
ThStAR, Rudolstädter Schlossarchiv B XI Nr. 2

Falkonettrohr mit schwarzburgischen Wappen
Nürnberg, 1522    TLMH Oss. 857

des vorstellen? Da bis zum Ende des 19. Jahrhunderts keine Innenansichten des Schwarzburger Zeughauses überliefert sind, bieten einige – auch in der Fürstlichen Bibliothek der Heidecksburg vorhandene – architekturtheoretische Schriften des 18. Jahrhunderts mit ihren beigefügten Kupferstichen Anhaltspunkte über eine damals als beispielhaft empfundene Präsentation (siehe Abb.). Auch aus den Waffeninventaren können Rückschlüsse gezogen werden. Erstmals im Jahre 1708 wird der Zeughausbestand aus den bisher üblichen Gesamtinventaren des Schlosses herausgelöst und erhält ab diesem Zeitpunkt ein eigenes Inventar (siehe Abb.).[45] Dieses vermerkt wesentlich detaillierter als in den vorangegangenen Jahrhunderten die Waffen und gibt zugleich Hinweise auf die Anordnung des mittlerweile auf über 2 000 Objekte gewachsenen Vorrates.

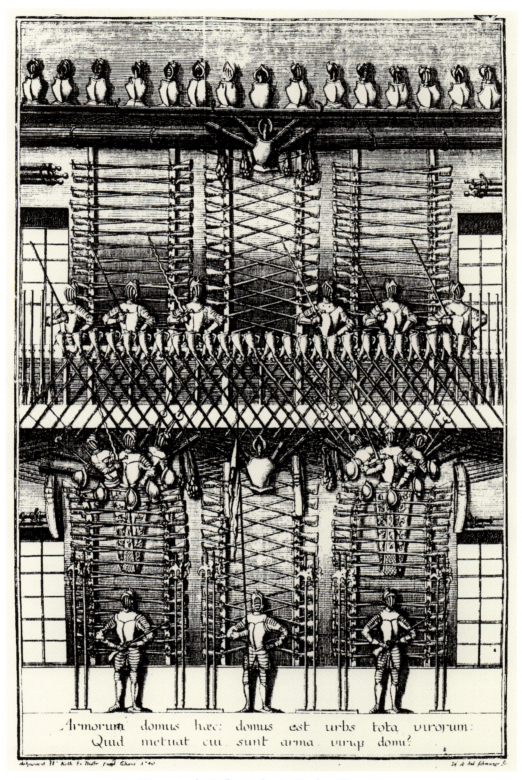

Präsentation der Waffensammlung im Zeughaus Wien, 1740
Abb. aus: Hartwig Neumann: Das Zeughaus (Bildband), Koblenz 1991, S. 332

Fahne der 2. Kompanie des schwarzburg-reußischen
Infanterie-Regiments, Oberstleutnantsfahne, um 1734
*TLMH Oss. 1656*

Unter den Bögen der arkadengesäumten Halle standen 22 Geschütze[46] auf Lafetten, umgeben von Hunderten von Geschossen, die vermutlich dekorativ gestapelt waren. Besonders kostbar versilberte Harnische sind einzeln erwähnt, während 74 komplett zusammengestellte schwarze Harnische in dekorativer Reihung sicher einen martialischen Eindruck hinterließen. Dieses damals übliche Reihungsprinzip typgleicher Stücke wurde durch besondere Arrangements für Trophäen bzw. Beutestücke unterbrochen. Auch bisher in einer eigenen Kammer aufbewahrte, aufwändig verzierte Tournier- und Reitsättel aus fürstlichem Besitz finden sich ab dem 18. Jahrhundert im Schwarzburger Zeughaus.

Die repräsentative Ausrichtung der Innenausstattung wird deutlich, wenn ein Inventar des Jahres 1713 erstmals Waffenschränke im Zeughaus erwähnt.[47] Der gerade in den Reichsfürstenstand erhobene LUDWIG FRIEDRICH I. VON SCHWARZBURG-RUDOLSTADT maß der Wirkung dieser Sammlung auf seinem »Stammschloss« eine solche große Bedeutung bei, dass er Prunkwaffen aus dem Familienbesitz nach Schwarzburg überführen ließ.[48] Dafür wurden zehn Schränke gefertigt, welche die 174 Gewehre und Pistolen aus den besten europäischen Waffenschmieden des 16. bis 18. Jahrhunderts aufnahmen.

Einige dieser Schränke standen im Erdgeschoss, jeweils zwei links und rechts der Fensternischen im mittlerweile geöffneten Obergeschoss. An der Brüstung der Empore hingen »... 3 Fahnen, so schon 1703 biß 1714 im Felde iedoch Z. u. Z. nach einander dienste gethan ... «[49] sowie 92 Degen und 53 Harnische.

Diese Details zur Dekoration des Zeughausinneren erschließen sich durch das Inventar des Jahres 1732, das vollständig im Anschluss an diesen Beitrag wiedergegeben wird (Anhang 3).[50] Es enthält über 6 000 Einzelpositionen, zusätzlich Hunderte von Kugeln, Handgranaten, Pfeilen sowie Pulver und Flintsteine. Typisch für ein Zeughaus dieser Zeit sind auch die Trophäen, Memorabilia und Curiosa. Insbesondere die Erinnerungsstücke an die Kriege zur Verteidigung des »christlichen Abendlandes« gegen das expandierende Osmanische Reich besaßen enorme Symbolkraft.[51] So präsentierte man in Schwarzburg beispielsweise: »Ein Ungarischer Sebel mit welchen in leztern Kriege vor Belgrad den ersten Türcken der Kopf soll runter gehauen worden seyn« aber auch »1 Moscowittischer Pertusch«, »1 Jappanischer Bogen« oder »2 Tartarische Pusicane«. Eine ausgesprochene Rarität stellen dar: »16 Schwartze mit Silber und gold gestückte Turnierhauben«[52] sowie »16 Schwartz Plüschenen Schweitzerhüthe«[53], die der Zeit um 1600 zuzuordnen sind (siehe Abb.). Die Anmerkungen im Inventarband verraten auch, dass Degen für die Darsteller einer »Operettenaufführung« auf der Heidecksburg ausgeliehen wurden.[54] Weniger in einem Zeughaus waren sicher zu erwarten: »Zwey Kästen mit Müntz Stempeln des Schwarzburgk. Hohen Hauses«[55] oder »Zwey Feüer Spritzen mit Meßingenen Vendilen und Röhren, welche uff und ab hie und her getragen werden können«. Dazu kam das übliche Hebezeug für die Geschützrohre, Waagen sowie allerlei Zubehör und Werkzeug für einen Zeugwart.

Das Inventar von 1732 nennt auch einen Büchsenmacher namens JOHANN ANTON HAUEISEN (ca. 1710 – 1786) als unmittelbar Zuständigen für das Zeughaus. Dieser hatte alle anfallenden Pflege- und Reparaturarbeiten auszuführen, wohnte im Seitentrakt des Kaisersaalgebäudes und war dem Fähnrich und späteren Schlosshauptmann JOHANN MICHAEL HEUBEL unterstellt.

Die Berufung eines Büchsenmachers speziell für das Zeughaus war sicher eine Reaktion auf den explosionsartig gewachsenen Bestand. Dieser Zuwachs war wesentlich dadurch verursacht, da die auf der Heidecksburg existierende »Rüstkammer« mit Beständen der Rudolstädter Landestruppen nun offensichtlich völlig aufgelöst wurde. Das Ein- und Ausgabenverzeichnis des Schwarzburger Zeughauses aus dem Jahre 1726 vermeldet größere Zugänge aus Rudolstadt: 205 Musketen, 1 024 Flinten, 37 Kurzgewehre, 1 205 Bajonette, 667 Bandeliers, 566 Koppel, 24 Degen und 54 Waffenröcke.[56]

Nach den Prunkwaffen aus fürstlichem Besitz folgten nun weitere Mannschaftsausrüstungen der schwarzburgischen Truppen. Diese mussten bis Mitte des 18. Jahrhunderts einsatzfähig gehalten werden, da Schwarzburg gemeinsam mit dem Hause Reuß im Jahre 1702 dem Kaiser 1 000 Mann als Reichskontingent zur Verfügung stellte. Waren diese zunächst für den spanischen und polnischen Erbfolgekrieg abgestellt, so folgte ab 1734 ihr Einsatz in Mecklenburg-Schwerin, ab 1748 für die niederländischen Generalstaaten und ab 1756 für Preußen. Als dieses »gemeinschaftliche Sold-Regimente« aufgelöst wurde, bekam man sofort Platzprobleme mit der Unterbringung dieser Unmenge an Waffen und Ausrüstungsge-

Schrank mit den »Schweizer Hüten« und zwei morionförmigen Hüten der Garde des Grafen Albrecht VII. von Schwarzburg-Rudolstadt, um 1600
Photographie von Willy Lösche, Rudolstadt, 1934
*TLMH Fotoarchiv*

Trophäe aus Erinnerungsstücken an die Kämpfe gegen das Osmanische Reich, Photographie, um 1930
*Foto-Brand Schwarzburg*

genständen. Schlosshauptmann HEUBEL hatte im Jahre 1761 alles zu registrieren, auf Brauchbarkeit zu prüfen und zu entscheiden, was vernichtet oder weiterverkauft werden könne. Der Leutenberger Flügel des Schwarzburger Schlosses musste zunächst in Beschlag genommen werden, um Hunderte von Rüstungen, Schwertern, Gewehren, Patronentaschen sowie 120 Zelte und acht Kompaniefahnen aufzunehmen.[57] Noch brauchbare Gewehre sollten für das Land-Regiment aufbewahrt werden. Für die teils verrosteten Exemplare bekundete die Schützenkompanie Frankenhausen Interesse. Etliche Grenadiermützen fanden in Sondershausen weitere Verwendung. Die Materialverwertung aus Trommeln brachte noch etwas Geld in die Kasse, da Hauptmann HEUBEL aufmerksam die gestiegenen Preise für Messing registriert hatte. Auch an die Weiterverarbeitung der Militärzelte war gedacht: die Schwarzburger Zuchthausinsassen wurden auserkoren, den Stoff für die Herstellung von Gamaschen zu nutzen.

Während des Siebenjährigen Krieges 1756 bis 1763 fürchtete das Rudolstädter Fürstenhaus um die Bestände im Zeughaus. Wegen der »bedencklichen Kriegs-Troubeln« waren die kostbarsten Gewehre aus dem Zeughaus drei Jahre an einem heute unbekannten Ort versteckt worden. Diese kamen 1764 völlig verrostet zurück, und Büchsenmacher Johann Anton Haueisen nebst Gesellen und Lehrjungen erhielt eine extra Vergütung für die aufwendige Instandsetzung.[58]

Ab diesem Zeitpunkt scheinen für die nächsten Jahrzehnte keine bedeutenden Veränderungen in der Sammlungsstruktur vorgenommen worden zu sein.[59] Erst für das Jahr 1828 findet sich ein neu erstelltes Inventar, das über 3000 Objekte verzeichnet.[60] Daraus werden Zugänge deutlich, die im Zusammenhang mit militärischen Verpflichtungen des Kleinstaates Schwarzburg-Rudolstadt zwischen 1795 und 1815 stehen. So mussten Truppen sowohl für den Krieg gegen die Französische Republik als auch ab 1807 für den Rheinbund und ab 1813 für die antinapoleonische Allianz bereitgestellt werden. All dies hinterließ Spuren im Bestand des Zeughauses, da allein 500 Infanterie-Gewehre nach den Kriegseinsätzen der schwarzburg-rudolstädtischen Kompanien in den Bestand des Zeughauses gelangten.[61] Auch die Trophäensammlung erhielt Zuwachs. Von besonderer Bedeutung für das Fürstenhaus waren die Beutestücke aus ursprünglich französischem Besitz. So beschreibt das Inventar ausführlich eine sechspfündige Kanone aus dem Jahre 1813 mit dem Monogramm Napoleons (1769 – 1821), genannt »La sensible«[62], sowie einen komplett ausgestatteten zweispännigen Pulverwagen.[63] Bis heute hat sich auch ein Bronzestück des Siegeswagens Napoleons vom Triumphbogen vor den Pariser Tuilerien erhalten, das durch Fürst Friedrich Günther von Schwarzburg-Rudolstadt (1793 – 1814 – 1867) in das Zeughaus gelangte.

Die Oberaufsicht über das Zeughaus hatte zwischen 1819 und 1825 der »Schloss-Kommandant« und Kammerjunker Ludwig Magnus von Holleben (1794 – 1845). Diese traditionelle Form der Unterstellung wurde 1828 aufgegeben und das Zeughaus dem »Fürstlichen Militär-Commandos« in Rudolstadt angegliedert, gleiches galt für den Büchsenmacher bzw. Zeughausverwalter.[64] Der letzte Vertreter der Büchsenmacherfamilie Haueisen, Johann Christian Haueisen (ca. 1750 – 1816, seit 1786 als Büchsenmacher angestellt), war 1816 verstorben. Ihm folgte 1817 der aus Lehesten stammende Christian Gottfried Ritter (? – 1850).[65] Als dieser 1850 »mit dem Tode abgegangen«, folgte ihm sein Enkel Büchsenmacher Carl Christian Spiess (um 1822 – 1897)[66] in dieser Funktion. Als Wohnung wurden ihm Räume im Erdgeschoss des Seitentraktes des Kaisersaalgebäudes zugeteilt.[67]

Mit den Unruhen der Jahre 1848/49 bekamen die Waffenbestände des Zeughauses eine ungeahnte Brisanz. Fürst Friedrich Günther ließ aus Angst vor einer möglichen Plünderung und Selbstbewaffnung der aufgebrachten Bevölkerung Teilbestände des Zeughauses an einen geheimen Ort verbringen.[68] Als diese Waffen 1850 zurückkehrten, hatte der neue Zeughausverwalter Mühe, die durch schlechte Lagerung stark verrosteten Stücke wieder in Ordnung zu bringen. Zwei eigens dafür abkommandierte Soldaten hatten ihm dabei Hilfe zu leisten. Ähnliche Probleme gab es mit Gewehren, die 1848 an die neu gegründeten »Bürgergarden« verteilt worden waren. Die 1850 ergangene Forderung nach Rückgabe der Waffen stieß jedoch auf wenig Gegenliebe bei den betroffenen Bürgern. Trotz Strafandrohung folgten noch jahrelange Untersuchungen, um alle Stücke zurück in das Zeughaus zu bekommen.

Seit dieser Zeit gelangten wohl keine größeren Stückzahlen an einsatzfähigen Militärwaffen in das Zeughaus. Die Ausrüstung des schwarzburg-rudolstädtischen Kontingentes für das Deutsche Bundesheer konzentrierte man fortan in Rudolstadt, wo ab 1890 sogar ein eigener Kasernenneubau für das III. Bataillon des 7. Thüringischen

Trommel, Schwarzburg-Rudolstadt, nach 1815   *TLMH Oss. 2797*

Blick in das Erdgeschoss des Zeughauses, um 1908, im Hintergrund das präparierte Pferd des Fürsten Georg von Schwarzburg-Rudolstadt
Photographie von Alfons Diener-Schönberg   *TLMH Fotoarchiv*

Infanterie-Regiments Nr. 96 zur Verfügung stand. Somit hatte die Sammlung des Zeughauses endgültig einen musealen Charakter angenommen. Dessen Besichtigung wurde in den Reiseführern der Zeit besonders empfohlen und förderte so den aufkommenden Fremdenverkehr in und um Schwarzburg. Der Zeughausverwalter und dessen Frau führten die Gäste durch das Gebäude.

Fürst Georg Albert von Schwarzburg-Rudolstadt (1838 – 1869 – 1890) entwickelte als General in preußischen Diensten eine besondere Vorliebe für historische Waffen. Bereits als junger Prinz richtete er sich eine Waffenstube auf der Heidecksburg ein. Mit seinem Regierungsantritt und seiner anschließenden Teilnahme am Deutsch-Französischen Krieg 1870/71 verstärkte sich diese Leidenschaft, so dass ganze Zimmerfluchten in der Heidecksburg mit Waffen dekoriert wurden. Dafür bot ihm der Zeughausbestand in Schwarzburg einen schier unerschöpflichen Fundus. Die Inventare seiner Regierungszeit vermelden zahlreiche Abgänge von wertvollen Einzelstücken in die Wohnräume des Fürsten. Andererseits gelangten in das Zeughaus französische Beutewaffen, um die Fürst Georg den Kaiser persönlich gebeten hatte. Die Absicht war, aus diesen etwa 100 Objekten eine »Trophäe« als »Memorial zur Erinnerung an die größte Zeit Deutschlands« errichten zu lassen.[69] Die Lieferung erfolgte aus dem Haupt-Montierungs-Depot Berlin und aus einem Beutedepot in Mainz.[70] Ein Zugang besonderer Art war das Lieblings-Reitpferd des Fürsten. Er ließ es 1887 präparieren, und es zierte bis 1940 das Erdgeschoss des Zeughauses.[71]

Nach dem Tode des Fürsten Georg im Jahre 1890 wurde dessen Wohnungseinrichtung aufgelöst, und die Waffen gelangten zurück in das Zeughaus. Sein Nachfolger Fürst Günther pflegte eher Leidenschaften zivilen Charakters. Er hatte großes Interesse an der wissenschaftlichen Aufarbeitung und Restaurierung seines Kunstbesitzes und ließ etliche Stücke des Zeughauses von Fachleuten begutachten bzw. restaurieren. Regen Kontakt pflegte er zudem mit dem Münchener Altertumsverein, mit dem Königlichen Armeemuseum München und dem Germanischen Nationalmuseum Nürnberg, das seit seiner Gründung im Jahre 1852 immer wieder einige Stücke als Schenkung des Fürstenhauses erhalten hatte.

Unmittelbar nach seinem Regierungsantritt im Jahre 1891 löste Fürst GÜNTHER zunächst die noch auf der Heidecksburg befindliche »Fürstliche Gewehr-Kammer« auf und ließ diese nach Schwarzburg verbringen.[72] Die vorausgegangene Überprüfung des Inventars dieser Kammer durch Hofrat OSKAR VATER (1861 – 1954) im Jahre 1890 ergab 218 Positionen.[73] Weiterhin ließ GÜNTHER die noch erhaltenen Uniformen, Orden und Waffen, die von seinen fürstlichen Vorgängern getragen wurden, nach Schwarzburg bringen. Im Obergeschoss des Zeughauses konnten diese fortan in acht eigens gefertigten Schränken (siehe Abb.) bewundert werden. Einen neuen, gänzlich unmilitärischen Akzent setzte GÜNTHER, indem er veranlasste, dass sechs prachtvolle »Carrousellschlitten« des 18. Jahrhunderts nebst Kummeten und Zaumzeug in das Zeughaus gelangten (siehe Abb.). Diese werden erstmals 1895 im Inventar erwähnt.[74] Ein weiterer Neuzugang, der um 1890 das Zeughaus bereicherte, war die militärgeschichtlich bedeutsame Sammlung von Uniformen und Waffen einer um 1850 entstandenen »Kindergarde« (siehe Abb. S. 328), die aus dem Nachlass des Fürsten GEORG übernommen wurde.[75]

Fürst GÜNTHER traf nur kurze Zeit nach seiner Regierungsübernahme eine für die Geschichte der Zeughaussammlung glückliche Entscheidung. Er konnte 1891 den Sekretär der Leibrüstkammer Stockholm, CARL ANTON OSSBAHR, für die Inventarisierung der Sammlung verpflichten. Dies geschah durch Vermittlung von dessen Onkel, Baron THURE VON CEDERSTRÖM (1843 – 1924), der seit 1891 als Berater des Fürstenhauses in allen Fragen des Ankaufes und der Restaurierung der Kunstgüter diente.[76] Somit untersuchte die Sammlung erstmals

Sättel, Schlitten und Zaumzeug im 1. Obergeschoss des Zeughauses, Photographie von Willy Lösche, Rudolstadt, 1934   *TLMH Fotoarchiv*

Carl Anton Ossbahr, Photographie um 1894
*TLMH Fotoarchiv*

Schrank in einer Fensternische im 1. Obergeschoss
des Zeughauses mit Erinnerungsstücken eines Rudolstädter Fürsten
Photographie um 1930  *Foto-Brand Schwarzburg*

ein ausgewiesener Fachmann, der nach wissenschaftlichen Methoden Schmiedemarken auswertete und 132 Waffenschmiede ermittelte. Mit Katalogaufnahme erhielt jedes der 2 735 Objekte eine noch heute gültige, blind geprägte Nummer auf Messingblech. Inventarisierung, teilweise Neuordnung und der Ankauf neuer Waffengestelle gingen wohl Hand in Hand. OSSBAHR selbst konnte nur wenige Tage oder Wochen vor Ort sein, so dass Hofmarschall ADOLF VON KLÜBER (1844–1895), Leibjäger FERDINAND HERMS (1871–1946) sowie der Zeughausverwalter CARL CHRISTIAN SPIESS diese Aufgabe fortführten.

Für die öffentliche Wahrnehmung des Schwarzburger Zeughauses war es eine wichtige Entscheidung, das Inventar in Buchform erscheinen zu lassen. Das Werk wurde 1895 auf Kosten des Rudolstädter Hofmarschallamtes bei *Knorr & Hirth* in München in einer Auflage von 1 000 Exemplaren gedruckt. Den Vertrieb übernahm der Verlag der Müller'schen Buchhandlung in Rudolstadt.

Die in Fachkreisen gewürdigte Publikation galt als beispielhaft und hatte sicher auch einen Beitrag dafür geleistet, dass 1908 die Hauptversammlung des *Vereins für historische Waffenkunde* in Blankenburg bzw. Schwarzburg tagte. Aus diesem Anlass erschien von ALFONS DIENER-SCHÖNBERG ein Beitrag zur Geschichte des Schwarzburger Zeughauses in der Vereinszeitschrift.[77] Dieser bot erstmals eine kurze, auf Archivstudien basierende Geschichte des Zeughauses und besprach ausführlich einzelne Stücke der Sammlung.

Eine gravierende Zäsur in der Sammlungsgeschichte stellte der Wechsel der Eigentumsverhältnisse nach der Abdankung des Fürsten Günther im Jahre 1918 dar. Jedoch blieb die Waffensammlung laut Verordnung vom 22. November 1918 über die Gründung einer *Günther-Stiftung*[78] zunächst im Besitz des Fürsten und sollte erst nach seinem Tod an die Stiftung fallen. Da diese aber bereits 1923 aufgelöst wurde und der Fürst 1925 verstarb, folgte ein jahrelanger Rechtsstreit zwischen Fürstenhaus und dem Land Thüringen – als Rechtsnachfolger der *Günther-Stiftung* – über die Eigentumsverhältnisse an der Sammlung.[79]

Erinnerungsstücke an die Kindergarde des Fürsten Georg von Schwarzburg-Rudolstadt im Erdgeschoss des Zeughauses
Photographie von Willy Lösche, Rudolstadt, 1934   *TLMH Fotoarchiv*

Selbst nach dem Tod des Fürsten bestritt die Witwe Anna Luise von Schwarzburg (1871–1951), die durch den Hofmarschall Gustav Adolf von Halem (1871–1932) als ihren Generalbevollmächtigten vertreten wurde, die Rechtmäßigkeit des Landeseigentums an der Waffensammlung. Die geführten Prozesse bezüglich der Eigentums- und Abfindungsansprüche des politisch entmachteten Fürstenhauses eskalierten im Jahre 1926. Hofmarschall von Halem hatte historisch außerordentlich wertvolle Objekte im Auftrag der Fürstin aus dem Zeughaus entnommen und für beträchtliche Summen verkauft.[80] Das Land Thüringen erließ daraufhin eine einstweilige Verfügung zur sofortigen Rückgabe der Stücke und schaltete das Thüringer Landeskriminalamt ein, zumal weitere Kunstverkäufe erfolgt sein sollen.

Bis Ende 1926 gab es also weder eine offizielle Übergabe des Waffenbestandes an das Land noch Inventarlisten der Kunstsammlungen des Schlosses, um Eigentumsverhältnisse zu klären. Hofmarschall von Halem ließ diesbezügliche Nachfragen der Landesbehörden einfach unbeantwortet und sah sich nicht veranlasst, die geforderten Schlüssel zum Zeughaus herauszugeben. Daraus entwickelte sich nun eine Zwangsvollstreckungssache des Landes Thüringen, die Presse berichtete, und die SPD-Fraktion stellte dazu eine große Anfrage im Thüringer Landtag. Inzwischen hatte die Staatsanwaltschaft beim Thüringer Landgericht Rudolstadt eine Untersuchung gegen Anna Luise von Schwarzburg und Gustav Adolf von Halem wegen Unterschlagung von Objekten aus der Waffensammlung des Schwarzburger Zeughauses eröffnet. Dieses Verfahren wurde am 19. Dezember 1926 eingestellt, im Januar 1927 wieder aufgenommen und erneut am 9. März 1927 eingestellt.[81] Die Lage blieb verworren, die Rechtsstandpunkte über Eigentumsverhältnisse konträr.

Erst mit dem Vertrag vom 6. Juli 1928 konnte Rechtsfrieden zwischen den Parteien hergestellt werden. Neben einer Reihe anderer Fragen wurden die Eigentumsverhältnisse an der Sammlung des Zeughauses zugunsten des Landes Thüringen entschieden. Der Thüringer Landtag bestätigte diese Vereinbarung, die damit am 27. Februar 1929 als Gesetz in Kraft trat.[82] Die offizielle Übergabe des Zeughauses an das Land erfolgte am 3. April 1929. Für die Verwaltungsaufgaben war nunmehr der Landkreis Rudolstadt zuständig. Dem Leiter des Rudolstädter Schlossmuseums, Schulrat Dr. Berthold Rein (1860–1943), wurde im Jahre 1931 die Aufsicht über die Sammlung übertragen, ohne dass eine offizielle Überprüfung des Inventars auf Vollständigkeit erfolgte.[83]

Auch der langjährig tätige Zeughausverwalter Paul Fischer (1877–1937) wurde übernommen.[84] Der gelernte Schlosser hatte 1904 seinen Dienst angetreten und konnte mit seiner Familie eine Wohnung im unmittelbar angeschlossenen Torhaus der Schwarzburg beziehen. Im Jahre 1919 folgte seine Berufung als Sekretär der *Günther-Stiftung,* die seit 1919 für die öffentliche Präsentation des Zeughauses zuständig war. Regelmäßige Öffnungszeiten wurden eingeführt und Eintrittsgelder erhoben.

Die exakt geführten Arbeitsprotokolle Berthold Reins belegen eindrucksvoll das seit Jahrhunderten vertraute Bild des Zeughauses: schadhaft, kalt und unbeleuchtet. Angesichts dieser Zustände war es äußerst verdienstvoll, dass Berthold Rein etwa 200 bisher noch nicht inventarisierte Objekte als Nachtrag zum Verzeichnis von Ossbahr anfügte. Er beschäftigte sich intensiv mit den Beständen des Zeughauses, ließ diese vom Rudolstädter Photographen Willy Lösche (1898–1989) dokumentieren, verfasste Artikel und hielt Vorträge. Dank seiner Kenntnisse nahm Rein auch Einfluss auf die Führungen des Ehepaars Fischer, die neben historisch

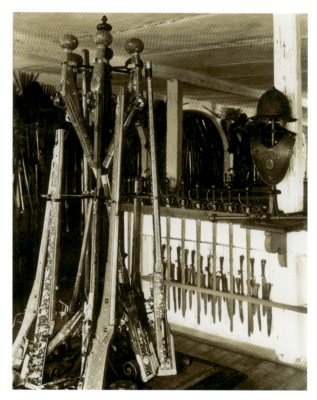

Präsentation von Pistolen und Radschlossbüchsen des 16./17. Jh.
im 1. Obergeschoss des Zeughauses
Photographie von Willy Lösche, Rudolstadt, 1934
*TLMH Fotoarchiv*

Korrektem zu viele »Histörchen« vermittelten.⁸⁵ Bis zur Mitte der dreißiger Jahre konnten jährlich immerhin vier- bis fünftausend Besucher registriert werden. Als PAUL FISCHER 1937 verstarb, betreute seine Frau HELENE FISCHER (1885–1976) noch bis zu ihrer Entlassung⁸⁶ im Jahr 1938 das Zeughaus. Nachfolger in diesem Amt wurde HERMANN STIELER (1884–1967) aus Wittgendorf.

Die Ereignisse des Jahres 1940 bedeuteten das Ende der Waffensammlung in Schwarzburg. Die Reichsregierung hatte entschieden, innerhalb kürzester Zeit das Schloss zum Reichsgästehaus umzubauen.⁸⁷ BERTHOLD REIN erhielt am 23. August 1940 von seiner vorgesetzten Dienststelle, dem Thüringer Volksbildungsministerium, folgende lapidare Mitteilung: »Das Zeughaus soll möglichst schon in der nächsten Woche geräumt werden. Die Sammlungen sollen nach Rudolstadt gebracht und dort vorerst magaziniert werden.[…] Etwa ein Fünftel des Bestandes, in der Hauptsache wohl Doppelstücke, soll zur Ausschmückung des Schlosses dem Reich zur Verfügung gestellt werden.«⁸⁸

Das Erdgeschoss des Zeughaus, Zustand 2007

Damit war auch in Kürze das Anstellungsverhältnis des inzwischen achtzigjährigen BERTHOLD REIN beendet. Dr. WALTHER SCHEIDIG (1902–1977), Direktor der Staatlichen Kunstsammlungen in Weimar, teilte mit, dass er ab 1. Dezember 1940 zugleich als Direktor des Schlossmuseums Rudolstadt und des Zeughauses Schwarzburg eingesetzt sei.⁸⁹ Zeughausverwalter STIELER wurde übernommen und erhielt in seiner neuen Funktion als Schlossverwalter der Heidecksburg auch dort eine Wohnung. In Diensten SCHEIDIGS hatte er alle Angelegenheiten in Rudolstadt und Schwarzburg zu betreuen.⁹⁰

Völlig überhastet wurde nach Möglichkeiten der Unterbringung und Neuaufstellung der Waffensammlung gesucht und zunächst die Reithalle der Heidecksburg ins Auge gefasst. Die Einlagerung der Kisten voller Waffen wurde zwar noch 1940 vollzogen, aber der Ausbau zur Waffenhalle scheiterte an den mit 60 000 RM angesetzten Umbaukosten der Reithalle. Nun meldete sich der NSDAP-Gauleiter von Thüringen und Reichsstatthalter für Thüringen FRITZ SAUCKEL (1894–1946) zu Wort und erklärte, »… dass die Waffensammlung nicht nach Rudolstadt, sondern nach der Gauhauptstadt Weimar zu bringen sei. Die Sammlung könnte noch bis Ende des Krieges verpackt bleiben.«⁹¹ Glücklicherweise scheiterte dieses Ansinnen, da nach eingehender Prüfung in Weimar weder ausreichend Platz noch personelle Betreuung möglich war. So gelangten die Waffenkisten im Januar 1942 von der Reithalle in die Schlosskapelle der Heidecksburg, wo sie ausgepackt und notdürftig gegen Rost behandelt wurden. Jedoch bot die Kapelle nicht genügend Schutz bei Bombenangriffen. So wurden Ende 1942 die oberen Kellerräume im Westflügel der Heidecksburg luftschutzsicher ausgebaut, um anschließend Kunstgut und die Zeughaussammlung aufzunehmen.⁹²

In Schwarzburg verblieben die als simple Dekorationsstücke des Reichsgästehauses auserkorenen Objekte. Die Baustelle war seit 1942 stillgelegt, und so lagerten diese Waffen bis Kriegsende im ehemaligen Forstamtsgebäude am südlichen Ende des Schlossareals und im Erdgeschoss des Kaisersaalgebäudes.

Als im April amerikanische bzw. im Juli 1945 sowjetische Truppen Schwarzburg besetzten, befand sich also noch immer ein Teil der Waffensammlung auf dem Schlossgelände. Die jeweiligen Kommandanten hatten zwar die Schlüsselgewalt über die Depots auf dem Schloss, konnten jedoch offensichtlich nicht verhindern, dass Türen aufgebrochen, Kisten durchwühlt und Waffen gestohlen wurden.⁹³

Die ersten verlässlichen Nachrichten zur Situation in Schwarzburg finden sich erst nach Einmarsch der sowjetischen Besatzungstruppen. Ohne dass die noch vorhandenen Waffenbestände besichtigt werden konnten, fand am 24. Juli 1945 eine Begehung des leeren Zeughauses durch den Leiter des Schlossmuseums Heidecksburg, FRITZ MÜLLER (1893 – 1976)[94], und durch Vertreter des Rudolstädter Bauamtes statt. Sie hinterlässt Zweifel über die diskutierte Wiedereinrichtung der Waffensammlung in Schwarzburg. SCHEIDIG, noch immer Direktor der Staatlichen Kunstsammlungen in Weimar, wird über die Besichtigung informiert und antwortet in einem Schreiben vom 25. August 1945: »… ebenso wenig interessiert die Frage, wo die Sammlungen beachtet werden, weil sie nicht zu lösen sind. Rudolstadt ebenso wie Schwarzburg sind Orte, die vom Fremdenverkehr zehren, und obs so etwas wieder geben wird, wissen wir alle noch nicht. Also bitte keinen Patriotismus in Sachen der Waffensammlung, sondern nur Entscheidungen mit Hinblick auf die Erhaltung und Pflege der Sammlung, die leidet, wenn sie nicht wieder aufgestellt werden kann.«[95]

In Bezug auf die noch immer in Schwarzburg lagernden Waffen schrieb SCHEIDIG am 9. Februar 1946 an den Bürgermeister von Schwarzburg: »Der Ordnung halber teile ich Ihnen hierdurch mit, dass die Waffen aus dem Zeughause in Schwarzburg, die sich noch im Gartensaale [Erdgeschoss des Kaisersaalgebäudes – Anm. d. Verf.] des Schlosses Schwarzburg und in einem Zimmer des Rentamtshauses [Forstamtsgebäude am südlichen Ende des Schlossgeländes – Anm. d. Verf.] auf dem Schlosse Schwarzburg befinden, von uns als Teile des Zeughauses hier in Rudolstadt der Polizei gemeldet worden sind. […] In dem Gartensaale des Schlosses liegen jedoch noch einige Kisten, die von russischen Soldaten dort abgestellt worden sind, und es befinden sich in diesen Kisten angeblich beschlagnahmte Waffen. Wir erklären ausdrücklich, dass wir uns für diese Waffen nicht verantwortlich fühlen, und stellen Ihnen anheim, diese Waffen in Verwahrung zu nehmen.«[96]

Als der Brief seinen Empfänger erreichte, waren jedoch schon keine Waffen mehr auf Schloss Schwarzburg aufzufinden. Der Platzmeister EHLE beschreibt die neue Situation in einem Brief vom 13. Februar 1946 an das Schlossmuseum Rudolstadt: »… dass am 11.2.46 zwei russische Offiziere angeblich Kommandant von Blankenburg mit zweiten Bürgermeister von Schwarzburg auf Schloss Schwarzburg erschienen … Auf Anordnung der beiden Offiziere mussten sämtliche Waffen aufgenommen werden. Am 12.2. kam ein Lastwagen von Blankenburg

Tourniersattel, um 1580, seit Ende des 2. Weltkrieges vermisst, ehemals Inventar-Nummer: Oss. 282
Photographie um 1900   *TLMH Fotoarchiv*

u[nd] Arbeiter von der Gemeinde Schwarzburg welche die Waffen in Kisten legten und aufzuladen.«[97]

Dies bleibt der einzige Hinweis auf den Abtransport mit unbekanntem Ziel. Am Ende des Schreibens wird noch mitgeteilt, dass von den fürstlichen Uniformen und den Tourniersätteln lediglich leere Vitrinen bzw. Gestelle übrig geblieben sind. Bis heute muss somit der Verlust an Sätteln (siehe Abb.) und der Totalverlust der Uniformen nebst daran befindlichen Orden von Mitgliedern des Fürstenhauses Schwarzburg-Rudolstadt aus dem Zeughausbestand konstatiert werden.

Wie bereits erläutert, lagerte der andere, weitaus größere Teil der Waffensammlung nach Kriegsende noch immer in den Kellern der Rudolstädter Heidecksburg. Der Abtransport als Beutegut in die Sowjetunion schien beschlossene Sache. Ein Protokoll vom 22. Februar 1946 vermerkt die Übergabe von »Waffen und Vermögen« an die sowjetische Militärkommandantur des Kreises Rudolstadt unter Vorsitz des Majors WERMENSKY.[98] In der Hofkirche der Heidecksburg waren 20 dienstverpflichtete Tischler am 13. und 14. Dezember 1946 damit beschäftigt, Kisten für den Abtransport herzustellen.

Vermutlich noch Ende des Jahres gelangten sie auf den Rudolstädter Güterbahnhof. Eine vorab separierte Kiste enthielt einige handverlesene Objekte, die eigens für die Trophäensammlung eines nicht benannten sowjetischen Oberst bestimmt war.[99]

Das heute nur noch in Teilen rekonstruierbare, abenteuerliche Schicksal der Waffensammlung findet erst wieder 1949 eine überprüfbare Fortsetzung. Dr. Johanna Hofmann-Stirnemann (1899–1996), seit 1. April 1946 Leiterin des Rudolstädter Schlossmuseums und Regierungsbeauftragte für die Thüringer Museen, meldete am 7. April 1949 an das Thüringer Ministerium für Volksbildung, dass in einem Güterschuppen des Rudolstädter Bahnhofgeländes Kisten mit Beständen des Zeughauses lagern, die offensichtlich für den Abtransport in die Sowjetunion bestimmt waren.[100] Das Ministerium entschied, dass die teils geöffneten bzw. zerfallenen Kisten auf die Heidecksburg überführt werden können.

Erst 1957 wurden die Kisten unter Aufsicht des Rudolstädter Museumsdirektors Hugo Meisel (1885–1966) geöffnet. Die Holzwolle war feucht, die Waffen von Wurm- und Rostfraß betroffen. Eine Überprüfung anhand des Inventars von Ossbahr ergab immerhin, dass von den ca. 3 000 Nummern etwa 2 500 vorhanden waren. Als Verlust müssen also bis heute etwa 500 Positionen vermerkt werden. Nach dieser Sichtung konnten die Planungen für die Wiederaufstellung der Sammlung beginnen, wobei das Zeughaus Schwarzburg als möglicher Standort angesichts des baulich katastrophalen Zustandes ausschied.

Dafür stand eine Gewölbehalle im Nordflügel der Heidecksburg als Ausstellungsraum zur Verfügung, und mit Anton Zisska (1905–1982) war ein Museumsmitarbeiter gefunden, der über viele Jahre hinweg den Waffenbestand wieder in einen akzeptablen Zustand versetzte. Konservatorische Hilfe und fachlichen Rat leistete Dr. Heinrich Müller vom *Museum für Deutsche Geschichte Berlin/Ost*, der die historisch herausragende Bedeutung dieser Sammlung erkannte. Immerhin war sie die einzige fürstliche Zeughaussammlung, die sich in der DDR noch erhalten hatte. Diese Tatsache führte jedoch auch dazu, dass zahlreiche Dauerleihgaben auf staatliche Anweisung an die neu entstandenen militärhistorischen Museen in Berlin, Potsdam und Suhl gingen.

Im Jahre 1962 konnte die Ausstellung auf der Heidecksburg eröffnet werden. Der Rudolstädter Museumsdirektor Alfred Koch (1930–1998) und sein Stellvertreter Dr. Heinz Deubler (1913–2004) hatten eine Auswahl von etwa 300 der wertvollsten und charakteristischsten Stücke getroffen, so dass die Waffensammlung »Schwarzburger Zeughaus« nun erstmals seit Kriegsende wieder in das öffentliche Bewusstsein rückte. Die Präsentation wurde 1989 überarbeitet und neu gestaltet (siehe Abb.).

Blick in den Ausstellungsraum der Waffensammlung »Schwarzburger Zeughaus« im Nordflügel der Heidecksburg, Zustand 2008

Die magazinierten Objekte der Waffensammlung »Schwarzburger Zeughaus« im Thüringer Landesmuseum Heidecksburg, Zustand 2008

Sie zeigt bis heute einen repräsentativen Querschnitt sowohl von der Ausrüstung des schwarzburgischen Militärs als auch von fürstlichen Prunkwaffen aus der Zeit vom 15. bis 19. Jahrhundert.

Die überwiegende Zahl der Objekte ist jedoch bis heute in den Magazinen der Heidecksburg deponiert. Hier ist es insbesondere in den 1990er Jahren gelungen, Teilbestände neu zu ordnen und konservatorisch zu behandeln. Einzelne Objekte aus Sachgruppen, wie Kopfbedeckungen oder Bajonette, konnten durch Fachleute exakter bestimmt werden und fanden Aufnahme in konservatorisch geeigneten Sammlungsschränken. Ebenfalls mit Fördergeldern des Landes Thüringen, mithilfe des *Fördervereins Schloss Schwarzburg e.V.* sowie mit privaten Spenden war es möglich, einige Stücke kostenaufwändig restaurieren zu lassen.

Im Jahre 1994 fand die Jahreshauptversammlung der *Deutschen Gesellschaft für Heereskunde* auf der Heidecksburg statt. Diese Tagung wurde von einer Sonderausstellung und einer umfangreichen Publikation zum schwarzburgischen Militär begleitet.[101] Zahlreiche Exponate konnten zuvor dank der Hilfe durch die Werkstätten der *Wehrtechnischen Studiensammlung Koblenz* und des *Bayerischen Armeemuseums Ingolstadt* restauriert werden. Damit gelangte die Waffensammlung erstmals wieder in den Fokus einer gesamtdeutschen Öffentlichkeit.

Harnischkragen Gustav II. Adolf von Schweden, 1632
*TLMH Oss. 36*

Die seit Jahrzehnten am häufigsten gestellte Frage lautet: Wie und wo kann es gelingen, die Waffensammlung in ihrem Gesamtumfang wieder öffentlich zu präsentieren? Um eine Rückkehr in das Zeughaus nach Schwarzburg zu ermöglichen, müssten etwa 80 Prozent der Objekte von Restauratoren in einen ausstellungsfähigen Zustand versetzt werden. Da das *Thüringer Landesmuseum Heidecksburg in Rudolstadt* seit über zehn Jahren weder über das entsprechende Personal noch über Werkstatträume verfügt, ist dieser kostenaufwändige und langwierige Prozess nur in einer gemeinsamen Arbeit mit Fördermitteln des Bundes, des Landes und des Landkreises Saalfeld-Rudolstadt zu bewältigen. Dies ist glücklicherweise seit 2008 möglich geworden, da die *Kulturstiftung des Bundes* für den Zeitraum bis 2011 Mittel in Höhe von 100 000 € zur Verfügung gestellt hat. Auch die sich anschließende wissenschaftliche Vorbereitung einer künftigen Ausstellung, die sich an der Innendekoration des 18. Jahrhunderts orientieren sollte, müsste ähnlich koordiniert werden. Aber dies bleibt vorerst Wunschvorstellung. Der Beginn der baulichen Sanierungsarbeiten am mittlerweile völlig verfallenen Zeughaus im Jahre 2007 durch die *Stiftung Thüringer Schlösser und Gärten* sollte jedoch ein Signal sein, dass eine der bedeutendsten deutschen Waffensammlungen an ihren historisch verbürgten Standort zurückkehren kann. Erst ab diesem Zeitpunkt könnte das Schwarzburger Zeughaus wieder im Kontext zu den anderen namhaften deutschen und europäischen Zeughaussammlungen stehen, wie sie sich beispielsweise in Berlin, Coburg, Emden und München oder auch in Graz, Solothurn und Stockholm erhalten haben.

· · · · ·

Die Waffensammlung »Schwarzburger Zeughaus« ist der einzig noch heute erhaltene Bestand dieser Art in Thüringen. Trotz einiger Verluste am Ende des Zweiten Weltkrieges verkörpern die in Rudolstadt verbliebenen 3000 Waffen und Ausrüstungsgegenstände einen unschätzbaren materiellen und kulturgeschichtlichen Wert, der auf das Engste mit der Geschichte des Fürstentums Schwarzburg-Rudolstadt verbunden ist.

In den Jahren um 1550 erstmals erwähnt, entwickelte sich aus dem Zeughaus des Schlosses Schwarzburg das zentrale Waffendepot der Grafschaft Schwarzburg-Rudolstadt. Das Gebäude befindet sich in exponierter Lage unmittelbar hinter dem Eingangsbereich des Schlosses und zeigt die typische Mischform zwischen einem zivilen (Kornspeicher in den beiden Obergeschossen) und einem militärischen (Waffenlager in den Untergeschossen) Speicherbau. Mit der 1710 erfolgten Erhebung der Grafen in den Reichsfürstenstand ging zugleich eine Aufwertung des Zeughauses einher. Schloss Schwarzburg war zwar seit dem 15. Jahrhundert nur noch Nebensitz und Sommeraufenthalt der in Rudolstadt residierenden Fürsten, spielte jedoch im Selbstverständnis des Fürstenhauses als ›Stammhaus‹ der Schwarzburger Dynastie eine herausragende Rolle. Neben Kaisersaal, Ahnengalerie und Erbbegräbnis hatte das Zeughaus als martialischer Gedächtnisort zu dienen, der von der ruhmreichen militärischen Vergangenheit des Schwarzburger Fürstengeschlechts zu künden hatte. Dazu wurde die Innenarchitektur des Gebäudes verändert. Es entstand eine zusätzliche Galerie im ersten Obergeschoss, die eine auf Schauwert angelegte Präsentation der mittlerweile auf etwa 3 000 Stücke gewachsenen Sammlung ermöglichte. Zusätzlich gelangten zahlreiche Prunkwaffen aus den fürstlichen Gewehrkammern nach Schwarzburg, die in Schränken aufbewahrt und von eigens eingestellten Zeughausverwaltern betreut wurden.

Das Zeughaus Schwarzburg, Zustand 2008

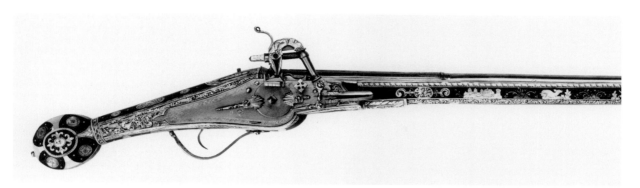

Radschlosspistole, um 1600  *TLMH Oss. 1231*

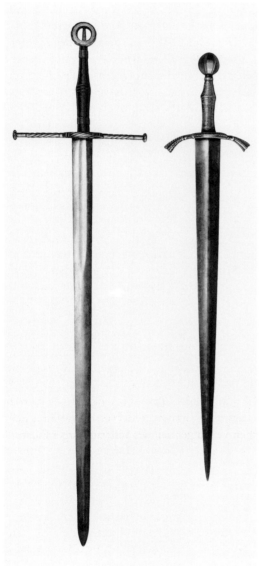

Schwerter, um 1500  *TLMH Oss. 306/300*

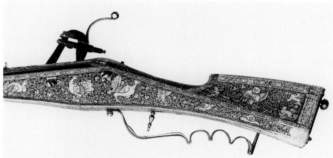

Radschlossbüchse, Ende 16. Jh.  *TLMH Oss. 902*

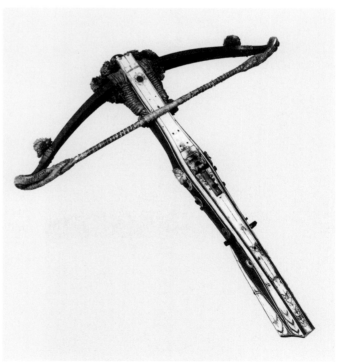

Armbrust, um 1700  *TLMH Oss. 836*

Halber Harnisch, um 1630   *TLMH Oss. 6*

In der zweiten Hälfte des 18. Jahrhunderts ließen Aufmerksamkeit und finanzielle Zuwendungen für das Zeughaus deutlich nach. Bauschäden am Gebäude bedrohten für die nächsten Jahrzehnte die Sammlungssubstanz. Erst in den Jahren nach 1830 fanden wieder größere Reparaturarbeiten statt. Dies geschah sicher auch vor dem Hintergrund, dass die Zeughaussammlung zunehmend als Attraktion für den aufkommenden Fremdenverkehr im Ort Schwarzburg galt. Als Depot für einsatzfähige Militärwaffen hatte es seit der Mitte des 19. Jahrhunderts seine Funktion an das Rudolstädter Militärkommando abgegeben, aber als museale Schausammlung an Bedeutung gewonnen. Dies wurde durch die erste, nach wissenschaftlichen Maßstäben vorgenommene Inventarisierung der Jahre 1891 bis 1894 unterstrichen. Der Katalog von CARL ANTON OSSBAHR erschien in gedruckter Form 1895 in Rudolstadt.

Die mit der Abdankung des Fürsten GÜNTHER VON SCHWARZBURG-RUDOLSTADT im Jahre 1918 vollzogene Zäsur verursachte zunächst einen jahrelangen Rechtsstreit um die Eigentumsverhältnisse an der Sammlung. Erst zehn Jahre später erfolgte eine gütliche Einigung zugunsten des Landes Thüringen. Als fachlicher Betreuer der Zeughaussammlung wurde der Leiter des Rudolstädter Schlossmuseums eingesetzt. Dieses Anstellungsverhältnis fand im Jahre 1940 ein jähes Ende, da die nationalsozialistische Reichsregierung beschlossen hatte, das Schloss als Reichsgästehaus umzugestalten. Das Zeughausgebäude sollte dabei als Garage für die Fahrbereitschaft Verwendung finden, so dass die Waffensammlung überhastet nach Rudolstadt auf Schloss Heidecksburg ausgelagert wurde. Ein Teilbestand verblieb in Schwarzburg, da etliche Waffen als künftige Dekorationsstücke für das geplante Gästehaus ausgewählt waren. Die kriegsbedingte Einstellung der Umbauarbeiten im Jahre 1942 hinterließ eine Schlossruine und ein marodes Zeughausgebäude.

Es ist zahlreichen glücklichen und heute teils nicht mehr rekonstruierbaren Umständen zu verdanken, dass der Zeughausbestand in der unmittelbaren Nachkriegszeit nicht als Beutegut in die Sowjetunion abtransportiert wurde. Im Jahre 1949 befand sich die bereits in Kisten verpackte Sammlung noch immer auf dem Rudolstädter Güterbahnhof und konnte auf die Heidecksburg zurückgeführt werden. Seit diesem Zeitpunkt wird sie vom Thüringer Landesmuseum Heidecksburg betreut und kann in einer ständigen Ausstellung mit etwa 300 ausgewählten Stücken als Waffensammlung »Schwarzburger Zeughaus« bewundert werden.

## ANMERKUNGEN

1. Zur Geschichte der Waffensammlung des Schwarzburger Zeughauses, zu einigen ausgewählten Objekten und zur schwarzburgischen Militärgeschichte sind in den letzten Jahrzehnten einzelne Veröffentlichungen erschienen, die in Hinblick auf die Geschichte des Zeughauses ausgewertet wurden. – Vgl. dazu: DIENER-SCHÖNBERG, Alfons: Das Fürstliche Zeughaus zu Schwarzburg. Festschrift zur Hauptversammlung des Vereins für historische Waffenkunde in Blankenburg 24. bis 26. Juni 1908. – In: Zeitschrift für historische Waffenkunde 11 (1908), S. 325–366; REIN, Berthold: Zur Chronik des Zeughauses Schwarzburg. – In: Schwarzburgbote 5 (1930); REIN, Berthold: Im Zeughaus Schwarzburg. – In: Das Thüringer Fähnlein 1 (1937), S. 1–5; BONSACK, Franz: Die Bestände des Zeughauses auf Schloss Schwarzburg. – In: Zeitschrift für Heereskunde 7 (1939), S. 29–31; DEUBLER, Heinz: Geschichte der Waffensammlung Schwarzburger Zeughaus (Sonderheft der RHH), Rudolstadt 1962; HENKEL, Jens: Das Zeughaus Schwarzburg. – In: Wir in Thüringen. Landkreis Rudolstadt. Jahrbuch (1993), S. 173–175; HENKEL, Jens: Die Fürsten von Schwarzburg-Rudolstadt und das Zeughaus in Schwarzburg. – In: Das Schwarzburger Militär, Rudolstadt 1994 (= Beiträge zur schwarzburgischen Kunst- und Kulturgeschichte; 2), S. 11–23; BIENERT, Thomas: Das Zeughaus des Schlosses Schwarzburg – ein Wohnturm des 14. Jh.? – In: Burgen und Schlösser in Thüringen (1999/2000), S. 68–78.
2. Die neuen Erkenntnisse basieren auf den noch unpublizierten bauhistorischen Forschungen des Jahres 2007 von Knut Krauße (Architekturbüro für Denkmalpflege Rudolstadt).
3. Allgemeingeschichtliche Aussagen zur Entwicklung des Zeughausbaus finden sich in: NEUMANN, Hartwig: Das Zeughaus, 2 Bände, Bonn 1992. Leider wird das Zeughaus in Schwarzburg in den Literaturangaben nur kurz erwähnt. Der Autor konnte wahrscheinlich bis 1989 nicht vor Ort recherchieren.
4. Die lediglich in Abschrift erhaltene Urkunde findet sich in: ThStAR, Hessesche Collectaneen A VIII 3c Nr. 1, Bd. 4, Bl. 288.
5. Berthold Rein vermutete, dass sich die Harnischkammer im heute nicht mehr existierenden Ostflügel des Schlosses befand. Diese Annahme kann nicht überprüft werden, da der Autor in seinen zahlreichen Beiträgen zur schwarzburgischen Geschichte meist auf Quellenangaben verzichtete. – Vgl. REIN 1930 (wie Anm. 1).
6. Das »schutzin-huß« wurde als »Geschützhaus« gedeutet. – Vgl. REIN 1930 (wie Anm. 1) und von DEUBLER 1962 (wie Anm. 1) übernommen.
7. Das Wort »schütze« bezeichnet zu dieser Zeit den Bogenschützen, Armbrustschützen oder Büchsenschützen. Weiterhin steht es für den »Wächter« und könnte sich im Kontext des Vertrages von 1453 auf das Haus für den Wächter der Burg beziehen. Diese Informationen verdanke ich freundlicherweise Herrn Prof. Dr. Eckhard Meinecke, Institut für Germanistische Sprachwissenschaft der Friedrich Schiller-Universität Jena. Für weitere Informationen ist Herrn Dr. Heiko Berger, Dresden zu danken. Verschiedene Bestallungen von Schützenmeistern wurden veröffentlicht durch: LIPPERT, Woldemar: Über das Geschützwesen der Wettiner im 14. Jahrhundert. Historische Untersuchungen. Ernst Förstemann zum fünfzigjährigen Doctorjubiläum gewidmet von der Historischen Gesellschaft zu Dresden, Leipzig 1894, S. 84f.
8. Vgl. ThStAR, Kanzlei Sondershausen Nr. 602.
9. Vgl. ebenda, Kanzlei Rudolstadt B VII 8d Nr. 6/7.
10. Vgl. ebenda Nr. 8.
11. Vgl. ebenda 8c Nr. 7.
12. Bauhistorische Untersuchungen des Jahres 2007 von Knut Krauße (Architekturbüro für Denkmalpflege Rudolstadt).
13. Vgl. ThStAR, Geheimes Archiv (Restbestand) B VII 8b Nr. 13.
14. Vgl. ebenda, Kanzlei Rudolstadt B VII 8b Nr. 14.
15. Vgl. ebenda, RS 143-010.

**16.** Vgl. ebenda, Geheimes Archiv (Restbestand) B VII 6b Nr. 1.
**17.** Siehe hierzu den Beitrag von Lutz Unbehaun in diesem Buch, S. 91 – 115.
**18.** Strickhausen schreibt die Schildmauer mit den runden Ecktürmen der Zeit Günthers XXI. von Schwarzburg-Arnstadt (1304 – 1326 – 1349) zu. – Vgl. STRICKHAUSEN, Gerd: Zum Burgenbau Graf Günthers XXI. von Schwarzburg. – In: Jahrbuch der Stiftung Thüringer Schlösser und Gärten 10 (2007), S. 69 – 87.
**19.** Vgl. ThStAR, Kanzlei Rudolstadt B VII 8b Nr. 16.
**20.** Das Inventar des Jahres 1741 vermeldet bezüglich des Waffenbestandes auf der Heidecksburg, dass nur ein einziges Stück der Gewehrkammer den Schlossbrand von 1735 überstanden hatte. Ob damit zugleich der auch als »Zeughaus« bezeichnete Waffenbestand gemeint war, muss offen bleiben. – Vgl. ebenda, Geheimes Archiv (Restbestand) B VII 7d Nr. 18.
**21.** Noch im Jahre 1886 wird vermerkt, dass auf dem Fruchtboden Hafer lagerte. – Vgl. ebenda, Rudolstädter Hofmarschallamt Nr. 684.
**22.** Bisher konnten keine archivalischen Nachweise über das Baujahr der Türme gefunden werden. Auf einer Zeichnung des Jahres 1716 ist zumindest einer der Türme erstmals deutlich zu erkennen.
**23.** Bauhistorische Untersuchungen des Jahres 2007 von Knut Krauße (Architekturbüro für Denkmalpflege Rudolstadt).
**24.** Vgl. ThStAR, Rudolstädter Schlossarchiv B XI Nr. 2.
**25.** Vgl. dazu die Literaturangaben bei Neumann 1992 (wie Anm. 3). Das von Johann Heinrich Zedler (1706 – 1751) zwischen 1732 und 1754 verlegte Werk *Grosses vollständiges Universal-Lexicon Aller Wissenschafften und Künste* vermerkt unter dem Begriff »Zeug-Hauß«: »... ist ein bequemer Ort, welcher so wohl zu Verfertigung als auch zu Beybehaltung dererjenigen Sachen gewidmet ist, die man in Angreiffung, wie auch Beschützung eines Orts nöthig hat. Es muß aber ein Zeug-Hauß nicht weit von dem Haupt=Wall inwendig der Festung erbauet seyn, damit die Stücke im Nothfall aus demselben bald auf den Wall gebracht werden können; Insgemein aber wird ein Zeug-Hauß 2. Stockwerck hoch gebaut, und der unterste Stock mit seinen Pfeiler=Gewölben und Gallerien starck und massiv gemacht, und das grobe Geschütz in rechter Ordnung herum gestellet.«
**26.** Vgl. ThStAR, Geheimes Ratskollegium Rudolstadt B VII 7d Nr. 23.
**27.** Vgl. ebenda E II 1d Nr. 9.
**28.** Bauhistorische Untersuchungen des Jahres 2007 von Knut Krauße (Architekturbüro für Denkmalpflege Rudolstadt).
**29.** Ein um 1737/38 zu datierendes Gemälde von Johann Alexander Thiele (1685 – 1752) zeigt noch die beiden Anbauten am Zeughaus (Schlossmuseum Sondershausen, Inv.-Nr.: Kb 224).
**30.** Vgl. ThStAR, Ministerium Rudolstadt, Abt. Staatsministerium Nr. 1186.
**31.** Vgl. ebenda.
**32.** Gesetzsammlung für Thüringen 1923, Nr. 22: Gesetz über die Vermögensauseinandersetzung des Landes Thüringen mit den ehemaligen thüringischen Freistaaten vom 29. März 1923.
**33.** Erst 1939 begannen konkrete Planungen für eine elektrische Beleuchtung. 1940 wurde kriegsbedingt ein »Eisenschein« für das notwendige Material beantragt. – Vgl. ThStAR, Thüringisches Hochbauamt Rudolstadt Nr. 266.
**34.** Siehe hierzu den Beitrag von Enrico Göllner in diesem Buch, S. 277 – 299.
**35.** Vgl. ThStAR, Bauleitung zur Umgestaltung Schloss Schwarzburg C 378.
**36.** Vgl. ThHStAW, Thüringisches Finanzministerium, Bauabteilung Nr. 3230. Siehe hierzu außerdem den Beitrag von Sabrina Lüderitz in diesem Buch, S. 301 – 309.
**37.** Siehe hierzu den Beitrag von Irene Plein in diesem Buch, S. 349 – 367.
**38.** Vgl. ThStAR, Kanzlei Sondershausen Nr. 602.
**39.** Vgl. ebenda, Kanzlei Rudolstadt B VII 8d Nr. 6 und Nr. 7.
**40.** Besonders kostbare Stücke aus dessen Nachlass wie vergoldete Harnische, Turnierausrüstungen, Sättel oder Türkentrophäen verblieben in Arnstadt und wurden nach seinem Tode in einem Inventar erfasst. – Vgl. Alt-Arnstadt. Beiträge zur Heimatkunde von Arnstadt und Umgebung 4 (1912).
**41.** Für die Hilfe bei der Deutung der historischen Waffenbezeichnungen ist Herrn Dr. Heiko Berger, Dresden, zu danken.
**42.** Vgl. ThStAR, Kanzlei Rudolstadt B VII 8c Nr. 7.
**43.** Ebenda A V 1a Nr. 6.
**44.** Vgl. ebenda B VII 8b Nr. 14.
**45.** Vgl. ebenda, Rudolstädter Schlossarchiv B XI Nr. 2.
**46.** Vgl. ebenda, Geheimes Ratskollegium Rudolstadt B VII 7d Nr. 23.
**47.** Vgl. ebenda: »Verzeügnis Über das Gewehr des durchlauchtigsten Fürsten und Herrn, Herrn Ludwig Friedrich, Fürsten zu Schwarzburg [...], wie solches anno 1712 den 18. July in das Zeughauß nach Schwarzburg geführt und anno 1713 den 5. July in die dazu gemachte Schräncke nach der Ordnung ist eingehenckt worden.«
**48.** Völlig gegensätzlich verfuhr die Verwandtschaft in Schwarzburg-Sondershausen. Der Bestand der Büchsenkammer des Fürsten Günther I. (1678 – 1720 – 1740) wurde 1741 an den sächsischen Kurfürsten Friedrich August II. (1696 – 1763) – gleichzeitig polnischer König August III. – verkauft. Siehe dazu: SCHAAL, Dieter: Fürst Günther I. und die Schwarzburg-Sondershäuser Verlassenschaft von 1741. – In: Jahrbuch der Staatlichen Kunstsammlungen Dresden (1992), S. 37 – 49.
**49.** Gemeint waren die Fahnen des schwarzburg-reußischen Infanterieregiments in kaiserlichen Diensten.
**50.** Vgl. ThStAR, Geheimes Ratskollegium Rudolstadt B VII 7d Nr. 23.
**51.** Sowohl in der Rüstkammer der Heidecksburg als auch im Zeughaus Schwarzburg verwiesen auffällig viele Trophäen (u. a. Zelte, Sättel, Waffen) auf die Zeit der »Türkenkriege«. Mit der Niederlage des türkischen Heeres in der Schlacht vor Wien im Jahre 1683 verlor das Osmanische Reich seinen Einfluss auf Mitteleuropa. Das befürchtete Eindringen türkischer Truppen nach Mitteleuropa hatte ab 1664 zum festungsartigen Ausbau der Schwarzburg als Landesfestung geführt.
**52.** Lediglich eine dieser morionförmigen Kopfbedeckungen – vermutlich zur Kleidung der Garde des Grafen Albrecht VII. von Schwarzburg-Rudolstadt gehörend – hat sich erhalten (ehemals Oss. 1644 bis 1646) und befindet sich heute im Bestand des Germanischen Nationalmuseums Nürnberg.
**53.** Diese sollen aus Frankreich stammen und zur Ausstattung der Schlosswache bei festlichen Gelegenheiten gedient haben. Nicht eines dieser außerordentlich seltenen Stücke hat sich heute in der Sammlung erhalten (ehemals Oss. 1631 bis 1643). – Vgl. dazu auch REIN 1930 (wie Anm. 1).
**54.** Ebenso war es üblich, dass für Feierlichkeiten am Hofe Feuerwerkskörper verwahrt waren. Nachweislich wurden 1665 anlässlich der Hochzeit von Graf Albert Anton von Schwarzburg-Rudolstadt mit Aemilie Juliane von Barby (1637 – 1706) vier Geschütze zur Erzeugung von Kanonendonner aus dem Zeughaus ausgeliehen. – Vgl. ThStAR, Geheimes Archiv (Restbestand) B VII 8b Nr. 13.
**55.** Hierbei handelt es sich um die noch heute im TLMH erhaltenen und restaurierten Münzprägestöcke, die im Hinblick auf die Münzgeschichte der Schwarzburger außerordentlich wertvoll sind. Diese Prägestöcke wurden laut Inventar von 1758 auf die Heidecksburg verbracht. – Vgl. ebenda, Geheimes Ratskollegium Rudolstadt B VII 7d Nr. 23.
**56.** Vgl. ebenda.
**57.** Vgl. ebenda, Geheimes Ratskollegium Rudolstadt A I 2g Nr. 10.
**58.** Vgl. ebenda B VII 7d Nr. 19.
**59.** Für die Zeit um 1800 fehlen Inventare, jedoch finden sich für die Jahre nach 1805 Schüleraufsätze zur Geschichte des Schlosses Schwarz-

burg, in denen auch das Zeughaus kurz beschrieben wird. Am ausführlichsten bei: NORTH, Ottomar: Beschreibung des Zeughauses in Schwarzburg, Rudolstadt 1806 – handschriftlicher Schüleraufsatz auf Anregung von Ludwig Friedrich Hesse (1783 – 1867) – vgl.: ThStAR, Hessesche Collectaneen A VIII 5a Nr. 2. In diesem Aufsatz werden auch einige Phantasieobjekte aufgeführt: »David seine Schleudertasche«, »Kayser Günthern [XXI.] seine Steigbügel, Sporen und Degen« sowie »Marien ihre Stiefel«. Bestandsgeschichtlich interessant sind die frühen Benennungen von: »Dem König von Schweden Gustav Adolph sein Helm und Ringkragen« sowie »Ein Willkomm, der mit Röhrchen versehen ist, die mit Pulver geladen, während des Trinkens losgehen« (Letztgenanntes mit Inv.-Nr.: Ossbahr 1648; seit 1945 verschollen)

60. Vgl. ThStAR, Rudolstädter Schlossarchiv B XI Nr. 23.
61. Vgl. ebenda, Geheimes Ratskollegium Rudolstadt E VII 2d Nr. 4.
62. Das Stück trägt im Verzeichnis von Ossbahr die Inv.-Nr. 2512 (seit 1945 verschollen).
63. Das Inventar von 1828 vermerkt in einem Nachtrag, dass der Wagen 1831 auf die Heidecksburg gelangt war. Das Stück mit der Inv.-Nr. Ossbahr 3025 befindet sich heute als Leihgabe im Militärhistorischen Museum Dresden.
64. Vgl. ThStAR, Ministerium Rudolstadt, Abt. Staatsministerium Nr. 1186.
65. Vgl. ebenda, Geheimes Ratskollegium Rudolstadt E VII 2d Nr. 4.
66. Spieß übte die Funktion bis 1895 aus. Seine Tochter Pauline führte das Amt bis 1897 weiter. Ihr folgte ab 1897 Albert (?) Sticht. Ab 1904 übernahm Karl Paul Walter Fischer (1877 – 1937) die Stelle als Zeughausverwalter.
67. Seit der Fertigstellung des Kaisersaalgebäudes wurden diese Räume bis 1890 als Wohnung für mehrere Generationen von »Büchsen-Spannern« bzw. Zeughausverwaltern genutzt. – Vgl. ThStAR, Rudolstädter Schlossarchiv B XI Nr. 4.
68. Vgl. ebenda, Ministerium Rudolstadt, Abt. Staatsministerium Nr. 1186.
69. Vgl. ebenda, Rudolstädter Hofmarschallamt Nr. 764.
70. Vgl. ebenda Nr. 498.
71. Vgl. ebenda, Rudolstädter Schlossarchiv B XI Nr. 24.
72. Vgl. das Vorwort bei: OSSBAHR, Carl Anton: Das Fürstliche Zeughaus in Schwarzburg, Rudolstadt 1895.
73. Vgl. ThStAR, Rudolstädter Schlossarchiv B XI Nr. 23. Das vorliegende Inventar geht auf das Jahr 1801 zurück.
74. Die Herkunft dieser sechs Schlitten ist bis heute nicht geklärt, da sie in keinem bisher bekannten Inventar vor 1895 Erwähnung finden. Ein siebenter, reich geschnitzter Rokoko-Schlitten kam 1904 aus der Domäne Straußberg hinzu. – Vgl. Archiv des TLMH, Akte Zeughaus 1870 – 1919, S. 113. Fünf dieser Schlitten sind heute in der Schlittenhalle der Heidecksburg zu sehen.
75. Vgl. HENKEL, Jens: Die Kindergarde des Prinzen Georg von Schwarzburg-Rudolstadt. – In: Nach Rang und Stand. Deutsche Ziviluniformen im 19. Jahrhundert, Krefeld 2002, S. 50 – 53.
76. Vgl. WINKER, Doreen / MAREK, Dieter: Anna Luise von Schwarzburg. 1871 – 1951. Ein Leben in Bildern aus ihrem photographischen Nachlaß, Rudolstadt; Sondershausen 2005, S. 72 f.
77. Vgl. DIENER-SCHÖNBERG 1908 (wie Anm. 1), S. 325 – 366.
78. Siehe den Beitrag von Jens Henkel in diesem Buch, S. 203 – 251.
79. Vgl. ThHStAW, Thüringisches Volksbildungsministerium Abt. C Nr. 1396.
80. Dies betraf einen Landsknechtshut (Inv.-Nr.: Ossbahr 1635) für 800 M., einen Küriss-Sattel (Inv.-Nr.: Ossbahr 280) für 12 500 M. und eine Radschlossbüchse (Inv.-Nr.: Ossbahr 905) für 4 000 M. Käufer soll die *Kunsthandlung Margraf & Co.* aus Berlin gewesen sein. – Vgl. ThStAR, Staatsanwaltschaft beim Thüringischen Landgericht Rudolstadt Nr. 23.
81. Vgl. ebenda.
82. Vgl. Gesetzsammlung für Thüringen 1929, Nr. 8 vom 18. März 1929.
83. Vgl. Archiv des TLMH, Akte Zeughaus 1931 – 1936.
84. Vgl. WINKER / MAREK 2005 (wie Anm. 76), S. 118 f.
85. Hartnäckig wurden noch bis Ende des 19. Jahrhunderts Scheinobjekte im Zeughaus wie das Schwert Günthers XXI., die Schuhe der Heiligen Anna, ein Kasten mit ägyptischer Finsternis, eine Sprosse von Jakobs Himmelsleiter oder das dreischläfrige Bett des Grafen von Gleichen gezeigt. – Vgl. auch Anm. 59.
86. Welch verheerenden Einfluss der Antisemitismus auf das menschliche Miteinander auch in einem kleinen Ort wie Schwarzburg ausübte, verdeutlicht das Schicksal von Helene Fischer. Im Jahre 1933 fühlte sich ein dienstbeflissener Bürger berufen, Anzeige wegen ihrer nichtarischen Herkunft zu erstatten. Noch bis zu seinem 19. Lebensjahr Angehöriger der jüdischen Religion, konvertierte Helene Fischers Vater zum Christentum. Berthold Rein konnte zwar bis 1938 ihre Entlassung verhindern, musste sich aber letztlich der inzwischen verschärften Rassegesetzgebung beugen. – Vgl. Archiv des TLMH, Akte Zeughaus 1931 – 1936.
87. Siehe hierzu den Beitrag von Enrico Göllner in diesem Buch, S. 277 – 299.
88. ThHStAW, Thüringisches Volksbildungsministerium Abt. C Nr. 1397. 184 Harnische, Schwerter und Partisanen sowie 200 Armbrustpfeile und 579 eiserne Kanonenkugeln waren dafür vorgesehen. – Vgl. Archiv des TLMH, Akte Zeughaus 1940 – 1946.
89. Vgl. ebenda: Brief von Scheidig an Stieler vom 4. Dezember 1940.
90. Vgl. ebenda. Im Handexemplar des Waffeninventars von Stieler findet sich folgende mutige Notiz: »Der ganze wertvolle Bestand des Zeughauses musste im Jahre d[es] H[errn] 1940 den altehrwürdigen, seit Jahrhunderte innegehabten Raum wegen des Schlossumbaues (durch Land Thüringen für den Führer) verlassen. Er wurde, soweit dies möglich, in Kisten verpackt und vorläufig im Marstall des Rudolst[ädter] Schlosses untergebracht. Zu seiner neuerlichen Aufstellung sollte das hies[ige] Reithaus umgebaut werden. Der Umbau ist bisher unterblieben. Dagegen wurden Gerüchte laut, Reichsstatth[alter] Sauckel (+++) wolle die Sammlung nach Weimar, Thüringens Wasserkopf, haben. Gott behüte davor.« (Exemplar im Bestand des TLMH).
91. ThHStAW, Thüringisches Finanzministerium, Bauabteilung Nr. 3050.
92. Vgl. ebenda Nr. 3051.
93. Siehe hierzu den Beitrag von Sabrina Lüderitz in diesem Buch, S. 301 – 309.
94. Fritz Müller war vom 1. März 1941 bis 1. Dezember 1945 als Leiter des Schlossmuseums der Heidecksburg tätig und unterstand der Oberdirektion von Dr. Walther Scheidig.
95. Archiv des TLMH, Akte Zeughaus 1940 – 1946.
96. Ebenda, Akte Museumsgeschichte ab 1945.
97. Ebenda.
98. Vgl. ebenda, Akte Zeughaus 1946 – 1962. Vier Falkonette aus dem 16. Jahrhundert (Ossbahr 855, 856, 858, 860), die im Bereich des Brunnens auf dem Schlosshof der Heidecksburg aufgestellt waren, sollen 1946/47 auf Veranlassung der sowjetischen Militärkommandantur in der *Maxhütte Unterwellenborn* eingeschmolzen worden sein.
99. Vgl. ebenda.
100. Vgl. ebenda, Akte Museumsgeschichte ab 1945.
101. Vgl. Das Schwarzburger Militär, Rudolstadt 1994 (= Beiträge zur schwarzburgischen Kunst- und Kulturgeschichte; 2).

(Anhang 1) **Inventar des Zeughauses Schwarzburg um 1550/60**

*In: ThStAR, Kanzlei Sondershausen Nr. 602, undatiert (um 1550/60)
Transkription des in deutscher Schrift verfassten Textes in wortgenauer Übertragung,
die originale Schreibweise wurde übernommen.*

## WAS ZU SCHWARTZBURGK IM ZEUGKHAUSE VORHANDEN, UND NACH DARZU GESCHICKT MUS WERDEN. WIE VOLGETT.

Erstlich ein Kartaune scheüst 28 Pfund Eysen, darbey ist alle Rüstung und 105 Kugeln.

Mehr ein schlange scheüst 7 Pfund Eysen, da ist bey Ladtschauffeln und setz Kolben. Darzu mus geschickt werden 100 Kugeln.

Mehr 4 gemeine Schlangen, schissen 4 Pfund Eysen, da ist gar nichts bey.
Dartzu mus gemacht werden.
    4 Ladeschaffeln
    4 Wüscher
    4 Setzkolben
    400 Kugeln.

Mehr sind da.
Sechs halbe schlenglein, die schissen zu 2 Pfund Eysen, da ist nichts bey, da muß die Rüstung zu gemacht werden und 600 Kugeln.

Mehr 2 stücklein seindt dem gleich, schissen zu 1 ½ Pfund Eysen, da ist nichts bey, muß die Rüstung gemacht werden und 200 Kugeln.

Mehr 3 Falckoner schissen zu 1 Pfund Eysen, da ist nichts bey, mus die Rüstung gemacht werden, und 300 Kugeln.

Mehr 7 kleine Falckoner schissen zu halben pfund dartzu ist nichts, muß die Rüstung gemacht werden und 700 Kugeln.

Mehr Ein Stuck ziemlicher lange, scheüst ¾ Pfund Eysen, ist nichts bey. 100 Kugeln.

Mehr 8 Scherffentin da ist nichts von Rüstung zu, alleine eine Zangen, das andere mus gemacht werden, und sonderlich 1000 Schrott von Eysen.

Mehr 2 Bockstücklein da ist gar nichts bey.

Mehr 18 Doppelhacken, wehren alle uff die Böcke zurichten, den sie doch einen manne zu schwer.

Mehr 2 lange stucklein ohne laden, die geben zwei hübsche scherffetin, da ist gar nichts bey.

Mehr 78 gemeine hacken. Da ist gar nichts bey, dan ein ladtsack oder Zehen, und ist doch nichts gutts daran.

Diese müssen alle gereiniget werden, und gangkhafftigk, auch erzliche newe laden und schloser.

Mehr mus zu diesen geschütz geschickt werden, wie folgen ... [es folgt eine Aufzählung von Stangen, Ladeschaufeln, Wischern, Stricken, Hebezeug, Nägel usw.]

(Anhang 2)

## Inventar des Zeughauses Schwarzburg 1656

*In: ThStAR, Kanzlei Rudolstadt B VII 8b Nr. 14, 1656*
*Transkription des in deutscher Schrift verfassten Textes in wortgenauer Übertragung,*
*die originale Schreibweise wurde übernommen.*

### VORZEICHNUS DER AUFF DEM GRÄFFLICHEN HAUSE SCHWARZBURGK BEFINDLICHEN HERRSCHAFFTSSACHEN UND VORRATS,

uff erhaltenenen gnädigen befehl den 12. 13. und 14. May durch mich den Gräfflichen Vormundschaffts
Renterey Verwalter Valentin Repphunen mit zuziehung Johann Schnuphasens,
nach absterben des gewesenen Burgkvogts Joseph Grellharts Inventiert.     23. Mai 1656

**Rüstung im Zeughaus.**

Zwey meßingene feldschlangen, eine mit dem Löwen und eine mit dem Schwarzburgischen Wapen, eine mit Ao 1529 und der Drache genant, diese mit Anno 1528. beyde mit laveten und Rädern.

Eine Meßingene halbe feldschlange mit der JahrZahl 1522. und dem Schwarzburg. Wapen.

Vier doppelfalkonet 2. mit der JahrZahl 1501. eins mit 1522 und das Vierte mit 1523. mit lavete und Rädern.

Ein doppelfalkonet die Kanne mit JahrZahl 1516.

Acht halbe falkonet fünffe mit Löwen, darunter uff dreyen Einhörner und Zweyen drachen. Mit der Jahrzahl 1522. Eins mit laveten und Rädern 1. mit nur der lavete und 3. ohne lavete, das Sechste mit der gabel und löwen ohne Jahreszahl, das Siebende mit der Schwarzburg. Wapen, das Achte mit dem großen Schwarzburg. Wapen beyde mit der JahrZahl 1537. alle 3. mit laveten.

Ein falkonet mit dem Löwen und Gabel ohne JahrZahl und lavete.

Zwei gar kleine Meßingene stücklein mit Heydexen und der Jahreszahl 1536. ohne lavete.

Ein eysern stücklein mit lavete und Rädern.

Drei eyserne feyer Mörsel ohne lavete.

Zwei gute starke Wagenräder, so etwas geführt.

Vier newe stück räder sambt den Achsen so beschlagen.

Eine lavete samt den Rädern und eine ohne räder beschlagen.

Zweyhundert Sechs und Siebenzig sturmhauben.

Acht bar eyserne handschue.

Drey und Achzig duppel Söldner Harnisch nebst etlichen Zerbrochenen stücken.

Hundert und fünff große eyserne stück Kugeln incl. 2. fewr Kugeln.

9 große steinerne Mörsel Kugeln.

156 kleine stück kugeln.

169 Mußquetirer Degen ezliche ohne scheiden incl. 20 so der von Boseck abholen lassen.

8 Schlacht Schwerter.

2 Federspieße.

4 HelleParten 2 ohne scheffte.

5 stück Crezer.

5 Ladungen und eine Zerbrochene.

Acht Meßingene Doppelhacken darunter 2 ohne scheffte.

12 Eyserne doppelhacken 4 ohne scheffte.

Ein klein Messingen Viertelshäcklein.

Ein Kästlein mit 3 fachen darinnen Zunder und Hilsen zur Cranat und FeuerKugeln.

5 Meßingene Kugelformen zur stücken.

Drey duzt Mußqueten Patronen.

Sechs duzt Pandelir Patronen.

Drey duzt 4 Mußqueten und Rohr Kugeln.

83 ½ Pfund Musqueten Pulver.

Ein leuchter mit einen Hirschgeweihe, so ahnzuhengen, daran der Große Christoffel.

Zwey große blase belge in die Schmelzhütten gehörig.

Eine Wageschüßell mit Vier eysernen Ketten.

**In der Rüstkammer**

17 doppelhacken 9 gescheft und 8 ungescheft.

Ein Fewer Mörser.

148 gescheffte Mußqueten, darunter eine mit einen fewerschlos.

8 alte Mußqueten lauff deren 5 zersprungen.

12 stück panzer.

2 ganze scheffte und ezliche zerbrochen.

Ein Kasten mit 2 faches darinnen Hilses zu FewerKugeln.

Eine helle Parthe.

16 Duzt und Sechs Pandelir.

19 lange und 240 kurze Wehrengehencke.

154 Leibgürtel.

114 Pulverpflaschen.

148 Kugelformen zur den Mußqueten.

153 Pandelir Taschen.

226 Mußqueten Gabeln.

25 Hauptgestell. Zum Pferde Zeumen.

21 Zuigel.

44 HinterZauge.

38 Vorgebiege.

Sechs alte Sattel darunter ein glatt Sammeter.

Ein Falckonet mit der Heydex und JahrZahl 1536 und.

Ein klein halwe Mörser uffn vieren Richtung.

Ein helwe Mörselein in Rundel, da man zum thor eingehet.

(Anhang 3)  **Inventar des Zeughauses Schwarzburg 1732**

*In: ThStAR, Geheimes Ratskollegium Rudolstadt B VII 7d Nr. 23, 1732*
*Transkription des in deutscher Schrift verfassten Textes in wortgenauer Übertragung,*
*die originale Schreibweise wurde übernommen.*

## INVENTARIUM DES ZEUGHAUSES ZU SCHWARZBURG,

wie solches nach Absterben des Herrn Hauptmann Meylanden dessen Sohne zur Aufsicht bißhirher überlassen gewesen,
nun aber auf gnädigsten Befehl mit dem Obristlieutnant Wurmb am 10 und 11. Mart. 1732 durchgangen
und biß auf fernere hohe Verordnung dem Fähnrich Heubeln übergeben worden und sich dermalen Würklich befindet.

Ein Metallnes Falconetgen mit dem alten Schwarzburgk. Wappen, der Jahrzahl 1516 und der Gießkanne gezeichnet.
Ein Metallnes 2. Pfündiges Feldstück, mit einem glatten Schilde und der Jahrzahl 1501.
Ein Metallnes Falconetgen, mit der Jahrzahl 1522 mit einen Löwen und Ein horn gezeichnet.
Ein Metallnes 2. Pfündiges Feldstück, mit einem glatten Schilde und der Jahreszahl 1501.
Ein Metallen 4. Pfündige Feldschlange, der Drache genannt, mit der Jahrzahl 1529 und einem Löwen gezeichnet.
Ein Metallnes Falconetgen, mit der Jahrzahl 1522 mit einen Löwen und Einhorn gezeichnet.
Ein Metallnes Falconetgen, mit der Jahrzahl 1522. mit einen Löwen und Einhorn gezeichnet.
Ein Metallnes 4. Pfündige Feldschlange mit dem Schwartburgk. Wappen und der Auffschrifft Halt Hart, nebst der Jahrzahl 1528. und ist ein Rad sehr wandelbar.
Ein Metallnes Falconetgen, mit der Jahrzahl 1522 mit einen Löwen und Einhorn gezeichnet.
Ein Metallnes 1 ½ Pfündiges Feldstück, mit dem Schwarzburgk. Wappen und der Jahrzahl 1537.
Ein Metallnes Ein Pfündiges Stückgen mit einem Löwen und der Gabel.
Ein Metallnes 1 ½ Pfündiges Feldstück, mit dem alten Schwarzburgk. Wappen und der Jahrzahl 1537.
Ein Metallnes Ein Pfündiges Stückgen, mit einen Löwen und der Gabel.
Ein Metallnes 1 ½ Pfündiges Stück, mit dem Schwarzburgk. Wappen, der Jahrzahl 1522 u. denen Buchstaben E.P.G.M. gezeichnet.
Ein Metallnes Falconetgen mit der Jahrzahl 1536 und der Eydexen gezeichnet.
Ein Metallnes 1 ½ Pfündiges Stück mit dem Schwarzburgk. Wappen und der Jahrzahl 1522. nebst denen Buchstaben E.P.G.M. gezeichnet.
Ein Metallnes Falconetgen, mit der Jahrzahl 1536 und Eydexen gezeichnet.
Ein Metallnes Falconetgen, mit einem fliegenden Drachen nebst einen Löwen und der Jahrzahl 1522.

Ein Metallnes Falconetgen, mit der Jahrzahl 1536 und der Eydexen gezeichnet.
Ein Metallnes Falconetgen mit der Jahrzahl 1522 mit einen fliegenden Drachen und einen Löwen gezeichnet.
Ein Metallnes Falconetgen mit der Jahrzahl 1536 und der Eydexen gezeichnet.
Eine Eiserne 1 ½ Pfündige Canon, in welche der Büchsenmacher Haueisen das Zündloch gebohret, und von der alten Reitbahn nüber an den Berg über die Saltzlecke ans Holtz einen ziemlich guten Schuß nach der Scheibe gethan. Auff dieser Lavette hat sonsten ein 4. Pfündiges Stück mit dem Gräfl. Mansfeldischen Wappen, der Jahrzahl 1516 und der Gießkanne bezeichnet gelegen, Welches aber nachdem es zersprungen, durch den Glockengießer Johann Feeren zu Rudolstadt zerschmolzen worden.

*Nota. Diese Zwey und Zwanzig Stück Geschütz stehen auff Lavetten und haben ihr behöriges Ladezeug.*

Ein Eisern Falconetgen, so man durch die Cammer ladet, in welchen aber die Einsätze fehlen, lieget auf einen Bock nebst den Krätzer und Ladestock.
Ein kleiner Eiserner Mörser zu Lust Feuern.
Eine alte Eiserne Haubize für Petarte u. drey Eiserne Schroth Stücke – sind unbrauchbar.

24 Meßingene Doppelhacken.
1 kleiner Meßingk. Doppelhacken.
24 Eiserne Doppel-Einfache Hacken und Stutzer.
9 Steinerne Kugeln.
1 kleinere steinerne Kugel.
77 grose Eiserne Stück Kugeln à 24 biß 36 Pfund.
130 Eiserne stück Kugeln á 4. biß 5 Pfund.
2 Feuer Kugeln.
218 Eiserne Hand Grenaden, worunter 12 Stück gefüllt.
224 Eiserne Hand Grenaden befinden sich allhier in Rudolstadt.

104 stück brauchbare lange Flinten.
265 Wandelbare und

103 Stück ruinirte ohne Schlösser.
46 Brauchbare, 214 Wandelbare Flinten von Land Regiment.
200 Mousqut. Läuffe, so theils noch in Wurmstichigen Schäfften liegen.
6 Carabiner mit 2. alten Carabiner Riehmen.
288 gute brauchbare Flintenschäffte.
52 alte Kurtze Gewehr.
397 Bajonette incl. 102 kleine und 27 so zu Königsee in Brande Verdorben.
22 Degen Von Land Regimente so sehr Wandelbar und reparatur erfordern.
300 Brauchbare Panteliers.
50 Stück Kugel Formen zu kleinen Gewehr.
41 Stück alte Flinten Schlösser.
3 Paar Teütsche Pistolen.
92 Degen mit Maulkörben an der Brustlehne der Gallerie.
166 dergleichen Degens in der Obern Etage.
3 Reither Degen.
3 alte Trommeln.
4 alte Fahnen, so schon 1703 biß 1714 im Felde iedoch Z. u. Z. nach einander dienste gethan. [aus dem schwarzburgisch-reußischen Infanterieregiment in kaiserlichen Diensten]
3 Fahnen von gelb und Blauen Taffet, des alten Land Regiments.
13 Flammichte und 1 Glattes große Schlachtscherdter.
3 Meßingene Stück Kugel-Formen.
53 Curass mit Casquet Halßkragen und Lentenschürtzen an der Brustlehne der Gallerie.
36 alte Curass so Wandelbar, in der Obern Etage.
1 Schwartzer u. 1 Versilberter Turnier Curass.
193 Sturmhauben.

Eine Eiserne große Waage mit Höltzern Schaalen an Stricken hengend, ohne Gewichte.
Eine Eiserne Schnellwaage mit einer großen und einer kleinen Schaalen, samt zugehörigen Ketten.
Ein Hebezeug mit 2. Globen und 4 Meßingnen Rollen nebst zugehörigen Seylen.
Ein Zieh- und Bohrbancke mit zubehör.
Ein Amboß.
Ein Hirschgeweyh mit einer Licht-Crone,
Zwey Partisans.
Drey dergleichen mit Schwartzen Quasten.

1 Moscowittischer Pertusch.
2 Köcher mit etzlichen Pfeilen.
1 Jappanischer Bogen.
2 Tartarische Pusicane.
1 Weidemeßer.
9 kleine Palesters.
1 Palester von Elffenbein mit halber Rüstung.
1 dergleichen mit gantzer Rüstung. Nota. Diese Palesters sind mehrentheils unbrauchbar auch fehlen meist die Sennen.

Eine Pulver Flasche Von Hirschhorn, worauff die Tauffe Johannis geschnitten.
Eine Meßingk. Pulver Flasche mit Feüerzeug und Compass.
Eine Pulver Flasche Von Holtz worauff ein Kampffjagen geschnitten.
Eine Pulver Flasche Von Holtz mit Perl Mutter eingelegt.
Eine Pulver Flasche Von Holtz, auf denen Seiten mit Elffenbeinern Rosen.
Eine alte Pulver Flasche von Holtz in Form eines Casquets.

14 alte Palasche.
2 Sebel.
3 Pantzerstecher.
1 kleines Stillettgen.
1 Palasch mit einer Palisaden-Seege Bohrer und Raspel.
2 Flinten- 5 Büchsen- 3 Paar Pistolen rohr Läuffe.
1 Starck Flinten Probe Rohr, auf dem Lauff zwey gelbe Riegel.
Drey kleine Fäßl. Mit Stück-Pulver.
Ein Fäßl. mit klaren Pulver.
Vier leere Pulver Fäßl. 2 mit ledernenen Hültzen und 2 mit Sponden.
Ein Kasten mit Flinten Kugeln.
1200 Stück Flintensteine.

Zwey Kästen mit Müntz Stemplen des Schwarzburgk. Hohen Hauses.
Zwey Zelten ohne Marquis.
Fünffzig Bleche mit dem Schwarzburgk. Löwen, Gabel und Kamme, so bey der Schwedischen Invasion gebraucht worden.
5 Schwartze mit Silber und goldgestückte Turnierhauben.
16 Schwartz Plüschenen Schweitzerhüthe.
3 Unter Officiers und 11 gemeine Röcke vom Land Regimente.

**An alten Turnier und Reith-Sätteln**
Ein großer Schwartz Sammeter Sattel so gestickt.
Ein Rosenfarbener Sammeter Sattel mit leonischen Golde gestickt.
Ein grün tuchener Sattel mit zwey Magazinen und grünen Schnüren.
Ein Roth Sammeter Sattel mit soppelten Bauschen.
Ein schwarz Sammeter Turnier Sattel.
Ein mit gelbenleder überzogener Thurnier Sattel.
Ein Schwartz Sammeter Reith-Sattel.
Ein dergleichen Sattel.
Ein Roth Sammeter Sattel mit leonischen Golde bordirt, nebst dergleichen Zaum und Stangen, auch hinter und vorder zeug und Quasten.
Ein Schwartz Sammeter Sattel mit leonischen Borden.
Zwey lederne Sättel.
Ein Schwartz Lederner Sattel mit Sammet bordirt.
Ein Ungarische Sattel.
Ein Sammeter Turnier-Sattel.
Ein Türckischer Sattel mit einen Roth Sammeten Küßen.

Ein Schwartz Sammeter Sattel mit doppelden Bauschen.
Ein lederner Sattel mit Magazinen.
Ein klein lederner Frauen-Zimmer Sattel.
Ein Persinnischer Sattel mit Chagrin.
Ein Schwartz Sammeter Turnier Sattel.
Ein Polnischer Sattel nebst dem Gurth auch vorder und hinterzeug.
Ein Schwartz Sammeter Sattel.
Ein Violet Sammeter Sattel mit leonischen borden.
Ein großer Roth Sammeter Sattel.

**An Schmidts Geräthe**
14 Stück groß- und kleine Hämmer.
9 Feüerzangen.
4 Radezangen.
1 Le[ö]schspieß.
1 Le[ö]schschauffel.
1 Le[ö]schwisch.
1 Raspel.
1 Würckmeßer.
2 Nagel-Eisen.

**In den Schrancke No. 1 befindet sich**
Drey Janitzscharen Röhre, 2 damascirt und 1 mit Silber eingelegt.
Ein Tschakan zugehen, woraus man auch zugleich schiesen kann.
Ein Tschakan, in Reithen an Gürtel zu stecken.
Eine Parte, woraus auch kann geschossen werden.
Ein großer vergoldeter Degen mit einem Maulkorbe, Spanische klinge und zerbrochener Scheide.
Ein Hirschfänger mit einem vergoldeten Gefäß.
Ein Degen das Gefäß mit Silber eingelegt, Frantzösische Arbeit.
Ein Degen mit einen vergoldetwn Gefäß und Roth Sammeter Scheide.
Ein kleiner Degen das Gefäß und Gebund emnitirt.
Ein Degen das Gefäß Eisen mit Silber eingelegt, einen Silbern Griff auf der Klinge Könige, Chur Fürsten und Fürsten und Grafen in Gold zu Pferd, so aber sehr verrostet.
Ein alter Degen das Gefäß Carlsbader Arbeit.
Ein Ungarischer Sebel mit welchen in leztern Kriege vor Belgrad den ersten Türcken der Kopf soll runter gehauen worden seyn, nebst einen Türckischen Schilde.
Eine alte viereckigte Degen-Klinge.
Ein Türckischer Köcher mit Pfeilen und Bogen.

**In den Schrancke No. 6.**
Ein großer Degen mit einen auf Eisen vergoldeten Gefäß.
Ein Pantzerstecher mit einer viereckigten Klinge.
Ein Schlacht Schwerdt, auf der Klinge ein Rad und ein Einhorn.
Ein Schwerdt von der Frantzösischen Schweitzer Guarde mit einen vergoldeten Gefäß.

Ein Degen mit Silber in Eisen geätzt.
Ein Degen mit Eisern durchbrochenen Gefäß.
Ein Hirschfänger mit Silbernen Buckeln.
Ein Palasch mit Schwartzen Gefäß und Spanischen Klinge.
Ein kleiner Seiten Degen mit schwartzen Gefäß und Schilffklinge.

**In den Schrancke No. 2 befinden sich Büchsen mit Frantzösischen Anschlägen und Teutschen Schlössern.**
Eine Gelbgeschäffte Kugelbüchse die Kappen von Horn benebst den Krätzer.
Ein Iltalianische Carabiner der Schafft subtil mit Eisen eingelegt, auf den Lauff gezeichnet Lazarino Caminuzo.
Ein Braun geschäffte Kugelbüchse, nebst Kugelsack, Form und Krätzerm auf dem Lauff gezeichnet J.P. die große Linzingern genannt.
Ein Gelbgeschäffte Kugelbüchse, benebst Kugelsack, Form und Krätzer, die Forstmeisterin genannt.
Ein Braungeschäffte Kugelbüchse, nebst Kugelsack, Form und Krätzer, auf dem Lauff gez. Thomas Willing 1670. der Schafft mit Silber eingelegt.
Ein Braungeschäffte Kugelbüchse, nebst Kugelsack, Form und Krätzer, auf dem Lauff gezeichnet 1674.
Eine glatte Kugelbüchse mit einen verdeckten Schloße dass man beym Abdrücken kein Feüer siehet.
Eine ungangbare Windbüchse mit einem Meßingenen Lauffe.
Eine Braungeschäffte gezogene Teutsche Kugelbüchse, auf den Schubdeckel ein Wild Schwein geschnitten, mit einen künstlichen Abdruck des Pfanndeckels.
Zwey linck und recht geschäffte Büchsen, darvon eine gezogen und eine glatt, die Schäffte mit Perl-Mutter und Elffenbein eingelegt.

**In den Schrancke No. 3 befinden sich an Flinten.**
Eine lange Gelbgeschäffte Flinte der Lauff gezeichnet Lazaro Caminazo und auf dem Schloß Moriz á Cassel.
Eine braun Flammicht geschäffte Flinte, auf dem Schloß gezeichnet Chasteac á Paris die Wiener genannt.
Eine Gelbgeschäffte Flinte mit einen Frantzösischen Lauffe.
Eine Braungeschäffte Flinte von Herrn von Wazdorff, in welcher Schuß und Ladestock noch steckt.
Eine Braungeschäffte Flinte auf den Schloß gezeichnet A Sedan.
Eine Braungeschäffte Flinte auf den Schloß gezeichnet de la Hage á Mastrich.
Eine Braungeschäffte Flinte, der Lauff gezeichnet Biscaja.
Eine Braungeschäffte Schwedische Flinte, auf dem Lauff gezeichnet Anhone.

**In den Schrancke No. 4 befinden sich mehr an Flinten.**
Eine Flammicht geschäffte Vogel-Flinte.
Eine Braungeschäffte Vogel Flinte auf dem Schloß gezeichnet Caspar Heinrich Mellenbach.
Eine Gelbgeschäffte Flinte mit zweyen Läuffen unter ein ander, auf dem Schloß gezeichnet Samon.

Eine Gelbgeschäffte Flinte, auf dem Schloß gezeichnet Jean Bircken.
Eine Gelbgeschäffte Vogel-Flinte, mit einen ausgegrabenen Lauffe.
Eine Braungeschäffte Vogel-Flinte, mizt einen eckigten Lauffe, gezeichnet Egidi Gesell 1651.
Ein Braungeschäffte Vogel-Flintgen, mit ausgegrabenen Lauffe, auf den Schloß gezeichnet A Sedan.
Ein Braungeschäffte Vogel-Flintgen, mit einen Blauen Lauffe.
Eine halbgeschäffte Flinte, nebst einer Taschen worinnen 4 Ladung, ist auf den Schloß gezeichnet A Leipzig und auf dem Lauff Caspar Escher 1679.
Eine Braungeschäffte Flinte mit zweyen Läuffen gegen einander.
Eine Braungeschäffte Flinte mit einen krummen Anschlage.

**In den Schrancke an der Treppen No. 5 befinden sich Büchsen mit Frantzösischen Schlössern und Anschlägen.**
Eine Braungeschäfft gezogene Büchse, nebst Kugelsack, Form und Krätzer, auf den Lauff gezeichnet 1693.
Eine Gelbgeschäffte glatte Büchse, nebst Kugelsack, Form und Krätzer, auf dem Anschlag gezeichnet C.V.W. die Truffin genannt.
Eine Braungeschäffte glatte Büchse, auf den Schloß gez. Sondershausen.
Eine Braungeschäffte gezogene Büchse, nebst Kugelsack, Form und Krätzer, das Schloß mit einen Hacken und einen verdeckten Pfanndeckel.
Eine Gelbgeschäffte gezogene Schwedische Büchse, nebst Kugelsack, Form und Krätzer.

**In den Schrancke No. 1 in Ercker gegen Morgen**
Ein Paar ltalianische Pistolen, zu den Carabiner in Schrancke Nro.2.
Ein Paar Braungeschäffte Pistolen mit blauen Läuffen, auf den Schloß gezeichnet Monlong á Angers, mit Silbern Körnern.
Ein Paar Schwartzgeschäffte Pistolen der Schafft mit Eisen eingelegt, auf dem Lauff gezeichnet Lazaro Caminazo.
Ein Paar Gelbgeschäffte Pistolen, mit blauen eckigen Läuffen.
Ein Paar Schwartz Braungeschäffte Pufferte, auf denen Schlössern gezeichnet P. Formentin.
Zwey Paar gantz Eiserne Pistolen.
Ein Paar gantz Meßingene Pistolen eine rechts und eine lincks.
Ein kleiner sogenannter Teutscher Carabiner, gelb beschlagen und auf der Kappen gez. H.G.G.Z.S.W.V.H. 1658. der Ladestock ist zugleich der Spanner.
Ein Paar Italianische Pistolen gezeichnet auf denen Läuffen Maro Antonio Berge.
Ein Paar ltalianische Pistolen auf den Lauff gezeichnet Matteo Badile.
Ein Paar Braungeschäffte Teutsche Pistolen, auf den Lauff gez. Hans Wolffart 1660.
Ein Paar Gelbgeschäffte Pistolen mit runden Läuffen.

Ein Paar Gelbgeschäffte Pistolen in Daumengriff mit Drat ausgelegt.
Ein Paar Schwarzgeschäffte Pistolen, das gantze Beschläge von Silber, und auf denen Läuffen gezeichnet Rudolphstadt.
Ein Paar Braungeschäffte Pistolen mit Silber geschlagenen Kappen, Biegeln und Müttergen.
Ein Paar Gelbgeschäffte Pistolen, das gantze Beschläge von Silber und auf denen Läuffen gezeichnet Wolff Hoch Arnstadt.
Ein Paar Gelbgeschäffte alte Pistolen, an Hahn und Feder ein gelbes Blütgen.

**In den Schrancke No. 2 in Ercker gegen Morgen befinden sich an Teutschen Pistolen**
Zwey Paar lange Pistolen, die Schäffte wohl mit Bein und Perl-Mutter eingelegt.
Ein Paar Braungeschäffte Pistolen, gezogen und mit Bein eingelegt, auf denen Läuffen gezeichnet 1620.
Ein Paar Braungeschäffte Pistolen, mit blauen Schlössern.
Ein einzelnes Pistol gelbgeschäfft und mit Bein eingelegt, der Lauff gezeichnet 1596.
Ein einzelnes Gelbgeschäfftes Pistol, subtil mit Bein eingelegt und einen eckigten Lauff.
Ein einzeln Gelbgeschäffte Pistol ein wenig mit Bein eingelegt.
Ein einzelnes Braun geschäftes Pistol mit drat eingelegt und angeschraubten Haacken.
Zwey Paar Pufferte die Schäffte wohl mit Bein eingelegt, worvon ein Paar vergoldete Schlösser.
Zwey Paar Schwartzbraun geschäffte Pufferte.
Drey einzelne Pufferte, worvon eines mit Bein eingelegt.

**In den Schrancke No. 3 des Erckers gegen Morgen befinden sich Kugelbüchsen mit Teutschen Anschlägen und Schlössern**
Eine Braungeschäffte Büchse, nebst Kugelsack, Form und Krätzer, der Lauff gezeichnet 1674. die lange Saalfeldern genannt.
Ein Braungeschäffte Büchse, auf den Lauff gezeichnet Georg Alt von Praag, F. bey Gabriel Dorn 1662.
Eine Gelbgeschäffte Büchse, nebst Kugelsack, Form und Krätzer, auf dem Lauff gezeichnet Valentin Muth, Zerbst 1653.
Eine gelbgeschäffte Büchse, der Anschlag mit Bein eingelegt, nebst Kugelsack, Form und Krätzer, auf dem Lauff gezeichnet 1680.
Eine Braungeschäffte Büchse, der Anschlag wohl ausgeschnitten, nebst Kugelsack, Form und Krätzer, der Lauff gezeichnet H.W.
Eine Rothgeschäffte Büchse, der Anschlag mit Silber beschlagen, nebst Kugelsack, Form und Krätzer.
Eine Gelbgeschäffte Büchse, mit einen krummen Anschlage von Sondershausen.

**In den Schrancke No. 4 des Erckers gegen Morgen**
Eine Braungeschäffte Büchse, mit Bein eingelegt, nebst Kugelsack, Form und Krätzer, den Lauff gezeichnet 1606.

Eine Braungeschäffte Büchse, mit Bein eingelegt, nebst
  Kugelsack, Form und Krätzer, auf dem Lauff gezeichnet
  Halt mich Wohl, Wann ich treffen soll.
Eine Braungeschäffte Büchse, mit Bein eingelegt, nebst
  Kugelsack, Form und Krätzer, auf dem Lauff gezeichnet
  1692.
Eine Büchse woran der Schafft schön mit Bein eingelegt, nebst
  Kugelsack, Form und Krätzer, der Lauff vergoldet und gez.
  1595.
Eine Braungeschäffte Büchse, mit Bein eingelegt, nebst
  Kugelsack, Form und Krätzer, der Lauff gezeichnet 1616.
Eine Braungeschäffte mit Bein eingelegte Büchse, nebst
  Kugelsack, Form und Krätzer, der Lauff gezeichnet Hans
  Wolffart á Saalfeld 1684.
Eine Gelbgeschäffte Büchse mit Bein eingelegt, nebst
  Kugelsack, Form und Krätzer in Anschlag gezeichnet S.P.
Eine Gelbgeschäffte Büchse ein wenig mit Bein eingelegt,
  nebst Kugelsack, Form und Krätzer, der Lauff gezeichnet
  1677.
Eine Braungeschäffte Büchse, wohl mit Bein eingelegt, nebst
  Kugelsack, Form und Krätzer das Schloß spannet sich
  selbst mit dem Hahn.

**In den Schrancke No. 5 an der Wand.**
Eine Schwartzgeschäffte Büchse, nebst Kugelsack, Form und
  Krätzer, mit eingestochenen Schloße, der Lauff gezeichnet
  Chr. Lud. Hoenelb.
Ein Braungeschäffte Büchse, nebst Kugelsack, Form und
  Krätzer, der Lauff gezeichnet 159 mit einen rund zugemach-
  ten Gesicht.
Eine Braungeschäffte Büchse, nebst Kugelsack, Form und
  Krätzer mit einen Türckischen Schloße.
Eine Braungeschäffte Büchse, mit Bein eingelegt, nebst
  Kugelsack, Form und Krätzer, mit blauen Schloße.
Eine Braungeschäffte Büchse, nebst Kugelsack, Form und
  Krätzer, der Lauff gezeichnet Thomas Willing 1670.
Ein Braungeschäfftes gezogenes Teschin, mit Bein eingelegt,
  nebst Kugelsack, Form und Krätzer.
Ein Braungeschäffte Büchse, ein wenig mit Bein eingelegt,
  nebst Kugelsack, Form und Krätzer.
Eine alte Braungeschäffte Büchse, mit Bein eingelegt, nebst
  Kugelsack, Form und Krätzer.

**In den Schrancke No. 6**
Ein Braungeschäfftes Teschin, nebst Kugelsack, Form und
  Krätzer.
Eine Braungeschäffte Büchse, nebst Kugelsack, Form und
  Krätzer.
Eine Gelbgeschäffte Büchse, ein wenig mit Bein eingelegt,
  nebst Kugelsack, Form und Krätzer, der Lauff gezeichnet
  O.H.
Eine Braungeschäffte lincke Büchse, mit Bein eingelegt, nebst
  Kugelsack, Form und Krätzer, der Lauff gezeichnet 1597.
Eine Schwartzgeschäffte Büchse, in Anschlag mit Bein
  eingelegt, nebst Kugelsack, Form und Krätzer, der Lauff
  gezeichnet Hans Wolffart Saalfeld 1680 sonsten die
  Schwartze genannt.
Eine Braungeschäffte Büchse, mit Bein eingelegt, nebst
  Kugelsack, Form und Krätzer, der Lauff gelb eingelegt und
  gezeichnet 1599.

**In den Schrancke No. 7.**
Eine Schwartzgeschäffte Büchse, ein wenig mit Bein eingelegt,
  nebst Kugelsack, Form und Krätzer, sonsten die Forstmeister
  Kropfen genannt, mit einen Riehmen.
Eine Gelbgeschäffte Büchse, ein wenig mit Bein eingelegt, nebst
  Kugelsack, Form und Krätzer, der Lauff gezeichnet mit einen
  gelben Kreutz, und darinnen dieser Vers Heut gieng je Holz,
  der edle Hirsch stolz. 1647.
Eine Gelbgeschäffte Büchse mit schwartzen Horn eingelegt,
  nebst Kugelsack, Form und Krätzer, der Lauff gezeichnet
  Ludovicus Heinricus Comes Hussovius die Nassauer
  genannt.
Eine Braungeschäffte alte Büchse, nebst Kugelsack, Form und
  Krätzer, der Lauff gezeichnet H.K.
Eine Braungeschäffte Büchse, mit drat eingelegt, nebst dem
  Krätzer, gezeichnet Saalfeld 1662.
Eine Gelbgeschäffte Büchse, nebst Kugelsack, Form und
  Krätzer, die Gräizer genannt.
Eine Braungeschäffte Büchse nebst Kugelsack, Form und
  Krätzer, der Lauff gezeichnet 1613.
Eine Braungeschäffte glatte Büchse, auf den Lauff gezeichnet
  Schleiz Johann Gesell 1669.
Eine Braungeschäffte Büchse, der Lauff gezeichnet Johann
  Limmez 1676 die Wangelin genannt.

**In den Schrancke No. 8**
Eine Braungeschäffte Büchse, ein wenig mit Bein eingelegt, der
  Lauff gezeichnet H.G. 1594.
Eine Schwartzgeschäffte Büchse, mit silbernen Stifften, nebst
  einen Krätzer, in Anschlag gezeichnet H.T. 1679.
Zwey überein Gelbgeschäffte Büchsgen, nebst Kugelsack, Form
  und Krätzer, die Läuffe gezeichnet 1604.
Ein Braungeschäfftes Faust-Röhrgen, ein wenig mit Bein
  eingelegt, nebest einen Krätzer.
Eine Gelbgeschäffte Büchse, mit schwartzen Horn eingelegt,
  nebst Kugelsack, Form und Krätzer.
Eine Braungeschäffte Büchse, auf den Lauff gezeichnet Schleiz
  Johann Gesell 1667.
Ein Braungeschäffter alter Teutscher gezogener Carabiner.
Ein Braungeschäffter alter Teutscher Carabiner so ebenfals
  gezogen.
Ein gelbgeschäffter alter Teutscher Carabiner in Anschlag mit
  Eisen eingelegt.

**In den Schrancke No. 9 befinden sich an Schrotbüchsen.**
Eine Gelbgeschäffte Büchse, der Lauff gezeichnet H.W. mit
  einem Krätzer.

Eine alte Braungeschäffte Büchse, mit Bein eingelegt und einen Teutschen Schwanen-Schloß, der Lauff gezeichnet L.Z.W. 1578.

Eine alte Gelbgeschäffte Büchse, ein wenig mit Bein eingelegt, die Hollsteiner genannt.

Eine Gelbgeschäfftete Büchse, wohl mit Bein eingelegt, nebst einen Krätzer gleichfals die Hollsteiner genannt.

Eine Gelbgeschäfftete Büchse, wohl mit Bein eingelegt, das Schloß und Lauff vergoldet, gezeichnet G.D. 1595 nebst einem Krätzer.

Eine Braungeschäffte Büchse nebst den Krätzer.

Eine Gelbgeschäffte Büchse, mit einen Blauen Lauff nebst den Krätzer.

Ein Braungeschäffter Teschin, mit Bein eingelegt, nebst Kugel Form, der Biegel und Schloß etwas vergold.

**In den Schrancke No. 10 befinden sich mehr an Schrotbüchsen.**

Eine Braungeschäffte Büchse, nebst den Krätzer, woran der Schafft zerbrochen.

Eine Braungeschäffte Büchse, ein wenig mit Bein eingelegt, nebst den Krätzer, der Anschlag zerbrochen.

Ein Gelbgeschäfftes Büchsgen, der Lauff gezeichnet 1618. mit einen Krätzer, das grüne Läppgen genannt.

Eine Schwartzgeschäfftes Büchsgen, ein wenig mit Bein eingelegt, nebst den Lademan u. Krätzer, der Lauff gez. 1681.

Eine alte Braungeschäffte Büchse, nebst einen Krätzer, der Lauff gezeichnet 1649.

Ein Schwartzgeschäfftes Büchsgen wohl mit Bein und Perle-Mutter eingelegt, nebst einen Krätzer.

Eine alte Braungeschäffte Büchse, ein wenig mit Bein eingelegt, der Lauff gezeichnet H.K. 1583 nebst der Kugel Form.

Ein klein braun geschäfftes Büchsgen, der Lauff gezeichnet 1613.

Ein klein Faustbüchsgen, wohl mit Bein eingelegt, nebst den Krätzer, der Lauff gezeichnet 1598.

Ein Gelbgeschäfftes Faustbüchsgen, ein wenig mit Bein eingelegt, nebst den Krätzer, der Lauff gez. 1608.

Ein Braungeschäfftes Büchsgen, der Schafft wohl mit Bein den Lauff aber mit Gold u. Silber eingelegt, nebst einen Krätzer.

Eine alte Braun geschäffte Büchse, mit Bein eingelegt.

*Nota: Diese Schräncke sind annoch in ziemlicher guter Ordnung.*

**In das Zeughaus ist eingeliefert worden, und befindet sich annoch würklich.**

22 Stück Feld Beilgen. Sind deren nur 20 Stück vorhanden.

14 Stück Feldflaschen.

3 Trommel-Sarge mit samt den Reiffen. Hiervon sind die beyden besten an die Schützen-Compagnie zu Rudolstadt abgegeben worden.

Mehr befindet sich in dem Schwarzburgk. Zeüghause, so dem Inventarium nichts angehet.

Etliche Blatten Metal, so von denen zerschmoltzenen Glocken gesammlet und gereinigt worden, Welches der Glockengieser Johann Feer gewogen, und der Hochfürstl. Renth Cammer ein Beleg dieserwegen gegeben habe.

Zwey Feüer Spritzen mit Meßingenen Vendilen und Röhren, welche uff und ab hie und her getragen werden können und ist bey der einen ein Lederner Schlauch.

*Nota, die Spritze bey welcher der lederne Schlauch, ist nicht von Messing sondern alles von Holtz.*

Ludwig Heinrich Wurmb
Georg Andreas Sorge, Lieut.

Vorhero specificirte Inventarien Stücke in dem Herrschafftl. Zeüghaße auf den Hochfürstl. Stammhause Schwarzb. befindl. sind von Ihro HochWohlgeb. Gnaden, den Herrn Obrist Leutnant von Wurmb voran stehenten dato richtig an mir übergeben worden.

Joh. Mich. Heübel

Ferner befindet sich in Zeüghause so voran weggelassen worden.

Eine Ziemliche Parthie Plitz-Pfeile.
112 Stück alte Pulver Flaschen.
Eine starcke Quantität gantz alte Panteliers und Degen Koppel.
Einige Bund Lunten so meist verfault.
Viele alte Mousqueten Gabeln.
83 Stück Flintenschäffte, zu kurtzen Flinten von LandRegmt. Welche durch gehend Wurmstichig.

Diese Sorten sind unbrauchbar und gar nichts nutz.

LHWurmb

Irene Plein

# Schloss Schwarzburg
## *Nutzungskonzepte der Nachkriegszeit und Perspektiven*

Das im Zweiten Weltkrieg durch die Nationalsozialisten zerstörte Schloss Schwarzburg ist trotz mehrfacher Initiativen zum Wiederaufbau heute noch eine Ruine. Nur das Kaisersaalgebäude und das Gartenparterre wurden bislang wiederhergestellt (Abb. 1 und 2). Wieso erfährt ein so herausragendes Kulturdenkmal Thüringens, dessen Beschädigung noch nicht einmal 100 Jahre zurückliegt, das aber von 1949 bis 1989 auf dem Staatsgebiet der DDR[1] lag, keinen Wiederaufbau? Welche Pläne hat es diesbezüglich für Schloss Schwarzburg bislang gegeben? Und gibt es für dieses Bauwerk heute noch eine Perspektive?

## Die Zerstörung von Schloss Schwarzburg

1940 entzogen die Nationalsozialisten ANNA LUISE VON SCHWARZBURG (1871 – 1951), der Witwe des letzten Fürsten GÜNTHER VICTOR VON SCHWARZBURG-RUDOLSTADT (1852 – 1890 – 1918 – 1925), ihr lebenslang zugesprochenes Wohnrecht auf dem inzwischen in Landesbesitz befindlichen Schloss und galten ihre Ansprüche sowie die ihres Neffen Prinz FRIEDRICH GÜNTER ZU SCHWARZBURG (1901 – 1971) mit einer Anstandssumme ab.[2] Anschließend ging das Schloss in Reichsbesitz über. Kurz nach dem Auszug der Fürstin begannen umfangreiche Abbruch- und Umbaumaßnahmen.[3] Das anfängliche Vorhaben, dort den kriegsgefangenen belgischen König LEOPOLD III. (1901 – 1934 – 1951 – 1983) unterzubringen, zerschlug sich schon bald, stattdessen fasste man den Umbau zu einem Reichsgästehaus ins Auge. Bereits kurz nach Beginn der Maßnahmen stiegen die ursprünglich prognostizierten Projektkosten von etwa 1,5 Mio. auf 15,5 Mio. RM. Angesichts dieser Summe und der sich zuspitzenden Kriegssituation sah sich das Reichsministerium der Finanzen bald außer Stande, das Projekt wie geplant zu Ende zu führen. Im April 1942 erging die Anordnung, die Baustelle stillzulegen und nur noch »kurz befristete Sicherungsmaßnahmen« vorzunehmen. Zu diesem Zeitpunkt waren auf Schloss Schwarzburg das Tor- und Waschhaus, der nordwestliche Bereich der Stallungen, der Kirchflügel mit Ausnahme seines Treppenturmes, der Leutenberger Flügel und die Glasveranda auf der Westseite des Kaisersaalgebäudes abgerissen. Der Westflügel (Hauptgebäude) war weitgehend entkernt. Zum Abriss des Kaisersaalgebäudes, der erst für den zweiten Bauabschnitt geplant war, kam es nicht mehr. Als Notsicherungsmaßnahmen wurden die Fertigstellung der bereits begonnenen Turmunterfahrung mit einer Stahlbetonplatte, die Wiedereinmauerung des durch den Abbruch des Kirchflügels frei stehenden Turms bis zum ersten Obergeschoss, die Einziehung der Decke über dem Erdgeschoss im nördlichen Teil des Hauptgebäudes sowie die Verschalung einiger Durchbrüche des Hauptbaus durchgeführt.

Nach dem Krieg konzentrierte sich die Aufmerksamkeit lange Zeit auf das Lebensnotwendige. Erst in den fünfziger Jahren rückte die Ruine wieder in das Bewusstsein der Menschen und erste Wiederaufbaupläne wurden ausgearbeitet.

## Nutzungskonzepte der fünfziger Jahre

Das erste Projekt zum Wiederaufbau des Schlosses Schwarzburg entstand 1952 an der Hochschule für Architektur in Weimar und sah eine Nutzung des Komplexes als Ferienheim der Gewerkschaften vor. Die von dem angehenden Architekten LOTHAR FÖRSTER (geb. 1927) ausgearbeiteten Entwürfe lassen sich anhand der Bauzeichnungen im Planarchiv des Thüringischen Landesamts für Denkmalpflege Erfurt und der Pläne im

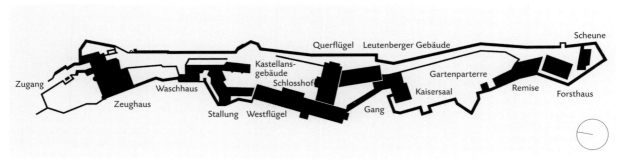

Abb. 1, Lageplan von Schloss Schwarzburg, um 1890

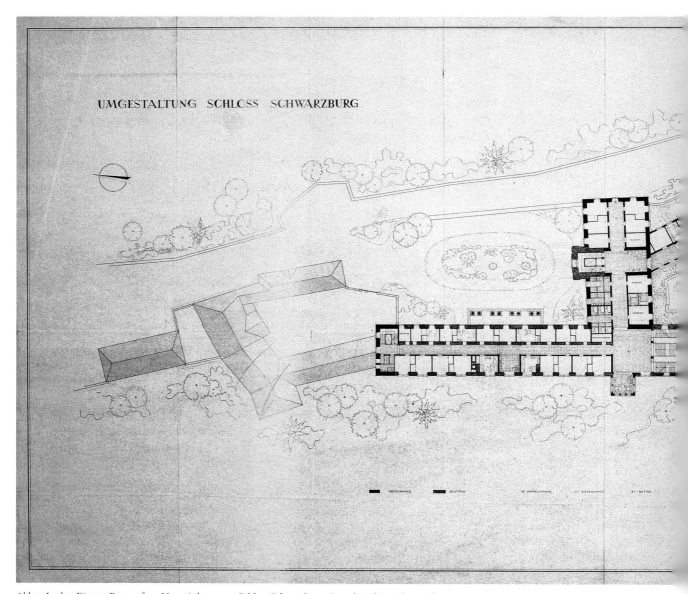

Abb. 3, Lothar Förster, Entwurf zur Umgestaltung von Schloss Schwarzburg, Grundriss des 1. Obergeschosses, 1952
*Thüringisches Landesamt für Denkmalpflege und Archäologie Erfurt*

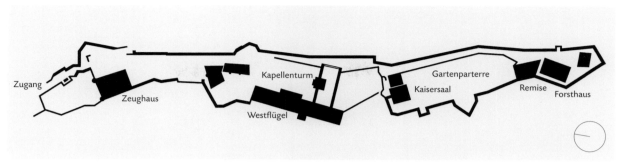

Abb. 2, Lageplan von Schloss Schwarzburg, um 2008

Thüringischen Staatsarchiv Rudolstadt fassen.[4] Sein Projekt zeichnet sich durch die weitgehende Wiederherstellung der historischen Schlossanlage aus (Abb. 3 und 6). Mit Ausnahme des Torhauses und des Verbindungsgangs zwischen Haupt- und Kaisersaalgebäude sollten alle zerstörten Gebäude möglichst analog ihrem ursprünglichen Erscheinungsbild wieder erstehen. Kleinere Veränderungen betrafen den Grundriss des ehemaligen Waschhauses und die Errichtung eines Erkers am Hauptgebäude. Die größten Veränderungen hätten sich südlich des ehemaligen Kirchflügels vollzogen. Durch den Verzicht auf den einstigen Verbindungsgang zwischen Haupt- und Kaisersaalgebäude wäre hier Platz für eine Aussichtsterrasse entstanden, die im Süden durch ein repräsentatives Portal an der aufwendig umgestalteten Rückseite des Kaisersaals zugänglich gewesen wäre (Abb. 4 – 5). Der Ostflügel (ehemals Leutenberger Flügel) wäre gegenüber seinem Vorgängerbau um ein Stockwerk reduziert und in den verlängerten Seitentrakt des Kaisersaalgebäudes fortgesetzt worden, so dass sich eine durchgehende Ostfassade mit einheitlicher Dachlandschaft ergeben hätte. Damit wäre die schon von Architekt HERMANN GIESLER (1898 – 1987) in den 1940er Jahren geplante und durch den Abbruch mehrerer Gebäude vorbereitete Neuordnung des unregelmäßigen, engen Vorgängerhofes an dieser Stelle vollendet worden.

Die Pläne zum Innenausbau des Schlosses waren auf eine Hotelnutzung ausgelegt. Zur Gewinnung einer repräsentativen Eingangshalle sollte das Haupttreppenhaus, das sich vor 1940 im Hauptgebäude hinter den zwei nördlich gelegenen Türen des Portikus befunden hatte, an das Südende des Hauptgebäudes verlegt werden. Im ersten und zweiten Stockwerk war als Verbindung zwischen der Treppe, den Korridoren des Hauptgebäudes und des Kirchflügels sowie dem Erker eine die gesamte Gebäudebreite einnehmende Halle geplant. Die übrige Innenaufteilung, die durch hofseitige Korridore (ehemalige

Abb. 4, Lothar Förster, Entwurf zur Umgestaltung von Schloss Schwarzburg, Südgebäude Hofansicht, 1952
*Thüringisches Landesamt für Denkmalpflege und Archäologie Erfurt*

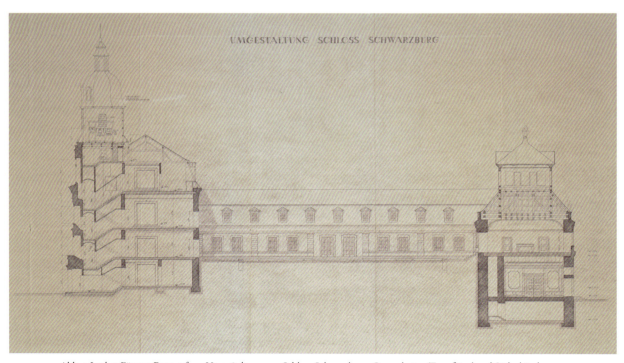

Abb. 5, Lothar Förster, Entwurf zur Umgestaltung von Schloss Schwarzburg, Querschnitte Turmflügel und Südgebäude, 1952
*Thüringisches Landesamt für Denkmalpflege und Archäologie Erfurt*

Abb. 6, Lothar Förster, Entwurf zur Umgestaltung von Schloss Schwarzburg, Ansicht von Nordosten, 1952
*Thüringisches Landesamt für Denkmalpflege und Archäologie Erfurt*

Galerien) und große, nach Westen orientierte Wohnräume gekennzeichnet war, wäre zugunsten mittiger Korridore und einer Vielzahl kleiner Schlafräume komplett abgeändert worden. Lediglich der zum Hof gewandte Festsaal im zweiten Obergeschoss wäre in seinen originalen Abmessungen erhalten geblieben. Die Wirtschaftsräume, die bis zum Abriss im Leutenberger Flügel untergebracht waren, sollten samt Küche in den Bereich des Wirtschaftshofes (ehemals umgeben von den Stallflügeln und dem Kastellangebäude) verlegt werden. Im Nachfolgebau des Leutenberger Flügels sollten Schlafräume entstehen. Insgesamt hätte sich eine Kapazität von 150 Betten ergeben. Weiterhin waren im Erdgeschoss des Haupt- und Kirchflügels sowie im Kaisersaalgebäude ein Speisesaal, ein Klubraum, eine Bibliothek, ein Lesesaal, ein Geräteraum, ein Billardzimmer, ein Tischtennisraum, ein Schachzimmer, eine Arztpraxis, zwei Kindergartenräume und ein großer Saal für Veranstaltungen geplant.

Von sehr viel weniger denkmalpflegerischer Sensibilität zeugt das zweite Projekt der 1950er Jahre zur Einrichtung eines Erholungsheims für die ›Schaffende Intelligenz‹. Ausgearbeitet wurde es 1954 durch die Vermögensverwaltung des Freien Deutschen Gewerkschaftsbundes (FDGB), Zweigstelle Erfurt, als Weiterentwicklung der Pläne FÖRSTERS durch den Leiter ihrer Bauabteilung, den Architekten MAEDER. Zwei Protokolle und zwölf Lichtpausen im Thüringischen Landesamt für Denkmalpflege Erfurt belegen, dass hier tiefgreifende Veränderungen der historischen Schlossbergbebauung geplant waren.[5] Der ehemalige Wirtschaftshof zwischen Zeug-

Abb. 7, Ansicht von Nordwesten, 1954 (Zeichnung Max Häußer)
*Thüringisches Landesamt für Denkmalpflege und Archäologie Erfurt*

Abb. 8, Maeder, Entwurf zur Umgestaltung von Schloss Schwarzburg als FDGB-Ferienheim, Ansicht von Osten, 1954
*ThStAR, Bezirkstag und Rat des Bezirkes Gera Nr. 5846*

haus und Hauptgebäude sollte einem monumentalen Nordflügel mit vorspringendem Risalit und Tordurchfahrt weichen, der über den gesamten Bergrücken bis an die östliche Burgmauer herangereicht hätte (Abb. 7). Dieser Flügel sollte u. a. eine öffentliche Gaststätte aufnehmen, um die unzureichende gastronomische Versorgung der damals sehr zahlreichen Touristen zu verbessern. Das Institut für Denkmalpflege, Außenstelle Halle, kritisierte diesen Punkt der Pläne, da ein Nordflügel dieser Ausmaße den Charakter der Schlossanlage entscheidend verändert hätte und in keinem Verhältnis mehr zum schmalen Bergrücken stand.[6] Zudem wäre dabei die charakteristische

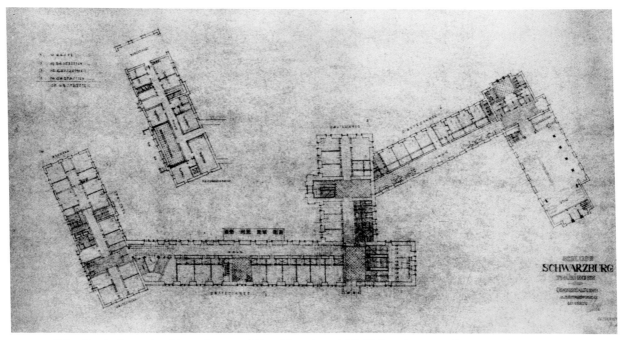

Abb. 9, Maeder, Entwurf zur Umgestaltung von Schloss Schwarzburg als FDGB-Ferienheim, Grundriss erstes Obergeschoss, 1954
(Zeichnung Max Häußer) *Thüringisches Landesamt für Denkmalpflege und Archäologie Erfurt*

Abb. 10, Maeder, Entwurf zur Umgestaltung von Schloss Schwarzburg als FDGB-Ferienheim, Ansicht von Südwesten, 1954 (Zeichnung Max Häußer) *Thüringisches Landesamt für Denkmalpflege und Archäologie Erfurt*

Stufung und Gliederung der Baumassen vom tiefer liegenden Zeughaus über das etwas höhere Kastellangebäude bis zum Hauptgebäude verloren gegangen.

Als weitere maßgebliche Veränderung sah MAEDER die aufwendige Abtragung des Felsplateaus unter dem ehemaligen Leutenberger Flügel vor, um darüber einen dreistöckigen Neubau zu errichten (Abb. 8). Dieser hätte eine größere Anzahl von Betten aufnehmen können als das an gleicher Stelle geplante eingeschossige Gebäude FÖRSTERS (vgl. Abb. 6). Durch die Rückkehr zu hofseitigen Fluren und einer damit einhergehenden Reduktion der Gästezimmer im Westflügel wäre die Gesamtkapazität des Ferienheims gegenüber dem Konzept FÖRSTERS hingegen geringfügig reduziert worden (Abb. 3 und 9). Anzahl und Lage der Gebäude rings um den Hof zwischen Hauptgebäude und Kaisersaalgebäude orientierten sich an den Plänen FÖRSTERS. Im Unterschied zu ihm sah MAEDER jedoch den Abriss des Kaisersaalgebäudes vor, den er mit dem angeblich desolaten Zustand und der Vielzahl wesentlich schönerer, ansprechenderer Barockdenkmäler in Deutschland begründete.[7] In dem an seiner Stelle geplanten Neubau sollte ein »Kultursaal« entstehen (Abb. 10, rechts außen). Die Rücksichtslosigkeit, mit der nun auch der letzte, nicht zerstörte und künstlerisch bedeutende Teil der barocken Schlossanlage beseitigt werden sollte, rief Widerspruch hervor. Grundsätzlich begrüßte jedoch das Institut für Denkmalpflege die Wiederaufbaupläne, empfahl aber eine Überarbeitung des Projektes. Dennoch blieb es unausgeführt. Stattdessen schuf der FDGB im benachbarten Ort Sitzendorf umfangreiche Übernachtungskapazitäten für seine Urlauber. Die hohe Bausumme von sechs bis sieben Mio. DDR-Mark für das Projekt in Schwarzburg, die der FDGB nur zur Hälfte übernehmen konnte, war offenbar zu hoch. Die angestrebte Finanzierungsbeteiligung der Regierung blieb aus.

Bis Ende der fünfziger Jahre beschränkten sich die baulichen Maßnahmen für Schloss Schwarzburg auf den Wiederaufbau eines eingestürzten Turmes am Zeughaus (Abb. 11), auf Dachinstandsetzungen an Hauptgebäude und Schlosskirchenturm sowie auf das Kaisersaalgebäude

Abb. 11, Der in der Nacht vom 1. auf den 2. April 1947 eingestürzte Turm des Zeughauses *Foto-Brand Schwarzburg*

Abb. 12, Der Zustand des Kaisersaalgebäudes 1962

(siehe Abb. 12).[8] Während am eigentlichen Schloss der Erhalt des Objekts im Vordergrund stand, gingen die Sicherungsarbeiten am Kaisersaalgebäude bald in eine Instandsetzung über. Dank seines begrenzten Umfangs und des im Verhältnis zum Hauptgebäude wesentlich besseren Bauzustands konnte dieses Bauwerk zwischen 1956 und 1971 wieder in seine ursprüngliche Gestalt zurückversetzt werden.[9]

## Nutzungskonzepte der sechziger Jahre

Nach den ersten beiden erfolglosen Versuchen zur Wiederherstellung von Schloss Schwarzburg ging die Suche nach potentiellen Nutzern weiter. Gedacht wurde unter anderem an die Volkspolizei, Ärzte und Urlauber. Während andernorts ehemalige Adelssitze zu Ferienheimen ausgebaut wurden,[10] bemängelten potentielle Investoren in Schwarzburg, dass ihre beschränkten Mittel für ein Projekt dieser Größenordnung nicht ausreichen und sie an anderer Stelle mit geringerem Aufwand umfangreichere Kapazitäten schaffen könnten. Das Institut für Denkmalpflege in Berlin / Ost arbeitete deshalb Anfang der sechziger Jahre ein reduziertes Nutzungskonzept aus.

Das Konzept von Diplom-Ingenieur KURT TAUSENDSCHÖN aus dem Jahr 1962 sah für Schloss Schwarzburg eine gemischte Nutzung als Hotel, Restaurant und Kulturzentrum vor.[11] Im Unterschied zu den Studien der fünfziger Jahre beschränkte es sich auf die Instandsetzung und den Ausbau der vorhandenen Bausubstanz und berücksichtigte zugleich die denkmalpflegerischen Belange stärker. Es entstanden Grundrissentwürfe für das Hauptgebäude und den Querflügel (ehemals Kirchflügel) (Abb. 13 – 15). Das Kaisersaalgebäude, das bereits seit sechs Jahren instand gesetzt wurde, war zur Aufnahme eines Ausflugscafés und eines Kammermusiksaals bestimmt. Für das Schlosshauptgebäude sah TAUSENDSCHÖN zwei verschiedene Funktionsbereiche vor: einen öffentlichen Bereich mit Restaurant im Erdgeschoss, mit

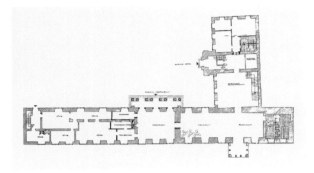

Abb. 13, Kurt Tausendschön, Ausbauvorschlag
für das Erdgeschoss von Schloss Schwarzburg, 1962
*Thüringisches Landesamt für Denkmalpflege und Archäologie Erfurt*

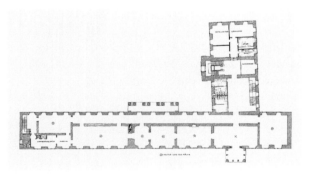

Abb. 14, Kurt Tausendschön, Ausbauvorschlag
für das 1. Obergeschoss von Schloss Schwarzburg, 1962
*Thüringisches Landesamt für Denkmalpflege und Archäologie Erfurt*

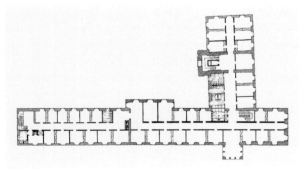

Abb. 15, Kurt Tausendschön, Ausbauvorschlag
für das 2. Obergeschoss von Schloss Schwarzburg, 1962
*Thüringisches Landesamt für Denkmalpflege und Archäologie Erfurt*

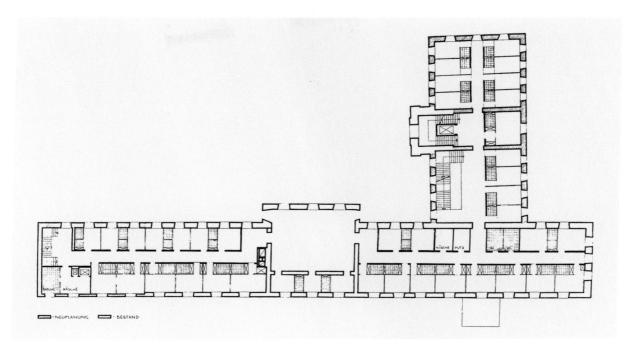

Abb. 16, Jürgen Seifert, Ausbauvorschlag für das 2. Obergeschoss von Schloss Schwarzburg, 1963
*Thüringisches Landesamt für Denkmalpflege und Archäologie Erfurt*

Kultur- und Gesellschaftsräumen in der Etage darüber sowie einen Bereich für die Gäste des Hotels. Die Gästezimmer brachte er im zweiten Ober- sowie im Dachgeschoss des Haupt- und Querflügels unter. Die ehemalige Raumaufteilung wurde zu diesem Zweck komplett aufgegeben. Beide Funktionsbereiche sollten getrennt zugänglich sein: der öffentliche Bereich durch den Portikus des Hauptgebäudes und über die vom Restaurant aus begehbare Treppe in der Hotelhalle des Querflügels, das Hotel über die Treppe im wieder aufgebauten Turm des Querflügels. Zur Unterbringung der Versorgungsleitungen sowie zur besseren Wärme- und Schallisolation sollten die Decken im zweiten Ober- und im Dachgeschoss größtenteils abgehängt werden, im ersten Obergeschoss sollten historische Stuckdecken wieder Verwendung finden.[12]

Ein Jahr später modifizierte Dr. JÜRGEN SEIFERT (geb. 1935) vom neu gegründeten Institut für Denkmalpflege in Erfurt TAUSENDSCHÖNS Vorschlag zur Wiederverwendung von Schloss Schwarzburg als Hotel oder Ferienheim.[13] Hauptanliegen seiner Überarbeitung war die Ausweitung der Kapazität von 150 auf 200 Restaurantplätze und von 140 auf 167 Betten, die er vor allem durch Reduktion der Kultur- und Gesellschaftsräume erzielte. Der Festsaal im zweiten Obergeschoss, der noch heute in einem restaurierbaren Zustand erhalten ist, sollte in seiner historischen Fassung bewahrt bleiben und als Aufenthaltsraum dienen (Abb. 16). SEIFERTS Ziel war es, die Wirtschaftlichkeit der Anlage und damit die Attraktivität des Projekts für potentielle Investoren zu steigern. Ausdrücklich wies er in der Veröffentlichung seines Konzepts darauf hin, dass die Wiederinstandsetzung und der Ausbau von Schloss Schwarzburg als Ferienheim nicht teurer werde als der Neubau eines solchen, weil die normalerweise dabei entstehenden Mehrkosten durch die Baumaßnahmen der Jahre 1940 bis 1943 bereits kompensiert seien.[14] Die Gesamtkosten des Projekts exklusive Außenanlagen, Energieversorgung, Be- und Entwässerung schätzte er auf etwa 3,2 Mio. DDR-Mark.[15] Die Bauausführung sollte in vier Bauabschnitten erfolgen.

Mit diesem Konzept trat das Institut für Denkmalpflege an den FDGB und das Deutsche Reisebüro heran, und tatsächlich nahm letzteres den Ausbau von Schloss Schwarzburg zu einem Touristenheim in seine Perspektivplanung von 1967 bis 1970 auf.[16] Zur großen Bestürzung des Instituts für Denkmalpflege wurde die Beurteilung des baulichen Zustandes der Schlossruine nun in andere, nicht näher definierte Hände gelegt. Auch die anempfohlene baldige Ausarbeitung der Aufgabenstellung zur Konkretisierung des Arbeitsumfanges und der erwarteten Baukosten erfolgte nicht. Wiederum verliefen die

Pläne im Sande. Ohne Konsequenzen blieb auch die Ankündigung des Vorsitzenden des Rates des Kreises Rudolstadt an den Vorsitzenden des Rates des Bezirkes Gera vom 12. März 1969, es stünden zum Ausbau des Schlosses zwölf Mio. DDR-Mark und für den Ausbau des Kaisersaals 300 000 DDR-Mark zur Verfügung.[17] Ebenfalls ohne Nachwirkungen blieb die damit verbundene Aufforderung zur Gründung eines »Initiativkomitees zum Wiederaufbau von Schloss Schwarzburg«.

## Nutzungskonzept der siebziger Jahre

Der Wiederaufbau von Schloss Schwarzburg rückte Anfang der siebziger Jahre wieder stärker in den Blickpunkt des öffentlichen Interesses. Kurz zuvor war der Ausbau des Zeughauses geplant worden. Nach der 1974 erfolgten Übereignung von Schloss Schwarzburg an die SED bzw. die ihr unterstellte Fundament-Gesellschaft für Grundbesitz mbH wurde das Bezirksbauamt Gera mit der Ausarbeitung eines Konzeptes zum Ausbau von Schloss Schwarzburg als Erholungsheim der Partei sowie mit der Ausarbeitung eines Projektes zur Sicherung der Schlossruine beauftragt. Die Aufgabe übernahm im Frühjahr 1975 Bezirksarchitekt LOTHAR BORTENREUTER (1927 – 1989).[18] Das Institut für Denkmalpflege stellte Unterlagen für die Planung zur Verfügung,[19] beklagte anschließend jedoch die mangelnde Abstimmung und forderte 1979, als immer noch kein rechter Fortschritt des Projektes erkennbar war, enttäuscht seine Unterlagen zurück.

Als Vorbild für den Ausbau der Ferienanlage wurde das 1973 geplante und fünf Jahre später eröffnete Erholungsheim Baabe auf Rügen angeführt.[20] Zur Vorbereitung des Ausbaus von Schloss Schwarzburg entstanden eine Präsentation in Form von neun Ausstellungstafeln und ein anschauliches Architekturmodell (Abb. 17 – 19). Die Tafeln zeigten eine Übersicht über die Verkehrsan-

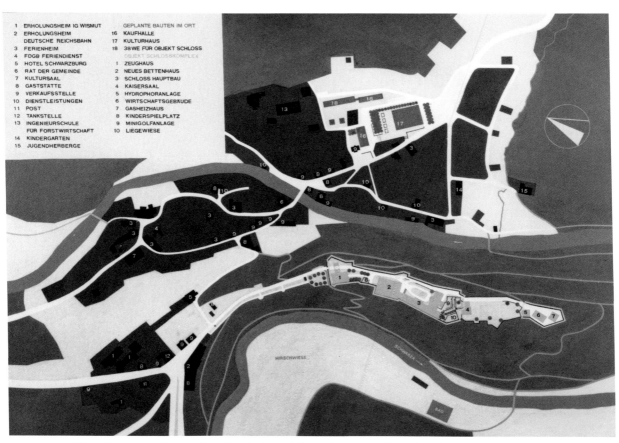

Abb. 17, Büro des Bezirksarchitekten Gera, Studie zur Rekonstruktion von Schloss Schwarzburg, Lageplan, 1970er Jahre
*Thüringisches Landesamt für Denkmalpflege und Archäologie Erfurt*

Abb. 18, Modell des Büros des Bezirksarchitekten Gera zur Rekonstruktion von Schloss Schwarzburg, 1970er Jahre
ThStAR, Bezirkstag und Rat des Bezirkes Gera Nr. 5605

bindung Schwarzburgs, eine Darstellung des Erholungsgebietes einschließlich seiner Sehenswürdigkeiten, ein Geländerelief, einen Lageplan, eine Übersicht über die Versorgungseinrichtungen, einen Rückblick auf die Rekonstruktion des Kaisersaals, Ansichten des Schlosses, Grundrisse und Entwürfe zur Möblierung der Gästezimmer. Ein geologisches Gutachten stufte den Baustandort, der durch Erosion in den Jahrhunderten zuvor bereits zum Absturz des westlichen Seitentrakts des Kaisersaalgebäudes geführt hatte, wider alle Erwartungen als günstig ein.[21]

Das Erholungsheim der SED sollte als hermetisch abgeriegelte Anlage den größten Teil des Schlossberges einnehmen. Das 1971 wiedereröffnete Kaisersaalgebäude mit dem südlich davon gelegenen Gartenparterre wäre über einen separaten Zugang entlang des östlichen Bergabhangs weiterhin der Öffentlichkeit zugänglich gewesen. Das Projekt sah den Ausbau des Hauptgebäudes, den Neubau des ehemaligen Kirchflügels, die Errichtung eines vierflügeligen Bettenhauses anstelle der ehemaligen Stallungen und des Kastellangebäudes, den Umbau des Zeughauses, die Errichtung eines Wachgebäudes am Geländeeingang, die Anlage des Weges zum Kaisersaalgebäude sowie die Gestaltung der Freiflächen vor. Neubauten im Bereich zwischen Schlosskomplex und Kaisersaalgebäude waren nicht geplant. Zudem sollten im Ort zwei Wohnanlagen zur Unterbringung der auf Schloss Schwarzburg ansässigen Familien[22] und des Hotelpersonals entstehen. Der Gästebereich des Erholungsheimes hätte sich auf das Hauptgebäude und das neue Bettenhaus konzentriert. Die Obergeschosse des Hauptgebäudes sollten die geräumigen Suiten für die Ehrengäste aufnehmen. Kleinere Einraum- und Zweiraumappartements wären im Neubau auf der unteren Terrasse (anstelle der ehemaligen Stallflügel und des Kastellangebäudes) untergebracht worden. Für das leibliche Wohl der Gäste hätte eine Vielzahl von Restaurants, Cafés und Bars zur Verfügung gestanden, eines davon im ehemaligen

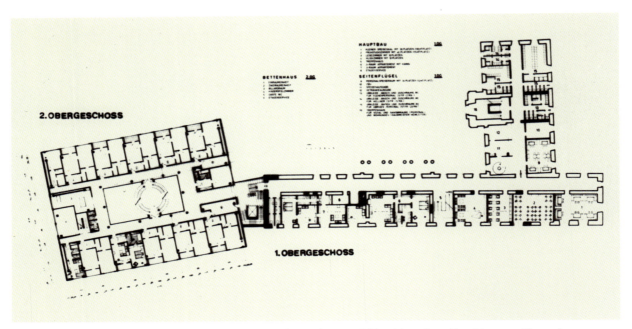

Abb. 19, Büro des Bezirksarchitekten Gera, Studie zur Rekonstruktion von Schloss Schwarzburg, Grundriss vom 1. Obergeschoss des Haupthauses, 1970er Jahre   *Thüringisches Landesamt für Denkmalpflege und Archäologie Erfurt*

Festsaal des zweiten Obergeschosses. Der Querflügel war für die Bewirtschaftung reserviert.

Zahlreiche Einrichtungen waren speziell der Erholung und Freizeitgestaltung der Gäste gewidmet. Im Bettenhaus sollten ein Friseur, eine Kosmetikboutique, mehrere Arztpraxen, eine Kinderkrippe und ein Billardzimmer entstehen; im ersten Obergeschoss des Hauptgebäudes waren ein Lesesaal und ein Musikzimmer vorgesehen. Das ehemalige Zeughaus war als Sport- und Badestätte konzipiert und hätte im Erdgeschoss ein Schwimmbad, Saunen, Fitness- und Massageräume, im ersten Obergeschoss eine Kegelbahn, einen Tischtennis- und Erfrischungsraum und unter dem Dach eine Diskothek aufnehmen sollen. Zwischen Bettenhaus und ehemaligem Zeughaus waren ein Kinderspielplatz, auf dem Gelände zwischen Hauptgebäude und Kaisersaal eine Minigolfanlage und eine Liegewiese geplant.

Über die Aufrissgestaltung geben die Unterlangen nur unzureichend Aufschluss. Laut einer Aktennotiz von Dr. UDO SAREIK (geb. 1930) vom Institut für Denkmalpflege in Erfurt wollte BORTENREUTER den Querflügel mit einer Glas- oder Stahlfassade gestalten.[23] Das Bettenhaus hätte eine moderne Wohnhausfassade der 1970er Jahre mit quadratischen Fenstern und eingetieften Balkonen erhalten und sich durch seine kubische Form – anscheinend sollte es über den Rand des Felsplateaus hinausragen – von dem nach historischem Vorbild rekonstruierten Hauptgebäude abgesetzt. Durch die Beschränkung des Bettenhauses auf drei verhältnismäßig niedrige Geschosse und ein abgeflachtes Satteldach hätte es die von der Denkmalpflege geforderte charakteristische Stufung der Schlossbergbebauung bewahrt. Der Hof des Bettenhauses sollte in der Art eines Atriums einen Säulenumgang und ein Wasserbecken aufnehmen. Eine weitere Fontäne war im Zentrum des Schlosshofes geplant und sollte den Wendepunkt der von Autos befahrbaren Schlosszufahrt bilden.

Die Grobkostenermittlung für dieses Luxusprojekt ergab inklusive der Sicherungsmaßnahmen an der Ruine eine Summe von 31,2 Mio. DDR-Mark. Als vordringlichste Schritte zur Sicherung des Gebäudes wurden die provisorische Instandsetzung der Dachhaut über den Stuckdecken, der Abbruch von Gewölben und Mauerwerk am Nordende des Hauptgebäudes, die Entrostung und ein Schutzanstrich der Breitflanschträger sowie die Verschließung der Fensteröffnungen erachtet.

In der geplanten Absperrung des Schlossbezirkes und der elitären Ausrichtung des Hotels ähnelte das Projekt dem nationalsozialistischen Umbauvorhaben zum Reichsgästehaus. Durch die Wiederherstellung und Nutzung des Kaisersaalgebäudes als Außenstelle der Staatlichen Museen Heidecksburg in Rudolstadt seit 1971 reduzierte sich der Planungsumfang. Das nun angestrebte Ausstattungsniveau des Erholungsheimes der SED trieb das

Abb. 20, Der Brand des Schlosskirchenturms in der Silvesternacht 1980/81, Videostill eines Super-8 mm-Filmes von Manfred Möller, Schwarzburg

Kostenvolumen auf den höchsten bislang prognostizierten Stand. Die Vorgaben des Instituts für Denkmalpflege fanden nur teilweise Berücksichtigung. So wäre zwar die charakteristische Staffelung der Schlossbergsilhouette gewahrt worden, doch die historische Holzkonstruktion im Inneren des Zeughauses, an deren Erhalt das Institut für Denkmalpflege interessiert war, hätte den neuen Funktionen weichen müssen.

Zum ersten Mal seit Beendigung des Zweiten Weltkrieges wurde der Teil eines Wiederaufbaukonzeptes in die Tat umgesetzt. So gelangte Anfang der achtziger Jahre im unteren Ortsteil Schwarzburg jener Wohnblock zur Ausführung, in den die bisherigen Bewohner der Schlossanlage umsiedeln sollten (siehe Abb. 17, Pos. Nr. 18). Anschließend wurde jedoch das Gesamtprojekt nicht weiter verfolgt. Vermutliche Ursache waren die durch die NATO-Nachrüstung 1983 erforderlichen Mehrausgaben des Staatshaushaltes der DDR. Dadurch reduzierte sich deren ohnehin äußerst knapp kalkulierter Etat so, dass Prestigeobjekte nicht mehr finanzierbar waren. Statt den Bewohnern der Schlossanlage, deren Umzug nun nicht mehr erforderlich war, wurden Dozenten aus der SED-Parteischule Bad Blankenburg in dem neuen Wohnblock in Schwarzburg untergebracht.[24]

In der Silvesternacht 1980/81 suchte ein neues Unglück Schloss Schwarzburg heim. Eine Feuerwerksrakete setzte den Turm der ehemaligen Schlosskirche in Brand und vernichtete dessen Dachhaube (Abb. 20 – 21). An seine Stelle errichtete man ein einfaches Zeltdach. Zwischen 1982 und 1985 sah die Fundament-Gesellschaft vor, die Schlossanlage längerfristig zu sichern. Auf die Sicherung des Turmes, u. a. mit einem Stahlbetonringanker, sollten Reparaturen am Dach des Hauptgebäudes, die Sicherung seiner Wände und Decken am Nordende und die Schließung des offenen Nordgiebels durch eine Bretterwand folgen. Das fehlende Auflager der Deckenbalken und Dachsparren im Anschlussbereich des ehemaligen Kirchflügels sollte durch den Einbau einer Hilfskonstruktion aus Holz ersetzt und der offene Bereich neu verschalt werden.[25] Geplant waren ferner die Sicherung der östlichen Brüstungsmauer und die Instandsetzung des ehemaligen Forstamtsgebäudes. Der Stahlbetonringanker wurde offenbar nicht ausgeführt. Ob die anderen Maßnahmen durchgeführt wurden, lässt sich aus heutiger Sicht nicht mehr mit Gewissheit sagen.

Das Forstamtsgebäude wurde erst in den 1990er Jahren teilweise instand gesetzt, die Sanierung der Stützmauern ist seit Kurzem abgeschlossen. Nun fallen nur noch regelmäßige Pflegemaßnahmen an den Stützmauern an. Seit 1996 ist das Forstamtsgebäude auch Sitz des *Fördervereins Schloss Schwarzburg e.V.* Über 140 Mitglieder aus allen Teilen Deutschlands engagieren sich unter dem Motto »Unser Schloss lebt« ehrenamtlich für den Erhalt der Schlossanlage.

Abb. 21, Hauptgebäude und Kirchenruine, 1985

# Die Entwicklung nach 1989

Die Euphorie der Nachwendezeit, in der viele verfallene Gebäude in Ostdeutschland durch finanzkräftige Investoren zu neuen Nutzungen ausgebaut wurden, entfachte auch ein reges Interesse an Schloss Schwarzburg. In einer emotional aufgeladenen Kampagne der Rudolstädter Lokalpresse wurde der Landesregierung Anfang 1992 vorgeworfen, sie lehne auf Veranlassung des Landeskonservators die Pläne des US-Amerikaners Dr. SID SCHUMANN zum Ausbau von Schloss Schwarzburg ab und würde sich damit gegen die Gemeindeverwaltung und die Bezirksregierung wenden.[26] Diese befürworteten SCHUMANNS Pläne, im Schwarzatal die Voraussetzungen für einen gehobenen Fremdenverkehr zu schaffen und Schloss Schwarzburg zu einem Hotel mit Spielcasino und dem größten Golfplatz Deutschlands auszubauen. Für Schloss Schwarzburg sollten 80 Mio. DM zur Verfügung gestellt werden. Der Bürgermeister von Schwarzburg befürchtete aufgrund dieser Querelen den Rückzug des Investors und damit den Verlust von 250 großzügig in Aussicht gestellten Arbeitsplätzen für die seit der Wende wirtschaftlich daniederliegende Region.

Erst allmählich klärten sich die Hintergründe des Regierungsentscheides auf.[27] SCHUMANNS Übernahme des Schwarzburger Schlosses von der Treuhand war zu einem Zeitpunkt unklarer Besitzverhältnisse erfolgt. Der neu gegründete Freistaat Thüringen, für dessen Identitätsfindung Schloss Schwarzburg als einer der ältesten und wichtigsten Fürstensitze des Landes eine zentrale Bedeutung besitzt, lehnte als rechtmäßiger Eigentümer den Verkauf des Schlosses ab. Der Freistaat war aber bereit, es im Rahmen von Erbpacht zur Verfügung zu stellen. Bei einer kommerziellen Nutzung des Schlosses wurde befürchtet, dass die Rolle Schwarzburgs als Zentrum eines überregionalen Erbes keine ausreichende Beachtung findet. Voraussetzung für die Zustimmung zu SCHUMANNS Projekt wäre u. a. die Gewährleistung der öffentlichen Zugänglichkeit und musealen Nutzung des mit viel Mühe wiederhergestellten Kaisersaalgebäudes gewesen. Die Vorlage eines ausgearbeiteten Konzeptes hätte diese Zweifel zerstreuen können. Auch zur Beurteilung des geplanten Eingriffs in die gewachsene Kulturlandschaft des Schwarzatals, in dem sich ein 100 Hektar großer Golfplatz und 200 neue Eigentumswohnungen deutlich bemerkbar gemacht hätten, wäre ein solches unabdingbar gewesen. Ein solides Konzept wurde jedoch nicht vorgelegt. Als das Thüringische Landesamt für Denkmalpflege dem Investor im Oktober 1992 seinen denkmalpflegerischen Begleitplan für den Wiederaufbau von Schloss Schwarzburg zustellte, zog sich SCHUMANN zurück. Konkrete Konzepte fehlten auch anderen Interessenten, die auf Schloss Schwarzburg eine Rehaklinik, ein Romantikhotel bzw. ein Golfhotel einrichten wollten.

Das Landesamt für Denkmalpflege in Erfurt leitete inzwischen die Notsicherung von Schloss Schwarzburg ein, mit der ein statisch sicherer Rohbauzustand der Schlossruine wieder hergestellt und schädigende Witterungseinflüsse ausgeschlossen werden sollten. Nach der Übertragung von Schloss Schwarzburg an die *Stiftung Thüringer Schlösser und Gärten* im September 1994 setzte diese die Maßnahmen fort.[28] Am Hauptgebäude wurden im mittleren und südlichen Teil Dachflächen durch provisorische Wellbitumenplatten abgedeckt. Im nördlichen Teil ist das schiefergedeckte Mansarddach mit seinen Giebelgauben wieder hergestellt. Zur Abstützung der Dachbalken im Anschlussbereich des ehemaligen Kirchflügels wurde ein Stahlrahmen eingesetzt. Das Dach darüber wurde wieder geschlossen. Die schweren Sturmschäden durch den Orkan Kyrill machten 2007 erneut Maßnahmen zur Dachabdichtung erforderlich. Die Aussteifung des Gebäudes wurde durch den Einbau bisher fehlender Deckenebenen im Mittelteil hinter dem Risalit verbessert. Außerdem hat man den Mittelrisalit mit einer aufwendigen Stahlkonstruktion und dem Einbau eines Ringankers gesichert (1996). Trotz Abschluss der Rohbausicherung wurden immer wieder Notsicherungen erforderlich, so z. B. 2001 nach Ausbruch des Mauerwerks an der Südwestecke des Hauptgebäudes und 2007 infolge des Orkans Kyrill. Seit Kurzem sind die Fensteröffnungen provisorisch geschlossen. Damit ist das Gebäude gegen Witterungseinflüsse geschützt. Zur bequemeren Erschließung der verschiedenen Gebäudeebenen setzte man Decken sowie Holztreppen instand bzw. ergänzte sie. Parallel dazu fanden restauratorische Untersuchungen an den Stuckdecken statt. 2007 wurden erstmals stark gefährdete Stuckpartien im Festsaal abgenommen, der größte Teil des Bestandes musste jedoch vor Ort bestmöglich gesichert werden. Der ehemalige Kirchturm wird heute durch eine neue innere Aussteifungskonstruktion stabilisiert. Es ist ein Blitzschutz installiert.

Die Suche nach einer neuen Nutzung von Schloss Schwarzburg setzte die *Stiftung Thüringer Schlösser und Gärten* fort. Parallel dazu gab es weitere Maßnahmen zum Bestandserhalt dieser außerordentlich umfangreichen und desolaten Bausubstanz. Außerhalb des Hauptgebäu-

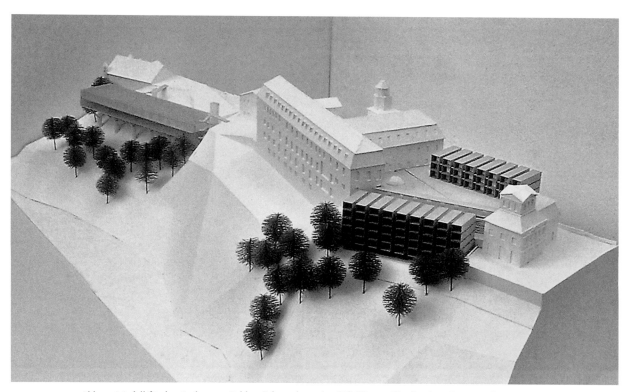

Abb. 22, Modell für den Ausbau von Schloss Schwarzburg als »Life-History-Hotel«, Ansicht von Südwesten, 2000

des wurden in den letzten Jahren folgende Baumaßnahmen realisiert: im Kaisersaalgebäude die provisorische Instandsetzung des Erdgeschossraumes mit Elektroinstallationen, Putz- und Malerarbeiten sowie Reparaturen an Fenstern und Parkettfußboden (1995–1996), aufwendige Wartungsarbeiten am Kronleuchter und konservierende Maßnahmen an den Wandbildern (2001), die Herrichtung von drei Räumen im Obergeschoss zur musealen Nutzung verbunden mit der Verlegung des Kassenbereiches ins Erdgeschoss (2003), die Modernisierung der sanitären Anlagen sowie die Herrichtung zweier Räume im Obergeschoss desselben Gebäudes (2005–2006); im Forstamtsgebäude die Dach- und Außensanierung sowie Maßnahmen im Treppenhaus (1996), am Kastellangebäude Kleinreparaturen (1995), die Neugestaltung des Gartenparterres vor dem Kaisersaal unter Bezugnahme auf den um 1744 nachweislichen Zustand (2000), die Instandsetzung der Schlossstraße mit gleichzeitiger Gestaltung der straßenbegleitenden Grünanlagen (1998–1999), die sukzessive grundhafte Stützmauersanierung (1996–2007) und die Teilrestaurierung des Löwenbrunnens (2000). Die Gesamtausgaben der Stiftung für diese sowie für planerische Vorleistungen beliefen sich von 1994 bis 2007 auf über 4,8 Mio. €. Dank privater Spenden kann 2008 die Grundsanierung des Zeughauses beginnen, in dem – wenn weitere Spenden eingehen – in absehbarer Zeit die Waffensammlung »Schwarzburger Zeughaus«[29] wieder gezeigt werden soll. In Vorbereitung auf diese Maßnahme wurde das Gebäude 2007 notgesichert und entkernt. Inzwischen ist es eingehaust.

Im September 2001 beriet der Stiftungsrat das Nutzungskonzept für Schloss Schwarzburg. Zwei Schwerpunkte waren vorgesehen: erstens eine Nutzung als Museum sowie für Veranstaltungen im Bereich von Zeughaus, ehemaligem Torhaus, Kaisersaalgebäude und Gartenparterre; zweitens eine gewerbliche Nutzung als kombiniertes Erholungs- und Veranstaltungszentrum im Bereich von Hauptgebäude und Nebengebäuden. Dieser vom Architekturbüro *Baukonzept Rabe und Partner* entwickelte Teil des Konzeptes plante die behutsame Instandsetzung des Hauptgebäudes, bei der sowohl die barocken Raumstrukturen und Raumfassungen als auch die Eingriffe der NS-Zeit nachvollziehbar bleiben, und den äußerlichen Wiederaufbau des ehemaligen Kirchflügels.[30] Zur Gewährleistung eines funktionsfähigen Hotels sollten ihm in südlicher Richtung zwei in zeitgemäßer Architektursprache errichtete Bettenhäuser hinzugefügt werden (Abb. 22). Am bewaldeten Berghang

Abb. 23, Entwurf für den Ausbau von Schloss Schwarzburg, Schnitt durch West- und Querflügel, 2002

westlich des Zeughauses wurde ein auf Stelzen errichtetes zweigeschossiges Parkhaus vorgesehen. Anknüpfend an die nahezu tausendjährige Geschichte des Schlosses wurde die Schwarzburg diesmal als Themenhotel konzipiert. Durch den Einsatz modernster Technologien (z. B. Cyber-Cinema) sollte hier lokale und überregionale Geschichte lebendig vermittelt werden. Zudem waren Einrichtungen für Wellness, Seminar und Tagung geplant. Zur Gewährleistung einer wirtschaftlich erfolgreichen Betriebsführung wurde ein Marketingkonzept entwickelt, das neben Individual- und Gruppenreisenden auch Mitarbeiter von Ministerien, Ämtern und Behörden als Zielgruppe vorsah. Eine vielfältige Event-Kultur sollte Schwarzburg über die Landesgrenzen hinaus bekannt machen. Die Kosten für dieses sogenannte »Life-History-Hotel« von etwa 80 Mio. DM sollten zu 50 Prozent durch öffentliche Fördermittel finanziert werden. Die Stiftung hätte dem Investor ein dreißigjähriges Erbbaurecht eingeräumt, der Investor sollte den Mietvertrag mit dem Hotelbetreiber abschließen.

Als die Zusage der Thüringer Landesregierung zur Finanzierungsbeteiligung ausblieb, erfolgte eine Überarbeitung des Projekts mit Schwerpunktverlagerung von der Hotel- auf die Tagungsnutzung.[31] Auf diese Weise sollte das eingeschränkte Angebot an Fortbildungsstätten in Thüringen ergänzt werden.[32] Durch Verzicht auf die Neubauten der beiden Bettenhäuser und des Parkhauses wurde das Kostenvolumen nun auf etwa 60 Mio. DM[33] reduziert. Für den Ausbau des Hauptgebäudes und den Wiederaufbau des Kirchflügels wurden mehrere Varianten erarbeitet, die den Gestaltungsspielraum beim Ausbau des Schlosses veranschaulichen. Aus denkmalpflegerischen Gründen sollten die alten Proportionen und Kubaturen des Schlosses aufgenommen, der Turm wieder hergestellt und in den Schlossbau eingebunden werden. Teile des Hauptgebäudes hätten jedoch entkernt und darin Zwischendecken eingezogen werden können, um die notwendigen Kapazitäten zu erzielen (Abb. 23 – 24). Beim Wiederaufbau des Kirchflügels bestanden hinsichtlich Form und Material verschiedene Möglichkeiten.

Die in den Diskussionen favorisierte Variante sah für diesen Flügel die gleiche Höhe und Dachform wie für das Hauptgebäude vor. Im Erdgeschoss waren ein großer Plenarsaal sowie die Küche geplant, darüber eine gedeckte Bühne und eine Galerie.

Zum Beleg für die Durchführbarkeit des Nutzungskonzepts wurde von der *Conzepte für Immobilien GmbH* eine Machbarkeitsstudie erstellt, die zu einem grundsätzlich positiven Ergebnis kam.[34] Sie wies die Rentabilität des Projektes bei einer Auslastung von 70 Prozent nach, schlug zur Popularitätssteigerung von Schloss Schwarzburg dessen Einbindung in das Fernsehprogramm des MDR vor und stellte die Schaffung von 30 Vollzeitarbeitsplätzen in Aussicht. Zudem benannte die Studie eine Reihe von Mietinteressenten, darunter die Industrie- und Handelskammern sowie die Handwerkskammern von Erfurt, Gera und Jena, die Steuerberater- und Rechtsanwaltskammer, Opel Eisenach, Jenoptik sowie die Universitäten und Fachhochschulen von Erfurt und Jena. Dennoch führten auch diese Bemühungen nicht zum erhofften Erfolg. Das Thüringer Ministerium für Wirtschaft, Arbeit und Infrastruktur lehnte die erforderliche Förderung eines Projektes dieser Größenordnung ab.

• • • • •

Seit der Zerstörung von Schloss Schwarzburg hat es also nicht an Versuchen gemangelt, das Schloss wieder nutzbar zu machen. Einigkeit herrschte hinsichtlich der geplanten Nutzung von Schloss Schwarzburg für touristische Zwecke, wenn auch die Zielgruppe dabei differierte. Die touristische Ausrichtung der Wiederaufbauprojekte resultiert aus der Geschichte des Ortes. Schwarzburg zählt zu den ältesten Fremdenverkehrsgebieten Deutschlands. Seit Beendigung des staatlich gelenkten Tourismus der

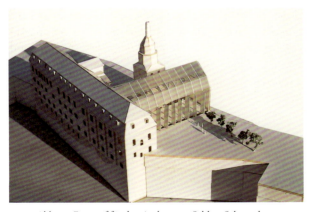

Abb. 24, Entwurf für den Ausbau von Schloss Schwarzburg
Ansicht von Südwesten, 2002

DDR hat der Ort erhebliche Einbrüche in seinem Haupterwerbszweig zu verzeichnen. 1999 konnte Schwarzburg mit etwa 50 000 Übernachtungen nur noch etwa knapp ein Fünftel der Übernachtungszahlen von 1972 erreichen.[35] 1989, als der Tourismus bereits nachließ, wurden noch 162 500 Übernachtungen in Schwarzburg gezählt.[36] Hinzu kam eine große Anzahl von Tagestouristen. Alternative Einnahmequellen stehen in der landwirtschaftlich und gewerblich benachteiligten Region kaum zur Verfügung. Die Bevölkerung wandert ab. Wurde zur Zeit der DDR der Ausbau des Schlosses noch zur besseren Versorgung der damals zahlreichen Touristen ins Auge gefasst, so verspricht man sich heute umgekehrt durch die Wiedernutzbarmachung einen wichtigen Impuls zur Strukturförderung der Region, d. h. zur Steigerung des Besucheraufkommens. Ein Erhalt als Ruine scheint nicht sinnvoll. Zu groß wäre der Aufwand, um diese begehbar zu machen und ihr ein annähernd attraktives Erscheinungsbild ohne Stahlgerüste zu verleihen. Damit würden die Besucherzahlen wohl kaum so steigen, dass der Aufwand gerechtfertigt wäre.

Die Angemessenheit der Nutzungskonzepte hat im Laufe der Zeit zugenommen. Dafür ist maßgeblich das Engagement der Denkmalpflegebehörden verantwortlich. Die seit den fünfziger Jahren entwickelten denkmalpflegerischen Ziele, wie die Beibehaltung der charakteristischen Stufung der Schlossbergbebauung und die gleichberechtigte Bewahrung der barocken wie der nationalsozialistischen Bauveränderungen im Hauptgebäude, wurden je nach Herkunft der Planer unterschiedlich berücksichtigt und um weitere Ziele ergänzt. Die Aufrechterhaltung der öffentlichen Zugänglichkeit und des musealen Betriebes im Kaisersaal entwickelten sich zu einer wichtigen Prämisse. Diskutiert wurde auch das Ausmaß des Substanzerhalts im Zeughaus. Der Misserfolg bei der Annäherung des denkmalpflegerischen Begleitplans und der Anliegen des Investors Anfang der 1990er Jahre führte bei den jüngeren Planungen zur stärkeren Herausarbeitung der Dispositionsfreiheit potentieller Investoren. Diese erstreckt sich unter anderem auf die Materialien für den Wiederaufbau des Kirchflügels, die Gestaltung der Neubauten und die Raumaufteilung in den historischen Gebäuden. Mit fortschreitendem Verfall der Anlage ist auch die Bereitschaft zu Opfern an der Originalsubstanz gestiegen. Sie wären unter Umständen vertretbar, wenn damit der Erhalt des Schlosses in absehbarer Zukunft gesichert werden könnte, denn bei einem weiteren Fortbestand als Ruine wäre der Substanzverlust vermutlich größer.

Die Kostenkalkulationen für die jeweiligen Projekte sind im Laufe der Jahrzehnte von sechs Mio. DDR-Mark in den fünfziger Jahren auf 60 Mio. DM im Jahr 2002 gestiegen. Dafür ist neben der allgemeinen wirtschaftlichen Entwicklung mit zunehmenden Personal- und Sachkosten sowie höheren Ansprüchen an die Ausstattung vor allem der starke Verfall des Schlosses während der letzten 30 Jahre verantwortlich. Die Kostenschätzungen zur Realisierung der jeweiligen Nutzungskonzepte variierten mit dem Aufwand des Projektes. Die fehlgeschlagenen Versuche der Wiedernutzbarmachung in den 1950er Jahren und im Jahr 2001 führten zur Reduktion des Planungsumfanges. Alle Planenden waren der Überzeugung, dass eine Finanzierungsbeteiligung des Staates für das Gelingen des Wiederaufbaus von Schloss Schwarzburg unerlässlich sei.

Die Haushaltsmittel für Denkmalpflege sind im dünn besiedelten Thüringen begrenzt. Neben Schwarzburg gibt es zahlreiche weitere Schlösser, die dringend saniert werden müssen. Wo weder mittel- noch langfristig eine Perspektive für den Wiederaufbau von Schloss Schwarzburg in Sicht ist, gerät die Denkmalpflege an ihre Grenze. Vor dem Hintergrund des über fünfzigjährigen erfolglosen Bemühens um eine Wiedernutzbarmachung von Schloss Schwarzburg werden die Investitionen in die temporäre Sicherung der Schlossruine zunehmend fragwürdig. Die provisorische Dachabdeckung des Hauptgebäudes ist trotz der Notsicherungen im Jahr 2007 überaltert und reicht zum Schutz der historischen Stuckdecken langfristig nicht aus. Es bedarf der Wiederherstellung des ursprünglichen schiefergedeckten Mansarddachs, wie sie über dem nördlichen Teil dieses Gebäudes bereits erfolgt ist.

Doch ist es wirklich sinnvoll, solche kostspieligen Maßnahmen durchzuführen, die Schlossruine weiterhin mit hohem Aufwand zu erhalten oder gar Gelder in die Erstellung von Nutzungskonzepten zu investieren, wenn nicht einmal langfristig eine Perspektive existiert?

Anmerkungen

**1.** Kreis Rudolstadt im Bezirk Gera.
**2.** Vgl. die Tagebuchaufzeichnungen der Fürstin im ThStAR, Nachlass Fürstin Anna Luise Nr. 57; die Dokumentensammlung bei TANDLER, Peter: Verzeichnis historischer Unterlagen zum Schloß Schwarzburg. Studie im Auftrag des Thüringischen Landesamtes für Denkmalpflege, Erfurt 1993; KOCH, Alfred: Schloß Schwarzburg im 2. Weltkrieg. – In: RHH 5/6 (1996), S. 112–115 und RHH 7/8 (1996), S. 149–153 sowie WAHL, Volker: Schloss Schwarzburg als Gästehaus der Reichsregierung 1940 bis 1945. – In: RHH 9/10 (2006), S. 235–241 und RHH 11/12, S. 305–310. Dort auch Hinweise auf weitere Archivunterlagen.
**3.** Siehe hierzu den Beitrag von Enrico Göllner in diesem Buch, S. 277–299.
**4.** Vgl. ThStAR, Bezirkstag und Rat des Bezirkes Gera Nr. 5573 und Nr. 5581 sowie TLD, Planarchiv, Schloss Schwarzburg Mappe 1, Inv. 50/91–67/91.
**5.** Vgl. Archiv des TLD Erfurt, Akte »Schwarzburg, Schloss«: Niederschrift zur Besprechung im Objekt Schloss Schwarzburg am 16. September 1954 (erstellt am 17. September 1954) durch den Architekten Maeder und Protokoll zum Ortstermin am 16. September 1954 (erstellt am 6. Oktober 1954) durch den Leiter des Instituts für Denkmalpflege, Außenstelle Halle, Wolf Schubert (geb. 1903). Die Lichtpausen lagern im Photoarchiv und tragen auf der Rückseite den Stempel der Vermögensverwaltung des FDGB, Zweigstelle Erfurt. Kopien der Originalpläne sowie Photos derselben befinden sich außerdem im ThStAR, Bezirkstag und Rat des Bezirkes Gera Nr. 5573, 5581 und 5846 sowie ebenda, Thüringisches Kreisamt Rudolstadt Nr. 2634.
**6.** Vgl. ebenda: Brief vom 6. Oktober 1954 vom Institut für Denkmalpflege, Außenstelle Halle, an den FDGB, gezeichnet Schubert, S. 2.
**7.** Vgl. Archiv des TLD, Ordner »Schwarzburg, Schloss«: Niederschrift zur Besprechung im Objekt Schloss Schwarzburg am 16. September 1954 (erstellt am 17. September 1954) durch den Architekten Maeder.
**8.** Vgl. PÄTZ, Erich: Was wird aus Schloß Schwarzburg? – In: RHH 4 (1958), S. 79.
**9.** 1956 begannen unter Regie des Instituts für Denkmalpflege Halle und später der Arbeitsstelle Erfurt die Sanierungs- und Restaurierungsarbeiten. Ab 1956 übernahm Albert Seyffarth (1913–1994), ab 1968 Albert Dassler (1899–1975) die Bauleitung. Der Saalfelder Architekt Joachim Wiegand (geb. 1932) war von 1961 bis 1965 für den Ausbau und die Sicherungsarbeiten am einsturzgefährdeten Gebäude zuständig. Die ganzfigurigen Kaiserbilder aus der Zeit um 1713 wurden durch Fritz Leweke (1901–2001) und Kurt Thümmler restauriert. Unter Leitung von Paul Goebel (1913–2007) legten Restauratoren die um 1870 übertünchten Medaillonbilder frei. Seit der Eröffnung im Jahre 1971 zeigt das Thüringer Landesmuseum Heidecksburg wechselnde kulturgeschichtliche Ausstellungen im Gebäude. – Vgl. KOCH, Ursula: Der Kaisersaal Schwarzburg. – In: RHH 9/10 (1971), S. 198–201; DEUBLER, Heinz / KOCH, Ursula: Kaisersaal Schwarzburg. Beiträge zur Geschichte eines barocken Baudenkmals, Rudolstadt 1972, S. 21–26; KOCH, Ursula: Kaisersaal Schwarzburg, München; Zürich 1993, S. 12.
**10.** So wurde zwischen 1954 und 1956 die zuvor durch Brände stark beschädigte Friedensburg in Leutenberg zu einem Heim für die ›Intelligenz‹ ausgebaut. Später diente sie als Haus für den Ministerrat der DDR. Seit 1993 beherbergt die Burg eine Fachklinik für Haut-, allergische und degenerative Krankheiten.
**11.** Der Rekonstruktionsvorschlag Tausendschöns ist anhand der Pläne im TLD (Planarchiv, Schloss Schwarzburg Mappe 1, Inv. 14/91, 31/91–35/91) sowie der Erläuterung zur Lageplanskizze und zum Rekonstruktionsvorschlag vom 29. Oktober 1962 bzw. Dezember 1962 fassbar. – Vgl. Archiv des TLD, Ordner »Schwarzburg, Schloss«.
**12.** Möglicherweise sollten Stuckdecken aus dem zweiten ins erste Obergeschoss überführt werden, denn originale Stuckdecken sind heute nur im zweiten Obergeschoss erhalten.
**13.** Vgl. Archiv des TLD, Planarchiv, Schloss Schwarzburg Mappe 1, Inv. 15/91–19/91 sowie Seiferts Erläuterung zu seinem Rekonstruktionsvorschlag vom 8. Oktober 1963 im Archiv des TLD, Ordner »Schwarzburg, Schloss«. Kopien des Konzepts und der Pläne befinden sich ferner im ThStAR, Bezirkstag und Rat des Bezirkes Gera Nr. 5582.
**14.** Vgl. SEIFERT, Jürgen: Schloß Schwarzburg. Vorschlag für die Wiederverwendung als Hotel oder Ferienheim. – In: Deutsche Architektur Jg. 13 (1964), S. 150–152.
**15.** Eine neuerliche Kostenberechnung für die Realisierung von Seiferts Plänen aus dem Jahr 1970 belief sich bereits auf 6,9 Mio. DDR-Mark. – Vgl.

HERZ, Hans / KOCH, Alfred / SCHODER, Hans: Schloss Schwarzburg. Seine Geschichte von der Gründung bis zur barbarischen Zerstörung durch die Hitlerfaschisten und die Anfänge des Wiederaufbaus, unveröffentlichtes Manuskript, [Rudolstadt] 1972 (Archiv des TLMH), S. 48 sowie im ThStAR, Bezirkstag und Rat des Bezirkes Gera Nr. 5603.

**16.** Vgl. Archiv des TLD, Ordner »Schwarzburg, Schloss«: Schreiben des Deutschen Reisebüros an Hans Schoder (1925 – 1991) vom Institut für Denkmalpflege vom 25. Februar 1964.

**17.** Vgl. ebenda: Brief an den Vorsitzenden des Rates des Bezirks Gera vom 12. März 1969.

**18.** Das Projekt lässt sich anhand von Aktennotizen und Photos von der Projektpräsentation im Archiv und Photoarchiv des TLD sowie anhand der Bauakten im ThStAR, Bezirkstag und Rat des Bezirkes Gera Nr. 5580 – 5582, 5603 und 5605 rekonstruieren.

**19.** Dabei handelte es sich um die zweite Fassung des Bauzustandsberichts vom 6. Juni 1973, verfasst von Prof. Dipl. phil. Rudolf Zießler (geb. 1934) und Dr. Udo Sareik (geb. 1930) vom Institut für Denkmalpflege Erfurt, um den Bericht von Hans Herz, Alfred Koch und Hans Schoder aus dem Jahr 1972 (wie Anm. 15), Seiferts Rekonstruktionsvorschlag vom 8. Oktober 1963, Archivmaterialien aus dem Staatsarchiv Rudolstadt über die Bautätigkeit zum Reichsgästehaus sowie Bestandszeichnungen vom Hauptgebäude und Kirchflügel vom April 1973. – Vgl. ThStAR, Bezirkstag und Rat des Bezirkes Gera Nr. 5582 und Nr. 5603.

**20.** Die Pläne des Erholungsheims Baabe liegen den Akten zu Schloss Schwarzburg bei. – Vgl. ebenda Nr. 5581 und 5603. Seit 1990 wird das ehemalige Erholungsheim Baabe als Cliff-Hotel geführt.

**21.** Vgl. ebenda Nr. 5582. Vgl. hier das ingenieurgeologische Gutachten über den Baustandort Schloss Schwarzburg vom 7. Januar 1975.

**22.** Seit der Nachkriegszeit bis zum heutigen Tag werden im ehemaligen Kastellangebäude Wohnungen durch Privatmieter genutzt.

**23.** Vgl. Archiv des TLD, Ordner »Schwarzburg, Schloss«: Aktennotiz von Dr. Udo Sareik vom 10. Februar 1975, den Wiederaufbau von Schloss Schwarzburg betreffend.

**24.** Für diese Informationen danke ich Frau Gieseler vom Förderverein Schloss Schwarzburg e.V.

**25.** Vgl. Archiv des TLD, Ordner »Schwarzburg, Schloss«: Protokoll der Beratung vom 9. Juli 1981 zu den Sicherungsmaßnahmen am Schloss Schwarzburg und an dessen Außenanlagen (erstellt am 14. Juli 1981) sowie ebenda: Brief des Direktors der Fundament Berlin Joachim Nußpicker an Helmut Israel vom 16. September 1981. Vgl. außerdem die Photomappe »Sicherungsmaßnahmen Schloß Schwarzburg. Bilddokumente« der Fundament-Gesellschaft Berlin vom Juni 1981 im Bildarchiv der Stiftung Thüringer Schlösser und Gärten in Rudolstadt.

**26.** Vgl. OTZ vom 3. Dezember 1991: »Welche Zukunft hat das Schwarzburger Schloss: Ruine braucht Millionen«; Thüringer Tag vom 7. Januar 1991: »Golfen in Schwarzburg in greifbarer Nähe. Entwicklung eines Fremdenverkehrskonzeptes orientiert an Ökologie und Wirtschaftlichkeit«; OTZ vom 15. Januar 1992: »Schwarzburger Bürgermeister sauer über Erfurter Beschluß: Schloß soll Ruine bleiben. Millionen-Projekt für Tourismus-Eldorado könnte deshalb platzen«; Thüringer Tag vom 20. Januar 1992: »Ein Armutszeugnis für das Land. Thüringer Landeskonservator lehnt Verkauf des Schwarzburger Schlosses ab«; Neue Presse vom 24. Januar 1992: »Enttäuschung in Schwarzburg über die Zukunft des Schlosses: Der Erfurter Landeskonservator gegen Vorstellung der Gemeinde. Dr. Sid Schumann aus den USA möchte internationales Fremdenverkehrszentrum«.

**27.** Vgl. Thüringer Tag vom 30. Januar 1992: »Touristenhotel oder Spielbank. Landkreisprominenz für eine schnelle Lösung in Schwarzburg«, »Gefragt in Sachen Schwarzburg. Eine Antwort vom Rudolstädter Landrat Dr. Werner Thomas«, »Kaisersaal soll Museum bleiben. Direktor des Museums Heidecksburg Horst Fleischer zum Schwarzburger Schloßkomplex«, »Chance für die Region«; Neue Saalezeitung vom 1. Oktober 1992: »Zukunft des Schwarzburger Schlosses weiter unklar: Eine Schande für das Land Thüringen. Denkmalpflegerischer Begleitplan für Investoren inakzeptabel«, »Maßgabe ist die Erhaltung des Bauwerks«; Neue Saalezeitung vom 15. Oktober 1992: »Kampf gegen Verfall der Schwarzburg erfolgreich: Land gab ›grünes Licht‹ für baldige Notsicherung. Denkmalbehörde: Schwarzburg hat Anspruch auf Öffentlichkeit«, »Schwarzburger Schloß steht ganz oben an«; OTZ vom 8. Dezember 1992: »Kultur und Kommerz – wo ist der Kompromiß?«; Brief von Dr. Burkhardt Kolbmüller (geb. 1957) an Dr. Rolf Lettmann (geb. 1941) vom Thüringer Ministerium für Wissenschaft und Kunst in Erfurt vom 21. Januar 1992.

**28.** Überblick über die Baumaßnahmen siehe die Jahresberichte der Stiftung in den Jahrbüchern der Stiftung Thüringer Schlösser und Gärten 1 (1995/1996), Lindenberg 1998 bis 10 (2006), Regensburg 2007.

**29.** Siehe hierzu den Beitrag von Jens Henkel in diesem Buch, S. 311 – 347.

**30.** Vgl. die Studie zur Sanierung und zum Umbau von Schloss Schwarzburg zum Erlebnishotel der Stiftung Thüringer Schlösser und Gärten, das gestalterische Konzept von Baukonzept Rabe und Partner in Lichtenstein sowie von Schneider und Schumacher in Frankfurt/Main, die Projektentwicklung durch Wayss und Freytag in Frankfurt/Main vom 1. Februar 2000.

**31.** Vgl. die Mappe zur Präsentation der überarbeiteten Nutzungsvarianten der Stiftung Thüringer Schlösser und Gärten vom 8. Januar 2002, vom 25. Februar 2002 und vom 13. März 2002, erstellt von Baukonzept Rabe und Partner sowie von den Architekten Claus Marzluf (geb. 1968), Raimund Maschita (geb. 1970) und Thomas Zürcher (geb. 1970).

**32.** Ähnliche Projekte laufen sehr erfolgreich z. B. auf Schloss Nordkirchen – dem »westfälischen Versailles«, wo seit 1950 die damalige Landesfinanzschule und heutige Fachhochschule der Finanzen Nordrhein-Westfalen untergebracht ist.

**33.** Berechnung durch die Stiftung Thüringer Schlösser und Gärten in Abweichung zur Machbarkeitsstudie von Conzepte für Immobilien GmbH »Projekt Schloss Schwarzburg«.

**34.** Vgl. Anm. 33.

**35.** Besucherzahlen von 1972 – In: HERZ / KOCH / SCHODER 1972 (wie Anm. 15), Vorwort S. 32 sowie ThStAR, Bezirkstag und Rat des Bezirkes Gera Nr. 5603. Zahlen von 1999 nach dem Pressebericht »Schwarzburg ist wieder anerkannter Erholungsort« aus der OTZ vom 19. April 2000.

**36.** Zahl laut mündlicher Auskunft des Fremdenverkehrsvereins Schwarzburg e.V. aus dem Jahr 2004.

# Daten zur Geschichte der Schwarzburg

**1123** Die Schwarzburg wird in einer Urkunde des Erzbischofs von Mainz für das Kloster Bunsdorf (Wüstung) erstmalig erwähnt. Ein Zeuge Sizzo wird als Graf von Schwarzburg genannt.

**1123 – 1448** Die Schwarzburg ist ungeteilter Hauptsitz der mittelalterlichen Grafschaft.

**1349** Günther XXI. von Schwarzburg-Arnstadt ist für wenige Monate deutscher König.

**um 1365** Graf Johann II. von Schwarzburg-Wachsenburg und Graf Günther XXII. von Schwarzburg-Schwarzburg – der Besitzer der Schwarzburg – vereinigen ihre Herrschaften als Grafschaft Schwarzburg-Schwarzburg.

**1370** Das Dorf Schwarzburg wird erstmals erwähnt.

**1371** Eine erste Beschreibung der Gebäude auf der Schwarzburg findet sich in der Teilungsurkunde vom 24. April zwischen Graf Johann II. von Schwarzburg-Wachsenburg und Graf Günther XXII. von Schwarzburg-Schwarzburg.

**1385** Die vom Stammhaus Käfernburg/Schwarzburg 1221/22 abgespaltene Linie Käfernburg stirbt aus.

**1447 – 1451** Schwarzburgischer Hauskrieg. 1448 verkauft Graf Günther XXXII. von Schwarzburg-Schwarzburg Amt und Burg Schwarzburg an den Kurfürsten Friedrich II. von Sachsen. Nach Beendigung dieses Krieges 1451 gelangt die Schwarzburg wieder an die Grafen von Schwarzburg.

**1452** Kaiser Friedrich III. erneuert die Belehnung der Schwarzburger Grafen mit Schwarzburg und Königsee als Reichsgut. Der Zeitpunkt der Erstbelehnung ist unbekannt.

**1453** Zwischen Heinrich XXVI. von Schwarzburg-Blankenburg und Heinrich XXV. von Schwarzburg-Leutenberg kommt es zur Teilung der Schwarzburg, die bis 1564 zweiherrig bleibt. Dieser Vertrag benennt u. a. eine Harnischkammer (»Harnaschkamer«), die Vogtei (»Voitie«), den »Juden keller«, das Backhaus sowie verschiedene Kemenaten.

**1462** Graf Heinrich XXVI. von Schwarzburg-Blankenburg und Graf Heinrich XXV. von Schwarzburg-Leutenberg beschließen am 19. Juni einen »ewigen« Burgfrieden.

**1465** Anhand eines Zinsregisters ist die Schwarzburg mit zugehörigen Orten als Amtssitz erstmals detailliert nachweisbar.

**1483** Graf Heinrich XXVI. von Schwarzburg-Blankenburg lässt auf der Schwarzburg einen Kapellenneubau errichten.

**1500 – 1560** Ein Querflügel, der das Hauptgebäude mit dem Ostflügel verbindet, wird errichtet. Am Leutenberger Gebäude sowie am Hauptgebäude werden umfassende Baumaßnahmen durchgeführt; so fügt man die einzelnen Gebäude an der westlichen Zwingermauer zu einem Komplex des späteren Hauptgebäudes zusammen.

**1518** Ein neuer Altar und eine neue Glocke werden in der Burgkapelle Schwarzburg geweiht.

**1520** Der Burgkapellan Konrad Schönheidt erwirbt das sogenannte *Mainzer Missale* in einer Ausgabe von 1517 für die Bruderschaft der Heiligen Anna, die um 1510/14 begründet worden war.

**1550 / 60** Das Zeughaus der Schwarzburg wird in einem um 1550/60 zu datierenden Waffeninventar, welches mit dem Begriff »Zeugkhause« überschrieben ist, erstmals erwähnt.

**1558** Datierung der *Goldene Henne* als Willkomm für Gäste auf Schloss Schwarzburg.

**1564** Als die Leutenberger Linie mit Graf Philipp II. ausstirbt, erhält Günther XLI. von Schwarzburg-

Blankenburg-Arnstadt dessen Teil des Amtes und der Burg Schwarzburg.

**1570** Mit dem Speyerer Vertrag gelangt die Schwarzburg an die Grafschaft Schwarzburg-Arnstadt-Rudolstadt – die Oberherrschaft.

**1570 / 71 Regierungsantritt Graf Albrecht VII.**

**1574** Albrecht VII. erhält nach der Teilung der Oberherrschaft die Grafschaft Schwarzburg-Rudolstadt und gilt damit als Begründer dieser Landesherrschaft.

**1584** Nach dem Tod Graf Günthers XLI. von Schwarzburg-Blankenburg-Arnstadt, der eine Hälfte der Schwarzburg besaß, fallen Amt und Burg Schwarzburg an Schwarzburg-Rudolstadt. Die Schwarzburg verbleibt bis 1918 in deren Besitz und dient infolge des Ausbaus der Rudolstädter Heidecksburg zur Residenz lediglich als Amtssitz, Nebensitz und Jagdschloss.

**1599** Im Stadtilmer Vertrag vom 21. November wird die Gebietsstruktur geregelt, die für die folgenden Jahrhunderte die territorialen Besitzungen von Schwarzburg-Rudolstadt sowie Schwarzburg-Sondershausen festlegt.

**1605 Regierungsantritt Graf Carl Günther**

**1612** gemeinschaftliche Regierung Graf Carl Günther, Graf Albrecht Günther und Graf Ludwig Günther I.

**1618 – 1648** Während des Dreißigjährigen Krieges war – im Gegensatz zu einigen Orten in der Umgebung – die Schwarzburg von Kriegshandlungen kaum betroffen.

**1634 Regierungsantritt Graf Ludwig Günther I.** Nach dem Tod der Brüder Carl Günther (1630) und Albrecht Günther (1634) fällt die Schwarzburg in den alleinigen Besitz von Ludwig Günther I.

**1646 vormundschaftliche Regierung der Gräfin Aemilie Antonie**

**1662 Regierungsantritt Graf Albert Anton**

**1664** Aufgrund einer angeblich drohenden osmanischen Invasion wird die Schwarzburg als Festung ausgebaut. Dazu entstehen – als älteste nachweisbare Pläne – von Andreas Rudolph gezeichnete Grundrisse der gesamten Anlage.

**um 1668** Der Amtssitz Schwarzburg wird aufgegeben und nach Königsee verlegt.

**1680er – 1690er Jahre** Die Schlosskapelle wird so nach Westen verlängert, dass sie bis zum Hauptgebäude reicht. Das Innere der Kapelle wird vom Bildhauer Franz Andreas Breuning mit Alabasterplatten und zahlreichen Reliefs dekoriert.

**1682** Der Rudolstädter Hofmaler Seivert Lammers arbeitet an der Ausgestaltung einiger Räume der Schwarzburg.

**1695** Ein Brand vernichtet mit dem sogenannten »Alten Gebäude«, der »Junckerstube« und dem darunter liegenden »Reisigenstall« die östliche Gebäudestruktur. Außerdem greift er auf das Torhaus im oberen Schlosshof und auf die Schlosskapelle über.

**um 1701** Ein »Zucht- und Arbeitshaus« entsteht auf Schloss Schwarzburg.

**1704** Abschluss der südlichen Erweiterung des Hauptgebäudes, da der Verbindungsgang zwischen Hauptgebäude und Gartenhaus fertiggestellt ist.

**1705 – 1708** Baumeister David Schatz tritt in der Funktion als Landesbaumeister die Nachfolge von Johann Moritz Richter an. Die Planungen für den Bau von Kirche und Portikus des Hauptgebäudes gehen wohl auf Schatz zurück. Andreas Adolph Meylandt wird als örtlicher Baumeister eingesetzt. Der Hofmaler Seivert Lammers gestaltet Gemächer auf dem Schloss. Der Bildhauer und Architekt Johann Nikolaus Freund arbeitet an der Ausstattung der Schwarzburger Schlosskapelle sowie des Kaisersaalgebäudes.

**1708** Der Zeughausbestand wird erstmals aus den bisher üblichen Gesamtinventaren des Schlosses herausgelöst und erhält ab diesem Zeitpunkt aufgrund seiner Bedeutung für das Grafenhaus ein eigenes Inventar.

**1710 Regierungsantritt Fürst Ludwig Friedrich I.**

**1710** Die Grafen von Schwarzburg-Rudolstadt werden in den Reichsfürstenstand erhoben.

**1713** Weihe der Schlosskirche und des fürstlichen Erbbegräbnisses am 26. Oktober.

**1713 / 19** In dieser Zeitspanne wird das Gartenhaus zum Kaisersaalgebäude umgestaltet.

**1714 / 15** Die Fasanerie wird angelegt. 100 Jahre später wird die Fasanenzucht wieder aufgegeben.

**1716** Eine Zeichnung der Schwarzburg gilt als älteste überlieferte Darstellung.

**1716 / 18** Der Renaissancebau des Hauptgebäudes wird in dieser Zeit durch den Abbruch der Zwerchhäuser und den Anbau eines Portikus überformt. Die Kartusche am Hauptgebäude verweist auf den Bauherrn Fürst LUDWIG FRIEDRICH I. sowie auf die Fertigstellung im Jahr 1717.

**1718** Fürst LUDWIG FRIEDRICH I. wird als erster Fürst im Erbbegräbnis in der Schlosskirche der Schwarzburg bestattet.

**1718 Regierungsantritt Fürst FRIEDRICH ANTON**

**1719** Das Äußere des Hauptgebäudes ist weitgehend fertiggestellt. Die barocke Fassade erhält einen rötlichen Ockeranstrich.

**1721** Fürst FRIEDRICH ANTON lässt ein triumphales Eingangsportal vor dem Torhaus errichten.

**1726** Ein Brand führt zu großen Schäden an der erst 1713 geweihten Kirche, an Teilen des Leutenberger Gebäudes sowie am Hauptgebäude.

**1726 / 27** In dieser Umbauphase entsteht das Dachgeschoss des Hauptgebäudes als Teil der Mansarddachkonstruktion.

**1738** Die Schlosskirche in Schwarzburg wird am 26. August geweiht.

**1744 Regierungsantritt Fürst JOHANN FRIEDRICH**

**um 1744** Ältester überlieferter Gartenplan von Schloss Schwarzburg anlässlich der Hochzeit von JOHANN FRIEDRICH VON SCHWARZBURG-RUDOLSTADT und BERNHARDINE CHRISTINE SOPHIE VON SACHSEN-WEIMAR.

**1744** Der Hofmaler JOHANN CHRISTOPH MORGENSTERN schafft mit den acht lebensgroßen Porträts der Vorfahren des Fürstenhauses eine architektonisch eingebundene Dekoration im Festsaal des Hauptgebäudes.

**um 1750** Abschluss der Ausstattungsarbeiten am Hauptgebäude, da der Hofmaler CARL CHRISTLIEB REINTHALER im Festsaal die letzten Vergoldungsarbeiten beendet.

**1767 Regierungsantritt Fürst LUDWIG GÜNTHER II.**

**1776** Der schadhafte westliche Seitentrakt des Kaisersaalgebäudes wird abgetragen.

**1781** JOHANN WOLFGANG VON GOETHE und KARL LUDWIG VON KNEBEL besuchen im Juli die Schwarzburg. GOETHE zeichnet eine Ansicht des Schlosses.

**1784** GEORG HEINRICH MACHELEID, der als Erfinder des Porzellans in Thüringen gilt, baut auf dem Trippstein einen überdachten Aussichtspunkt.

**1787** Der Schlossgarten vor dem Kaisersaalgebäude wird privat verpachtet.

**1790 Regierungsantritt Fürst FRIEDRICH CARL**

**1790** Der Tiergarten Schwarzburg wird aufgelöst.

**1793** Fürst FRIEDRICH CARL wird als letzter Fürst im Erbbegräbnis der Schlosskirche bestattet.

**1793 Regierungsantritt Fürst LUDWIG FRIEDRICH II.**

**um 1800** Rund um das Schloss und im Schwarzatal lässt das Fürstenhaus neue Wanderwege sowie Rasthütten anlegen.

**1800** Fürst LUDWIG FRIEDRICH II. lässt die psychisch Kranken des Zuchthauses Schwarzburg nach Rudolstadt verlegen.

**bis 1804** Unter Leitung des Schlosshauptmanns JOHANN DAVID HEUBEL entsteht zwischen Blankenburg und Schwarzburg die neue »Kunststraße«.

**1805** Für die Jagd wird der Tiergarten Schwarzburg wiederbelebt.

**1807 – 1814 vormundschaftliche Regierung der Fürstin Caroline Louise**

**1810** Wilhelm von Humboldt ist Gast auf der Schwarzburg.

**1812** Eine erstmalige Auflistung von Einzelumrissen der Bauwerke von Schloss Schwarzburg verzeichnet 42 Gebäude im Schlosskomplex.

**1814 Regierungsantritt Fürst Friedrich Günther**

**1823** Der Schlosshauptmann Ludwig Magnus von Holleben plant die Umgestaltung des Schlossgartens, die Umnutzung von Gebäuden sowie das Anlegen von Alleen in der näheren Umgebung der Schlossanlage.

**1825 – 1850** Nahezu alle vor dem Schlosseingang gelegenen Gebäude werden abgerissen.

**1826** Fürst Friedrich Günther veranlasst die endgültige Verlegung des Zuchthauses in die Residenzstadt Rudolstadt.

**1834** Für die Schlosskirche wird eine neue Orgel von Menger aus Paulinzella erworben.

**1838** Das »Schweizer-Haus« entsteht im Schwarzatal als Wohnung für den Tiergärtner.

**1844** Schwarzburg als Sitz eines Rentamtes wird aufgegeben. Damit wird auch die hier gelegene »Amtsverwalterey« mitsamt Nebengebäuden abgetragen. Dies ermöglicht eine Verbreiterung und Begradigung der Schlosszufahrt.

**1848 / 49** Unruhen im Fürstentum Schwarzburg-Rudolstadt – durch die Revolution hervorgerufen – veranlassen das Fürstenhaus, Waffen des Zeughauses vorübergehend auszulagern.

**1853 / 54** Zur Entlastung der »Fürstlichen Hofkasse« wird 1853 ein »Hofbaufonds« eingerichtet, der auf Staatskosten die Sanierung aller herrschaftlichen Bauten ermöglichen sollte. Ein Jahr später wird Schloss Schwarzburg zum »Fürstlich Schwarzburg-Rudolstädtischen Hausfideikommissvermögen (Kammergut)« erklärt und bleibt damit als vererbbares Privatvermögen in Verwaltung staatlicher Behörden.

**1856 / 57** Das Grabmal von König Günther XXI. im Frankfurter Dom wird restauriert. Eine Kopie gelangt 1893 in die Schlosskirche Schwarzburg.

**1863** Das ehemalige Zuchthausgebäude wird als Forstamtswohnung umfunktioniert.

**1867 Regierungsantritt Fürst Albert**

Größere finanzielle Investitionen in Schloss Schwarzburg erfolgen nach Jahrzehnten der Vernachlässigung. Die barocke Ausstattung wird zugunsten eines historisierenden Erscheinungsbildes aufgegeben.

**1869 Regierungsantritt Fürst Georg**

**1870** Der Garten vor dem Kaisersaalgebäude erhält einen neuen Brunnen mit Fontäne.

**1870 / 71** Das Bildprogramm des Kaisersaales aus der Zeit nach 1710 wird durch vier überlebensgroße Kaiserporträts und einen Wandfries des schwarzburg-rudolstädtischen Hofmalers Rudolph Oppenheim ersetzt.

**1871** Fürst Georg lässt zu Ehren der Gründung des Deutschen Reiches im Zeughaus eine Trophäe mit französischen Beutestücken aufstellen.

**1871 – 1873** Mit der Sanierung der Fassaden am Hauptgebäude und an der Schlosskirche findet die Aufwertung der Schlossanlage einen vorläufigen Abschluss.

**1881** Die Projektierungsarbeiten für den Bahnanschluss Schwarzburgs beginnen. Die Bahnstrecke wird 1900 eröffnet.

**1884** Am 12. Oktober findet die Weihe der neu gestalteten Schlosskirche statt.

**1887** Der »Löwenbrunnen« vor dem Schlosstor wird eingeweiht.

**1887** Der Schwarzburgbund als Zusammenschluss von Studentenverbindungen wird gegründet.

**1890 Regierungsantritt Fürst Günther**

**1890 / 91** Der Gartensalon im Mittelbau unter dem Kaisersaal wird neu eingerichtet.

**ab 1891** Umfassende luxuriöse Umgestaltung der herrschaftlichen Wohnräume im Hauptgebäude. Die Fassade des Hauptgebäudes erhält eine rote Fassung mit weißen Vorlagen.

**1891** Der Sekretär der Königlichen Leibrüstkammer Stockholm, CARL ANTON OSSBAHR, bearbeitet zwischen 1891 und 1894 erstmals nach wissenschaftlichen Gesichtspunkten die Schwarzburger Zeughaussammlung. Als Abschluss erscheint 1895 ein gedruckter Katalog.

**1892** Vor dem Kaisersaalgebäude wird ein Tennisplatz angelegt, der bis 1905 besteht.

**1898** Die Räume im Erdgeschoss des östlichen Seitentraktes des Kaisersaalgebäudes werden zu einem Billardsalon umgestaltet.

**1898** Hofrat OSKAR VATER legt das vierbändige Werk mit dem Titel *Verzeichnis der in den Fürstlichen Schlössern befindlichen Gemälde* an.

**1902 / 03** Eine Glasveranda wird westlich an das Kaisersaalgebäude angebaut.

**1906** HENRY VAN DE VELDE besucht erstmals Schwarzburg.

**1907** Beginn der Projektierung und anschließendem Ausbau der elektrischen Beleuchtungsanlage.

**1909** Fürst GÜNTHER VON SCHWARZBURG-RUDOLSTADT übernimmt die Herrschaft Schwarzburg-Sondershausen in Personalunion, da der letzte Fürst von Schwarzburg-Sondershausen, KARL GÜNTHER, ohne direkte Nachkommen verstarb.

**1912** Anfertigung eines künstlerisch herausragenden Jagdtafelschmuckes durch die *Schwarzburger Werkstätten für Porzellankunst* anlässlich des 60. Geburtstages von Fürst GÜNTHER.

**1914** Ausbruch des ersten Weltkrieges. Bei der geforderten Zwangsabgabe von Metallgegenständen aus dem Schlossbereich kann die älteste und zugleich wertvollste Glocke von 1738 gerettet werden.

**1918 Thronverzicht und Abdankung des Fürsten GÜNTHER**

GÜNTHER, Fürst VON SCHWARZBURG-RUDOLSTADT und SCHWARZBURG-SONDERSHAUSEN, dankt am 23. und 25. November 1918 von der Schwarzburg aus ab. Das gesamte Eigentum des ehemaligen »Schwarzburg-Rudolstädtischen Hausfideikommissvermögens (Kammergut)«, damit auch Schloss Schwarzburg, geht an den schwarzburg-rudolstädtischen Staatsfiskus über. Dem Fürstenpaar verbleibt jedoch ein Nießbrauchrecht am Schloss.

**1918** Die *Günther-Stiftung*, die sowohl für die öffentliche Nutzung als auch für die Eigentumsverhandlungen zuständig ist, tritt am 22. November in Kraft.

**1919** Reichspräsident FRIEDRICH EBERT unterzeichnet bei einem Erholungsaufenthalt in Schwarzburg die »Weimarer Verfassung«.

**1920** Die Fürstentümer Schwarzburg-Rudolstadt und Schwarzburg-Sondershausen wurden zunächst zu Freistaaten erklärt und gehen 1920 im neu gegründeten Land Thüringen auf.

**1920** Die *Günther-Stiftung* übernimmt die Wiedereröffnung und die Betreuung des Zeughauses.

**1923** Die *Günther-Stiftung* wird aufgelöst. Das Land Thüringen gelangt in deren Rechtsnachfolge.

**1925** Tod des letzten Fürsten GÜNTHER VON SCHWARZBURG-RUDOLSTADT UND SCHWARZBURG-SONDERSHAUSEN.

**1927** Ein Gedenkstein mit einer Bildnisplatte Fürst GÜNTHERS wird auf der »Anna-Luisen-Höhe« bei Schwarzburg eingeweiht. Um 1950 wird er zerstört.

**1928 / 29** Durch einen Vergleich werden die Eigentumsverhältnisse und Nutzungsrechte an Schloss Schwarzburg geklärt. Mit Bestätigung der Vereinbarung durch den Thüringer Landtag tritt diese 1929 als Gesetz in Kraft. Damit akzeptiert ANNA LUISE VON SCHWARZBURG die Eigentumsübertragung des Schlosses und der Sammlung des Zeughauses an das Land Thüringen.

**1939** Mit dem Ausbruch des Zweiten Weltkrieges fordert die Reichsregierung, Metalle wie Kupfer und Bronze zum Einschmelzen abzuliefern. Erneut entgeht die Glocke von 1738 diesem Schicksal.

**1940** Gegen finanzielle Entschädigung muss Anna Luise von Schwarzburg ihr lebenslang gewährtes Wohnrecht aufgeben und Schloss Schwarzburg innerhalb weniger Tage verlassen. Zunächst soll Leopold III., König der Belgier, hier interniert werden. Die nationalsozialistische Regierung entscheidet jedoch, Schloss Schwarzburg zu einem Reichgästehaus unter der Leitung von Hermann Giesler umzubauen. Dieses Projekt wird als »vordringlich kriegswichtige Maßnahme« eingestuft.

**1941** Das Schloss gelangt am 22. Oktober in das Eigentum des Deutschen Reiches. Am 3. Oktober werden 44 Särge aus der Grablege unter der Schlosskirche Schwarzburg in ein behelfsmäßig eingerichtetes Gewölbe unter der Reithalle der Heidecksburg überführt.

**1942** Der Abriss ganzer Gebäudeteile zerstörte das Erscheinungsbild des Schlosses im Innern wie im Äußeren. Am 17. April wird die Baustelle auf Verfügung von Reichsminister Albert Speer stillgelegt.

**1943 / 44** Schloss Schwarzburg wird zur Einlagerung von Kunstgegenständen sowie von Material aus Behörden und Industrie genutzt.

**1945** US-amerikanische Truppen besetzen am 12. April Schloss Schwarzburg. Mit dem Abzug der amerikanischen Truppen am 1. Juli müssen zahlreiche Verluste an Kunstobjekten festgestellt werden. Am 25. Juli entsteht eine sowjetische Ortskommandantur in Schwarzburg. Weitere Plünderungen der Depoträume im Schloss.

**1946** Noch vorhandene Privatwohnungen im Schlossbereich werden beräumt.

**1947** Der östliche Turm des Zeughauses bricht in der Nacht vom 1. auf den 2. April in sich zusammen.

**1951** Tod der letzten Fürstin Anna Luise von Schwarzburg.

**ab 1952** Pläne zur Nutzung als Ferienheim der Gewerkschaften und ab 1954 Pläne zur Einrichtung eines Erholungsheimes für die ›Schaffende Intelligenz‹ (nicht realisiert)

**1956 – 1971** Instandsetzung des Kaisersaalgebäudes. Die ursprünglich barocke Ausmalung des Kaisersaales wird restauriert.

**1962** Pläne für eine gemischte Nutzung als Hotel, Restaurant und Kulturzentrum (nicht realisiert)

**1971** Das Kaisersaalgebäude wird als Außenstelle der *Staatlichen Museen Heidecksburg Rudolstadt* wiedereröffnet.

**1974** Schloss Schwarzburg wird an die der SED unterstellte Fundament-Gesellschaft für Grundbesitz mbH übereignet. Pläne als Erholungsheim der SED (nicht realisiert)

**1980 / 81** In der Silvesternacht setzt eine Feuerwerksrakete den Turm der ehemaligen Schlosskirche in Brand und vernichtet dessen Dachhaube.

**1990** Schloss Schwarzburg geht in den Besitz des Freistaates Thüringen über.

**1992** private Pläne zum Ausbau als Hotel mit Spielcasino und Golfanlage (nicht realisiert)

**1994** Der gesamte Schlosskomplex Schwarzburg geht in das Eigentum der neu gegründeten *Stiftung Thüringer Schlösser und Gärten* über.

**1994 – 2008** Sicherungs- und Sanierungsmaßnahmen am gesamten Schlosskomplex durch die *Stiftung Thüringer Schlösser und Gärten*.

**1996** Der neu gegründete *Förderverein Schloss Schwarzburg e.V.* zieht in das Forstamtsgebäude ein.

**2000** Der Löwenbrunnen vor dem Eingangsportal wird restauriert.

**ab 2001** Pläne zur Nutzung als Erholungs- und Veranstaltungszentrum sowie als Museum.

**2003** Im Kaisersaalgebäude wird eine Ausstellung zur Geschichte des Schlosses Schwarzburg eröffnet.

**seit 2007** Mit der Sanierung des Zeughauses in Schwarzburg wird durch die *Stiftung Thüringer Schlösser und Gärten* begonnen.

**seit 2008** Beginn der Restaurierung der Waffensammlung »Schwarzburger Zeughaus« mithilfe der *Kulturstiftung des Bundes (KUR-Programm)*.

# Literaturverzeichnis (Auswahl)

**Abriß** von der Fasanerie beym Stamm-Hause Schwarzburg. – In: Wöchentliches Frankenhäusisches Intelligenz=Blat[t] 43 (1769).

AMFT, Hubert: Jacopo de' Barbaris Christus-Bild wieder in Weimar. – In: Weimarbrief 1 (2001), S. 9 – 10.

ANEMÜLLER, Bernhard: Der Schwarzburgische Hauskrieg. Nach den Quellen erzählt, Rudolstadt 1867.

ANEMÜLLER, Ernst: Urkundenbuch des Klosters Paulinzelle. 1068 – 1534, Jena 1905 (= Thüringische Geschichtsquellen Neue Folge vierter Band, der ganzen Folge siebenter Band).

APFELSTEDT, Heinrich Friedrich Theodor: Heimathskunde für die Bewohner des Fürstenthums Schwarzburg-Rudolstadt, Bd. 1: Geographie der Unterherrschaft, Bd. 2: Geographie der Oberherrschaft, Arnstadt 1856.

APFELSTEDT, Heinrich Friedrich Theodor: Das Haus Kevernburg-Schwarzburg von seinem Ursprunge bis auf unsere Zeit dargestellt in den Stammtafeln seiner Haupt- und Nebenlinien und mit biographischen Notizen über die wichtigsten Glieder derselben, Sondershausen 1890.

Atlas des Saale- und mittleren Elbegebietes Teil 1 – 3, hrsg. von Otto Schlüder und Oskar August, Leipzig 1959 – 1961.

**BÄRNIGHAUSEN**, Hendrik: »Kaiser Günther von Schwarzburg« – zur Rezeptionsgeschichte. – In: Blätter der Gesellschaft für Buchkultur und Geschichte, Rudolstadt 2006, S. 63 – 102.

BANGERT, W.: Schwarzburg-Rudolstadt zur Zeit der Türkenkriege (1663 – 1664). – In: Schwarzburgbote 9 (1926).

BECHSTEIN, Ludwig: Schwarzburg [Gedicht]. – In: Der Beobachter. Eine Zeitschrift politischen, ökonomischen, statistischen, geographischen, belletristischen Inhalts 4 (1828).

BECHSTEIN, Ludwig: Wanderungen durch Thüringen, Leipzig [um 1855].

BECKEL, Heike: Schloss Schwarzburg. Rekonstruktion der Gemäldeausstattung zwischen 1918 und 1940 (Diplomarbeit), Leipzig 2005.

BEGER, Jens: Die Revolutionstage von 1918 in Schwarzburg. Reflexionen und Aufzeichnungen der Fürstin Anna Luise von Schwarzburg. – In: Zeitschrift des Vereins für Thüringische Geschichte (49) 1995, S. 55 – 63.

BEGER, Jens: Der Stadtilmer Vertrag 1599 – die Geburtsurkunde von Schwarzburg-Sondershausen und Schwarzburg-Rudolstadt. – In: Sondershäuser Beiträge. Püstrich 5 (1999), S. 7 – 23.

Beschreibung des Schlosses und Stammhauses Schwarzburg vom Jahre 1453. – In: Rudolstädter Wochenblatt 31 (1835).

BIEDERMANN, Georg: Ein Römischer König aus dem Hause Schwarzburg-Blankenburg. Graf Günther XXI. von Schwarzburg. – In: Rudolstädter Heimathefte 7/8 (1994), S. 180 – 185, 8/9 (1994), S.193 – 195.

BIENERT, Thomas: Die wichtigsten Burgen der Grafen von Schwarzburg. – In: Burgen, Schlösser, Gutshäuser in Thüringen, Witten 1995, S. 85 – 92.

BIENERT, Thomas: Das Zeughaus des Schlosses Schwarzburg – ein Wohnturm des 14. Jh.?. – In: Burgen und Schlösser in Thüringen (1999/2000), S. 69 – 78.

BIENERT, Thomas: Mittelalterliche Burgen in Thüringen, Gudensberg-Gleichen 2000.

BIENERT, Thomas: Wohntürme des 14. Jahrhunderts im Herrschaftsgebiet der Grafen von Schwarzburg. – In: Wohntürme 2002, S. 73 – 77.

BONSAK, Franz: Die Bestände des Zeughauses Schwarzburg auf Schloss Schwarzburg. – In: Zeitschrift für Heereskunde 107 (1939).

BRAUN, Paul: Ein Beitrag zum Schwarzburgischen Hauskrieg. – In: Schriften des Vereins für Rudolstädter Geschichte und Heimatschutz 2 (1914), S. 89 – 97.

BREDT, Johannes Victor: Gutachten in Sachen des Kammergutes Seiner Durchlaucht des Fürsten zu Schwarzburg, o. O. 1922.

BURKHARDT, Carl August Hugo: Urkundenbuch der Stadt Arnstadt 704-1495, Jena 1883 (=Thüringische Geschichtsquellen; NF. 1. Bd. 1.).

**CEDERSTRÖM**, Thure Freiherr von: Die Schwarzburger »Willkommen«. – In: Zeitschrift des Münchener Alterthums-Vereins, Dezember 1895, S. 1 – 6.

CZECH, Vincenz: Legitimation und Repräsentation. Zum Selbstverständnis thüringisch-sächsischer Reichsgrafen in der Frühen Neuzeit (Dissertation), Potsdam 2001.

**DEUBLER**, Heinz: Die goldene Auerhenne vom Schlosse Schwarzburg. – In: Rudolstädter Heimathefte 3/4 (1975), S. 79-82.

DEUBLER, Heinz: Die Innenausstattung des Schwarzburger Kaisersaals von 1865 bis 1940. – In: Rudolstädter Heimathefte 7/8 (1979), S. 139 – 143.

DEUBLER, Heinz: Schwarzburg als Residenz. – In: Friedrich Ebert in Schwarzburg. Sonderausgabe der Rudolstädter Heimathefte (1994), S. 44 – 50.

DEUBLER, Heinz: Die letzte Fürstin. Zum 50. Todestag der Fürstin Anna-Luise von Schwarzburg-Rudolstadt. – In: Wir in Thüringen. Jahrbuch Landkreis Saalfeld-Rudolstadt (2001/2002), S. 51 – 53.

DEUBLER, Heinz: Geschichte der Waffensammlung Schwarzburger Zeughaus. Sonderausgabe der Rudolstädter Heimathefte (1962).

DEUBLER, Heinz / DEUBLER, Volker: Die Grafen und Fürsten von Schwarzburg-Rudolstadt, mit Anhang »Einiges über die schwarzburger Wappen«. Sonderausgabe der Rudolstädter Heimathefte (1991).

DEUBLER, Heinz / KOCH, Alfred: Schloss Schwarzburg mit Kaisersaal. – In: Burgen, Schlösser, Kirchen bei Rudolstadt, Rudolstadt 1991, S. 38 – 45.

DEUBLER, Heinz / KOCH, Alfred: Schloss Schwarzburg und der Kaisersaal. – In: Burgen und Schlösser bei Rudolstadt. Sonderausgabe der Rudolstädter Heimathefte (1980), S. 24-31.

DEUBLER, Heinz / KOCH, Ursula / ZIESSLER, Rudolf: Kaisersaal Schwarzburg. Beiträge zur Geschichte eines barocken Baudenkmals, Rudolstadt 1972.

DEUBLER, Heinz / MÜLLER, Hubert / HÖFLING, Kurt: Schwarzburg 1071-1971. Beiträge zur Geschichte und Gegenwart, Schwarzburg 1971.

DEUBLER, Volker: Der Schwarzburger Löwenkasten. – In: Rudolstädter Heimathefte 1/2 (1982), S. 20 – 21.

DEUBLER, Volker: Ein schwarzburgischer Schießbecher. – In: Rudolstädter Heimathefte 3/4 (1983), S. 83 – 85.

DEUBLER, Volker: Sinnsprüche auf Gegenständen des »Schwarzburger Zeughauses«. – In: Rudolstädter Heimathefte 11/12 (1984), S. 251 – 254.

DEVRIENT, Ernst: Der Kampf der Schwarzburger um die Herrschaft im Saaletal. – In: Festschrift Berthold Rein zum 75. Geburtstag, Jena 1935, S. 1 – 44.

DIENER-SCHÖNBERG, Alfons: Das Fürstliche Zeughaus zu Schwarzburg. Festschrift zur Hauptversammlung des Vereins für historische

Waffenkunde in Blankenburg 24. bis 26. Juni 1908. – In: Zeitschrift für historische Waffenkunde 11 (1908), S. 325 – 366.

Dobenecker, Otto: Regesta diplomatica nec non epistolaria historiae Thuringiae, Jena 1896 – 1939.

Dressel, Rudolf: Fasanerie Schwarzburg. – In: Rudolstädter Heimathefte 2/3 (1962), S. 52 – 57, 4 (1962), S. 97 – 102, 8/9 (1962), S. 206 – 212.

Eberhardt, Hans: Das Schwarzatalgebiet. Geschichte und Kirchengeschichte einer Landschaft. – In: Mosaiksteine, Berlin 1981 (= Thüringer kirchliche Studien; IV), S. 121.

Eberhardt, Hans: Zur Frühgeschichte des Orlagaues. – In: Fundamente, Berlin 1987 (= Thüringer kirchliche Studien; V), S. 41 – 43.

Einicke, G.: Zwanzig Jahre Schwarzburgische Reformationsgeschichte 1521 – 1541, Nordhausen 1904.

Einladung des Claus und des Lust=Hains bey Schwarzburg an ihre Durchlauchtigste Fürstin und fromme Clausnerin! – In: Rudolstädtisches Wochenblatt 19 (1797), S. 75.

Ein Schwarzburger wieder Herr auf Schwarzburg. Der Enkel des Fürsten Friedrich Günther erhält das Schwarzburger Schloss. – In: Landeszeitung Rudolstadt vom 16. September 1928.

Esche, Andrea / Lengemann, Jochen: Carl Malchins Bild »Schloss Schwarzburg [1893]«. – In: Sondershäuser Beiträge. Püstrich 6 (2001), S. 159 – 162.

Die **Fasanerie**. – In: Mittwochsblatt 30 (1835).

Fleischer, Horst: Vom Leben in der Residenz. Rudolstadt 1646 – 1816 (= Beiträge zur schwarzburgischen Kunst- und Kulturgeschichte; 4), Rudolstadt 1996.

Föhl, Thomas: Das Thema der Raub- und Beutekunst. Eine unendliche Geschichte. – In: Heimat Thüringen 1 (2005), S. 9 – 10.

Franke, Emil: Schloss Schwarzburg als Ganerbenburg. – In: Schwarzburgbote 9 (1930).

Franzos, Karl Emil: Deutsche Fahrten. Reise und Kulturbilder. Erste Reihe: Aus Anhalt und Thüringen, Berlin 1903.

Fritz, Wolfgang: Constitutiones et Acta Publica Imperatorum et Regum. Elfter Band. Dokumente zur Geschichte des Deutschen Reiches und seiner Verfassung 1354 – 1356, Weimar 1978.

Früchtel, Michael: Der Architekt Hermann Giesler: Leben und Werk 1898 – 1987, Tübingen 2008.

Die Fürsten von Schwarzburg-Rudolstadt 1710 – 1918, 3. Aufl., Rudolstadt 2001.

**Gedichte** eines Schwarzburgers auf dem Stammhause Schwarzburg, Rudolstadt 1798.

Goebel, Paul: Schloss Schwarzburg. – In: Farbe und Raum 8 (1976), S. 18 – 19.

Göllner, Enrico: Die Umbaumaßnahmen des Schlosses Schwarzburg in Thüringen zum »Reichsgästehaus« (Diplomarbeit), Leipzig 2005.

Gräf, Carl jun. (Hrsg.): Genealogisch-statistisch-topografische Zugabe zu der Karte der Oberherrschaft des Fürstenthum Schwarzburg-Rudolstadt, Rudolstadt 1846.

Die Grafen von Schwarzburg-Rudolstadt. Albrecht VII. bis Albert Anton, 2. Aufl., Rudolstadt 2004.

Günther XLI. Graf von Schwarzburg in Diensten Karls V. und Philipps II. in den Niederlanden (1550) 1551 – 1559 (1583), bearb. v. Jens Beger, Eduardo Pedruelo Martín, José Luis Rodríguez de Diego, Joachim Emig und Jochen Lengemann, Weimar; Jena 2003.

Hassenstein, Karl-Helmut: Bemerkenswerte Nachrichten über die zersprungene Schwarzburger Glocke. – In: Rudolstädter Heimathefte 5/6 (2008), S. 116 – 120.

Hassenstein, Karl-Helmut: Namen und Berufe zur Geschichte Schwarzburgs um das Jahr 1675 und Berufe in der Zeit von 1710 bis 1745. – In: Rudolstädter Heimathefte (9/10) 2008, S. 266 – 267.

Heckmann, Hermann: Baumeister des Barock und Rokoko in Thüringen, Berlin 1999.

Heinse, Joh. Ph.: Thüringens Merkwürdigkeiten der Vorzeit. Eine kurzgefasste Zusammenstellung aller beachtenswerthen Ereignisse und Begebenheiten des Alterthums von länger als 1000 Jahren her. II. Abteilung: Alterthumskunde des Fürstenthum Schwarzburg-Rudolstadt, Rudolstadt 1857.

Heitmann, Katja: Die Visualisierung des Reichs-Stallmeisteramtes in den Pferdezimmern der Schwarzburg-Rudolstädter Fürsten. – In: Jahrbuch der Stiftung Thüringer Schlösser und Gärten (2007), Regensburg 2008, S. 175 – 178.

Hellbach, Johann Christian: Archiv von und für Schwarzburg, Hildburghausen 1787.

Helmrich, Karl: Schwarzburgische Landeskunde, Sondershausen 1871.

Hemmann, D.: Streifzüge durch Schwarzburgs Vergangenheit. – In: Schwarzburgbote 25 (1928).

Henkel, Jens: Das Zeughaus Schwarzburg. – In: Wir in Thüringen. Jahrbuch Landkreis Rudolstadt (1993), S. 173 – 175.

Henkel, Jens: Nachrichten vom fürstlichen Leben: Neue Dauerausstellung über Schloss Schwarzburg. – In: Wir in Thüringen. Jahrbuch Landkreis Saalfeld-Rudolstadt (2004/2005), S. 72 – 75.

Herrmann, Kurt: Die Erbteilungen im Hause Schwarzburg (Dissertation), Halle / Saale 1920.

Herz, Hans: Die Kanzlei der Grafen von Käfernburg-Schwarzburg von ihren Anfängen bis zur Mitte des 14. Jahrhunderts. Eine paläologisch-diplomatische Untersuchung (Dissertation), Halle 1963.

Herz, Hans: Die Urkunde vom 19. November 1370 als Quelle für Erstwähnung von Ortschaften in den Kreisen Rudolstadt, Ilmenau und Neuhaus. – In: Rudolstädter Heimathefte 5/6 (1970), S. 104 – 110.

Herz, Hans: Bauernaufstand 1627 in Schwarzburg-Rudolstadt. – In: Jahrbuch für Regionalgeschichte, Bd. 16, T. II, Weimar 1989, S. 73 – 81.

Herz, Hans: Schloss und landesherrliche Güter im Amt Schwarzburg um 1500 bis 1571. – In: Rudolstädter Heimathefte 5/6 (2005), S. 152 – 155.

Herz, Hans / Koch, Alfred / Schoder, Hans: Schloss Schwarzburg, (Rudolstadt) 1972 (unveröffentlichtes Typoskript).

Hesse, Johann Friedrich: Paulinzelle und Schwarzburg, Rudolstadt 1854.

[Hesse, Ludwig, Friedrich]: Schwarzburg [aus: Fortgesetzte Landesbeschreibung des Fürstenthums Schwarzburg-Rudolstadt.] – In: Gnädigst privilegierter Fürstlich Schwarzburgischer neuer und verbesserter Stadt- und Land Calender auf das Jahr 1806/07, April 1806 – Dezember 1807.

Hesse, Ludwig Friedrich: Rudolstadt und Schwarzburg nebst ihren Umgebungen, historisch und topographisch dargestellt, Rudolstadt 1816 (= Taschenbuch der Geschichte und Topographie Thüringens gewidmet; 1).

Hesse, Ludwig Friedrich: Schwarzburg. – In: Thüringen und der Harz, mit ihren Merkwürdigkeiten, Volkssagen und Legenden, Sondershausen 1840, S. 225 – 242.

Hess, Ulrich: Geschichte der Staatsbehörden in Schwarzburg-Rudolstadt, Jena; Stuttgart 1994.

[Heubel, Friedrich]: Der Wegweiser von Rudolstadt nach Schwarzburg, Rudolstadt 1803.

Heydenreich, Lebrecht Wilhelm Heinrich: Kurtze Beschreibung der Schwartzburgis[chen] Städte, Flecken und Schlösser, benebst denen vornehmsten Denck- und Merckwürdigkeiten. – In: Historia des ehemals Gräflichen nunmehro Fürstlichen Hauses Schwarzburg…, Erfurt 1743, S. 417 – 418.

Himmelreich, E.: Die Fasanerie bei Schwarzburg. – In: Schwarzburgbote 2 – 4 (1931).

Hoffmann, Jörg: Residenzen der Schwarzburger. Blätter zur Landeskunde, Landeszentrale für politische Bildung Thüringen, Erfurt 2003.

Hoffmann, Jörg: Schwarzburgische Residenzen (Dissertation), Weimar 2008.

Hopf, Udo: Dokumentation der baubegleitenden archäologischen Betreuung bei der Erneuerung der Trinkwasseranlage zwischen Torhaus und Kastellangebäude auf Schloss Schwarzburg Oktober 2007 (unveröffentlichtes Manuskript im Auftrag der Stiftung Thüringer Schlösser und Gärten), Gotha 2007.

Hopf, Valentin: Vom alten Schlosse Schwarzburg. – In: Saalfelder Sagenbüchlein, Saalfeld/Saale 1917.

Hübner, Helmut: Königin Wilhelmina der Niederlande im Jahre 1900 in Schwarzburg. – In: Rudolstädter Heimathefte 1/2 (1993), S. 122–124.

Hübner, Helmut: Die Geschichte des Schwarzburgbundes. – In: Rudolstädter Heimathefte 9/10 (1993), S. 216–220.

Hübner, Helmut: Aus den Erinnerungen des letzten Schwarzburger Schlosspredigers Heinrich Bensch. – In: Rudolstädter Heimathefte 3/4 (1994), S. 80–84.

Hübner, Wolfram / Lorenz, Catrin / Paulus, Helmut-Eberhard: Der Lustgarten von Schloss Schwarzburg. – In: Gartenlust-Lustgarten: Die schönsten historischen Gärten in Deutschland, Regensburg 2003, S. 247–250.

Hundt, Rudolf: Döschnitzer Marmor. – In: Rudolstädter Heimathefte 2 (1956), S. 202–203.

Jahn, Margarete: Das Schwarzburger Schloss, (Allendorf) 1954/55 (unveröffentlichtes Typoskript).

Jovius, Paul [d.i.: Götze, Paul]: Chronicon Schwarzburgicum germanicum ab origine fere gentis illustrissimae ad annum 1630. T. 1–7. Hrsg. von Georg Christoph Kreysig. – In: Diplomataria et scriptores historiae germanicae medii aevi. Bd. 1. Hrsg. von Christian Schöttgens und Georg Christoph Kreysig, Altenburg 1753.

Jung, Otmar: Volksgesetzgebung. Die »Weimarer Erfahrungen« aus dem Fall der Vermögensauseinandersetzung zwischen den Freistaaten und ehemaligen Fürsten, Bd. 1, Hamburg 1990.

**Kaisersaal** Schwarzburg. Beiträge zur Geschichte eines barocken Denkmals, hrsg. v. der Direktion der Staatlichen Museen Heidecksburg Rudolstadt für die Museumsaußenstelle »Kaisersaal Schwarzburg«, Rudolstadt 1971.

Kämmerer, Ernst: Die romantische Gegend von Schwarzburg von Blankenburg aus im Thale an der Schwarza hinauf bis zum Fürstlichen Stammhause daselbst, Rudolstadt 1802.

Ketelhodt, Gerd Freiherr von: Zur Geschichte der Schwarzburgischen Lande, Rudolstadt 1916.

Koch, Alfred: Zur Eröffnung der Waffensammlung »Schwarzburger Zeughaus« in der Heidecksburg am 8.7.1962. – In: Rudolstädter Heimathefte 8/9 (1962), S. 185–187.

Koch, Alfred: Historische Ansichten von Schwarzburg und vom Schwarzatal. – In: Rudolstädter Heimathefte 11/12 (1967), S. 267–269, 1/2 (1968), S. 11–12, 3/4 (1968), S. 63–64, 5/6 (1968), S. 111–113, 7/8 (1968), S. 149–150, 9/10 (1968), S. 189–190, 5/6 (1970), S. 96–98.

Koch, Alfred: Kaisersaal Schwarzburg. – In: Wir in Thüringen. Jahrbuch Landkreis Rudolstadt (1992), S. 156–158.

Koch, Alfred: Schloss Schwarzburg im Zweiten Weltkrieg. – In: Rudolstädter Heimathefte 5/6 (1996), S. 112–115, 7/8 (1996), S. 149–153.

Koch, Ursula: Der Kaisersaal Schwarzburg – In: Rudolstädter Heimathefte 5/6 (1971), S. 103–107, 7/8 (1971), S. 148–153, 9/10 (1971), S. 198–201.

Koch, Ursula: Kaisersaal Schwarzburg, München; Zürich 1993.

Kühnert, Herbert: Das Gräflich Schwarzburgische Amt Schwarzburg zu Beginn des 30-jährigen Krieges. – In: Schwarzburgbote 24 (1929).

Kuntz, Winfried: Carl Loesche. Orgelbauer im Fürstentum Schwarzburg-Rudolstadt, Gräfenthal-Großneundorf 1998.

**Langhof**, Peter: Reflektiertes Leben. Die persönlichen Tagebücher der Anna Luise von Schönburg-Waldenburg, letzter Fürstin zu Schwarzburg. – In: Thüringische Forschungen. Festschrift für Hans Eberhardt zum 85. Geburtstag, Weimar; Köln; Wien 1993, S. 475–490.

Lass, Heiko: Jagd- und Lustschlösser. Kunst und Kultur zweier landesherrlicher Bauaufgaben. Dargestellt an thüringischen Bauten des 17. und 18. Jahrhunderts, Petersberg 2006.

Lawatsch, Hans-Helmut: Der Schriftsteller Karl Emil Franzos in Schwarzburg. – In: Rudolstädter Heimathefte 1/2 (1993), S. 151–154.

Lawatsch, Hans-Helmut: Henry van de Velde in Schwarzburg. – In: Rudolstädter Heimathefte 5/6 (1993), S. 125–129.

Lawatsch, Hans-Helmut: Briefe der Fürstin Anna Luise von Schwarzburg an Henry van de Velde. – In: Rudolstädter Heimathefte 9/10 (1994), S. 237–239, 1/2 (1995), S. 15–17, 3/4 (1995), S. 59–61, 7/8 (1995) S. 174–177.

Lawatsch, Hans-Helmut: Die Schwarzburg-Gedichte von Johann Diederich Gries, dem berühmten Übersetzer der Goethezeit. – In: Rudolstädter Heimathefte 3/4 (2007), S. 66–71.

Lehfeldt, Paul: Bau- und Kunstdenkmäler Thüringens. Fürstenthum Schwarzburg-Rudolstadt, H. XX, Jena 1894, S. 216–225.

Lengemann, Jochen: Carl Malchins Gemälde »Schloss Schwarzburg [1901]«. Ein fürstliches Hochzeitsgeschenk. – In: Sondershäuser Beiträge. Püstrich 5 (1999), S. 23–41.

Lengemann, Jochen: Das fürstliche Hochzeitsgeschenk – die Wiederentdeckung von Carl Malchins in Vergessenheit geratenem Gemälde von Schwarzburg im Rijksmuseum Paleis Het Loo in Apeldoorn. – In: Rudolstädter Heimathefte 5/6 (2000), S. 105–111, 7/8 (2000), S. 162–166.

Lengemann, Jochen: Die Reise des Rudolstädter Fürstenpaares zur Hochzeit von Königin Wilhelmina und Heinrich von Mecklenburg in Den Haag im Februar 1901. – In: Rudolstädter Heimathefte 1/2 (2001), S. 6–8.

Löhmann, Bernd: Die Leitkonzeption für die Gestaltung und Nutzung des Schloßgartens zu Schwarzburg. – In: Jahrbuch der Stiftung Thüringer Schlösser und Gärten (1997/98), Lindenberg 1999, S. 128–134.

Löhmann, Bernd: Der Schlossgarten Schwarzburg. – In: Paradiese der Gartenkunst in Thüringen. Historische Gartenanlagen der Stiftung Thüringer Schlösser und Gärten, Regensburg 2003, S. 161–171.

**Maurer**, Hans-Martin: Eine Burgengruppe der thüringischen Grafen von Schwarzburg. Beitrag zur vergleichenden Burgenforschung. – In: Burgen und Schlösser. Zeitschrift für Burgenforschung und Denkmalpflege 1 (2000), S. 14–22.

Meister, Hein[rich] Chr[istoph]: Über das Stammhaus Schwarzburg, wegen des morgenden festlichen Tags. – In: Rudolstädter Wochenblatt 41 (1783), S. 1.

Melissantes (d. i. Gregorii, Johann Gottfried): Die Berg-Schlösser Kefernburg und Schwartzburg. – In: Das Erneuerte Alterthum, Oder Curieuse Beschreibung … In Teutschland …, Frankfurt, Leipzig 1721, Sonderdruck als Reprint, Arnstadt 1996.

Müller, Hubert: Der Schwarzburger Tiergarten. Geschichte und Folgen einer früheren Jagdanlage im Schwarzatal. – In: Veröffentlichungen der Museen Gera 16 (1989), S. 5–22.

Müller, Ruth: Kindheit auf dem Schwarzburger Schloß. Erinnerungen des letzten noch lebenden Mitbewohners. – In: Rudolstädter Heimathefte 9/10 (1996), S. 225–228.

MÜLLER, Ruth: Der »Förderverein Schwarzburg e.V.« stellt sich vor. – In: Rudolstädter Heimathefte 5/6 (1997), S. 105 – 106.
MÜLLER, Ruth: Der Schloßbezirk Schwarzburg. – In: Rudolstädter Heimathefte 1/2 (1999), S. 1 – 5, 3/4 (1999), S. 55 – 59.
MÜLLEROTT, Hansjürgen: Bonifatius und die Wiege der Grafen von Käfernburg-Schwarzburg im Mittleren Thüringer Wald. Archäologische und siedlungsgeschichtliche Wanderungen, Arnstadt 1994.
MÜLLEROTT, Hansjürgen: Liquidierung und Beschädigung von Baudenkmalen, Bodenaltertümern und Bibliotheken im Schwarzburgischen, Teil 1: Schloss Schwarzburg, Schloss Gehren, Amtshaus Gehren, Arnstadt 2002.

Neu entdeckt. Thüringen – Land der Residenzen (Kataloge 1 und 2 sowie Essayband zur 2. Thüringer Landesausstellung Schloss Sondershausen vom 15. Mai bis 3. Oktober 2004), Mainz 2004.

OELGESCHLÄGER, Melanie: Das Schloss in Schwarzburg. – In: Residenz-Schlösser in Thüringen, Bucha 1998, S. 189 – 195.
OSSBAHR, C[arl] A[nton]: Das Fürstliche Zeughaus in Schwarzburg, Rudolstadt 1895.

PANGERT, Roland: Ein Bild vom alten Schwarzburger Kaisersaal. – In: Rudolstädter Heimathefte 9/10 (2006), S. 241 – 244.
PÄTZ, Erich: Was wird aus Schloss Schwarzburg? – In: Rudolstädter Heimathefte 4 (1958), S. 77 – 80.
PATZE, Hans: Die Entstehung der Landesherrschaft in Thüringen, Köln; Graz 1962 (= Mitteldeutsche Forschungen; 22).
PATZE, Hans / SCHLESINGER, Walter (Hrsg.): Geschichte Thüringens, Bd. 1 – 6, Köln; Graz; Wien 1968 – 1979.
PAULUS, Helmut-Eberhard: Ruhmestempel und Orangeriebelvedere – der Kaisersaalbau und das Orangerieparterre von Schloß Schwarzburg. – In: Jahrbuch der Stiftung Thüringer Schlösser und Gärten (2001), Lindenberg 2002, S. 9 – 24.
PAULUS, Helmut-Eberhard: Schwarzburg als Zentralort freiheitlich-studentischen Korporationsgeistes. – In: Jahrbuch der Stiftung Thüringer Schlösser und Gärten (2000), Lindenberg 2001, S. 130 – 134.
PAULUS, Helmut-Eberhard: Die Instandsetzung des Löwenbrunnens von Schloß Schwarzburg 1999 bis 2000. – In: Jahrbuch der Stiftung Thüringer Schlösser und Gärten (2001), Lindenberg 2002, S. 179 – 180.
PAULUS, Helmut-Eberhard: Orangerie und Kaisersaal von Schloss Schwarzburg, Amtlicher Führer Special, München; Berlin 2002.
PAULUS, Helmut-Eberhard: Schloss Schwarzburg. Die Schwarzburger Orangerie – ein Ahnentempel aus Natur und Kunst. – In: Orangerieträume in Thüringen, Regensburg 2005, S. 108 – 113.
Die Perle Thüringens. Führer durch Schwarzburg und Umgegend, Rudolstadt 1885.
PLEIN, Irene: Schloss Schwarzburg – Entstehung, Zerstörung und Perspektiven des Schlosses. – In: Jahrbuch der Stiftung Thüringer Schlösser und Gärten (2004), Regensburg 2005, S. 119 – 136.

RANKE, Ermentrude von: Das Fürstentum Schwarzburg-Rudolstadt zu Beginn des 18. Jahrhunderts. Der Landstreit gegen die fürstliche Willkür vor Reichskammergericht und Reichshofrat, Halle/Saale 1915.
RANZ, Hans-Jörg: Restaurierung des Thüringer Wappenhumpens »Schwarzburger Willkomm«. – In: Sondershäuser Beiträge. 4 (1998), S. 73 – 87.
REIN, Berthold: Der Graf Balthasar von Schwarzburg. – In: Schwarzburgbote 30 (1926).
REIN, Berthold: Aus der Vergangenheit der Schwarzburg. – In: Schwarzburgbote 1 (1928).
REIN, Berthold: Teilung und Burgfriede auf dem Hause Schwarzburg 1371. – In: Schwarzburgbote 3 (1928).
REIN, Berthold: Die Schwarzburger Grafen zur Zeit der Reformation. – In: Schwarzburgbote 9 (1929).
REIN, Berthold: Zur Geschichte des Schlosses Schwarzburg. – In: Schwarzburgbote 15 (1929).
REIN, Berthold: Das Haus Schwarzburg 1382. – In: Schwarzburgbote 16 (1929).
REIN, Berthold: Die Leutenberger Grafen auf dem Schlosse Schwarzburg. – In: Schwarzburgbote 18 (1929).
REIN, Berthold: Die Sondershäuser Grafen auf dem Schlosse Schwarzburg. – In: Schwarzburgbote 20 und 21 (1929).
REIN, Berthold: Das Schloss Schwarzburg unter den Rudolstädter Grafen. – In: Schwarzburgbote 22 und 23 (1929).
REIN, Berthold: Kriegsbereitschaft auf dem Hause Schwarzburg 1664. – In: Schwarzburgbote 25 (1929).
REIN, Berthold: Das Stammhaus Schwarzburg. – In: Thüringen. Eine Monatszeitschrift für alte und neue Kultur 6 (1929/30), S. 101 – 107.
REIN, Berthold: Zur Chronik des Zeughauses Schwarzburg. – In: Schwarzburgbote 5 (1930).
REIN, Berthold: Das Stammhaus Schwarzburg eine Ganerbenburg? – In: Schwarzburgbote 10 (1930).
REIN, Berthold: Das Stammhaus Schwarzburg unter Graf Albert Anton. – In: Schwarzburgbote 13 (1930).
REIN, Berthold: Ludwig Friedrich I. und das Stammhaus Schwarzburg. – In: Schwarzburgbote 14, 15, 17 (1930).
REIN, Berthold: Das Stammhaus Schwarzburg unter Fürst Friedrich Anton (1718 – 1744). – In: Schwarzburgbote 20 (1930).
REIN, Berthold: Von den Hauszeichen der Schwarzburger Grafen. – In: Schwarzburgbote 14 (1932).
REIN, Berthold: Im Zeughaus Schwarzburg. – In: Das Thüringer Fähnlein 1 (1937), S. 1 – 5.
RIEDEL, Silvio: Schloss Schwarzburg. Um- und Neugestaltung für museale, gastronomische, Logis- und Kurzwecke (Diplomarbeit), Weimar 1998.
Rudolstädter Forschungen zur Residenzkultur, Bd. 1: Die Künste und das Schloß in der frühen Neuzeit, Bd. 2: Bildnis, Fürst und Territorium, Bd. 3: Zeichen und Raum, München; Berlin 1998, 2000, 2006.

Schloss Schwarzburg. – In: Saalfische. Beiblatt zum Saalfelder Kreisblatt 26 (1935).
SCHLÖSSINGER, Gerhard: Wanderungen im Schwarzatal, Rudolstadt 1992.
SCHÜTTE, Ulrich: Das Schloss als Wehranlage. Befestigte Schlossbauten der frühen Neuzeit im alten Reich, Darmstadt 1994.
Schwarzburg [anonymes Gedicht]. – In: Mittwochsblatt 23 (1835).
Schwarzburg, wie es einst war und jetzt ist. – In: Der Beobachter an der Saale, Schwarza und Ilm 7 (1858).
Der Schwarzburg-Bund: Sein Wollen und sein Wirken, Leipzig 1914.
Das Schwarzburger Militär. Truppengeschichte, Bewaffnung, Uniformierung, Rudolstadt 1994 (= Beiträge zur schwarzburgischen Kunst- und Kulturgeschichte; 2).
SCHWENKBIER, Helene: Schlossumbau in Schwarzburg 1942. Eine Richtigstellung. – In: Rudolstädter Heimathefte 5/6 (1993), S. 109 – 110.
SEIFERT, Jürgen: Schloß Schwarzburg. Vorschlag für die Wiederverwendung als Hotel oder Ferienheim. – In: Deutsche Architektur 3 (1964), S. 150 – 152.
SIGISMUND, Berthold: Aus der Geschichte des Schwarzburger Schlosses. – In: Schwarzburgbote 11 (1933).
SOMMERFELDT, Gustav: Eine Gobelindarstellung alter Zeit zu Schwarzburg in Thüringen. – In: Zeitschrift für Thüringische Geschichte und Altertumskunde N. F. 26 (1925), S. 176.
STAPFF, Ilse-Sibylle: Goethe in Schwarzburg. – In: Rudolstädter Heimathefte 5/6 (1982), S. 87 – 92.

Stapff, Ilse-Sibylle: Wilhelm von Humboldt in Schwarzburg. – In: Rudolstädter Heimathefte 5/6 (1996), S. 122 – 127.

Stein, Elke: Der Fürstentod als Fest? Erinnerung und Identitätsstiftung in Schwarzburg-Rudolstadt im 18. Jahrhundert (Magisterarbeit), Jena 2001.

Stein, Elke: Die Inszenierung des Todes. Rudolstädter Funeralschriften als Spiegel fürstlichen Standesbewusstseins. – In: Zeitschrift des Vereins für Thüringische Geschichte 55 (2001), S. 173 – 191.

Stewing, Frank Joachim: Ein Mainzer Missale von 1517 als Quelle zur Geschichte der Kapelle auf Schloss Schwarzburg. – In: Rudolstädter Heimathefte 3/4 (2004), S. 97 – 103.

Straub, Martin (Hrsg.): Steinstimmen, Jena; Rudolstadt 2006.

Strickhausen, Gerd: Burgen Graf Günthers XXI. von Schwarzburg. – In: Burgen in Thüringen. Geschichte, Archäologie und Burgenforschung. Jahrbuch der Stiftung Thüringer Schlösser und Gärten (2006), Regensburg 2007, S. 69 – 87.

Strickrodt, Ludwig Heinrich Carl: Volkssagen und Geschichte über die Entstehung des Schlosses Schwarzburg und des ersten Grafen von Schwarzburg nebst Beschreibung seiner Thaten, wie auch über die Entstehung der Stadt Saalfeld und über das traurige Schicksal der Gemahlin des ersten Grafen von Schwarzburg (handschriftliches Manuskript), Rudolstadt 1849.

Tandler, Peter: Verzeichnis historischer Unterlagen zum Schloß Schwarzburg. Studie im Auftrag des Thüringischen Landesamtes für Denkmalpflege, Erfurt 1993 (unveröffentlichtes Typoskript).

Thüringen im Mittelalter. Die Schwarzburger, Rudolstadt 1995 (= Beiträge zur schwarzburgischen Kunst- und Kulturgeschichte; 3).

Trajkovits, Thomas: Der sächsische Landbaumeister David Schatz 1668 – 1750. Leben und Werk, Beucha 2003.

Treiber, Johann Friedrich: Geschlechts- und Landes-Beschreibungen des Durchlauchtigsten Hauses Schwarzburg, Sondershäusischer und Rudolstädtischer Linien, Arnstadt 1756.

Treiber, Johann Wilhelm: Über den Ursprung der alten Herren Grafen von Kefernburg und jetzigen Herren Fürsten von Schwarzburg. Zur Berichtigung der älteren Schwarzburgischen Geschichte, Jena 1787.

Trinius, August: Die Perle Thüringens. Illustrierter Zeitschriftenartikel. Mit 8 Holzstichen nach Zeichnungen von Fritz Stoltenberg. – In: Ueber Land und Meer. Deutsche Illustrierte Zeitung 1890, S. 688 – 698.

Trinius, August: Schwarzburg und das Schwarzatal, Erfurt 1900.

Trinius, August: Das Fürstenhaus von Schwarzburg-Rudolstadt. – In: Die Woche 35 (1905).

Trinius, August: Schwarzburg. – In: Thüringer Kalender 1911, Eisenach 1911.

Ulferts, Edith: Große Säle des Barock. Die Residenzen in Thüringen, Petersberg 2000.

Ulferts, Edith: Standeserhöhung als Programm? Die Festsäle in den Residenzen der Schwarzburger Grafen und Fürsten im späten 17. Jh. – In: Jahrbuch der Stiftung Thüringer Schlösser und Gärten (1999), Lindenberg 2000, S. 9 – 35.

Unbehaun, Lutz: Schwarzburg. – In: Dehio, Georg: Handbuch der Deutschen Kunstdenkmäler. Thüringen, München 1998, S. 1129f.

Vater, Oskar: Das Haus Schwarzburg [genealogische Tafeln], Rudolstadt 1894.

Voigt, M.: Das Zeughaus zu Schwarzburg. – In: Schwarzburgbote 44 (1926).

Voss, G.: Die goldene Henne auf Schloss Schwarzburg. – In: Thüringer Kalender 1905, Eisenach 1905.

Waffensammlung Schwarzburger Zeughaus (Ausstellungskatalog des Thüringer Landesmuseums Heidecksburg), Rudolstadt 1990.

Wahl, Volker: »Im Geiste der alten Kampfgemeinschaft«. Der Neusser Rathausarchitekt Friedrich Fasbender und seine thüringische Vorgeschichte. – In: Novaesium. Neusser Jahrbuch für Kunst, Kultur und Geschichte 2006, S. 239 – 248.

Wahl, Volker: Schloss Schwarzburg als Gästeheim der Reichsregierung 1940 bis 1945. – In: Rudolstädter Heimathefte 9/10 (2006), S. 235-241, 11/12 (2006), S. 305-310.

Wecker, Fritz: Unsere Landesväter. Wie sie gingen. Wo sie blieben, Berlin 1928.

Westphalen, Gerlinde Gräfin von: Anna Luise von Schwarzburg. Die letzte Fürstin, Jena 2005.

Westphalen, Gerlinde Gräfin von: Die letzte Fürstin von Schwarzburg. Anna Luise und Elisabeth Förster Nietzsche. – In: Rudolstädter Heimathefte 5/6 (2006), S. 116-121.

Westphal, Siegrid: Revolution in Rudolstadt? Der Bulisiussche Landstreit im Fürstentum Schwarzburg-Rudolstadt in der ersten Hälfte des 18. Jahrhunderts. – In: Zeitschrift des Vereins für Thüringische Geschichte 61 (2007), S. 131 – 156.

Wie der goldene Hirsch unter den Schlosshof zu Schwarzburg gekommen ist. – In: Der Beobachter an der Saale, Schwarza und Ilm 5 (1858).

Wiegel, Helmut: Die Neugestaltung des Gartenparterres von Schloß Schwarzburg. – In: Jahrbuch der Stiftung Thüringer Schlösser und Gärten (2000), Lindenberg 2001, S. 66 – 70.

»Wie über die Natur die Kunst des Pinsels steigt«. Johann Alexander Thiele (1685 – 1752), Thüringer Prospekte und Landschafts-Inventionen, Weimar; Jena 2003.

Winker, Doreen / Marek, Dieter: Anna Luise von Schwarzburg. Ein Leben in Bildern aus ihrem photographischen Nachlass, Rudolstadt; Sondershausen 2005.

Wittmann, Helge: Zur Frühgeschichte der Grafen von Käfernburg-Schwarzburg. – In: Zeitschrift des Vereins für Thüringische Geschichte 51 (1997), S. 6 – 59.

Zur Einweihung der restaurierten Schloßkirche zu Schwarzburg am 22. Oktober 1884. – In: Schwarzburg-Rudolstädtische Landeszeitung 242 – 244 (1884).

Fernsehproduktionen

Die Schwarzburger – Spuren vergangener Macht (Regie: Steffen Jindra und Konrad Herrmann), MDR 2002.

Das Geheimnis von Schloss Schwarzburg (Regie: Dirk Otto), MDR 2007.

# Personenregister

Dieses Register ist nach Familiennamen bzw. Ländern geordnet. Lebensdaten wie auch Tätigkeiten der genannten Personen werden – soweit dies zu ermitteln war – zusätzlich angegeben. Namen und Daten, die nicht geklärt werden konnten, müssen weiteren Forschungen vorbehalten bleiben. Sie werden durch N. N. (d. h. nomen nominandum) gekennzeichnet. Vollständige Vornamen werden in erster Linie bei den Schwarzburg-Rudolstädter Fürsten angegeben, der Rufname ist unterstrichen hervorgehoben. Bei der Angabe der Lebensdaten wird in diesen Fällen auch das Jahr des Regierungsantrittes – bei Absetzung oder Abdankung auch das Regierungsende – ausgewiesen. Abgebildete Personen werden in den Seitenangaben kursiv hervorgehoben.

**Abeken**, Bernhard Rudolf (1780 – 1866), *Philologe und Literaturhistoriker* 178
Ahlborn, August Wilhelm Julius (1796 – 1857), *Maler* 203, 216
Albrecht der Entartete (reg. 1288 – 1307), *Landgraf von Thüringen* 29
ANHALT
  Anna Sophie Prinzessin von, vgl. Schwarzburg-Rudolstadt
  Alexandra Prinzessin von, vgl. Schwarzburg
ANHALT-BERNBURG
  Charlotte Prinzessin von (1696 – 1762) 164
  Elisabeth Albertina Prinzessin von, vgl. Schwarzburg-Sondershausen
ANHALT-DESSAU
  Amalie Auguste Prinzessin von, vgl. Schwarzburg-Rudolstadt
  Louise Friederike Prinzessin von (1798 – 1858) 178
ANHALT-KÖTHEN
  Ludwig Prinz von (1778 – 1802) 178
ANHALT-ZERBST
  Friederike Fürstin von (1675 – 1709), geb. Herzogin von Sachsen-Gotha 154, 180
  Johann August Fürst von (1677 – 1718 – 1742) 154, 160, 164
  Johann Friedrich Prinz von (1695 – 1742) 164
  Magdalena Augusta Prinzessin von, vgl. Sachsen-Gotha
  Sophie Auguste Friederike Prinzessin von (1729 – 1796), *seit 1762 als Katharina II. Zarin von Russland* 164
Antonescu, Ion (1882 – 1946), *rumänischer Ministerpräsident* 298
Apel, Andreas Dietrich (1662 – 1718), *Leipziger Unternehmer* 109

**BADEN-DURLACH**
  Christine Markgräfin von, vgl. Brandenburg-Ansbach
Baldung, Hans (1484/85(?) – 1545), genannt Grien, *Maler* 303
Barbari, Jacopo de' (1440 – vor 1516), *Maler* 306, 308
BARBY
  Aemilie Juliane Gräfin von, vgl. Schwarzburg-Rudolstadt
Bauer
  Catharina Margaretha, *Schließerin und Bettmeisterin* 167
  Margaretha 167
  N. N., *Rudolstädter Barbier* 167
  N. N., *Dittersdorfer Förster* 167
Bauermeister
  August, *Zeichner* 220 ff, 316
  Theodor, *Zeichner* 230
Baum, Paul (1859 – 1932), *Maler* 306

Baumgarten [sen.], Paul (1873 – 1946), *Architekt* 298
Baur, Abraham, *Augsburger Bildhauer* 115
BAYERN
  Charlotte Auguste Prinzessin von (1792 – 1873), *seit 1816 – als 4. Gemahlin von Kaiser Franz – Kaiserin von Österreich* 178
BELGIEN
  Leopold I. (1790 – 1865), *1831 – 1865 König der Belgier* 178
  Leopold III. (1901 – 1983), *1934 – 1951 König der Belgier* 245, 277 f, 291 f, 296, 298, 349, 374
BENTHEIM-TECKLENBURG
  Luise Prinzessin von, vgl. Schönburg-Waldenburg
Bérain d. Ä., Jean (1640 – 1711), *Kammer- und Kabinettzeichner* 139, 140
Bergner
  Daniel (geb. 1596), *schwarzburg-rudolstädtischer Baumeister, Hofmaler und Burgvogt auf der Schwarzburg* 51, 96 ff
  Nikolaus (1552 – nach 1609), *Bildhauer* 39, 97
Berlstedt, Dietrich von, *Burgverwalter der Schwarzburg* 47
Bernigeroth, Martin (1670 – 1733), *Kupferstecher* 158
Bertrab, Jakob Hermann von (1818 – 1887), *schwarzburg-rudolstädtischer Staatsminister und Geheimer Rat* 223
Bertuch, Friedrich Justin (1747 – 1822), *Verleger und Schriftsteller* 176, 178
Beschwitz, Dr. jur. Hans-Christoph Freiherr von (1885 – 1961), *Generalbevollmächtigter des Prinzen Friedrich Günther zu Schwarzburg* 280
Beulwitz
  Amalie von (1768 – 1826), geb. Freiin von Bibra 178
  Friedrich Wilhelm Ludwig von (1755 – 1829), *schwarzburg-rudolstädtischer Geheimer Rat, Kanzler und Konsistorialpräsident* 178
  Wilhelm Ludwig von (1681 – 1738), *schwarzburg-rudolstädtischer Geheimer Rat und Hofmarschall* 115, 121, 142, 170
Beyer, Amon, *Gefreiter* 168 f
Beyersdorf, N. N., *Zeichner* 217
Bibra, Amalie Freiin von, vgl. Beulwitz
Böhme, Johann Andreas, *Kammerfourier* 181
BÖHMEN
  Karl IV. (1316 – 1378), *1346/49 – 1355 HRR König [Gegenkönig Günthers XXI. von Schwarzburg-Arnstadt], 1346/47 – 1378 König von Böhmen, 1355 – 1378 HRR Kaiser* 17 f, 29, 201
  Ladislaw [Ladislaus postumus] (1440 – 1457), *1453 – 1457 König von Böhmen und Ungarn* 32
  Sigismund (1368 – 1437), *1378 – 1395 und 1411 – 1415 Markgraf und Kurfürst von Brandenburg, 1411/14 – 1433 HRR König, 1420 – 1437 König von Böhmen, 1433 – 1437 HRR Kaiser* 29
  Wenzel (1361 – 1419), *1363 – 1419 König von Böhmen, 1376/78 – 1400 HRR König [1400 abgesetzt]* 29
Bohne, Friedrich, *Soldat* 169
Bonifacius (672/673 – 754), *Begründer der ostfränkischen Kirche* 26
Bortenreuter, Lothar (1927 – 1989), *Bezirksarchitekt* 358, 360
Bourdillet, Michael, *Kartograph* 82, 161
Bräunlich, N. N., *Photograph* 103
Brand, Hilmar, *Förster und Tiergartenverwalter* 249
BRANDENBURG-ANSBACH
  Albrecht Markgraf von (1620 – 1667) 180
  Christine Markgräfin von (1645 – 1705), geb. Markgräfin von Baden-Durlach 180

Friederike Caroline Markgräfin von (1735 – 1791), geb. Prinzessin von Sachsen-Coburg-Saalfeld 165
Christian Friedrich Karl Alexander Markgraf von (1736 – 1757 – 1791 – 1806), *1769 – 1791 auch Markgraf von Brandenburg-Bayreuth* 165

BRANDENBURG-BAYREUTH
Christian Ernst von (1644 – 1655 – 1712) 109
Christian Friedrich Karl Alexander Markgraf von, vgl. Brandenburg-Ansbach

BRAUNSCHWEIG-WOLFENBÜTTEL
Rudolph August Herzog von (1627 – 1666 – 1704) 98

Brecht, Rudolf (1826 – 1912), *Regierungs- und Baurat* 220, 222, 225, 228
Breternitz, Valentin, *Burgvogt* 100
Breuning, Franz Andreas, *Bildhauer* 99, 370

Brockenburg
Christian August von (1777 – 1857), *Obrist* 62, 178
Marie Helene Lydia Anna (1840 – 1909), [ab 1861] Baronin, [ab 1864] Gräfin von, geb. Schultze 219

Bühl, Johannes, *Burgvogt* 98
Buhl, Michael, *Sitzendorfer Brandhelfer* 167

BULGARIEN
Boris III. (1894 – 1943), *1918 – 1943 Zar der Bulgaren* 298

**Caesar**, Gaius Julius (100 – 44 v. u. Z.), *römischer Staatsmann* 17, 146, 184
Camino, Giovanni, *Stadtbauinspektor aus Venedig* 115
Cederström, Thure Baron von (1843 – 1924), *Maler* 250, 273, 326
Cotta, Heinrich (1791 – 1856), *Maler* 211 f
Cramer, Hans, *Ziegeldeckermeister* 98
Cranach d. Ä., Lucas (1472 – 1553), *Maler* 225, 303, 306

**Daniel**, Jeremias, *Bildhauer* 104, 181
Dassler, Albert (1913 – 1994), *Architekt und Bauleiter* 366
Decker d.Ä., Paul (1677 – 1713), *Bautheoretiker und Kupferstecher* 139, 140
Delkeskamp, Friedrich Wilhelm (1794 – 1872), *Maler, Kupferstecher* 204
Deubler, Dr. Heinz (1913 – 2004), *Stellvertretender Direktor der Staatlichen Museen Heidecksburg* 8, 332
Dietrich, Christian Wilhelm Ernst (1712 – 1774), genannt Dietricy, *Maler* 303, 306
Drathmann, Christoffer (1856 – 1903), *Maler* 273
Dürer, Albrecht (1471 – 1528), *Maler* 303 f, 306, 308

**Eck**, Prof. Johann Georg (1777 – 1848), *Philosophieprofessor* 178
Ebert, Friedrich (1871 – 1925), *Reichspräsident* 244, 251, 278, 373
Ehle, N. N., *Platzmeister Schloss Schwarzburg* 305 ff, 309, 331
Eich, Hans von 49
Einsiedel, N. N., *Schlossprediger* 59
Eisenhart, Friedrich von (1769 – 1839), *preußischer General* 178
Elsholtz, Johann Sigismund (1623 – 1688), *Naturwissenschaftler* 199
Emoldt, Jacob, *Grenadier* 167 ff
Enders, Martin, *Grenadier* 168 f
Entzenberg, Christoph von (um 1511 – 1585), *Oberhauptmann* 50

ERBACH-SCHÖNBERG
Christina Gräfin von, vgl. Reuß-Schleiz

Erich, Adolar (1559 – 1634), *Kartograph* 23
Estes, Paul, *Captain der 15. American Infantry Division* 304

**Fasbender**, Friedrich (1905 – 1971), *Architekt* 292, 306, 309
Feer, Johannes (1688 – 1758), *Rudolstädter Stück- und Glockengießer* 127, 143, 170, 229, 342, 347
Fernow, Prof. Carl Ludwig (1763 – 1808), *Kunsttheoretiker und Bibliothekar in Weimar* 178
Fincke, Johann Georg (1680 – 1749), *Saalfelder Orgelbauer* 118, 163, 181

Fischer
Helene (1885 – 1976), geb. Grünpeter 330, 339
Karl Paul Walter (1877 – 1937), *Zeughausverwalter* 241, 244, 249, 329 f, 339

Förster, Lothar (geb. 1927), *Architekt* 349 f, 352 f, 355
Frank, Alb., *Zeichner* 81, 101

FRANKREICH
Ludwig XIV. (1638 – 1715), *seit 1643 französischer König* 153
Napoléon Bonaparte (1769 – 1821), *als Napoléon I. 1804 – 1814 Kaiser der Franzosen* 324

Freiesleben, Johann Ludwig, *Amtmann* 169 f
Freund, Johann Nikolaus (geb. um 1660), *Bildhauer und Architekt* 109, 115, 162, 181, 370

Friedrich
Adam Romanus, *Grenadier* 168
Caspar David (1774 – 1840), *Maler* 7, 303, 306 f

Füchsel, Georg Christian (1722 – 1773), *»Hofmedicus«* 175

**Gäbler**, Theodor, *schwarzburgischer Hoflieferant aus München* 89

Gessenhardt
L., *Kehrfrau* 249
Therese (1860 – 1923), geb. Brückner, *Kehrfrau* 249

Giesler, Prof. Hermann (1898 – 1987), *Architekt* 278, 284 f, 287, 291, 296, 298 f, 301, 308, 351, 374

Gleichen-Rußwurm
Dr. phil. h.c. Heinrich Ludwig Freiherr von (1836 – 1901), *Maler* 273
Wilhelm Heinrich Carl von (1765 – 1816), *Kurkölner Kammerherr* 178

Goebel, Paul (1913 – 2007), *Restaurator* 366
Göring, Hermann (1893 – 1946), *nationalsozialistischer Politiker* 292
Goethe, Johann Wolfgang von (1749 – 1832), *Dichter* 165 f, 371

Gottwald
Andreas, *Rudolstädter Glasermeister* 99
Martin, *Rudolstädter Glasermeister* 98

Graff, Anton (1736 – 1813), *Maler* 306
Gregor II. (669 – 731), *seit 715 Papst* 26
Grellhard (auch Grellhardt), Joseph (gest. 1656), *Burgvogt auf der Schwarzburg* 51, 319

Greußen
Otto von, *Vogt zu Schwarzburg* 75
Familie von, *Burgmannen auf der Schwarzburg* 46

Grieser
Aegidius Heinrich, *Dachdecker* 98 f
Johann Christoph, *Schieferdecker* 107

Güntzsche, Hans Christoph, *Maurer* 114
Guericke, Otto von (1602 – 1686), *Naturforscher, Physiker* 95

HABSBURGER
Ferdinand II. (1578 – 1637), *1617 – 1627 König von Böhmen, 1619 – 1635 HRR Kaiser* 200
Friedrich III. (1415 – 1493), *1440/42 – 1486 HRR König, 1452 – 1493 Kaiser* 30, 369
Joseph I. (1678 – 1711), *1690 – 1711 HRR König, 1705 – 1711 Kaiser, 1705 – 1711 König von Böhmen* 156, 158
Karl V. (1500 – 1558), *1516/55 – 1556 König von Kastilien, Aragón etc. [Spanien], 1519/20 – 1531 HRR König, 1530 – 1556 Kaiser* 38, 319
Karl VI. (1685 – 1740), *1711 – 1740 HRR Kaiser, 1711 – 1740 König von Böhmen* 17, 159, 184
Ladislaw [Ladislaus postumus] (1440 – 1457), *1453 – 1457 König von Böhmen und Ungarn* 32
Leopold I. (1640 – 1705), *1656 – 1705 König von Böhmen, 1658 – 1705 HRR Kaiser* 153

Maximilian I. (1459 – 1519), *1486 – 1519 HRR König, 1508 – 1519 Kaiser* 36
Philipp II. (1527 – 1598), *1556 – 1598 König von Kastilien, León, Aragón etc. [Spanien]* 319
Hackert, Jakob Philipp (1737 – 1807), *Maler* 303
Häuser
    Hans, *Burkersdorfer Maurer und Steinmetz* 96 f
    Michael, *Maurer* 96
Häußer, Max (1915 – 2007), *Bauzeichner* 353 ff
Halem, Gustav Adolf von (1871 – 1932), *Hofmarschall* 243 f, 254, 264, 329
Hamilton, Prof. Joseph Alexander (1754 – 1828) 178
Hammer, Christian Gottlob (1779 – 1864), *Maler und Kupferstecher* 207
Haueisen
    Johann Anton (ca. 1710 – 1786), *Büchsenmacher* 59, 168, 173, 322, 324, 342
    Johann Christian (ca. 1750 – 1816), *Büchsenmacher* 59, 324
    Familie, *Büchsenmacher* 324
Heher, Georg Achatius (1601 – 1667), *schwarzburg-rudolstädtischer Kanzler* 96
Heilgegeist, Hans Peter, *Soldat* 169
[Heiliges Römisches, auch Deutsches] Reich, Kaiser und Deutsche bzw. Römische Könige
    Habsburger
        Ferdinand II. (1578 – 1637), *1617 – 1627 König von Böhmen, 1619 – 1635 Kaiser* 200
        Friedrich III. (1415 – 1493), *1440/42 – 1486 HRR König, 1452 – 1493 Kaiser* 30, 369
        Joseph I. (1678 – 1711), *1690 – 1711 HRR König, 1705 – 1711 Kaiser, 1705 – 1711 König von Böhmen* 156, 158
        Karl V. (1500 – 1558), *1516/55 – 1556 König von Kastilien, Aragón etc. [Spanien], 1519/20 – 1531 HRR König, 1530 – 1556 Kaiser* 38, 319
        Karl VI. (1685 – 1740), *1711 – 1740 Kaiser, 1711 – 1740 König von Böhmen* 17, 159, 184
        Leopold I. (1640 – 1705), *1656 – 1705 König von Böhmen, 1658 – 1705 Kaiser* 153
        Maximilian I. (1459 – 1519), *1486 – 1519 HRR König, 1508 – 1519 Kaiser* 36
    Hohenzollern
        Wilhelm I. (1797 – 1888), *1871 – 1888 Deutscher Kaiser* 224
    Karolinger
        Karl [I.] der Große (747 ? – 814), *800 – 814 Kaiser* 154, 226, 249
    Liudolfinger [Ottonen]
        Heinrich I. (876 – 936), *919 – 936 Deutscher König* 226, 228, 249
    Luxemburger
        Karl IV. (1316 – 1378), *1346/49 – 1355 HRR König [Gegenkönig Günthers XXI. von Schwarzburg-Arnstadt], 1346/47 – 1378 König von Böhmen, 1355 – 1378 Kaiser* 17 f, 29, 201
        Sigismund (1368 – 1437), *1378 – 1395 und 1411 – 1415 Markgraf und Kurfürst von Brandenburg, 1411/14 – 1433 HRR König, 1420 – 1437 König von Böhmen, 1433 – 1437 Kaiser* 29
        Wenzel (1361 – 1419), *1363 – 1419 König von Böhmen, 1376/78 – 1400 HRR König [1400 abgesetzt]* 29
    Ottonen, vgl. Liudolfinger
    Schwarzburger
        Günther [XXI.] Graf von (1304 – 1349), *1349 [Gegen-] König* 17, 17 f, 92, 133, 159, 184, 187 f, *187*, 201, 218, 226, 228, 229, 238, 249, 338 f, 369, 372
    Staufer
        Friedrich I. Barbarossa (1122 – 1190), *1152 HRR König, 1155 – 1190 Kaiser* 226, 228, 249
        Friedrich II. (1194 – 1250), *1196/98 – 1250 König von Sizilien, 1212/15 HRR König, 1220 – 1250 Kaiser* 29 f
        Konrad III. (1093 – 1152), *1127 – 1135 HRR Gegenkönig, 1138 – 1152 HRR König* 25
    Wittelsbacher
        Ruprecht I. (1352 – 1410), *1400 – 1410 HRR König* 29
Heinemann
    Georg, *Burkersdorfer Maurer und Steinmetz (auch als Heunemann)* 96 f
    Hans, *Maurer* 96
    Merten, *Maurer* 96
Heinsius, Johann Ernst (1731 – 1794), *Maler* 273
Henneberg
    Katharina Gräfin von, vgl. Schwarzburg
Heraeus, Carl Gustav (1671 – 1725/30 ?), *Gelehrter und Schriftsteller* 201
Herms, Ferdinand (1871 – 1946), *Leibjäger* 244 f, 327
Hesse, Ludwig Friedrich (1783 – 1867), *Rudolstädter Gymnasialdirektor, Historiograph, Archivar, Bibliothekar* 8, 89, 128, 130, 143, 210 f, 247, 339
Hessen-Homburg
    Auguste Landgräfin von (1776 – 1871) 176, 178
    Caroline Louise Landgräfin von, vgl. Schwarzburg-Rudolstadt
    Ferdinand Heinrich Friedrich Landgraf von (1783 – 1848 – 1866) 178
    Friedrich Joseph Landgraf von (1769 – 1820 – 1829) 166, 178
    Gustav von (1781 – 1846 – 1848) 178
    Leopold Victor Friedrich Prinz von (1787 – 1813) 178
    Louise Ulrike Landgräfin von, vgl. Schwarzburg-Rudolstadt
    Ludwig Landgraf von (1770 – 1829 – 1839) 178
    Maria Anna (Wilhelmine) Landgräfin von, vgl. Preußen
Hessen-Kassel
    Luise Caroline Landgräfin von, vgl. Schleswig-Holstein-Sonderburg-Glücksburg
Hessen-Philippsthal
    Ernst Konstantin Landgraf zu (1771 – 1849) 178
Heubel
    Friedrich (1755 – 1835), *Stallmeister* 64, *204*, 210, 247
    Johann David (1752 – 1818), *Schlosshauptmann* 206, 247, 372
    Johann Michael (1690 – 1776), *Schlosshauptmann* 121, 143, 151, 315, 322 f, 342, 347
    Familie, *Bettmeister- und Schließerinnen* 248
Heunemann, Georg, vgl. Heinemann, Georg 96 f
Heylbeck, Johann Andreas 167
Himmelreich
    Adolf, *Tiergärtner* 249
    Friedrich, *Tiergärtner* 249
    N. N., *Tiergärtner* 249
Hirschmann, N. N., *Briefträger* 249
Hitler, Adolf (1889 – 1945), *nationalsozialistischer Politiker, »Führer« und Reichskanzler* 245, 277 ff, 284, 299, 306
Hofe, Otto vom, *Burgverwalter der Schwarzburg* 47
Hofmann-Stirnemann, Dr. Johanna (1899 – 1996), *Leiterin des Rudolstädter Schlossmuseums* 332
Hohenlohe-Kirchberg
    Karoline Henriette Prinzessin von, vgl. Reuß-Schleiz
Hohenlohe und Gleichen
    Augusta Dorothea Gräfin von, vgl. Reuß-Schleiz
Holle (Holla), Georg von (1514 – 1576), *Soldunternehmer, Landsknechtsführer, Verbündeter Graf Günthers XLI.* 50
Holleben
    Ludwig Magnus von (1794 – 1845), *»Schloss-Kommandant«,*

*Schlosshauptmann und Kammerjunker* 190, 193, 206 ff, 247, 324, 372

Sophie Margarethe von (1728 – 1803), geb. von Normann, »*Oberjägermeisterin*« 174

HOLSTEIN-SONDERBURG, vgl. Schleswig-Holstein-Sonderburg-Glücksburg

Horthy, Miklós (1868 – 1957), *1920 – 1944 ungarischer Reichsverweser* 298

Hübner, Familie, *Gastwirte und Hoteliers* 209, 229, 247

Humboldt, Wilhelm von (1767 – 1835), *Gelehrter* 176 ff, 203, 372

Humbracht, Anton von (1834 – 1895), *Kammerherr und 1. Flügeladjutant des Fürsten Albert von Schwarzburg-Rudolstadt* 219

**Imhoff**, Willibald Freiherr von (1862 – 1953), *Flügeladjutant des Fürsten Günther von Schwarzburg-Rudolstadt* 266

Israel, Helmut 367

**Jahn**

Johann Nicol (1722 – 1796), *Milizprediger* 175

Margarete (1907 – 1982), *Küchenhilfe* 249

Jakoby, Th., *Küchenhilfe* 249

Jung, N. N., *Briefträger* 249

Junghanß, Hans Heinrich, *Zimmermann* 168

**KÄFERNBURG**

Günther III. Graf von (reg. 1160 – 1196) 29

Günther IV. Graf von (reg. 1197 – 1222) 29

Günther VIII. Graf von (reg. 1260 – 1302) 29

Kämmerer, Johann Ernst Ludwig (1557 – 1807), *Maler und Kupferstecher* 153, 179

Kändler, Carl Adolph (1720 – 1762), *Künstler* 143

KAROLINGER

Karl [I.] der Große (747 ? – 814), *800 – 814 Kaiser* 154, 226, 249

KASTILIEN

Karl V. (1500 – 1558), *1516/55 – 1556 König von Kastilien, Aragón etc. [Spanien], 1519/20 – 1531 HRR König, 1530 – 1556 Kaiser* 38, 319

Philipp II. (1527 – 1598), *1556 – 1598 König von Kastilien, León, Aragón etc. [Spanien]* 319

Kaufmann, Johann Gottfried, *Saalfelder Bildhauer* 104

Keller, A., *Bettmädchen* 249

Kelner, Johann Caspar, *Burgvogt auf der Schwarzburg* 98

Ketelhodt, Johann Friedrich Freiherr von (1744 – 1809), *schwarzburg-rudolstädtischer Reisestallmeister, Hofmarschall und Oberstallmeister* 174

Kirper, Aemilie Marie 75

Kleiner, Salomon (1700 – 1761), *Architekturzeichner* 140 f

Klenter, Michael, *Bauer* 167

Klettwich, Johann Jacob, *Soldat* 169

Klüber, Adolf von (1844 – 1895), *Hofmarschall* 327

Knabe, Christoph Ehrenfried, *Kupferstecher* 55

Knebel, Karl Ludwig von (1744 – 1834), *Übersetzer und Dichter* 166, 371

Knoblauch, Valeska von (1867 – 1943), *Hofdame* 244

Knöffel, Johann Christoph (1686 – 1752), *Oberlandbaumeister* 121, 142

Koch, Alfred (1930 – 1998), *Direktor des Museums Heidecksburg* 8, 332

KÖLN

Anno II. (um 1010 – 1075), *1056 – 1075 Erzbischof von Köln* 11, 23 f, 42

Könitz, Familie von 142

Kolbmüller, Dr. Burkhardt (geb. 1957) 367

Kospodt, E. A. von 175

Kraus, Georg Melchior (1733 – 1806), *Maler und Zeichner* 177 f

Krohne, Gottfried Heinrich (1703 – 1756), *Landbaumeister* 123, 137, 171

Krosigk, Johann Ludwig (Lutz) Graf Schwerin von (1887 – 1977), *1932 – 1945 Reichsminister der Finanzen* 296

Krüger, Hermann (1834 – 1908), *Maler* 273

Küster, Dr. N. N., »*Zuchthausmedicus*« 247

Kyckpusch, Ernst Friedrich von, *Hofmarschall* 173

**Lämmerzahl**

Johann Heinrich, *Hausknecht* 248

Max (gest. 1940), *Hausknecht* 249

Familie, *Hausknechte* 248

Laer, Ferdinand von, *Graphiker* 210

Lammers, Seivert (1647 – 1711), *Rudolstädter Hofmaler* 98, 100, 370

Landgraf, Friedrich Samuel (um 1666 – 1736), *Amtmann des Amtes Schwarzburg* 107, 181

Laster, N. N. 148, 181

Lauterbeck, Johann Christoph, *Uhrmacher* 128

Leeg, Albin (1876 – 1943), *Förster* 240

Lehfeldt, Paul (1848 – 1900), *Architekt* 129, 143

Lehmann, N. N., *Schlosskastellan* 249

LEININGEN-WESTERBURG

Elisabeth Gräfin von, vgl. Schwarzburg-Rudolstadt

Lenbach, Franz Seraph von (1836 – 1904), *Maler* 273, 303, 306, 309

Lengefeld

Carl Christoph von (1715 – 1775), *schwarzburg-rudolstädtischer Oberforstmeister* 175

Charlotte von, vgl. Schiller

Caroline von, vgl. Wolzogen

Louise Juliane Eleonore Friederike von (1743 – 1823), geb. von Wurmb, *schwarzburg-rudolstädtische Hofmeisterin* 175, 178

N. N. von, *Obrist* 173

Leo, Heinrich (1799 – 1878), *Erzieher Friedrich Günthers von Schwarzburg-Rudolstadt* 64, 75

Lettmann, Dr. Rolf (geb. 1941), *Ministerialdirigent* 367

Lettré, Prof. Emil (1876 – 1954), *Berliner Goldschmied* 285, 301

Leweke, Fritz (1901 – 2001), *Restaurator* 366

Liebermann, Ernst (1869 – 1960), *Zeichner* 30

Liebmann, Paul (1851 – 1939), *Forstmeister* 89

Lindenschmit, Wilhelm (1829 – 1895), *Maler* 250, 275

LIPPE [-DETMOLD]

Elisabeth Fürstin zur (1833 – 1896), geb. Prinzessin von Schwarzburg-Rudolstadt 230, 266, 275

LIUDOLFINGER [OTTONEN]

Heinrich I. (876 – 936), *919 – 936 Deutscher König* 226, 228, 249

Löffler, Emma (geb. 1872), *Waschküchenmädchen* 249

Lösche

Carl (1842 – 1919), *Rudolstädter Orgelbauer* 229

Eduard (1829 – 1904), *Rudolstädter Photograph* 123, 125, 132, 212, 224, 225, 229, 232

Hugo (1866 – 1938), *Rudolstädter Photograph* 237

Willy (1898 – 1989), *Rudolstädter Photograph* 128, 228, 240, 245, 281, 287 f, 311, 323, 326, 328 f

LOTHRINGEN

Ezzo Pfalzgraf von (um 955 – 1034) 23

Otto von (um 1000 – 1047), *1034 – 1045 Pfalzgraf bei Rhein* 23

LUDOWINGER

Ludwig (gest. 1080 ?), genannt der Bärtige 24

Ludwig, N. N., *Amtsschreiber* 99

LUXEMBURGER

Karl IV. (1316 – 1378), *1346/49 – 1355 HRR König [Gegenkönig Günthers XXI. von Schwarzburg-Arnstadt], 1346/47 – 1378 König von Böhmen, 1355 – 1378 HRR Kaiser* 17 f, 29, 201

Sigismund (1368 – 1437), *1411/14 – 1433 HRR König, 1420 – 1437 König von Böhmen, 1433 – 1437 Kaiser* 29

Wenzel (1361 – 1419), *1363 – 1419 König von Böhmen, 1376/78 – 1400 HRR König [1400 abgesetzt]*  29

**Macheleid,** Georg Heinrich (1723 – 1801), *Erfinder des Porzellans in Thüringen, Theologe*  174, 371
Macholdt, Caspar, *Bauer*  167
Mackeldey, Hedwig (1883 – 1965), geb. Keller, *Küchenmädchen*  249
Maeder, N. N., *Architekt*  353 ff, 366
Malchin, Carl (1838 – 1923), *Maler*  250, 272 f
Marot, Daniel (1661 – 1752), *französischer Kupferstecher*  89, 136 f, 139
Martini, Johann Georg (1784 – 1853)  11
Marzluf, Claus (geb. 1968), *Architekt*  367
Maschita, Raimund (geb. 1970), *Architekt*  367
Mausollos von Halikarnassos (reg. 377 – 353 v. u. Z.), *König der Karier, persischer Satrap in Karien*  200
MECKLENBURG-SCHWERIN
    Charlotte Sophie Herzogin von (1731 – 1810), geb. Herzogin von Sachsen-Coburg-Saalfeld  165
    Elisabeth Alexandrine Mathilde Prinzessin von (1869 – 1955)  70 f, 264
    Friedrich Franz I. (1756 – 1837), *1785 – 1815 Herzog, 1815 – 1837 Großherzog von*  165
    Friedrich Franz II. Großherzog von (1823 – 1842 – 1883)  222, 271
    Friedrich Ludwig Erbgroßherzog von (1778 – 1819)  178
    Heinrich Prinz von (1876 – 1934)  272
    Louise Herzogin von (1756 – 1808), geb. Herzogin von Sachsen-Gotha-Roda  166, 178
    Ludwig [nicht reg.] Herzog von (1725 – 1778)  165
    Marie Prinzessin von (1854 – 1920), *als Marija Pawlowna Gemahlin von Großfürst Wladimir Alexandrowitsch von Russland*  224
    Marie Karoline Auguste Großherzogin von (1850 – 1922), geb. Prinzessin von Schwarzburg-Rudolstadt  70, 222, 235, 264, 270
Meginward, *932 Graf im Längwitz-, Alt-, West-, Nabelgau und Engelin*  26
Meisel, Hugo (1885 – 1966), *Direktor der Staatlichen Museen Heidecksburg Rudolstadt*  332
Meißner (auch Meissner), Dr. Otto (1880 – 1953), *Staatsminister im Rang eines Reichsministers*  278 ff, 292, 296, 304
Menger
    Friedrich  248
    Johann Michael  248
    N. N., *Orgelbauer*  216, 248, 372
Meurer
    Hans, *Maurer und Steinmetz*  96, 98
    Heinrich, *Maurer und Steinmetz*  97 f
    Klaus, *Maurer*  96
    Wolff, *Maurer*  79
Meyer
    Johann Heinrich (1760 – 1832), *Fourier*  178, 181
    Wolff, *Maurermeister*  79, 99
Meylandt, Andreas Adolph (gest. 1732), *Schlosshauptmann*  100, 109, 118 f, 121, 142, 166 f, 169, 180, 342, 370
Michel, N. N., *Wirt*  168
Möller
    Georg, *Bechstedter Zimmermann*  99 f, 114
    Michael, *Königseer Glasermeister*  100
Morgenstern, Johann Christoph (1697 – 1767), *Rudolstädter Hofmaler*  122 f, 132 f, 260, 371
Müller
    Fritz (1893 – 1976), *Leiter des Schlossmuseums Heidecksburg*  331, 339
    Dr. Heinrich, *Museum für Deutsche Geschichte Berlin/Ost*  332
    Johann Nicolaus (gest. 1754), *Stadtilmer Tischler*  123
    Johann Tobias, *Stuckateur*  123
    Michel  169
    Petrus, *Arnstädter Notar*  319
    N. N., *Oberbaudirektor*  287, 290
    Familie, *Stuckateure*  139
Muffel von Ermenreuth, Johann Ferdinand (1707 – 1788), *Hauptmann*  173
Munsche, I., *Waschküchenmädchen*  249
Mussolini, Benito (1883 – 1945), *1919 – 1945 Duce del Fascismo*  298

**Namslauer,** Hugo (1922 – 1999), *Mitarbeiter Institut für Denkmalpflege Berlin*  191, 194
Naso, Publius Ovidius genannt Ovid (43 v. u. Z. – 17 u. Z.), *Dichter*, vgl. Ovid  154, 161, 188
NASSAU [-DILLENBURG]
    Amalia Gräfin von (1602 – 1675), geb. Gräfin von Solms-Braunfels  200
    Frederik Hendrik [Friedrich Heinrich] Graf von (1584 – 1647), vgl. Niederlande  199 f
    Johann VI. Graf von (1536 – 1559 – 1606)  50
    Juliane Gräfin von, vgl. Schwarzburg-Rudolstadt
    Katharina Gräfin von, vgl. Schwarzburg-Arnstadt-Sondershausen
    Luise Henriette Gräfin von (1627 – 1667), *Gemahlin von Friedrich Wilhelm Kurfürst von Brandenburg*  184
    Maurits [Moritz] Graf von (1567 – 1625), vgl. Niederlande  199, *199*
    Wilhelm Graf von Nassau (1533 – 1584), vgl. Niederlande  39, 199 f
NASSAU-SAARBRÜCKEN
    Ludwig Fürst von (1745 – 1768 – 1794)  166, 173
    Wilhelmine Sophie Eleonore Fürstin von (1751 – 1780), geb. Prinzessin von Schwarzburg-Rudolstadt  166, 173
Nein, Rudolf (1903 – 1981), *Regierungsbaumeister und Architekt*  291
Neubauer
    Franz (1848 – 1918), *Schlossgendarm*  249
    S., *Bettmädchen*  249
NIEDERLANDE
    Frederik Hendrik [Friedrich Heinrich] Graf von Nassau (1584 – 1647), *1625 – 1647 Prinz [eigentlich Fürst] von Oranien, Statthalter und Generalkapitän von Holland, Seeland, Utrecht, etc.*  199 f
    Maurits [Moritz] Graf von Nassau (1567 – 1625), *1585 – 1625 Statthalter und Generalkapitän von Holland und Seeland, 1618 – 1625 Prinz [eigentlich Fürst] von Oranien*  199, *199*
    Willem [Wilhelm] Graf von Nassau (1533 – 1584), der Schweiger, *1544 – 1584 Prince d'Orange [Prinz (eigentlich Fürst) von Oranien], 1559 – 1567 Königlicher Statthalter, 1571 – 1584 gewählter Statthalter von Holland, Seeland und Utrecht*  39, 199 f
    Wilhelmina (1880 – 1962), *1898 – 1948 Königin der Niederlande*  240, 272
Niedling, N. N., *Rudolstädter Drechsler*  173
Nöller, Johann Bernhard (gest. 1746), *Erfurter Maler*  171, 181
North, Ottomar, *Gymnasiast*  339
Nußpicker, Joachim, *Direktor des »Fundament«-Betriebes*  367

**Obstfelder,** Johann Adolph, *Maler*  161
Ochse
    Hans, *Maurer*  100
    Volkmar, *Maurer*  96
OLDENBURG-DELMENHORST
    Aemilie Antonie Gräfin von, vgl. Schwarzburg-Rudolstadt
Opel, N. N., *Rudolstädter Regierungsbauinspektor*  291 f, 303, 305
Oppel, Louis, *Tiergärtner*  249

Oppenheim, Rudolph (1828 – 1898), *Rudolstädter Hofmaler* 226, 228 f, 233, 249, 270, 272, 275, 372
ORANIEN, siehe Nassau [-Dillenburg] und Niederlande
ORANIEN-NASSAU, siehe Nassau [-Dillenburg] und Niederlande
Orlamünder, Ernst, *Regierungsbaurat* 291 f
Ossbahr, Carl Anton (1859 – 1925), *Sekretär der Königlich schwedischen Leibrüstkammer Stockholm* 240, 250, 317 f, 326 f, *327*, 329, 332, 337, 373
OSTFRIESLAND
    Christine Sophie Prinzessin von, vgl. Schwarzburg-Rudolstadt
    Friederike Wilhelmine Prinzessin von (1695 – 1750), *Kanonissin von Herford* 164
    Marie Charlotte Prinzessin von (1689 – 1761) 165
OTTONEN [LIUDOLFINGER]
    Heinrich I. (876 – 936), *919 – 936 Deutscher König* 226, 228, 249
Ovid, vgl. Naso

**Packmoor**, Leo von, *ostpreußischer Adeliger, Oberst bei Graf Günther XLI. von Schwarzburg-Arnstadt* 50
Papen, Franz von (1879 – 1969), *1932 Reichskanzler* 245
POLEN
    Miezko II. (990 – 1034), *1025 – 1033 König von Polen* 23
    Richeza (um 995 – 1063), *Königin, Gemahlin König Miezkos II.* 23
Prase, Therese (1871 – 1945), *Kammerfrau* 244
PFALZ-ZWEIBRÜCKEN-BIRKENFELD
    Carolina Catharina von 164
Präßler, N. N., *technischer Angestellter* 291 f
Preller (d. Ä. o. d. J.?), Friedrich, *Maler* 303
PREUSSEN
    Maria Anna (Wilhelmine) Prinzessin von (1785 – 1846), geb. Prinzessin von Hessen-Homburg 178
    Friedrich Wilhelm Karl Prinz von (1783 – 1851) 178
    Wilhelm I. König von (1797 – 1888), *1871 – 1888 Deutscher Kaiser* 224
Priem, Georg Albert von (1850 – 1920), *Hofmarschall* 240, 254, *255*

**Rabold**
    B., *Wagenwäscher* 249
    O., *Bettmädchen* 249
Radetzki, Familie 66
REICH, vgl. [Heiliges Römisches, auch Deutsches] Reich
Rein, Dr. Berthold (1860 – 1943), *Schulrat, Leiter des Rudolstädter Schlossmuseums und verantwortlich für das Zeughaus in Schwarzburg* 8, 113, 143, 329 f, 337, 339
Reinhardt
    Dr. Benedikt (1508 – 1562), *um 1550 gräflicher Rat in Arnstadt* 38
    Heinrich (1871 – 1946), *Tiergärtner* 249
    W., *Tiergärtner* 249
Reinthaler, Carl Christlieb (vor 1743 – 1770), *Hofmaler* 123, 129, 143, 171, 181, 211, 371
Reitter, Otto (1896 – 1958), *Architekt* 298
Reitzenstein, Friedrich Christian von (1679 – 1748), *1723 – 1744 Kanzler und Konsistorialpräsident* 181
REUSS [ä. L., Untergreiz]
    Sophie Henriette Reuß, Gräfin von Plauen, vgl. Schwarzburg-Rudolstadt
REUSS [j. L., Prinzen Reuß mittlerer Zweig]
    Dr. phil. Heinrich XXXIII. Prinz (1879 – 1942) 279
REUSS [j. L., Ebersdorf]
    Heinrich LI. (1761 – 1822), *bis 1806 Graf, ab 1806 Fürst* 178
REUSS [j. L., Gera]
    Heinrich [XVII.], der Jüngere, Reuß von Plauen (1530 – 1572) 35
    Heinrich II. Reuß von Plauen (1602 – 1670) 51
    Heinrich XXII. Reuß von Plauen (1680 – 1731) 164
REUSS [j. L., Köstritz]
    Heinrich LX. Prinz (1784 – 1833) 178
REUSS [j. L., Lobenstein]
    Heinrich II. Graf Reuß (1702 – 1782) 164
    Heinrich III. Graf Reuß (1704 – 1731) 164
    Heinrich XXV. Graf Reuß (1724 – 1783 – 1801) 164
    Heinrich LIV. (1767 – 1824), *bis 1806 Graf, ab 1806 Fürst* 166, 178
    Sophie Maria Gräfin Reuß (1675 – 1748) 164
REUSS [j. L., Schleiz]
    Augusta Dorothea Reuß, Gräfin von Plauen (1678 – 1740), geb. Gräfin von Hohenlohe und Gleichen 164
    Christina Reuß, Gräfin von Plauen (1721 – 1769), geb. Gräfin von Erbach-Schönberg 166
    Heinrich I. Reuß, Graf von Plauen (1695 – 1744) 164
    Heinrich XII. Reuß, Graf von Plauen (1716 – 1784) 166
    Heinrich XLII. Reuß, Graf von Plauen (1752 – 1818), *ab 1806 Fürst Reuß* 166, 176, 178
    Heinrich LXII. Fürst Reuß (1785 – 1854) 178
    Heinrich LXVII. Fürst Reuß (1789 – 1867) 178
    Karoline Henriette Fürstin Reuß (1761 – 1849), geb. Prinzessin von Hohenlohe-Kirchberg 178
Reuter, Christian Arnold, *Rudolstädter Hofmaler* 142
Rhoeden, Elisabeth von (1867 – 1946), *Hofdame* 244, 260
Richter
    Christian Gottlob (1759 – 1830), *Maler und Kupferstecher* 207
    Jean Paul Friedrich (1763 – 1825), *Schriftsteller* 176, 178
Richter d. Ä., Johann Moritz (1620 – 1667), *Landbaumeister* 108
Richter d. J., Johann Moritz (1647 – 1705), *Baumeister* 60, 108 f, 117, 124, 142, 370
Ritter
    Christian Gottfried (gest. 1850), *Büchsenmacher* 324
    Hans, *Bauer* 167
Robusti, Jacopo (1518 – 1594), genannt Tintoretto, *Maler* 303
Röhmhild, Christoph, *Soldat* 169
Rohlfs, Christian (1849 – 1938), *Maler* 303
Rose d. Ä., Hans, *Schwarzaer Maurermeister* 96
Rose d. J., Hans, *Maurer* 96
Roß
    Johann Christoph (gest. 1758), *Bauinspektor* 123
    Johann Heinrich, *Bauinspektor* 114
Rousseau, Johann Jacob (1712 – 1778), *Landbaumeister* 108, 121, 134, 142
Rudolph, Andreas (1601 – 1679), *Baumeister* 9, 77 f, 95 ff, 117, 142, 312, 370
Rüxleben, N. N. von 168

**Sachse**, Hans Paul, *Hausknecht* 167, 181
SACHSEN
    Friedrich August II. (1696 – 1763), *1733 – 1763 Kurfürst von Sachsen und König von Polen* 338
    Friedrich II. (1412 – 1464), der Sanftmütige, *1428 – 1464 Kurfürst von Sachsen* 14, 30, 47, 115, 369
    Friedrich III. (1463 – 1525), der Weise, *1486 – 1525 Kurfürst von Sachsen* 36
    Wilhelm III. (1425 – 1482), der Tapfere, *[nicht reg.] Herzog von Sachsen, 1425/45 – 1482 Landgraf in Thüringen* 30
SACHSEN-ALTENBURG
    Marie Prinzessin von, vgl. Schwarzburg-Sondershausen
SACHSEN-COBURG-SAALFELD, ab 1826 Sachsen-Coburg und Gotha
    Anna Sophie Herzogin von (1700 – 1780), geb. Prinzessin von Schwarzburg-Rudolstadt 165 f

Boris III., *1918 – 1943 Zar der Bulgaren*  298
Charlotte Sophie Herzogin von, vgl. Mecklenburg-Schwerin
Christian Ernst Herzog von (1683 – 1729 – 1745)  164
Christian Franz [nicht reg.] Herzog von (1730 – 1797)  166, 174
Ernst I. von (1784 – 1806 – 1844)  178
Ernst Friedrich Herzog von (1724 – 1764 – 1800)  165
Ferdinand Prinz von (1785 – 1851)  178
Franz Friedrich Anton Herzog von (1750 – 1800 – 1806)  178
Franz Josias Herzog von (1697 – 1729 – 1764)  164 f
Friederike Caroline Markgräfin von, vgl. Brandenburg-Ansbach
Johann Wilhelm [nicht reg.] Herzog von (1726 – 1745)  165
Karl Ernst [nicht reg.] Herzog von (1692 – 1720)  164
Leopold I. (1790 – 1865), *1831 – 1865 König der Belgier*  178
Ludwig Karl Friedrich Prinz von (1755 – 1806)  178

SACHSEN-EISENBERG
Christian Herzog von (1653 – 1707)  109

SACHSEN-GOTHA, ab 1732 Sachsen-Gotha-Altenburg
Anna Sophie Herzogin von, vgl. Schwarzburg-Rudolstadt
Auguste Louise Friederike Herzogin von, vgl. Schwarzburg-Rudolstadt
Christian Wilhelm [nicht reg.] Herzog von (1706 – 1748)  165
Ernst I. Herzog von (1601 – 1640 – 1675), der Fromme  95
Friederike Herzogin von, vgl. Anhalt-Zerbst
Friedrich I. Herzog von (1646 – 1675 – 1691)  113, 153, 179 f
Friedrich II. Herzog von (1676 – 1693 – 1732)  160, 164, 179
Friedrich III. Herzog von (1699 – 1732 – 1772)  164
Johann Adolf [nicht reg.] Herzog von (1721 – 1799)  165
Luise Dorothea Herzogin von (1710 – 1767) geb. Herzogin von Sachsen-Meiningen  164
Magdalena Augusta Herzogin von (1679 – 1740), geb. Prinzessin von Anhalt-Zerbst  179
Magdalena Sibylla Herzogin von (1648 – 1681), geb. Herzogin von Sachsen-Weißenfels  153, 179

SACHSEN-GOTHA-RODA
Louise Herzogin von, vgl. MecklenburgSchwerin

SACHSEN-MEININGEN
Georg I. von (1761 – 1782 – 1803)  178
Luise Dorothea von, vgl. Sachsen-Gotha

SACHSEN-SAALFELD
Sophie Wilhelmine Herzogin von, vgl. Schwarzburg-Rudolstadt

SACHSEN-WEIMAR
Bernhardine Christine Sophie Herzogin von, vgl. Schwarzburg-Rudolstadt
Carl August von (1757 – 1775 – 1828), *bis 1815 Herzog, dann Großherzog*  178
Ernestine Albertine Herzogin von, vgl. Schaumburg-Lippe
Ernst August Herzog von (1688 – 1728 – 1748)  142
Wilhelm Herzog von (1598 – 1605 – 1662)  95

SACHSEN-WEISSENFELS
Magdalena Sibylla Herzogin von, vgl. Sachsen-Gotha

Sareik, Dr. Udo (geb. 1930), *Institut für Denkmalpflege Erfurt*  360, 367
Sauckel, Fritz (1894 – 1946), *NSDAP-Gauleiter von Thüringen und Reichsstatthalter für Thüringen*  245, 277 f, 280, 287, 298, 330, 339

SAVOYEN
Eugen Prinz von (1663 – 1736)  140, 144

SAYN-WITTGENSTEIN-BERLEBURG
August Ludwig Prinz zu (1788 – 1874)  178

Schatz, David (1668 – 1750), *Baumeister*  9, 55, 108 ff, 115, 117, 124, 142, 144, 161, 166, 181, 370

SCHAUMBURG-LIPPE
Ernestine Albertine Fürstin von (1722 – 1769), geb. Herzogin von Sachsen-Weimar-Eisenach  166

Georg Wilhelm Fürst von (1784 – 1807 – 1860)  178
Philipp Ernst Graf von (1723 – 1777 – 1787)  166
Scheidig, Dr. Walther (1902 – 1977), *Direktor der Staatlichen Kunstsammlungen in Weimar*  301 ff, 309, 330 f, 339
Schellschläger, Peter Caspar (1717 – 1790), *schwarzburg-rudolstädtischer Landbaumeister*  9, 115, 123, 162, 190
Schiller
Charlotte von (1766 – 1826), geb. von Lengefeld  176, 178
Friedrich (1759 – 1805), seit 1802 von Schiller, *Dichter*  247
Schinzel, Richard (1818 – 1864), *Rudolstädter Hofmaler*  223
Schlägel, N. N., *Zimmermann*  162
Schlegel, H. G. von  175

SCHLESWIG-HOLSTEIN-SONDERBURG-GLÜCKSBURG
Luise Caroline Herzogin von (1789 – 1867), geb. Landgräfin von Hessen-Kassel  178

Schmidt, Dr. Franz Paul (1895 – 1972), *Leiter des Lindenau-Museums Altenburg sowie der dortigen Landesbibliothek*  303
Schmidts, Helene (geb. 1913), *Bürohilfskraft*  291 f
Schnuphase, N. N., *Amtsschreiber*  114, 341
Schoder, Hans (1925 – 1991), *Chefkonservator am Institut für Denkmalpflege Erfurt*  367

SCHÖNAICH-CAROLATH
Helene Prinzessin von (1860 – 1937), geb. Prinzessin von Schwarzburg-Rudolstadt  251

Schönborn, Friedrich Karl Graf von (1674 – 1746), *Fürstbischof*  140

SCHÖNBURG-HARTENSTEIN
Magdalena Sophie Gräfin von (1680 – 1751), geb. Prinzessin von Schwarzburg-Sondershausen  164, 166
Maria Elisabeth Gräfin von, vgl. Schönburg-Roßburg (Rochsburg)

SCHÖNBURG-HINTERGLAUCHAU
Albert Graf von (1761 – 1841)  178

SCHÖNBURG-ROSSBURG (Rochsburg)
Albert Graf von, vgl. Schönburg-Hinterglauchau
August Ernst Graf von (1666 – 1729)  164
Maria Elisabeth Gräfin von (1670 – 1737), geb. Gräfin von Schönburg-Hartenstein  164
Sophia Agnes Wilhelmine Gräfin von (1694 – 1774)  164

SCHÖNBURG-WALDENBURG
Anna Luise Prinzessin von, vgl. Schwarzburg-Rudolstadt
Günther [5.] Fürst von (1887 – 1960)  279
Johanna Augusta Charlotta Gräfin von (1672 – 1751)  164
Luise Prinzessin von (1844 – 1922), geb. Prinzessin von Bentheim-Tecklenburg  264
Mathilde Prinzessin von, vgl. Schwarzburg-Rudolstadt
Ulrich Prinz von (1869 – 1939), zu Guteborn und Gusow  266
Schönchen, Heinrich (1861 – 1933), *Maler*  264, 272 f
Schönfeld
Johann Friedrich von (1694 – 1761), *Rudolstädter Kammerrat*  134, 171
N. N., *Oberforstmeister*  64
Schönheid
Heinrich, *Zimmermann*  97, 114
Jacob, *Zimmermann*  97
Schönheidt, Konrad (gest. vor 1553), *Kapellan*  34, 369
Schönheit, N. N., *Zimmermann*  162
Schott, Adolph von, *Hauptmann und Geheimer Kammerrat*  162
Schubert, Wolf (geb. 1903), *Leiter des Instituts für Denkmalpflege*  366
Schultze
Marie Helena Lydia Anna, vgl. Brockenburg
Dr. N. N., »*Kreisphysikus*«  219
Schulze
Prof. Johannes Karl Hartwig (1786 – 1869)  178

N. N., *technischer Angestellter* 291 f
Schumann, Dr. Sid 362, 367
Schuster-Woldan, Raffael (1870 – 1951), *Maler* 273
Schwarz, Alfred (1867 – 1951), *Maler* 273

SCHWARZBURG

Alexandra Prinzessin zu (1868 – 1958), geb. Prinzessin von Anhalt 251
Balthasar II. Graf von (reg. 1473 – 1521), aus der sog. Schwarzburg-Leutenberger Linie 35, 91 f, 113
Friedrich Günther Fürst zu (1901 – 1971) 245, 251, 279 f, 295
Günther Sizzo (1860 – 1926), *bis 1896 Prinz von Leutenberg, dann Prinz zu Schwarzburg* 251
Günther V. Graf von (gest. 1274 o. 1275) 21, *24*
Günther VII. Graf von (reg. 1231 – 1275) 29
Günther IX. Graf von (reg. 1275 – 1289) 21
Günther XVIII. Graf von (reg. 1316 – 1354), aus der sog. Schwarzburg-Schwarzburger bzw. Schwarzburg-Wachsenburger Linie 29
Günther XXI. Graf von (1304 – 1349), aus der sog. Schwarzburg-Arnstädter Linie, *1349 HRR [Gegen-] König* 17 f, 92, 133, 159, 184, 187 f, *187*, 201, 218, 226, 228, *229*, 238, 249, 338 f, 369, 372
Günther XXII. Graf von (reg. 1361 – 1382), aus der sog. Schwarzburg-Schwarzburger Linie 30, 46 f, 369
Günther XXX. Graf von (gest. 1395), aus der sog. Schwarzburg-Schwarzburger Linie 47
Günther XXXII. Graf von (reg. 1407 – 1450), aus der sog. Schwarzburg-Schwarzburger bzw. Schwarzburg-Wachsenburger Linie 14, 29 ff, 45, 47, 369
Günther XXXIX. Graf von (1455 – 1531), der Bremer, aus der sog. Schwarzburg-Arnstädter Linie 33, 36, 91
Günther XL. Graf von (1499 – 1552), der Reiche, auch der mit dem fetten Maule, aus der sog. Schwarzburg-Arnstadt-Sondershäuser bzw. Schwarzburg-Blankenburger Linie 32, 36, *37*, 38, 49, 113, *122*, 123, 133
Günther XLI. Graf von (1529 – 1583), der Streitbare, aus der sog. Schwarzburg-Arnstadt-Sondershäuser bzw. Schwarzburg-Blankenburg-Arnstädter Linie 15 f, *36*, 36, 38 f, 43, 50, 61, 312, 319, 370
Heinrich I. Graf von (reg. 1160 – 1184) 26, 29
Heinrich II. Graf von (reg. 1184 – 1231) 26, 29
Heinrich V. Graf von (reg. 1275 – 1285), aus der sog. Schwarzburg-Blankenburger Linie 21
Heinrich IX. Graf von (reg. 1316 – 1361), aus der sog. Schwarzburg-Schwarzburger Linie 29
Heinrich XV. Graf von (reg. 1362 – 1402), aus der sog. Schwarzburg-Leutenberger Linie 30
Heinrich XXV. Graf von (1412 – 1463), aus der sog. Schwarzburg-Leutenberger Linie 14, 31 f, 47, 49, 369
Heinrich XXVI. Graf von (1418 – 1488), aus der sog. Schwarzburg-Arnstadt-Sondershäuser bzw. Schwarzburg-Blankenburger Linie 14 f, 30 f, 35, 47, 49, 369
Irene Prinzessin zu (1899 – 1939) 251
Johann [Hans] II. Graf von (1327 – 1407), aus der sog. Schwarzburg-Schwarzburger bzw. Schwarzburg-Wachsenburger Linie 30, 46 f, 369
Johann Heinrich Graf von (reg. 1521 – 1555), aus der sog. Schwarzburg-Leutenberger Linie 36, 113
Katharina Gräfin von (1509 – 1567), die Heldenmütige, geb. von Henneberg 248
Katharina Gräfin von (1543 – 1624), geb. Gräfin von Nassau-Dillenburg, aus der sog. Schwarzburg-Arnstadt-Sondershäuser Linie *39*, 50
Philipp II. Graf von (um 1540 – 1564), aus der sog. Schwarzburg-Leutenberger Linie 15, 36, 370
Sizzo III. Graf von (reg. 1109 – 1160) 11, 24 ff, *27*, 45, 369
Wilhelm Graf von (1534 – 1598), sog. Schwarzburg-Frankenhäuser Linie 15, 38, 50, 75

SCHWARZBURG-RUDOLSTADT

Aemilie Antonie Gräfin von (1614 – 1646 – 1662 – 1670), geb. Gräfin von Oldenburg-Delmenhorst 51 ff, 180, 370
Aemilie Juliane Gräfin von (1637 – 1706), geb. Gräfin von Barby 115, 153, 162, 179, 180, 338
Aemilie [Emilie] Juliane Prinzessin von (1699 – 1774) 165
Albert Fürst von (1798 – 1867 – 1869) 62, 64, 214, 219, 222 ff, 246, 249, 372
Albert Anton Graf von (1641 – 1662 – 1710) 16, 51 ff, 60, 74, 93, 95, 98, 109, 112, 115, 123, 133, 153, 156, 158 f, 162, 164, 166, 179 f, 189, 313, 338, 370
Albrecht Anton II. Prinz von (1698 – 1720) 162
Albrecht Günther Graf von (1582 – 1612 – 1634) 16, 40, 180, 370
Albrecht VII. Graf von (1537 – 1570/71 – 1605) 16, 38 f, 43, 50, 78, 92 f, *93*, 123, 133, 159, 180, 200, 312, 323, 338, 370
Amalie Auguste Fürstin von (1793 – 1854), geb. Prinzessin von Anhalt-Dessau 61, 246
Anna Luise Fürstin von (1871 – 1951), geb. Prinzessin von Schönburg-Waldenburg, *1909 – 1918 auch Fürstin von Schwarzburg-Sondershausen* 7, 9, 19, 45, 66, 69 f, 170, 203, 231, 233, 239, *241*, 241 ff, *243*, 244 ff, 250 f, 253, 256, *259*, 260, 264 ff, 269, 272 ff, 275, 277, 279 f, 295, 308, 329, 349, 374
Anna Sophie Fürstin von (1670 – 1728), geb. Herzogin von Sachsen-Gotha 100 f, 113, 120, 153 f, 156, 160 f, 163, 179 f, 181
Anna Sophie Gräfin von (1584 – 1652), geb. Prinzessin von Anhalt 180
Anna Sophie Prinzessin von, vgl. Sachsen-Coburg-Saalfeld
Auguste Louise Friederike Fürstin von (1752 – 1805), geb. Herzogin von Sachsen-Gotha 166
Bernhardine Christine Sophie Fürstin von (1724 – 1757), geb. Herzogin von Sachsen-Weimar 123, 165, 192, 371
Carl Günther Graf von (1576 – 1605 – 1630) 40, 43, 180, 370
Caroline Louise Fürstin von (1771 – 1807 – 1814 – 1854), geb. Prinzessin von Hessen-Homburg 61, 177, 206, 214, 246, 248, 372
Christine Sophie Prinzessin von (1688 – 1750), geb. Prinzessin von Ostfriesland 133
Dorothea Susanne Prinzessin von (1587 – 1662) 53
Elisabeth Gräfin von (1568 – 1617), geb. von Gräfin Leiningen-Westerburg 159
Elisabeth Prinzessin von, vgl. Lippe [-Detmold]
Elisabeth Juliane Prinzessin von (1578 – 1658) 53
Franz Friedrich Karl Adolph Prinz von (1801 – 1875) 213, 249
Friederike Sophie Auguste Fürstin von (1745 – 1778), geb. Prinzessin von Schwarzburg-Rudolstadt 248
Friedrich Anton Fürst von (1692 – 1718 – 1744) 74, 104, 108, 118, 121, 123, 127, 133 f, 142 f, 162, 164, 166, 169 f, 171, 173, 179, 181, 248, 371
Friedrich Carl Fürst von (1736 – 1790 – 1793) 18, 248, 371
Friedrich Günther Fürst von (1793 – 1814 – 1867) 61, 75, 203, 208, 210 ff, 219, 246, 249, 324, 372
Friedrich Günther Leopold Prinz von (1821 – 1845) 75
Georg Albert Fürst von (1838 – 1869 – 1890) 65, 214, 223 ff, 228 f, *229*, 230, 232, 246, 249 f, 259, 269, 275, 325 f, 328, 372
Günther Victor Fürst von (1852 – 1890 – 1918 – 1925), *1909 – 1918 auch Fürst von Schwarzburg-Sondershausen* 19, 45, 66, 69, 86, 203, 231 ff, 237, 240 f, *241*, 242 f, *243*, 244, 246, 249 ff, 253, 256, 258, 264, 266, 259 ff, 272 f, 274, 279, 317, 325 f, 337, 349, 373
Helene Prinzessin von, vgl. Schönaich-Carolath
Johann Friedrich Fürst von (1721 – 1744 – 1767) 123, 128, 133, 143 f, 165, 171, 173, 180 f, 371

Juliane Gräfin von (1546 – 1588), geb. Gräfin von Nassau [-Dillenburg] 159, 180, 200
Karl Günther Prinz von (1771 – 1825) 166
Louise Ulrike Prinzessin von (1772 – 1854), geb. Landgräfin von Hessen-Homburg 166
Ludwig Friedrich I. Fürst von (1667 – 1710 – 1718) 17 f, 54, 60, 74, 80, 100 ff, 104 f, 108, 112 f, 117, 118 ff, 123, 133, 142, 153, 156 f, *158*, 159, 161 ff, 173, 177 ff, 189, 200, 313, 322, 338, 371
Ludwig Friedrich II. Fürst von (1767 – 1793 – 1807) 165, 172, 176 f, 206, 208, 210, 246 f, 316, 371 f
Ludwig Günther I. Graf von (1581 – 1612 – 1646) 40 f, 43, 51 ff, 122, 123, *128*, 133, 180, 312, 370
Ludwig Günther II. Fürst von (1708 – 1767 – 1790) 59, 130 f, 141, 143 f, 162, 165, 171, 173 ff, 214, 264, 371
Magdalene Sibille Prinzessin von (1707 – 1795) 165
Marie Antoinette Prinzessin von, vgl. Solms-Wildenfels
Marie Karoline Auguste Prinzessin von, vgl. Mecklenburg-Schwerin 70, 222, 235, 264, 270
Mathilde Prinzessin von (1826 – 1914), geb. Prinzessin von Schönburg-Waldenburg 65 ff, 69, 71, 213, 256 f, 266
Sophie Albertine Prinzessin von (1724 – 1799) 128, 130
Sophie Henriette Fürstin von (1711 – 1771), geb. Reuß, Gräfin von Plauen 165
Sophie Wilhelmine Fürstin von (1693 – 1727), geb. Herzogin von Sachsen-Saalfeld 166 f
Thekla Prinzessin von (1859 – 1939) 66 f, 69, 71, 244, 260, *261*, 262, 274, 309
Wilhelm Ludwig Prinz von (1696 – 1757) 143, 162, 170
Maria Wilhelm Friedrich Prinz von (1806 – 1849) 62
Wilhelmine Sophie Elenore Prinzessin von, vgl. Nassau-Saarbrücken
SCHWARZBURG-RUDOLSTADT UND SONDERSHAUSEN, vgl. Schwarzburg-Rudolstadt
SCHWARZBURG-SONDERSHAUSEN
Anton Günther I. Graf von (1620 – 1642 – 1666) 98
August I. Prinz von (1691 – 1750) 164
Elisabeth Albertina Fürstin von (1693 – 1774), geb. Prinzessin von Anhalt-Bernburg 162, 164
Günther I. Fürst von (1678 – 1720 – 1740) 164, 338
[Johann] Hans Günther I. Graf von (1532 – 1586) 15, 38, 42, 50
Johann Karl Günther Prinz von (1772 – 1842) 178
Karl Günther Fürst von (1830 – 1880 – 1909) 240, 273
Magdalena Sophie Prinzessin von, vgl. Schönburg-Hartenstein
Marie Fürstin von (1845 – 1930), geb. Prinzessin von Sachsen-Altenburg 274
SCHWEDEN
Gustav II. Adolf von (1594 – 1632), *1611 – 1632 König* 333, 339
Schwimmer, N. N., *Maurermeister* 162
Seebach, Amalie von, vgl. Stein
Seekatz, Johann Conrad (1719 – 1768), *Maler* 306
Seerig, Johann Paul Martin (1764/65 ? – 1839), *schwarzburg-rudolstädtischer Baukondukteur* 58, 207 f, 247
Seifert, Dr. Jürgen (geb. 1935) 357, 366 f
Seyffarth, Albert (1899 – 1975), *Bauleiter* 366
Siegmund, Volkmar, *Zimmermann* 99
SOLMS-BRAUNFELS
Amalia von, vgl. Oranien-Nassau
SOLMS-WILDENFELS
Friedrich Christoph Graf zu (1712 – 1792) 166
Marie Antoinette Gräfin zu (1898 – 1984), geb. Prinzessin von Schwarzburg-Rudolstadt 251
Sommer, Christoph (auch Toffel), *Maurer* 79, 99 f, 114

SPANIEN, vgl. Kastilien
Speer, Albert (1905 – 1981), *führender NS-Architekt* 278, 291 f, 374
Spieß
Carl Christian (um 1822 – 1897), *Büchsenmacher und Zeughausverwalter* 248 f, 324, 327, 339
Pauline, *Zeughausverwalterin* 339
Städtler, N. N., *Zuchthausaufseher* 206
Stagura, Albert (1866 – 1947), *Maler* 273
STAUFER
Friedrich I. Barbarossa (1122 – 1190), *1552 HRR König, 1155 – 1190 HRR Kaiser* 226, 228, 249
Friedrich II. (1194 – 1250), *1212/15 HRR König, 1220 – 1250 HRR Kaiser* 29 f
Konrad III. (1093 – 1152), *1127 – 1135 HRR Gegenkönig, 1138 – 1152 HRR König* 25
Steffen, N. N., *Oberregierungs- und Baurat* 278, 296
Stehle
I., *Stallfrau* 249
M., *Bettmädchen* 249
N. N., *Torwärter* 249
Stein, Amalie von (1775 – 1860), geb. von Seebach 178
Steinbruch
August (gest. 1888), *Kastellan* 248 f
N. N., *Dekorateur* 89
Familie 66 f
Steingruber, Johann David (1702 – 1787), *Ansbacher Bauinspektor* 142 f
Sternkopf, Lina (1869 – 1959), *Waschküchenmädchen* 249
Sticht, Albert (?), *Zeughausverwalter von 1897 bis 1904* 339
Stieler, Hermann (1884 – 1967), *Schlossverwalter der Rudolstädter Heidecksburg und Zeughausverwalter in Schwarzburg* 303, 309, 330, 339
STOLBERG
Christian Ernst Graf zu (1691 – 1771) 164, 173
Friedrich Carl zu (1693 – 1767), *bis 1742 Graf, dann Fürst* 164, 173
Stollberg, Hermann Christoph, *Grenadier* 168, 181
Streicher, Gottfried Christoph, *Rudolstädter Hoftischler* 123, 143
Strohmayr, Otto (1900 – 1945), *Architekt* 298
Strophius, Sigismund (gest. um 1591), *schwarzburgischer Chronist* 35, 154
Swanenburgh, Willem (1581/82 ? – 1612), *Kupferstecher* 199

**Tausendschön**, Kurt, *Ingenieur* 356 f, 366
Terboven, Josef (1898 – 1945), *Oberpräsident der Rheinprovinz Düsseldorf* 303 f
Theuerkauf, Andreas Otto, *Grenadier* 168
Thiele, Johann Alexander (1685 – 1752), *Maler* 13, 45, 112, 153, 171, 174, 248, 338
Thiemen, Christoph, *Schieferdecker* 107
Thierry, Wilhelm Adam (1761 – 1823), *Baudirektor* 178, 206, 247
Thümmler, Kurt, *Restaurator* 366
Tille, Johann Andreas, *Grenadier* 168
Tilly, Johann t'Serclaes Graf von (1559 – 1632), *Feldherr und General* 41
Tintoretto, vgl. Robusti
Tischbein, Johann Friedrich August (1750 – 1812), *Maler* 303, 306, 308
Tübbecke, Wilhelm (1848 – 1924), *Maler* 273

**Unarth**, N. N., *Maurermeister* 162
Unbehaun
Matthes, *Zimmermann* 97
Peter, *Zimmermann* 98
Unger
August (1886 – 1963), *Gartenarbeiter* 249
H., *Kaffeeküchenhilfe* 249

**Vater,** Oskar (1861 – 1954), *Hofrat* 65, 233, 253, 271, 275, 326, 373
Velde, Henry van de (1863 – 1957), *Architekt* 240, 373
Velde d. J., Willem van de (1633 – 1707), *Maler* 306

**Waldeck,** Wolrad Graf von (1509 – 1578) 113
Wartensleben, Gustav Hermann August Graf von (1774 – 1834) 178
Weigel, Erhard (1625 – 1699), *Gelehrter* 109
Weinmann, N. N., *Chauffeur* 244
Wermensky, N. N., *sowjetischer Major* 331
Wernsdorff, Just Heinrich, *Korporal* 168 f
Wiegand, Joachim (geb. 1932), *Saalfelder Architekt* 366
Wiegel, Helmut (geb. 1960), *Bamberger Gartenarchitekt* 191, 194 f
Wilhelm, N. N., *Gendarmeriebeamter* 244
Willer, N. N. 181
Wittekind [Carolus] genannt der Schwarze, *sächsischer Ritter des 8. Jahrhunderts und fiktiver Ahnherr der Schwarzburger* 154, 180 f, 201
Wittekind, *Herzog der Sachsen* 156
WITTELSBACHER
    Ruprecht I. (1352 – 1410), *1400 – 1410 HRR König* 29
Witz, Ludwig Friedrich, *Zeichner* 28
Witzleben
    Dietrich von, *Burgverwalter der Schwarzburg* 47
    Familie von, *Burgmannen auf der Schwarzburg* 46, 142
Wolf, Prof. Friedrich August (1759 – 1824), *Philologe und Altertumswissenschaftler* 176, 178
WOLFFENBÜTTEL, vgl. Braunschweig-Wolffenbüttel
Wollong, Ernst (1885 – 1944), *Rudolstädter Musikdirektor* 244
Wolzogen, Caroline von (1763 – 1847), geb. von Lengefeld 176, 178, 247
Wouwerman, Philips (1619 – 1668), *Maler* 273
Wüllersleben, Ludolf von, *Burgverwalter der Schwarzburg* 47
WÜRTTEMBERG [TECK]
    Henriette Herzogin von (1780 – 1857), geb. Prinzessin von Nassau-Weilburg 177 f
Wulffen, Günther von (1873 – 1954), *Generalbevollmächtigter der Fürstin Anna Luise von Schwarzburg* 277, 279
Wurmb
    Anton Adolph 175
    Louise Juliane Eleonore Friederike von, vgl. Lengefeld
    Ludwig Heinrich von, *Schlosshauptmann und Obristleutnant* 314, 342, 347
    N. N. von, *Hausmarschall* 174
    Familie von 142
Wymann Mory, Karl Christian (1836 – 1898), *Maler* 273

**Ziegenspeck,** Johann Georg (gest. 1720), *Saalfelder Hofbildhauer* 158, 163, 180
Zieschank, Richard, *Rudolstädter Photograph* 129, 233, 253, 258
Zießler, Prof. Dipl. phil. Rudolf (geb. 1934), *Leiter des Thüringischen Landesamtes für Denkmalpflege* 367
Zimmermann
    Prof. Dr. Heinrich (1886 – 1971), *Generaldirektor der Berliner Museen* 306
    N. N., *Schosser im Amt Schwarzburg um 1584* 38
Zißka, Anton (1905 – 1982), *Mitarbeiter der Staatlichen Museen Heidecksburg Rudolstadt* 332
Zschimmer, Emil (1842 – 1917), *Maler* 273
Zürcher, Thomas (geb. 1970), *Architekt* 367
Zwaede, Heinrich Friedrich, *Maler* 121, 142 f
Zwerschina, N. N., *Münchener Restaurator* 250

# Abkürzungsverzeichnis

| | | | |
|---|---|---|---|
| Abb. | Abbildung | o. | oder |
| Abt. | Abteilung | o. J. | ohne Jahr |
| Anm. | Anmerkung | o. O. | ohne Ort |
| Anm. d. Verf. | Anmerkung der Verfasserin/des Verfassers | OTZ | Ostthüringer Zeitung |
| | | Pfg. | Pfennig |
| Aufl. | Auflage | qm | Quadratmeter |
| Bd. | Band | RHH | Rudolstädter Heimathefte |
| bearb. v. | bearbeitet von | | |
| bes. | besonders | RM | Reichsmark |
| bzw. | beziehungsweise | Rthlr. | Reichstaler |
| ca. | circa | S. | Seite |
| cm | Zentimeter | SED | Sozialistische Einheitspartei Deutschlands |
| d. Ä. | der Ältere | | |
| DDR | Deutsche Demokratische Republik | sen. | Senior |
| | | Sp. | Spalte |
| ders. | derselbe | SPD | Sozialdemokratische Partei Deutschlands |
| d. h. | das heißt | | |
| dies. | dieselbe | St. | Sankt |
| Diss. | Dissertation | StadtAR | Stadtarchiv Rudolstadt |
| d. J. | der Jüngere | T. | Teil |
| DM | Deutsche Mark | ThHStAW | Thüringisches Hauptstaatsarchiv Weimar |
| Etc. | et cetera | | |
| € | Euro | | |
| FAZ | Frankfurter Allgemeine Zeitung | ThStAR | Thüringisches Staatsarchiv Rudolstadt |
| FBI | Federal Bureau of Investigation | TLD | Thüringisches Landesamt für Denkmalpflege und Archäologie |
| FDGB | Freier Deutscher Gewerkschaftsbund | | |
| | | TLMH | Thüringer Landesmuseum Heidecksburg |
| geb. | geborene/geboren | | |
| gem. | gemäß | u. a. | unter ander(e)m, unter ander(e)n |
| gest. | gestorben | | |
| Gl. | Gulden | unpag. | unpaginiert |
| Gr. | Groschen | unv. | unveröffentlicht |
| HRR | Heiliges Römisches Reich | US- | United States- |
| Hrsg. | Herausgeber | USA | United States of America |
| hrsg. v. | herausgegeben von | usw. | und so weiter |
| i. A. | im Auftrag | u. Z. | unserer Zeitrechnung |
| insbes. | insbesondere | vgl. | vergleiche |
| km | Kilometer | VHKTh GR | Veröffentlichungen der Historischen Kommission für Thüringen Große Reihe |
| lfm. | laufende Meter | | |
| m | Meter | | |
| m² | Quadratmeter | | |
| M | Mark | VHKTh KR | Veröffentlichungen der Historischen Kommission für Thüringen Kleine Reihe |
| MDR | Mitteldeutscher Rundfunk | | |
| Mio. | Millionen | | |
| NATO | North Atlantic Treaty Organization | v. u. Z. | vor unserer Zeitrechnung |
| | | z. B. | zum Beispiel |
| Nr. | Nummer | ZVTG | Zeitschrift des Vereins für Thüringische Geschichte |
| NS | Nationalsozialismus/ Nationalsozialistische | | |
| NSDAP | Nationalsozialistische Deutsche Arbeiterpartei | | |

# Die Autoren

**Sabrina Barleben,** 1982 geboren, wohnhaft in Jena; seit 2002 Studium der Kunstgeschichte, klassischen Archäologie und Wirtschaftswissenschaften an der Friedrich-Schiller-Universität Jena.

**Heike Beckel,** 1973 geboren, wohnhaft in Leipzig; Studium der Museologie an der Hochschule für Technik, Wirtschaft und Kultur Leipzig (FH), 2005 Abschluss als Diplom-Museologin mit der Arbeit »Schloss Schwarzburg. Rekonstruktion der Gemäldeausstattung zwischen 1918 und 1940«; gegenwärtig als Sachbearbeiterin bei Jugendtours tätig.

**Horst Fleischer,** 1936 geboren, wohnhaft in Rudolstadt; Studium der Theologie, Germanistik, Geschichte und Archivwissenschaft in Rostock und Berlin; 1961 bis 1967 Lehrer in Rövershagen bei Rostock, 1967 bis 1980 Archivar in Rudolstadt und Weimar, Zwischenspiel als Galerist 1978/79 in Rudolstadt, 1980 bis 2002 Museumsarbeit in Rudolstadt, zuletzt als Direktor des Thüringer Landesmuseums Heidecksburg; gegenwärtig im Ruhestand.

**Enrico Göllner,** 1981 geboren, wohnhaft in Mohlsdorf; Studium der Museologie an der Hochschule für Technik, Wirtschaft und Kultur Leipzig (FH), 2005 Abschluss als Diplom-Museologe mit der Arbeit »Die Umbaumaßnahmen des Schlosses Schwarzburg in Thüringen zum ›Reichsgästehaus‹«; gegenwärtig als wissenschaftlicher Mitarbeiter im Kulturzentrum Ostpreußen in Ellingen tätig.

**Katja Heitmann,** 1971 geboren, wohnhaft in Marburg; Studium der Kunstgeschichte, der Neueren Deutschen Literatur und Medienwissenschaften an der Philipps-Universität in Marburg, Doktorandin am Fachbereich Kunstgeschichte der Universität Marburg mit dem Promotionsthema »Ausstattung in thüringischen Residenzschlössern des 17. und 18. Jahrhunderts« (Arbeitstitel); als freiberufliche Kunsthistorikerin tätig.

**Jens Henkel,** 1953 geboren, wohnhaft in Rudolstadt; 1973 – 1976 Studium der Museologie in Leipzig, 1977 – 1982 Fernstudium an der Humboldt-Universität zu Berlin, Abschluss als Diplom-Historiker; seit 1976 am Thüringer Landesmuseum Heidecksburg tätig, zuletzt als Kustos und stellvertretender Direktor.

**Hans Herz,** 1934 geboren, wohnhaft in Rudolstadt; Studium der Geschichte an der Martin-Luther-Universität Halle-Wittenberg sowie an der Humboldt-Universität zu Berlin, 1957 Abschluss als Diplom-Historiker, Studium der Archivwissenschaft am Institut für Archivwissenschaft in Potsdam, 1958 Abschluss als Diplom-Archivar, 1963 Promotion zum Dr. phil. mit einer Arbeit zur mittelalterlichen Geschichte der Grafen von Schwarzburg; gegenwärtig im Ruhestand.

**Jörg Hoffmann,** 1973 geboren, wohnhaft in Erfurt; Studium der Architektur an der Bauhaus-Universität in Weimar; 2008 Dissertation mit dem Titel »Schwarzburgische Residenzen«; freiberuflich vorrangig in den Bereichen Bauwerkssanierung und Denkmalpflege tätig.

**Knut Krauße,** 1953 geboren, wohnhaft in Bad Blankenburg; Studium an der Fachschule für Werbung und Gestaltung Berlin, Fachrichtung Restaurierung, Abschluss als Diplom-Restaurator; bis 1990 im Thüringer Landesmuseum Heidecksburg Rudolstadt tätig, seitdem freiberuflicher Restaurator.

**Helmut-Eberhard Paulus,** 1951 geboren, wohnhaft in Rudolstadt; Studium der Kunstgeschichte, Archäologie, Religions- und Geistesgeschichte sowie der Rechtswissenschaften und Rechtsgeschichte, Promotion zum Dr. phil.; Tätigkeiten am Bayerischen Landesamt für Denkmalpflege, in der Stadtsanierung und als Leiter der Denkmalschutzbehörde der Stadt Regensburg; seit 1994 Direktor der Stiftung Thüringer Schlösser und Gärten; mehrere Universitäts-Lehraufträge im Bereich Denkmalpflege.

**Irene Plein,** 1969 geboren, wohnhaft in Plochingen; Studium der Kunstgeschichte, Klassischen Archäologie und Alten Geschichte an der Westfälischen Wilhelms-Universität Münster; 2002 Promotion; gegenwärtig beim Landesamt für Denkmalpflege im Regierungspräsidium Stuttgart als Leiterin des Fachbereichs Öffentlichkeitsarbeit, Publikationen und Bibliothek tätig.

**Diana Turtenwald,** 1979 geboren, wohnhaft in Rudolstadt; Studium der Museologie an der Hochschule für Technik, Wirtschaft und Kultur Leipzig (FH), 2002 Abschluss als Diplom-Museologin, Studium der Geschichte und Hispanistik an der Universität Leipzig, 2005 – 2007 Deutschlehrerin in Mexiko, seit 2008 postgraduales Fernstudium Deutsch als Fremdsprache in Kassel.

**Lutz Unbehaun,** 1955 geboren, wohnhaft in Rudolstadt; Studium der Kunstgeschichte in Leipzig, 1983 Promotion zum Dr. phil.; 1985 bis 1990 Assistent am Bereich Kunstgeschichte der Friedrich-Schiller-Universität Jena, seit 1990 als Kustos und seit 2002 als Direktor des Thüringer Landesmuseums Heidecksburg in Rudolstadt tätig.

# Danksagung

Das Erscheinen dieses Buches war nur durch die dankenswerte finanzielle
und ideelle Unterstützung zahlreicher Institutionen, Vereine und Privatpersonen möglich.
Die Drucklegung des Buches wurde finanziell gefördert durch:

Thüringer Kultusministerium
Freundeskreis Heidecksburg e.V.
Förderverein Schloss Schwarzburg e.V.
Schwarzburgbund e.V. (SB)
Architektengemeinschaft Milde + Möser, Pirna.

Für die Hilfe bei den Forschungsarbeiten, bei der Bildbeschaffung
und für die Bereitstellung von Dokumenten ist besonders zu danken:

Stiftung Thüringer Schlösser und Gärten
Thüringisches Staatsarchiv Rudolstadt
Thüringisches Hauptstaatsarchiv Weimar
Thüringisches Landesamt für Denkmalpflege
und Archäologie Erfurt
Schlossmuseum Sondershausen
Schlossmuseum Arnstadt
Standesamt Sitzendorf

Dr. Heiko Berger, Dresden
Ingrid Bock, Allendorf
Rosemarie Borngässer, Landratsamt Saalfeld-Rudolstadt, Kreisarchiv
Peter Eckstein, Schwarzburg
Dr. Thomas Föhl, Klassik Stiftung Weimar
Cosima Gieseler und Wolf Nordhaus, Förderverein Schloss Schwarzburg e.V.
Karl-Helmut Hassenstein, Dröbischau
Sieglinde und Hermann Hoffmann, Rudolstadt
Franz Jäger, Forschungsstelle der Leipziger Akademie in Halle
(Die deutschen Inschriften des Mittelalters und der frühen Neuzeit)
Dr. Stephan Kemperdick, Staatliche Museen zu Berlin
Dr. Heiko Lass, Hannover
Jochen Lengemann, Kassel
Dieter Lösche, Rudolstadt
Dieter Marek, Direktor des Thüringischen Staatsarchives Rudolstadt
und Mitarbeiter Katrin Beger, Frank Esche, Brigitte Lohner,
Barbara Müller, Heike Weedermann und Uwe Schwalm
Prof. Dr. Eckhard Meinecke, Institut für germanistische
Sprachwissenschaft der Friedrich Schiller-Universität Jena
Waltraut Munzert, Bad Blankenburg
Dr. Gerhard Werner, Saalfeld
Joachim Wiegand, Saalfeld
Doreen Winker, Dittersdorf
Prof. Helmut Witticke, Schwarzburg

**Beiträge zur schwarzburgischen Kunst- und Kulturgeschichte, Band 9**

Herausgegeben vom Thüringer Landesmuseum Heidecksburg
und dem Freundeskreis Heidecksburg e.V.
durch Jens Henkel

unter Mitarbeit von Horst Fleischer, Katja Heitmann, Dr. Hans Herz,
Jörg Hoffmann, Diana Turtenwald und Dr. Lutz Unbehaun

Redaktion: Jens Henkel und Diana Turtenwald unter Mitarbeit von Juliane Müller und Hannah Sachsenmaier
Gestaltung und Typographie: Mirko Albrecht, Atelier Kerzig (ma) Gera
Druck: Druckhaus Gera
Schrift: Garamond Premiere Pro 10,5 / 12,5 pt
Bindung: Leipziger Kunst- und Verlagsbuchbinderei GmbH
Papier: LuxoSamtoffset der Firma Schneidersöhne

Photonachweis: Angermuseum Erfurt: S. 174, 206; Bauconzept Rabe und Partner, Lichtenstein und Architekten, Marzluf, Maschita und Zürcher, Frankfurt am Main: S. 363, 364, 365; Constantin Beyer, Weimar: S. 27; Foto-Lösche, Rudolstadt: S. 128, 132, 254 (oben), 255 (oben), 256 (oben), 257, 258 (oben rechts), 259, 260 (oben), 261 (unten), 262, 263, 264, 267, 268, 269, 270 (unten), 271, 281, 287, 288 (rechts), 310; Fotosammlung Waltraut Munzert, Bad Blankenburg: S. 84, 102 (links), 104, 105 (links), 106, 107, 245, 276, 323 (links), 327 (rechts), 355 (unten); Fotosammlung Ingrid Bock, Allendorf: S. 244, 288 (links), 289, 291 (links), 294, 295; Germanisches Nationalmuseum Nürnberg: S. 234 (oben links); Kurt Gramer, Bietigheim-Bissingen: S. 17; Jens Henkel, Rudolstadt: S. 102 (oben rechts), 138 (unten links), 158 (rechts), 270 (oben), 332, 333 (oben), 334; Historische Bibliothek der Stadt Rudolstadt: S. 162; Klassik Stiftung Weimar: S. 127 (links), 165, 234 (oben Mitte), 307; Knut Krauße, Bad Blankenburg: S. 76, 80, 85, 86, 87, 88, 105 (oben rechts), 136, 138 (oben links, oben rechts, unten rechts), 139, 291 (rechts), 314 (rechts), 315 (oben), 330; Manfred Möller, Schwarzburg: S. 361; Hansjürgen Müllerott, Arnstadt: S. 25; Museum für Stadtgeschichte Arnstadt: S. 29; Niedersächsisches Landesmuseum, Landesgalerie Hannover: S. 202, 216; Helmut-Eberhard Paulus, Rudolstadt: S. 197; Rijkmuseum Paleis Het Loo, Nationaal Museum, Apeldoorn / Niederlande: S. 272 (oben); Schlossmuseum Arnstadt: S. 171, 204 (unten); Schlossmuseum Sondershausen: S. 13, 36, 37, 44, 81 (oben), 93 (links), 101, 112, 235, 272 (unten); Frank Schenke, Gera: Frontispiz, S. 361 (rechts); SLUB Dresden / Deutsche Fotothek: S. 22; Staatliche Museen zu Berlin, Kupferstichkabinett: S. 116, 133, 134, 134/135, 135; Stiftung Thüringer Schlösser und Gärten (Constantin Beyer, Weimar: S. 186, 187; Roland Dressler, Weimar: S. 184, 185; Ralf Kruse und Thomas Seidel GbR, Weinböhla: S. 348; Helmut Wiegel, Bamberg: S. 182, 195); Thüringisches Hauptstaatsarchiv Weimar: S. 284/285, 302; Thüringisches Landesamt für Denkmalpflege und Archäologie Erfurt: S. 350/351, 352, 353, 354 (unten), 355 (oben), 356 (rechts), 357, 358, 360; Thüringer Landesamt für Vermessung und Geoinformation: S. 63, 300, 305; Thüringer Landesmuseum Heidecksburg, Rudolstadt: S. 10, 26 (links und rechts), 30, 32, 33, 34, 39, 49, 55 (oben), 90, 102 (unten), 122, 123, 125, 126, 129, 131, 152, 158 (links), 163, 170, 177 (unten), 204 (oben), 207, 208, 210, 211, 212 (links), 215, 223, 224, 225, 226, 227, 228, 229, 230, 231, 232, 233, 234 (oben rechts), 237, 241 (oben rechts), 252, 255 (unten links und rechts), 258 (oben links und unten), 261 (oben), 266 (oben), 273, 290, 297, 313 (links), 317, 320 (links), 322, 323 (rechts), 324, 325, 326, 327 (links), 328, 329, 331, 333 (unten), 335, 336; Thüringisches Staatsarchiv Rudolstadt: S. 15, 24, 28, 35, 55 (unten), 58, 59, 78/79, 82 (oben), 92, 94/95, 110/111, 118, 119, 124, 127 (rechts), 154, 157, 159, 160/161, 172, 177 (oben), 179, 190/191, 192, 193, 205, 217, 218, 219, 220, 221, 222, 234 (unten), 236, 238/239, 240, 241 (unten), 243, 265, 283 (unten), 286, 293, 312, 314 (links), 316, 318, 320 (rechts), 354 (oben), 359; Joachim Wiegand, Saalfeld: S. 356

© Thüringer Landesmuseum Heidecksburg Rudolstadt 2009
Das Werk einschließlich aller seiner Teile ist urheberrechtlich geschützt.
Jede Verwertung außerhalb der engen Grenzen des Urheberrechts
ist ohne schriftliche Zustimmung der Rechtsinhaber unzulässig und strafbar.
3. veränderte Auflage 2017

ISBN 978-3-910013-70-4